EXPLORATIONS DE L'ESPACE THÉOLOGIQUE

BIBLIOTHECA EPHEMERIDUM THEOLOGICARUM LOVANIENSIUM

XC

EXPLORATIONS DE L'ESPACE THÉOLOGIQUE

Études de théologie et de philosophie de la religion

PAR

ANTOINE VERGOTE

LEUVEN
UNIVERSITY PRESS

UITGEVERIJ PEETERS
LEUVEN

1990

CIP KONINKLIJKE BIBLIOTHEEK ALBERT I, BRUSSEL

ISBN 90-6186-329-5 (Leuven University Press)
D/1990/1869/43
ISBN 1990-6831-253-7 (Uitgeverij Peeters)
D/1990/0602/71

Leuven University Press/Presses Universitaires de Louvain
Universitaire Pers Leuven
Krakenstraat 3, B-3000 Leuven-Louvain (Belgium)

© Uitgeverij Peeters, Bondgenotenlaan 153, B-3000 Leuven (Belgium)

AVANT-PROPOS

Dans le titre sous lequel nous rassemblons plusieurs études, la métaphore d'espace désigne la dimension d'ouverture de l'existence. Le terme «théologique» la spécifie par rapport à l'Autre qu'est Dieu. Advenu dans l'histoire culturelle et religieuse, le Dieu de la bible et des évangiles ouvre, en effet, un nouvel espace dans la quête de la vérité et dans l'étendue du désir. Le *Credo* en établit la configuration essentielle. Sa formulation succincte peut donner l'impression d'affirmer des réalités trop massivement présentes pour que s'y déploie le mouvement de vie. Mis au contact de la pensée vivante, en philosophie et dans les sciences humaines, chacun des énoncés ouvre un espace infini pour le mouvement de la vie et de la pensée. Nos modestes essais s'inscrivent dans ce mouvement. On reconnaîtra ce même enjeu, espérons-nous, dans le disparate des textes dont les circonstances ont sollicité les thèmes.

Plutôt que de présenter les essais qui suivent selon l'ordre de leur rédaction, nous les avons groupés selon leur perspective et selon leur contenu. Nous sommes conscient que nos distinctions méthodologiques ne sont pas toujours rigoureuses. L'espace théologique se compose de multiples plans simultanés et de nombre de facteurs interdépendants. Aussi les distinctions que nous faisons entre théologie, philosophie et anthropologie religieuse marquent-elles plutôt l'approche méthodologique prévalante. Nous ne voudrions pas confondre les disciplines, comme il apparaîtra dans nos critiques de certaines conceptions philosophiques et théologiques. Notre souci est de les nouer, compte tenu de leurs différences, voire des éventuelles tensions qu'elles introduisent dans la pensée d'une même réalité. Il s'agit toujours, en effet, de l'homme qui reçoit le message chrétien, qu'il parte de la présupposition de sa vérité et qu'il s'efforce de s'en approprier le sens et la vie, ou qu'il parte de l'immanence humaine et qu'il s'interroge sur le Dieu que le christianisme rend présent dans les références culturelles.

Dans la première partie, nous avons groupé quelques études que nous considérons comme plus spécifiquement théologiques. Tout d'abord nous écoutons Jésus et nous le regardons vivre et agir, ainsi qu'ont dû le faire ses contemporains. Mais notre attention interrogative est aiguisée par ce que nous savons de la psychologie, en particulier de celle de la religion. De ce point de vue, Jésus représente une énigme religieuse. Sa figure historique nous amène également à reconsidérer l'opposition entre les christologies ascendante et descendante. Après ces observations, notre recherche exégétique sur le quatrième évangile s'associe à la foi postpascale de Jean qui résout l'énigme en voyant, par rétroaction, transparaître dans l'homme Jésus sa divinité.

Le péché et la rédemption représentent notre deuxième centre d'intérêt. La catégorie de sacrifice propitiatoire substitutif nous paraît une métaphore peu appropriée pour conceptualiser le mystère salvifique de la croix. Le schème initiatique nous paraît plus apte à en rendre compte. Sans doute s'accorde-t-il aussi mieux avec la théologie johannique. Dans le texte capital de l'Épître aux Romains VII-VIII, nous lisons ensuite par quels renversements dialectiques le chrétien intériorise la vertu rédemptrice de la croix. Une comparaison avec ce que nous apprend la psychanalyse sur le devenir chrétien nous paraît éclairante pour l'exégèse du texte paulinien sur le devenir chrétien. La terminologie d'allure mythique de saint Paul concernant la puissance du péché nous conduit ensuite à donner au dogme du péché originel un sens qui s'accorde avec ce que nous apprennent les sciences humaines.

Dans l'essai sur les apories de la théodicée, nous rencontrons les paradoxes de la pensée de Dieu, lorsque celle-ci réfléchit sur la rédemption et sur le monde: comment réconcilier conceptuellement l'amour et la justice de Dieu, la foi en la toute-puissance de Dieu et le mal, la grâce et la liberté? La reconnaissance de ces apories, spéculativement insolubles, restitue, d'après nous, leur teneur théologique aux catégories de la théodicée. Dans une petite étude sur l'infaillibilité, nous retrouvons de même, éclairé par la psychologie de la religion, le vrai sens de la foi dogmatique.

Le texte sur la paternité de Dieu entend montrer qu'il ne s'agit pas seulement d'une métaphore généralement religieuse, mais de l'effectuation historique et eschatologique de ce que Dieu est pour l'homme. En cela, la paternité divine est le fondement de l'éthique chrétienne. Bien des questions posées concernant l'éthique chrétienne trouvent leur réponse à la lumière de ce principe. Après ces études sur Dieu se manifestant et agissant en Jésus et sur Dieu au-dessus de nous, nous terminons nos contributions théologiques par une réflexion sur l'Esprit comme Dieu en nous, et nous essayons d'expliciter l'idée chrétienne que, par l'Esprit en nous, Dieu nous libère religieusement et humainement.

Les essais que rassemble la deuxième partie relèvent de la philosophie qui rencontre le message monothéiste et s'y confronte. Sans doute un éclaircissement de nos démarches est-il souhaitable ici. Une même interrogation traverse ces essais, celle de savoir si l'immanence philosophique est en mesure de produire le nom de Dieu. La survenue de Dieu ne cesse-t-elle pas de surprendre l'homme? Rien, en effet, ne l'explique, sinon l'initiative souveraine de Dieu qui, en s'attestant lui-même, donne à le connaître. Le message monothéiste rend la philosophie pleinement consciente de ses limites, même s'il ranime le sens de la dimension transcendantale que la philosophie abrite dans l'humanité. Corrélativement, la confrontation avec la philosophie qui veut reprendre dans sa détermination le nom de Dieu, fait plus nettement reconnaître la vérité et la réalité nouvelles dont la théologie a la garde. Aussi pouvons-nous caractériser la démarche de ces essais comme une critique réciproque de la philosophie et de la théologie. Dans leur souci de vérité épistémologique, nos essais donnent la voix à la différenciation interne, parfois obscurcie, de l'homme qui cherche à maintenir les exigences de la pensée et la conscience de l'excédent divin. Qu'il s'agisse de la pensée métaphysique, du sens du sacré, de la conscience morale, de l'infini du désir, de la pensée du temps et de son au-delà, toujours nous nous trouvons devant la même réalité fondamentale: Dieu est le mystère de l'existence en ce que sa révélation est décalée par rapport aux questions que lève l'existence et aux vues préalables qu'elle autorise.

Ce principe commande l'ordre que nous avons donné à nos textes. Nous discutons d'abord la compétence de la philosophie en matière de religion. Puis nous nous attachons à dissiper les confusions qui troublent les interprétations du sacré. Suivent alors des études qui mettent en question la théologie naturelle. L'étude *Nom, présence, visage* entend dire comment on peut penser philosophiquement le Dieu dont la tradition biblique nous a légué l'idée. Ce parcours s'achève sur la pensée du temps, de l'éternité, de la finitude et de son au-delà. Cette pensée s'accomplit ici par l'interprétation croisée des concepts philosophiques et des énoncés chrétiens.

Dans la troisième partie, nous considérons la foi qui s'exprime et qui s'actualise par la fonction des signes humains et divins. Que ce soit dans le langage métaphorique qui énonce les mystères divins ou dans la pratique symbolique, la réalité qui vient d'en haut exerce son pouvoir de suscitation et son efficace en se joignant aux dimensions symboliques qu'apporte et que met en œuvre l'existence affective et corporelle de l'homme doué de langage.

La dernière partie regroupe des textes qui considèrent le christianisme dans son contexte culturel variable. On s'attache d'abord à éclairer le défi que pose la modernité à la foi: la sécularisation et le regard critique de la psychanalyse. Nous voulons montrer que ces faits majeurs de notre culture ont un effet salutaire sur la foi qui s'y rapporte avec vérité. Des textes plus localisés dans leur objet immédiat projettent ensuite un éclairage anthropologique sur quelques figures de foi chrétienne marquées par leur contexte culturel spécifique. La psychologie nous aide à les comprendre avec sympathie et à mieux voir leur particularité culturelle et religieuse. À la faveur des rapports différenciés que nous tissons avec notre monde contemporain et avec des figures appartenant à l'histoire chrétienne ou à d'autres milieux culturels, nous mesurons la puissance d'animation variable de l'Esprit et nous évitons également d'aplatir l'excédent divin sur des représentations et des pratiques contingentes.

A. VERGOTE

TABLE DES MATIÈRES

III

L'EXISTENCE SYMBOLIQUE

IV

LE CHRISTIANISME DANS LES MUTATIONS CULTURELLES

PREMIÈRE PUBLICATION

1. *Jésus Christ, Fils de Dieu.* Bruxelles, Publications des Facultés Universitaires Saint-Louis, 1981, 115-146.

2. *Ephemerides Theologicae Lovanienses,* 28 (1952) 5-23.

3. *Mort pour nos péchés.* Bruxelles, Publications des Facultés Universitaires Saint-Louis, 1976, 45-83.

4. X. LÉON-DUFOUR (éd.), *Exégèse et herméneutique.* Paris, Seuil, 1971, 109-147.

5. *Dictionnaire de la Bible. Supplément,* IX (1979), fasc. 48-49 (1973-1975) 252-260.

6. *Archivio di Filosofia,* 33/1-2 (1965) 189-204.
   E. CASTELLI (éd.), *Démythisation et morale.* Paris, Aubier, 1965.

7. *Archivio di Filosofia,* 56/1-3 (1988) 441-452.
   M. OLIVETTI (éd.), *Teodicea oggi?* Padoue, Cedam, 1988.

8. *Archivio di Filosofia,* 38/1-2 (1970) 375-390.
   E. CASTELLI (éd.), *L'infaillibilité. Son aspect philosophique et théologique.* Paris, Aubier, 1970.

9. *Concilium,* 130 (1977) 15-24.

10. *L'expérience de l'Esprit. Le Point théologique,* 18. Paris, Beauchesne, 1975, 209-223. *Mélanges E. Schillebeeckx.*

11. *Archivio di Filosofia,* 45/2-3 (1977) 21-35.
    E. CASTELLI (éd.), *L'herméneutique de la philosophie de la religion.* Paris, Aubier, 1977.

12. *Archivio di Filosofia,* 42/2-3 (1974) 471-492.
    E. CASTELLI (éd.), *Le sacré. Études et recherches.* Paris, Aubier, 1974.

13. *Ephemerides Theologicae Lovanienses,* 37 (1961) 481-502.
    Foi et réflexion philosophique. Mélanges Franz Grégoire (BETL, 19). Leuven, 1961.

14. *Philosophie de la religion - Godsdienstfilosofie. Miscellanea Albert Dondeyne* (BETL, 35). Leuven, University Press, 1974, ²1987, 297-327.

15. *Les quatre fleuves. Cahiers de recherche et de réflexion religieuse*, 23-24: *Le Bonheur.* Paris, Beauchesne, 1986, 37-47.

16. M. OLENDER & J. SOJCHER (éd.), *La séduction. Colloque de Bruxelles.* Paris, Aubier, 1980, 77-84.

17. *Louvain Studies*, 12 (1987) 99-115.

18. *Qu'est-ce que Dieu?* Bruxelles, Publications des Facultés Universitaires Saint-Louis, 1985, 515-538.
Hommage D. Coppieters de Gibson.

19. *Archivio di Filosofia*, 54/1-3 (1986) 365-375.
M. OLIVETTI (éd.), *Intersoggettività, socialità, religione*, Padoue, Cedam, 1986.

20. *Archivio di Filosofia*, 43/2-3 (1975) 93-108.
E. CASTELLI (éd.), *Temporalité et aliénation.* Paris, Aubier, 1975.

21. *Archivio di Filosofia*, 48/1 (1980) 377-391.
M. OLIVETTI (éd.), *Esistenza mito ermeneutica. Scritti per Enrico Castelli.* Padoue, Cedam, 1980.

22. *Archivio di Filosofia*, 49/1-3 (1981) 49-61.
M. OLIVETTI (éd.), *Filosofia e religione di fronte alla morte.* Rome, 1981.

23. *L'Eucharistie, symbole et réalité.* Gembloux, Duculot, 1970, 7-56.

24. M. CLÉVENOT (éd.), *L'état des religions.* Paris, La Découverte/Cerf, 1987, 388-393.

25. *Kerygma*, 14 (1980) 27-49.

26. *Concilium*, (1971) 39-49.

27. *Revue théologique de Louvain*, 10 (1979) 159-175.

28. *Lumen Vitae*, 25 (1970) 9-32.

29. *Revue théologique de Louvain*, 14 (1983) 421-445.

30. *Cahiers Confrontation*, 14: *La religion.* Paris, Aubier, 1985, 25-41.

31. R.E.V. STUIP & C. VELLEKOOP (éd.), *Visioenen.* Utrecht, Hes Uitgevers, 1986, 226-239.

32. *Humanités chrétiennes*, 24 (1980-81) 493-519.

33. *Collectanea Cisterciensia*, 2 (1980) 112-135.

34. *Philippine Studies*, 30 (1982) 5-26.

35. *Il Santo* 16/II (1976) 237-249. *Atti del primo colloquio interdisciplinare su «Il fenomeno Antoniano»*. Padoue, Centro Studi Antoniani, 1976.

Nous remercions les différents éditeurs qui ont consenti à la reprise des articles dans ce recueil.

& W. HUBER et H. PIRON, *La psychanalyse, science de l'homme.* Bruxelles, Dessart, 1964.
Psychoanalyse, wetenschap van de mens. Antwerpen, De Nederlandsche Boekhandel, 1966. 252 p.
El conocimiento del hombre por el psicoanalisis. Madrid, Ediciones Guadarrama, 1967. 342 p.
La psicanalisi scienza dell'uomo. Torino, Borla, 1968.
A psicanálise. Ciência do Homen. Lisboa: Edição «Livros do Brasil», 1972. 265 p.

Psychologie religieuse, Bruxelles: Dessart, 1966, 336 p.
Godsdienstpsychologie. Tielt-Den Haag, Lannoo, 1967. 416 p.
Psicologia religiosa. Torino, Borla, 1967. 318 p.
The religious man. A psychological study of religious attitudes. Dublin, Gill & Macmillan, 1969; Dayton, Ohio, Pflaum Press, 1969. 316 p.
Psicologia religiosa. Madrid, Taurus, 1969. 382 p.
Religionspsychologie, Otten/Freiburg, Walter-Verlag, 1970, 402 p.

Het huis is nooit af. Gedachten over mens en religie. Antwerpen-Utrecht, De Nederlandsche Boekhandel, 1974, 254 p.

Liberare Dio, liberare l'uomo. (Religione e scienze umane), Assisi Cittadella editrice, 1977, 187 p.

Interprétation du langage religieux, Paris, Seuil, 1974, 211 p.
La teologia et la sua archeologia. Fede, teologia e scienze umane. (Rivelazione e Storia, 2), Fossano: Editrice Esperienze, 1974, 211 p.

Dette et désir. Deux axes chrétiens et la dérive pathologique. Paris, Seuil, 1978, 317 p.
Bekentenis en begeerte. Psychoanalytische verkenning in de religie. Antwerpen, De Nederlandsche Boekhandel, 1979. 372 p.
Guilt and Desire. Religious Attitudes and their Pathological Derivatives. New Haven, Yale University Press, 1988, 254 p.

& A. TAMAYO, *The parental figures and the representation of God. A psychological and cross-cultural study.* Leuven, University Press & The Hague, Mouton Publishers, 1980, 255 p.

Religion, foi, incroyance. Étude psychologique. Liège, Mardaga, 1983, 328 p.
Religie, geloof en ongeloof. Psychologische studie. Antwerpen, De Nederlandsche Boekhandel, 1983. 335 p.
Religion, fede, incredulità. Studio psicologico. Milano, Edizioni Paoline, 1985.

Het meerstemmige leven. Antwerpen, De Nederlandsche Boekhandel-Pelckmans/-Kampen, Kok-Agora, 1987, 251 p.

& ALII, *Psychoanalyse. De mens en zijn lotgevallen.* Antwerpen, DNB-Pelckmans, 1988, 350 p.

I

QUESTIONS THÉOLOGIQUES

1

JÉSUS DE NAZARETH
SOUS LE REGARD
DE LA PSYCHOLOGIE RELIGIEUSE

I. Une vue humaine sur Jésus de Nazareth

Le but que je me propose dans cette étude, consiste à mettre la personnalité de Jésus à l'épreuve de la psychologie. On peut espérer que pareille approche dégagera certains traits qui demeurent inaperçus si l'on adopte d'emblée la vue croyante sur lui. Une vue humaine de Jésus met entre parenthèses la lumière de la gloire divine que la foi en la résurrection fait rejaillir rétroactivement sur l'homme Jésus, pour se faire contemporaine de ceux qui voyaient vivre Jésus et l'écoutaient parler. Pareil anachronisme n'est cependant pas pur. Nous ne pouvons pas oublier tout ce que nous avons trouvé en route depuis deux mille ans. S'il est possible pour le croyant de faire abstraction du Christ célébré par les Eglises, son regard rétrospectif sur Jésus portera toujours avec lui tout l'acquis de sa culture humaine. Et c'est bien ainsi que je voudrais interroger Jésus de Nazareth : dans l'attitude de quelqu'un qui est ouvert à sa signification religieuse, mais qui le scrute avec la connaissance qu'il a de l'anthropologie. Pour ceux qui croient, une connaissance de l'homme Jésus ne peut que mieux les disposer à écouter avec discernement le témoignage de la foi. Souvenons-nous de l'avertissement de Jésus lui-même : « Prenez donc garde à la manière dont vous écoutez : car on donnera à celui qui a, mais à celui qui n'a pas, on ôtera même ce qu'il croit avoir » (*Lc* 8, 18).

Pour mon propos, il m'importe donc de savoir qui est Jésus lui-même et non pas d'abord quel est son message; car l'étonnant destin de cet homme est que lui, dont toute l'existence était décentrée de lui-même et dont toutes les paroles centraient l'attention sur son Dieu, a cependant lié à sa personne des millions d'hommes par des liens de reconnaissance et d'affection plus forts que tout amour, plus forts même que la peur de la mort. On peut pieusement ou méchamment démystifier les images que les hommes ont apposées sur le visage de Jésus; ce serait une pirouette intellectuelle que d'y prendre un prétexte pour méconnaître sa personnalité exceptionnelle et d'une limpidité mystérieuse. Et c'est pour une part importante la personnalité de Jésus qui intrigue et bouleverse, et qui soutient la foi des chrétiens. Si la personne de Jésus n'était pas si attachante, peu d'hommes aujourd'hui demeureraient attachés au credo qui célèbre sa descendance divine, son assomption dans la gloire divine et sa présence vivifiante à travers les siècles. Il s'agit donc d'expliciter ce qui fait que Jésus touche tant d'hommes, non seulement par la foi dont il est l'objet, mais par ce qu'il est dans son humanité.

Il n'est pas nécessaire que Jésus se soit expliqué sur lui-même pour que nous ayons accès à sa personnalité. L'intérieur se fait extérieur dans ses rapports au monde, aux hommes et à son Dieu. Il suffit donc que l'exégèse nous garantisse l'authenticité historique des paroles, des faits et gestes de Jésus, tels que nous les rapportent les documents, pour que nous les prenions comme la figure expressive de son être intime. Bien entendu, les signes par lesquels Jésus se manifeste demeurent à interpréter. Il n'acquièrent leur signifiance que par leur différence d'avec les marques que d'autres hommes ont mises dans le monde. C'est donc à un examen comparatif qu'il faut procéder pour circonscrire l'identité de celui qui frappait par son originalité. Et comme il s'agit d'un homme essentiellement religieux, c'est particulièrement dans l'éclairage de la psychologie religieuse que je mettrai la personnalité de Jésus.

J'adopte délibérément la formule peu technique d'« éclairage » par la psychologie religieuse. Pour peu qu'on soit informé de l'histoire des religions, Jésus apparaît comme une variante très particulière de l'homme religieux; c'est d'ailleurs sa singularité religieuse qui fait de lui le référent permanent d'une religion qui a bouleversé la culture. Il s'agit dès lors en premier lieu de dilater et d'affirmer notre observation de la personnalité de Jésus par la variation imaginaire à laquelle nous a formés la psychologie. L'analogie et les contrastes avec les expressions et les attitudes des hommes religieux que nous connaissons nous rendra plus attentifs à la singularité de Jésus et les manifestations de celle-ci en recevront une signification neuve. Le contour précis de sa personnalité pourra ensuite nous inviter à imaginer des explications psychologiques à partir des connaissances que nous avons acquises de nous-mêmes et d'autres hommes grâce à des approches techniques comme celles de la psychanalyse.

Il ne faut cependant pas poser en principe la possibilité d'une explication psychologique satisfaisante. Personnellement, je suis résolument opposé à la conception de l'ancien psychologisme naïf et prétentieux, qui estimait pouvoir expliquer une personnalité et ses œuvres par quelque cause secrète dont le psychologue détiendrait la clé. L'idée d'une explication psychologique générale de la personnalité est un mythe pseudo-scientifique du XIXe siècle. Toute explication psychologique n'est que partielle. Comment travaille la psychologie, en effet ? Elle raccorde les données observables des conduites et des représentations aux antécédents de la proto-histoire personnelle qui les conditionne ou les détermine. C'est dire qu'une interprétation proprement psychologique commence au moment où nous observons la transformation de la personnalité. On constate quels sont les problèmes existentiels que l'homme en devenir essaie de résoudre et on cherche à déterminer les causes psychologiques qui favorisent les solutions heureuses et celles qui sont responsables des ratures, des tentatives avortées, des réussites partielles. On relie l'une à l'autre l'histoire concrète de la personne et son intention de dépassement sollicitée par les vérités et les valeurs auxquelles elle entend s'accorder. C'est en tout cas par ce travail d'interprétation que le psychologue clinicien s'efforce de comprendre les hommes, leurs réussites et leurs échecs. Bien entendu, à propos d'une personnalité comme Jésus, on peut se poser bien d'autres questions psychologiques encore. On pourrait se demander de quelle manière son intelligence s'est formée. On peut présumer qu'elle a été sujette au développement dont Piaget a étudié les étapes. On peut encore se demander si Jésus était soumis aux lois psychologiques qui présídent à la formation de la conscience morale par stades successifs comme Kohlberg (1) pense l'observer universellement chez les humains. Si Jésus a réellement progressé en sagesse devant les hommes et devant Dieu, comme l'affirme saint Luc, rien ne semble interdire pareilles hypothèses. Mais, en l'absence de données d'observation, ce seraient là de pures extrapolations spéculatives et qui ne nous apprendraient rien. La charge du psychologue n'est pas d'inventer des faits mais de les noter et d'essayer de les comprendre. Or, de Jésus, nous ne connaissons vraiment que les faits et gestes de l'adulte. Encore n'avons-nous, pour interpréter sa personnalité, aucune information apte à nourrir notre imagination psychologique. Non seulement tout souvenir d'enfance fait-il défaut, mais Jésus n'a laissé aucune trace de secrètes imaginations qui dénoteraient un clivage entre l'homme public et la personnalité intérieure. On a toujours l'impression qu'il n'y a aucun excès des paroles sur la personnalité de celui qui les énonce. Aussi longtemps qu'aucun indice ne le contredit, nous devons donc accepter qu'elles sont de la même étoffe. L'absence de toute notation proprement psychologique sur un homme aussi public s'explique très probablement par l'étonnante impression que faisait cet homme de toujours coïncider avec lui-même. C'est là déjà un phénomène sans commune mesure avec ce que nous savons de l'homme.

L'absence des observations sur lesquelles le psychologue travaille habituellement ne nous empêche pas de scruter plus avant cette figure car les traits de sa personnalité nous sont pour le moins aussi bien connus que ceux de Socrate ou de saint Paul. Les évangiles, en effet, le font revivre en de multiples profils et nous le voyons et l'entendons au contact de tout ce qui compose l'essentiel de l'existence : les joies et les douleurs des hommes, le mal et la bassesse de la trahison ou de la vénalité, l'amitié et le travail, la solitude et la mort ... On le suit tel qu'il est confronté aux riches et aux pauvres, aux marginaux et aux puissants, aux révolution-

(1) L. KOHLBERG, *Stage and sequence : the cognitive-developmental approach to socialization*, dans D. A. GOSLIN (ed.), *Handbook of socialization theory and research*, Chicago, 1969, Round Mc Nally, p. 347-480.

naires et aux autorités de la religion établie. Chacun de ces épisodes sollicite notre esprit interrogatif. Mais c'est aux traits les plus étonnants que je consacrerai ma réflexion : l'attitude de Jésus envers le mal, son rapport à son Dieu et l'autorité qu'il prend dans les choses de Dieu. J'analyserai ces vecteurs de la personnalité de Jésus comme je le ferais pour un autre homme, avec le seul souci de le situer comme une variante de l'humanité et d'apprendre ainsi, par la variation psychologique, quelque chose sur le mystère de cet homme.

Curieusement, pareille étude fait défaut dans la littérature psychologique sur la religion. Quant à la théologie, plus attentive aux questions classiques de l'anthropologie philosophique et moins au fait des sciences de l'homme, elle ne s'est guère attachée à analyser de manière systématique les caractéristiques humaines de Jésus. Le silence des psychanalystes étonne le plus. Depuis Freud, ils ont déployé tant de ressources pour tenter d'élucider les croyances et les rites chrétiens, mais, à ma connaissance, il n'ont consacré aucune étude au fondateur du christianisme. Je crois que seule une préconception explique leur silence. Pour eux, Jésus disparaît derrière le Christ de la foi et celui-ci est le produit mythique des processus psychologiques qu'il s'agit de mettre à jour. Etrange préjugé que celui de Freud pour qui Moïse serait un héros presque immédiatement accessible à travers les sédimentations séculaires des textes bibliques, alors que la personnalité de Jésus, tellement mieux attestée par les documents, disparaîtrait derrière les productions mythiques de la foi. Peut-être la théologie est-elle en partie responsable de ce parti pris, car son penchant monophysite a par trop estompé la figure humaine de Jésus de Nazareth. Plus probablement, c'est l'incroyance décidée qui a conduit à évacuer toute considération sérieuse du personnage historique qui est à l'origine du christianisme. L'assimilation rapide de tout le christianisme à l'univers mythique prévient l'interrogation par une apparence d'esprit critique (2).

---

(2) Exemple de pareille assimilation, faite par un ethnologue qui, dans son domaine, est autrement soucieux d'observation précise : L. DE HEUSCH, *Introduction à une ritologie générale*, dans *L'unité de l'homme*, Paris, Seuil, 1974, p. 695.

II. La personnalité de Jésus

1. Le réalisme humain et religieux de Jésus

Une première observation paradoxale s'impose : Jésus, de part en part homme de Dieu, témoigne d'un extraordinaire réalisme humain. Il suffit de lire côte à côte ses paroles et d'autres textes religieux pour s'étonner de l'alliance simple et directe entre la perception du monde et des hommes et, d'autre part, la constante pensée sur Dieu et son règne. Jésus observe avec beaucoup de finesse le monde familier des travaux, des joies et des peines des hommes, et ils sait les évoquer en quelques tracés heureux : les gamins qui jouent et se disputent sur la place publique, l'homme qui se lève au milieu de la nuit parce que son ami l'agace par sa demande insistante, la ménagère qui ne coud pas une pièce de drap neuf sur un vieux tissu, la femme qui cuit son pain, l'homme craintif qui enterre le talent de peur de le perdre, les pêcheurs qui trient les poissons, le maître qui revient de voyage ... Celui dont on ne dit jamais qu'il rit, fait preuve d'un humour malicieux lorsqu'il donne en exemple l'esprit d'entreprise du gérant révoqué qui recourt à des moyens d'une moralité fort douteuse. Visiblement, Jésus regarde les hommes avec plaisir.

Il n'est pas moins familier de la nature. Il la voit dans ses beautés et ses aspérités, dans la cruauté des vautours et dans la prodigalité de la moisson qui pousse et des lis des champs. Mais on ne perçoit jamais chez lui ni un lyrisme qui exalte la nature, ni de la répugnance pour ses laideurs. Elle émerveille Jésus, mais elle n'éveille pas sa nostalgie. Ses cruautés lui signalent la dureté de la vie, mais elles ne le blessent pas personnellement, car le rêve d'une existence idyllique ne l'habite pas. La nature est ce qu'elle est, simplement, et en ce qu'elle est, elle est entièrement une métaphore du règne de Dieu. Sa transparence est si immédiate et continue que Jésus n'a pas dû la transfigurer pour qu'elle lui évoque son créateur. Aussi ne peut-on pas se représenter Jésus chanter un hymne à la création tel que l'a composé François d'Assise. Le lyrisme de saint François laisse entendre la joie d'un homme qui, par la transfiguration symbolique, a su combler la distance entre la nature et Dieu. Jésus ne sait rien d'une telle antithèse; sous son regard concret et amoureux, la transparence métaphorique de la nature naît comme à son insu, aussi naturellement qu'un figuier produit ses figues. Il ne fait d'ailleurs jamais d'exposés sur la création divine du monde. Certes, on pourrait dire que la doctrine biblique allait de soi pour ses contemporains juifs. Encore aurait-on pu attendre d'un maître religieux qu'il rappelle le message monothéiste fondamental. Mais c'est précisément le style propre de Jésus de ne pas tenir des discours sur Dieu. Il ne parle que de Dieu, mais toujours de la même manière concrète que nous avons déjà relevée dans sa perception de la vie humaine et de la nature.

En fait, l'enseignement de Jésus sur Dieu est concret parce que, pour lui, la présence active de Dieu pénètre le temps concret de l'existence. Le réalisme humain et le réalisme religieux se rejoignent parfaitement. Si Jésus ne parle de Dieu que par figures, c'est parce que les images du monde sont plus que des représentations : elles sont les signes de la présence active de Dieu. En cette qualité de mise en présence divine, elles signifient également les principes par lesquels la foi entre dans le mouvement de Dieu. L'exégèse des paraboles illustre cette double isotopie : entre les figures du monde, le Dieu créateur, et l'événement du règne de Dieu. Prenons un exemple. « Il en est du règne de Dieu comme d'un homme qui aurait jeté du grain en terre : qu'il dorme ou se lève, la nuit ou le jour, la semence germe et pousse, il ne sait comment. D'elle-même, la terre produit d'abord l'herbe, puis l'épi, puis plein de blé dans l'épi. Et quand le fruit s'y prête, aussitôt il y met la faucille, parce que la moisson est à point. » (*Mc* 4, 26-29). Ce texte se prête à une lecture à plusieurs niveaux. On y entend le sobre émerveillement de Jésus pour la nature, dont en quelques raccourcis saisissants se trouvent évoquées devant nous la puissance productrice et la spontanéité bien réglée (« d'elle-même »). Lorsqu'Einstein disait que Dieu ne joue pas aux dés dans la nature, il aurait pu citer cette parabole. De même pourrait-on commenter cette parabole en reprenant la « gnose de Princeton » (3) pour laquelle l'univers, obéissant à des lois universelles, n'est que la face mondaine tournée vers nous d'une réalité mystérieusement divine. Mais, dans le contexte du rapport si per-

sonnel et direct que Jésus entretient avec son Dieu, l'image de la
spontanéité productive de la nature est plus qu'une métaphore d'un
Dieu philosophique. La nature elle-même est le symbole vivant de
la puissance de Dieu, de sa sollicitude et de sa bonté paternelles.
Dieu est présent et Il se manifeste dans la chair du monde, et Il peut
dès lors se rendre présent à l'homme qui sait entendre les métaphores de Jésus. Et c'est bien là l'intention qui anime la parole de
Jésus sur les signes naturels du Père : elle introduit effectivement le
règne de Dieu dans le temps présent de l'existence. Tout comme
l'homme ne peut que disposer la terre pour que la semence germe
et pousse d'elle-même en épis, de même ne peut-il qu'accueillir le
règne de Dieu, miraculeusement productif de par lui-même. Laisser
Dieu agir et se manifester comme Dieu dans le présent de l'existence
n'est cependant pas un laisser-être spéculatif ou contemplatif. Nous
savons la rigueur des exigences qu'entraîne l'accueil d'un Dieu qui
fait lever son soleil sur les mauvais comme sur les bons.

Le style de l'enseignement religieux de Jésus est incontestablement
bien singulier. Les grosses oppositions entre un Dieu conçu comme
un principe universel et abstrait et un Dieu d'amour ne font certes
pas droit aux expériences mystiques d'autres religions, comme
le relève avec indignation Georges Morel (4). Il se peut même que
toutes les qualités par lesquelles Jésus identifie son Dieu se retrouvent dans les représentations de Dieu que nous proposent certains
des plus grands hommes religieux. En ce sens, l'idée théologique
d'une révélation de Dieu par Jésus prête-t-elle à confusion et engage-
t-elle dans des polémiques fallacieuses. Car l'idée de révélation évoque
un contenu représentatif nouveau proposé à l'intelligence. Or, le
style propre de Jésus est de n'enseigner aucune idée que l'homme
ne pourrait déjà reprendre aux grandes traditions religieuses. Ce qui
nous paraît précisément original, c'est l'insertion de Dieu dans le
temps présent comme temps d'une double histoire, celle du monde
et de l'homme, d'une part, et celle de Dieu, d'autre part, qui œuvre,
de manière cachée, préparant un accomplissement au-delà de l'histoire du monde. L'essentiel est ici de comprendre que Jésus ne pose
pas une idée de Dieu que l'homme posséderait en recevant son dire

(4) G. MOREL, *Question d'homme : Jésus dans la théorie chrétienne*, Paris,
Aubier Montaigne, 199, p. 64 ss.

sur Dieu, mais qu'il transforme indirectement l'idée de Dieu en faisant advenir son règne dans l'événement actuel de son avènement annoncé.

Le message de Jésus fait ainsi éclater tous les schèmes auxquels la psychologie recourt pour rendre compte de la conduite humaine et de son comportement religieux. Jésus ne fait jamais appel aux besoins et aux motivations qu'analysent les psychologues et par lesquels peuvent s'expliquer certaines représentations de Dieu. Il n'invite pas les hommes à chercher un refuge dans un Dieu providentiel qui viendrait à leur secours dans la détresse, qui les libérerait de leur angoisse de la mort ou qui les consolerait dans leurs souffrances. Certes, heureux les affligés... Pour les pauvres, les affligés, les artisans de la paix..., pour tous ceux que les passions humaines de puissance et de jouissance font mépriser, Dieu est une présence actuelle qui rassasie et qui comble. Il l'est par ce qu'Il est, non pas parce qu'Il donne. Il ne montre pas son visage parce que l'homme cherche à être consolé ou rassasié. La parole de Jésus ne fait aucun appel aux désirs humains. Elle pose paradoxalement qu'en contradiction avec les motivations de l'homme, l'accueil du règne divin actuellement annoncé transforme la situation psychologique par l'irruption de la présence divine.

On ne peut donc pas séparer les énoncés de Jésus d'avec l'acte de leur énonciation même. Les motivations religieuses de l'homme qu'analyse la psychologie appartiennent à l'ordre des énoncés : des représentations de Dieu qui répondent à des besoins et des demandes très humains. Si Jésus avait dit : « Dieu est un Père qui vous consolera dans vos afflictions », il aurait sans plus mis en correspondance la recherche de la consolation et la représentation d'un Dieu consolateur. Mais Jésus dit : « Heureux êtes vous... »; vu tout le contexte du règne de Dieu proclamé comme actuellement présent, cela signifie : « Dieu vient actuellement à vous ».

L'homme Jésus de Nazareth qui parle ainsi n'entend de toute évidence pas supprimer le temps du monde. S'il ne participe pas lui-même à des œuvres de civilisation proprement humaines, il ne les méprise ni ne les désavoue. Tout comme la nature, le monde humain est ce qu'il est et il doit le rester. Evénement actuel et immédiat, le règne de Dieu transforme l'homme intérieurement et ses qualités doivent pénétrer le monde de la culture sans le supprimer. Comment d'ailleurs le règne de Dieu pourrait-il se substituer aux réalités humaines alors que ces dernières en sont les métaphores ? Contrairement à l'idée de l'homme religieux que présente Mircea Eliade, Jésus ne fait pas remonter au temps initial, au-delà du temps de l'histoire qui, d'après Eliade, serait la perte de la densité divine originaire. Jésus n'oriente pas non plus, comme les prophètes, vers le futur d'un règne que Dieu viendra instaurer. Aucun dualisme non plus dans la conception de Jésus : le corps et la matière ne sont pas une prison pour une âme spirituelle, comme dans le platonisme. C'est dans la chair du monde, dans la vie terrestre telle qu'elle est, que Dieu instaure maintenant le règne de sa présence, pour ceux et par ceux qui entendent son annonce et l'actualisent avec vigilance.

La perception réaliste qu'a Jésus de la survenue dynamique de Dieu s'allie ainsi parfaitement avec son amour réaliste de la nature et des activités humaines. Les quelques allusions que j'ai faites à d'autres discours religieux mériteraient d'être développées ; elles suffisent pour provoquer notre étonnement devant le phénomène religieux qu'est Jésus. Pour lui, Dieu ne vient pas combler des déficiences proprement humaines. La religion n'est pas non plus une entreprise pour le perfectionnement de l'homme par le dépassement de la condition humaine. Dieu est le Dieu des hommes qui vivent leur existence humaine. C'est précisément par la survenue de sa présence paternelle qu'Il n'est pas ce Dieu lointain qui sollicite les hommes à quitter leur condition humaine. Corrélativement avec le consentement à la réalité humaine, la conception de Dieu se transforme, mieux : Dieu se fait activement le Dieu des hommes tels qu'ils sont.

L'étonnante originalité du discours religieux de Jésus atteste à quel point il est lui-même radicalement humain. Cependant, tout comme son discours bouleverse le langage religieux, son humanité présente bien des énigmes pour qui veut en entreprendre l'analyse.

2. Le mystique sans désir mystique

Pour cerner l'originalité de Jésus, il est indiqué de le situer par rapport aux mystiques, puisque ceux-ci représentent de manière exemplaire l'homme qui s'applique à poursuivre et à vivre l'expérience religieuse. Peut-on appeler Jésus un mystique ? Nos premières

considérations sur l'homme Jésus de Nazareth nous font pencher
pour une réponse affirmative, si du moins on définit le mystique
comme celui qui vit continûment dans la présence de Dieu. Appa-
rement, personne autant que Jésus n'a réalisé l'état d'union parfaite
avec Dieu. Tout lui parle de Dieu et lui-même ne parle que de Dieu
et de son règne. Cependant, pour peu que l'on soit informé sur la
psychologie des mystiques, Jésus n'appartient pas vraiment à cette
catégorie d'hommes religieux.

Première observation étonnante : Jésus prie peu, au sens propre
du terme. Cependant, loin de mépriser la prière de demande, il
l'encourage. Il met seulement en garde contre une prière de style
païen qui entend communiquer à Dieu ce dont on a besoin :
« ... Votre Père sait bien ce qu'il vous faut, avant que vous le lui
demandiez » (Mt 6, 8). Il faut que l'homme s'adresse à Dieu
depuis sa situation humaine et qu'il exprime avec confiance ses dé-
tresses et ses désirs. Car le rapport à Dieu doit être aussi simple et
direct qu'avec un ami ou avec un père : rappelons-nous la parabole
de celui qui, de nuit, importune son ami parce qu'il a faim. Les évangiles racontent aussi que Jésus lui-même a prié ainsi lorsqu'il était
dans l'angoisse de la mort. Mais il a terminé sa prière de demande par
la prière de consentement confiant à la volonté de son Père, la même
prière qui se répète en trois formules au commencement du Notre
Père. Et nous savons que pour lui la « volonté » de Dieu n'est pas
une volonté immuable, mais celle qui prend des initiatives. On
peut penser que ce fut une même prière que Jésus adressait à son
Père lorsque, dans certains moments exceptionnels, il se retirait dans
la solitude, comme par exemple avant l'élection de ses apôtres.

Je présume que les rares notations des évangiles sur la prière de
Jésus rapportent la réalité de sa vie. Cette observation prend évidemment sa vraie signification si on la met en rapport avec l'injonction
paradoxale : « Priez toujours ». Cette parole doit traduire l'état
d'esprit qui est permanent chez Jésus lui-même. On devine que la
prière continue est en lui la source dont jaillissent ses propos si
simples et si directs qu'ils sonnent toujours comme coulant d'une
spontanéité expressive.

La rareté des prières de Jésus montre qu'il n'avait pas besoin de
se retirer du commerce des hommes pour se rassembler devant Dieu.
Sa prière était authentiquement celle d'un homme, mais, au con-

traire de l'homme, il ne devait pas s'exercer à la prière. En ce sens, sa prière est le modèle le plus parfait de la prière, mais, pour atteindre et maintenir l'attitude priante telle que Jésus l'a enseignée et pratiquée lui-même, les hommes doivent apprendre à prier et faire de la prière une éducation à la prière.

Les mystiques sont les témoins privilégiés de l'effort de purification dont la prière permanente peut être le fruit. Personnellement, je ne voudrais pas leur accorder un privilège dans la foi et, par conséquent, pas non plus dans la prière, puisque la foi vivante est une disposition à prier comme Jésus l'enseigne. Je suis convaincu, en effet, que la voie contemplative que choisissent les mystiques n'est pas de soi supérieure à quelque autre voie que ce soit. D'après l'enseignement de Jésus, tout commerce avec les hommes, en toute circonstance, offre l'occasion de mettre en œuvre l'avènement du règne de Dieu. Considérer la voie contemplative comme la plus apte à laisser Dieu se rendre présent à l'homme, ce serait contredire la teneur essentielle des paroles de Jésus. Toutes invitent, en effet, à interpréter chaque moment de la vie quotidienne et naturelle comme le *kairos,* le moment favorable pour une décision existentielle en faveur du règne de Dieu. Si, dès lors, je me réfère à l'expérience des mystiques, c'est en tant que leurs écrits nous apprennent plus explicitement de quelle manière et jusqu'où l'homme doit se transformer par un tenace travail de sublimation pour rejoindre la disposition qui est celle de Jésus.

J'emprunte à la théorie de Freud le terme de sublimation parce que la mystique puise elle aussi son énergie dans la libido et que, par une transformation qui ne la supprime pas, elle l'oriente vers une réalité supérieure. Car, c'est bien la vie affective, comme désir d'union et comme aspiration à la jouissance dans l'union, qui élance les mystiques vers l'accomplissement de la foi dans l'expérience unitive. Le lien inchoactif avec Dieu qu'au départ la foi fait éprouver, leur fait ressentir la douleur de la séparation et la vanité de leurs attachements terrestres. La foi oriente ainsi leur désir et aiguise l'insatisfaction affective dans laquelle ils se trouvent, divisés en eux-mêmes, incapables cependant d'atteindre l'accord intime avec Dieu et avec leur être essentiel. Ils voudraient vivre et aimer comme Dieu lui-même. En Jésus, ils reconnaissent le haut modèle d'une telle vie d'amour et, au plus intime de leur être, ils se savent faits à l'image et à la ressemblance de Dieu. Mais leur condition d'homme ne le leur permet pas, à moins qu'ils ne se purifient progressivement de tout ce qui, dans la situation de fait, fait obstacle à une existence univoquement divine. Non pas qu'ils veuillent devenir des dieux sur terre; les mystiques chrétiens se savent toujours humains, mortels et faillibles, et ils dénoncent dans l'orgueil religieux le dernier et le plus subtil des pièges que leur tend précisément le Mauvais, pur esprit d'orgueil dans l'auto-divinisation imaginaire. La divinisation à laquelle les mystiques sont convaincus d'être destinés, ils l'attendent de l'union avec Dieu que peut effectuer la grâce divine.

La mystique prend donc son essor dans la souffrance d'une séparation et dans l'espérance que la foi porte en elle. Dans son désir confluent la sollicitation qui vient de la promesse divine et la pulsation de la passion humaine. L'affectivité, l'imagination et l'intelligence s'y trouvent convoquées pour une présence avec laquelle elles ne sont pas spontanément en consonance, puisqu'elles ont leurs sources dans les corps sensibles et leurs objets connaturels, dans les choses visibles et dans les jouissances charnelles. Aucun mystique ne croit possible de surmonter hâtivement ces aspirations antagonistes. Seul un effort vigilant, systématique et douloureux permet de faire le deuil de la sensation, de l'affectivité, de l'imagination et de l'intelligence qui font jouir de leurs richesses propres et qui font dès lors obstacle à l'advenue de Dieu. Les mystiques sont même particulièrement attentifs à la puissance entravée qu'est le désir mystique lui-même; en effet, par sa naissance dans la nostalgie et par sa volonté de conquête, le désir mystique est un élan trouble. Le travail du négatif doit donc disposer le désir pour une nouvelle forme d'amour qui laisse la présence divine effectuer sa présence.

A entendre parler et à voir vivre Jésus, on est impressionné par la perfection spontanée de sa vie mystique. Nulle trace d'un désir d'union avec Dieu; aucun effort pour l'arracher aux liens des passions qui le tiendraient captif; jamais le signe d'une turbulence affective qui le plonge dans le désarroi. Loin de soustraire son Dieu à son regard intime, la nature et la vie des hommes, dans leur naturalité la plus humble, lui signifient la prodigalité et l'amour du Créateur et elles deviennent les paraboles du règne de Dieu. On ne peut cependant pas dénier à Jésus une sensibilité toute humaine. Il connaît la joie de l'amitié et il éprouve la souffrance du deuil. Son indignation religieuse éclate en violence devant l'impudent sacrilège de ceux qui font commerce dans la maison de Dieu ou devant l'incompréhension dominatrice de Pierre. On sent un feu brûler en Jésus; mais c'est l'amour pour son Père. Et la tendresse qu'il rayonne va droit aux hommes sans qu'une sensualité en entrave la spontanéité et la réceptivité.

Jésus adulte, tel que nous le connaissons, se trouve d'emblée au-delà du point extrême auquel conduit la trajectoire mystique. Comment comprendre cela ? L'hypothèse d'une précoce sublimation mystique se soutient difficilement. Tout d'abord, on ne voit pas quel modèle il aurait suivi, lui qui, par sa vie et sa mort, présente le modèle auquel les mystiques chrétiens tendent à se conformer et sans lequel leur désir mystique aurait pris d'autres voies. Nulle part d'ailleurs Jésus ne se réfère à un maître spirituel : la volonté de son Père est son référent direct et unique. Ensuite, pareille précocité dans le cheminement mystique est tellement contraire au temps d'un parcours imposé par les expériences humaines et par les étapes de la purification, que l'hypothèse explicative rendrait le phénomène encore plus énigmatique. Enfin, une troisième donnée s'oppose à pareille hypothèse. On ne connaît pas de mystique qui ait enseigné et qui ne se soit posé en guide spirituel de la voie mystique. Or Jésus n'a pas donné l'exemple d'une consécration élective à la vie mystique. Il ne l'a pas non plus conseillée et il n'en a pas même ébauché les principes directifs. Certes, l'injonction de toujours prier désigne le degré d'union avec Dieu que désire atteindre le mystique. Mais la doctrine mystique énonce les principes anthropologiques d'après lesquels l'homme peut et doit obligatoirement instituer l'adéquation avec la présence divine. Rien de tel dans l'enseignement de Jésus. Il affirme que, par lui, le changement décisif est intervenu pour tout homme qui accueille le règne de Dieu. Ses conseils se rapportent à la nécessaire vigilance. Du désintéressement de Jésus pour la voie mystique, je ne voudrais cependant pas inférer qu'elle serait contraire à son enseignement. Elle est simplement une voie possible pour s'approcher de ce qu'il propose. Conditionnés, comme tout homme, par l'histoire psychologique qui les oriente vers leur voie, les mystiques doivent exercer leur vigilance par rapport à leur itinéraire particulier. Peut-être même sont-ils de ces violents qui voudraient prendre le ciel de force; leur ascèse ne travaille-t-elle d'ailleurs pas par excellence sur les contradictions internes du désir mystique ?

Il faut donc bien convenir que la psychologie reste désarmée devant la vie mystique de Jésus. Le pur mouvement de son amour de Dieu et des hommes est en dehors de toute activité spécifique sur laquelle la psychologie aurait prise. Nous n'observons pas chez lui les processus d'un devenir conflictuel qui caractérisent le psychisme humain, même et surtout dans son rapport à Dieu. La joie qui accompagne l'advenue du règne de Dieu l'habite. Mais l'absence du terme de jouissance, terme si caractéristique des mystiques, laisse entendre que chez Jésus, l'amour ne se ressaisit pas dans sa propre activité accrue. Désir et jouissance, en effet, se répondent comme indigence et plénitude affectives. Il est propre à l'affectivité désirante de jouir amoureusement de son propre déploiement amoureux. Jésus, lui, se réjouit, même intensément, de voir le règne de Dieu s'établir. Mais comme il n'a pas dû désirer l'union avec Dieu, sa joie ne se retourne pas non plus sur elle-même en jouissance pour l'accroissement de l'inhabitation divine.

Comme Jésus pouvait se réjouir, il a également ressenti la tristesse et la déception et cela pour les mêmes raisons. La joie du règne de Dieu n'est pas l'ataraxie stoïcienne. Elle est une qualité de la vie à laquelle Dieu advient. Et l'avènement de Dieu est précisément un événement auquel Jésus participe affectivement, tout comme Dieu lui-même, d'après la Bible, se réjouit ou s'attriste de l'accueil ou du refus des hommes. Dans les mouvements affectifs qu'on observe chez Jésus, ce n'est pas la joie de la présence divine qui s'agrandit ou qui diminue.

La joie du règne de Dieu s'est-elle dérobée lorsque, face à sa mort horrible, Jésus a tremblé d'effroi et d'angoisse ? Tout le laisse supposer. Comme l'angoisse affecte au plus profond le moi de la personne, il me paraît absurde de penser qu'avec une angoisse aussi dévorante puisse coexister le sentiment de joie, voire d'extase mystique ou de vision béatifique. L'angoisse demeure une énigme psychologique et ce ne sont pas les interprétations philosophiques qui l'éclaircissent. Ce que nous pouvons comprendre, cependant, c'est qu'elle envahit la conscience au moment où le sujet subit, comme une représentation anticipée, la destruction agressive de son intégrité corporelle et, par conséquent, l'anéantissement de son moi corporel. La douleur physique, même la plus atroce, n'est pas aussi totalement envahissante, parce qu'elle reste localisée dans le corps que l'homme a. L'angoisse, par contre, transit le corps psychique que l'homme est. Elle crie la protestation contre l'anéantissement du moi comme être de conscience corporelle. Aussi est-ce l'expérience de la mort imminente, toujours ressentie comme une agression extérieure, qui représente la situation éminente de l'angoisse. Et l'on pourrait sans doute démontrer que l'angoisse pathologique reproduit l'angoisse de la mort en raison de certains processus et liens représentationnels inconscients. Concernant l'angoisse qui a surpris Jésus à Gethsémani, je n'hésite pas à dire que, s'il ne l'avait pas éprouvée, il aurait fallu que sa conscience dispose à sa guise de son corps, autrement dit : qu'il ne soit pas un homme, vivant un corps animé, mais un esprit qui commande un corps-machine de conte de fées. Par rapport à l'angoisse de Jésus devant la mort, j'invoque donc la psychologie contre de faux problèmes théologiques.

3. Le juste miséricordieux sans culpabilité

Freud écrit que les plus saints parmi les hommes souffrent le plus de culpabilité (5). Il serait plus exact de dire que, plus que les autres, ils ont conscience d'être pécheurs. En effet, la culpabilité est la souffrance affective dans laquelle prévaut le regret pour l'amour perdu d'autrui et pour la blessure infligée au propre moi idéal. Devant la face de Dieu, la culpabilité prend la figure de la conscience de péché. Mais cette expression est encore ambiguë. Le vrai sens du péché n'est plus un état d'âme, mais l'aveu exprimé à Dieu. Or, par l'aveu du péché, l'homme sort de l'enfermement affectif; car, par une parole opérante, il refait le lien avec Dieu et, recevant le pardon de Dieu, il se retrouve confirmé en lui-même par la confiance divine. L'attitude des saints acquiert une singulière cohérence dès qu'on en articule le mouvement. Freud, malheureusement, en solidifie le premier moment, celui de la lucidité critique sur soi-même. Apparemment, Freud rêve d'une humanité qui serait

(5) *Malaise dans la civilisation* (trad. fr.), Paris, P. U. F., 1971, p. 82-83.

libérée de ce mal psychique qu'est la culpabilité, mais il ne saurait pas pour autant disculper les hommes, lui qui refuse avec indignation l'injonction évangélique d'aimer les ennemis : ils n'en sont pas dignes, dit-il (6). La perplexité de Freud devant la culpabilité est instructive. Il veut être le thérapeute de l'humanité qui souffre de la mauvaise conscience; cependant, plus que personne, il observe empiriquement les vœux de mort, les désirs de vengeance, les volontés d'oppression qui se retournent en culpabilité. Et lorsque celle-ci est réprimée et non reconnue, elle se masque dans une pathologie psychique. Mieux que personne, Freud a démontré qu'aucune harmonie préétablie ne prédestine l'homme à l'innocence. Il n'a pas pour autant nié la responsabilité de l'homme; il l'a limitée. Enlever à l'homme sa responsabilité pour les fautes, même imaginairement accomplies, ce serait le réduire à un automate instinctuel et, du même coup, déclarer vaine la transformation par une parole remémorative vraie. Freud estimait les criminels meilleurs que ne le croit le jugement commun, et les saints moins bons, d'accord en cela avec les saints eux-mêmes. Mais il ne disculpait pas l'homme. Cette manière complaisante de le mépriser lui était étrangère.

Si j'évoque ici les idées de Freud concernant le mal et la culpabilité, c'est parce qu'elles rendent plus pressantes nos interrogations sur Jésus. Lui, dont on ne peut pas méconnaître qu'il est éminemment le juste, il ne donne jamais le signe d'une mauvaise conscience. Il n'appartient pas à l'ordre des saints qui, face à la sainteté de Dieu, ont une vive conscience de leur indignité et qui se réjouissent d'être gratifiés par la bienveillance divine nonobstant leurs infidélités. Il y a là quelque chose de fondamentalement non humain dans la psychologie de Jésus. On ne s'étonne pas que cela gêne, voire choque ceux qui, dans une disposition fondamentalement religieuse, voudraient reconnaître en Jésus le modèle de l'homme religieux.

Le dogme chrétien de l'exemption du péché originel ne doit pas trop rapidement étouffer notre interrogation sur l'homme Jésus. Poussons-la d'abord jusqu'au bout. Un homme sans faute et sans péché est psychologiquement inconcevable. On l'a toujours su et la psychanalyse s'est bornée à ratifier la sagesse séculaire en démon-

---

(6) *Malaise* ..., p. 63-64.

trant que le bien ne peut naître qu'en se gagnant sur une histoire personnelle sinueuse et trouble. Epinglons seulement deux observations à titre d'exemple. Imagine-t-on un être humain que n'effleure pas la jalousie ? Et pourquoi colle-t-elle à la peau de l'homme ? Parce que c'est en se comparant aux autres, en s'identifiant à ses semblables et en percevant en eux l'image possible de lui-même, que l'homme construit sa propre personnalité. Or la comparaison aux autres, qui est une puissance formatrice, implique également les désirs d'avoir ce qu'ils ont et d'être ce qu'ils sont, même de les dépasser. La compétitivité est un stimulant extraordinaire, mais elle entraîne agressivité et mépris et, chez ceux qui ne réussissent pas, mépris de soi-même et volonté de destruction. Avertis des méfaits de la compétition, on voudrait parfois la supprimer; mais le plus doux des rêveurs rousseauistes ne fera pas qu'elle ne repousse partout où l'homme ne fait pas le mort. Psychologiquement, la bienveillance ne peut se conquérir que par une vigilance continue qui met les pulsions humaines au service du bien. C'est dire qu'à un degré indécidable, le mal contamine toujours le bien.

Et, en dehors de certains chantres ou prédicateurs de l'amour sublime, qui ne sait pas d'expérience que l'amour est un écolage de l'amour ? On n'imagine pas d'amour qui soit sans désirs et sans représentations imaginaires et qui, dès lors, ne passe pas par des doutes, des mouvements de revendication, même d'obscures percées de haine. L'amour pour Dieu, s'il est un mouvement total de la personne, n'est pas exempt de ces discords, tout à la fois passionnels et responsables.

Dès que l'homme entre dans la culture et s'humanise en se guidant sur les lois de l'humain, il éprouve, comme saint Paul, qu'il ne fait pas le bien qu'il voudrait, mais le mal qu'il ne voudrait pas faire. Il se sait à la fois victime et acteur responsable. Ce n'est pas sans cause que la Bible situe le péché initial dans un paradis utopique, un lieu qui n'est pas de ce monde. Seul le langage mythique d'un paradis anhistorique peut faire inconsciemment le compromis astucieux entre l'idéal de l'innocence et la réalité humaine. Encore ce compromis n'a-t-il résisté que peu de temps aux tendances de l'homme effectif.

Que Jésus se présente comme un homme qui n'éprouve pas la conscience du péché demeure donc un mystère psychologique. Dans l'ordre humain, une telle inconscience du mal ne se rencontre que dans la figure du paranoïaque dont le misanthrope de Molière représente le tableau mi-tragique mi-comique. La paranoïa, en effet, retourne inconsciemment et par projection l'auto-accusation en accusation d'autrui. Sans doute le fléchissement contemporain du sens du péché participe-t-il de ce processus. Rêvant d'une société utopique, on accuse volontiers les autres de tous les maux et on se blanchit la conscience à bon compte.

En face du mal, l'attitude de Jésus est la moins paranoïaque qui soit. A l'extrême moment de la torture par haine monstrueuse, il prie son Père de pardonner aux bourreaux qui ne savent pas ce qu'il font. Remarquons la contradiction : le pardon ne suppose-t-il pas la faute ? Mais celui qui ne sait pas vraiment ce qu'il fait n'a pas besoin de pardon. Pareille contradiction appartient aussi à la conscience religieuse. Elle pardonne parce qu'elle a conscience d'avoir elle-même davantage besoin d'être pardonnée. Avec humour, Jésus le rappelle lorsqu'il présente à l'homme accusateur sa caricature : « Pourquoi regardes-tu la poussière que ton frère a dans l'œil, lors que tu oublies la poutre que tu as dans le tien ? » (*Mt* 7, 3). Souvenons-nous aussi de la femme adultère : « Que celui qui d'entre vous est sans péché lui jette le premier une pierre » (*Jn* 8, 7). Jésus ne demande pas qu'ils disculpent la femme adultère; ce serait soit consentir à son péché, soit la déclarer irresponsable. Il leur interdit de la condamner parce qu'eux-mêmes demandent de ne pas être condamnés pour leurs péchés. Jésus lui non plus ne la condamne pas; mais en lui disant : « Va, désormais ne pèche plus », il confirme que son adultère était un péché tout en l'invitant à se convertir. Il est légitime de penser que Jésus l'excuse elle aussi; lui, qui fait toujours preuve d'une compréhension si profonde de ce qui se passe en l'homme, il doit percevoir quelle passion ou quelle soif de tendresse avait ébranlé cette femme. Comment ne se dirait-il pas d'elle ce qu'il dira de ses bourreaux ? Il ne lui enlève pourtant pas sa responsabilité humaine devant Dieu.

L'enseignement de Jésus flétrit l'hypocrisie religieuse qui est analogue à la structure paranoïaque. La conscience de ses propres péchés, au lieu de se détourner dans le jugement des autres, doit rendre miséricordieux et motiver l'offre de pardon. Le plus étonnant, du point de vue psychologique, est que sans qu'il se reconnaisse lui-même pécheur, Jésus adopte à la perfection l'attitude qu'il exige de l'homme : il ne disculpe pas, il reconnaît le mal que fait l'homme, mais il l'excuse, le pardonne et demande à son Père de le pardonner. Cette énigme psychologique prend toute sa signification lorsqu'on est attentif à la motivation qui anime l'attitude de Jésus : il s'identifie si parfaitement à ce qui est pour lui la disposition de son Dieu que, comme Lui, il va au devant des hommes pour leur révéler leurs péchés en même temps qu'il les invite à les confier au pardon divin. Cela ne signifie pas que Jésus prenne la position de Dieu. Il déclare les péchés pardonnés; mais c'est à son Père que l'homme doit les avouer et demander de les pardonner. Le jugement appartient à Dieu seul. Pour Jésus, ce serait une usurpation d'accepter qu'on lui attribue des titres qui ne reviennent qu'à Dieu : « Nul n'est bon que Dieu seul » (*Mc* 10, 18).

Je n'ai donc nullement élucidé le mystère de la personnalité de Jésus. Je peux seulement avouer qu'il manifeste des attitudes qui se contredisent selon les lois de la psychologie humaine. Le sens moral et religieux le plus accompli coexiste en lui avec l'absence de la conscience du péché. L'absence de culpabilité ne se retourne pas en accusation. Il adopte naturellement la disposition de Dieu sans aucune idée de grandeur et sans jamais laisser percer une trace d'auto-divinisation. Devant les paradoxes démultipliés que les détours de la psychologie déploient, celle-ci ne peut que rester muette.

4. Le messager qui s'autorise de Dieu pour parler en première personne

L'autorité de Jésus est ce qui a le plus frappé ses contemporains. De fait, Jésus parle et agit comme quelqu'un qui est pleinement investi d'autorité dans les choses de Dieu. Il a une conscience immédiate et constante de parler au nom de Dieu. Sans qu'il ait à scruter l'intention de son Père, il la connaît pour tout ce qui concerne l'humanité actuelle. Pour son propre destin, il demeure cependant l'homme qui ignore la volonté de son Père jusqu'au moment où il la reconnaît dans les situations auxquelles il doit faire face. Ainsi demande-t-il à son Père qu'Il lui épargne la mort telle qu'elle s'annonce, visiblement convaincu que Dieu est libre d'intervenir effectivement dans les circonstances de sa vie; mais il s'en remet à la décision que Dieu prendra pour lui. J'incline à penser que le séjour au désert et que l'initiative prophétique de Jean le Baptiste ont également signifié à Jésus sa vocation de messager de Dieu. Ces événements décisifs dans la vie de Jésus n'étaient tout de même pas pour lui une pieuse comédie en vue de l'édification des autres. Il faut donc maintenir ensemble les deux données : Jésus se réfère à son Dieu dont il attend qu'il manifeste sa volonté et, la connaissant, il s'en autorise pour proclamer, en première personne, son message, sans peur de défaillir, pleinement assuré dans l'autorité dont il se sait investi.

Sa parole vient d'ailleurs, mais c'est lui qui la dit en première personne : « Moi, je vous le dis ». Les prophètes se faisaient les échos d'un Dieu parlant en première personne et ils concluaient leurs messages par l'expression : « Parole de Dieu ». Des prophètes, on peut dire : « Ça parle en eux », le ça étant ici l'incertain mélange de l'imagination humaine et de la parole divine qui la saisit. Jésus, par contre, est pleinement le sujet de ses énonciations.

Cette particularité se confirme par l'absence de visions chez Jésus. En tout cas, on ne les lui attribue pas et lui-même n'en mentionne jamais. Il lui arrive, certes, quelquefois de parler en termes de visionnaire apocalyptique. Il le fait avec une sobriété qui contraste avec les envolées poétiques des prophètes et avec l'exubérance imaginaire des visionnaires apocalyptiques. Tout fait penser qu'il reprend seulement au langage familier de son époque quelques figures du style visionnaire. Les visions et les auditions que rapportent les évangiles sont toujours le fait de ses disciples, comme c'est par exemple le cas au mont Thabor (7). Le mode de vie de Jésus s'accorde d'ailleurs difficilement avec celui des visionnaires que nous

(7) Il y a une exception : d'après les textes synoptiques (*Mc* 5, 9-11; *Mt* 3, 13-17; *Lc* 3, 21), c'est Jésus lui-même qui voit l'Esprit descendre sur lui, sous l'apparence d'une colombe, et c'est Jésus qui entend la voix divine. Notons cependant qu'en *Matthieu*, la voix de Dieu le désigne en troisième personne (« Celui-ci... »), comme s'il s'adressait aux autres. L'exception que représente cette éventuelle vision de Jésus ne déforce pas notre argumentation. Tout d'abord, on doit se demander s'il ne s'agit pas d'un genre littéraire. Jésus, en tout cas, n'a pas parlé de ses visions, alors que les prophètes se réfèrent constamment à leurs visions. Et à supposer qu'une vision ait inauguré la vie publique de Jésus, le contenu de cette vision consiste précisément à déclarer le rapport particulier entre Jésus et Dieu et à le confirmer dès lors dans une autorité exceptionnelle.

connaissons. Il fréquente constamment les hommes, il se laisse inviter à la table des puissants et des petits, des parangons de la loi mosaïque et de ceux que l'on méprise et exclut pour leur impureté rituelle. Jamais l'extase ne l'isole dans un univers séparé.

Les visions et les auditions s'opposeraient encore plus à l'autorité avec laquelle Jésus parle en première personne. Celle-ci implique une immédiateté sans médiation. Or les visions sont toujours une mise en présence intermittente et qui, par leur nature extraordinaire, renvoient au futur d'une présence permanente. Il en est ainsi des visions prophétiques et apocalyptiques. Ces visions ont la structure de l'oracle. Une phrase d'Isaïe en résume le sens et en présente la forme spécifique : « C'est pourquoi mon peuple connaîtra mon Nom ce jour-là, car je suis celui qui dit : " Me voici ! " » (Is 52,6). Jésus, par contre, parle essentiellement au présent; par sa parole et par son action, il effectue ce que les visions oraculaires prédisaient pour « ce jour-là ».

Comparée à l'autorité avec laquelle les prophètes parlent et agissent, celle de Jésus est donc à la fois semblable et dissemblable. Elle leur ressemble en ce que les prophètes et Jésus ont conscience d'être investis par Dieu pour annoncer son initiative qui s'introduit dans le temps et dans le monde humains. La structure du rapport de Jésus à Dieu et au monde est celle du prophétisme. Elle ne relève pas de la mystique. Le mystique, en effet, n'est pas le médiateur d'une initiative historique de Dieu. Aussi les visions des mystiques n'ont pas de visée prophétique universelle. Dans l'esprit des mystiques, les visions leur sont données comme l'ébauche anticipée de l'union indivise avec Dieu vers laquelle peut les conduire leur itinéraire. Les visions mystiques, tout comme celles des prophètes, représentent des promesses d'une présence divine nouvelle et plus plénière. Cependant, les mystiques n'envisagent pas un nouveau statut du rapport entre Dieu et l'humanité, mais seulement une appropriation personnelle plus entière de la présence divine telle qu'elle est disponible. Pour cette raison, les visions ne confèrent pas au mystique l'autorité du message.

Tout en appartenant à la structure du prophétisme, Jésus se distingue des prophètes en ce qu'il parle comme celui par qui Dieu advient dans le présent. Nous observerons donc dans la manière dont se présente Jésus une cohérence structurale entre l'autorité personnelle avec laquelle il parle et agit en première personne et, d'autre part, son affirmation de la réalisation actuelle du royaume de Dieu. Autrement dit, la mise au présent qui caractérise ses énoncés, contrairement à ceux des prophètes, correspond à l'autorité immédiate qu'il s'attribue. Jésus qui parle en première personne se présente comme coïncidant avec la parole de Dieu qui instaure son règne et Jésus qui agit laisse comprendre que Dieu agit actuellement par lui.

L'analyse de la manière dont Jésus s'exprime et agit, fait donc ressortir une position religieuse tout à fait singulière. Si nous acceptons que les textes conservent la mémoire du style particulier de ses énoncés et de son comportement, et si nous en faisons une phénoménologie quelque peu rigoureuse, nous devons conclure que Jésus avait une connaissance immédiate de Dieu en tant qu'instituant par lui son règne. Il ne devait pas l'apprendre par les médiations figuratives et toujours assez opaques que sont les visions. Il ne s'agit d'ailleurs pas d'un futur mystérieux que, par leur nature même, seules des visions peuvent dévoiler. Dans la connaissance qu'a Jésus de Dieu agissant par lui, il n'y a pas la distance qu'introduiraient des visions, ni la distance qui sépare le présent et le futur, ni la distance qu'introduisent des images médiatrices. Jésus, et lui seul, connaît Dieu comme agissant par ses paroles déclaratives et par ses gestes opérants.

Cette connaissance immédiate de Dieu agissant par lui implique évidemment une connaissance particulière de la nature de Dieu. Comme les études exégétiques l'ont montré, Jésus s'adresse d'ailleurs à son Dieu avec un vocable qui lui est propre : *Abba*, Père. Ce nom par lequel Jésus identifie son Dieu dans l'interlocution de la prière, comporte une confiance et une intimité personnelles qui s'accordent, d'une part, avec la position religieuse particulière de Jésus et, d'autre part, avec la joie comme qualité du règne de Dieu advenu. Le nom de Père marque cependant plus que l'être de Dieu au sens philosophique de la nature divine. En effet, la paternité comporte l'initiative de celui qui effectue sa paternité en reconnaissant le fils et en instaurant le lien de la filiation (8). Dans l'appellation « Abba »

_____

(8) Nous avons développé cette idée, souvent méconnue, dans *Le nom du Père et l'écart de la topographie symbolique*. Voir notre ouvrage *Interprétation du langage religieux*. Paris, Éditions du Seuil, 1974.

coïncident donc les trois éléments qu'a dégagés notre analyse de la personnalité de Jésus : la position de celui qui instaure actuellement le royaume de Dieu, son autorité en première personne et sa connaissance immédiate de Dieu en tant que Père effectuant sa paternité pour lui et par lui.

Pouvons-nous maintenant interpréter et comprendre la connaissance particulière qu'a Jésus de Dieu et de sa mission ? Mais d'abord, que signifie une telle question ? Du point de vue qui est ici le nôtre, il ne s'agit évidemment pas de faire appel à des catégories théologiques, mais d'aller au-devant du phénomène Jésus avec les schèmes de compréhension que nous empruntons à l'anthropologie. Une vue humaine sur Jésus de Nazareth implique en effet que, dans une attitude heuristique, on essaie de comprendre le phénomène singulier que représente Jésus en le ramenant à des catégories et à des structures universelles.

Mettons dès lors à l'essai une des catégories avec laquelle, de nos jours, on a coutume de rendre compte de la foi religieuse : celle d'expérience religieuse. C'est en recourant à cette catégorie que le théologien Schillebeeckx entend également interpréter la personnalité de Jésus et la manière dont il s'est présenté. « L'expérience de Dieu comme Abba » *(de Abba-ervaring)* apparaît être la source de la nature propre de l'action *(praxis)* et du message de Jésus; sans et en dehors de cette expérience religieuse, ils perdent dès lors leur sens et leur contenu propres et ils ne sont plus authentiquement ceux de Jésus » (9). Tout en faisant de la catégorie d'expérience la clé de voûte de son commentaire, l'auteur n'en présente nulle part une analyse systématique. On a l'impression qu'une certaine phénoménologie du sacré et des souvenirs plutôt imprécis de la phénoménologie de Husserl et de Merleau-Ponty concourent à donner un contenu, peu articulé, au terme d'expérience religieuse. Ce n'est pas ici le lieu de faire l'analyse critique de ce thème omniprésent dans la théologie contemporaine. Du moins, devons-nous examiner s'il apporte un éclairage sur le phénomène Jésus, s'il en rend fidèlement

---

(9) *Jezus. Het verhaal van een levende*, Bloemendaal, H. Nelissen, 3ᵉ éd. 1975. La traduction est de nous. Ce thème est récurrent dans les p. 218-222.

compte, ou s'il n'est qu'une métaphore qui, tout en l'enveloppant d'obscurité, nous donne l'illusion de le dévoiler.

Nous pouvons évidemment appeler « expérience » la connaissance singulière qu'a Jésus de son Dieu, pour autant que le terme d'expérience désigne précisément l'immédiateté d'une présence comme source de connaissance. Mais le terme d'expérience est analogique. Il s'applique d'abord à la perception et l'on sait combien complexe et problématique est la question d'une connaissance que médiatisent les fonctions symboliques du langage. Ainsi, l'expérience religieuse n'est-elle vraiment pas une donnée simple, comme le laisse entendre l'usage répété de l'expression. Et quelle intelligence de la personnalité de Jésus gagne-t-on en subsumant son rapport à Dieu sous le terme d'expérience religieuse ? L'expérience religieuse universellement humaine est toujours l'aboutissement d'une démarche complexe qui se fait sous l'égide du système symbolique de la religion : l'homme religieux reçoit les discours et les signes religieux et il se les approprie personnellement dans l'expression de son adhésion et dans son action rituelle. L'expérience religieuse de Jésus est manifestement d'un autre ordre : même si elle s'inscrit dans la tradition biblique, elle diffère de celle des prophètes; et celle-ci représente déjà un phénomène religieux très particulier. Situer Jésus dans le prolongement d'une universelle expérience religieuse est donc une interprétation trompeuse qui, sous le prétexte d'une interprétation clarifiante, méconnaît la *structure* singulière de cette expérience.

L'expression « expérience religieuse » est d'autant plus leurrante ici qu'elle trahit la forme et le contenu des paroles de Jésus. En effet, elle laisse entendre que Jésus vient communiquer aux hommes le contenu de son expérience. Est-ce là ce que nous entendons si nous écoutons attentivement les paroles de Jésus ? Il ne parle pas le langage des mystiques qui décrivent leurs expériences d'union avec Dieu en vue d'attirer et de guider ceux qui cherchent à faire l'expérience unitive de Dieu. Jésus ne parle d'ailleurs que très exceptionnellement de son rapport personnel à Dieu. Il ne tient pas non plus le langage des prophètes dont les visions annonciatrices du futur sont une sorte d'expérience médiatisée par des images symboliques. Le langage de Jésus n'est jamais descriptif, comme l'est nécessairement celui de l'expérience. En des métaphores et par des énoncés indiciels, Jésus affirme l'advenue du règne de Dieu. Cette affirmation n'est pas une description mais une déclaration, faite avec l'autorité de celui qui, par sa déclaration, pose la réalité nouvelle. Il la proclame. Ce langage, au lieu d'être descriptif, est performatif : il opère la présence qu'il indique comme cachée en des signes. De ce fait, le langage de Jésus sollicite l'engagement de l'auditeur selon des conditions rigoureuses. En effet, la présence de Dieu qu'il déclare, n'est qu'un réel disponible et conditionnel. Si l'homme écoute et saisit le *kairos*, le moment opportun, la présence de Dieu deviendra réelle pour lui et il pourra faire l'expérience de la joie et de la paix qu'elle lui donne. Mais ce sera toujours par la conjonction de son écoute accueillante de Jésus et de l'interprétation créatrice que lui apporte le désir humain.

Le contenu et la forme de la parole de Jésus ne se comparent donc à celle d'aucun autre maître religieux. Que l'on soit croyant ou incroyant, l'honnêteté intellectuelle oblige à reconnaître dans les discours de Jésus le jaillissement originaire d'une parole trop singulière pour qu'on puisse la ramener à des schémas généraux comme celui de la communication d'une expérience. La parole de Jésus se donne comme l'acte même de Dieu qui institue son règne par son message. Ce que nous observons, c'est que Jésus a une connaissance immédiate de Dieu comme opérant par lui son advenue. Lui-même n'a pas besoin de signes et de représentants de l'acte divin : il a conscience d'être le signe et l'auteur. Le noyau de sa connaissance de Dieu est sa conscience immédiate et simple de ce que Dieu opère par lui. Personnellement, je ne crois pas que Jésus témoigne d'une connaissance de Dieu qui s'étende au-delà de sa relation de médiateur actuel de l'acte divin. Son autorité en tout cas ne consiste pas à parler du lieu de son Père, comme s'il était lui-même un dieu sur terre. Il parle avec sa propre voix, en première personne, mais ce faisant, il s'autorise de Dieu, pour autant que sa parole effectue *hic et nunc* le règne de Dieu. L'avenir appartient à son Père et le Fils l'ignore. De même, prie-t-il, face à sa propre mort, pour que son Père lui fasse connaître sa volonté. Au moment où se termine sa tâche de proclamer la présence active du règne de Dieu et où la nuit descend sur lui, reste seulement la connaissance confiante que son nouveau destin réalisera la destinée que son Père a décidée pour lui et, par lui, pour l'humanité.

III. Conclusions

Je me limiterai, en guise de conclusion, à interroger certaines conceptions de Jésus de Nazareth qui me paraissent peu soucieuses de sa réalité humaine telle que j'ai cru devoir la décrire. Mais si je rappelle les croyants et les théologiens à la prudence et si je démythologise certaines représentations, je tiens aussi à reconnaître que le sol sur lequel je fonde mes considérations critiques est étroit. Je me suis fait autant que possible le témoin contemporain attentif de Jésus mais je ne dispose pas de l'immense outillage avec lequel les historiens et les exégètes sont en mesure de cerner plus exactement la signification des textes évangéliques.

1. Une première conclusion se dégage : Jésus représente une énigme psychologique. De part en part humain et consentant avec amour à la vie des hommes, il apparaît comme libre de ce qui chez l'homme est le plus essentiellement psychique : la préhistoire psychologique faite de conflits affectifs, de progressifs renoncements et d'identifications successives et toujours plus ou moins incertaines. Nous ignorons tout de l'enfance réelle de Jésus. Mais nous savons d'expérience certaine que tout homme adulte garde les traces de la longue et difficile formation de sa personnalité. Comme nous n'en observons aucun indice chez Jésus adulte, nous devons conclure soit qu'il y a eu une rupture radicalement transformatrice entre l'enfance et la vie adulte, soit que l'enfance était si exceptionnelle qu'elle défie toute interprétation psychologique. Les paradoxes psychologiques auxquelles nous conduit l'observation de Jésus durant sa vie publique sont impressionnants et ils attestent une liberté si simple et si entière qu'elle exclut les complexifications limitatives mais nécessaires chez l'homme.

La forme déclarative et le contenu des paroles de Jésus appartiennent à la structure du prophétisme et non pas à celle de l'expérience religieuse. A cet égard également, la psychologie ne peut apporter aucun schème d'intelligibilité qui rende compte du phénomène Jésus. Ce sont les catégories de la philosophie du langage qui cernent le mieux sa position par rapport à Dieu et aux hommes.

A tout considérer, nous pourrions le mieux désigner la personnalité de Jésus telle qu'il se manifeste, agit et parle, en reprenant deux formulations de la foi, sans que, de notre point de vue, nous leur donnions une signification proprement théologique. D'abord, Jésus est le Verbe de Dieu, en ce sens que son message, par le caractère performatif de son langage, est une parole qui s'autorise de Dieu pour déclarer et instituer la présence divine dans le temps humain. Nous dirions ensuite que Jésus se présente comme le fils de Dieu. L'invocation singulière par laquelle Jésus s'adresse à son Dieu en l'appelant « Abba », signifie à la fois sa connaissance immédiate de Dieu et le fait qu'il a conscience d'être posé dans une filiation divine. La paternité, en effet, n'est pas un état mais la mise en œuvre d'une relation. Ainsi le terme « fils de Dieu » désigne-t-il adéquatement la position structuralement définie que Jésus adopte vis-à-vis de Dieu. Et même si Jésus ne s'était pas lui-même présenté avec ce titre, nous pourrions l'adopter pour identifier la manière dont il se présente aux yeux de ses contemporains.

Notre analyse ne manquera pas de susciter de graves questions. Ayant rencontré Jésus de Nazareth avec l'acquis de la psychologie religieuse, nous avons dû, par honnêteté, marquer un écart essentiel entre lui et l'homme religieux. Il ne s'agit pas seulement d'une différence de degré mais d'une rupture avec l'ordre humain. Nous avons dû reconnaître tout à la fois le réalisme humain de Jésus et, pour toutes les dimensions fondamentales, la différence radicale entre lui et ce qui est universellement humain. Le sens de la faute et le désir mystique appartiennent à l'essence même de l'homme religieux. Et l'expérience religieuse résulte toujours du système symbolique qui fait de l'homme un être religieux. Comment Jésus peut-il être réellement humain sans participer à ce qui est essentiel et universel chez l'homme religieux ? Nous n'avons pas de réponse à cette question. Mais nous préférons reconnaître ouvertement l'énigme plutôt que de lui enlever son tranchant par des expressions mystifiantes et par des concessions au désir humain de normaliser un phénomène singulier.

2. Les disciples de Jésus ne pouvaient qu'être intrigués par les traits d'une personnalité tout à la fois si réellement humaine et excédant l'universelle condition humaine. D'après les textes, la foi dans la résurrection et dans la glorification divine de Jésus a donné après coup la réponse qui élucide le mystère de Jésus de Nazareth. L'aperception de ce mystère humain et religieux a-t-elle suffi pour engendrer la foi dans la résurrection ? Personnellement, j'en doute, non

seulement au vu des textes qui racontent le désarroi des disciples
devant la mort de Jésus et ensuite leur surprise, mais aussi pour des
raisons psychologiques. L'hiatus me semble infranchissable entre ce
que les disciples ont vu et entendu et ce qu'ils croient après la résurrection. Ils auraient pu continuer d'adhérer au message de Jésus, en
l'interprétant de diverses manières, ainsi que le font de nombreux
contemporains ou certains fidèles du temps de saint Paul pour qui
Jésus demeure un maître spirituel mais dont la personnalité, aussi
mystérieuse soit-elle, n'en appelle pas à une exaltation divine à
venir.

Pour rendre compte de la foi post-pascale, certains avancent
l'expression d'« expérience de la résurrection ». Mais nous devons
à nouveau nous demander ce que signifie ici ce terme. Ou bien il
s'agit d'une perception, visuelle et auditive, de Jésus vivant après
sa mort ; dans ce cas, le terme d'expérience ne fait que décrire en
d'autres mots ce que racontent les Ecritures : l'expérience percep-
tuelle qui, comme toujours, prend sa signification dans tout son
contexte, et dans ce cas-ci : le souvenir plus ou moins croyant de
l'homme Jésus. Ou bien, par l'expression « expérience de la résurrection », on veut signifier qu'un travail intérieur de conversion
s'est fait qui aboutit à la foi dans la résurrection. Dans ce cas, les
visions racontées sont soit des formes d'hallucinations, non pathologiques pour autant (10), soit des présentations littéraires d'une
foi qui s'est développée en remémorant Jésus de Nazareth. Je ne
vois pas pour quelle raison adopter alors l'expression « expérience
de la résurrection », puisqu'à strictement parler, dans une telle foi,
la teneur d'expérience se limite au rapport vécu à l'homme Jésus de
Nazareth. La résurrection, par contre, est alors l'objet de la foi qui
résulte d'une interprétation croyante du destin de Jésus. Dans cette
hypothèse, le terme d'expérience me paraît être un abus manifeste de
langage. Si l'expression a un sens, c'est pour autant que le message
de la résurrection est en mesure d'induire une expérience de résurrection chez ceux qui lui accorde d'abord leur foi ; mais cette expérience particulière et venant après coup ne saurait d'aucune manière

_____

(10) Je me suis expliqué sur ce type de visions dans *Dette et désir. Deux axes
chrétiens et la dérive pathologique*, Paris, Seuil, 1978.

être l'origine de la foi dans la résurrection. Autrement dit : la foi précède une éventuelle expérience qui consisterait dans l'intériorisation vécue du message proposé à la foi.

3. Le croyant unifie spontanément sa perception de Jésus de Nazareth et sa foi en Jésus-Christ ressuscité, victorieux, investi de la gloire divine, confirmé comme étant le Messie prédit par les prophètes. Sur le signe caché qu'était Jésus de Nazareth, le quatrième évangile projette déjà rétrospectivement l'éclatante lumière de la gloire divine manifestée et il amène Jésus à déclarer son propre mystère qui ne lui sera cependant révélé à lui-même qu'après la nuit de la mort. Pour le croyant, le regard sur le mystère humain de Jésus de Nazareth et le regard de la foi sur Jésus le Christ s'échangent spontanément. Pareille lecture croyante de la vie de Jésus n'est cependant pas sans danger. De Jésus, elle fait aisément un Dieu sur terre. Pareille représentation détruit radicalement le sens du message et de l'action de Jésus, car pour lui le règne de Dieu est caché et il ne se donne qu'à celui qui a les oreilles pour entendre et les yeux pour voir des signes non univoques. Et pour cause. Si Dieu était un homme dans ce monde et que nous le rencontrions parmi le reste des hommes, il ne serait plus Dieu. Il est donc urgent de maintenir la tension entre notre regard sur Jésus de Nazareth et la foi dans le Christ ressuscité. Cette tension est la condition de la foi elle-même et elle élimine bien des obstacles que font dresser contre la foi les divinisations imaginaires de Jésus.

Ces divinisations mêlent d'ailleurs les productions de l'inconscient à la foi post-pascale. Très tôt, elles ont auréolé l'enfance de Jésus, exprimant ainsi ingénument la nostalgie d'un divin enfant. Comment ne pas y reconnaître les fantasmes humains d'un enfant tout-puissant, centre de l'univers, objet de l'admiration, jouant de manière paradisiaque avec les animaux féroces... ? Il représente ce que tout enfant est pour lui-même et pour ses parents : « His Majesty the Baby » (11). Il n'est pas étonnant que le lyrisme de Noël touche si profondément l'affectivité des enfants et de nombreuses familles.

---

(11) Expression de Freud pour décrire le narcissisme comme position primaire du moi lors de sa constitution infantile, position qui demeure à l'arrière-fond du psychisme et qui se fait valoir en des phantasmes aussi bien que dans la psychose. Voir *Pour introduire le narcissisme*, dans *G. W.*, X, p. 157.

En tout homme habite un complexe divin. Les premiers hommes ne voulaient-ils pas être comme Dieu ? Et les dieux-hommes que les légendes ont fait se promener sur terre réalisent par procuration l'idéal fantasmatique qui surgit du fond de l'inconscient. Animant également tant de fois la sacralisation d'un homme — roi, empereur, prêtre, pape... —, ce complexe divin ne peut-il pas mieux encore se reporter sur Jésus ? Mais notre culture est critique. Elle traque les mystifications et les mythologisations. Les fantasmes de divinisations qui, autrefois, facilitaient la foi chrétienne, sont devenus, après leur prise de conscience critique, des raisons majeures de méfiance. Une juste appréciation de la personnalité de Jésus rencontre le travail négatif de notre culture et ouvre l'accès à une foi qui est en consonance avec le message de Jésus.

4. Pour terminer, je voudrais adresser une question à la théologie. Les recherches actuelles de la christologie gravitent essentiellement autour de l'option pour une théologie descendante ou ascendante. La christologie ascendante entend partir de Jésus de Nazareth, homme devant Dieu, jouissant d'une « expérience religieuse » privilégiée, dont la résurrection manifeste rétoactivement la divinité. La christologie descendante, partant du dogme de la Trinité, insiste sur l'incarnation du Verbe éternel. Les difficultés sont soit de sauver la divinité de Jésus, soit son humanité. Je ne prétends pas résoudre les apories de la christologie. Je me demande toutefois si le débat ne souffre pas souvent de certaines catégories de pensée non interrogées. L'opposition entre les lignes ascendante et descendante rappelle trop le grand débat philosophique entre l'idéalisme et le positivisme ainsi que les discussions analogues qui ont divisé les théories psychologiques et linguistiques. Interpréter le Jésus de Nazareth historique comme un homme devant Dieu, nous semble autant méconnaître la forme et le contenu de ses paroles que d'entendre ses paroles comme si elles étaient prononcées par une personne divine incarnée. Même si on fait abstraction du dogme de l'incarnation, on ne rend pas compte de la forme et du contenu des paroles de Jésus en les interprétant selon la seule ligne qui part d'en bas vers le haut, de l'homme vers Dieu. Certes, Jésus se réfère à son Père, mais c'est pour fonder la parole déclarative qu'avec autorité il énonce lui-

même. En tant qu'opérant performativement l'advenue du règne de Dieu, il ne se présente pas seulement comme le signe humain en qui Dieu transparaît, mais comme l'actant de plein droit divin.

La figure historique de Jésus gêne les sciences de la religion qui, héritières du subjectivisme moderne, considèrent la religion comme une production de l'homme. Dans ce mouvement du subjectivisme moderne, l'idée de Jésus-homme-devant Dieu voudrait rendre intelligible son message, voire son assomption dans la gloire divine, en poussant jusqu'à la perfection l'idée de l'expérience religieuse dont l'homme serait capable. Laissant de côté encore les brumes mystiques qui font de cette idée l'une des plus confuses qui soient, on ne voit vraiment pas comment elle rend compte de la manière dont Jésus se présente. Pour lui, homme, la parole et l'action pleine d'autorité font passer la présence de Dieu vers l'homme. Mais après, lui-même, en passant par la mort, monte vers Dieu en vertu d'une action de son Père. S'il ne faut pas projeter rétroactivement la glorification sur Jésus de Nazareth, il ne faut pas non plus replier la ligne ascendante de la résurrection sur la ligne descendante qui structure son action et sa parole. En raisonnant dans l'opposition entre la ligne descendante de la dogmatique et la ligne ascendante de l'herméneutique, la christologie ne s'enferme-t-elle pas dans de fausses catégories anthropologiques ?

L'EXALTATION DU CHRIST EN CROIX
SELON LE QUATRIÈME ÉVANGILE

Le quatrième évangéliste s'est donné pour tâche de décrire la manifestation par le Christ de sa gloire divine. C'est dans le Christ sur terre, le Logos fait chair, que saint Jean a reconnu le Fils éternel de Dieu. Tout au long de la première partie de son évangile (I-XII), il évoquera cette révélation par le Christ. Et si l'on s'arrête là, on ne voit vraiment pas, à première vue, quel rôle serait dévolu, dans cette synthèse, à la passion et à la croix du Christ. Cependant, les discours après la Cène n'autorisent pas à éliminer de la théologie johannique le rôle des souffrances rédemptrices.

Dès lors se verrait-on acculé à nier, avec M. Dibelius, l'homogénéité de l'évangile[1] ? Selon M. Dibelius, le Christ des discours après la Cène envisagerait sa glorification pour le temps après sa mort. Il en conclut que, dans la seconde partie de l'évangile, Jean a mis en scène le Christ historique, tandis que, dans les douze premiers chapitres, il nous aurait présenté un Christ déjà auréolé de sa résurrection glorieuse.

R. Bultmann au contraire maintient la continuité entre les deux sections pour ce qui concerne la glorification du Christ. Sa gloire surnaturelle se dévoile dès le début de sa vie terrestre : il en résulte que toute l'histoire de la glorification par la mort et la résurrection est résolument éliminée du IVe évangile[2].

D'autres auteurs ne se soucient pas de ces apparentes contradictions

1. Cf. *Johannesevangelium*, dans *Religion in Geschichte und Gegenwart*, III, Tubingue, 1928, col. 350.
2. *Das Evangelium des Johannes (Kritisch-Exegetischer Kommentar über das Neue Testament, begründet von H. A. W. Meyer)* 11, Goettingue, 1950, pp. 437, 446, 523 ss. — Pour Bultmann la « mission » du Christ, son incarnation, sa « résurrection », tous ces termes historiques, ne sont que des symboles, empruntés à la gnose mandéenne (cf. p. 10-15), « démythologisés » par Jean en vue d'exprimer la présence dans le Christ d'un appel transcendant adressé aux hommes. Cette révélation transcendante atteint son sommet dans le paradoxe de la croix ; car, après cette destruction de toute qualité humaine dans le Christ, l'appel divin résonne en lui en toute sa pureté cf. 327-329. — On voit que ce système de Bultmann est inspiré par une conception protestante conséquente qui tient tout concept biblique pour un pur symbole, sans autre contenu qu'une indication négative du transcendant (voir e. l. a. pp. 27 ss., 290 ss.).

dans le IVe évangile. Ainsi A. Wikenhauser [3], qui relève tous les textes sur la mort du Christ pour les replacer dans un cadre théologique presque paulinien, n'examine jamais le raccord possible avec le mystère de la révélation par le Verbe incarné, donnée centrale selon lui du IVe évangile.

Il y a donc lieu de déterminer la portée exacte attribuée par Jean à la mort du Christ en croix et de replacer celle-ci dans la perspective théologique *propre* au IVe évangile. Ce problème est bien *propre* à saint Jean. Dans le christianisme primitif, ces deux réalités, passion et exaltation, étaient réunies dans une antithèse de deux moments historiques successifs : le Christ a été glorifié par Dieu après sa passion. Saint Paul a développé cette antithèse ; il l'a enrichie, en l'appliquant à de nouvelles situations [4]. Pour ce qui regarde le IVe évangile, on y rencontre également cette antithèse ; mais, apparemment du moins, elle semble en contradiction avec l'idée d'incarnation-révélation.

Il nous paraît donc que la théologie johannique présente une difficulté qui n'est pas imaginaire. Pour la résoudre, nous allons d'abord examiner les textes qui annoncent nettement la mort sur la croix et ensuite tous les éléments de la description concernant le crucifiement. Puis nous tenterons de situer cette donnée dans l'économie littéraire et théologique du IVe évangile.

I. LES PROPHÉTIES DU CHRIST TOUCHANT L'EXALTATION DU FILS DE L'HOMME

Dans le IVe évangile comme dans les synoptiques, le Christ prédit plusieurs fois sa mort en croix, et chaque fois qu'il le fait, il emploie le verbe « élever » ($\upsilon\psi\acute{o}\omega$). Nous étudierons en premier lieu la portée de ce terme, pour montrer ensuite comment, chez saint Jean, il se rattache à un des pôles essentiels de sa théologie, que nous appellerions volontiers le dualisme johannique.

A. LE SENS DE « $\upsilon\psi\acute{o}\omega$ ».

Les trois fois que le Christ prédit sa mort en croix, il exprime la crucifixion par ce verbe. En VIII, 8, 28 (« Quand vous aurez élevé le Fils de l'homme, vous saurez alors que je suis, et que je ne fais rien de moi-même... ») [5], la deuxième personne du pluriel, qui vise les Juifs, ne laisse

---

3. Voir *Das Evangelium nach Johannes* (*Wikenhauser-Kuss, Das Neue Testament*, 4), Ratisbonne, 1948, pp. 138-140, 193-194.
4. Cf. L. CERFAUX, *Le Christ dans la théologie de Saint Paul*, Paris, 1951, pp. 85-93.
5. En règle générale, nous adoptons pour le IVe évangile la traduction du Chanoine E. OSTY (Paris, 1949, éd. Siloë).

aucun doute sur le sens du verbe. En XII, 32-33, le sens est également manifeste : « Pour moi, quand j'aurai été élevé de terre, j'attirerai à moi tous les hommes. Il disait cela pour indiquer le genre de mort qu'il devait subir ». Et il y a enfin la comparaison avec l'élévation du serpent par Moïse (III, 14). Cet emploi caractérisé du verbe ὑψόω se comprend. Saint Jean accorde en effet au schème visuel de l'élévation une très grande importance [6].

La prophétie typologique du serpent d'airain est-elle à l'origine de ce vocabulaire [7] ? Jean a-t-il été inspiré par le terme araméen זְקַף qui désigne l'action de crucifiement, et était rendu par ὑψόω [8] ? Ce sont là questions difficiles à résoudre.

Il est surtout remarquable que l'élévation sur la croix signifie par elle-même une glorification. En XII, 33, Jean affirme sans détour que cette élévation sur la croix investit le Christ d'un nouveau pouvoir spirituel. La croix n'y est certainement pas considérée comme une humiliation que le Christ doit subir d'abord ; bien au contraire, la croix lui confère une nouvelle dignité. Le passage VIII, 28 implique cette même vue : « Quand vous aurez élevé le Fils de l'homme, vous saurez alors que je suis... ». Le verbe ὑψόω, par un jeu de mots caractéristique pour le IVe évangile [9], connote donc l'idée d'une exaltation [10].

Il est donc indiqué de voir dans cet emploi du mot une réminiscence du texte d'*Is.*, LII, 13, qui emploie ce mot pour prédire la glorification du Serviteur souffrant. Et qu'on veuille bien remarquer que le texte était fondamental dans la christologie primitive [11]. Dans les *Actes* en particu-

---

6. Le texte de 12, 32 insiste particulièrement sur ce mouvement : « ...Quand j'aurai été élevé de terre... ». — Les témoins patristiques font conclure au P. M.-E. BOISMARD que ces mots « ἐκ τῆς γῆς » ont été ajoutés par après par la tradition chrétienne (Cf. *Critique textuelle et citations patristiques*, dans *Revue Biblique*, LVII (1950, p. 391). Peu importe ; cette ajoute ne ferait qu'expliciter le sens déjà contenu dans le texte original.

7. Cf. *Num.*, XXI, 8-9 : — La présomption est d'autant plus forte que le serpent élevé était resté symbole de salut ; voir *Sap.*, 15, 6 ; *Barn.*, XII, 5-7 ; *Just. Apol.*, I, 60 ; *Dial.*, 91, 94, 102 ; Str.-B., *ad loc.*

8. Cf. G. KITTEL, אִזְדְּקַף = ὑψωθῆναι = *gekreuzigt werden*, dans *Zeitschrift für Neutestamentliche Wissenschaft*, XXXV (1936), pp. 282-285. Cette thèse est reprise par M. BLACK, *An Aramaic approach to the Gospels and Acts*, Oxford, 1946, p. 103.

9. Cf. O. CULLMANN, *Der Johanneïsche Gebrauch Doppeldeutiger Ausdrücke als Schlüssel zum Verständnis des vierten Evangeliums*, dans *Theologische Zeitschrift*, IV (1948), pp. 360-371 ; L. CERFAUX, *Le thème littéraire parabolique dans l'évangile de saint Jean*, dans *Coniectanea Neotestamentica* XI (1947), pp. 15-25.

10. Nous sommes en désaccord sur ce point avec le P. J. DUPONT, *Essais sur la Christologie de saint Jean*, Bruges, 1951, p. 259 n. 6.

11. Voir J. DUPONT, *ibid.*, p. 256 ss.

lier (II, 33 ; V, 31), « l'élévation » du Christ auprès du Père, par sa résurrection et son ascension, signifie à la fois sa glorification et son instauration au rang de « Kyrios » [12]. Elle s'oppose à la persécution humiliante
qu'il a subie. La liaison entre *Dan.*, VII, 13 et le *Ps.*, 110, déjà opérée par
les *Syn.* (*Mc.*, XIV, 62 = *Mt.*, XXVI, 64) préparait les voies d'une telle
théologie. Qu'on y prenne garde cependant, ces attaches historiques
n'expliquent pas encore le thème du IVe évangile. Car, tandis que
dans Isaïe, comme d'ailleurs dans la tradition chrétienne primitive,
l'exaltation-glorification suit la passion, chez Jean au contraire, il ne
saurait être question de moments historiques et théologiques distincts,
la glorification étant impliquée dans la crucifixion elle-même.

Il importe donc d'éclairer davantage cette étrange notion johannique.
Nous y arriverons en examinant l'expression « Fils de l'homme » à laquelle,
les trois fois, elle se trouve associée.

B. LE FILS DE L'HOMME DANS LE IVe ÉVANGILE

La signification du terme johannique « Fils de l'homme » présente
plusieurs traits qui l'apparentent au concept synoptique, et suggèrent
ainsi son origine. D'abord, cet appellatif, qui a disparu très tôt de l'usage
chrétien, est toujours placé dans la bouche de Jésus lui-même [13] ; ensuite,
le Fils de l'homme figure, dans les synoptiques et dans le IVe évangile,
comme le juge de la fin des temps [14] ; enfin, le concept du Fils de l'homme
est lié à la passion et à la croix du Christ [15]. On ne rencontre cependant
qu'une seule fois (en V, 27) l'emploi du mot avec le sens traditionnel
dans l'apocalyptique juive et dans presque la moitié des péricopes synoptiques, à savoir celui du Messie revenant en qualité de juge eschatologique. Certes, chez Jean également, le terme se réfère presque toujours à

---

12. G. BERTRAM (*Die Himmelfahrt Jesu vom Kreuz aus und der Glaube an seine
Auferstehung*, Tubingue, 1927, pp. 206-8) a souligné, à juste titre, que cette intronisation du Messie était parfois considérée en elle-même, abstraction faite de l'événement historique (résurrection ou ascension) à laquelle elle était liée. Bertram
croit que, selon une conception ancienne, le Christ serait monté au ciel à partir de la
croix. Pour les textes johanniques, nous proposerons une autre interprétation. Et
pour les autres textes auxquels l'auteur fait appel, nous ne voyons pas qu'ils affirment quelque chose de plus précis que cette idée générale de l'intronisation après la
mort.

13. Cf. P. VAN IMSCHOOT, art. *Menschenzoon*, dans *Bijbelsch Woordenboek*, Turn-
hout, 1941, vl. 1046-1047.

14. *Jo.*, V, 22 : — Comparez *Dan.*, VII, 13 ; *Hen.*, LXIX, 27 ; *Mt.*, XVI, 17 ;
XIX, 28.

15. III, 19 ; VIII, 28 ; XII, 34. — Comparez *Mc.*, IX, 12 ; VIII, 38 ; *Lc.*, XVII,
25 ; XXIV, 22 ; XXIV, 7.

une glorification future [16]. Mais le seul cas de V, 27 excepté, le contexte littéraire est très différent.

Du texte où il nous dit que le Fils de l'homme sera glorifié par ses miracles (I, 50-51) [17], il faut retenir la curieuse antithèse « monter-descendre » [18] liée ici à la locution : Fils de l'homme. Plus important est le contexte de l'Ascension. Le Fils de l'homme obtiendra sa glorification par son ascension. Aux Juifs qui n'acceptent pas qu'il soit le pain de vie descendu du ciel, Jésus rétorque : « Et quand vous verrez le Fils de l'homme remonter où il était auparavant » ? (VI, 62) [19]. Son ascension prouvera manifestement qu'il est descendu du ciel pour être le pain de vie, dans toute sa personne, et spécialement dans l'eucharistie. Le verbe καταβαίνειν est central dans toute cette péricope (VI, 38, 41, 42, 50, 51, 58), où le terme « Fils de l'homme » revient également à trois reprises : VI, 27, 53, 62. Certes, III, 13 est le seul endroit où καταβαίνειν est dit explicitement du Fils de l'homme. Mais le rapprochement répété des deux mots dans la péricope montre le rapport intime qui les unit. Et ce rapport conduit Jean en VI, 62 à employer pour l'ascension le verbe ἀναβαίνειν qui dans la littérature apocalyptique était lié à l'autre.

Le Fils de l'homme se révèle donc par l'ascension comme celui qui est descendu du ciel et dont la nature est déterminée par origine céleste.

La conception johannique de l'ascension prolonge ici celle des *Actes*, où l'« élévation » du Fils de l'homme au ciel se place également sous le signe de son triomphe manifesté aux persécuteurs. Avec toutefois cette différence importante que Jean accentue l'origine céleste du Fils de l'homme, jusqu'à en faire une définition de sa nature et son œuvre [20].

Pour saisir l'importance du progrès théologique que marque cette

16. Les exceptions sont : VI, 27-53 où le Christ s'appelle le Fils de l'homme parce qu'il est descendu du ciel ; ces textes se rapprochent donc du concept des synoptiques où le Christ s'appelle « Le Fils de l'homme sur terre » — Puis il y a encore IX, 35.

17. Pour cette interprétation, voir H. WINDISCH, *Angelophasiën um dem Menschensohn auf Erden. Ein Kommentar zu Johannes I*, 51, dans *Zeitschrift für Neutestamentliche Wissenschaft*, XXX (1931), pp. 215-233 ; et : *Johannes I, 5, und die Auferstehung Jesu*, dans Z N T W, XXXI (1932), pp. 199-203.

18. Il n'y a pas lieu de chercher l'origine gnostique de cette antithèse. Elle est usuelle dans la littérature apocalyptique. Dans la péricope I, 50-51 elle remonte probablement à *Gen.*, XXVIII, 12, (Cf. H. WINDISCH, premier art. cité, p. 219). Elle revient ensuite régulièrement ; cf. *Deut.*, XXX, 1-12 ; *Prov.*, XII, 27 ; *Bar.*, XII, 29 ; *Rom.*, XX, 6 ; *Eph.*, IV, 10.

19. Pour notre interprétation, voir le commentaire de LAGRANGE, *ad loc.*

20. Déjà dans *Dan.*, VII, 13, le Fils de l'homme était un être céleste. — Cf. G. KITTEL, art. *Menschensohn*, dans *Religion in Geschichte und Gegenwart*, Tubingue 1929, III, col. 2120.

notion, il nous faut brièvement la situer dans le dualisme théologique qui constitue la structure fondamentale de la pensée johannique [21]. Dans le IVe évangile, le Christ se définit partout par son origine céleste [22]. En cette qualité, il est venu au milieu des hommes, lesquels sont essentiellement « du monde » : ἐκ τῆς γῆς, ἐκ τοῦ κοσμοῦ [23]. Le monde est sans vie, mais avec la personne du Christ, la vie divine a fait irruption dans le monde. On voit dès lors l'importance que prend dans le IVe évangile l'ascension : elle manifestera le Christ dans sa nature intime d'être céleste, source de vie divine, elle sera l'authentification de son message et de son œuvre.

C. L'EXALTATION DU FILS DE L'HOMME

D'après saint Jean, la glorification du Fils de l'homme se fera cependant surtout par son élévation sur la croix [24].

Le Fils de l'homme en croix est investi de son plein pouvoir divin, et élevé devant les hommes, ils leur manifestera sa gloire divine. L'association de ὑψόω et de « Fils de l'homme », qui dans les *Actes* servait à exprimer l'ascension glorieuse, est appliquée ici à la croix. Elle a conservé l'essentiel de son sens originel ; le mouvement vers le ciel comme signe de gloire céleste. Ce schème de pensée toutefois se trouve enrichi, chez Jean, par tout son dualisme théologique ; le mouvement vers le haut est devenu signe manifeste de la véritable personne du Christ, et de la nature de son œuvre. Le schème de pensée dualiste explique également que Jean a pu attribuer une telle valeur symbolique à ce geste apparemment assez indifférent de l'élévation en croix.

Le parallélisme deux fois établi par Jean entre l'ascension et la croix confirme notre interprétation de cette dernière. Ce rapprochement est fait d'abord dans la péricope III, 13-17, qui demande un examen particulier en raison de son hétérogénéité apparente.

Les commentateurs considèrent habituellement les vv. 12-13 comme un ensemble artificiel d'éléments hétéroclites. Ils n'y découvrent pas un lien conforme à la logique johannique. Cette opinion, peut-être justifiée après tout, ne saurait nous guider dans notre travail. Nous devons interpréter d'abord les versets en eux-mêmes, comme autant d'unités restreintes. Ensuite il faut repérer les points d'attache fournis par les

21. Sur le dualisme johannique, voir E. PERCY, *Untersuchungen über den Ursprung der johanneïschen Theologie. Zugleich ein Beitrag zur Frage nach der Entsehung des Gnostizismus*, Lund, 1929, pp. 13-136, surtout pp. 125-135.

22. Voir III, 13, 31 ; VII, 28 ; VIII, 15, 21-23, 42, 43.

23. BULTMANN a très heureusement mis en évidence cette idée partout présente dans le IVe évangile ; cf. pp. 97, 3 ; 117, 6 ; 506-507.

24. Les trois péricopes sont : III, 14 ss ; VIII, 28 ; XII, 32-34.

thèmes johanniques, et dégager, si possible, l'enchaînement qui en fait une unité composite.

Commençons par le v. 13 [25]. En règle générale, le parfait historique exprime l'état qui résulte d'une action accomplie. Ici donc le parfait désignerait normalement l'état de celui qui est monté au ciel ($\dot{\alpha}\nu\alpha\beta\dot{\epsilon}\beta\eta\kappa\epsilon\nu$). Seulement, le parfait est imbriqué ici dans une antithèse qui semble exclure toute allusion à un événement historique dont cet état serait l'accomplissement : « Et nul n'est monté au ciel sinon celui qui est descendu du ciel, le Fils de l'homme ». On serait tenté de ne retenir du parfait $\dot{\alpha}\nu\alpha\beta\dot{\epsilon}\beta\eta\kappa\epsilon\nu$ que l'expression d'une qualité, abstraction faite de l'événement historique. Dans le cas de Jean cependant, il est tout indiqué de voir dans le verbe $\dot{\alpha}\nu\alpha\beta\alpha\dot{\iota}\nu\omega$ une allusion à l'Ascension chrétienne ; car le mot ne pouvait laisser d'évoquer dans la pensée de Jean ce mystère. Somme toute nous avons dans ce verset deux affirmations. D'abord le Christ énonce la nature céleste du Fils de l'homme descendu du ciel. Et ceci correspond à nos analyses précédentes, qui nous ont conduits à la même notion du Fils de l'homme. Mais en définissant sa personne, le Christ fait allusion à son ascension. Le parfait historique n'exprime pas ici l'antécédent historique qui fonde la qualité. L'ascension est envisagée par le Christ comme l'acte qui découlera de sa nature céleste et qui dans sa prédiction révèle *hic et nunc* sa vraie personnalité : lui seul, étant de nature divine, a la puissance de monter au ciel [26].

Le raccord à ce qui précède nous paraît maintenant obvie. Le Christ réalise déjà les promesses contenues dans le v. 12 : il ouvre aux Juifs les mystères célestes, en leur révélant sa vraie nature. Et en même temps le v. 13 est une justification du v. 12 : le Fils de l'homme, être céleste, a le pouvoir de révéler les mystères célestes puisqu'il est originaire des cieux. En cela le v. 13 continue la tendance apologétique du v. 11, dont l'allure générale est d'ailleurs sensiblement semblable. La prédiction de l'ascension se prête très bien à cette intention apologétique : dans VI, 62 également, elle était donnée aux Juifs incroyants comme un *signe prophétique*, c'est-à-dire un mystère qui révèle maintenant déjà la nature profonde du Christ, et qui, une fois réalisé, la manifestera de façon évidente [27].

---

25. Nous nous en tenons provisoirement à la version alexandrine (S. B. etc.) adoptée par la majorité des éditeurs (exception : von Soden). Nous jugeons plus prudent d'étudier d'abord avec le texte court, et de comparer ensuite avec l'édition longue.

26. Le texte long qui ajoute $\dot{o}\ \ddot{\omega}\nu\ \dot{\epsilon}\nu\ \tau\ddot{\omega}\ o\dot{\upsilon}\rho\alpha\nu\ddot{\omega}$, ne s'accorde pas, à notre avis, avec la teneur générale de la théologie johannique. Ici, comme dans les autres péricopes avec emploi de « Fils de l'homme », le Christ affirme précisément qu'Il est le Fils de l'homme *sur terre* (au sens johannique).

27. C'est là une notion spécifiquement biblique. Nous en avons un parallèle instructif en *Is.*, VII : le prophète donne au roi incrédule un signe qu'il dit vrai. Mais

A ce texte fait suite la prédiction de l'élévation du Fils de l'homme sur la croix. L'évangéliste passe spontanément de l'ascension à la croix. Et si l'on considère bien la teneur de la péricope, on constate que la déclaration théologique sur la nature du Christ (le v. 13), où figure l'Ascension, est un principe général auquel Jean rattache la prophétie sur la crucifixion future [28]. Celle-ci est comme la suite naturelle de l'appartenance céleste du Fils de l'homme. L'élévation sur la croix, exprimée par le verbe ὑψόω, a donc fondamentalement dans ce cas la même signification que l'ascension du Christ au ciel, marquée par ἀναβαίνω [29]. Le Christ appartient à l'existence divine. Et ici, de même qu'en XII, 32, l'exaltation sur la croix rend le Fils de l'homme à sa sphère propre, l'établit dans la plénitude de sa divinité vivifiante (v. 15 : « afin que quiconque croit en lui ait la vie éternelle »).

En XII, 32, on retrouve le même glissement qui a fini par substituer la croix à l'Ascension : la crucifixion y est opposée au rejet du démon hors du ciel (XII, 31). Et en bonne logique, les Juifs entendent par élévation, le départ du Christ (v. 34) ; dans le IV⁰ évangile, ce départ vise, à n'en pas douter, le retour du Christ au Père. L'arrière-fond sur lequel la croix se détache est donc de nouveau l'ascension. L'évangéliste, tout en conservant des attaches avec cette tradition, a sciemment centré sa théologie sur la croix. Il a valorisé d'une façon toute particulière l'ascension, et surtout, il en a transposé toute l'efficacité sur la croix.

Après avoir dégagé dans ces prophéties du IV⁰ évangile les différents aspects du mystère de la croix, il ne nous reste plus qu'à rassembler nos observations.

Deux lignes de pensée se dégagent. D'une part, selon III, 15-17, le

---

ce signe ne se réalisera que dans l'avenir. La prédiction du fait futur fait partie du signe apologétique ; le signe réalisé aura d'autant plus de valeur apologétique qu'il a été prédit.

28. Cette interprétation se recommande encore de nombreux cas parallèles où un principe général se rapporte au verset ou aux versets suivants comme la justification théorique d'une application concrète. Voir III, 7, 27, 29, 31. — Telle est aussi la structure des paraboles johanniques (cf. VI, 33, 35 ; X, 1-3, 7, 11 ; XII, 24, 25, 26) ; le Prologue également est composé de la même façon (cf. I, 5, 9). — Tous ces cas trahissent un tour de pensée propre à Jean.

29. On aurait tort cependant d'exagérer le rapprochement entre les deux termes, au point de les identifier, à l'exemple de BULTMANN (p. 110, surtout n. 2, et p. 341). La péricope III, 13-15 prouve à souhait que dans l'emploi de ὑψόω la pensée se limite au symbolisme du mouvement esquissé par la croix. Si ce terme exprimait proprement le retour du Christ au ciel, la comparaison avec le serpent d'airain n'aurait plus aucun sens. Les deux notions restent liées à deux faits historiques distincts.

Christ enseigne qu'élevé en croix, il sera instauré dans son *pouvoir divin
de vivifier* ceux qui ont eu foi dans sa manifestation terrestre ; d'après
XII, 32, par son crucifiement, il attirera à lui tous les hommes ; ici, le
parallèle avec VI, 44, où il est dit du Père qu'Il attire les hommes vers le
Christ, suggère une action interne.

Replaçant le verbe ὑψόω dans le dualisme théologique de Jean, nous
comprenons pleinement cette efficacité de la croix. Le Fils de l'homme,
descendu du ciel, était déjà sur terre une source de vie éternelle pour le
monde sans vie. Mais restitué à la sphère divine, il disposera pleinement
de la puissance divine de vivifier [30]. Et par son symbolisme, Jean est
amené à voir déjà dans la croix du Christ, le mouvement de retour à Dieu.

D'autre part, l'élévation en croix constitue en soi la *manifestation*
évidente de son appartenance divine (VIII, 28). Et en forçant les incroyants à la reconnaissance du Christ, Fils de l'homme, elle accomplit
son activité révélatrice. Ainsi, dans la perspective johannique, les prédictions de la passion, toujours centrées sur le terme « Fils de l'homme »,
sont devenues des prophéties de glorification.

Ces prophéties sont continuées à la veille de sa passion ; par le verbe
δοξάζω le Christ donne plusieurs fois à entendre que sa mort même le
glorifiera (XI, 4 ; XII, 23-28 ; XIII, 31-32 ; XIV, 13 ; XVI, 14 ; XVII,
1-4-5).

Ce qui ne veut pas dire que le caractère souffrant de la passion soit
absent au IVe évangile. Les termes : δίδωμι (III, 16) ; τὴν ψυχὴν τίθημι
(X, 11-18) insinuent que la mort du Christ est un dépouillement et un
sacrifice ; de même le proverbe : « Si le grain ne meurt... » (XII, 24).
Mais ce n'est pas ce qui fait l'essentiel du message johannique. Seul l'aspect positif de la glorification est d'importance dans sa théologie.

II. LE TÉMOIGNAGE DE L'ÉVANGÉLISTE SUR LA MORT DU CHRIST (XIX, 33-37)

Après avoir décrit le coup de lance qui fit couler l'eau et le sang du côté
de Jésus, l'évangéliste affirme solennellement qu'il était témoin oculaire
du fait attesté (XIX, 35) [31]. Les circonstances de la mort du Christ, si
énergiquement garanties par l'Auteur, devaient avoir à ses yeux une
importance exceptionnelle.

---

30. Nous pouvons encore renvoyer ici aux textes affirmant que le Christ doit
d'abord monter auprès du Père pour savoir donner ou envoyer l'Esprit (VII, 29 ;
XIV, 16, 26 ; XVI, 7 ; XX, 17).

31. L'affirmation est si nette qu'on ne peut raisonnablement la mettre en doute.
Voir F. THORM, *Die Psychologie des vierten Evangeliums : Augenzeuge oder nicht ?*
dans *Zeitschrift für Neutestamentliche Wissenschaft*, XXX (1931), pp. 525-526.

Les exégètes ont généralement reconnu la valeur extraordinaire de cette péricope. La plupart, s'appuyant sur le texte parallèle de la I *Jo.*, V, 6-8, attachent une importance capitale au sang et à l'eau qui coulaient du côté de Jésus. Le sang serait le symbole soit de sa mort rédemptrice, soit du sacrement de l'eucharistie ; par ailleurs, l'eau symboliserait soit le don de l'eau vive (le Saint Esprit), soit, plus en particulier, le baptême chrétien [32]. Ces détails qui circonstancient la mort du Christ, nous manifestent donc que, par sa mort, le Christ nous a acquis la rédemption et les sacrements vivifiants. Cette péricope doit se comprendre, selon certains exégètes, à la lumière du symbolisme sacramentaire qui sous-tend tout l'évangile [33] ; pour d'autres, il faut la comprendre dans le contexte de la sotériologie chrétienne générale, dont les épîtres de saint Paul et la I *Jo.* sont les témoins.

D'autres encore croient que Jean mentionne et garantit l'incident du côté transpercé dans le seul but de prouver que Jésus est mort d'une mort réellement humaine. Ce fait historique constituerait un argument décisif contre les docètes qui seraient particulièrement visés par le IVe évangile [34]. Le P. Lagrange [35], qui retient toutes les explications déjà mentionnées, observe en outre que le v. 35 met le témoignage sur la croix en rapport avec les prophéties citées, qui sont accomplies par ce fait, et qui deviennent dès lors un motif de foi. Malheureusement il néglige totalement de nous montrer comment tout cela se tient [36].

Il est étonnant que les commentateurs aient pris la mention de l'eau et du sang pour la donnée la plus importante de ce passage et qu'ils restreignent la signification de la mort du Christ au symbolisme de ces deux éléments. Ce texte se présente pourtant, du v. 34 au v. 39, comme le développement d'une seule idée fondamentale, de manière à ce que tous les éléments cadrent bien avec l'ensemble. Le témoignage solennel qui suit la description de l'événement a pour but d'éveiller la foi, en

32. Voir *ad. loc.* les commentaires de Th. Zahn, M. J. Lagrange, W. Bauer. — Aussi : R. Asting, *Die Verkündigung des Wortes im Urchristentum dargestellt an den Begriffen 'Wort Gottes', 'Evangelium' und 'Zeugnis'*, Stuttgart, 1939, pp. 694-696 et C. H. Dodd, *The Johannine Epistles*[2], Londres, 1947, p. 129

33. Sur ce sujet, voir Ph.-H. Menoud, *L'évangile de Jean d'après les recherches récentes*[2] (*Cahiers théologiques de l'actualité protestante*, 3), Neuchâtel-Paris, 1947, p. 5.

34. Voir les commentaires, *ad. loc.* de A. Schlatter et Fr. Tillmann.

35. *Évangile selon saint Jean*, Paris, 1925, p. 501.

36. R. Bultmann (*Das Evangelium des Johannes*, Goettingue, pp. 525-526) reconnaît lui-aussi dans cette eau et ce sang les symboles des sacrements chrétiens, et il explique lui-aussi le témoignage de l'Auteur sur lui-même comme la garantie d'un fait de haute importance. Il rejette pourtant l'authenticité du v. 35b : son symbolisme trahirait une tradition ecclésiastique postérieure, qui a inséré les vv. 34b-35. — Nous soupçonnons Bultmann d'avoir écarté trop facilement ce texte en raison de sa valeur probante concernant l'authenticité du IVe évangile.

raison de l'accomplissement des deux prophéties citées ; tel paraît être, à première vue, le sens de la péricope. Il s'agit donc de préciser davantage l'idée qui se dégage de l'ensemble. Pour y aboutir, nous examinerons d'abord les formules employées, puis les deux citations qui ont dévoilé à l'évangéliste le sens de l'événement.

A. Les formules [37]

Le v. 35 marque le but poursuivi par l'auteur : « ...afin que vous aussi vous croyiez ». — De quelle foi s'agit-il ? Assurément pas de la croyance au fait matériel attesté ; la foi dans le IVᵉ évangile est toujours une foi théologique [38]. D'ailleurs la structure des formules mêmes contredit cette explication ; nous le montrerons plus loin. On doit aussi opposer cet emploi du terme « croire », universel dans le IVᵉ évangile, à l'exégèse centrée sur le symbolisme de l'eau et du sang ; car pour elle, il s'agit ou bien d'une foi dans la valeur sotériologique de la mort du Christ, ou bien d'une foi aux sacrements. Lorsque Jean emploie le terme « croire », il l'entend toujours de la foi en la personne divine du Christ [39]. Il est improbable que nous ayons ici un cas unique d'une foi en des mystères de salut déterminés.

Les mots καὶ ὑμεῖς constituent une antithèse qui est peut-être de nature à éclairer notre texte. La question est de déterminer à qui s'oppose ce καὶ ὑμεῖς. Sont-ce les fidèles qui, sur l'autorité de Jean, ont déjà la foi dans le Christ, et qui sont opposés maintenant aux incroyants ? On est souvent amené à cette interprétation, sous l'influence du sens donné à l'ἐκεῖνος. La majorité des exégètes entendent par ἐκεῖνος ou bien Dieu lui-même [40], ou mieux encore, le Christ [41]. La formule du témoignage serait alors une garantie sous serment donnée aux incroyants destinataires de l'évangile, visés par le καὶ ὑμεῖς.

La formule de témoignage nous incline à comprendre l'ἐκεῖνος de l'évangéliste lui-même [42]. Le membre de phrase « et lui sait qu'il dit la

---

37. Pour ne pas dépasser les cadres imposés par cet article, nous nous bornerons à résumer ici des analyses plus détaillées.

38. Cf. A. Wikenhauser, *Das Evangelium nach Johannes*², Ratisbonne, 1948, pp. 198-199.

39. Cf. A. Wikenhauser, *ibid.*

40. E. A. Abbott, *Johannine Vocabulary*, Londres, 1905, 2383-2384.

41. Voir les commentaires de Th. Zahn, Fr. Tillmann, M. J. Lagrange, R. Bultmann, A. Wikenhauser, Ces auteurs invoquent surtout l'emploi de ἐκεῖνος en I *Jo.*, II, 6 ; III, 3, 5, 7, 16 ; IV, 17 ; et *Jo.*, III, 28, 30 ; VII, 1, IX, 28 — Bultmann et Wikenhauser croient le texte actuel corrompu et, renvoyant à *Jo.*, XXI, 24 et III *Jo.*, 12, voudraient le restituer comme suit :καὶ ἐκεῖνον οἴδαμεν...

42. W. Bauer, quoique hésitant, pense que l'ἐκεῖνος vise l'évangéliste ; il invoque e. a. le texte parallèle de *Jo.*, 21, 24. A. Loisy, guidé par son flair littéraire, nous paraît avoir très bien compris toute cette phrase.

vérité » fait partie intégrante de la formule johannique du témoignage. Le verbe οἶδα vient renforcer chaque fois celui-ci, en soulignant l'autorité et la conviction du témoin [43]. Dans le IVe évangile tout comme d'ailleurs dans les textes profanes, on trouve associés les termes : voir, savoir, témoigner [44] ; d'autre part, Jean (qui y ajoute encore le terme : « la vérité du témoignage ») leur a donné une portée théologique caractérisée. Qu'il suffise ici de citer le cas du Baptiste. Sur l'ordre de Dieu, il était venu baptiser pour montrer le Christ à Israël lorsqu'il lui serait révélé par la descente de l'Esprit symbolisé sous la colombe. Car à lui aussi le Christ était caché, et seul un signe de Dieu pouvait le lui révéler [45]. Par ce signe, il a vu le Christ dans sa signification religieuse [46], et il a témoigné pour lui : son témoignage est donc une profession de foi publique dans la divinité du Christ. Il la connaît pour l'avoir vue sous un signe révélateur. — La péricope XIX, 33-35 offre des ressemblances caractérisées avec celle du Baptiste. De tous les apôtres et disciples, seul Jean est le témoin oculaire de la crucifixion du Christ ; il a vu, il sait la vérité, et il témoigne pour que les autres également trouvent la foi par la connaissance de cet événement. Ce parallélisme avec le passage du Baptiste constitue déjà à lui seul une forte présomption pour voir dans cette connaissance de l'évangéliste, non pas seulement le souvenir d'un fait constaté, mais l'intelligence en esprit de foi, du signe historique. Et le témoignage de Jean n'a pas qu'une valeur historique ; il est, comme chez le Baptiste, une profession de foi destinée à susciter la foi chez les lecteurs. Jean rapporte le fait pour que tous puissent croire, par la connaissance du signe dont lui seul a été le témoin privilégié [47].

Ce ὑμεῖς ne peut d'ailleurs pas viser les incroyants, puisque l'évangile de Jean s'adresse aux chrétiens. Dans la perspective du IVe évangile,

43. Cf. I, 33-34 ; III, 11 ; V, 32 ; VIII, 14 ; XXI, 24 (même si le chap. XXI est authentique, ce que l'on accepte de plus en plus, il reste que les vv. 24-25 sont ajoutés par les disciples ; voir Ch.-H. Menoud, *op. cit.*, p. 25 ; A. Wikenhauser, p. 291-292).

44. Cf. Strahtmann, art. μάρτυς dans G. Kittel, *Theologisches Wörterbuch zum N. T.*, IV, p. 480.

45. Voir Bultmann, p. 63-64.

46. Sur la valeur théologique du verbe voir, cf. G. Kittel, *Die Religionsgeschichte und das Urchristentum*, Güterloh, 1931, pp. 101 ss. ; et plus particulièrement du parfait ἑώρακα, Cf. Blass-Debrumer, *Grammatik des neutestamentlichen Griechisch*, Goettingue, 1923, p. 342.

47. D'accord avec Loisy (*Le quatrième évangile* 2, Paris, 1921 *ad. loc.*), nous faisons dépendre le v. 35 d (ἵνα καί...) directement de μεμαρτύρηκεν. Le rythme de la phrase, et surtout le développement habituel de la formule du témoignage, nous font lire 35 b et 35 c comme des extensions de μεμαρτύρηκεν, verbe principal qui domine la phrase, et trouve son complément en 35 d. — Dans le IVe évangile, le lien relâché entre le ἵνα et le verbe qui le commande, n'a pas de quoi nous étonner ; cette particule s'y emploie souvent de façon elliptique, et, souvent elle renoue plutôt avec l'idée générale de la proposition précédente (Cf. Abbott, *op. cit.*, 2.105-2.115).

la décision est déjà prise, les camps se sont déjà constitués ; tout le monde a vu les œuvres du Christ, et a pris parti pour ou contre lui. Jean ne considère pas les non-croyants négatifs, ceux qui n'ont pas encore entendu le message du Christ [48]. Dans cette péricope il s'adresse donc aux croyants, mais qui n'ont pas été témoins oculaires, comme lui, de cet événement hautement important, et qui n'ont de ce fait pas encore la plénitude de foi.

L'analyse des formules ne nous permet pas de déterminer davantage soit la nature du signe soit l'objet précis de cette foi. Toutefois, il nous reste encore les textes scripturaires qui font corps avec l'argument (v. 36 : « Car cela est arrivé pour que s'accomplît cette parole de l'écriture... »). C'est à leur lumière que Jean a compris lui-même l'événement décrit ; ils pourront donc nous en livrer la clef.

B. Les deux prophéties scripturaires réalisées par la mort du Christ

1. La première citation renvoie à deux textes bibliques : *Ex.*, XII, 46 (=*Num.*, IX, 12), où il est dit de l'agneau pascal : καὶ ὀστοῦν οὐ συντρίψετε ἀπ' αὐτοῦ, et le *ps.* XXXIV, 21 qui dit du juste : Κύριος φυλάσσει πάντα τὰ ὀστᾶ αυτῶν, ἓν ἐξ αὐτῶν οὐ συντριβήσεται. La forme passive du verbe en *Jo.*, XIX, 37 semble empruntée au psaume, tandis que la tournure de la phrase paraît être une réminiscence du texte du Pentateuque. Il se peut aussi que Jean ait cité de mémoire, ou d'après un florilège. Le P. Lagrange [49] opte pour *Ex.*, XII, 46 parce qu'il s'agit là, dit-il, de l'agneau pascal. Ceci n'est assurément pas un argument, car il faudrait précisément prouver que Jean a reconnu ici dans le Christ, l'agneau pascal. D'autant plus qu'aucun autre texte du IVe évangile n'étaie cette prétendue typologie johannique [50]. Le manque d'arguments

---

48. Rappelons seulement quelques textes. Le monde ne connaît ni le Père (XIV, 6-7 ; XV, 21), ni le Christ (XIV, 19), ni l'Esprit-Saint (XIII, 16-17, 19, 22). Il a vu les œuvres du Christ, et il n'a pas voulu l'accepter (XV, 22, 29). Le monde est ici le monde déjà condamné, auquel les disciples n'appartiennent plus (XVII, 14-15). Leur mission ne sera pas d'aller annoncer l'évangile, mais de témoigner contre le monde damné (XV, 26-27 ; XVI, 8-11).

49. Loisy et Bauer aussi tiennent cette explication typologique du v. XIX, 37. Schlatter (*Der Evangelist Johannes wie er spricht denkt und glaubt*, Sutttgart, 1948) la rejette.

50. On allègue parfois les deux arguments suivants. D'abord les paroles du Baptiste : « Voilà l'agneau de Dieu... » ; mais ces mots sont une application au Christ de la prophétie d'*Is.*, LIII, 7 sur le serviteur de Dieu (Cf. H. Van den Bussche, *Ecce Agnus Dei*, dans *Collationes Gandavenses*, XXXII, (1949), pp. 236-238, 240-241). W. Bauer (commentaire *ad. loc.*) et E. Stauffer (*Die Theologie des Neuen Testaments*2, Bonn, 1948, pp. 113 et 143) croient que Jean a intentionnellement placé la mort du Christ au jour et à l'heure où les Juifs immolaient l'agneau pascal. On peut

certains pour une typologie extrêmement importante semble déjà une condamnation de la théorie.

Si la formulation ne nous rassure pas sur la provenance de la prophétie, la comparaison avec les textes déjà cités dans le récit johannique de la passion nous manifeste mieux l'intention de l'auteur. Ils sont tous empruntés aux psaumes [51], qui sont pour notre évangéliste les prophéties par excellence des différents épisodes de la passion. Tous ces textes sont introduits par le lemme : « pour que s'accomplît l'Écriture » [52]. Dans les Écritures, Dieu a tracé pour son envoyé la voie à suivre ; dans les psaumes surtout, il lui a fixé son plan du salut par la passion. « Accomplir l'écriture » signifiait la même chose pour le Christ que d'exécuter la volonté de Dieu [53].

Tous les textes cités sont des supplications du fidèle qui, dans une persécution injuste, met tout son espoir en Jahvé. Jahvé le vengera de ses ennemis, il humiliera les persécuteurs et glorifiera le juste persécuté [54]. Le *Ps.*, XXXIV, cité ici, n'est pas précisément un psaume de persécution, mais il développe la même idée fondamentale : Jahvé protège le juste en toute détresse. Et cette promesse de Dieu de protéger son Christ, le juste par excellence, se réalise par le coup de lance dans le côté de Jésus, qui remplace la fracture des os. Dieu répond ici d'une manière éclatante à l'espoir en son intervention protectrice.

2. La deuxième prophétie accomplie par la crucifixion est celle de *Zach.*, XII, 10 : « Ils lèveront les yeux vers celui qu'ils auront transpercé ». Zacharie décrit le renouvellement spirituel du peuple élu, lors de l'inauguration du royaume messianique : le peuple se repentira du crime

leur répondre que Jean était peut-être simplement fidèle aux données historiques ; on reconnaît d'ailleurs de plus en plus que le IVe évangile est parfois la source la mieux informée pour la biographie du Christ (Cf. W.-F. HOWARD, *The Fourth Gospel in Recent Criticism and Interpretation*[3], Londres, 1947, p. 94). — Dans toute la littérature chrétienne primitive il n'y a donc qu'un seul texte clair (*II Cor*, V, 7), qui n'a pas de grande force probante ; car le talent oratoire de Paul a bien pu créer cette image pour l'occasion.

51. En XIII, 18 : *Ps.*, XXXXI, 10 ; XV, 25 : *Ps.*, LIX, 5 (*Ps.*, XXXV, 19) – *Ps.*, CXXIX, 6 ; XIX, 3 : *Ps.*, XXII, 16 ; XIX, 24 : *Pc.*, XXII, 19 ; XIX, 29 *Ps.*, CXIX, 22.

52. La seule exception, celle du v. XIX, 28 ($\iota\nu\alpha\ \tau\epsilon\lambda\epsilon\iota\omega\theta\tilde{\eta}$) est commandée par la parole du Christ qui lui fait suite au v. 30.

53. Cf. L. CERFAUX, *Simples réflexions à propos de l'exégèse apostolique*, dans *Ephem. Theol. Lovan.*, XXV (1949), pp. 565-566.

54. Cette pensée, qui est le thème dominant de beaucoup de psaumes, est aussi une des idées centrales de la littérature plus récente ; voir p. ex. *Dan.*, III, 17 ; III *Macch.*, VI, 185 ; VII, 6 ; *Sap.*, III, 24 ; II *Macch.*, VI, 26 ; VII, 30 ; IV *Esdr.*, VII, 88 ss. ; IV *Macch.*, XIII, 14 ss. ; STR.-B., I, 581. — Ce thème continue la célèbre antithèse de l'exaltation du Serviteur de Jahvé après sa souffrance (*Is.*, LIII, 7).

commis envers le Messie, et il se lamentera sur le Messie qu'il a transpercé [55].

Comment saint Jean voit-il cette prophétie se réaliser ici ? La thèse de Bauer et de Bultmann, limitant l'accomplissement au coup de lance, n'est pas acceptable ; car dans le texte de Zacharie, il ne peut être détaché de ce qui suit : le regard vers le Messie transpercé. Lagrange, Loisy (qui reste hésitant), Schlatter, Wikenhauser et Van den Bussche [56] font une distinction : la première prophétie s'accomplit actuellement, l'autre ne se réalisera qu'avec la parousie. Ils en appellent, pour prouver leur opinion à *Apoc.*, I, 7. — Cette dissociation ne respecte pas la teneur du texte ; car Jean présente toute cette prophétie comme entièrement réalisée. Et il ne pourrait pas en être autrement. Dans la prophétie de Zacharie, le dernier moment, celui de la conversion après le crime, l'emporte. Il n'est pas question d'un accomplissement si la conversion ne s'est pas encore produite.

Dans le geste des Juifs qui donnent au Christ le coup de lance, Jean reconnaît donc la réalisation de la prophétie eschatologique de Zacharie ; celle-ci prédit la même glorification du Messie, que, dans les synoptiques, le Christ a prophétisée avec l'emploi du même texte scripturaire (*Mt.*, XXIV, 30).

L'emploi du verbe ὄψονται confirme notre interprétation. C'est la formule habituelle qui désigne la vision eschatologique du Christ glorifié [57]. Les Juifs qui, selon le sens obvie du texte, sont ici sujet du verbe, ont donc réellement vu l'apparition glorieuse du Christ.

Ceci étant acquis, il reste à déterminer comment cette glorification eschatologique a été réalisée par la croix. A première vue on pourrait songer, suivant la prophétie de Zacharie, à croire qu'il s'agit d'une véritable conversion des Juifs présents au pied de la croix [58]. Il est pourtant

---

55. Cf. A. VAN HOONACKER, *Les douze Petits Prophètes* (*Études Bibliques*), Paris, 1908, p. 638.

56. A. c., p. 240.

57. *Mt.*, n'emploie le verbe ὁράω qu'au futur, pour la vision de Dieu (V, 8) ou du Christ glorifié (*Mt.*, XXIV, 30 = *Mc.*, XIII, 26 = *Lc.*, XXI, 27 ; *Mt.*, XXVI, 64 = *Mc.*, XIV, 52 ; *Mt.*, XXVIII, 7 = *Mc.*, XVI, 7 ; *Mt.*, XXVIII, 10). Huit péricopes sont propres à *Lc.*, dont quatre ont également trait à l'eschatologie (XIII, 28 ; III, 6 ; XVII, 22 ; XVI, 23), une à une vision (I, 32), et deux à la manifestation historique de la gloire du Christ lors de sa mort (XXIII, 49 ; XXIV, 23). — Dans le IVe év., ce verbe se trouve ou bien au parfait (exception VI, 2), pour marquer la vision de Dieu (I, 18 ; V, 27 ; VI, 46 ; XIV, 7, 9), ou du Christ faisant un miracle – signe (VI, 36 ; IX, 37 ; XIV, 9 ; I, 34 ; IV, 45 ; XV, 24) ; ou de ce que le Christ a vu auprès du Père (III, 11, 32 ; VIII, 38). Ou bien Jean emploie le futur et toujours pour une manifestation glorieuse du Christ (XI, 40 ; XVI, 16, 22 ; I, 29, 51 ; en III, 36 : voir la vie éternelle). Cette énumération seule montre la portée théologique de cette forme.

58. Ainsi Zahn.

difficile de s'en tenir à cette exégèse. Le texte n'en donne aucune indication, et dans l'économie propre du IVe évangile, les Juifs incroyants forment, après la Cène, le monde condamné qui ne se convertit plus. — Mais
tout s'éclaircit si nous plaçons, comme il le faut, cette péricope sous le
signe des prophéties du Christ concernant sa mort.

En XIX, 33 ss., Jean met en scène cette élévation – exaltation vers
laquelle tend la vie du Christ. Elle est préparée d'ailleurs par les événements de la passion. La glorification a commencé déjà lors des manifestations répétées de sa connaissance divine et de son pouvoir transcendant
sur les persécuteurs [59]. Enfin, les Juifs incroyants, en transperçant le
Christ, se voient contraints de lever les yeux vers lui. Par le contexte des
prophéties centrées sur ὑψόω, nous comprenons qu'en levant les yeux, les
Juifs deviennent témoins de la gloire eschatologique du Messie : ils regar-
dent le Christ élevé, qui manifeste par ce geste son appartenance à la
sphère supérieure de Dieu. Et pour que la prophétie de Zacharie soit
réalisée, il n'est pas exigé, dans le symbolisme propre au IVe évangile,
que les Juifs reconnaissent sciemment cette manifestation glorieuse du
Messie persécuté. Pour saint Jean, la conscience des Juifs témoins de
cette scène n'entre pas en question. Le seul acte matériel de regarder
vers le Christ élevé en croix est une reconnaissance de sa dignité messianique et divine [60].

C. LA CROIX; MOTIF DE FOI

A la vue de ce signe, l'évangéliste a cru, et les fidèles auxquels il destine
son témoignage doivent aussi trouver dans la croix, en connexion avec
l'Écriture, le motif fondamental de leur foi.

Nous ne pouvons nous étendre ici sur l'Écriture Sainte comme argument de foi chez les premiers chrétiens, mais il faut en résumer l'essentiel.
Tout d'abord, dans le IVe évangile l'accomplissement d'une prophétie
scripturaire ne constitue pas par lui-même un argument apologétique [61].
On doit se rappeler ici la loi fondamentale de la pensée juive pour qui
toute donnée historique n'a de sens qu'à travers les concepts et les
prédictions bibliques. Le Christ lui-même n'exprimait sa mission que
par l'Écriture, expression de l'économie de salut instaurée par Dieu.
La foi au Messie implique donc comme partie intégrante la foi à l'Écriture

59. Cf. A. WIKENHAUSER, p. 260.
60. Marie qui oignit le Christ « pour sa sépulture », ignorait la valeur prophétique
de son acte (XII, 3-8) ; Caïphe prophétisa à son insu la mort rédemptrice du Christ
(XI, 49-52) ; et Pilate professa inconsciemment la royauté du Christ (XVIII, 18-22).
61. Dans le IVe évangile seules les prophéties du Christ lui-même ont parfois une
intention et une valeur directement apologétiques (II, 22 ; XIII, 59 ; XIV, 29).
Celles-ci se situent dans la ligne des autres manifestations de sa connaissance transcendante (p. ex. : I, 47-50 ; IV, 19 ; XVI, 30).

et à son accomplissement ; reconnaître en Jésus le Christ, c'est lui appliquer toutes les prérogatives messianiques prédites par l'Écriture Sainte [62].

Il est clair cependant que les apôtres n'avaient pas reconnu de prime abord cette correspondance que le Christ mettait délibérément entre toute sa vie et l'Écriture. Ils comprirent seulement après sa résurrection que le cours de sa vie était dominé par les prophéties de l'Ancien Testament. Luc l'affirme déjà nettement pour la passion et la mort du Christ (*Lc.*, XVIII, 34 ; XXIV, 6, 44); Jean l'étend à sa vie toute entière (II, 22 ; XII, 16 ; XX, 9). C'est seulement dans la lumière de la victoire finale du Christ sur la mort et sur ses persécuteurs que l'accomplissement de l'Écriture devient un fondement de foi pour les apôtres. Pour Luc la victoire a lieu par la résurrection ; pour Jean, le Christ la remporte déjà sur la croix. On comprend que, en vue de susciter la foi, Jean rende solennellement témoignage de cet argument de foi fondamental.

* * *

Faisons le point de notre étude de la péricope XIX, 33-37. L'analyse des formules nous a fourni de précieuses indications. L'évangéliste, témoin oculaire de la crucifixion, a vu, et il sait maintenant le mystère révélé par la croix du Christ. « Voir » signifie contempler la révélation d'un mystère, et « savoir » désigne la conviction de foi du témoin oculaire croyant. L'examen du vocabulaire nous oriente déjà vers une croyance en la personnalité divine du Christ, manifestée lors du crucifiement.

Ensuite, nous avons considéré les textes scripturaires cités, puisque la foi de l'évangéliste lui-même, et en conséquence celle de ses lecteurs, est liée aux prophéties accomplies par le crucifiement. Le premier texte, comme les autres prophéties citées dans le récit de la passion, promet la protection divine au Juste souffrant ou persécuté. Il nous dévoile déjà un peu le sens du coup de lance. Celui-ci est l'effet d'une intervention spéciale de Dieu qui, fidèle à ses promesses, épargne au Juste la fracture des os. En même temps, il est un geste qui désigne aux spectateurs le Messie sur qui repose la protection divine. La deuxième prophétie, celle de *Zach.*, XII, 10, nous fait voir dans le crucifiement la manifestation eschatologique du Christ en face de ses persécuteurs. En replaçant la péricope dans le contexte littéraire des prophéties du Christ sur sa croix, nous comprenons la haute signification du fait apparemment banal du coup de lance. Par la croix, le Christ est enlevé à la terre, et élevé vers le ciel auquel il appartient par sa nature. En levant vers lui les yeux, les Juifs persécuteurs reconnaissent de fait sa vraie nature divine. La croix est

---

62. C'est ainsi que doit se comprendre l'expression : « croire en l'Écriture » (*Jo.*, II, 22).

donc réellement le signe éclatant qui, selon les prédictions du Christ (VIII, 21 ; VI, 62), confond l'incrédulité des Juifs. En même temps, en manifestant aux croyants de façon décisive la gloire divine du Christ, la croix devient le fondement de leur foi dans le Christ et dans l'Écriture. Elle termine donc bien la marche vers la gloire qu'est la passion aux yeux de Jean.

Ces deux prophéties réalisées sont la réponse de Dieu à la double prière du Christ, qui entre dans la passion en implorant son Père d'être sauvé et glorifié (XII, 27). Nous avons ici une inclusion littéraire, procédé de composition cher à saint Jean [63].

Dans cette péricope, comme toujours dans les descriptions de l'incroyance ou des persécutions [64], l'accent porte sans conteste sur la manifestation glorieuse du Christ sur la croix. Il est probable cependant que l'idée de l'efficacité spirituelle de la mort soit suggérée par une intention symbolique attachée aux deux éléments, l'eau et le sang du côté de Jésus. Mais cet aspect, difficile à prouver, est de toute façon secondaire.

CONCLUSION

1. Des textes analysés, il résulte clairement que la croix constitue l'apogée de toute l'activité du Christ telle que la dépeint le IVe évangile. Les énoncés se répartissent en deux centres d'intérêt, qui ne s'opposent pas pour autant. D'une part, le Christ est la source de vie divine, descendue dans notre monde privé de vie. Mais sur terre, le Christ ne disposait qu'imparfaitement de son efficience vivifiante. L'élévation en croix, en l'établissant dans la région divine qui est sienne, lui restitue le plein exercice de son pouvoir.

D'un autre point de vue, le Christ apparaît dans la perspective de la révélation. En gros nous pouvons dire que pour Jean la gloire divine transparaît dans tous les gestes du Christ. Les miracles — signes du Christ manifestent aux hommes sa personnalité transcendante. Or, la conception johannique de la croix ne contredit pas, comme on l'a cru [65],

---

63. Quelques exemples : dans le prologue, le v. I, 18 revoie au v. I, 1. La première section de l'évangile, qui traite de la révélation aux disciples, finit sur le miracle de Cana qui, comme manifestation de la gloire du Christ, répond à l'introduction de cette section en I, 14. Et deux fois Jean parle de la mère du Christ : au début de sa vie publique (à Cana) et à la fin (XIX, 25-27).
64. Voir VI, 62 et VIII, 28.
65. Par exemple M. DIBELIUS, art. *Johannesevangelium*, dans *Religion in Geschichte und Gegenwart*², III, Tubingue, 1928, col. 350. Évidemment les formules d'incarnation d'apparence absolues, comme celle du prologue (I, 14) peuvent nous intriguer. Mais une étude de leur genre littéraire propre montre qu'elles n'excluent pas le

cette théologie de l'incarnation et de la révélation ; au contraire, elle la parachève. La croix qui hausse le Christ au-dessus de la terre, est le signe qui révèle de façon éclatante son appartenance à la région du Père céleste. Elle donne aux Juifs la preuve manifeste qui scelle les paroles révélatrices et les miracles du Christ, et elle les oblige du même coup à ratifier eux-mêmes leur condamnation. D'autre part, ceux qui ont reconnu la gloire du Christ dans la transparence voilée de sa personne terrestre, reçoivent sous la croix la lumière vive qui rejaillit sur toutes ses manifestations antérieures.

2. Si nous nous rapportons à l'antithèse souffrance-exaltation, qui est fondamentale dans la christologie primitive et paulinienne, une constatation importante s'impose. Jean a conservé ce schéma historique comme le cadre fondamental de sa christologie. Seulement, il a donné une valeur nouvelle au premier terme. Dans la christologie primitive et dans son élaboration par saint Paul, la passion du Christ apparaît comme un événement *sui generis*. Si on ne peut pas séparer la résurrection de la mort du Christ, il reste que la passion a une signification négative intrinsèque : le Christ a souffert et est mort pour nos péchés, comme il est ressuscité pour notre vie [66]. Dans le IVe évangile, cet élément a perdu toute indépendance ; il est absorbé dans la théologie de l'exaltation. L'incarnation d'abord, bien qu'elle ne soit qu'un dévoilement partiel, n'est pas une humiliation, comme dans saint Paul. La passion et la mort sont considérées uniquement sous l'angle de l'accès à la plénitude du pouvoir salvifique et de la révélation de la gloire divine.

Jean accomplit donc le mouvement d'anticipation qui caractérise l'évolution de la christologie. Dans les évangiles synoptiques, une manifestation évidente et vengeresse du Christ est promise pour son retour eschatologique [67]. Saint Paul l'a placée dans la résurrection [68]. Saint Jean la met dans le moment suprême de la passion elle-même. Sur ce point spécial, le mouvement d'anticipation opéré par Jean, est évidemment inspiré par sa vue générale sur le Christ, Verbe incarné, qui vient manifester sa gloire divine aux hommes.

complément de la croix. Car elles ne se situent pas à un niveau purement historique. Elles sont plus qu'un rapport du disciple sur ses rencontres historiques avec le Christ. Elles sont déjà pénétrées par la foi de celui qui a été témoin de l'exaltation du Christ.
66. Cf. L. CERFAUX, *Le Christ dans la théologie de saint Paul*, Paris, 1951, pp. 101 ss.
67. *Mt.*, XXIV, 30 (*Mc.*, XIV, 62 ; *Lc.*, XXII, 69).
68. Cf. L. CERFAUX, *op. cit.*, pp. 65-67.

3

LA MORT RÉDEMPTRICE DU CHRIST
À LA LUMIÈRE DE L'ANTHROPOLOGIE

Introduction

La mort de Jésus a-t-elle une signification particulière, autre que celle de tous ses actes? L'énoncé paulinien — « mort pour nos péchés » — semble lui attribuer la finalité spécifique de nous libérer de nos péchés. Il suggère un lien de causalité entre la mort de Jésus et les péchés: Jésus est mort à cause du péché et pour en libérer l'humanité. En lui-même cet énoncé n'explique pas de quelle manière cette mort est rédemptrice. D'autres formules plus précises s'agglutinent autour de cet énoncé et le déterminent: rachat, sacrifice, rançon, obéissance à Dieu, kénose divine... Appelons théologoumènes toutes ces expressions, car elles sont des concepts par lesquels la foi dit le sens de l'événement annoncé; elles constituent des amorces de l'intellection de foi plus systématique que développeront les pensées théologiques.

L'anthropologie n'a pas de regard direct sur la mort de Jésus en tant qu'événement de salut. Mais elle peut interroger les théologoumènes dans lesquels s'est exprimée la communauté croyante pour signifier cet événement. En effet, pour dire la nouveauté de ce mystère de salut, la communauté croyante apporte divers schèmes de pensée qu'elle emprunte au langage religieux précédent. Et le langage religieux lui-même a profité des langages qui avaient leur lieu propre

dans différentes situations et expériences humaines. L'apport de
l'anthropologie est d'autant plus indispensable qu'une intellection systématique des événements de la foi choisit nécessairement parmi les
théologoumènes ceux qui les signifient le plus adéquatement. La multiplicité même des termes qui signifient dès l'origine la mort de Jésus,
prouve que la foi n'avait sur cet événement qu'une prise glissante.
Aussi longtemps que les multiples discours ne sont qu'ébauches
conceptuelles et qu'ils se complètent et rivalisent entre eux, il importe
peu de cerner le sens exact des théologoumènes. Une foi active et
une spontanéité de langage entraînent, au début, vers la signification
qui excède les sens reçus des mots. Mais, passé l'état d'innocence
créatrice, une pensée théologique systématique développe les théologoumènes pour en expliciter la puissance de révélation. Alors certaines expressions sont prises comme dévoilant la chose même. Ainsi
se sont constitués des discours théologiques sur la mort de Jésus
dans lesquels certains anciens théologoumènes deviennent les concepts
essentiels, alors que leurs significations humaines et religieuses ont
été fort peu analysées. L'ensemble de la foi se trouve dès lors recentré
autour de quelques idées, parfois indûment privilégiées. La relecture
des Écrits oblige régulièrement la théologie à récupérer la puissance
signifiante des théologoumènes laissés dans l'ombre comme un bas-
relief. Il revient à l'exégèse d'examiner comment les diverses formules
fonctionnent dans l'ensemble des écrits néo-testamentaires et de reconduire à leur contexte les catégories que la théologie a prélevées sur un
discours plus englobant et qu'elle a promues comme concepts structu-
rants et fondatifs.

Mais il ne suffit pas de retrouver la mémoire des origines.
L'homme qui se dit le sens de sa foi ne peut pas se contenter
de répéter les formules anciennes. Sa culture autant que sa foi le
sollicite vers une intellection plus explicite qui prolonge et réalise
le sens des énoncés premiers. Il faut donc décomposer le langage
chrétien premier, analyser son inhérence à une certaine manière de
penser, distinguer ce qui exprime l'essentiel de la personnalité et de
l'action de Jésus et ce qui n'est qu'ébauche de formulation inappropriée.
Pour cette remémoration critique, l'anthropologie apporte son éclairage
irremplaçable. Elle révèle les enracinements psychologiques et religieux
des représentations de Dieu et de Jésus-Christ. Elle déconstruit les
concepts théologiques, retrouve leurs schèmes sous-jacents et éprouve
ce qu'ils donnent à penser sur la mort du Christ. Par là elle introduit
une instance critique envers des théologoumènes inappropriés et elle
déploie la puissance signifiante de ceux qui peuvent fonder une théo-

logie articulée. Elle remet en mouvement les premiers raccourcis métaphoriques qui sont devenus des court-circuits rationnels. Elle fait à rebours le chemin accompli par la théologie transgressive et, en deçà des objectivations secondes, elle délivre les intuitions centrales.

C'est dans cette perspective que nous nous proposons ici de faire l'herméneutique de quelques concepts essentiels par lesquels la tradition a signifié la mort rédemptrice de Jésus. Nous en ferons une lecture critique et nous examinerons leur sens et leur éventuel non-sens anthropologique et nous en éprouverons l'adéquation ou l'inadéquation au Dieu que Jésus nous révèle. Un double critère guidera donc notre interprétation : anthropologique et théologique. L'essentiel de notre contribution sera anthropologique. Nous partirons des concepts théologiques pour les reconduire aux représentations religieuses ou anthropologiques que la tradition de foi a reprises pour signifier l'événement nouveau du Christ et nous les interrogerons d'abord sur leur vérité humaine. Il apparaîtra que certaines représentations appartiennent à des archaïsmes psychologiques dont la psychanalyse révèle les sources troubles et les effets morbides. D'autres relèvent d'une vérité humaine et religieuse universelle; mais leur transposition à la mort de Jésus requiert une transformation de leur sens premier. Tenant devant notre regard le message de la foi, nous dégagerons ainsi quelques idées directrices pour une élaboration théologique qui peut adopter certains schèmes dont l'anthropologie démontre la vérité humaine.

Dans les tentatives du langage croyant pour rendre raison de la mort de Jésus, il nous semble pouvoir distinguer essentiellement deux schèmes de pensée correspondant à deux séries de théologoumènes. D'une part, le schème sacrificiel voit la mort de Jésus comme un sacrifice propitiatoire pour les péchés. D'autre part, un schème de pensée que nous appelons initiatique, signifie la mort de Jésus comme un moment nodal de son histoire qui, tout entière, exerce son action libératrice. Le premier schème accorde une efficacité salvifique directe à la mort. Dans le second schème, la mort n'a son pouvoir de rédemption qu'indirectement. Plus même, l'œuvre salvifique de Jésus y déborde la finalité spécifique de la délivrance du mal.

Peut-on harmoniser ces deux manières de comprendre la mort de Jésus ? Se complètent-elles ou rivalisent-elles entre elles ? Telle une polyphonie, la théologie déploie au cours des siècles les multiples théologoumènes : libération, rédemption, révélation, nouvelle créature, don de l'Esprit... Différentes époques et différentes cultures ont privilégié certains théologoumènes. Toutes ont fait droit aux aspects essentiels de l'œuvre du Christ : il fonde notre existence en Dieu en nous purifiant, en nous éclairant et en nous surélevant. Et toutes ont essayé d'illustrer le rapport entre la mort et le mal qui habite l'humanité. Dans cette polyphonie théologique, les voix multiples ne composent cependant pas une harmonie intégrée. Une relecture anthropologique contribue à éliminer des voix discordantes, celles qui décentrent et qui distordent l'intellection de foi parce qu'elles s'appuient sur des représentations non pertinentes. De ce travail de décantation anthropologique se dégagent des lignes de force qui préparent une élaboration théologique.

Chapitre I

Le schème sacrificiel

Des générations de chrétiens ont compris la mort de Jésus pour
nos péchés comme un sacrifice expiatoire. Placée entre la consécration
et la communion, une admirable formule évangélique et liturgique
fait d'ailleurs résonner dans la conscience chrétienne l'écho de l'interprétation sacrificielle : Jésus est l'agneau de Dieu qui porte et qui enlève
les péchés du monde. Intensifiée par le chant, cette formule a prodigué
sa puissance poétique au concept du sacrifice. Il ne m'appartient pas
d'examiner ses sources scripturaires ni de voir si Jésus lui-même a
signifié sa mort par le schème sacrificiel ou par le modèle du serviteur
de Jahvé. Et même s'il en était ainsi, ou même si les premiers chrétiens ont compris de cette manière la croix, nous devons encore nous
interroger sur ce schème et voir quel contenu d'intelligibilité il apporte
à la « mort pour nos péchés ». Cela d'autant plus que de nos jours
l'idée de sacrifice-pour-nos-péchés est pour beaucoup un langage
obscur, insignifiant, voire scandaleux. Est-ce un faux scandale que
nous devons démystifier ? Ou est-ce un scandale réel, un concept qui
dénature la manifestation de Dieu et qui diminue l'homme ? Est-ce
que le schème sacrificiel fait naître une pensée théologique qui s'accorde
à l'ensemble articulé du message chrétien ou est-ce qu'il casse l'articulation du credo ? Pour préparer une réponse, nous considérons le
schème sacrificiel du point de vue anthropologique. Les effets de notre
analyse seront fort négatifs. Des décombres théologiques nous verrons
cependant émerger quelque clarté. Et si notre interprétation reste partielle et partiale, il appartiendra au théologien d'allumer la lumière
dans l'ombre que nous faisons descendre sur la mort de Jésus.

I. LE BOUC EMISSAIRE

Une première manière d'interpréter le sacrifice de l'agneau de Dieu
est de le prendre pour... bouc émissaire. Si l'association des mots est

incongrue, l'idée l'est autant. Néanmoins, la représentation du bouc émissaire se glisse souvent dans l'interprétation sacrificielle, même si on ne lui donne pas la force d'un concept raisonné. Ce schème archaïque sous-tend une manière spontanée de remplir l'idée que le Christ s'est chargé de nos péchés. Comment en effet concevoir que, par sa mort, les péchés sont « enlevés » ? Le mot même d'enlever, pris dans son acception immédiate, évoque le transfert. Les péchés sont transférés sur Lui et Il les a emportés dans le néant de sa mort. Des images se présentent spontanément pour étayer ce schème : la mort est comme un feu qui brûle les impuretés; et le Christ conduit en dehors de la ville et exécuté sur Golgotha peut rappeler la victime émissaire qu'on charge du mal et qu'on précipite dans le désert ou dans la mer. Bien sûr, on corrige : alors que le bouc émissaire est victime passive, le Christ était victime consciente et consentante, manifestant ainsi son amour pour les pécheurs.

Une analyse de ce schème en montre l'inadéquation. Le péché dont on pourrait se décharger sur une victime devrait être une impureté quasi-physique. Sinon quel sens aurait un « transfert » du péché ? Et dire que le Christ s'est chargé de nos péchés signifie encore que par transfert, il les a pris sur Lui. Pareille représentation reprend un schème qui est archaïque aussi bien dans la culture que dans la psychologie individuelle. De nombreuses cultures, en effet, ont pratiqué le rite du bouc émissaire. La Bible en atteste la présence en Israël (Lévitique, XVI, 20-22). Mais, comme le souligne R. de Vaux, ce rite n'est pas sacrificiel : « précisément à cause de ce transfert, l'animal devient impur et il n'est pas sacrifié » (1). La victime du sacrifice doit être sainte. Si l'on veut concevoir la mort du Christ comme un sacrifice, il faut de toutes façons purifier la représentation sacrificielle de ce qui rappelle le rite du bouc émissaire.

Récemment, dans son livre « La violence et le sacré » (2), R. Girard a voulu ramener tout sacrifice religieux au rite du bouc émissaire. Sa thèse nous paraît des plus contestables : l'auteur méconnaît la différence essentielle entre ce rite et le sacrifice; il ignore les divers types de sacrifices que l'histoire des religions a relevés; et il ne décrit même pas correctement le rite du bouc émissaire. En fait, il prend appui sur le sens populaire et dérivé de cette expression, sens qui a sa fonction dans une psychologie des foules. Selon Girard, la violence menace chroniquement le groupe social (« crise sacrificielle ») qui

(1) *Les sacrifices de l'Ancien Testament*. Paris, Gabalda, 1964, p. 59.
(2) Paris, Grasset, 1972.

cherche alors un exutoire dans l'exécution d'une victime arbitraire.
Du fait que la violence se canalise et se satisfait par un meurtre,
l'ordre culturel échappe au danger de sa destruction. Ce serait là le
« mécanisme de la victime émissaire » et le sens du sacrifice. Quelques
remarques critiques peuvent suffire. En réalité le rite du bouc émissaire est bien plus circonscrit : il s'agit de faire passer l'impureté
sur un animal qui se prête au transfert (3). Le modèle que propose
Girard est celui du lynchage, qui est un phénomène de la pathologie
des foules. Il prend donc un phénomène paranoïaque pour idée directrice. En effet, dans le phénomène collectif que décrit Girard, nous
avons affaire au processus que la psychanalyse identifie comme projection : un danger interne est éjecté sur une victime. Mais même
dans ces cas, la victime n'est jamais arbitrairement choisie; elle symbolise le danger dont la foule se sent menacée.

Selon Girard, le Christ a laissé s'opérer sur lui le processus « religieux » fondamental; mais à l'agression « sacrificielle », Il a opposé
sa loi éthique de pardon. De cette manière, Il aurait dépassé la religion
et libéré l'humanité en introduisant un principe radicalement nouveau,
non religieux. Il aurait donc vaincu le péché par l'annonce d'une
sagesse éthique. Nous ne voudrions pas diminuer l'importance du
Christ comme créateur extraordinaire d'éthique. Mais il est manifeste
qu'en désignant la mort du Christ comme un sacrifice, la tradition
chrétienne lui a reconnu plus de signification. En faussant la nature
du sacrifice religieux, Girard nous prive des références nécessaires
pour situer la mort du Christ par rapport au sacrifice. On peut penser
que Jésus a été la victime — mais non arbitraire — sur laquelle la
foule juive a projeté sa déception et sa haine. Le tableau de J. Bosch
au musée de Gand, représentant le portement de la croix, exprime
avec une intensité inquiétante ce processus de décharge collective.
Mais ce n'est pas cette projection qui donne un sens à la mort du
Christ. Et d'après la foi traditionnelle, son acte de mourir est plus
qu'un témoignage éthique.

Ce n'est pas non plus un transfert rituel du mal quasi-physique de
l'impureté sur la victime émissaire qui donne à comprendre la croix.
Ici encore la psychanalyse peut nous éclairer. Elle nous apprend que,
dans une formation première de la conscience morale, le mal est

---

(3) Dans une table ronde consacrée à son livre, Girard a lui-même reconnu
qu'il vaut mieux libérer sa théorie de toute connotation rituelle. N'empêche que
sa nouvelle formulation (« effet de transfert collectif sur une victime arbitraire »)
entend toujours interpréter dans le même sens tous les rites religieux. Voir *Esprit*,
Paris, éd. du Seuil, 1973, n° 11, pp. 515-563 (texte cité : p. 549).

représenté comme une souillure. Le terme lui-même est évocateur. Il indique qu'une association se fait spontanément entre la souillure corporelle et la mauvaise conscience. La souillure corporelle suscite le dégoût, la honte, la peur et le mouvement de l'éloignement. Au cours de sa lente formation, la conscience de la faute morale reprend, pour s'y inscrire, la représentation archaïque du mal physique. On comprend dès lors que le péché prenne la forme d'un mal quasi-physique que, par un transfert, on pourrait éjecter sur une victime. Il s'agit ici de la culpabilité proprement tabou. Notons cependant que la psychologie individuelle n'explique encore ni les tabous des anciennes cultures ni le rite du transfert. Comme les études ethnologiques l'ont démontré les derniers temps (4), la représentation archaïque psychologique s'y trouve reprise et articulée dans un ensemble structural et symbolique. De cette manière, le schème de l'impur et de son transfert rituel se trouve métaphorisé jusqu'à un certain degré. Il est très difficile, peut-être impossible, de définir le sens que prend ainsi le symbolisme rituel du bouc émissaire. On ne peut le faire qu'en le restituant dans tout son contexte qui est à la fois psychologique, social et religieux.

Le rapide examen de ce premier schème, rituel mais non sacrificiel, nous permet de l'éliminer de la théologie de la mort du Christ. Il ne contient aucun élément de compréhension. Il a pu être un modèle que les croyants apportent pour signifier une réalité qui est d'un ordre tout autre. Ce modèle n'est cependant pas sans danger. Il incline à se représenter la rédemption comme étant automatiquement réalisée par la victime émissaire. Il endort ainsi la conscience religieuse dans la fausse certitude d'un salut presque instrumentalement accompli. D'autre part, il heurte profondément les esprits critiques qui dénoncent dans le système chrétien l'hypocrisie de la bonne conscience et l'individualisme du salut subjectif.

Il n'y a aucune raison, pour autant, de rejeter la formule évangélique et liturgique concernant l'Agneau de Dieu. Ce très beau symbole condense poétiquement des connotations multiples. Il prend son sens par son insertion dans le contexte des nombreux discours sur la personne et sur l'œuvre de Jésus. Cependant, en raison du danger de sa collusion avec le schème archaïque du bouc émissaire, il faut le recharger de signification en pensant critiquement le sens de l'œuvre rédemptrice.

(4) Voir p.ex. l'excellente étude de Mary DOUGLAS, *De la souillure. Essais sur les notions de pollution et de tabou*, Paris, Fr. Maspéro, 1971. Trad. de l'anglais : *Purity and Danger*, London, Routledge et Kegan, 1967.

II. LE SACRIFICE EXPIATOIRE SUBSTITUTIF

Depuis la scolastique, ce schème a dominé la théologie occidentale et il constitue encore l'armature conceptuelle de la plupart des caté-chèses et des prédications sur la mort du Christ et sur l'eucharistie. Nos contemporains y sont cependant profondément allergiques. Nous avons été témoins qu'un professeur ébranlait gravement la foi des étudiants lorsque, dans un cours universitaire de religion, il exposait cette conception de la rédemption. Son élan lyrique sur l'amour du Christ et de Dieu pour l'humanité ne faisait que ressortir par contraste l'inanité de sa théologie. Une terrible impression de niaiserie reli-gieuse écrasait une foi qui s'attendait à rencontrer dans la croix la grandeur de Dieu.

On se demande comment les chrétiens ont pu supporter cette doctrine et comment les théologiens ont pu la soutenir avec sérieux. Sans doute les chrétiens se laissaient-ils interpeller par la force drama-tique de la croix et ne s'arrêtaient-ils pas à l'explication théologique. Souvent la foi oublie les notions théologiques, les laisse de côté comme des superstructures énigmatiques, pour aller droit aux événements qui la fondent. Et quelle que soit l'incertitude du concept de sacrifice, la mort du Christ en croix le remplit d'une grandeur éloquente. Citons le témoignage d'un agnostique qui est à la recherche de Dieu. Dans son dernier livre, « Lazare », Malraux rapporte son échange d'idées avec un aumônier de la Résistance à qui il avait exprimé son horreur et sa révolte devant le supplice d'un enfant torturé par une brute. L'aumônier lui répond que « la Rédemption est plus forte que le mal ». Et Malraux, qui ne croit pas à la Rédemption, mais qui n'écarte à la légère ni les vraies questions ni les indices de réponse, écrit : « ... le sacrifice seul peut regarder dans les yeux la torture, et le Dieu du Christ ne serait pas Dieu sans la crucifixion » (5). Par la croix, Dieu fait signe, même à un incroyant. Les chrétiens l'ont compris, par dessous une théologie boîteuse.

Si le terme presque canonique de sacrifice semble bien adéquate-ment identifier l'événement de la croix, la doctrine théologique du sacrifice propitiatoire pour nos péchés nous paraît cependant irre-cevable. Cette discordance entre le concept de sacrifice et la théorie théologique qui l'élabore systématiquement, nous oblige à déconstruire le système théologique en ses éléments et à éprouver leur vérité anthro-

(5) *Le Miroir des limbes. Lazare*, Paris, Gallimard, 1974, p. 160.

pologique. Par cette analyse anthropologique, nous pouvons refaire le chemin qui a conduit aux conclusions théologiques jugées fausses, distinguer les éléments vrais et rendre compte des aberrations. Ainsi espérons-nous recueillir des indices pour une interprétation qui restitue sa vérité à l'homme et, partant, à l'histoire divine.

La théologie de la mort du Christ comme sacrifice expiatoire substitutif se compose de deux éléments : le rite du sacrifice expiatoire et l'idée de substitution. Il faut successivement examiner le sens des deux composantes, juger si leur conjonction fait sens et, au cas d'une réponse positive, si leur combinaison est appropriée pour signifier la croix.

1. LE SACRIFICE EXPIATOIRE

Le sacrifice expiatoire de l'Ancien Testament fournit la cellule autour de laquelle s'est élaborée la théologie envisagée. Il existe dans l'Ancien Testament deux sortes de sacrifices expiatoires : le sacrifice plus solennel pour le péché et le sacrifice de réparation qu'offrent les particuliers. En fait, le pardon de Dieu s'obtient par la contrition; mais celle-ci s'exprime efficacement par un sacrifice qui est agréable à Dieu. Il est à remarquer qu'en aucun cas la victime n'est posée en substitut du pécheur. Elle ne pourrait d'ailleurs pas l'être sans détruire le sens du sacrifice; précisément parce que la victime doit être sainte, elle ne peut pas être le substitut sur lequel on transfère le péché. Avant l'exil, le sacrifice expiatoire était beaucoup moins fréquent. Avec le moralisme progressif d'Israël, avec la conscience plus nette de l'offense à Dieu, ce type de sacrifice prend plus d'importance. Ce sacrifice ne se retrouve pas chez les voisins d'Israël; il est une particularité de la religion Yahviste, tout comme la notion de péché à laquelle il est associé. Signalons encore que le sacrifice pascal n'est pas expiatoire mais messianique (6). Aussi, l'assimilation du Christ à l'Agneau de Dieu doit-elle sans doute se comprendre comme signifiant la réalisation de l'espérance messianique par la venue de Jésus; elle ne nous semble pas inclure l'idée d'un sacrifice propitiatoire.

Le sacrifice appelé expiatoire n'est donc pas proprement expiatoire par lui-même. Il est le don symbolique qui accompagne et exprime l'attitude de contrition qui, elle, libère du péché. Et c'est parce qu'il est d'abord un don agréable à Dieu, en signe de réconciliation, que ce rite n'est pas un sacrifice de communion.

(6) Sur tout ceci voir R. de VAUX, *op. cit.*

Le sacrifice expiatoire existe chez de nombreux peuples primitifs. Mais son sens n'est pas toujours le même qu'en Israël. Une comparaison avec une religion où le sacrifice peut avoir une finalité directement propitiatoire nous éclaire sur les représentations qu'il implique et elle en fait apprécier l'ambiguïté religieuse. D'après l'étude d'Evans-Pritchard, les Nuers interprètent la maladie comme l'effet de la possession temporaire par un esprit. Il faut lui offrir un sacrifice pour l'apaiser. Après sa guérison, la victime doit continuer de faire des sacrifices pour faire savoir à l'esprit qu'elle ne l'oublie pas, sinon l'esprit viendra la troubler à nouveau. L'esprit qui quitte le malade prend possession de quelqu'un d'autre et lutte avec lui, le soulevant et le projetant par terre. Un prophète, homme qu'un esprit possède en permanence, est chargé de marchander avec l'esprit les dons qu'il requiert et de le convaincre de partir (7). La pratique du sacrifice proprement propitiatoire, qui ne s'adresse pas à Dieu mais aux esprits, se comprend par l'importance qu'ont les tabous dans la culture Nuer. Les tabous sont des lois dont la transgression cause automatiquement la souillure. Chaque type de transgression — inceste, homicide, non respect des lois de la communauté — produit une classe particulière de maladie. Ce sont ces transgressions que la plupart des sacrifices Nuer visent à expier, parce qu'elles constituent des offenses aux esprits qui veillent sur les tabous (8). Chez d'autres peuples (ex. les Dinkas) dont la culture n'est pas aussi fortement dominée par les thèmes de la souillure et du tabou, les sacrifices propitiatoires sont beaucoup moins fréquents (9).

Analysons ces données pour déterminer le lieu anthropologique et le sens précis du sacrifice expiatoire. On ne l'offre pas pour des catastrophes naturelles, mais pour des fautes dont le statut se définit par référence aux tabous et aux esprits qui en sont les gardiens. Ces fautes entraînent un effet dans le corps, précisément parce que dans une culture de tabous elles portent atteinte au principe de la vie qui la régit. La souillure qui résulte de la transgression, pollue la vie, celle du clan, des animaux et des champs, et aussi celle du corps. Il ne s'agit cependant pas uniquement de vie biologique, car la vie est le principe divin diffusé dans le clan et dans la nature et sur lequel règnent les esprits, instances claniques intermédiaires entre les hommes

(7) *Nuer Religion,* Oxford, Clarendon, 1956, p. 36.
(8) *Ibid.,* p. 200.
(9) M. DOUGLAS, *Natural Symbols. Exploration in Cosmology.* London, Barrie & Jenkins, 1970, pp. 125 et 129.

et la divinité. La représentation de la faute participe à ce double caractère : elle est à la fois un mal organique et une transgression morale. Et cette représentation archaïque définit le sens du sacrifice expiatoire : le mal n'est extirpé que par un acte qui répare l'écart perturbateur et qui satisfait la vengeance des esprits. Les rapports d'équilibre qui régissent à la fois le système de la vie et la justice envers les esprits se correspondent. Pour réparer la faute, il faut donc, par un don approprié, mesuré par la transgression, rétablir l'équilibre du système vital et dédommager l'esprit concerné.

Au regard de la psychologie, ce type de sacrifice propitiatoire appartient à l'archaïsme de la conscience morale; comme le rite du bouc émissaire, il repose sur une conception quasi-physique du mal. Adoptant le critère religieux, d'autre part, nous pouvons estimer que ce sacrifice relève d'une attitude moins spiritualisée que le sacrifice propitiatoire du peuple biblique. Conscients que la faute est une offense directe au Dieu avec qui ils entretiennent un rapport personnel, les Hébreux perçoivent que le mal se pardonne par la conversion religieuse qu'est l'attrition.

Notre mise au point montre que le concept de sacrifice propitiatoire ne saurait s'appliquer tel quel à la mort du Christ. La théologie l'a pourtant fait avec une conséquence intrépide. Certes, elle n'a pas repris le schème du tabou; mais elle en a transposé l'idée d'équilibre et de justice sur le plan des rapports personnels entre Dieu et l'homme.

2. L'IDEE DE SACRIFICE EXPIATOIRE SUBSTITUTIF

Saint Anselme a repris le modèle du sacrifice expiatoire, mais il l'a introduit dans une nouvelle perspective que nous rappelons brièvement. Pour penser rationnellement la doctrine de la rédemption, il a eu recours à des concepts moraux et juridiques. Au droit romain il a emprunté l'idée d'un rapport de justice entre l'homme et Dieu; et, au droit germanique, il a repris le thème de l'honneur et de l'offense à réparer. Avec ces trois éléments, il a construit la théorie sotériologique qui s'est imposée à la théorie scolastique. Le péché est une offense à Dieu qui exige une juste réparation; en devenant homme, le Christ s'est substitué à l'humanité indigne du geste réparateur et Il a donné sa vie en sacrifice expiatoire. Bien sûr, Dieu a pris l'initiative. Il faut donc s'imaginer que sa colère et son exigence de justice ont incité son amour à se donner à Lui-même la juste réparation par l'intermédiaire de Son Fils...

Libérée de sa buée de mystère, cette construction rationnelle montre trop clairement la fragilité du raisonnement sur lequel elle se fonde.

Aussi faudra-t-il se demander quelles puissances souterraines ont retenu les esprits de jeter aux fables une doctrine aussi bizarre.

Considérons d'abord l'idée de justice divine; elle est la notion-clé du raisonnement et c'est avec elle que s'amalgame le concept du sacrifice expiatoire pour se charger du sens nouveau de la substitution. Devant le Christ des évangiles, il paraît d'emblée aberrant de penser que la justice divine exige comme rançon pour l'offense le prix d'une vie, et encore bien celle du propre Fils de Dieu. Toute l'attitude de Jésus envers le péché contredit cette idée. Aux pécheurs Jésus offre le pardon divin, à condition qu'ils se convertissent, consentent au Royaume de Dieu et croient en Lui. Il se singularise même, au scandale des Juifs, en n'exigeant pas les sacrifices rituels prévus par la loi juive. La foi sincère et contrite suffit. On doit en conclure que si la justice divine fait tomber sa colère sur le pécheur, elle est aussi justifiante : elle précède et sollicite le mouvement de conversion et sanctifie le pécheur qui croit. La doctrine du sacrifice expiatoire substitutif, par contre, pose Dieu dans un rapport d'égalité symétrique avec son partenaire. Quelles que soient les corrections qu'on apporte après coup en invoquant l'initiative de l'amour divin, cette doctrine repose sur la loi de la justice distributive : le pardon n'est donné qu'après la satisfaction juste offerte à Dieu. On maintient l'idée d'un équilibre entre faute et satisfaction, ce qui n'a de sens que dans un rapport d'égalité établi sur la stricte justice.

Si les chrétiens s'avisaient de prendre au sérieux le modèle divin que cette doctrine propose à leur comportement, ils devraient renier le précepte qui est au cœur même du message évangélique : aimer ses ennemis et pardonner les offenses comme Dieu les pardonne.

Il est aussi particulièrement grave que cette théologie polarise toute l'œuvre de rédemption sur le salut personnel et moral. Le christianisme s'y rétrécit dans une préoccupation pour les péchés des hommes individuels. Que peut encore signifier une telle religion de salut pour l'histoire humaine et pour la montée culturelle vers plus d'humanité ? On soupçonne les immenses conséquences d'individualisme et d'intolérance qu'une telle nourriture théologique peut avoir. Nous ne doutons pas cependant qu'une foi vivace ait rectifié chez beaucoup ces distorsions religieuses.

La théologie du sacrifice substitutif ne s'accorde pas non plus avec le concept de sacrifice. Tout sacrifice implique trois éléments : le sacrificateur, Dieu et la victime. Comme nous le verrons, jamais le sacrifice rituel n'est le don de la vie offert par le sacrificateur. Ce serait contraire à la nature du sacrifice. Or, dans la doctrine envisagée, ce n'est pas l'humanité qui sacrifie le Christ; Il se sacrifie lui-même. On pourrait objecter que c'est la particularité du Christ de faire éclater le schème du sacrifice, précisément en se substituant à l'humanité et en faisant fonction à la fois de sacrificateur et de victime. Mais alors il faudrait pouvoir donner un sens à l'idée de substitution et transformer radicalement le concept du sacrifice. Or, l'idée de substitution ne tire sa rationalité que du concept inadmissible de la justice divine vengeresse. Elle implique également une conception du sacrifice expiatoire que la religion biblique avait déjà dépassée par une juste intellection du péché et de Dieu.

Décidemment, la doctrine théologique forgée par Anselme distord le rapport entre Dieu et l'humanité, fausse le concept de sacrifice et occulte le sens de la « mort pour nos péchés ». Rien d'étonnant dès lors que, dans ce contexte théologique, le sacrifice eucharistique demeure une question énigmatique. Conçu comme la répétition non sanglante du sacrifice substitutif de la croix, au lieu d'être un mystère de la foi, il devient un défi pour la pensée.

On peut, certes, « spiritualiser » le terme de sacrifice et signifier par lui toute générosité et toute pro-existence qui comporte l'abnégation de soi. Associé au thème de la kénose divine en Jésus et à celui du culte intratrinitaire du Fils envers le Père, le terme de sacrifice ainsi élargi s'applique à l'obéissance de Jésus jusqu'à la mort. Mais à généraliser à ce point le concept de sacrifice, on enlève un de ses éléments essentiels à la construction du schème du sacrifice substitutif. Il est certainement digne de croire que Jésus s'est sacrifié pour nos péchés. Mais si sa mort n'est plus un véritable sacrifice expiatoire, il faut alors lui donner un sens articulé par d'autres concepts. La « spiritualisation » de l'idée de sacrifice n'est d'ailleurs pas inoffensive. Elle risque d'enlever au sacrifice eucharistique son fondement; elle favorise la tendance à déconsidérer le rite sacrificiel pour le dépasser par une attitude de foi intérieure « non religieuse ».

3. ANALYSE PSYCHOLOGIQUE

Si pareille théologie a pu naître et s'imposer, ce n'est sans doute pas uniquement en raison de la rationalité apparente qu'elle emprunte au juridisme. Un historien de la culture pourrait y déceler le transfert de coutumes et de conceptions propres à l'époque féodale.

Mais, en deçà des images culturelles, nous pouvons y reconnaître des représentations archaïques où elle plonge ses racines et que la psychanalyse nous aide à dévoiler. L'expérience montre, en effet, qu'en d'obscures régions de son psychisme, l'homme est hanté par l'idée d'un Dieu méchant, surmoi monstrueux, double agrandi du phantasme œdipien du père jaloux qui exige le sacrifice de la vie comme prix pour son amour. Alors que l'Esprit du Christ vient corriger cette image archaïque et qu'il nous apprend à dire, sans angoisse mais en confiance : « Père », la doctrine du sacrifice substitutif la reprend et la renforce en lui donnant l'apparence d'une justification rationnelle.

Les traces qu'a laissées dans la Bible la figure du Dieu cruel confirment l'expérience psychanalytique. Songeons à Ex. 4, 24-26 qui raconte comment la circoncision a sauvé Moïse de la mort dont le menaçait la main de Jahvé. La prophétie sur la mort des premiers-nés d'Egypte, qui précède le récit, lui donne toute sa puissance inquiétante. L'interprétation psychanalytique reconnaît à juste titre dans la circoncision une castration symbolique. Et qui sait la signification profonde de la castration pour ces peuples, perçoit l'équivalence entre castration et mort. L'expérience clinique démontre d'ailleurs la persistance de cette équivalence dans les représentations inconscientes. Pour conserver la vie, Moïse offre donc un sacrifice substitutif de sa vie. De même, pour sauver leurs premiers-nés des mains d'un « Dieu de sang », les Hébreux offriront par la suite un sacrifice de rachat. Le livre de Job lui aussi donne à réfléchir. C'est par la volonté de Dieu qu'au moment culminant de la tragédie, Job souffre la mort de ses enfants. Sa souffrance n'a pas de causes naturelles : « Le Seigneur l'a donné, le Seigneur l'a repris... » (1, 21). Créateur absolu, Dieu a le droit absolu de détruire ce qu'il a créé.

On peut même se demander si l'idée que le péché a causé la souffrance et la mort, ne repose pas sur la même représentation du Dieu féroce. On suppose une humanité sans douleur et sans mort, et on explique ces malheurs par la rétaliation divine pour les fautes humaines. Ne s'agit-il pas ici encore du transfert sur Dieu d'un phantasme issu d'une rivalité homicide ? (10)

L'histoire du sacrifice d'Abraham s'éclaire elle aussi à la lumière de notre interprétation. Pratiqué chez les Cananéens, lié à un culte de fertilité, le sacrifice d'enfants par le feu s'est introduit en Israël. Mais il a toujours été condamné par les représentants du Jahvisme.

---

(10) D. BAKAN, dans *Sacrifice and the Book of Job* (in *Disease, Pain and Sacrifice. Toward a Psychology of Suffering*, Chicago, University Press, 1968, p. 95-128), explique le livre de Job comme une projection sur Dieu de la tendance infanticide du père. Nous comprenons l'image du Dieu persécuteur comme la projection sur Lui de l'image phantasmatique du père dangereux.

Le Dieu d'Israël n'entend pas être honoré par un sacrifice humain.
Et selon R. de Vaux rien ne prouve que la « Loi des premiers-nés »
(Ex., XIII, 2 et 12-15) imposait de les sacrifier. Elle ordonne de
les racheter, contrairement aux premiers-nés des animaux. Le récit du
sacrifice d'Abraham ne démontre pas, comme le commente Kierkegaard
dans *Crainte et tremblement,* que l'ordre divin peut entrer en conflit
avec les valeurs éthiques et qu'il a une absolue priorité sur elles.
Ce récit illustre le souvenir des infanticides sacrificiels et leur condamnation par Jahvé. Les exégètes s'accordent sur cette interprétation,
mais ils ne semblent pas en dégager les conséquences pour l'explication
du sacrifice-rachat pour les premiers-nés. Il nous paraît manifeste
que ce sacrifice obéit toujours à l'idée, inconsciente et surmontée, d'un
Dieu terrible dont il faut satisfaire la jalousie (11). Sans doute était-il
psychologiquement normal de passer par cette représentation et
d'atteindre le vrai Dieu par une victoire sur elle. Mais ce cheminement religieux comporte le danger de voir réapparaître les représentations archaïques. N'est-ce pas ce qui se produit par exemple dans
Ezéchiel XX, 24-26 ?

La Bible laisse donc, de temps à autre, venir à la surface l'idée
d'un Dieu Maître absolu et terrible, qui veut reprendre la vie comme
si elle Lui était hostile. Un sacrifice-rachat reconnaît la Seigneurie
absolue de Jahvé et protège la vie contre sa main sanglante. Ce sacrifice est le seul où la victime se substitue à la vie du sacrificateur.
Ce ne sont pas les péchés qui doivent être rachetés, mais la vie
elle-même ou, équivalemment, le droit à la sexualité procréatrice et
à la vie engendrée.

On peut interpréter spirituellement le sacrifice-rachat comme signe
d'une dette fondamentale reconnue envers le Créateur. Le déplacement symbolique du sacrifice de la vie sur la circoncision et de celui
des premiers-nés sur la victime substitutive, témoigne de la spiritualisation de l'idée de Dieu. Mais ce déplacement même, défini comme
rachat, garde les traces de l'idée primitive dont il tire son sens.
Revalorisée et rationalisée par l'idée de justice et d'honneur, c'est
encore cette idée archaïque qui s'introduit dans la théologie du sacri-

---

(11) R.-L. RUBENSTEIN *(L'imagination religieuse. Théologie juive et psychanalyse,* trad. de *The religious Imagination,* Paris, Gallimard, 1968, chap. IV
et VII) interprète ces récits et ces sacrifices de la même manière que BAKAN *a.c.* :
s'appuyant sur des commentaires rabbiniques il y voit le déplacement et la
sublimation de la tendance infanticide plus ou moins inconsciente que produirait
le conflit entre les générations.

fice expiatoire substitutif, même si les théologiens et les croyants ont rectifié l'archaïsme de ce concept et l'ont complété par les thèmes connexes.

C.G. Jung considère la doctrine de la satisfaction substitutive comme un archaïsme barbare (12). R. Sauty l'appelle une théologie de sang primitive (13). R. Bultmann se demande « quels concepts primitifs de dette et de justice fondent pareille représentation ? Quel concept primitif de Dieu ? » (14). Nous ne pouvons que leur donner raison. Si la mort du Christ a valeur de sacrifice, celui-ci doit être pensé tout autrement.

Il n'est pas surprenant que, dans *Totem et Tabou,* Freud ait pu conclure que la vérité de la religion est historique et que le Dieu vénéré par les religions est une modalité, agrandie et sublimée certes, du père primitif, être jaloux et violent. L'on connaît la reconstruction fantasmatique de Freud : les fils ont tué le père primitif et l'ont mangé pour s'approprier un lambeau de sa puissance. Ayant refoulé le souvenir du parricide, ils ne l'ont pas moins répété, mais en substituant un animal au père. C'est là l'origine du sacrifice religieux, qui prend la forme d'un repas totémique. Aussi le sacrifice est-il un acte inconsciemment symbolique et un comportement de compromis, condensant dans un geste contradictoire les tendances ambivalentes du conflit œdipien : haine et vénération pour le père, fête et deuil, triomphe parricide et culpabilité. Ce n'est pas ici le lieu de discuter la reconstruction freudienne, fondée sur une anthropologie fantaisiste et dépassée, et viciée par des raisonnements en cercle vicieux. Il importe seulement de relever la correspondance entre la représentation freudienne du père primitif et le Dieu sanguinaire de la rétaliation. Que Freud ait pu proposer la théorie de *Totem et Tabou,* nous indique en tout cas que l'homme peut capter Dieu dans certains phantasmes œdipiens de lutte duelle pour la puissance et la reconnaissance. Et comment ne pas évoquer ici la dialectique du maître et de l'esclave par quoi Hegel fait commencer l'histoire ? A ces phantasmes projetés dans l'histoire, le psychanalyste peut opposer que « le pacte est partout préalable à la violence avant de la perpétuer, et (que) ce que nous appelons le symbolique domine l'imaginaire... » (15). De même le croyant sait-il que le pacte de

(12) *Psychologische Typen,* Zürich, Rascher, 1950, p. 262.
(13) *Psychanalyse et religion,* Genève, Perret-Gentil, s.d., p. 25.
(14) *Kerygma und Mythos,* Band I, Hamburg, Evangelischer Verlag, 1960, p. 42.
(15) J. LACAN, *Ecrits,* Paris, éd. du Seuil, 1966, p. 810.

la création précède et fonde le rapport religieux et que la manifestation de Dieu en Jésus-Christ exorcise le fantôme divin dont l'ambivalence inconsciente de l'homme peuple le ciel.

III. LE SACRIFICE COMME METONYMIE
ET COMME METAPHORE

Considérons maintenant le sacrifice tel qu'il est : le rite essentiel
de la religion. Nous ferons d'abord abstraction de tout ce que la
théologie de la rédemption a pu construire autour de ce concept.
Nous voulons retrouver sa structure et sa signification originales pour
voir ensuite en quel sens on peut rapprocher la mort de Jésus du
rite sacrificiel.

La Bible connaît ceux sacrifices qui n'ont d'autre visée que de
réaliser le rapport à Dieu sans que s'ajoute une essentielle finalité
secondaire : le sacrifice-communion et l'holocauste.

1. LE SACRIFICE-COMMUNION

Ce sacrifice se retrouve dans la plupart des religions et il constitue
le rite religieux le plus accompli, comme le démontrera notre analyse.

M. Mauss, chez qui la notion de sacrifice est centrale, en présente
une excellente analyse (16) que nous résumons. Le sacrifice implique
le clivage entre le profane et le sacré et leur médiation par la victime,
le plus souvent animale. Cette médiation est le lieu focal de la religion. Contrairement à la magie, le sacrifice est essentiellement un rite
social et c'est la communauté qui choisit l'élément médiateur. Pour
Mauss, le sacrifice fait partie de la loi de l'échange qui constitue le
processus fondamental de la culture. Aussi le sacrifice est-il une sorte
de don. La communauté sacrifiante l'exerce le plus souvent comme
une opération qui va des hommes vers la divinité. Le christianisme,
par contre, le conçoit comme mouvement allant de Dieu vers les
hommes.

L'opposition que fait Mauss entre les opérations ascendante et
descendante nous semble être secondaire par rapport au processus
d'échange entre le profane et le divin. Mauss interprète peut-être trop
le sacrifice par la catégorie du don, qui a d'abord son lieu dans le

---

(16) *Essai sur la nature et la fonction du sacrifice* (1899), in *Œuvres
Complètes*, vol. 1, Paris, éd. de Minuit, 1969, pp. 193-307.

système d'échanges horizontal entre humains. Dans le rapport entre
les hommes et Dieu, il n'existe pas la même priorité d'un mouvement
sur l'autre : le don humain ouvre l'espace pour le don divin. Sur ce
point, l'analyse de Cl. Lévi-Strauss (17) nous paraît cerner plus
exactement la spécificité du sacrifice. Selon Lévi-Strauss, la structure
fondamentale du sacrifice consiste à opérer un lien de continuité
entre les deux termes qui sont d'abord discontinus : l'homme sacrificateur et Dieu. Entre ces deux pôles « il n'existe pas d'homologie, ni
même de rapport d'aucune sorte : le but du sacrifice étant précisément d'instaurer un rapport, qui n'est pas de ressemblance, mais de
contiguïté » (18). D'après Lévi-Strauss, l'effectuation du lien se fait
en deux temps. La sacralisation de la victime assure déjà le rapport
entre l'homme et la divinité. Par la destruction de la victime, le sacrifice rompt le lien qu'il avait opéré et crée un vide que la divinité
viendra remplir (19). La destruction est une opération irréversible
qui déclenche de la part de la divinité une opération également irréversible : le don de sa grâce (20).

Commentons cette analyse structurale très juste. Le lien entre
l'homme et Dieu n'est pas naturel puisqu'ils appartiennent à deux
ordres trop différents. En cela le sacrifice est un cas tout particulier
du système d'échange qui préside à la culture. Le sacrifice est un
acte événémentiel : il produit ce qui n'est pas naturellement donné.
Les deux temps dans lequel il s'effectue, sont en fait un seul et même
mouvement qui exprime et réalise symboliquement la même opération.
Le sacrifice pose d'abord un élément intermédiaire entre les deux
pôles séparés. Pour cela, la religion prend une donnée naturelle qui
est symbolique aussi bien de la terre humaine que de Dieu. La victime
animale appartient à l'ordre humain. Elle représente la vie au sens
plénier du terme : biologique, économique et culturel. Elle est la
nourriture de l'homme et l'objet de son travail en communauté. Dans
le cas d'un animal séminal, tel le taureau ou le bélier, elle signifie
la vie sexuelle, fécondité procréatrice et puissance phallique. L'élément
sacrificiel est donc le symbole de la vie et du désir des hommes.
L'imposition des mains sur l'élément sacrificiel exprime précisément

(17) *La pensée sauvage*, Paris, Plon, 1962, pp. 297-302.
(18) *Op. cit.*, p. 297.
(19) *Op. cit.*, p. 298.
(20) Lévi-Strauss distingue le sacrifice piaculaire, où le mouvement de contiguïté va de l'homme vers la divinité, et le sacrifice-communion où le sens est
inverse. Nous négligeons ici cette distinction.

que l'élément qui est sacré et mis à part appartient aussi en propre
à l'homme sacrificateur. Dans le sacrifice, ce geste n'a pas, comme
dans le rite du bouc émissaire, le sens d'un transfert de l'impureté
et du péché. « L'offrant atteste que cette victime est bien la sienne,
que le sacrifice qui va être présenté par le prêtre est offert en son
nom et que les fruits lui en reviendront » (21). L'élément intermédiaire
emprunté au monde naturel, même si le travail l'a quelque peu transformé, symbolise également la divinité qui se manifeste dans la fécondité, dans la puissance nourricière ou dans la jouissance festive (22). En
sacralisant l'élément naturel, le sacrifice le met à part. Ce premier
moment, que nous identifions à l'offrande, pose l'élément symbolique
en métonymie de Dieu. Absent, parce que différent, Dieu se relie à
l'homme par l'intermédiaire institué en signe sacré. Le second moment,
la destruction, achève la mise à part irrécupérable, accentue le processus irréversible et approfondit la barre métonymique qui sépare la
nature et Dieu. La destruction répète et redouble l'acte de sacralisation : le vide qu'accomplit la destruction correspond à la rupture
de la mise à part.

Etant totalement libéré de ses attaches de continuité avec les deux
extrêmes qu'il relie, l'élément intermédiaire ouvre ainsi le lieu vide
que vient remplir le don divin. Mais ici encore le symbolisme sous-tend
le processus métonymique de la mise en contact et en présence. Si
l'animal sacrificiel est tué, c'est en vue de la consommation. Le sacrificateur anticipe le geste de la participation à Dieu. Et d'autre part,
le processus métonymique de la destruction achève le symbolisme
anticipateur : l'animal devient réellement signe du don divin lorsqu'il
est détruit en tant qu'être naturel. Le symbole du sacrifice réalise
dans le geste les rapports de constitution réciproque que les linguistes
découvrent dans la métaphore et la métonymie (23).

(21) R. de VAUX, *op. cit.*, p. 29.
(22) La ressemblance symbolique peut être particulièrement prégnante dans
le sang qui, en tant que principe de vie, appartient à Dieu. Pour cette raison,
il était interdit aux Hébreux de consommer le sang de leur victime. Ailleurs,
Lévi-Strauss souligne la parenté entre le divin et l'homme qui se communiquent
par l'animal. Voir *Le Totémisme aujourd'hui*, Paris, P.U.F., 1962, p. 4.
(23) Voir R. JAKOBSON, *Deux aspects du langage et deux types d'aphasies*
in *Essais de linguistique générale*, Paris, Ed. de Minuit, 1963, pp. 43-67.

2. L'HOLOCAUSTE

L'Ancien Testament pratique un sacrifice qui n'est ni rite de communion ni rite de propitiation : l'holocauste. Un animal mâle sans défaut, de gros ou de petit bétail, est immolé par l'offrant, puis confié au prêtre qui fait couler le sang sur le pourtour de l'autel. Sauf la peau qui revient au prêtre, tout est brûlé et rien n'est consommé. Au début l'offrande de l'holocauste est rare et elle accompagne plutôt un sacrifice de communion. Avec le temps et suite à la centralisation du culte à Jérusalem, le sacrifice de communion régresse et l'holocauste devient le sacrifice régulier du temple. Il met en évidence la nature collective de la liturgie et la dissocie des intentions particulières des offrants. Pur acte d'hommage à Dieu, s'exprimant par un don symbolique, il devient pour les Israélites le modèle du sacrifice parfait (24).

L'holocauste affirme donc plus expressément deux dimensions qui appartiennent au sacrifice de communion. Sa gratuité accentue la rupture du lien d'avec les intentions personnelles et profanes.. Et sa concentration dans le temple souligne son caractère social englobant. Si le lien effectué avec Dieu et le don divin en réponse à l'offrande ne sont pas signifiés ici par le geste de la communion, tout le contexte symbolique le représente cependant. En effet, Jahvé habite le temple et, depuis ce lieu sacrificiel, sa présence irradie sur toute la communauté.

3. COMPARAISON AVEC LE SACRIFICE-RACHAT

Une comparaison structurale met en évidence la différence radicale entre le sacrifice de communion auquel nous associons l'holocauste, et le sacrifice-rachat. Dans ce dernier, l'animal est le substitut métonymique de la vie humaine. Au lieu de s'offrir lui-même en holocauste, l'homme déplace l'offrande sur l'animal avec lequel il est relié. La victime est symbole de sa propre destruction. La circoncision qui en est l'équivalent, fait apparaître encore plus clairement le déplacement qui évite le suicide sacrificiel : au lieu de se châtrer, l'homme offre une partie de son organe sexuel. Dans le sacrifice de communion, par contre, il offre un élément qui appartient à son monde pour que la donnée naturelle devienne le lieu à la fois symbolique et métonymique du don divin. Dans le premier cas, le sacrifice est le substitut (la métonymie) de l'homme. Dans le second cas, il devient la méto-

(24) R. de VAUX, *op. cit.*

nymie de Dieu. Le sacrifice-rachat se réalise dans une structure duelle; il s'y agit toujours d'un rapport direct de l'homme à Dieu. Le sacrifice-communion s'opère dans une structure triadique où la relation entre homme et Dieu s'effectue par la médiation d'un tiers élément.

Dégageons le sens de la différence structurale. Dans le sacrifice-rachat, rien de nouveau ne se produit, mais l'homme acquiert le droit à la vie en signifiant, par un geste de déplacement, qu'il l'abandonne à celui qui est son maître absolu. Le terme de rachat s'applique donc presque littéralement; il conserve son sens de rachat de l'esclave. A la structure duelle correspond la relation duelle qu'a illustrée la psychanalyse. L'homme n'a de droit à l'existence que s'il l'achète. C'est qu'en principe, les deux, homme et Dieu, ne peuvent pas occuper la même place. Tout comme le père primitif de *Totem et Tabou* de Freud, ne laissait aucune place de droit aux fils. Affrontés directement dans une lutte pour la reconnaissance, Dieu et l'homme ne peuvent coexister qu'après la soumission de l'un des deux. Le sacrifice-rachat fait dépasser ce moment mythique de la rivalité. En ce sens, il a la valeur religieuse de représenter la reconnaissance par l'homme de la seigneurie divine. Mais il s'arrête là, instaurant seulement un champ possible de relation avec Dieu.

Le sacrifice de communion s'installe d'emblée dans un rapport positif et il a pour finalité d'effectuer le lien entre deux êtres reconnus dans leur différence. Comme nous l'avons montré, l'élément médiateur signifie tout à la fois le domaine qui, en droit, appartient à l'homme, et le symbole d'une présence divine possible. La structure triadique différencie l'homme et Dieu et les relie par un intermédiaire. C'est que l'élément sacrificiel, symbole de l'existence et non pas substitut de la vie, représente le monde que l'homme perçoit comme étant déjà un don divin. Aussi le sacrifice ne vise-t-il plus l'acquisition en droit de ce don; il opère un échange et sollicite le don nouveau de la grâce divine. Loin de se substituer à la vie, dans le but d'acquérir un droit sur elle, l'élément sacrificiel fait dans le monde un vide et laisse le don divin se substituer à cette part symbolique du monde.

Dans le sacrifice de communion, Dieu n'entre pas en rivalité avec l'homme et l'homme ne cherche pas à conjurer le soupçon de vouloir se substituer à Dieu. Ce qu'il y a de positif dans le sacrifice-rachat est dès l'abord mis en place : la reconnaissance de la différence, l'affirmation de la discontinuité ou la séparation du sacré et du profane. En mettant en scène la dissymétrie entre homme et Dieu, le sacrifice de communion et l'holocauste sont la reconnaissance d'une dette fondamentale, ontologique, et non pas l'aveu d'une faute à réparer. Le sacrifice-rachat est la négation d'une dénégation, le rite négatif qui annihile la méconnaissance de Dieu. Le sacrifice de communion conserve le sens religieux du sacrifice-rachat, puisque le don symbolique de l'élément intermédiaire réalise l'hommage au Dieu reconnu. De cette manière, il est aussi l'acte religieux par excellence, auquel on ne peut d'ailleurs participer qu'en étant déjà purifié. Et le fait que le sacrifice suppose la disposition religieuse fondamentale mais ne l'instaure pas, est encore rendu manifeste par l'exigence préalable de respecter les lois éthiques du décalogue, qui sont à l'origine des lois rituelles, définissant les conditions requises pour le sacrifice.

On comprend dès lors la différence entre les sacrifices d'expiation et de communion. Le sacrifice expiatoire, qui est, en fait, le don en hommage à Dieu, accompagnant l'acte de conversion, restaure la relation religieuse. Le sacrifice de communion est l'exercice du lien religieux qui est à la fois présent et qui doit être réeffectué et intensifié pour que l'existence humaine bénéficie du surplus des grâces divines.

4. LA MORT DU CHRIST : SACRIFICE PARFAIT ?

Ecartons d'emblée les concepts de rachat et de satisfaction substitutive, dont nous avons vu l'inadéquation. Est-il légitime de transférer sur la mort du Christ le terme de sacrifice, sans l'affaiblir en le réduisant aux connotations purement éthiques de l'existence pour autrui ? Quelle que soit la noblesse de ce terme dérivé, appliqué à la mort du Christ il n'exprime qu'une vague intuition. Il est évident pour le croyant que le Christ s'est livré à la mort ignominieuse pour le salut de l'humanité. Mais il faut dépasser l'éloquence de tels énoncés si l'on veut leur donner un contenu qui a sens pour la pensée et libérer le message chrétien des représentations archaïques qui l'altèrent spontanément.

Si l'on considère Jésus avec le regard de l'historien des religions, on est frappé par le fait unique qu'Il ne pratique pas le sacrifice religieux. Certes, Il appartient au peuple hébraïque qui offre le sacrifice par l'intermédiaire de ses prêtres. Lui-même fait le pèlerinage au temple. Mais nulle part il n'enseigne à ses disciples la pratique du sacrifice. Fondateur de religion, il ne donne pas non plus un rite sacrificiel. Ce n'est qu'à la veille de sa mort qu'Il instaure l'eucharistie que ses fidèles vivront comme leur sacrifice. Par contre, les paroles de Jésus enlèvent au rite sacrificiel son sens. Par Lui advient le Royaume de Dieu pour ceux qui croient en Lui. Par tout son message et par tout son comportement, Il se substitue au sacrifice. Ce qu'opère le sacrifice dans les religions, Lui l'effectue éminemment. S'il ne les a pas

prononcées, on comprend qu'on Lui ait attribué les paroles qui le
déclarent le temple vivant; complétons : et le sacrifice religieux. La foi
des premiers disciples a fait écho à cette substitution : dans sa personne, Jésus-Christ est l'intermédiaire entre homme et Dieu et, après
son advenue, le sacrifice ne peut plus avoir lieu. Il est la médiation
accomplie : appartenant au monde humain, Il réalise la continuité
avec Dieu. Selon l'antique tradition chrétienne, le sacrifice religieux
est le type du Christ et Lui en est le paradigme.

Fallait-il dès lors que sa mort corresponde à la destruction du sacrifice sanglant ou à l'holocauste ? De toutes manières, la similitude
entre le sacrifice et Jésus-médiateur interdit de localiser le moment
sacrificiel dans la mort; car le sacrifice constitue un seul processus
de consécration, de destruction éventuelle et de communion. Et tout
sacrifice n'implique pas la destruction; il existe des sacrifices de
nourriture où seule l'offrande opère la transformation métonymique.
D'autre part, comment concevoir la nécessité de la destruction par
la mort si la présence personnelle de Jésus est le lieu focal du lien
nouveau entre homme et Dieu ? Et comment les péchés pourraient-ils
justifier cette mort si c'est sa présence qui fait advenir le Royaume
de Dieu ? On peut décrire l'attitude de Jésus envers son Père comme
réalisant supérieurement l'attitude d'offrande et de disponibilité pour
les dons divins. Ainsi comprise, la vie de Jésus peut être appelée le
sacrifice parfait, pour autant qu'on désigne par ce terme l'attitude
religieuse des anciens sacrificateurs. On peut même penser que, dans
sa mort, Jésus accomplit le plus intensément cette attitude. De cette
manière sa mort aussi est un sacrifice au sens qu'elle en accomplit
la disposition fondamentale. Chaque fois qu'on transfère sur Jésus
le terme de sacrifice, il faut donc le transposer radicalement. Par ce
qu'Il est, Il a supprimé et dépassé le sacrifice. Il est donc plus correct
de dire *qu'Il est* ce qu'entendait effectuer le sacrifice. Si l'on veut
garder au terme de sacrifice son sens propre, il n'est pas correct de
dire que Jésus s'est sacrifié; étant « le Saint de Dieu », l'homme investi
de la vie divine, Il ne devait pas être rendu sacré. Par lui le sacrifice
est « *aufgehoben* » : détruit et dépassé. Jésus opère une mutation dans
l'ordre religieux. Un langage approprié doit marquer cette mutation,
et exprimer que la continuation passe par une rupture.

Que penser alors de la proposition que, sur la croix, Dieu s'est
sacrifié lui-même pour l'humanité ? Rhétorique religieuse, hyperbole
pieuse, pareille proposition peut réchauffer le cœur avide de dramatisation imaginaire. Si cette proposition a quelque vertu, c'est de
contester l'imagination religieuse qui attribue à Dieu la scandaleuse

mauvaise foi d'exiger la mort de son Fils. Mais il ne faut pas oublier que Javhé a déjà redressé la religion d'Abraham lorsqu'en crainte et tremblement, ce dernier voulait assouvir son Dieu terrible. Et si l'on tient aux hyperboles qui déplacent indûment les concepts religieux essentiels, pourquoi ne pas aller jusqu'au bout et proclamer la mort de Dieu sur la croix ? Dans la nuit des idées où toutes les vaches sont noires, un tel énoncé peut également stimuler le sentiment. Mais si l'on n'y prend garde, si l'on ne s'avise pas que ce n'est qu'une certaine idée archaïque de Dieu qui meurt sur la croix, on finira par se rallier à ceux qui déclinent son message essentiel. Fallait-il vraiment la mort de Jésus pour en arriver là ? La pensée athée a au moins plus de vigueur que l'imagination des théologiens de la mort de Dieu : elle n'a pas eu besoin de la croix pour ensevelir Dieu.

Chapitre II

Le schème initiatique

Parce que Jésus a révoqué le sacrifice, nous ne ramenons pas sa mort à la destruction sacrificielle. Nous avons à la comprendre en vertu de sa réalité humaine. Etant homme, son destin était nécessairement scellé par la mort. L'adhésion croyante au Christ hésite devant l'affirmation, simple et insolite : homme, Jésus était un mortel. Une manière frauduleuse de s'assurer qu'Il était plus qu'humain, consiste à Le soustraire à la mort naturelle en insistant sur sa volonté de mourir pour les péchés. Mais aucune raison de foi ne vaut contre l'évidence : même si, dans le Médiateur, il y a recouvrement et identité entre Dieu et l'humain, il y a aussi différence et distance. Seul Dieu est immortel. La mort de Jésus ne peut avoir un sens de salut que parce qu'elle a un sens humain. C'est ce que le schème anthropologique de la mort initiatique peut aider à élucider.

Nous considérons donc la mort du Christ du point de vue de la finalité spirituelle qui est inscrite dans l'existence humaine. Ainsi, la mort du Christ prend d'abord le sens d'un paradigme pour la montée vers une existence qui se transforme, se régénère et s'élargit en acceptant et en intégrant le négatif de la souffrance et de l'abandon de soi. Cette interprétation est certainement la plus accessible aux hommes contemporains. Elle évite en outre les pièges du concept de mort sacrificielle. Ce type d'interprétation renoue d'ailleurs avec des représentations universelles dans la culture, présentes dans notre profondeur psychique et thématisées par des philosophes modernes. Ce schème nous l'appelons « initiatique » parce qu'il correspond à la démarche des rites d'initiation et qu'il en prolonge les formes jusque dans le rite chrétien d'initiation : le baptême.

Nous évoquerons d'abord brièvement les rites d'initiation. Puis nous montrerons que la psychanalyse éclaire le sens profond et universel de ces rites. Nous pourrons dès lors assumer le schème initiatique dans la foi chrétienne. Mais il faudra le replacer dans l'ensemble des données de la foi et en dégager la vérité et les lacunes.

I. LES MYSTERES D'INITIATION

La plupart des anciennes cultures connaissent le rite de l'initiation. Comme il se passe à la puberté et qu'il marque l'entrée dans l'âge adulte, on le présente souvent comme un rite de passage. En fait, ce rite introduit à l'état de l'homme réellement humain. Ce n'est pas l'appartenance à une classe d'âge qui définit l'adulte, mais l'initiation à ce qui définit l'humain. N'est vraiment humain que celui qui a passé par l'épreuve de la mort, celui qui, par cette épreuve, s'est transformé et est initié au mystère de la vie. Dans ces cultures, le mystère de la vie englobe les individus, les générations, toute la nature même. La vie est la fécondité inépuisable qui se régénère à travers les cycles des saisons et des générations. Toujours renouvelée et toujours régénérative, la puissance de la vie participe à la puissance productive du divin ou de Dieu. Mais la vie n'effectue sa fécondité productive et sa manifestation glorieuse qu'à travers la mort. Il faut que les êtres meurent pour que la vie se régénère et se poursuive. Aussi l'individu n'est-il réellement engrené sur l'être profond du monde que s'il traverse la mort et rejoint, au-delà d'elle, la montée triomphante de la vie universelle et sacrée. Pour cette raison, le rite d'initiation est toujours une épreuve terrible où, dans l'angoisse, dans la souffrance et dans la solitude, l'individu meurt à son être individuel et inconscient pour revivre comme un homme digne et capable d'appartenir à l'humanité. Par l'initiation, l'homme devient celui qui a accompli en lui-même le mystère de la mort et de la régénération. Ce à quoi meurt le néophyte, c'est à l'état d'in-fans, de celui qui ne participe pas au langage humain. Il ne s'agit pas, bien sûr, du simple pouvoir de parler la langue, mais de l'initiation à la langue fondamentale, celle du mythe, discours premier et ultime, discours qui recèle et qui manifeste le mystère sacré de l'existence. L'homme ne l'apprend pas comme un discours objectif de science. Pour assimiler ce langage, il doit se laisser transformer par lui. Il doit effectuer dans son être même ce que ce discours révèle : que la vie passe par la mort. Le rite de passage n'est donc pas la transition d'une classe d'âge à une autre classe, mais passage de la vie non qualifiée à la vie qualifiée comme humaine par la terrible expérience de la mort et, en conséquence, par le deuil de la vie anonyme, irresponsable et profane. C'est dans ce rite également que l'homme reçoit son nom qui l'inscrit dans l'ordre symbolique. Il peut et il doit en répondre devant la communauté. Et l'initiation lui donne le pouvoir de participer aux mystères religieux.

La mort et la nouvelle naissance font donc le noyau universel des rites d'initiation. Et nous pouvons en reconnaître les symboles dans les éléments rituels qui, d'après M. Eliade, sont « communs à la majorité de ces cérémonies secrètes » (25). Les néophytes doivent se séparer de leur famille et se retirer dans la forêt ou dans la brousse qui symbolisent l'autre lieu, celui de la mort. Ils sont initiés dans les traditions mythiques qui leur révèlent les grands mystères de la communauté et du monde. Ils passent par des tortures qui représentent la souffrance et la mort; souvent même ils sont enterrés dans des tombes ou doivent régresser rituellement à l'état embryonnaire. Mais s'ils traversent victorieusement la mort symbolique, alors les rites expriment leur renaissance à une nouvelle vie, la vraie vie.

Comment ne pas se souvenir de certaines paroles évangéliques qui reprennent ce symbolisme à la fois cosmique et mystérique pour révéler le destin de Jésus et celui de ses fidèles : « Si le grain ne meurt... »; et : « Si quelqu'un ne naît pas à nouveau, il ne peut voir le Royaume de Dieu » ? La suite du texte montre que cette parole de Jésus énonce elle aussi le passage obligatoire par la mort; en effet, en réponse à l'incompréhension de Nicodème, Jésus évoque, en termes symboliques, sa mort sur la croix comme passage à la vie exhaussée : « Comme Moïse éleva le serpent dans le désert, ainsi doit être élevé le Fils de l'homme, afin que quiconque croit, ait, par lui, la vie éternelle ».

Certes, mort et renaissance prennent un sens différent dans les paroles de Jésus. Dans les rites d'initiation, il s'agit de reproduire rituellement le mystère sacré de la vie qui est à la fois cosmique et divine. « Bref, avec l'initiation de chaque adolescent, on assiste à une nouvelle cosmogonie. La genèse du monde sert de modèle à la 'formation' de l'homme » (26). La seconde naissance est spirituelle, ou symbolique au sens fort du terme : une naissance pour la participation à l'ordre symbolique qui est le mystère caché du monde et de l'humanité. Dans la prédication de Jésus, il s'agit d'une naissance pour la vie dans l'Esprit du Dieu vivant et unique. La mort de Jésus s'inscrit donc dans un symbolisme universel dont les rites antiques attestent la conscience dans l'humanité. Pour exprimer le sens mysté-

(25) Voir *Mythes, rêves et mystères*, Paris, Gallimard, 1957, chap. IX : « *Mystères et régénération spirituelle* », pp. 263 ss.
(26) *Ibidem*, p. 263.

rique de la croix, la symbolique chrétienne a d'ailleurs repris les images de la fécondité vitale médiatisée par la mort : la croix est représentée comme l'arbre de vie ou l'arbre verdoyant planté au centre du monde.

II. VIE ET MORT EN PSYCHANALYSE

Avec la sagesse des rites initiatiques, la psychanalyse a en commun la loi fondamentale que la mort habite la vie et la médiatise. Bien entendu, la terre et la communauté ne sont pas comme telles présentes dans la psychanalyse. Le sujet de la psychanalyse n'appartient plus aux systèmes du mythique et la psychanalyse n'est pas un rite. L'homme psychanalytique appartient à une phase de la culture où l'existence s'est fortement intériorisée et subjectivisée, alors que les rites d'initiation s'adressent à un type d'homme qui réalise et comprend le sens de son existence dans un système de références pré-données, disposées dans le langage mythique et dans les structures symboliques de la culture. Quelle que soit la différence, il n'en reste pas moins que la psychanalyse redécouvre la loi fondamentale du schème initiatique. A l'instar des rites, elle introduit le sujet dans les signifiants qui structurent l'existence et dont l'occultation perturbe l'homme qui, tout en les méconnaissant, reste en leur pouvoir.

Illustrons brièvement comment la psychanalyse nous fait découvrir la connexion entre vie et mort. Pour la psychanalyse, l'homme n'arrive pas au monde armé d'un moi victorieux, d'un soi-même (un *Self*) doué d'une intelligence sûre d'elle-même et d'une maîtrise volontaire. Ce n'est que par une lente transformation de tout son être que l'humain parvient à acquérir une certaine mesure de liberté, de consistance sub-jective et de désir personnel. Et cette transformation n'est pas un innocent épanouissement naturel; elle s'effectue à travers plusieurs passages périlleux que le sujet ressent, dans la souffrance, comme une mort à lui-même. Né d'une mère avec laquelle il était en symbiose vitale, au premier moment déjà de son existence un peu autonome, l'humain fait l'expérience de la séparation comme condition de son devenir personnel. Et même si, à ce moment, il n'a pas la conscience explicite de mourir à une vie antérieure, il en éprouve vivement la douleur et elle inscrit en lui le souvenir sous la forme affective de l'angoisse. Celle-ci devient la matrice psychologique de toutes les futures expériences douloureuses. Lorsque la mère impose à l'enfant le sevrage du sein, elle lui inflige une blessure qui peut être mortelle. Mais il faut qu'il souffre cette blessure et ce risque de mort pour qu'il devienne capable du langage et entre dans une vraie communication avec autrui. Ainsi, chaque stade de l'évolution humaine n'est formation que par une transformation intérieure. Et toute transformation est perte, souffrance et angoisse. Le complexe d'Œdipe, qui est un moment décisif de la vie, représente non seulement — et ce n'est même pas l'essentiel — un conflit de rivalité avec le parent du même sexe, mais une exigence interne de renonciation à une imaginaire toute-puissance libidinale. L'homme n'accède à la capacité d'un désir personnel, qu'en acceptant ce que les psychanalystes appellent la castration symbolique. S'il n'accepte pas une mutilation des désirs mégalomaniaques qu'il porte en lui, il n'acquiert jamais l'identité sexuelle qui lui donne de se situer dans un rapport d'échange et d'amour. Pour préserver la lueur intérieure et l'ouverture disponible qu'est le désir, il lui faut renoncer aux désirs exorbités et exorbitants. De même, si les phantasmes d'immortalité empêchent d'intégrer dans l'existence quotidienne la conscience d'être mortel, la vie s'enferme dans un cocon protecteur où elle dépérit.

Ce n'est pas sans une certaine réticence qu'on tient des discours dont l'allure un peu générale vire facilement à la rhétorique. L'expérience clinique montre cependant de quel prix payé à la mort l'homme gagne sa vie et de quelle perte de vie il paie son refus de la mort. On pourrait placer la démarche analytique sous l'adage évangélique : celui qui veut gagner sa vie la perdra, mais celui qui consent à la perdre, la gagnera. Désignant une vie qui est plus que sagesse humaine, l'évangile prolonge néanmoins une loi qui est inscrite au cœur de l'existence. Freud l'énonce dans une phrase qui a valeur de sentence de sagesse : *si vis vitam, para mortem;* si tu veux vivre, prépare la mort. L'homme devient malade, selon Freud, non seulement par le refoulement de la sexualité, mais aussi par celui de la culpabilité et de la mort. Peut-être la sexualité est-elle à ce point libérée dans notre civilisation que le refoulement pathogène concerne autant la mort que la sexualité. Comme l'affirmait un sociologue américain, notre culture a tellement coutume d'exhiber librement la sexualité qu'en ce domaine presque plus rien ne paraît obscène. Ce qui est devenu obscène, c'est de montrer la réalité de la mort. Il est devenu indécent de confronter l'homme contemporain avec elle. Certes, tous les jours les films et le petit écran montrent la violence homicide et la mort accidentelle. Mais l'exhibition de la mort violente ne fait qu'éloigner dans l'imaginaire abstrait la mort des autres comme l'effet, absurde ou naturel, de l'agression ou du hasard. L'association entre mort et violence occulte la réalité de l'acte de mourir qui est un destin intérieur à la vie. A cet égard, on peut se demander si l'accent porté sur la mort violente de Jésus, mort présentée comme causée par la haine, n'évacue pas de la même manière la mort comme moment destinal de l'homme Jésus. Et le terme ambigu de déicide, s'il n'a pas l'intention secrète de soustraire au regard l'humaine réalité de la mort de Jésus, comporte en tout cas le grave inconvénient de l'effacer. Pour donner tout son poids à la mort de Jésus, il faut de quelque manière concevoir les circonstances comme accidentelles par rapport à son assentiment angoissé et confiant à sa mort humaine. Ce qui importe en premier lieu, c'est que Jésus devait passer par la souffrance, par la solitude et par l'inconnu de la mort, pour renaître comme source de vie nouvelle pour tout homme.

La psychanalyse manifeste que le schème initiatique n'appartient pas seulement aux cultures anciennes, mais qu'il constitue la vérité nodale de l'existence humaine. De cette manière, la psychanalyse peut elle aussi présenter une précompréhension pour l'intelligence de la croix. Elle est aux antipodes d'un spiritualisme triomphal et d'un intellectualisme lumineux. Les nouvelles versions de la religiosité du Vicaire Savoyard la font sourire; car une religiosité qui se dilate dans une expérience immédiate et naturelle n'a pas encore affronté le sérieux de la souffrance et du mal. S'opposant autant que le christianisme au rationalisme conquérant, la psychanalyse introduit également une instance critique envers un certain christianisme humaniste qui voudrait évacuer le passage obligatoire par la mort. Le christianisme peut intégrer l'idéal du progrès par le savoir et par la maîtrise technique et il peut l'exalter comme coopération avec le projet du Créateur. Mais la promotion exclusive de cette dimension de l'existence, humaine et chrétienne, est une manière trompeuse d'imposer le silence aux questions plus essentielles et plus personnelles.

III. LA CROIX COMME PARADIGME LIBERATEUR

Quel est alors le scandale de la croix ? La réponse n'est pas simple parce que le signe n'est pas univoque. Ce serait en tout cas mal placer le scandale que d'opposer la croix à toute la sagesse humaine. Les pratiquants des rites initiatiques y sont préparés et l'on ne s'étonne pas des témoignages qui affirment leur affinité naturelle avec le discours de la croix. Et pour l'homme qui sait donner sa vie pour autrui, Jésus sur la croix est un paradigme. La croix est d'abord scandale pour l'homme que son imaginaire tourne tout entier vers une sagesse raisonnable et un humanisme sans défi. Pour reprendre une expression de Hegel : l'édification progressive de l'existence nécessite « le dur travail du négatif ». Comment Jésus aurait-il pu se soustraire à cette exigence universelle ? La croix est conforme au symbolisme cosmique, à l'intuition des rites antiques et à la sagesse psychanalytique. Elle l'est même à la vérité philosophique telle du moins que Hegel l'a génialement articulée. En effet, après une période de rationalité irénique, Hegel s'est interrogé sur le mystère de la croix. Et lui qui, comme nul autre, a pensé le sens de l'existence et de l'histoire, il a compris que son interprétation première d'un Christ humaniste et séducteur, était un leurre, philosophique autant que théologique. C'est en philosophe qu'il affirme ensuite que la mort du Christ est le centre autour duquel (la conscience) tourne » (27).

Conscient d'être donation divine à l'humanité, Jésus ne s'est pas leurré par des phantasmes d'immortalité humaine. Il n'a pas dénié le négatif de la mort et Il n'a pas rusé avec sa souffrance nue. Rétrospectivement, les croyants aiment se Le présenter comme si d'avance Il avait traversé la mort et la vivait dans l'assurance d'avoir déjà abordé aux rivages divins. Cependant, la double appartenance du Médiateur n'était manifestement pas en Lui une plénitude positive qui épuisait la mort. Il ne parlait pas un langage double et Il ne menait qu'une vie. S'il avait confiance d'être sauvé de la mort et de renaître à la vie du Père, sa foi n'était pas un savoir qui maîtrise en idéologie conceptuelle les risques et les angoisses de l'échec et de la mort. Son entière adhésion au Dieu qu'Il médiatisait n'était pas la molle certitude de ceux qui croient savoir avant de passer par l'épreuve initiatique.

La croix est paradigme libérateur parce que, homme paradigmatique, Jésus y manifeste la vérité humaine et religieuse. Signe de contradiction, la croix que ne masque pas après coup l'exaltation, nous arrache à nos mystifications; nos illusions contradictoires se brisent sur elle.

IV. MORT AU PECHE

Parce que Jésus s'est substitué au sacrifice, nous avons centré l'interprétation de sa mort sur la loi initiatique à laquelle était soumise son humanité. Sans artifices, Il a intégré la loi de la mort, confiant, dans la nuit de l'incertitude affective ou rationnelle, que Dieu Le desti-

(27) *Philosophie der Religion*, Lasson, 170.

nait à un surcroît de vie divine. De la même manière, nous refusons de dissocier le destin personnel de Jésus de sa victoire sur les péchés. Dire qu'il est mort pour les péchés, sans affirmer qu'il est mort pour lui-même, ce serait à nouveau frauder avec son humanité. Sa mort n'a pas de cause hors de lui; elle est solidaire de son advenue humaine. Et s'Il a pu libérer du péché, c'est que d'abord Lui-même ne lui a pas cédé et qu'Il est « mort au péché » (Rom., VI, 10). Lui, qui était « de condition divine » (Phil., II, 6), ne s'égalait pas au Père. Or, c'est là le fond masqué du péché : de s'égaler à Dieu, de se substituer à Lui, de se poser soi-même en Dieu. Dans l'ordre religieux, il reproduit le phantasme du désir qui, d'après Freud, cause la rupture psychotique : le désir d'être son propre père. Présent au cœur du narcissisme, ce désir pousse l'homme à s'arroger imaginairement la plénitude et l'immortalité divines. Sartre l'a parfaitement identifié dans les phrases qui concluent « *L'être et le néant* » : « Ainsi la passion de l'homme est-elle l'inverse de celle du Christ, car l'homme se perd en tant qu'homme pour que Dieu naisse. Mais l'idée de Dieu est contradictoire et nous nous perdons en vain. L'homme est une passion inutile ». Le Christ est sans péché parce que jusqu'au bout Il a refusé la tentation inaugurale de sa vie publique, celle de renier son humanité et sa position filiale devant Dieu.

Mais pour cette raison même, et parce qu'Il était le témoin et la manifestation du Règne de Dieu imminent, immanent en Lui, Il provoquait son peuple, et particulièrement les autorités religieuses, à la décision ultime. A partir d'un certain moment, Il savait manifestement que sa mission le conduirait à la mort violente. Il ne l'a pas éludée, confiant, jusque dans l'abîme, que le Père lui demeurerait fidèle et le sauverait de l'échec, en dépit des apparences. Dans l'ordre religieux que Jésus manifeste et fait advenir, la loi de la vie par la mort prend une dimension abyssale. Elle est bien plus que l'initiation à l'ordre symbolique de la vie ou que le retournement conceptuellement assuré du négatif en positif. Parce que sujet à Dieu, Jésus était l'objet du mal mortifère, sans autre espoir de triomphe pour Lui-même et pour son œuvre que la foi en la puissance revivifiante de Dieu qui semblait se taire.

Suivant jusqu'au bout le cheminement initiatique de Jésus, homme habité par la parole, par la présence et par l'efficace divines, nous comprenons que sa mort fait partie intégrante de sa fidélité et de son défi religieux. Son abandon à Dieu dans la mort et son acceptation de la mort violente appartiennent à la logique de son existence. Et s'Il n'avait été que la manifestation parfaite de Dieu et, du même coup, le révélateur du péché, sa mort aurait déjà la vertu de libérer en quelque mesure du péché. Car la vérité libère. Mais l'Eglise croyante confesse que Dieu L'a régénéré, L'a ressuscité, L'a investi de la puissance de l'Esprit. Terminé son cheminement humain, son histoire recommence, et, plus encore que dans son humanité mortelle, Il est posé en être focal qui médiatise la vérité et la puissance du Royaume. A ce moment de retournement divin, la compréhension anthropologique cède la place à la théologie qui déploie l'intellection en Esprit qu'après la résurrection, les disciples ont reçue du mystère de Jésus. Vouloir exiger en logique que Jésus soit ressuscité, ce serait tricher avec son humanité et combler le néant auquel sa foi a consenti.

Le destin religieux de l'humanité n'est pas tout entier changé par la mort de Jésus. Sa présence humaine y opère une mutation décisive. Son assomption dans la gloire de Dieu étend et intensifie son action. Mais, même si on ne revient pas à la mythologie archaïque de la colère de Dieu convertie en bienveillance par une mort sacrificielle, il reste que dans la mort, le témoignage de Jésus culmine. Elle traverse notre existence comme la fulguration qui scinde le brouillard du mal.

Nos péchés sont par excellence les contradictions internes par lesquelles nous nous mystifions sur nous-mêmes et sur Dieu. De nos jours, on se demande parfois si l'homme est bien capable de pécher. On ne se prive pas moins de charger les autres de tous les péchés d'Israël. Pour soi-même, cependant, on a problème à identifier le péché. C'est qu'il est de la nature du péché de se masquer dans la méconnaissance de soi-même. Nous ne voudrions pas revenir au culpabilisme morbide qui a pesé par intermittence sur beaucoup de consciences chrétiennes et qui les a enfermées dans une délectation morose et, au fond, égocentrique. Le vrai péché est plus subtil et il se voile dans le leurre sur soi-même, dont la psychanalyse a révélé toutes les ruses, prenant en cela le relais des grands maîtres spirituels. La théologie définit le péché comme la rupture de l'alliance avec Dieu. Mais comment l'homme peut-il être aussi insensé que pour rejeter ce qu'il perçoit comme l'accomplissement de son existence ? Acte déraisonnable, le péché ne se prêtera jamais à une explication par la pure raison. La psychologie aide cependant à en situer le lieu humain et à rendre compte aussi bien de sa déraison que de sa mystification. Souvenons-nous de la loi initiatique : pour devenir, la vie requiert le décrochage. Psychologiquement, le péché est l'accrochage à ce que nous avons et à ce que nous sommes imaginairement et qui nous empêche de vivre en donnant la vie, en quelque ordre que ce soit, familial, social, intellectuel ou religieux. Plantée au cœur de notre conscience, la croix peut avoir la puissance de nous libérer de la mort. A cet égard, il est significatif que dans son commentaire sur l'initiation chrétienne, au chap. VI de l'Epître aux Romains, Saint Paul ait repris le schème initiatique. Celui qui se fait baptiser, passe par l'eau comme par une mort, s'appropriant ainsi le symbole de la croix, pour renaître à la vie de Dieu. Que ce texte fasse problème pour certains commentateurs du baptême en dit long sur la méconnaissance dans laquelle on peut se retrancher.

Le symbole de la croix est donation de vérité, humaine et croyante. Il nous questionne et nous empêche de nous dérober dans la dissimulation qui fait partie du péché. La croix est donc constitutionnellement liée à la manifestation de Jésus. Par sa révélation, Jésus apporte la vie et la vérité de Dieu et Il ouvre à l'homme la relation nouvelle à Dieu. En plaçant l'homme dans le rayonnement du Dieu dévoilé, Jésus libère déjà du péché l'homme qui consent à sa manifestation.

Paradigme libérateur, la mort sur la croix ne cesse d'interroger et de faire scandale, quelle que soit sa correspondance avec le symbolisme universel, cosmique et existentiel. Car l'homme n'a jamais fini de faire sur lui-même le travail du désillusionnement. La foi religieuse comporte même le plus subtil pouvoir de se leurrer. Sans doute les chrétiens n'attendent-ils plus comme les juifs que Dieu se manifeste par des signes extraordinaires de puissance. La croyance aux miracles éclatants n'a plus guère cours... Comme le jeune Hegel cependant, ils voudraient que la religion soit l'expérience heureuse d'une existence élargie, mais sans qu'elle passe par « le dur travail du négatif ». Dénié, le désir d'une manifestation divine éclatante n'en persiste pas moins sous une forme subtile. Les signes de la puissance divine, on veut les retrouver dans l'histoire. Les Juifs espéraient les voir dans le Messie; les chrétiens déplacent souvent une même attente sur l'Eglise. Ils rêvent d'une Eglise aussi pure et délectable qu'une Jérusalem céleste, parée comme une fiancée pour ses épousailles avec une humanité toute prête à l'accueillir. Ils font parfois penser à ces adultes qui ne cessent de rêver des parents qu'ils non pas eus, parents que rend merveilleux un amour surréel et qui sont prestigieux et dotés d'une puissance sans faille. Mais, comme l'enfant doit faire le deuil de ses parents imaginaires, pour être en mesure d'assumer lui-même la paternité ou la maternité, ainsi faut-il que le croyant fasse le deuil de son Eglise rêvée pour qu'il corresponde à la vérité de Dieu. Si scandale de la croix il y a, de nos jours il se reproduit dans le scandale de l'Eglise. L'humanité mortelle de Jésus était scandaleuse pour les juifs; pour les contemporains, c'est l'humanité faillible de son Eglise.

Le chrétien en supporte d'autant moins l'humaine impuissance que, pour la vie de la foi, l'Eglise est de quelque manière son père et sa mère. Il veut retrouver dans son Eglise son mythe familial agrandi par l'éclat divin.

Tout homme incline à se reclure dans une suffisance incestueuse; mais l'abîme qui guette l'homme religieux est de vouloir confisquer Dieu pour une possession assurée. C'est l'accrochage le plus radical et le plus sournois. A ce péché qui est contre l'Esprit, seuls sont exposés les croyants. C'est à eux qu'en définitive Jésus s'est affronté. Son histoire dramatique demeure ainsi l'insigne révélation de la vérité de Dieu et de l'homme.

Conclusions

1.   Une discordance frappe l'historien des religions ou l'anthropologue qui veut comprendre en quel sens le christianisme est une religion de salut. S'il interroge une théologie occidentale dominante, il rencontre une doctrine fortement structurée, centrée sur les notions de péché, de justice et de sacrifice réparateur. Mais, s'il lit les textes anciens ou assiste au culte, il trouve là autre chose et plus qu'il ne sait enserrer dans ces repères théologiques. De manière insolite, le christianisme a multiplié les expressions pour signifier la découverte de sa foi : libération, lumière dans les ténèbres, filiation divine, communication de la gloire de Dieu, nouvelle création, victoire sur les puissances du mal, dynamisme de l'Esprit, sacrifice, rachat, rançon payée... L'absence de systématisation conceptuelle ne doit pas faire oublier que les multiples modèles et métaphores constituent néanmoins un ordre. Mais, comme en toute religion, l'ordre symbolique déborde ici la conscience réfléchie. Il est déposé dans la constante référence à l'histoire de Jésus-Christ et s'inscrit dans le culte dont les rites reproduisent les divers aspects de cette histoire.

La foi ne peut cependant pas se contenter de reprendre telles quelles les représentations qu'a engendrées la pensée génératrice du christianisme. Pour qu'elles ne se dégradent pas en recueil d'opinions reçues, elle doit refaire le chemin de leur découverte et donc les repenser. Elle est obligée à faire œuvre de théologie, au risque de ne coïncider que partiellement avec ses données fondatives. C'est ainsi qu'elle a pu ériger l'énoncé « mort pour nos péchés » en pivot autour duquel elle a fait tourner toute l'interprétation du salut en Jésus-Christ. Alors que cet énoncé n'était qu'un élément dans un ensemble structuré, la rationalité théologique en a fait l'élément structurant, infléchissant le christianisme vers le rationalisme, le juridisme et le subjectivisme.

Le système théologique que nous avons dénoncé était héritier des concepts de l'époque et de ses modèles culturels. Une analyse psychologique y découvre en plus la résurgence masquée de représentations de Dieu et du péché qui appartiennent aux archaïsmes individuels et collectifs.

Une lecture rétrospective sous l'éclairage anthropologique fait cependant plus que dévoiler les distorsions religieuses et leurs raisons profondes. Elle restitue leur sens aux métaphores et aux concepts par lesquels la foi première a signifié l'œuvre du Christ. Elle trace ainsi des lignes directrices pour une théologie qui entend développer le sens du discours de la foi. C'est ce travail que nous avons voulu faire pour deux schèmes de pensée qui expriment le sens de la « mort pour nos péchés » : l'idée de sacrifice et celle de la vie par la mort.

2.   Une correspondance évidente s'impose entre le sacrifice religieux et la vie et la mort de Jésus. Le sacrifice de communion, rite central des religions, sépare Dieu et l'homme, les identifie dans leur altérité et fait entrer le don divin dans le monde humain. La discontinuité et la continuité s'y condensent dans l'opération sacrificatoire sur un tiers intermédiaire. Or, Jésus ne fonde pas sa religion sur un sacrifice mais sur son humanité même : elle *est* l'intermédiaire entre Dieu et les hommes. Jésus se substitue au sacrifice et l'abolit pour en accomplir la visée. S'Il remplace le sacrifice, c'est qu'en Lui, comme dans le sacrifice, les deux mouvements se croisent dans un processus indivisible : la montée humaine vers Dieu et la descente de Dieu vers le monde. C'est donc par la vie entière de Jésus et non seulement par sa mort que Dieu passe en l'humanité.

3.   Homme disponible pour la manifestation et l'action de Dieu, Jésus a vécu les conséquences ultimes de son humanité et de son inhérence à Dieu. Dans sa personne, dans sa mission et dans sa mise à mort, Il a intégré la nécessité de perdre la vie pour qu'elle renaisse.

A la lumière de la loi initiatique, la croix prend d'abord un sens métaphorique. Elle symbolise l'universelle vérité que la vie, pour ne pas mourir mais pour être renaissance continuelle, requiert le consentement à la mort tant réelle que symbolique. Pour l'homme religieux, la croix a un sens mystique. Elle est plus que la métaphore du nécessaire travail du négatif dans la quête de vérité (Hegel) et plus que la métaphore de l'« individuation psychologique » (Jung). Elle exemplifie l'abandon de la suffisance inflative qui ferme l'homme sur son humanité

autonome et forclôt l'irruption d'une vie divine. La croix manifeste le
sens du péché qui est inextricablement l'accrochage au passé et l'orgueil
de vouloir coïncider avec soi-même. Dans l'interprétation mystique,
l'acquiescement de Jésus à sa mort est la conséquence religieuse de
sa vie mystique. Elle réalise pleinement ce qu'Il entendait être : celui
qui parachève la disposition religieuse mise en œuvre par le sacrifice.
Métaphore mystique, la mort sur la croix est un symbole qui libère
la foi religieuse et arrache à la mauvaise foi du péché.

Mais si Jésus se substitue au sacrifice, il est difficile de penser que
sa mort n'est que symbole mystique. On voudrait croire qu'elle est
un événement unique de vie divine régénérée. Le regard anthropologique sur la personne et sur la mort de Jésus se trouve requis par
le surplus de signification que confesse le christianisme. L'interprétation par les schèmes anthropologiques du sacrifice et de la loi initiatique
reconnaît, après coup, dans la résurrection, la confirmation du sens
qu'elle ne pouvait anticiper : ayant traversé la mort, Jésus est encore
plus pleinement le lieu focal où se relient l'homme et Dieu.

L'esprit incline à résorber l'unicité de l'événement dans les lois
universelles de l'expérience et de la pensée. Le même penchant tend
à métaphoriser l'histoire de Jésus en pur symbole de sagesse ou de
mystique. Notre herméneutique a pu lui donner un sens parce qu'elle
voit que Jésus, dans sa vie comme dans sa mort, s'inscrit effectivement dans les lois et dans les structures fondamentales de l'humain.
Mais l'éclairage anthropologique aboutit également à masquer le
caractère unique du phénomène religieux qu'est Jésus. Si elle veut
rester rigoureuse, l'herméneutique prépare l'écoute du message qui
annonce les événements conjoints de Pâques et de la Pentecôte.

4.   Ayant supprimé le sacrifice, Jésus a cependant donné à ses
disciples un rite en mémoire de Lui, le seul rite que rapportent les
évangiles : l'Eucharistie. Les chrétiens l'ont conservé et ils l'ont compris et vécu comme un sacrifice. Jésus a institué l'eucharistie en vue de
son absence, pour perpétuer autrement sa présence qui remplaçait les
sacrifices. L'humanité de Jésus n'étant plus là pour se substituer au
sacrifice, celui-ci a de nouveau un sens, mais un sens nouveau.
Les chrétiens restent foncièrement humains et leur rapport religieux
s'accomplit selon les mêmes lois qui structurent le lien religieux dans
toutes les religions. Ils mettent à part et rendent sacrés (sacrifice =
sacrum facere) les éléments naturels qui symbolisent à la fois leur
existence et le sens de Dieu : la nourriture que produit la terre féconde
et la boisson précieuse qui signifie la jouissance et qui solennise leur
lien avec autrui. Certes, ce faisant, ils reprennent les signes qu'a

institués le fondateur de leur religion. Mais ils peuvent les actualiser dans un geste sacrificiel parce que ces signes sont métaphoriques de leur vie et de la vie divine. Au symbolisme et à la métonymie du sacrifice religieux s'ajoute cependant une référence qui le surdétermine : les symboles signifient l'humanité de Jésus dans laquelle Dieu est advenu à l'intérieur de l'histoire. Le ressouvenir de Jésus n'est pas qu'une pieuse disposition; il est l'élément déictique, la référence historique qui réeffectue la présence humaine de Celui en qui Dieu habite.

Dire que l'eucharistie est la répétition non sanglante du sacrifice de la croix, nous semble une formulation qui manque de rigueur. Par contre, le rite chrétien est de toute évidence un geste sacrificiel. Ce qui est nouveau, c'est que les éléments naturels sont l'intermédiaire pour l'inhabitation du Médiateur. Absent, mais ressuscité dans l'Esprit, Il transcende les contingences historiques et locales de son humanité et n'est lié qu'au témoignage et au sacrifice qui actualisent universellement sa présence.

On peut se demander si le sacrifice religieux au sens ancien aurait pu survivre dans la culture occidentale. Il avait trop partie liée avec les discours mythiques et avec les systèmes symboliques appartenant à l'inconscient collectif des anciennes cultures. Une culture critique, attentive à l'histoire et avertie des symbolismes tend à intérioriser les rites et à les supprimer, que se soit dans une mystique gnosticisante, se déployant dans les images symboliques, ou dans une disposition de foi orientée vers l'engagement éthique. Le sacrifice chrétien est non-religieux au sens qu'il ne relie pas l'homme à une divinité a-temporelle et qu'il n'entend pas régénérer le temps profane menacé d'exinanition. Il réactualise un événement historique qui, parce qu'articulé sur l'histoire humaine, introduit en elle un dynamisme vers l'avenir. Le réalisme historique donne au sacrifice chrétien de retrouver la spontanéité symbolique du rite.

Note additionnelle. Nous avons développé le rapport entre sacrifice et culpabilité dans un commentaire psychanalytique du sacrifice d'Abraham, dans *Dette et désir*, Paris, Seuil, 1978, p. 156-162. Dans le texte *La sacrifice* (n° 24), on pourra voir comment des anthropologues ont essayé d'interpréter le sacrifice. On se rendra aussi compte de la pluriformité des sacrifices.

4

APPORTS DES DONNÉES
PSYCHANALYTIQUES À L'EXÉGÈSE

Vie, Loi et Clivage du Moi dans l'Épître aux Romains 7

La psychanalyse n'a guère conquis l'intérêt ni même l'attention des exégètes. N'affirment-ils pas souvent se sentir moins concernés par la psychanalyse que par d'autres méthodes nouvelles, telles la poétique structurale ou la sociologie? Durant des siècles, ils ont façonné des instruments divers, accueilli avec faveur toute nouvelle discipline herméneutique. Mais la psychanalyse demeure généralement en dehors de leur champ d'investigation.

À cela, plusieurs raisons. Pour une culture fortement marquée par un idéal de raison et de maîtrise intellectuelle, le concept d'inconscient produit un effet d'étrangeté. Les mésusages des références aux phénomènes pathologiques viennent souvent fausser les perspectives psychanalytiques. L'impérialisme avéré de nombreux psychanalystes suscite la défiance envers une interprétation qui paraît inspirée par le goût systématique de la subversion. Mais il nous semble que l'appel personnel adressé par la psychanalyse à l'herméneute est une raison non moins importante de la réticence qu'elle suscite. Impossible de réduire la psychanalyse à une pure technique de lecture! La méthode d'analyse structurale des récits fournit un outil d'exégèse formelle. Son découpage, son organisation et son repérage des relations ne préjugent pas du contenu du texte. Si elle permet de déchiffrer le code, elle ne vise pas encore le dévoilement du sens du message. La psychanalyse, par contre, nous concerne personnellement parce que, dans les monuments documentaires (textes, institutions...), elle décèle la mémoire, consciente et inconsciente, des hommes, et elle transforme les documents du passé en messages du présent. Si les exégètes ne se sentent pas concernés par elle, serait-ce qu'ils savent implicitement que, à la prendre au sérieux, ils seraient effectivement interpellés, non pas dans la lecture strictement objective des textes, mais au niveau de leur appropriation compréhensive? Redoutent-ils de perdre leur rigueur scientifique? Une discipline précise, conquise par des efforts séculaires, ne risque-t-elle pas d'être emportée par une interprétation subjective et arbitraire?

Les dangers évoqués sont réels; souvent les applications de la psychanalyse soit aux textes bibliques soit aux documents ethnologiques ont été sauvages. Mais les contributions de la psychanalyse à l'interprétation des documents anciens, mythes, légendes, symboles religieux, démontrent qu'elle est en mesure d'éclairer partiellement la lecture des textes bibliques. Nouvelle compréhension de l'homme, et non seulement étude clinique de phénomènes aberrants, la psychanalyse fait partie de l'herméneutique à un double titre. Elle permet de reviser les concepts anthropologiques non justifiés qui guident nos lectures plus ou moins inconsciemment, et elle fournit des théories scientifiques sur des structures existentielles présentes dans certains documents, dans leurs enchaînements comme dans leurs points de rupture.

Nous justifierons d'abord, dans une brève introduction théorique, notre mise en corrélation de l'exégèse et de la psychanalyse. La portée de nos considérations de principe ne sera pleinement illustrée que par la lecture psychanalytique de Rm 7, qui constitue la part essentielle de notre essai. Comme tout exégète et tout psychanalyste, nous nous mettrons à l'écoute du discours paulinien. Une lecture globale de Rm 7 et une revue critique des diverses interprétations donneront une première idée de l'articulation du discours paulinien, et indiqueront les éléments de jonction et de rupture sur lesquels les exégètes s'interrogent depuis longtemps. Nous serons particulièrement attentif aux diverses *dramatis personae* qui supportent les différentes séquences du texte et en déplacent le centre. En troisième lieu, nous approfondirons le débat intérieur dont Paul porte témoignage. L'herméneutique de quelques éléments constitutifs du langage paulinien complétera ensuite notre interprétation, exégétique et psychanalytique, du *je* et du conflit qui le divise. Enfin, un regard jeté sur la résolution du conflit, dans une nouvelle forme d'existence (Rm 8), fera rejaillir sa lumière sur les défilés du conflit antérieur.

Contribution de la psychanalyse à l'herméneutique

Comprendre un texte, c'est aller vers le sens que l'auteur y a consigné. Mais c'est également le comprendre pour soi, s'en approprier le sens. Toute interprétation comporte un échange entre le lecteur et son texte; le sens n'existe que dans la circulation du message entre le document et l'herméneutique. On pouvait croire jadis que l'exégèse n'est scientifique qu'à condition de mettre entre parenthèses le sujet qui interprète, et de nos jours, un certain structuralisme a pu renouveler l'illusion objectiviste. Depuis Kant, toutes les analyses épistémologiques nous enseignent cependant que le regard objectif implique une certaine présence active et intentionnelle du sujet. Davantage: la subjectivité de l'observateur scientifique conditionne l'objectivité des phénomènes étudiés. Si, pour être objectif, l'herméneute doit se décentrer de lui-même et entrer dans les significations que contiennent les sémantèmes et les structures des textes, il n'en reste pas moins qu'au regard de l'analyse critique le décentrement n'est toujours qu'un déplacement du centre subjectif. Il importe dès lors de prendre conscience des conditions subjectives d'un lecture objective. A vouloir évacuer les schémas anthropologiques qui orientent nos lectures, nous invalidons leur objectivité par les effets d'une subjectivité non contrôlée.

Le rapport circulaire entre subjectivité et objectivité est d'autant plus important que nous décidons de recevoir un texte comme un message qui nous est adressé, comme une interpellation qui nous concerne dans notre compréhension de l'homme, de ses rapports au monde et à Dieu. Dans l'appropriation accomplie, la part d'interprétation psychologique devient plus importante et plus manifeste que dans la première lecture, orientée vers le texte lui-même.

Examinons maintenant de plus près comment la psychologie se trouve impliquée dans les deux moments de l'exégèse.

L'exégèse objective

Une texte ancien est un monument historique qui donne un corps linguistique à l'intention et au vécu personnel d'un auteur; mais cet auteur est tributaire d'un milieu culturel qui parle à travers lui et remplit ses énoncés de significations surdéterminées, échappant largement à sa visée explicite. Pour comprendre le texte, le lecteur actuel doit sortir de sa subjectivité et, autant que possible, se faire contemporain de la manière d'être et de se comprendre de l'écrivain, de ses auditeurs ou lecteurs, et de leur monde culturel. Plusieurs disciplines collaborent dans l'étude d'un texte ancien et l'envisagent selon ses diverses composantes et dimensions. Parmi les disciplines herméneutiques, la psychologie a pour tâche de confronter les concepts anthropologiques de l'auteur et ceux de l'anthropologie contemporaine à laquelle l'herméneute participe de quelque manière. Elle thématise la distance anthropologique et culturelle qui sépare l'interprète des auteurs anciens ou étrangers, et par la confrontation des deux univers mentaux, elle sauvegarde tout à la fois la spécificité des textes et leur intelligibilité.

Tout lecteur appartient à une certaine culture dont les vecteurs dynamiques reposent pour une large part dans un réseau de catégories préconscientes. Des précompréhensions spécifiques de notre culture et de nos appartenances particulières orientent notre compréhension du monde et d'autrui. Ainsi des études récentes ont pu clairement démontrer l'ethnocentrisme de maintes interprétations anthropologiques de cultures étrangères. Plus nous aurons élucidé nos catégories spontanées, plus nous aurons éclairé notre manière d'être, et mieux nous serons en mesure de comprendre un auteur plus ou moins extérieur à nous par la différence culturelle.

Les meilleurs exégètes ont d'ailleurs toujours été attentifs à l'écart culturel qui les sépare de saint Paul. Pour opérer le passage vers cet univers différent, ils ont utilisé de nombreux termes qui n'appartiennent pas au vocabulaire paulinien, tels ceux d'histoire, d'expérience ou de conflit. N'est-ce pas reconnaître, au moins implicitement, que toute exégèse est tributaire du milieu culturel de l'interprète? Une herméneutique strictement immanente au texte serait d'ailleurs un non-sens. Ne coïncidant jamais avec l'auteur, l'exégèse serait condamné à la répétition aveugle et sourde de la lettre d'un texte qui ne serait plus porteur de signification. Certes, aucun interprète ne jouit du regard universel qui survole tous les points de vue et il n'existe aucune «personnalité de base» qui pourrait nous relier à un fondement unique et commun pour toute l'humanité. La compréhension objective d'autrui se réalise progressivement, par une prise de conscience des différences et par l'élaboration de concepts qui les dépassent en quelque mesure. Lire, c'est toujours rassembler les signes signifiants sous nos catégories, élargies par le va-et-vient entre nous et le texte étranger. A cet échange la psychologie apporte la connaissance des catégories qui expriment l'anthropologie, explicite et implicite, du lecteur et de l'auteur.

Dans le cas présent de Rm 7, il convient d'élucider les termes qui composent le champ psychologique où se noue l'énigmatique conflit que Paul énonce en première personne. Il faudra faire la part du procédé rhétorique et de l'intention explicite que révèle la démarche du texte. Et si le discours en première personne est plus qu'un figure de style, s'il porte un sens, pour le comprendre, nous devons forcément passer par les catégories qui articulent notre propre pensée du *je*.

Certes, par la confrontation de nos catégories avec celles de saint Paul, nous dépassons sa pensée explicite. Nous avons le choix: ou bien par une exégèse minimaliste, nous réduisons le texte à un monument mortuaire, ou bien nous lui restituons la vie qui l'anime, en effectuant pour notre compte l'opération intentionnelle qui l'a produit. L'exégèse minimaliste peut-elle se prévaloir d'une plus grande fidélité au texte? Ne méconnaît-elle pas plutôt ce que les sciences du langage et de l'interprétation nous ont appris: à savoir qu'une parole qui vient à un moment significatif du discours est surdéterminée et que son sens est lourd des significations inhérentes au langage de l'auteur? Ne déborde-t-elle pas toujours quelque peu sa visée explicite? Pour décoder aussi objectivement que possible le message de Paul, il faut donc expliciter ses catégories anthropologiques à l'aide d'une psychologie informée qui, scrutant les dynamismes et les structures de l'homme contemporain, est en mesure de mieux apprécier tout à la fois les différences culturelles et les structures permanentes de l'être humain.

La lecture comme rassemblement et appropriation

L'herméneutique peut aller au-delà du déchiffrage objectif, et s'efforcer d'assumer le texte interprété comme un message qui est adressé à l'homme d'aujourd'hui. Reconnaître un sens au document ancien, c'est en fin de compte le comprendre comme significatif pour nous. Si en principe l'herméneutique objective ne supporte pas de gradations de sens, le mouvement second requiert la distinction entre sens obvie et sens plénier. Ces termes, cependant, ne sont pas des plus heureux. En effet, ce n'est pas en tant que message que le texte porte le sens plénier, mais en tant qu'il fait partie d'un système de sens plus vaste, système que nous pouvons appeler esprit objectif, et dont le texte n'est lui-même qu'une des figures. L'interprétation se fait alors par l'insertion du texte dans un système de références qui, par rapport au texte lui-même, fait fonction de métalangage. Un texte biblique n'est jamais qu'un fragment qui prend toute sa signification dans l'univers de pensée composé par l'ensemble des écrits bibliques, eux-mêmes archives d'une tradition vivante, évolutive et coupée par diverses discontinuités. L'exégèse traditionnelle a raison de reconnaître un sens plénier qui situe un fragment dans l'ensemble d'une tradition religieuse.

L'herméneutique se trouve alors dans l'obligation de décider du sens ultime du texte, non seulement par rapport aux archives historiques dans lesquelles il figure, mais également en référence aux catégories anthropologiques et religieuses qui les supportent. N'est-ce pas ainsi que procèdent les exégètes quand ils interprètent les récits de la Genèse et celui de la Chute? Par l'examen du genre littéraire de ces récits, ils prennent distance par rapport à eux et les situent dans l'univers plus vaste des modes de parler et des conceptions religieuses. De cette manière, ils préparent la réappropriation par l'homme actuel des messages où ils distinguent les intentions fondamentales et les formes contingentes.

Certes, l'interrogation herméneutique peut s'arrêter au relevé des modes d'écriture et des messages particuliers qui y prennent forme. Mais ce que visent les textes anciens interroge finalement notre être propre. En fait, chacun prend effectivement part à l'exégèse élargie, du moins s'il admet que par les textes bibliques l'homme est question pour Dieu, et Dieu pour l'homme. Si elle développe les possibilités de lecture de notre temps, tout en demeurant en connexion vivante avec les témoignages anciens, l'exégèse se fait herméneutique totale.

La pensée philosophique s'est toujours trouvé associée à l'interprétation accomplie, puisque philosopher signifie rendre compte de toutes les précompréhensions qui guident nos idées et nos questions sur l'homme, le monde et Dieu. Or, aux temps modernes, l'interrogation de l'homme sur lui-même s'est enrichie de tout l'apport des sciences humaines. Une herméneutique accomplie des textes sacrés n'est dès lors plus pensable, qui n'élargisse ses références en s'instruisant des diverses disciplines de l'interprétation. Et l'on ne peut qu'approuver Bultmann d'avoir tenté d'élucider les sens des Ecritures en se référant aussi bien à la philosophie, à la psychologie et à la cosmologie, qu'aux sciences classiques de l'exégèse.

Il va de soi qu'en ce temps second, celui de l'appropriation compréhensive d'un texte, il n'y a plus d'herméneutique générale. Pour cette raison, l'expression «sens plénier» est trompeuse. Elle suggère une plénitude de sens qui totaliserait les possibilités accumulées de toutes les interprétations. En fait, toute décision pour un sens ultime procède d'une interprétation négative aussi bien que du mouvement qui dégage le sens global. N'a-t-on d'ailleurs pas toujours affirmé que le Christ, s'il achève les significations des textes, les démythologise également?

L'appropriation actuelle d'un texte se fait selon des critères fort variés, puisqu'elle réalise la jonction du lecteur individuel et de l'auteur en qui parle une tradition particulière. La lecture personnelle d'un texte biblique n'est jamais unitaire, car notre présent à nous est fait de multiples régions de significations, que nous confrontons entre elles, que nous pouvons rendre compossibles dans un ordre de vérité dernière, ou que nous pouvons déclarer incompossibles. Ainsi l'interprétation que Freud a donnée de certains documents bibliques constitue une décision fort particulière, à laquelle nous ne nous associons pas nécessairement, même si nous en retirons quelque vérité. Envers Bultmann, nous adoptons une attitude similaire, de même qu'à l'endroit des exégètes catholiques. Lire un texte, c'est finalement l'habiter tel qu'il est en lui-même pour rassembler ses multiples sens, et cela selon des ordres de vérité qui dépassent le fragment lui-même, mais auxquels il contribue.

Ainsi, diverses prises de vue sur Rm 7 sont possibles. L'homme éthique, mais sans foi religieuse, y reconnaît une expression particulière de la dramatique morale. On peut également y lire le témoignage d'un débat psychologique, significatif pour tout psychanalyste, quelles que soient ses options religieuses ou philosophiques. Pour l'homme religieux qui n'adhère pas à la foi au Christ, le texte paulinien laisse entendre un message qui le guide dans son propre cheminement spirituel. Et la communauté chrétienne, que ce texte concerne dans sa foi fondamentale, devra accomplir les différentes lectures pour les intégrer dans sa foi. Autrement le message chrétien demeurera extérieur à son humanité psychologique, éthique et religieuse.

Dans cet exposé, nous ne poursuivrons guère l'effort d'une réappropriation croyante du texte paulinien, tout en reconnaissant son caractère légitime et nécessaire. Mais la distance entre les lectures objectives et celles qu'on appelle anagogique et spirituelle est peut-être moins grande qu'il n'y paraît.

Une exégèse éclairée par la psychologie accomplit corrélativement un double travail: elle aide à comprendre le texte en lui-même, et elle rapproche de lui le chrétien contemporain. Libérant le message paulinien de ses contingences historiques et des préjugés psychologiques qui l'ont envahi, elle le pose comme paradigmatique pour tout cheminement chrétien.

Que l'exégèse soit centrée sur le texte pris en lui-même ou qu'elle s'achève dans une appropriation compréhensive, elle se trouve toujours engagée dans un champ infini. Tout texte est porteur de messages multiples dont il est impossible de boucler les sens, parce qu'ils débordent le *cogito* de l'auteur le plus réfléchi. Aussi notre exégèse, guidée par la psychologie, interrogera les sens du texte lui-même; elle n'examinera pas la psychologie individuelle de Paul pour éclairer ses écrits. Notre procédé est analogue à celui de l'analyse structurale. Cette dernière, en effet, analyse les structures des récits, des prédications ou des prophéties, pour rejoindre l'intention d'un auteur qui s'inscrit en des formes d'esprit qui demeurent pour lui largement inconscientes mais qui supportent ses intentions. D'une façon analogue, nous dégagerons les structures psychologiques qui sous-tendent les visées du texte et que l'auteur n'assume que partiellement dans sa pensée consciente.

La part de la psychanalyse

Dans le thème «herméneutique et psychologie» nous avons opté pour une confrontation limitée, mais fondamentale: celle de l'exégèse et de la psychanalyse. Il existe divers courants en psychologie et un disciple de W. James, un behavioriste ou un jungien ne comprennent pas de la même manière le débat humain et religieux décrit par saint Paul. Les différentes exégèses de Rm 7 relèvent d'ailleurs pour un part des conceptions psychologiques auxquelles les exégètes adhèrent de manière plus ou moins avouée. Certains ont lu dans ce texte une analyse de la tentation; d'autres y ont vu l'autobiographie d'une expérience intérieure; d'autres encore veulent exclure toute résonance psychologique et réfèrent le texte à une théologie de l'histoire du salut. Toutes ces interprétations prennent position sur le sens du *je* que Paul porte subitement à l'avant-scène de son Épître. C'est dire qu'elles travaillent toutes avec des concepts anthropologiques. Même celles qui dénient un contenu psychologique au texte justifient leur position en rejetant une psychologie qui ne leur paraît pas convenir à la démarche paulinienne. Passant en revue les différentes interprétations, on constate que l'option exégétique se fait toujours par double référence: aux concepts du texte lui-même, et aux données anthropologiques et théologiques sous-jacentes.

Le débat herméneutique sur ce chapitre gravite autour du *je*. Est-il individuel ou universel? Témoigne-t-il d'une «expérience personnelle» ou n'est-il qu'un procédé littéraire pour parler de l'humanité et de son histoire religieuse? En l'absence de références psychologiques systématiques, on ne s'est guère demandé ce que signifient ces alternatives exégéti-

ques. Tout un discours indirect influence obliquement les exégètes.
Participant à un certain milieu culturel, ils en assument spontanément
le langage et les idées. Ils prennent pour des grandeurs assurées des
concepts psychologiques comme celui d'expérience, d'autobiographie,
de tentation ou de culpabilité.

La psychanalyse met à l'épreuve les conceptions psychologiques que
véhicule notre culture. L'objet central de la recherche psychanalytique
est précisément d'articuler le *je* avec les puissances qui l'investissent,
échappent à sa maîtrise, mais portent son devenir. Un premier regard
dénote donc une convenance entre les thèmes de la psychanalyse et ceux
de Rm 7. De part et d'autre se trouvent évoquées les mêmes grandes
idées: l'homme, agent d'une action, est en même temps envahi et forcé
par des puissances obscures; scindé en lui-même par l'intervention de
la Loi, il est appelé à se faire à travers un drame complexe de conflits
et d'ambiguïtés dont il prend conscience sous l'invocation de la Loi;
responsable et impuissant, il doit assumer la culpabilité dans une réconciliation sous le signe du père. De toute évidence la psychanalyse est bien
la psychologie à laquelle nous renvoie le drame de Rm 7. D'autant plus
qu'elle est survenue comme une critique d'une anthropologie trop étroitement rationnelle, celle d'une psychologie centrée sur le moi des expériences autobiographiques. Car ayant promu le moi à la prise de conscience
réflexive, la culture occidentale avait en même temps oublié les insertions
inconscientes ou préconscientes dont le moi est solidaire dans son émergence.

En restituant le *je* dans ses références systématiques, la psychanalyse
est apparentée au structuralisme. Elle montre que le sujet humain (la
«personne») est lui-même une structure (une topique) psychique (le ça,
le moi, le surmoi; ou encore l'inconscient, le préconscient, le moi conscient). Il n'est dès lors plus possible de penser le moi comme centre
de toutes ses actions et pensées. Comme le dit J. Lacan: la parole, c'est
aussi *ce* qui parle en moi; ajoutons: l'agir est également *ce* qui agit en
moi.

Si l'on met, comme nous essayerons de le faire, la psychanalyse au
contact du texte paulinien, ce n'est cependant pas pour nous en décrocher et lui imposer des concepts théoriques étrangers, ni non plus pour
dresser des tableaux de correspondances entre des concepts. Refusant
aussi bien la violence intellectuelle que le concordisme apologétique,
nous ne ferons pas usage des concepts psychanalytiques considérés
comme établis, tels ceux de surmoi ou de refoulement. Car rien ne nous
permet de lire, dans le texte paulinien, des processus proprement analyti-

ques (refoulement, déplacement, compensation, compromis...). Les imposer au texte ne serait que psychanalyse sauvage et terrorisme intellectuel. Nous ne concevons donc pas notre essai comme une «psychanalyse appliquée». La psychologie personnelle de saint Paul ne nous importe nullement, mais bien la visée de l'Épître, qui est d'articuler l'être chrétien selon les Lois universelles de son devenir. Or cette intention théologique dévoile des structures d'existence dont l'homologie s'impose avec les structures étudiées par la psychanalyse. Et ceci n'a rien d'étonnant: de part et d'autre il s'agit de la généalogie, de la reconnaissance des origines, du désir et de la mort, de la Loi du père, du conflit et de sa résolution.

LE CHAPITRE 7 DANS LA STRUCTURE DE L'ÉPÎTRE AUX ROMAINS

Le chapitre 6 enseigne que le chrétien est «mort» avec le Christ pour «vivre» avec lui; il n'est dès lors plus sous la «Loi», et le «péché» ne le domine plus (6,8-14). Le chapitre 8 décrit la vie de l'«Esprit», et la nouvelle attitude envers Dieu reconnu comme «Père».

Comment s'articulent les données du chapitre 6: Loi, péché, mort et vie? Au chapitre 6, il est seulement dit que la mort affranchit du péché (6,7), parce qu'elle détruit le corps de péché (6,6). Qu'est au juste le corps de péché? Et quel est son lien avec la Loi dont le chrétien est affranchi? Le chapitre 7 explique précisément le lien entre ces quatre données: chair, péché, Loi, mort. Il est donc essentiel de comprendre l'articulation de ces quatre données, car c'est par rapport à elles qu'au chapitre 8 Paul décrit le régime chrétien. Trois références fondamentales définissent le chrétien: l'Esprit, le Père et l'espérance. Quel est le rapport entre, d'une part, péché, Loi, mort et, de l'autre, Esprit, Père, espérance? Le terme d'Esprit ne figure pas encore au chapitre 6. Le chapitre 7 l'introduit au moment où se trouvent articulés les concepts fondamentaux: chair, péché et Loi. Le chapitre 8, ensuite, connecte l'Esprit avec le rapport particulier du chrétien à Dieu. L'idée énoncée en 6,11, «vivants *pour* Dieu», y reçoit son contenu concret.

La situation du chapitre 7 dans la structure de l'Épître manifeste d'emblée que saint Paul n'y poursuit pas d'abord un but polémique: «montrer que le pouvoir de la Loi est abrogé pour celui qui est associé par le baptême et la foi à la mort du Christ»[1]. Il veut comprendre et expliquer pourquoi il faut être chrétien, mourir avec le Christ pour vivre. Que signifie qu'il n'y a de vie qu'en Christ? Ou, ce qui revient au même, pourquoi péché, *Loi* et mort (sans vie) ont-ils partie liée? Pour comprendre l'être-chrétien, Paul réfléchit sur la Loi, référence essentielle de tout homme religieux avant le Christ et non du seul juif. Au moment même où Paul approfondit la connexion Loi-péché-mort, il comprend l'originalité chrétienne; le retournement s'opère et autour de l'Esprit se forme une nouvelle configuration, celle du chrétien. La nouveauté de l'Esprit ne se comprend que dans l'opposition à l'enchaînement péché-Loi-mort. La visée du chapitre 7 est donc proprement théologique: élucider le régime chrétien en contraste avec l'état antérieur. C'est dire que ce chapitre est central dans la théologie paulinienne.

De l'enchaînement des chapitres 6, 7 et 8, nous pouvons conclure que le chapitre 7 a une portée théologico-historique. Il décrit effectivement les étapes de l'histoire du salut: d'Adam à la Torah; le régime de la Torah; la condition des chrétiens. Le drame évoqué se situe dans la deuxième période[2]. En effet, saint Paul compare deux modes d'être: celui de l'homme sous la Loi juive, et celui du chrétien; et ces deux modes d'êtres sont des moments successifs de l'histoire religieuse de l'humanité. Seulement l'histoire du salut ne demeure pas extérieure aux individus: lors de sa conversion dans le baptême, tout chrétien doit assumer la diachronie de l'histoire religieuse dans une démarche personnelle (Rm 6).

Plusieurs exégètes[3] lisent dans ce texte l'évocation de l'expérience du premier homme, type de l'humanité. La séquence serait: le premier homme dans l'amitié divine; l'accès, en sa personne, de l'humanité au péché, par le précepte connu et transgressé; la condition chrétienne.

---

1. F.J. LEENHARDT, *L'Épître de saint Paul aux Romains* (Commentaire du Nouveau Testament, VI), Genève, 1957, p. 102. Dans son commentaire, que nous estimons fort, Leenhardt, nous semble-t-il, met trop l'accent sur le souci apologétique de saint Paul. D'après nous, Paul s'efforce ici de comprendre la fonction, positive et négative, de la loi dans le projet divin. Certes, l'affirmation triomphale de l'affranchissement» chrétien comporte une note polémique. Mais le combat (le «polémique») a d'abord été le combat intérieur, passage obligatoire pour le devenir chrétien, et donc principe dialectique indispensable pour le comprendre. S. Lyonnet lui aussi (*Les Épîtres de saint Paul aux Galates, aux Romains*, Paris, 1953, p. 91, note «b») voit dans Rm 7 d'abord la démonstration de l'affranchissement de la loi.

2. C'est l'interprétation de Benoit, Huby, Feuillet, Stauffer, Schrenk, Kümmel, Bultmann, Braun. Pour l'aperçu des différentes exégèses ainsi que pour les références aux auteurs, nous nous appuyons sur la fiche de travail préparée par les exégètes qui ont organisé le colloque de Chantilly.

3. De nombreux Pères, ainsi que Lagrange, Michel, Prümm, Leenhardt, Lyonnet.

Nous ne pouvons nous associer à cette exégèse. Car le premier homme n'appartient pas à proprement parler au régime de la Loi. Adam est en dehors des étapes du salut étudiées ici. À la Genèse, Paul emprunte seulement quelques éléments d'une psychologie de la tentation qui, comme nous verrons, sont accessoires à l'étude du régime de la Loi. Nous n'excluons cependant pas l'interprétation psychologique refusée par Bultmann[4]. Comme le renversement qui sépare les étapes du salut détermine l'être chrétien lui-même, elles sont intériorisées dans tout devenir chrétien. L'histoire n'est pas étrangère au chrétien qu'est saint Paul. Pour lui, l'être chrétien se fait par le drame de la conversion, qui répète et intègre l'histoire de l'humanité. Nous ne dirions pas non plus que dans Rm 7 Paul décrit une «expérience», qu'elle soit personnelle ou universelle. Car le chapitre 7 est l'interprétation d'un mode d'être à la lumière de la conversion. Il s'agit d'une «relecture du passé», avec la grille de la foi, tout comme saint Augustin l'a faite à sa manière, et publiée sous le titre éloquent parce qu'à double signification: *Les Confessions*. Celles-ci constituent une reconnaissance interprétative du passé (confession comme aveu), à la lumière de la reconnaissance du vrai Dieu (confession au sens de la profession de foi). La reconnaissance du passé est plus que la remémoration des expériences antérieures: re-connaissance, elle laisse apparaître la vérité du passé auparavant voilée. Le terme d'expérience, fort ambigu et mal pensé, ne permet pas d'exprimer la réalité psychologique ici décrite.

La division coutumière entre interprétations psychologiques et théologico-historiques, est bien malheureuse. Sans doute cette classification correspond-elle aux types d'exégèse de notre texte. Mais s'il en est ainsi, il faut inviter les exégètes à dépasser un mode de compréhension psychologique qui se réduit à la description des expériences comme états d'âme conscients.

L'histoire n'est pas uniquement le temps objectif balisé par les événements extérieurs au sujet. Elle inclut le devenir du sujet, la *Geschichtlichkeit*. Elle est un *Geschehen*: un processus qui s'accomplit en l'homme et promeut en lui un être nouveau. L'opposition entre interprétations psychologiques et théologico-historiques se situe encore dans l'opposition des temps objectif et subjectif, que transcende l'histoire comme temps humain se réalisant effectivement. Aussi l'expérience ne se situe-t-elle pas en dehors de l'histoire. L'expérience psychologique, en effet, est

---

4. *Theologie des Neuen Testaments*, Tübingen, [5]1965, p. 248-249.

l'intériorisation subjective des structures signifiantes qui précèdent et conditionnent les dites expériences subjectives. Dans la troisième partie de notre exposé nous reviendrons sur le concept psychologique d'expérience et sur ses rapports avec les concepts historiques.

Nous éliminons donc les interprétations simplement autobiographiques[5]. Puisque tout l'ensemble des chapitres 6, 7, 8 est centré sur l'avènement de l'être chrétien qui succède à l'être pécheur, le sens propre du texte ne peut être de rapporter ni l'expérience juive ni l'aveu déchiré du chrétien qui se sent *simul peccator et justus*. Qu'il y ait cependant quelque vérité dans ces interprétations, nous espérons le démontrer.

Nous pouvons à présent provisoirement fixer le sens du *je*, qui apparaît sur l'avant-scène au verset 7 et l'occupe jusqu'à la fin du chapitre. On sait que l'évocation du moi et du je était un procédé rhétorique fort répandu dans l'antiquité. Suffit-il pour rendre raison de notre texte? Une telle exégèse limitative peut relever d'une décision prudentielle. Elle n'en est pas moins une option pour une signification déterminée. Et la réduction du sens au seuil minimal, si elle tranquillise la conscience de l'interprète par une apparence de plus grande objectivité, pourrait fort bien être une violence exercée contre l'intention de l'auteur. Elle doit se justifier autant qu'un autre type d'interprétation.

Comme tout jeu de langage, les figures rhétoriques mettent à la disposition de l'auteur des ensembles structurés de signes dans lesquels les multiples intentions peuvent prendre corps. Mais le choix même non raisonné de telle ou telle chaîne linguistique donnée n'est pas pour autant un effet du hasard; il obéit à des intentions, conscientes ou non, et par là il révèle à l'exégète le mouvement de pensée de l'auteur. Si à cet endroit précis Paul a recours au procédé rhétorique qui place au centre le *je* qui parle, c'est qu'en lui le *je* concentre un contenu particulier que les locutions précédentes (l'homme, nous...) n'indiquent pas. Ici encore, la différenciation des termes usités fait jaillir le sens du message. Le sens du *je* n'est cependant pas d'emblée apparent. Le déroulement du discours, scandé par les termes qui en différencient les moments, doit nous le manifester.

Paul adopte cette forme littéraire dans l'endroit précis où il expose

---

5. Dans ce type d'exégèse, appelée typiquement «psychologique», on peut encore distinguer deux modalités. Pour les uns, Rm 7 décrirait l'expérience chrétienne du *simul justus et peccator*: Augustin, les Réformateurs, de quelque manière Sabatier, Deissmann, Leenhardt et Stacey. Pour d'autres, ce texte décrirait l'expérience de Paul, jeune israélite, avant sa conversion: Cornely, Bardenhewer, Sanday-Headlam, Prat.

l'homme confronté à la Loi[6]. Jusqu'au v. 6 Paul utilise les pronoms
«nous» et «vous» pour parler de la Loi et du péché aussi bien que de
la grâce. Mais dès qu'il aborde l'explication de la connexion péché-Loi,
il parle en première personne. Le *je* surgit précisément en réponse à
la Loi qui émet une sentence en deuxième personne du singulier du
mode interdictif: «Tu ne convoiteras pas». La Loi produit une prise de
conscience en première personne du péché. Par sa formule concrète
d'injonction, la Loi est de structure dialogale. La prise de conscience
simultanée de la Loi et du moi responsable (qui a à répondre) introduit
l'exposé sur la division du moi, décrite en première personne. Nous y
reviendrons tout de suite. À la fin de l'analyse du conflit, quand Paul
opère la transition avec l'être chrétien, nous trouvons encore un écho
de la première personne: «la Loi de l'esprit t'a délivré de la Loi du
péché» (8,2). Après le renversement de la Loi en Esprit, Paul utilise la
première, la deuxième et la troisième personne du pluriel.

Qu'est donc le *je*? D'après nous, il désigne l'homme sous le régime
de la Loi, l'homme qui, en réponse à l'injonction de la Loi, assume personnellement, en première personne, le jugement divin sur le péché. *Je*
est donc bien Paul lui-même. Mais, d'après le contexte, c'est également
tout juif. Et en raison des premiers chapitres de l'Épître, nous pouvons
inférer que le *je* désigne tout homme religieux qui prend conscience
d'avoir à répondre à la Loi de Dieu. Le juif est sans aucun doute le
prototype qui permet de penser la situation universelle de l'homme
religieux avant le Christ; puisqu'il a le privilège de la Loi, il a une conscience nette — en termes de phénoménologie: une conscience thématique
— de son moi interpellé personnellement par la Loi.

Notre interprétation ne contredit-elle pas la thèse énoncée plus haut,
affirmant que Rm 7 présente une relecture du passé à la lumière de la
foi? Comment pouvons-nous soutenir qu'ici le *je* témoigne de la conscience typiquement juive? La difficulté se résout sans peine si on respecte la complexité psychologique du cheminement de vérité ici analysé.

---

6. F.J. LEENHARDT exclut l'interprétation autobiographique, qu'elle se rapporte au juif
malheureux qu'aurait été Paul avant sa conversion ou au conflit du chrétien. Nous ne
reproduisons pas les excellents arguments qui appuient ce double refus. Pour F.J. Leenhardt, les textes en première personne ne présenteraient dès lors qu'un procédé littéraire
de dramatisation, où le moi figurerait l'anthropos universel. Ces formules sont ambiguës.
D'après nous, la dramatisation littéraire exprime un drame vécu, un drame de vérité et
de conversion. C'est à l'instant où Paul reconnaît la vérité du Christ qu'il perçoit clairement
quel était son drame de juif fidèle. Le sens autobiographique et l'assimilation du *je* à
l'homme universel ne s'opposent donc pas sans plus. Les deux termes de l'alternative
exégétique doivent être transformés si on veut rendre compte du texte.

Il suffit de dégager les nuances de signification qui risquent de demeurer en retrait dans ce texte violent. Au début des textes en première personne, Paul parle au passé: il s'agit donc d'un moment historique, celui où la lumière s'est faite sur le péché. Ensuite, à partir du v. 14 Paul parle en première personne au présent: vv. 14, 15. Les exégètes ont-ils été attentifs à ce changement de temps? Ou l'ont-ils classé parmi les hasards d'un texte dicté? Généralement ils ne tiennent pas pour aléatoires de tels phénomènes de langage. Essayons donc ici également de nous fier à tous les indices contenus dans notre fragment. Visiblement nous ne sommes plus référés à une expérience historique, mais à une réflexion au présent. Non pas le présent du chrétien comme tel; seule une méconnaissance des Lois du temps vécu a pu donner l'interprétation psychologique du *simul peccator et justus*. Le présent est bien celui du chrétien qui reconsidère l'état de celui qui se tient sous la Loi, et qui en explicite les conséquences qu'*actuellement* il comprend. Le présent n'est pas le présent de l'expérience vécue historiquement, mais celui de l'interprétation qui dégage la structure nécessaire d'une expérience vécue antérieurement: l'expérience de la conscience du mal et de l'effort pour le dépasser tout en restant sous le régime de la Loi.

Nous ne contestons pas que le juif Paul ait jamais éprouvé la contradiction qu'il thématise actuellement. Mais notre texte donne à penser qu'avant d'être chrétien Paul n'aurait pu conceptualiser le conflit en Loi religieuse universelle. Le conflit n'était pas reconnu comme indépassable par nécessité interne. C'est précisément cette contradiction interne de la religion sous la Loi que Paul démontre à partir du v. 14. Aussi toutes les exégèses lénifiantes qui, dans ce texte, lisent seulement les difficultés d'une Loi écrasante, sont-elles trop courtes et trop psychologisantes. En ramenant le texte au conflit vécu consciemment, elles méconnaissent la structure essentielle que Paul dégage dans le rapport: Loi, péché, mort.

Cette structure correspond d'ailleurs à la solution du conflit qui consiste dans un dépassement «ontologique»: l'être chrétien est une réalité ontologique (l'Esprit prend la place de la chair de péché). Mais comme nous verrons, le nouvel état d'être se traduit aussi dans une attitude et dans une expérience lucide; là encore l'opposition entre interprétation psychologique et exégèse théologico-historique est fausse pour autant qu'elle limite la psychologie à l'expérience vécue et l'histoire à un déroulement purement objectif.

LE CONFLIT INSOLUBLE

Nous avons vu que les chapitres 6, 7 et 8 sont rythmés par la succession des étapes dont l'ensemble forme le mouvement progressif du devenir chrétien, à travers l'impossible tentative de l'existence juive, jusqu'à la reconversion en l'Esprit. Les péricopes en première personne sont l'aveu éclairé d'un conflit qu'après sa résolution Paul reconnaît comme passage prescrit, quoiqu'en lui-même condamné à l'échec. Essayons maintenant d'approfondir la contradiction de l'existence religieuse sous la Loi. Nous laisserons d'abord parler les termes utilisés par Paul. Ensuite nous verrons comment la rencontre du texte avec la psychanalyse revivifie la lettre paulinienne et la restitue dans sa vérité universelle.

Le texte de Romains 7,5-24

Il présente la séquence de trois moments: avant la Loi (vv. 7 et 9); sous le règne de la Loi (vv. 5-24); sous la mouvance de l'Esprit qui libère de la Loi (cf. 8,1-2).

Avant la Loi, Paul ne connaissait pas le péché (vv. 7 et 9). Nous interprétons cet état comme celui d'une innocence non qualifiée. Nous croyons injustifié d'y voir, comme Leenhardt, le rappel de l'état adamique premier. Toute la suite le démontre: la Loi est donnée pour que le péché soit manifesté. Il existait déjà, mais demeurait inactif, à l'état de latence. Or, au paradis le péché n'existait pas; Adam l'a introduit comme puissance du monde. Au chapitre 5, Paul a déjà expliqué pourquoi tout homme doit mourir, même ceux qui n'ont pas péché personnellement: la mort règne sur l'humanité en raison du jugement et de l'imputation portés par Dieu. Maintenant, au chapitre 7, Paul considère l'homme historique, héritier d'Adam, et il essaie de comprendre pourquoi une vie fidèle à la Loi de Dieu ne libère pas de la mort. Il faut donc comprendre les vv. 7 et 9 comme désignant ce qui précède l'histoire religieuse individuelle de Paul et de n'importe quel homme. Dans l'optique de Rm 7, c'est la révélation de la Loi qui inaugure toute démarche religieuse personnelle. La première étape, celle de l'innocence, nous devons l'appeler pré-histoire. Si Paul part de ce moment préhistorique (v. 7: je n'ai connu le péché que par la Loi), c'est pour comprendre ce qui se passe au moment où la Loi s'introduit. Il remonte à la phase antérieure qui, comme toute origine, est un état non différencié, un état mythique. «Je vivais», désigne donc une vie sans Loi et aussi sans grâce, une vie non encore religieusement qualifiée.

Dans la seconde étape, qui est le premier moment vraiment historique, la Loi actualise en l'homme la puissance du péché qui depuis Adam domine l'humanité.

Dans la troisième étape, second moment historique, l'Esprit fait dépasser le règne de la Loi et celui de la mort.

Du v. 7 au v. 11, Paul décrit la première phase historique: celle de son moi religieux. À partir du v. 14 il parle au présent; mais c'est de toute évidence la première phase historique qu'il analyse encore. Celle-ci se trouve donc suspendue dans une réflexion atemporelle: une réflexion en première personne du présent. Cette suspension du temps est significative, nous l'avons vu. Elle est la formulation d'une Loi universelle: par elle-même, la prise de conscience d'avoir à répondre personnellement devant la Loi de Dieu, ne conduit pas plus loin. Elle est impuissante à produire ce qui appartient à l'eschatologie: la manifestation de la puissance divine. Elle ne peut que s'enfermer dans la sempiternelle répétition du conflit.

Étudions maintenant les termes du conflit. Souvenons-nous d'abord que le *présent* en *première personne* des vv. 14-25 est doublement qualifié. Il exprime la stagnation d'un état religieux fermé sur lui-même, arrêté au premier moment. Mais ce blocage n'est reconnu qu'à la lumière actuelle de la foi: c'est la foi qui regarde le moi sous la Loi, et voit qu'il reste rivé à la répétition du conflit. Les termes du conflit sont connus. Nous les rappelons brièvement pour justifier notre interprétation et préparer une réappropriation de ce texte. Huit termes articulent le champ du conflit: moi (*ego*), corps (*sôma*), chair (*sarx*) et désir (*epithymia*), péché (*hamartia*), Loi (*nomos*, plus sa variante *entolè*), vouloir (*thelô*), faire (*prattô* et ses variantes). Cinq termes sont proprement anthropologiques: moi, corps, chair, vouloir, faire. La Loi est l'instance hétéronome personnelle, c'est une parole allocutive: «tu ne convoiteras pas». Le péché est une puissance hétéronome anonyme: une force obscure. La mort est un effet du conflit indépassable.

Le conflit est énoncé en termes anthropologiques: «Je ne fais pas ce que je veux» (v. 15). Le vouloir est aussi un jugement: il est un consentement à la Loi (v. 16). Le conflit n'est donc pas entre le vouloir et la Loi; ce fait exclut l'habituelle psychologie de la tentation. En effet, dans la psychologie typique de la tentation, l'injonction de la Loi produit le désir de la transgresser. Adam «voulait» enfreindre la Loi pour être l'égal du législateur; l'interdit provoque le désir d'affirmer son autonomie, de rejeter la Loi, et de se substituer à son auteur. Rien de tel dans les vv. 15s. Certes, quelques expressions dans les versets précédents, écrits sur le mode du passé, rappellent la tentation d'Adam. Les vv. 7 et 8 d'abord: «J'aurais ignoré la convoitise si la Loi n'avait dit: tu ne convoiteras pas...»; et le v. 11 reprend le mot «séduire» à Gn 3,13. Mais ces versets ne font qu'expliciter le v. 7: «Je n'ai *connu* le péché que par la Loi». Comme en d'autres textes, la connaissance est une connaissance pratique, et non pas seulement théorique, c'est un jugement concret. La Loi n'induit pas en tentation ici, mais elle fait connaître la convoitise comme telle, comme convoitise qualifiée, dont on fait l'expérience. La Loi est manifestation, révélation de la vérité de l'homme devant Dieu. C'est d'ailleurs pour cela qu'elle ne sauve pas de la mort: elle n'est pas elle-même une puissance.

Nous estimons qu'il n'est plus nécessaire actuellement de réfuter une interprétation dualiste de notre péricope, du genre de celle des gnostiques. Soulignons seulement que, dans toute l'œuvre de Paul, le corps est constitutif de l'être humain, avant et après la résurrection. Le corps est identique au moi; le terme «corps» désigne l'homme concret, être corporel, qui se rapporte à lui-même, s'éprouve lui-même, et prend une décision sur lui-même. Il est dès lors aussi l'être corporel qui peut se laisser se perdre, qui peut s'adonner à une puissance étrangère: le péché, ou bien, dans le régime chrétien, à la puissance de l'Esprit. Dans la situation historique du péché, le corps est corps de péché et de mort, tout comme le corps chrétien est corps de gloire. Si dualisme il y a, il traverse le corps lui-même et le divise en son vouloir et son agir, mais il ne sépare pas corps et esprit. Le conflit n'oppose pas deux substances, mais il résulte d'une scission que la Loi introduit au cœur du moi.

Dirons-nous alors que Paul dénonce le légalisme pharisaïque? Bien que le légalisme puisse être aperçu à l'horizon de la préoccupation actuelle de Rm 7, il ne peut être le thème essentiel tu texte. En effet, le légaliste vit bien dans la mort de l'autosatisfaction, mais en principe il ne souffre ni du désir de la vie ni du drame de l'indépassable division intérieure. Pour lui tout conflit n'est que provisoire. À ce propos F.J. Leenhardt rappelle les textes où Paul se glorifie de sa fidélité à la Loi (Ph 3,6). Mais là n'est pas la pointe du texte; ce que Paul comprend maintenant, c'est que l'accomplissement de la Loi est de soi impossible et que la sainteté par la Loi demeure hors d'atteinte.

Aussi reconnaissons-nous volontiers une analogie entre ce texte et la plainte de la sagesse antique, s'exprimant dans la phrase connue: *video meliora proboque, deteriora sequor*. Bultmann[7] rejette cette analogie parce que pour lui notre texte désigne les deux moments de l'histoire du salut, et non pas l'expérience vécue de Paul. Nous avons refusé l'alternative entre autobiographie et histoire du salut: Rm 7 représente les étapes du salut telles que Paul les intériorise dans sa conversion. Une différence essentielle sépare cependant l'aveu paulinien d'avec la sagesse antique: pour l'homme de la Loi, il ne s'agit pas de voir le bien, mais d'écouter une exigence absolue formulée par la Loi en deuxième personne. Pour cette raison, il ne peut pas se résigner à la division intérieure et demande une libération. Non pas que la demande soit explicite: ceci serait déjà sortir du régime de la Loi. La demande n'est qu'implicite chez l'homme qui s'attelle à la tâche impossible d'accomplir la Loi. Mais Paul sait qu'à son insu il demandait un libérateur.

Ayant fixé notre interprétation, nous pouvons maintenant approfondir le conflit. Il est le fait d'une volonté qui ne parvient pas à s'achever dans la praxis (le *katergazomai* et le *prattô* s'opposent au vouloir). L'ego est du côté du vouloir; intérieurement il demeure donc bon. Mais il est livré à un «faire» qui lui échappe. Le *je* est «aussi» dans les mauvaises actions, tout comme dans le bon vouloir; il est donc responsable devant la Loi. C'est là précisément sa division: elle traverse l'*ego* et le corps.

C'est que le *je* est prisonnier de la chair et des convoitises qui la définissent. Et cela parce que, s'étendant au-delà du *je*, la chair est esclave ou prisonnière de la puissance extérieure, anonyme, qu'est le péché. Chair et péché sont corrélatifs et dans ce texte-ci ils se définissent mutuellement. La chair est la corporéité concrète, dans sa faiblesse, et aussi dans son opposition à l'Esprit et à Dieu. C'est la puissance du péché qui introduit la division dans la chair et envahit sa faiblesse.

Le conflit paulinien à la lumière de la psychanalyse

Tout Rm 7 décrit le moment critique d'un acte réflexif commandé par l'intelligence chrétienne de la croix et de la résurrection. Entre le retour en arrière sur l'innocence ingénue, pré-religieuse, et la confiance donnée par l'Esprit, l'existence juive apparaît comme une conscience malheureuse. L'organisation et les termes du texte lui-même nous imposent cette exégèse. Les données de la psychologie nous ont seulement aidé à écarter les interprétations qui affaiblissent le texte en s'appuyant sur la

---

7. *Op. cit.*, p. 248.

fausse évidence de quelques concepts anthropologiques. L'interprétation des péricopes en première personne, en effet, a subi l'influence des idées que l'on se fait sur les possibilités d'expérience, d'autobiographie, de remémoration. Par le biais de ces concepts on a tendance à introduire des vues théologiques sur la conscience malheureuse du péché, sur l'existence juive ou sur le légalisme. Certes, notre exégèse de Rm 7 pose des problèmes de théologie biblique: comment concilier notre explication avec l'insistance biblique sur la grâce de Dieu? Et comment la mettre en accord avec d'autres textes où Paul identifie l'essence du judaïsme avec l'espérance en la promesse faite à Abraham? Tout se passe comme si Paul n'envisageait ici qu'un des traits du judaïsme et le prenait à la manière d'un organisme vivant qui, par sa force d'attrait, réunit autour de lui tout l'ensemble de l'existence juive. S'il fallait pousser la synthèse des nombreuses idées précises et fragmentaires de la théologie paulinienne, nous dirions qu'il fallait la révélation de la puissance divine dans le Christ ressuscité pour que le fidèle de la Loi retrouve la confiance en la promesse, et dépasse non seulement le légalisme satisfait, mais même l'inquiétude d'une sainteté orientée par la Loi.

Une confrontation plus poussée avec la psychanalyse peut nous faire avancer encore dans l'intelligence de Rm 7, et nous préserver davantage d'une captation théologique ou faussement psychologique de ce fragment. Le conflit paulinien, en effet, présente une homologie saisissante avec les situations de division interne que la psychanalyse nous fait connaître. Comme nous l'avons dit, il ne s'agit pas pour nous de ramener la confession paulinienne à quelque état pathologique. Pour cette raison d'ailleurs, nous n'aurons pas recours aux concepts théoriques de la psychanalyse qui systématisent des états infantiles ou des existences morbides. Loin d'assimiler le conflit de l'existence juive à une névrose infantile ou adulte, nous désignons les correspondances par le terme d'homologie. C'est une similitude de structure qui s'impose et qui nous aide à entrer dans la dialectique paulinienne de la Loi et de l'Esprit.

Il est particulièrement indiqué de rapprocher Rm 7 de ce que la psychanalyse nous enseigne du complexe d'Œdipe, moment de complexification et de mutation la plus personnelle, la plus profonde, et qui se répète en tout homme. Epreuve individuelle et destin commun de tous les humains, le complexe d'Œdipe représente des étapes nécessaires au devenir humain. Moment dialectique fondamental pour l'esprit, il met en place des rapports structuraux qui se reproduiront dans toutes les dimensions de l'existence.

La psychanalyse nous apprend que le moi n'acquiert son statut personnel que par la Loi. Celle-ci arrache le sujet à l'existence anonyme, prépersonnelle; mais elle divise aussi le moi par un conflit inévitable; enfin la résolution du conflit et l'acquisition par le moi de son identité personnelle ne se réalisent que par le dépassement de la Loi comme pur interdit négatif, dans une réconciliation avec le père, où l'initiative vient de lui. D'après la psychanalyse, le moment de conflit est aussi le temps des illusions sur soi-même, et la projection sur le père des angoisses et des révoltes subjectives, projection qui défigure la vérité du père. Tous ces éléments sont nécessaires dans le devenir humain. L'homologie n'est-elle pas évidente avec les étapes qui rythment le devenir chrétien, selon le témoignage de Rm 6-7?

Analysons maintenant quelques thèmes qui dominent dans cette homologie. D'après Freud, le père représente, de par sa fonction même, la Loi qui interdit le désir de la mère; entendons: le désir illimité qui est le répondant de la convoitise de la chair dont parle Paul. Avant la Loi, l'enfant vit, mais d'une vie qui n'est pas humainement qualifiée. Il n'accède à la culture et à l'éthique que par la Loi. Mais en lui le désir s'oppose à la Loi, qu'il est cependant prêt à reconnaître, puisqu'avec le père il maintient un lien de tendresse. La Loi introduit donc une scission entre un état antérieur anonyme et une histoire personnelle et culturelle en train d'émerger. Mais les deux états subsistent dans le même sujet. La diachronie des étapes successives s'intériorise comme conflit de deux instances en lutte. Le conflit est insoluble aussi longtemps que le sujet demeure sous le régime de la Loi. Car la Loi est interdit; dans l'Œdipe également elle intervient comme une injonction négative, puisque nouvelle et séparatrice: «Tu ne convoiteras pas». La perfection serait dans le renoncement qui accomplit la Loi du père. Seulement, au moment où la Loi intervient dans sa teneur négative, les désirs du sujet s'y opposent. Ce n'est qu'après le moment du conflit que le sujet pourra changer d'attitude intérieure, et qu'il recouvrera ses désirs, transformés et autrement orientés. Le sens positif de la Loi ne sera manifesté qu'après le moment négatif de la séparation, lorsque le sujet reconnaîtra en vérité le père, et pourra s'identifier à lui, en recevant de lui son identité de fils.

Parce qu'ils sont la substance psychique antérieure et sous-jacente à la Loi, les pulsions et les désirs primaires ne peuvent d'aucune manière être identifiés au mal. Seule une illusion rétrospective qui méconnaît la structuration de l'humain, a pu leur imposer des catégories morales. Moralement neutres en eux-mêmes, ils entrent dans l'organisation éthique de la personne au moment où, en face d'une nouvelle exigence, la Loi les fait reconnaître pour ce qu'ils sont. Résistant à l'exigence de la Loi, ils deviennent les inducteurs d'un mal, inévitable et cependant responsable[8]. Ne doit-on pas reconnaître la parenté entre les desirs pré-œdipiens et la chair avec ses désirs, désignés par Paul non pas comme le mal, mais comme le lieu du péché? Une profonde similitude s'impose entre les considérations pauliniennes et psychanalytiques. Cependant la référence psychologique est humaine: la Loi est une exigence absolue d'humanisation, dont le père est le support. Chez Paul, la Loi est l'exigence absolue de la justice divine qui enjoint à l'homme de devenir comme Dieu.

La psychologie du conflit nous fait également mieux comprendre comment Paul peut parler de la Loi en des termes qui sont à première vue aussi abstraits. Comme on le sait, Paul ne classe pas tout l'Ancien Testament dans le régime de la Loi. Abraham et les prophètes sont déjà dans le mouvement de la foi. Dans ce texte-ci, Paul peut cependant identifier l'Ancien Testament au régime de la Loi parce qu'à ce moment de l'histoire le thème de la Loi domine. De même, au premier moment de l'humanisation de l'individu, la Loi, en introduisant l'élément nouveau de l'exigence personnelle, prend la signification encore abstraite d'une exigence négative — d'un interdit. On s'étonne parfois de la formulation négative de la Loi. Seulement, en séparant l'homme d'avec l'étape antérieure de convoitise non qualifiée, la Loi est inévitablement l'instance négative de l'interdit et du jugement. Elle fait le travail négatif indispensable qui rend le sujet étranger à lui-même et le prépare à sa vérité personnelle. Nous n'avons pas ici à faire appel à la psychologie de l'inconscient, ni à celle du surmoi. Car, en psychanalyse, c'est précisément l'intervention de la Loi comme parole «performatrice» qui produit la séparation entre conscient et inconscient, et qui instaure le surmoi. La comparaison que fait G. Crespy[9] entre la Loi de saint Paul et le surmoi de Freud, nous paraît plus trompeuse qu'éclairante. Le surmoi, en effet, est une instance psychique, un jugement intérieur, inconscient et spontané, formé par l'intériorisation de la Loi. Le légalisme sédimenté et organisé correspond bien au conflit entre le surmoi et le ça, conflit dont le moi est le siège; mais ce conflit est inconsciemment oppressif

8. Nous avons signalé cet état éthique ambigu dans notre article, «Le péché originel à la lumière de la psychanalyse», dans *Démythisation de la morale*, Paris, Aubier, 1965, p. 189-205. – Note additionnelle: cet article se trouve repris ici au n° 6.

9. G. CRESPY, «Exégèse et psychanalyse. Considérations aventureuses sur Romains 7,7-25», dans *L'Évangile hier et aujourd'hui* (Mélanges offerts au Professeur F.J. Leenhardt), Genève, Labor et Fides, 1968, p. 169-180.

pour les justes exigences des désirs. Dans le légalisme religieux, en effet, le sujet se trouve déchiré entre le monde et Dieu, tout comme l'obsessionnel est coincé dans le conflit entre le ça et le surmoi. L'homme de la Loi que décrit Paul dans Rm 7 n'est pas encore enfoncé dans un conflit entre le monde et Dieu. On peut seulement soupçonner qu'en cas de non-résolution du conflit il sera requis par le binôme devenu irréconciliable: monde-Dieu.

Dans l'optique de Rm 7, la Loi est un appel net, personnel, qui est entendu avec une conscience lucide du bien supérieur promis. Son injonction précède aussi bien la mauvaise conscience que le légalisme durci. La Loi inaugure cependant une existence tragique, parce que son inefficacité fatale est obscurément ressentie, mais n'est pas encore comprise. Elle polarise le sujet dans une lutte espérante et cependant impossible. Le juif, en effet, ne voit pas encore que seul l'Auteur de la Loi peut répondre de la promesse qu'elle contient, si par une nouvelle initiative il introduit le juif fidèle dans un rapport nouveau avec lui.

Ne disposons-nous pas ici d'un indice qui permet de faire la synthèse entre différents exposés de Paul, fragmentaires, encore que bien réfléchis en eux-mêmes? Le cœur du judaïsme est fait de la polarité entre promesse et Loi. Au cours de son évolution le judaïsme a oblitéré la promesse que le christianisme revalorise en la réalisant. En même temps il devenait manifeste que le juif n'était pas à même de réaliser l'existence requise et promise par la Loi, celle de la justice et de la sainteté. C'est que le judaïsme n'est qu'un moment dans le devenir religieux de l'humanité, moment prototypique pour le cheminement de tout homme vers la foi en Dieu-Père, foi qui renoue avec la promesse. C'est l'Esprit qui actualise la foi et accomplit la promesse, à condition que l'homme participe à la mort du Christ qui, seule, peut transformer la fidélité à la Loi en accueil de l'Esprit.

L'ambiguïté de l'état juif correspond à celle de l'enfant de l'Œdipe. Lui aussi se trouve divisé entre ses désirs et la fidélité à la Loi du père; lui aussi espère, par la soumission aux exigences du père, acquérir le statut d'homme dont la promesse accompagne l'énoncé de la Loi. Enfin, il devra lui aussi dépasser la conscience malheureuse qu'induit la Loi, aussi impuissante qu'effective et nécessaire; il y parviendra par une réconciliation qui l'introduit dans un rapport nouveau avec le père, rapport où il trouve son identité en accueillant la parole paternelle qui lui confère son identité de fils[10].

SUR QUELQUES ÉLÉMENTS DU DISCOURS PAULINIEN

Le discours en première personne

Notre analyse a montré qu'insérée dans le contexte du conflit, la signification du *je* ne peut qu'être ambiguë, puisqu'il participe à l'ambiguïté d'un état transitoire, par essence donc surdéterminé. Si l'interprétation du *je* est d'un accès difficile, c'est que le *je* supporte une réflexion sur une épreuve dont Paul a triomphé et qu'il sait maintenant élucider. Qui est le *je* du conflit obscur, c'est-à-dire antérieur à la manifestation du Christ? C'est la figure ambiguë du mort-vivant, et à laquelle les alternatives des exégèses citées plus haut ne font pas droit. Revenons-y un instant.

a) Le couple moi-expérience

Telle qu'elle est formulée, l'opposition s'appuie sur une certaine conception psychologique. Par expérience on entend un état d'âme qui précède l'expression en concepts. Ainsi nombre de contemporains voient dans «l'expérience religieuse» la source de la croyance en Dieu. Le discours religieux, le langage conceptuel ne serait que la transposition sur le plan théorique d'une connaissance affective première. La méfiance contemporaine envers la théologie relève pour une part de cet *a priori* psychologique. Celui-ci constitue également la trame de nombreuses théories sociologiques sur la religion, pour lesquelles les concepts religieux ne seraient que les expressions variables d'une même expérience religieuse. Nous pouvons appeler cette conception: subjectiviste. On conçoit le sujet, le moi comme un fait donné; c'est lui qui serait la source des significations. Les concepts ne seraient que la mise en forme secondaire des véritables significations présentes dans l'initiative du moi[11].

Parmi d'autres recherches anthropologiques, la psychanalyse a démon-

10. Ayant achevé notre étude, nous avons reçu de E. ORTIGUES l'article que lui-même a consacré à l'Épître aux Romains («La composition de l'Épître aux Romains I-VIII», dans *Verbum Caro*, Neuchâtel, 1954, n° 29-30, p. 52-81). Nous sommes heureux de reconnaître ici la profonde parenté entre nos deux analyses.
11. A. VERGOTE, *Psychologie religieuse*, Bruxelles, Dessart, 1966. – Note additionnelle: nous avons repris et élaboré plus systématiquement la question de l'expérience dans notre ouvrage *Religion, foi, incroyance. Étude psychologique*, Bruxelles, 1983, chap. III.

tré avec force que le sujet, le moi, n'est pas une donnée première; il se constitue par l'intériorisation des données culturelles, des discours, de la Loi, des institutions, des rites. Ce sont d'abord les symboles et le langage qui font l'homme, le moi, et non pas l'inverse. Aussi, pour la psychanalyse, la division du *je* ne fait pas problème. Pour elle, le *je* est d'abord présent en ordre dispersé, et son unité ne se réalise que lentement. Le Dr. Szondi, psychologue-psychiatre, appelle le moi l'instance *pontifex*: celle qui jette les ponts entre les multiples tendances qui sont orginairement présentes ou qui adviennent à l'homme de par la culture.

Dès lors, ce que l'on doit appeler expérience est la résonance intérieure des discours que la culture adresse au sujet et qui viennent donner forme à ses propres tendances diverses, contradictoires et non encore conscientes. Certes, le sujet peut répéter aveuglément les discours des autres, et se mouvoir dans un palais conceptuel séparé de sa personne. On ne peut parler d'expérience, et de formation du *je*, que dans la mesure où le sujet s'approprie personnellement et conjointement les discours qui lui sont adressés et ses propres tendances.

L'opposition faite entre les deux types d'exégèse cités est donc irrecevable, tant en raison du texte paulinien qu'en raison des Lois anthropologiques. Le *je* n'est pas le sujet d'une «expérience» typiquement juive, mais il est plus que la dramatisation littéraire d'une histoire du salut qui lui resterait étrangère. Il désigne un instant particulier de la formation religieuse du sujet, confronté aux grandes constellations culturelles et religieuses que sont la Loi et la révélation du Christ glorifié, accompagné de la puissance de l'Esprit.

b) L'association *je* et Loi

Nous avons observé que, dans Rm 7, le *je* surgit en réponse à l'injonction personnelle que la Loi fait entendre: «Tu ne convoiteras pas». Certes, la Loi est un ensemble, et elle aussi se présente en ordre dispersé. Mais visiblement Paul la personnifie, non seulement pour la conceptualiser dans une formule abstraite, mais parce qu'elle parle à l'homme.

La psychanalyse, elle également, a mis en lumière l'émergence de la personne; l'homme se fait sujet en première personne, là où il a à répondre à une Loi qui lui vient de l'autre. Dans la constellation familiale, qui est première et paradigmatique, c'est l'interdit du père qui signifie au sujet l'adresse personnelle fondamentale.

Les sphères et les sens du *je* sont multiples. Alors que le moi humain se constitue en réponse au désir de l'autre, le moi religieux se constitue en réponse à une parole de Dieu, qui à cet instant se fait Dieu personnel pour l'homme. La genèse ici décrite du *je* religieux ne correspond-elle d'ailleurs pas à la formation historique du monothéisme? Nous pourrions élargir notre étude par des comparaisons avec le concept de Dieu dans d'autres religions (grecques, animiste...). Nous y voyons que le moi religieux ne s'individualise pas face à un Dieu qui n'est pas personnel, parce que ce Dieu n'adresse pas une parole personnelle à son fidèle[12]. L'histoire des religions ne donne-t-elle pas toute son ampleur au texte paulinien qui relie le *je* religieux à l'avènement d'une parole qui est Loi?

c) Le *je* de la confession

L'analyse lucide du *je* sous le régime de la Loi est rétrospective, avons-nous dit. Paul décrit bien une expérience au sens où nous l'avons définie: un état où le sujet religieux se personnifie, se fait *je* religieux en référence à la Loi de Dieu, et cela par une division d'avec lui-même. Au moment de l'avènement de la Loi, le *je* religieux émerge à l'existence consciente, dans une distension intérieure où coexistent le passé païen, passé de vie inconsciente, anonyme, et l'état nouveau du sujet en première personne. Mais que cette division caractérisée soit irrémédiable, seul peut le voir celui qui l'a dépassée et appartient au nouveau régime. Le langage de l'expérience traduit ce passage: de l'intériorisation de la Loi et de la conscience du péché, décrites à la première personne du passé, Paul passe à la première personne du présent pour désigner un état d'être nécessairement divisé. Instruit par son expérience personnelle de juif fidèle converti, Paul se place au point de vue de tout moi qui est sous la Loi. Il peut universaliser son propre drame parce qu'il se regarde maintenant avec la lucidité de celui qui adopte le regard du Christ qui est le regard de Dieu révélé en sa vérité ultime.

Nous observons un processus analogue en psychologie clinique. Le sujet qui a dépassé un conflit est à même de dire ce conflit et il le dit dans le présent éternel qui est l'ici-maintenant (le *Da*) d'une vérité universelle.

L'opposition entre vouloir et accomplir, et son explication par le langage quasi mythique du péché-puissance

<hr/>

12. Voir, par exemple J.P. VERNANT, *Mythe et pensée chez les Grecs. Études de psychologie historique*, Paris, ²1969, p. 265-282.

a) Je, corps et chair

Nous avons exclu la thèse du *simul peccator et justus*, parce que toute l'ordonnance des chapitres 6 à 8 nous montre que le *je* qui souffre de la contradiction intime, est l'homme d'avant la conversion chrétienne, celui sur qui le converti porte un regard rétrospectif. Le conflit divise le *je* en lui-même. Il est le *je* religieux qui veut accomplir la Loi, mais il reste l'homme du passé charnel; la Loi le fait reconnaître dans sa vérité, comme opposé à la Loi et au *je* qui lui donne son assentiment. Le *je* est donc double: vouloir-jugement, et chair-convoitise. Dans son noyau intime il est un vouloir qui répond à l'injonction de la Loi; c'est par cet assentiment volitif que l'homme est d'ailleurs devenu sujet religieux en première personne. La chair représente ce qui est d'avant le *je*, ce qui demeure en lui et autour de lui comme une région non personnelle. Seulement, si le moi n'est pas identique à la chair, l'agir, le «faire», ne peut s'effectuer que par la chair.

Il est extrêmement difficile de traduire en langage contemporain cette dualité du *je*. Le langage philosophique traditionnel ne s'y prête guère, parce qu'il est fait pour articuler les substances métaphysiques, le corps et l'âme. Le langage psychanalytique nous paraît mieux convenir, précisément parce que la psychanalyse pense l'homme dans le devenir de la personnalité. Pour la psychanalyse le *je* se fait, se constitue, à partir des forces prépersonnelles que sont les pulsions, réalités corporelles et psychiques, définies comme énergies et désirs. La psychanalyse ne pense pas l'homme en termes de corps et d'esprit mais en termes de réalités psychiques (qui sont également et indissociablement corporelles). Les réalités psychiques sont d'abord prépersonnelles et elles ne se personnalisent quelque peu qu'au cours d'une histoire s'accomplissant sous la mouvance des données culturelles. La similitude avec l'anthropologie paulinienne est manifeste, avec cette différence fondamentale que pour Paul l'homme-corps est un être-à-Dieu, et pas seulement un être au monde et à autrui. Pour Paul la chair est de toute évidence une réalité prépersonnelle. Elle est aussi le *je*, mais plutôt sur le mode de l'appartenir, de l'avoir, que de l'être. Pour cette raison, le *je* (somatique) peut en quelque mesure modifier son rapport à la chair; telle qu'elle était dans son état premier il peut la laisser mourir (Rm 7), pour la reconquérir transmuée. De cette manière le *je* la transforme, mais à condition que le *je* ne demeure pas non plus ce qu'il était premièrement et qu'il passe lui-même à un mode d'être nouveau (l'Esprit). N'observons-nous pas ici une parenté avec le principe freudien: *wo Es war soll Ich werden*, où ça était *je* dois devenir? Le *je* devient, en se transformant lui-même et en transformant son rapport à l'*Es*, le ça, la sphère prépersonnelle des pulsions et désirs qui préparent le *je*, lui restent inhérents, s'opposent d'abord à lui, et finalement se trouvent en une certaine mesure assumés par lui quand il s'est transformé lui-même.

b) Le péché comme puissance

Autour du *je* s'étend le domaine des puissances anonymes: la chair et ses convoitises, puis, au-delà, le péché qui prend possession du *je* par l'intermédiaire de la chair. Peut-on expliquer l'étrange figure du péché-puissance par l'effet d'une dramatisation littéraire qui lui donnerait un visage quasi personnel? Visiblement cette exégèse serait trop simple. Le péché, en effet, n'est pas personnifié; bien au contraire il est quasi mythisé. Loin d'être personnel, il est ce qui est opposé au personnel, au *je*. Il est ce qui fait comprendre pourquoi, par la sphère préperson-nelle de la chair, le *je* est en conflit en lui-même. Le langage du péché est donc double. Il désigne une force, et de ce fait il est impersonnel du point de vue du *je* religieux, personnellement présent à Dieu en per-sonne. Le langage du péché n'est cependant pas un langage purement causaliste: il rend compte de l'agir du *je*. Par la médiation de la chair, le péché appartient également au *je*. Celui-ci en est responsable, puisqu'il se laisse dominer par le péché. Mais il ne l'est pas, pour autant que le péché est une force qui le domine.

Nous atteignons ici une limite de ce que nous pouvons penser, préci-sément parce qu'il s'agit d'une réalité intermédiaire entre la nature (la force et le quantifiable) et le personnel (ce dont nous pouvons prendre conscience). L'exégète n'a pas à éviter ce paradoxe. Ici encore il peut trouver un appui dans la parenté du langage religieux avec le langage psychanalytique. Pour la psychanalyse, en effet, le *je* se trouve également décentré par rapport à lui-même. Il est impliqué en des réalités psychi-ques, les pulsions, qui sont des forces (des puissances) et qui, cependant, produisent dans le sujet des significations. Ce que l'homme fait, est causé en lui; mais il le fait, et cela a un sens pour lui. La psychanalyse, elle aussi, parle le double langage: celui de l'énergie (de la puissance), et celui du sens; les énergies produisent en l'homme des symptômes qui ont une signification humaine, et dont l'homme est dès lors responsable en une mesure très limitée[13]. Freud disait même que nous sommes responsables

---

13. Voir P. RICŒUR, *De l'interprétation. Essai sur Freud*, Paris, Le Seuil, 1965.

de nos rêves, alors que les rêves sont produits en nous, par tout un travail de forces, et que ce n'est pas vraiment le *je* qui fait le rêve. Comme le dit admirablement l'ancien allemand: *es traümt mir*, ça rêve en moi et pour moi. La psychanalyse a d'ailleurs consciemment recours au langage mythique et Freud n'hésite pas à appeler les pulsions des êtres mythiques, grandioses dans leur indétermination[14]. On ne saurait s'étonner que Paul lui aussi emploie un langage quasi mythique pour parler du péché.

Sans doute une anthropologie trop rationaliste et trop moralisatrice a dû parfois égarer exégètes et théologiens dans leur interprétation de notre texte. Si Paul ne connaissait pas la psychanalyse, il n'était pas non plus marqué par une philosophie de la conscience ni par une anthropologie psychologisante qui, toutes deux, concentrent tout sur un moi conscient et libre.

Le normal et le pathologique

Signalons enfin que, dans la conception de Paul, tout comme dans celle de Freud, conflit normal et conflit pathologique ne sont pas strictement séparés. L'étape du régime sous la Loi est nécessaire, et cependant Paul la décrit comme une errance religieuse. Elle n'est pas encore la déviation religieuse du légalisme proprement dit, où le conflit et l'inquiétude sont évincés par la suffisance. Si le conflit du juif fidèle et espérant peut être dit une maladie religieuse, ce n'est qu'en vertu de la distorsion interne que doit traverser la conscience religieuse. La méconnaissance du conflit dans l'autosuffisance, par contre, est une véritable maladie, une perversion religieuse qui bloque définitivement la dynamique de l'histoire. Plus aucun appel vers une libération n'ouvre la suffisance légaliste pour un cheminement vers ce qui n'était que promis lors de la promulgation de la Loi.

Tout rapprochement entre la maladie de la conscience et la dramatique juive, commentée par Paul, requiert donc des nuances très fines, que savent respecter aussi bien les interprètes instruits de la complexité de l'homme religieux que les psychanalystes formés à la vérité du complexe d'Œdipe. Bien sûr, on trouvera toujours des esprit «éclairés» qui, à force de rationalisme ou de volontarisme, se complairont à reléguer notre texte dans l'asile des maladies religieuses et psychiques.

---

14. *Nouvelles Conférences sur la psychanalyse*, Paris, 1936, p. 101-102.

LA RÉSOLUTION DU CONFLIT

Tout nous donne à penser que c'est l'étape théologico-historique de la foi et de l'Esprit qui a permis à Paul d'élucider et de juger l'étape de la Loi. Le début de Rm 8 est dès lors nécessaire à la complète intelligence de Rm 7. Le chapitre 6 annonçait d'ailleurs les deux chapitres suivants.

Trois termes supportent ici la nouveauté chrétienne: la mort, l'Esprit, le Père. Considérons-les successivement, d'abord au plus près du texte paulinien, ensuite dans l'interprétation psychologique.

La mort

a) Pour Paul le conflit ne se résout que par la mort d'un de ses supports, mort qui permet à une autre réalité de se substituer à lui, et de renouveler le sujet de l'intérieur. La mort est trois fois présente dans la lettre paulinienne, en des sens différents: la mort induite par le péché, la mort du Christ, la mort au péché. La vie est également présente sous trois formes: la vie d'avant la Loi, la vie de la chair, la vie de l'Esprit. Rappelons le rapport interne de ces six données. Elles présentent la séquence suivante, organisée en quatre moments: la vie avant la Loi; la vie sous la Loi (qui est en fait la mort induite par le péché), la mort du Christ, à laquelle s'associe la mort de la chair; la vie de l'Esprit.

Nous l'avons vu, la vie d'avant la Loi n'est pas qualifiée religieusement; au regard de l'homme religieux, elle n'est en fait ni vie ni mort. Aussi Paul ne s'y attarde pas: il l'évoque seulement pour pouvoir penser la mort sous la Loi.

La mort induite par le péché est tout à la fois l'effet inévitable de l'intervention de la Loi dans l'état actuel de l'humanité charnelle, et la punition pour le péché. Nous trouvons les deux considérations dans Rm 8,13; 7,24 (cf. 1,32; 2,6-11). Ces deux langages correspondent aux deux langages sur le péché: il est une puissance qui produit dans la chair la mort comme son fruit naturel, et il est une transgression du moi charnel qui n'accomplit pas la Loi reconnue et approuvée. Paul doit tenir en même temps les deux langages sur la mort, puisqu'il entend décrire une étape où le moi religieux s'éveille à son autonomie tout en demeurant captif des forces qui le précèdent. La mort est naturelle, tout comme le péché est une force; elle est une punition, tout comme le péché est une transgression. Mort et péché se correspondent dans leur qualification ambiguë.

Dans la vie non qualifiée la Loi introduit une scission. Vie et mort se juxtaposent maintenant, mais ne se confondent pas. Ce qui était vie, devient mort sous le regard de la Loi qui manifeste la vie de la chair dans son leurre. Pour la chair, par contre, la vie de la foi est une mort.

En s'associant à la mort du Christ, le chrétien reconnaît que la chair n'est qu'une mort produite par le péché; se laissant effectivement mourir dans le *je* charnel, le chrétien atteint la vraie vie. Accepter que la chair soit morte par le péché, c'est mourir comme homme charnel, pour ressusciter en vue d'une nouvelle vie.

b) Le rapport dialectique de la mort et de la vie est également au cœur de la psychanalyse. Elle aussi qualifie la vie et la mort de trois manières qui constituent une séquence historique et amènent le *je* à lui-même et à la vie. Avant la Loi du père, le sujet vit d'une vie non qualifiée, parce qu'impersonnelle et non-culturelle. L'interdit de l'inceste qualifiant de mort ce qui paraissait être la vie, fait passer de la nature à la vie de la culture et de l'éthique. Pour la psychanalyse, la castration symbolique est identique à une mort: renonçant à la toute-puissance des désirs et à l'immédiat de la vie pulsionnelle le sujet émerge à la vie personnelle et consciente. Celui qui ne résout pas le conflit œdipien par la mort acceptée, est passible de la mort imposée par la Loi, mort qui est en même temps le fruit naturel de la transgression et sa punition. En effet, le sujet qui demeure captif des désirs œdipiens, se voit exclu de la vie humaine sexuelle, éthique et civilisatrice; mais en même temps la sentence de mort le frappe pour la transgression, même imaginaire, de l'interdit.

La similitude dans la dialectique de vie et de mort, observée de part et d'autre, nous fait mieux comprendre l'ambiguïté des concepts pauliniens de vie et de mort. Leur glissement de sens correspond à la transformation de la vie religieuse qu'analyse l'Épître.

En adoptant la conceptualisation de J. Lacan, nous pouvons qualifier les trois morts dans saint Paul de réelle, imaginaire et symbolique. La vie charnelle sous la Loi est en fait une mort réelle, tout comme la vie pulsionnelle en opposition avec la Loi du père, est la mort réelle du sujet comme personne humaine. La mort redoutée par le sujet qui s'accroche à la vie charnelle et tend à poursuivre son existence antérieure, est une mort imaginaire: le sujet craint de perdre la vie, alors qu'il lui faut perdre la vie mortifère pour vivre vraiment. La mort acceptée est une mort symbolique; elle n'est pas un suicide, mais le renoncement à la vie imaginaire. Et parce que symbolique, cette mort produit la vie symbolique: celle du langage religieux en vérité. Dans Rm 7 la mort imaginaire n'est qu'implicitement présente. Paul mentionne ceux qui s'accrochent à la vie (imaginaire) de la chair; il laisse entendre que, en craignant une mort qui en fait est symbolique, ils meurent pour la vraie vie, trompés qu'ils sont par leur imaginaire. Mais comme Paul ne fait pas une psychologie de la tentation, il n'élabore pas ce thème.

L'Esprit

Dans les termes qui étaient posés, le conflit ne pouvait se résoudre. Mais à la place du mort (l'homme charnel associé à la mort du Christ), s'introduit l'Esprit qui donne vie au sujet. L'Esprit est la puissance de Dieu, puissance eschatologique qui s'était manifestée dans les miracles et dans la résurrection du Christ. Alors que le péché est une puissance anonyme, l'Esprit est la puissance personnelle de Dieu. Comme telle elle libère le *je* de la force qui le tenait captif. Rappelons que par elle-même la Loi ne peut rien: elle n'est qu'instrument de connaissance, et non plus puissance.

Les exégètes savent quelle est la complexité de l'«esprit» dans les textes pauliniens. Il ne nous revient pas de l'approfondir. Remarquons seulement que l'Esprit de Dieu rejoint l'esprit de l'homme. La nouveauté de l'être chrétien est en même temps une réalité ontologique et anthropologique. L'esprit est un être et un rapport à Dieu; disons: un être et une attitude. Il suscite en l'homme un nouveau désir (*phronèma*: Rm 8,6.27), et un nouveau rapport à Dieu.

Le Père

La résolution du conflit ne supprime pas la décision inaugurée par la Loi. Pour Paul, depuis l'introduction de la Loi, l'homme n'échappe plus à la responsabilité devant Dieu. Le croyant lui aussi peut encore vivre selon la chair; pas plus que le juif il ne sera exempté de la sentence de mort. Ce qui est supprimé pour le chrétien, c'est le régime d'une Loi qui s'épuise à faire connaître le péché et son effet mortifère dans la chair impuissante. La Loi comme exigence de Dieu n'est pas abrogée pour autant; qu'il suffise de rappeler les critiques pauliniennes de l'interprétation libertine et gnosticisante des Corinthiens (1 Co 6,12; 10,23).

La libération du régime de la Loi comporte deux éléments. D'abord, la puissance de l'Esprit remplace la chair et rend possible la vie selon les exigences de Dieu; celui qui a reçu l'Esprit peut vivre selon les désirs de l'Esprit en lui. En deuxième lieu, la puissance de l'Esprit donne à l'homme de s'adresser à Dieu autrement qu'à l'auteur de la Loi. Ce dernier élément fait partie intégrante de toute la démarche du chapitre VII. Paul prend d'abord conscience de l'impossibilité de vivre selon la Loi (cf. encore Rm 6,6: le désir de la chair... ne se soumet pas à la Loi de Dieu; il ne le «peut» même pas; et ceux qui sont dans la chair ne «peuvent» plaire à Dieu). La colère de Dieu est nécessairement sur tout homme qui se tient sous le régime de la Loi, mais lui demeure réfractaire en raison de son mode d'être charnel. La crainte de Dieu, au sens fort de crainte paralysante, est inévitable dès que l'homme prend conscience de son état. La question ne se pose cependant en toute clarté que pour le croyant; lui seul est vraiment lucide sur lui-même. À ce moment cependant, le croyant fidèle n'est déjà plus sous le régime de la Loi. Par l'Esprit en lui, il voit Dieu, non plus comme auteur de la Loi, mais comme Père.

Nous nous limitons ici à résumer les recherches de J. Jeremias sur la question du nom de père[15]. Pour parler de Dieu, Jésus n'a que très rarement recours au nom de père, sauf quand il s'adresse aux disciples, où il dit alors: «Votre Père». Lui-même dans sa prière s'est toujours adressé à Dieu comme à son Père: Abba, dans la formule araméenne. De même chez saint Paul, absent des discours *sur* Dieu, le nom du Père figure quarante-deux fois en des formules de prière liturgique adressée à Dieu.

Nous pouvons dire que le Nom du Père est vraiment une appellation directe de la foi, et non pas un concept théologique. Il répond à l'acte personnel par lequel Dieu adopte l'homme et l'identifie comme fils (*huiothesia*).

Rm 8,15 s'inscrit donc dans la séquence des mots-clefs qui déterminent le chapitre VII: innocence inconsciente; Loi et connaissance du péché; foi et conscience de l'incapacité pour l'être charnel de vivre selon la Loi et de plaire à Dieu; mort acceptée de la chair (par la conversion); l'Esprit prend la place de la chair; le croyant libéré de la crainte du jugement, s'adresse à Dieu en l'invoquant comme «Père».

Soulignons une dernière fois l'homologie entre le devenir chrétien, tracé par saint Paul, et le devenir humain, manifesté par la psychanalyse.

---

15. J. JEREMIAS, *Abba. Studien zur neutestamentlichen Theologie und Zeitgeschichte*, Göttingen, 1966, p. 15-66.

Le complexe d'Œdipe lui aussi doit aboutir à une profonde transformation dans le registre des rapports humains. De quelque manière le nom du père est déjà inscrit dans le conflit œdipien; mais dans sa polarité tensionnelle avec la mère, le père est d'abord présent comme l'auteur de l'interdit. Le conflit ne se résout que par l'initiative paternelle d'une réconciliation qui conduit la promesse première à son accomplissement. Le nom du père se trouve alors transvalué. Au-delà du conflit inévitable, en effet, le père se manifeste comme celui qui adopte librement l'enfant, le reconnaît comme sien, lui confère son identité de fils. Et s'appuyant sur l'identité reconnue, l'enfant pourra s'identifier à lui en un désir orienté vers la vie. Aussi longtemps que le père ne se fait pas valoir dans la pleine paternité, et qu'il n'est pas reconnu comme tel, l'enfant vit dans la crainte d'une Loi qui demeure négative.

Notre réflexion anthropologique n'a rien ajouté au texte paulinien. Il nous semble cependant qu'elle fait mieux voir la cohérence intime de tout le mouvement de pensée des chapitres 7 et 8. Nous ne croyons pas avoir dépassé le texte de saint Paul. Mais notre attention aux Lois anthropologiques du devenir humain nous a sans doute permis de mieux lire l'Épître aux Romains dans sa cohérence dialectique. De toutes manières, l'information psychanalytique nous fait écarter des hypothèses herméneutiques qui ne rendent pas entièrement raison du texte. Car, placés devant tel ou tel sens, nous l'avons vu, les exégètes choisissent autant en raison de leur concepts anthropologiques qu'en raison de leur précompréhension théologique.

Une référence exégétique nous paraît significative à ce propos. N'est-il pas étonnant que, au cours de sa *Theologie des Neuen Testaments*, Bultmann ne dit pas un mot sur le Père dans la théologie paulinienne? À notre avis cette absence s'explique par la manière dont Bultmann oppose les deux schèmes de lecture: théologico-historique et psychologique. Envisageant le *je* psychologique comme la conscience juive qui avouerait l'infidélité, et non pas comme le sujet qui intériorise personnellement l'histoire du salut, Bultmann ne prête pas non plus attention à la conversion d'attitude qui s'exprime dans l'adresse spirituelle au Père.

Le but que nous nous proposions n'était pas de faire une lecture dite spirituelle. Une conclusion pastorale se dégage cependant de notre lecture. Ce texte difficile, réputé fort rabbinique, peut-on le faire lire par les chrétiens contemporains? Nous en avons fait l'expérience dans un groupe biblique. Reprenant le protoytype juif de la Loi, et l'expliquant au niveau anthropologique ou psychologique, on peut faire comprendre la fonction de la Loi dans son impact de négativité dynamique. Puis on peut montrer qu'à tous les niveaux de l'homme, la Loi crée la conscience malheureuse de l'être divisé; que cette division est nécessaire, et que le malaise culturel de la culpabilité ne peut se résoudre que par un changement radical d'attitude. En religion, ce changement est une conversion: un abandon du désir de répondre adéquatement à la Loi, pour consentir à l'Esprit qui oriente l'homme en confiance vers le Père manifesté. À ce moment se pose pour tous, autant que pour les auditeurs de saint Paul, la question du libertinisme moral. Mais on peut amener les chrétiens à comprendre que le changement d'attitude inspire la vie; l'Esprit inspire le comportement, puisqu'il est une puissance désirante et une attitude nouvelle envers Dieu.

L'appropriation du texte paulinien est une démarche progressive et lente, puisque les chrétiens eux aussi sont divisés entre les deux attitudes opposées qui coexistent en eux: l'indifférence, quand ils sont conscients de leur impuissance humaine; la culpabilité oppressive, quand ils désirent vivre selon l'Evangile. Par la foi le croyant est à même de faire le salut au-delà du moralisme coupable qu'est le régime chrétien de la Loi. Le terme de Père, tellement contesté dans notre société, même parfois en théologie, prend toute sa signification à l'intérieur de cette démarche.

En plus de l'éclairage qu'elle donne au texte paulinien, l'anthropologie favorise la réappropriation contemporaine de ce texte, séparé de nous par des siècles de culture, et dont la lecture est encombrée par toutes sortes de concepts théologiques, héritiers en partie d'une anthropologie rétrécie.

Note additionnelle. On peut comparer la dialectique paulinienne de l'innocence mythique, de la conscience du péché et de la foi qui sauve avec les problèmes psychologiques, éventuellement psychopathologiques, qui sont inhérents au sentiment de culpabilité. Voir notre *Dette et désir. Deux axes chrétiens et la dérive pathologique*, Paris, Seuil, 1978, p. 63-128. Les deux études s'éclairent réciproquement.
(N.d.l.r.). On peut lire un commentaire par P.-É. LANGEVIN sur Romains 7 qui s'appuie largement sur cet article dans *Laval Théologique et Philosophique*, 36 (1980) 129-137: *Exégèse et psychanalyse. Lecture psychanalytique de Rom. VII et VIII.*

5

PSYCHANALYSE ET INTERPRÉTATION BIBLIQUE

Une herméneutique solidaire d'une anthropologie

Méthode et science de l'interprétation, la psychanalyse s'est largement imposée aux études littéraires et à l'ethnologie, mais elle n'a guère conquis la confiance des exégètes. Elle présente d'ailleurs une difficulté toute particulière, qui la met à part parmi les différents types d'herméneutique. Sa méthode d'interprétation est en effet étroitement solidaire de l'ensemble des théories psychologiques qu'elle a construites pour rendre compte de ses observations. Quelques termes-clé guident sa lecture d'un texte ou d'un discours: ceux de déplacement, de condensation, de dénégation, de symbolisation, de projection. Tous ces concepts impliquent la référence aux processus dynamiques que sont le refoulement et le retour du refoulé, processus qui jouent à l'intérieur d'une structure (d'une «topique») psychique composée par l'inconscient, le préconscient et la conscience. L'adoption de l'herméneutique psychanalytique requiert donc, pour être faite à bon escient, une sérieuse connaissance de ses théories. Or, ce n'est que depuis peu que la science psychanalytique fait partie de la formation anthropologique donnée à l'université. Sa reconnaissance a dû vaincre de farouches résistances, dont une brève analyse illustrera déjà la signification que la psychanalyse peut avoir pour l'exégèse.

Au premier regard c'est le parti-pris apparent de ne voir partout que des significations sexuelles déguisées qui a le plus heurté psychologues, philosophes et théologiens et qui a donné à penser aux exégètes que la psychanalyse ne concerne que les malades. Toute extension de ses théories au-delà de la psychopathologie semblait relever d'une hantise pan-sexualiste. Ce n'était là qu'un malentendu, mais dont les racines sont profondes. En fait, c'est toute une anthropologie rationaliste et dualiste, prévalente depuis des siècles, qui se trouvait mise en cause. On avait coutume de penser l'homme comme sujet conscient et de considérer le corps comme matière et source d'instincts, que la conscience et la volonté spirituelles peuvent et doivent prendre en charge. La psychanalyse a montré que la conscience et le moi sont des fonctions à l'intérieur d'une structure psychique et que le langage, la conscience et l'agir ne peuvent se réaliser que portés par un inconscient fait de représentations refoulées et toujours actives. C'est dire que la psychanalyse a élaboré les fonde-ments d'une anthropologie générale où les mêmes lois psychiques fonda-mentales rendent en quelque mesure compte aussi bien des manifesta-tions humaines normales que pathologiques. Et si la sexualité est au centre de cette anthropologie, c'est qu'en raison de sa nature pulsionnelle et sexuellement différenciée, l'homme est affronté aux réalités existentiel-les que sont la naissance et la mort, la loi et la culpabilité, la jouissance et le désir. Une telle révolution dans l'anthropologie ne pouvait pas manquer d'influencer la lecture d'un texte.

L'histoire de l'exégèse, comme de toute science de l'interprétation, démontre l'influence de la culture générale et des précompréhensions personnelles que l'exégète met en œuvre dans son travail technique. Elles lui donnent des concepts qui le guident largement à son insu. La volonté de faire une lecture purement scientifique, qui mettrait entre parenthèses le sujet de l'interprète, s'est révélée, après coup, être une illusion objecti-viste. Nous avons nous-même fait observer (1971) l'impact des présuppo-sés anthropologiques implicites sur l'interprétation d'un texte biblique. Si la compétence spécifique de la psychanalyse se limite à l'étude des processus inconscients qui marquent les manifestations humaines, il reste néanmoins qu'en étudiant tout l'humain sous cet angle, elle a éclairé du même coup tous les phénomènes humains. Les interprétations psycha-nalytiques concernent donc l'exégèse à des points de vue divers. Nous essayerons, pour chaque type d'interprétation, de délimiter l'apport spécifique de la psychanalyse et de le confronter avec les méthodes exégétiques.

Nous nous limitons à expliquer les principes des applications de la psychanalyse à la bible. La bibliographie permettra au lecteur de prendre connaissance des résultats de diverses études réalisées. Pour les raisons signalées, très rares sont les exégètes qui ont utilisé les données analyti-ques. Les études sont presque toutes dues à des psychanalystes, familiers des traditions juives, mais souvent peu au fait des travaux exégétiques. Presque toujours ils s'intéressent plus aux phantasmes occultes qui soustendent le texte manifeste, et rares sont ceux qui font avancer l'exégèse par une étude de la dialectique entre l'intention manifeste du discours et ses antécédents inconscients.

LA PSYCHANALYSE COMME LECTURE D'UN TEXTE

La parole est le seul moyen thérapeutique auquel recourt la psychanalyse. Toute la cure consiste donc dans un discours intersubjectif que l'art de l'interprétation amène à sa vérité, en dégageant par la remémoration les significations que le refoulement a fait prendre corps dans les symptômes corporels, dans les rites compulsifs, dans les rapports humains perturbés. La technique analytique se justifie par la théorie: l'homme est psychiquement malade en raison des représentations inconscientes qui demandent à être assumées dans une parole qui les insère dans l'ensemble avoué d'un discours conscient. Freud a élaboré le principe thérapeutique en une science de l'interprétation qu'il estime pouvoir transposer à tout discours, parlé ou écrit, puisque tout discours est partiellement sujet au refoulement et aux remaniements secondaires qui tendent à obturer les blancs des textes censurés. Et comme le refoulement, lui-même inconscient, utilise toutes les ressources du langage, l'interprétation remémorative et restitutive a recours elle aussi aux techniques qui appartiennent au jeu spontané du langage: elle décèle les déplacements de significations ou d'intérêts affectifs, les condensations de personnages, de lieux ou de mots, les figures et les tropes. Pour former sa méthode herméneutique et pour en assurer les bases théoriques, Freud a d'abord fait diverses études sur les stratégies linguistiques du psychisme (1900, 1904, 1905). Après quoi, il en fait l'application à des textes littéraires et sacrés.

L'appartenance de Freud à la tradition juive l'avait d'ailleurs familiarisé avec les interprétations midraschiques et talmudiques de la Torah. Tout comme les exégètes rabbiniques, Freud entend prendre au sérieux tous les détails d'un texte, même onirique, et, loin de considérer comme aléatoires ou rapidement improvisées certaines parties inintelligibles au premier regard, il les traite «comme un texte sacré» (*Die Traumdeutung*, 1900; éd. citée, p. 437). Le principe fondamental de l'interprétation analytique est donc que rien dans un discours n'est l'effet du hasard, que tout est motivé et significatif. Si un texte présente des lacunes, des discordances, des glissements, des témoignages d'anciens textes non repris dans la rédaction finale, il faut poser qu'une censure, délibérée ou inconsciente, a remanié le texte pour l'adapter aux intentions avouées de l'auteur. Pour pleinement comprendre un texte, il faut donc le traiter comme un palimpseste où l'on fait revivre les textes premiers, en utilisant à rebours les techniques linguistiques que la censure elle-même avait adoptées.

En général, le principe herméneutique de la psychanalyse est donc le même que celui qui prévaut dans toute l'exégèse historique-critique. La différence se trouve dans l'anthropologie qui préside à son application et, par voie de conséquence, dans l'extension de la réinterprétation critique. Alors qu'habituellement l'exégète envisage toutes les intentions conscientes (polémique, apologétique, souci de justifier rétrospectivement les conceptions et les rites actuels...), le psychanalyste est attentif aux intentions proprement inconscientes qui censurent et remanient les textes. Pour le psychanalyste, plus encore que pour l'exégète, le texte doit se lire comme la résultante de plusieurs discours inscrits sur plusieurs portées. Mais, à la différence de l'exégète, l'analyste perçoit des portées d'ordre anthropologique dont l'exégète incline à refuser l'importance pour le sens manifeste. De même que l'exégète encore, l'analyste élargit le concept d'auteur. Au contraire des préjugés qui veulent limiter la pertinence de la psychologie aux motivations de l'individu, la psychanalyse affirme la dimension sociale des discours anonymes qui enveloppent les énoncés individuels et s'y infiltrent.

L'instance censurante ne joue pas seulement dans l'individu, elle peut être le fait d'une collectivité; le «surmoi», en effet, est le sujet transindividuel des discours anonymes et partagés par la communauté. Il existe une conscience collective qui, tout comme celle de l'individu, élimine des souvenirs angoissants ou culpabilisants et qui, pour les maintenir refoulés, transforme les discours que la société tient sur son passé. Dans cette optique Freud aborde les textes manifestes avec un *a priori* méfiant. Son exégèse est plus attentive aux lacunes et aux distorsions qu'au message avéré, où il soupçonne des systématisations secondaires dont le véritable sens n'est livré qu'en fonction des discours rayés. De la bible il dit: «... le texte, tel qu'il nous est parvenu, nous en dit assez sur ses propres avatars... D'une part, les remanieurs ont altéré, mutilé, amplifié et même retourné en son contraire le texte suivant leurs secrètes tendances; d'autre part, une piété déférente l'a préservé, a cherché à tout garder en l'état où elle l'avait trouvé, que les détails concordassent ou se détruisissent mutuellement. C'est ainsi qu'on trouve partout d'évidentes lacunes, de gênantes répétitions, des contradictions patentes, des vestiges de faits dont on n'aurait pas souhaité qu'ils fussent révélés. La déformation d'un texte se rapproche, à un certain point de vue, d'un meurtre. La difficulté ne réside pas dans la perpétration du crime, mais dans la dissimulation des traces. On souhaiterait redonner au mot *Entstellung* son double sens de jadis» (déformation et déplacement) (*Moïse et le monothéisme*, 1937-38, p. 58-59).

Concluons qu'une formation anthropologique élargie par la psychanalyse pourrait venir renforcer et nuancer les hypothèses de travail avec lesquelles tout exégète aborde les textes sacrés où de multiples intentions individuelles et communautaires ont présidé à des remaniements, à des distorsions et à des élaborations secondaires. Mais rien n'oblige à suivre Freud et nombre de ses disciples lorsqu'ils recherchent le véritable sens d'une œuvre dans le texte latent de sa préhistoire conjecturale. Personellement, une conviction d'ordre anthropologique nous fait même tenir que le sens du texte est toujours en avant de lui, dans son axe intentionnel. Cependant, celui-ci est conditionné par sa préhistoire et, pour le saisir dans sa richesse et sa structure, il faut en retracer la genèse à partir de ses articulations secrètes.

L'ÉCLAIRAGE DE LA PSYCHANALYSE SUR LES GENRES LITTÉRAIRES ET SUR LES CONCEPTS ANTHROPOLOGIQUES

L'exégèse, tout comme la critique littéraire, a forgé ses concepts théoriques qui permettent de s'approprier le sens d'un texte étranger au lecteur en raison de sa distance culturelle. Une théorie est une vision anticipative par laquelle l'interprète définit explicitement la légalité interne d'un texte qui, dans le chef de son auteur, obéissait à des modes de pensée et à des intentions que lui imposait son contexte culturel propre. L'auteur, même créateur, est toujours investi par un langage qui déborde de beaucoup sa pensée explicite. L'interprète prend une vue thématique des lois de ce contexte, pour pouvoir situer le sens intentionnel du texte écrit ou prononcé à la première personne par un auteur. Définir les formes et les genres littéraires, c'est donc recomposer l'univers mental dans lequel un texte a pris naissance et qui, avec sa forme, lui donne sa substance. Un rationalisme étroit avait pu distinguer jadis la forme et le contenu, comme si la forme littéraire n'était que le revêtement extérieur de la pensée. Depuis, on a compris que le «fond» est inséparable de la forme et que l'«expérience» ou la «pensée» ne précèdent pas le milieu des formes littéraires où elles prennent corps. Les antécédents culturels et les contextes psychologiques, sociologiques et linguistiques sont inséparables du contenu du texte. L'exégèse reconstitue ces antécédents, ces contextes, par la théorisation des formes. Par ces concepts anticipatifs, elle répète la naissance du texte pour s'en approprier le message. Dans la distance elle opère une contemporanéité.

La psychanalyse entend s'inscrire dans cette démarche à deux titres. D'abord elle fait mieux comprendre certaines formes anciennes de discours. Ensuite, en étudiant des structures universelles de l'humain, elle permet de thématiser les concepts anthropologiques qui soutiennent la pensée des auteurs mais qu'eux-mêmes n'ont pas élaborés systématiquement. Par cette double contribution, la psychanalyse peut s'intégrer dans l'étude des formes et des types de langage qui sont les signifiants porteurs des significations intentionnelles. Illustrons cette double compétence de la psychanalyse.

La nature symbolique de certains textes bibliques est universellement reconnue: le récit du paradis, de Caïn, du déluge, de la lutte de Jacob avec l'ange, de Samson, de Jonas... Reprenant de tels récits dans la bible, la tradition et les auteurs successifs ont parlé le langage commun de l'époque culturelle, mais pour faire passer un message original. Pensé à l'intérieur du langage mythique, le sens du message biblique n'est pas moins solidaire des représentations mythiques qui lui donnent sa forme et son contenu, les deux étant indissociables. Le récit de la lutte de Jacob avec l'ange par ex. ne prend son sens que par une analyse comparative et structurale avec des représentations analogues (voir W.G. Niederland), tout comme le drame sophocléen d'Œdipe s'éclaire par sa mise en corrélation avec les récits analogues.

La contribution psychanalytique à ces études est limitée, mais néanmoins importante. Elle ne se substitue par aux recherches comparatives décrites. Elle n'attribue pas non plus aux discours mythiques et à leur reprise rédactionnelle des «complexes» qui relèvent d'une structure psychique moderne. Bien au contraire, dans ces discours anciens elle reconnaît des représentations symboliques qui, chez l'homme malade, par suite de refoulements plus intenses, ont pris corps dans les symptômes. Mais justement, retrouvant dans les rêves et dans les phantasmes des contemporains des représentations symboliques analogues à celles qui font la trame des discours mythiques, la psychanalyse est en mesure, par sa technique propre, d'en éclairer le sens. Elle montre par ex. que le récit de Jacob regorge de symbolismes inconscients dont l'élucidation en profondeur permet de comprendre le langage que parle ici la tradition mythico-biblique. La connaissance psychologique de ce langage symbolique nous donne-t-elle pour autant de mieux comprendre le message du texte biblique? La question n'est pas différente de celle que pose la restitution du récit dans son contexte culturel. Si l'on entend dépasser l'ancien dualisme linguistique de la forme et du contenu, c'est à partir de son propre registre linguistique qu'on essayera de faire émerger le message du texte. Nous croyons que l'analyse de la surdétermination signifiante des signifiants fait mieux saisir l'avènement du sens manifeste qui demeure consubstantiel avec ses sens latents.

Le même principe vaut pour l'exégèse des textes où des concepts anthropologiques véhiculent la pensée de l'auteur. La différence entre ces deux types de texte peut paraître grande, puisque le langage anthropologique est déjà un discours thématique qui prend conscience de lui-même. Il ne reste pas moins que toute l'étude contemporaine du langage nous a montré que tout concept repose pour une large part sur des réseaux de signifiants préconscients ou même inconscients. L'auteur et ses interprètes sont tous sous l'influence des discours indirects de leur culture. Une lecture purement immanente au texte ne pourra donc, sous l'apparence de l'objectivité, que transporter dans le texte les propres concepts anthropologiques que le lecteur tient illusoirement pour évidents et universels. Tout comme pour l'interprétation des langages mythiques, nous estimons dès lors que le texte à références anthropologiques ne se laisse ressaisir que par le va-et-vient entre le texte, son contexte culturel et les hypothèses anticipatives de l'interprète. Or il est évident que pour les références anthropologiques la psychanalyse présente des concepts fort structurés, qui élaborent précisément en théories scientifiques des données anthropologiques essentielles qui, chez les auteurs anciens, restent largement impensées, tout en déterminant leurs intentions explicites. En outre, la psychanalyse libère de l'oubli des harmoniques de sens qu'avaient éliminées une anthropologie rationaliste et dualiste, étroitement centrée sur le sujet conscient. L'éclairage psychanalytique, en restaurant les consonances des concepts anthropologiques, non seulement fait mieux comprendre les termes présents dans le texte, mais peut contribuer à dégager une articulation et une profondeur que sans elle l'exégèse n'y soupçonnait pas. Nous avons nous-même présenté un essai d'une telle collaboration entre psychanalyse et exégèse à propos du texte de Rom., VI-VII, où l'interprétation de plusieurs concepts-clé faisait toujours problème: le rapport je-nous, chair-désir, vouloir-faire... (1971). L'exégète peut craindre que le recours à la psychanalyse ne l'amène à importer dans le texte des références qui lui sont étrangères. Le seul critère de vérité demeure évidemment le pouvoir qu'ont les diverses théories anticipatives à rendre compte du texte intégral, de ses défilés et de sa structure. Une interprétation minimaliste n'est à cet égard certainement pas plus objective: par une décision subjective elle déclare aléatoire des éléments qu'une autre lecture fait apparaître comme essentiels.

LA PSYCHANALYSE, INTERPRÈTE DE LA RELIGION BIBLIQUE

Puisque la lettre du texte, élargi à ses contextes, et le message sont inséparables, telles les deux faces d'une feuille, l'interprète se trouve toujours personnellement interpellé par le message qui, par l'intention universelle de tout langage, lui est aussi adressé. Comme nous l'avons signalé, un psychanalyste, comme tout autre interprète, recevra de ses conceptions personnelles les principes directifs pour décider, à l'aide de ses ressources scientifiques propres, du sens ultime du texte. Les convictions scientistes de Freud et de maints de ses disciples les ont conduits à opérer une interprétation psychanalytique de la bible qui retraduit ses intentions théologiques dans le langage inconscient de désirs, de conflits et de crimes, que le texte biblique viendrait recouvrir tout en en gardant les traces indélébiles. La religion est tout à la fois la substitution illusoire d'un objet que l'homme ne sait plus atteindre, l'aveu oblique d'une faute originaire maintenue refoulée, et la réconciliation non réussie, opérée sous une forme de compromis qui répète, tels les actes névrotiques, le crime et son effacement (Freud, 1938). Ces thèses freudiennes sur l'origine de la religion et de la tradition judéo-chrétienne, reprises par plusieurs disciples, sont connues. Nous les avons présentées et critiquées ailleurs (1966 et 1972). Nous les rappelons ici pour deux raisons.

D'abord, quel que soit le jugement explicatif final de Freud sur la religion biblique, sa mise en œuvre des ressources psychanalytiques face aux textes bibliques relève avec force des articulations auxquelles les exégètes n'ont peut-être pas toujours été également sensibles. Le décryptage freudien qui place les textes sacrés sous la grille de la théorie du complexe d'Œdipe fait reconnaître dans les séries d'événements, de discours, de gestes symboliques qui composent la tradition biblique une structure de rapports intersubjectifs avec un Dieu dont les qualités et les fonctions paternelles ressortent avec éclat. Que la psychanalyse ait inspiré de nouvelles recherches sur la paternité, ses rapports avec la loi et la parole et qu'elle ait même suscité une attention privilégiée pour ces textes bibliques, cela indique que ses théories interprétatives peuvent aider à reconnaître les données nodales d'une religion en voie de constitution. Les vues analytiques sur les enchaînements obscurs entre transgression-impur-lois rituelles représentent une contribution du même ordre. Le déchiffrement réductif de Freud peut et doit donc être dissocié de la fécondité herméneutique que présentent ses paradigmes structuraux. Toute la question revient à savoir quelle est la portée d'une transposition des théories concernant la psychologie individuelle sur des données culturelles et collectives. Freud lui-même en souligne le caractère analogique (*Moïse et le monothéisme, passim*); mais, en fait, il convertit rapidement l'analogie en explication par l'enchaînement historique de processus individuels. Ce qui l'amène à conclure que la vérité de la religion est historique; elle est une immense histoire de refoulements, de déplacements, de retours du refoulé, de solutions de compromis, histoire qu'inaugure un crime supposé originaire: le meurtre du père primitif.

À son tour, la lecture analytique de la bible, comme de Sophocle, de Shakespeare ou de Dostoïevski, a également fourni à Freud la confirmation de ses théories et elle l'a aidé à repenser les articulations de sa doctrine. Une illumination réciproque a éclairé les archives de l'humainité, qu'elles soient religieuses ou littéraires, et l'expérience analytique. Car Freud considère la religion, et en premier lieu la bible, comme un destin de l'humanité auquel les individus participent dans leurs conflits normaux et dans leurs névroses. Freud s'intéresse dès lors moins à la psychologie individuelle des héros qu'à la succession des modes d'être qu'ils représentent. Cette succession est conduite par la nécessité inscrite dans le complexe d'Œdipe qui travaille l'histoire en sous-œuvre. L'homme contemporain qui a hérité de la tradition judaïque est donc formé, dans ses structures psychiques profondes, par le destin culturel qui s'est accompli dans et par l'enchaînement des épisodes historiques et qui passe de quelque manière par les individus, les détermine et les provoque à accomplir ce destin. Dans cette vision freudienne qui situe l'individu dans un echaînement destinal, on peut voir peut-être un héritage sécularisé de la conception judaïque de l'histoire sacrée et de la solidarité communautaire. De toute manière, l'histoire religieuse, que Freud considère comme une expression déplacée et symbolique du rapport conflictuel avec le père, lui a donné de pouvoir ériger en théorie psychologique générale ses conceptions sur l'efficacité structurante et sur les causalités pathogéniques du complexe d'Œdipe.

INTERPRÉTATION DE PHÉNOMÈNES PARANORMAUX

Nombre de psychanalystes se sont attachés à interpréter des personnages ou des phénomènes plus particuliers rapportés par la bible. L'intérêt de pareilles études nous paraît plus anecdotique, et leur pertinence scientifique est souvent plus discutable, faute de documents circonstanciés. Que par ex. la cécité de Paul sur le chemin de Damas puisse se comprendre selon les lois psychosomatiques paraît fort probable. Mais qu'apporte une telle explication à ce qui demeure l'essentiel pour l'exégète: à l'intellection des écrits pauliniens? Peut-être un indice de la vérité historique du récit, qui empêchera l'exégète de l'assimiler trop rapidement à une pure forme littéraire. De même n'est-il sans doute pas sans importance, pour comprendre l'histoire et l'œuvre de Moïse, de savoir qu'il est une figure typique de l'*homo sacer*, le violent épileptoïde qui sublime sa pulsion meurtrière par l'instauration de la Loi (voir Szondi, 1969).

Une connaissance de la psychologie et de ses variations culturelles permet également d'interpréter les récits de possession démoniaque comme des manifestations pathologiques auxquelles les croyances du milieu donnent leur forme spécifique. L'exégète trouvera dans la psychopathologie des informations supplémentaires pour décider de l'historicité des documents ou de leur genre littéraire hérité de traditions anciennes. En outre, le comportement de Jésus-Christ devant de tels phénomènes apparaît, à la lumière des explications psychologiques, comme révélateur de son humanité foncièrement solidaire de son milieu culturel. Un exégète peut adopter ces principes, même s'il garde en suspens ou maintient sa croyance en l'œuvre du Malin.

D'autres phénomènes étranges sont également justiciables d'une interprétation psychologique. Citons les cas des visions et des glossolalies, où les auteurs sacrés, tout comme leur contemporains, estiment voir des manifestations surnaturelles. En fait, elles obéissent à des lois psychologiques culturellement conditionnées, que la psychanalyse a pu mettre en lumière.

Les interprétations analytiques des récits de naissance virginale viennent également confirmer ce que les exégètes appellent «genre littéraire». En dégageant les motivations inconscientes et les symbolismes secrets de pareils récits, la psychanalyse leur donne profondeur et substance humaine. Il va sans dire qu'ici encore rien n'oblige l'exégète instruit par la psychanalyse à ne pas accorder aux textes évangéliques plus de crédit qu'aux légendes analogues. L'éclairage de la psychanalyse autant que de l'histoire littéraire comparée lui fait cependant voir par quels schèmes représentationnels, nécessités psychologiquement, le message biblique devait passer. Le même principe vaut également pour les représentations symboliques dans lesquelles l'Esprit s'est manifesté.

Toutes ces analyses de phénomènes particuliers contribuent à une meilleure connaissance du langage fondamental et des représentations symboliques qui habitaient l'humanité aux temps où se formait la révélation et où les textes sacrés furent rédigés. À ce titre, pareille information importe aux exégètes soucieux de connaître l'univers mental des traditions bibliques.

Note additionnelle. Le texte au n° 31 présente une étude, éclairée par la psychanalyse, des visions et des récits des aparitions du Christ ressuscité. Pour ce qui concerne les visions et les possessions diaboliques nous nous permettons de signaler les analyses que nous avons faites dans *Dette et désir. Deux axes chrétiens et la dérive pathologique*, Paris, Seuil, 1978.

BIBLIOGRAPHIE

Sélection d'œuvres de S. Freud

1900: *Die Traumdeutung (La science des rêves,* éd. Presses univ. de France, 1950).
1901: *Zur Psychopathologie des Alltagslebens (Psychopathologie de la vie quotidienne,* éd. Payot, 1948).
1905: *Der Witz und seine Beziehung zum Unbewussten (Le mot d'esprit et ses rapports avec l'inconscient,* éd. Gallimard, 1953).
1907: *Der Wahn und die Traüme in W. Jensens «Gradiva» (Délires et rêves dans la «Gradiva» de Jensen,* éd. Gallimard, 1949).
1910: *Eine Kindheitserinnerung des Leonardo da Vinci (Un souvenir d'enfance de Léonard de Vinci,* éd. Gallimard, 1927).
1912: *Totem und Tabu (Totem et taboe,* éd. Payot, 1947).
1919: *Das Unheimliche (L'inquiétante étrangeté,* in *Essais de psychanalyse,* éd. Gallimard, 1933, 163-211).
1923: *Eine Teufelsneurose im siebzehnten Jahrhundert (Une névrose démoniaque au XVIIe siècle,* dans *Rev. franç. de psychanalyse,* 1927, I, n° 2, 337-369).
1927: *Die Zukunft einer Illusion (L'avenir d'une illusion,* éd. Denoël & Steele, 1932).
1939: *Der Mann Moses und die monotheistische Religion (Moïse et le monothéisme,* éd. Gallimard, 1948).

1° et 2°

J. CAMPBELL, *The Hero with a Thousand Faces,* New York, 1949.
J. LACAN, *Ecrits,* 1966.
J. LAPLANCHE et J.-B. PONTALIS, *Vocabulaire de la psychanalyse,* 1967.
P. RICŒUR, *De l'interprétation. Essai sur Freud,* 1965.
Y. SPIEGEL *et alii, Psychoanalytische Interpretationen biblischer Texte,* München, 1972.

3°

A. FODOR, *The Fall of Man in the Book of Genesis,* dans *American Imago,* 11 (1954) 201-231.
L. LÉVY, *Sexualsymbolik in der Simsonsage,* dans *Zeitschrift für Sexualwissenschaft,* 2 (1916) 256-271; *Sexualsymbolik in der biblischen Paradiesgeschichte,* dans *Imago,* 5 (1917-1919) 16-30.

W.G. NIEDERLAND, *Jacob's Dream. With some Remarks on Ladder and River Symbolism*, dans *Journal of the Hillside Hospital*, 3 (1954) 73-98.

O. RANK, *Der Mythos von der Geburt des Helden*, Wien-Leipzig, 1913.

Th. REIK, *Psychoanalytische Studien zur Bibelexegese*, I: *Jakobs Kampf*, dans *Imago*, 5 (1917-1919) 325-353; *Probleme der Religionspsychologie* (*Internationale Psychoanalytische Bibliothek*, vol. 5), Wien-Leipzig, 1919; *Der eigene und der fremde Gott*, dans *Imago-Bücherei*, vol. 3, Wien-Leipzig, 1923; *The Face of God*, dans *Psychoanalysis*, 3 (1955), Heft 2, 3-26; *Mystery on the Mountain. The Drama of the Sinai Revelation*, New York, 1959; *The Temptation*, New York, 1961.

G. ROHEIM, *The Garden of Eden*, dans *Psychoanalytic Review*, 27 (1940) 1-26; 177-199.

L. SZONDI, *Kain. Gestalten des Bösen*, Bern-Stuttgart-Wien, 1969.

A. VERGOTE, *Apports des données psychanalytiques à l'exégèse. Vie, loi et clivage du moi dans l'Epître aux Romains 7*, dans *Exégèse et herméneutique* (Rapports du IIᵉ Congrès de l'Association cathol. franç. pour l'étude de la bible, Chantilly, 3-7 sept. 1969 (coll. Parole de Dieu), Paris, éd. du Seuil, 1971, 109-147 dans ce volume 95-129; *Psychologie religieuse*, Bruxelles, éd. Dessart, 1966.

E. WELLISCH, *Isaac and Œdipus. A Study in Biblical Psychology of the Sacrifice of Isaac, the Akedah*, London, 1954.

4°

K. ABRAHAM, *Der Versöhnungstag. Bemerkungen zu Reiks «Probleme der Religionspsychologie»*, dans *Imago*, 6 (1920) 80-90.

J.A. ARLOW, *The Consecration of the Prophet*, dans *Psychoanalytic Quarterly*, 20 (1951) 374-397.

A. CRONBACH, *The Psychoanalytic Study of Judaism*, dans *Hebrew Union College Annual*, 9 (1932) 605-731.

H.F. HAAS, *How to Psychoanalyse the Bible?*, Orangeburg SC, 1939.

L. GRINBERG, *Psychoanalytic Considerations on the Jewish Passover Totemic Sacrifice and Meal*, dans *American Imago*, 19 (1962) 391-424.

E. ISAAC-EDERSHEIM, *Messias, Golem, Ahasver. Drei mystische Gestalten des Judenthums*, dans *Internationale Zeitschrift für Psycho-analyse*, 26 (1941) 50-80, 179-213, 286-315.

O. PFISTER, *Die Entwicklung des Apostels Paulus. Eine religionsgeschichtliche und psychologische Skizze*, dans *Imago* 6 (1920) 243-290.

W. REICH, *The Murder of Christ*, New York, 1969.

G. ROHEIM, *Same Aspects of Semitic Monotheism*, dans *Psychoanalysis and the Social Sciences*, 4 (1955) 169-222.

R.L. RUBENSTEIN, *The Religious Imagination. A Study in Psychoanalysis and Jewish Theology*, Indianapolis, 1968.

5°

E. JONES, *Eine psychoanalytische Studie über den Heiligen Geist*, dans *Imago*, 9 (1928), 58-72; réédité dans *Zur Psychoanalyse der christlichen Religion*, Frankfurt, 1970, 129-143; *Das Empfängnis der Jungfrau Maria durch das Ohr*, dans *Jahrbuch der Psychoanalyse*, 4 (1914) 135-204; réédité dans *Zur Psychoanalyse der christlichen Religion*, 37-128.

MC CASLAND et S.V., *By the Finger of God. Demon Possession and Exorcism in Early Christianity in the Light of Modern Views of Mental Illness*, New York, 1951.

G. ROHEIM, *The Divine Child*, dans *Journal of Clinical Psychopathology*, 9 (1948) 309-323.

F. SPARKMAN, COLLYS, *Satan and His Ancestor from a Psychological Viewpoint*, dans *Journal of Religion and Psychology*, 5 (1912), 52-86; 163-194.

Dorothy F. ZELIGS, *The Personality of Joseph*, dans *American Imago*, 12 (1955), 47-69; *A Character Study of Samuel*, ibid., 12 (1955) 355-386; *Saul, the Tragic King*, ibid., 14 (1957) 61-85, 164-189.

6

LA LOI MORALE ET LE PÉCHÉ ORIGINEL
À LA LUMIÈRE DE LA PSYCHANALYSE

Deux centres de la pensée contemporaine déterminent la nature aporématique de tous les phénomènes humains: le génétique et le structural.
Ils recoupent d'autres antinomies telles que: le contingent et l'absolu,
le matériel et le formel. M. Castelli, dans l'étude qui préside à notre Colloque, a désigné dans la philosophie morale cette même polarité. Il nous
semble que la démythologisation de la morale, que son étude se propose
d'inaugurer, consiste essentiellement à dénoncer toute tentative de reconduire de manière exclusive la morale à l'un des deux centres, à l'absolu
formel, fondé ou non sur la volonté divine, et avec l'exclusion de la
situation historique. La vraie morale, comme tout ce qui est humain, est
à la fois un devenir et la répétition d'un absolu; elle est histoire. L'éclairage que la psychanalyse donne à la problématique de la loi et du péché,
nous l'atteste. Ce que nous voudrions montrer ici.

Sans doute, la même problématique nous est-elle donnée par la pure
réflexion philosophique, et le recours à la psychanalyse ne s'impose pas
nécessairement. Mais la psychanalyse pose de manière si radicale l'antinomie du génétique et du structural, et elle nous la fait toucher avec une
telle évidence, qu'elle force le philosophe à bien penser ses propres problèmes.

Notre propos pourrait surprendre. Dans les deux milieux qui veulent
asseoir sur des règles absolues la dignité de l'homme et la vérité de son
comportement, j'entends dans l'aire chrétienne et dans le camp marxiste,
on a longtemps mis en garde les fidèles contre le poison de la psychanalyse. On a souvent condamné ses thèses, mal comprises bien sûr, pour le
relativisme et même le libertinisme qu'elles proposeraient. On a dressé
autour d'elle un cordon sanitaire de silence, ou bien on a dénoncé le
scandale de son immoralisme théorique et pratique.

Je ne m'arrête pas au semblant de vérité que certaines de ses interprétations intempestives ont pu donner à ces protestations scandalisées.

Je préfère montrer qu'au contraire du libertinisme, la psychanalyse représente une pensée essentiellement éthique, mais qu'en même temps, elle nous oblige à démythologiser la morale. Jamais penseur avant Freud n'avait décelé l'éthique à l'oeuvre, au coeur même de l'humain, dès avant la constitution de la conscience morale.

Freud a mis la morale partout. Mais cette interprétation éthique du devenir humain implique une réciproque: l'éthique n'est jamais lisible qu'en des signes ambigus.

Le bien et le mal effectifs ne se distinguent pas radicalement. L'éthique, du fait de son inscription dans un devenir humain, reste toujours seulement humaine. Une connaissance concrète de la préordination éthique de l'homme nous oblige à démythologiser le bien absolu et le mal absolu. Il n'y a de bien et de mal qu'humains. Autrement dit: il n'y a pas de bien qui ne soit en même temps quelque part du mal. Par contre, il peut y avoir du mal qui n'est pas en même temps du bien.

La philosophie a cherché à fonder la morale sur divers principes: sur la raison comme puissance d'harmonie, sur la volonté raisonnable comme capacité du bien universel, sur la bonne volonté qui nous fait accéder au royaume des fins. Ces différentes interprétations des comportements éthiques expriment des visions du monde très différentes. Elles ne sont cependant pas incompossibles entre elles, et toutes elles prennent leur place dans la pensée éthique de Freud. En effet, en assistant à la genèse même de l'attitude éthique, la psychanalyse en atteste les invariants, et en étudie les jonctions. Elle les relie, en les situant à leur moment dialectique dans le devenir éthique, et par là elle nous aide à leur donner leur vrai sens. La psychanalyse, comme analyse constitutive, éclaire les principes éthiques, sans toutefois leur donner leur ultime fondement de droit.

Dans la conception psychanalytique, la constitution de l'éthique se fait en deux scansions dialectiques: dans un premier moment la dynamique du désir et l'opérativité négative de la raison s'affrontent; ensuite ces deux éléments antagonistes débouchent sur un rapport à autrui qui les pacifie.

I

LA DYNAMIQUE DU DÉSIR ET LA NÉGATIVITÉ DE LA LOI

1. *La libido et les désirs, lieu natal de la volonté.*

L'unité antithétique de la libido et de la raison définit l'homme. N'est-ce d'ailleurs pas en ce sens qu'il faut entendre la formule classique: *animal rationale*? C'est à cette même antinomie des désirs et de la raison que les philosophes ont presque toujours relié l'ordre éthique. Aristote le premier a explicitement identifié l'éthique avec l'instauration d'un ordre de raison dans les passions et dans les désirs qui de nature ne sont pas raisonnables. Saint Thomas a fondé l'éthique sur le vouloir raisonnable. Pour lui la volonté est dans son fond même raisonnable, et l'éthique est la mise en oeuvre de cette volonté, favorisée par la subordination raisonnable des passions. S. Thomas reprend l'éthique d'Aristote dans un finalisme supérieur, et veut par là lui donner son fondement.

La psychanalyse s'attache à l'analyse de la constitution même du vouloir raisonnable. Aussi ne connaît-elle pas de finalité supérieure qui présiderait à son déroulement. S'il y a finalité vers le bien, elle doit résulter de tout le travail de constitution par lequel le dynamisme originaire se déplace et se transforme. La psychanalyse est donc proche de la conception aristotélicienne de l'éthique. Elle non plus ne connaît pas de finalisme spirituel et éthique originaire. Non pas qu'elle ignore la volonté. Mais pour elle la volonté n'est pas une donnée première. Elle n'est même jamais un principe spécifique à l'égal de la raison. Nous nous sommes expliqué sur ce sujet dans l'exposé que nous avons présenté ici l'an passé [1].

Certes, l'affirmation, par la philosophie médiévale, et par certaines philosophies modernes, d'une faculté originale qui serait la volonté, était un progrès de la pensée. Elle a permis de thématiser la liberté. Mais le rattachement de la liberté à une faculté énergétique spirituelle est une abstraction qu'il faut maintenant dépasser. La psychanalyse, entre autres, a si fortement démontré la complexité et la diversité de sens de ce qu'on nomme volonté, que le problème du bien moral ne peut plus trouver son fondement en une psychologie et une philosophie des facultés.

La psychanalyse nous installe dans un ordre de finalités qui n'est pas celui d'un bien suprême, mais celui des désirs. De lui-même cet ordre n'est pas celui de la raison. Cependant, par la raison, il nous fait accéder à la praxis éthique. Ce qu'on appelle volonté est le raccourci qui contient l'histoire des désirs humains modelés progressivement par la raison. Invoquer la volonté pour déterminer l'ordre éthique, c'est poser une abstraction sans épaisseur réelle. Du moins aussi longtemps qu'on n'a pas ramené sous ce concept et sous sa loi, tous les désirs réels, avec leurs rapports économiques, leurs relations au monde et à la raison, leurs multiples transformations qui mettent en mouvement ce qu'on ramasse dans l'expression : la volonté du bien.

Le terme même du « bien » nous reconduit d'ailleurs à celui de jouissance et de bonheur. La notion du bien en effet ne surgit que dans les rapports effectifs des désirs au monde. Et cette phase inaugurale du bien

---

[1] A. VERGOTE, *La volonté comme position*, dans *Tecnica e Casistica*, Quad. dell'« Archivio di Filosofia », 1964, pp. 61-76.

n'est jamais liquidée sans reste; le bien naît dans le désir de ce qui est concrètement bon.

Le bien ne se trouve qu'à une certaine confluence des désirs. Par nature, il n'est jamais que ce qui est entrevu et visé à travers la multiplicité signifiante des biens du monde et des personnes. De même que la volonté n'est, pour reprendre une expression de Brunschwicg, que cet « incoordonnable » dans nos désirs. Le bien n'est pas une région de l'être; et la volonté, comme organe du bien n'est pas une faculté, n'est pas une puissance. Le bien et la volonté ne subsistent que dans les métamorphoses des désirs.

On ne peut plus revenir en deçà de l'affirmation de la subjectivité et de la volonté. Mais, depuis la philosophie dialectique, et depuis la psychanalyse, qui contient effectivement une dialectique de la subjectivité et de la volonté, on ne peut plus se satisfaire de ces données comme de corps solides sur lesquels s'appuyer.

Le refus, par Freud, d'un principe inné de tendance vers le bien, est le corollaire de son refus de la volonté comme puissance autonome et finalisée. En même temps, ce refus introduit le vrai problème: celui de l'émergence, en l'homme, d'un ordre éthique. Elle s'effectue par l'organisation raisonnable des désirs originaires non raisonnables. Mais au fait, comment l'homme devient-il ce qu'il est destiné à être: raisonnable?

2. La raison face aux désirs.

Sans doute serait-il utile que je suive maintenant la ligne génétique, et que j'analyse l'avènement des structures symboliques. Dans mon exposé de l'an dernier, j'ai indiqué quelques moments de cette genèse du moi, de la volonté, de la loi, de ses impasses pharisiennes, et de l'aboutissement salutaire dans un renoncement aussi bien à la perfection qu'à la jouissance première [2].

Pareille étude génétique confirme la sagesse de Montaigne: qui veut faire le bien pour lui-même, se met dans l'impossibilité de l'accomplir. Il n'y a pas de rapport de soi au bien. En voulant instituer le bien, le sujet se trouve sous la menace de faire dévier le comportement éthique vers un rapport de soi à soi.

Cette analyse du labyrinthe où s'égare la bonne volonté est instructive pour une psychologie et une philosophie de la volonté. Elle nous oblige aussi à poser correctement le problème de la raison qui entre dans la volonté. Mais plutôt que de reprendre cette étude génétique de la volonté, je voudrais, cette année-ci, m'interroger directement sur la vertu du conflit entre la raison et les désirs.

[2] A. Vergote, Op. cit.

Ce conflit précède la volonté. Il ne s'agira donc pas, dans l'exposé qui suit, de l'exercice de la volonté. Par conséquent, je ne toucherai pas à la raison qui entre dans le processus d'une volonté déjà constituée, et je ne porterai pas mon attention sur les différents moments qui le détaillent, tels que la représentation, la délibération, la décision. Je préfère approfondir l'efficace spécifique de la raison dans la constitution de la bonne volonté.

La psychanalyse de Freud refuse la préordination éthique de l'homme, justement pour mettre au centre de son anthropologie le *devenir* éthique. Celui-ci résulte du conflit. L'homme est essentiellement un être conflictuel, parce qu'il est dans le mal avant d'être pour le bien. Et c'est la raison, en tant que la faculté du réel, qui introduit la scission entre le bien et le mal. Par elle-même la raison n'aurait pas de prise sur les désirs. Mais elle s'insère dans un conflit qui existe déjà entre les deux pulsions qui composent l'homme: la libido et la pulsion de conservation. D'après la doctrine freudienne à son état d'achèvement, ces deux pulsions antagonistes sont en plus englobées dans un rapport conflictuel intrasystémique plus fondamental: celui des pulsions de vie et de mort.

La raison elle-même n'est jamais pure conscience lucide. Elle participe aux pulsions, et ouvre en elles la clarté de la conscience. Et c'est justement parce qu'elle se fait jour à l'intérieur des pulsions qu'elle est aussi bien puissance de leurre que de vérité. Le doute cartésien s'approfondit, chez Freud, dans une conscience d'illusion et de mirage beaucoup plus radicale. M. Ricoeur l'a très bien montré à diverses reprises. Cependant, s'il faut contester à la raison sa certitude de vérité, il n'en reste pas moins qu'elle est le lieu de la vérité possible, et que c'est à mesure qu'elle reconnaît son inhérence dans la vie pulsionnelle, qu'elle peut partiellement conquérir sur elle-même sa propre vérité. Jamais elle ne sera cette lucidité cristalline dont pouvait rêver un Valéry. Et il n'y a passion plus violente et plus dangereuse que la froide passion de la lucidité pure. N'empêche que cette passion est celle de la raison qui s'est laissée passionner. La raison y trahit encore sa nature: qui est d'être lucidité, ou encore le pouvoir de se laisser mesurer par le réel.

La raison, en tant que capacité de reconnaître le réel, introduit dans les désirs une puissance de contestation. Face à la démesure des désirs originaires, elle pose la mesure du réel. Elle est donc d'abord négative. Les désirs tendent vers la jouissance illimitée. La raison par contre ne leur propose pas de contenu de jouissance propre. Et le moi comme tel ne se caractérise par aucune orientation spécifique. Il n'est que le lieu d'échange entre les pouvoirs qui le hantent, et il résulte de leur travail conflictuel.

La conception freudienne de la raison est très proche de celle de la phénoménologie: la raison est mise à distance, limitation; en un mot elle est négativité. La libido ne sait pas dire non; elle ne connaît d'ailleurs aucune des structures rationnelles. La raison par contre est essentiellement le pouvoir de dire non, d'imposer des limites. Certes, la raison est aussi la faculté du jugement d'existence. Mais justement, la position de l'être comme tel n'est du ressort de l'intelligence que parce qu'elle sait d'abord faire le vide où le poser. Elle crée cette clairière lumineuse où l'être peut se dévoiler.

Dans l'ordre du bien aussi, la raison introduit d'abord la négativité formelle. A la suffisance et à l'exigence illimitée de la libido, elle oppose le non de l'interdit. A l'hédonisme intolérant des désirs elle impose la nécessité d'accepter la souffrance et le manque. Et quand enfin la volonté voudrait se replier sur elle-même et se combler par son perfectionnisme, la raison l'oblige à reconnaître les mouvements pulsionnels.

En première instance la raison n'apporte pas de contenus positifs, pas de valeurs morales. L'ordre légal apparaît d'abord comme le fait de la société qui doit se maintenir, et qui oppose dès lors à la violence et à l'égocentrisme du sujet ses exigences de mesure. Aussi pour le sujet les lois sont-elles à l'origine externes et donc hostiles.

Ce caractère négatif de la loi pourrait étonner. Mais on ne peut oublier que le décalogue lui-même se présente comme un ferment négatif. A part les deux commandements qui imposent le respect de l'autorité paternelle, tous les commandements sont formulés négativement. Il est de bon ton aujourd'hui de proposer une morale positive, une morale de la poursuite des valeurs. Mais c'est oublier que les valeurs ne « sont » pas, mais sont à faire. Pour y parvenir le sujet ne possède pas de modèle prescrit aux origines, mais il doit suivre la raison dans sa contestation continuée. La loi est avant tout l'invitation à une autocritique permanente. La morale est le désaveu d'une certaine immoralité qui la précède de nature. Et l'immoralité déclarée est avant tout la négation de cette vertu négative. La conscience éthique ne travaille pas sur une trame de valeurs donnée; elle est l'avènement même de ces valeurs éthiques. La conscience ne se subordonne pas à des valeurs préexistantes et cachées; elle les pose dans l'existence en faisant siennes les exigences négatives et extérieures de la raison.

En nous dévoilant la naissance même de la conscience morale, la psychanalyse nous manifeste sa nature dialectique. Le conflit n'est pas seulement un moment premier. Il n'est jamais résorbé dans un choix radical pour le bien. Ce choix radical n'est pas en nous. A tout moment le bien reste à créer à partir de ce qu'il n'est pas. Il est donc toujours relatif, et toujours il résulte de l'exclusion d'un mal qui le précède d'un pas. Notons cependant que ce mal n'est pas du même ordre de réalité que le bien, puisqu'il précède le choix. Nous aurons à revenir sur ce point, lorsque nous parlerons du péché originel.

Si le bien est relatif, il procède néanmoins d'un absolu: de l'exigence raisonnable. Mais cet absolu n'est que formel, puisqu'il n'est d'abord que la contestation du désordre en vue d'instaurer un ordre. Par sa nature même la négativité est formelle et absolue. Mais l'histoire qu'elle instaure effectivement est liée aux contingences des mouvements pulsionnels qui la précèdent.

Le rapport conflictuel du désir positif et de la raison négative nous permet ainsi de comprendre plusieurs antinomies de l'ordre éthique: son caractère à la fois absolu et relatif; le lien indissoluble de la mauvaise et de la bonne conscience; l'absence de finalisme spirituel et la réalisation d'une histoire moralement significative. Toutes ces antinomies sont au fond celle du temps qui structure la conscience morale, et qui fait surgir la liberté pour le bien.

Dénier à l'homme une volonté de nature qui l'oriente vers sa perfection, c'est mettre sa perfection dans le moment même où, en réponse à l'antinomie de ses désirs et de sa raison, il invente le bien. Bien entendu, du point de vue de la totalité de son existence, et par un regard rétrospectif, on peut inférer de cette histoire moralement significative la présence d'un centre virtuel d'où surgissent la bonne conscience et ses valeurs morales. Mais il faut d'abord assister à cette genèse de la bonne conscience, avant de pouvoir élucider la métaphore de la « volonté de nature ». Je ne prétends pas encore le savoir. Il me semble en tout cas acquis qu'elle n'est pas dans le sujet comme un second sujet qui veut, et qui sait ce qu'il veut. Elle n'a son homologue dans aucune puissance psychologique. On ne peut pas capter une volonté du bien sousjacente aux actes qui la constituent.

De même on ne peut pas définir positivement le bien. Ce serait considérer le bien comme advenu. En fait, il n'a jamais eu lieu; il est toujours à faire. Le bien ne précède pas la liberté. Il n'est pas à choisir, comme un étant que l'on s'assimile. La seule chose qui a vraiment eu lieu, et qui est là, ce sont les désirs. Et la raison ouvre en eux le vide d'où peut surgir le bien.

Que le bien puisse sortir de ce qui ne l'est pas, voilà bien sûr qui est impensable. C'est pourquoi certains refusent le formalisme en éthique[3]. Freud par contre affirme sa conviction que seule une morale de

[3] Nous retrouvons ici le problème auquel nous faisions allusion au début de notre exposé: celui de la préordination transcendantale au bien. Il n'entre pas dans notre pensée de nier ce fondement métaphysique de la conscience morale. Mais nous nous refusons à l'introduire comme principe explicatif, à l'intérieur du devenir éthique, au niveau de la dialectique vécue. Nous sommes convaincus, en plus, que seule une histoire dialectique de la conscience morale permet d'éviter la substantification des principes métaphysiques. Le principe métaphysique ne peut être dévoilé, selon son intelligibilité propre, qu'au terme du parcours dialectique, comme son fondement non phénoménal.

type kantien formule fidèlement le déclenchement de la conscience morale auquel il assiste par sa psychanalyse. Il me semble que la loi formelle, l'obligation morale, n'est pas d'abord une abstraction théorique, mais une donnée existentielle. Elle entre vraiment dans l'anthropogenèse. Mais elle n'en est pas le moment premier, puisqu'elle est secondaire par rapport aux désirs. Elle n'est pas non plus le moment définitif, puisqu'elle soutient le désir dans sa vérité. Considérée en elle-même l'obligation se présente comme un interdit, donc comme négativité, et elle porte le même caractère d'absolu abstrait que les désirs premiers. Seul leur conflit vécu et reconnu les transforme, et amène la démystification du naturalisme imaginaire des désirs, aussi bien que de l'éthique de la seule obligation; et cette démystification se fait par l'émergence de la reconnaissance d'autrui, qui est le seul bien moral.

On aurait donc tort d'identifier la conscience morale avec le pouvoir négatif de la raison. La conscience morale est ce qui advient par la dialectique des désirs et de la raison. Et le bien positif qui se fait dans cette histoire contingente est bien difficile à dire. Pour ce qui concerne la psychanalyse, une étude approfondie du processus de la sublimation apporterait de précieuses informations. Je ne la ferai pas ici. Je m'attacherai à suivre une autre voie, celle du rapport à autrui, tel qu'il se forme par l'intériorisation de la loi. Ce n'est pas là un détour par lequel je mène mon interrogation. En effet, la dialectique des désirs et de la raison négative a le pouvoir de conduire le sujet à la reconnaissance de l'Autre. Même, elle appelle cette reconnaissance.

II

DU DÉSIR À LA RECONNAISSANCE D'AUTRUI

On sait l'extrême difficulté de penser le rapport vrai à un autrui vrai. C'est que ce rapport est triplement aporématique. D'abord, qu'est-ce que le moi? Il est bien difficile de le penser autrement que comme le manque actif d'où surgissent les actes multiples. En deuxième lieu, la raison comme telle ne semble pas capable de poser l'existence d'un autre *ego,* et la phénoménologie husserlienne de la constitution de l'autre est finalement bien décevante. Enfin, le sentiment lui non plus, qu'il soit sympathie ou fusion affective, n'atteint pas l'autre dans son altérité autonome. L'autre, à l'instar du Dieu d'Isaïe. se cache pour être ce qu'il est.

Nous retrouvons dans le problème du rapport à l'autre toutes les antinomies de la conscience morale. En cela rien d'étonnant d'ailleurs: le bien peut-il se définir autrement que par rapport à autrui? L'homme porte à l'existence en même temps le bien et l'autre comme tel. Pour ce motif, il doit être impossible de déduire l'autre par une analyse réflexive qui s'installe dans le *cogito*. On ne peut pas non plus le surprendre au bout de nos désirs qui investissent le monde. L'autre comme tel se produit, par la même dialectique de contestation, de limitation, d'obligation, qui suscite la liberté et la conscience morale. Kant a bien montré que je n'atteins l'autre que dans l'acte par lequel la raison limite le moi empirique. Et je souscris volontiers à cet énoncé de M. Ricoeur: « …Je ne puis limiter mon désir en m'obligeant, sans poser le droit d'autrui à l'existence de quelque manière; réciproquement reconnaître autrui, c'est m'obliger de quelque manière; obligation et existence d'autrui sont deux positions corrélatives » [4].

Si l'existence d'autrui est corrélative de l'obligation, personne n'admettra cependant que seule l'obligation y suffise. Et d'invoquer tous les mouvements affectifs, qui suppriment la distance et visent une positivité pure: sympathie, union, amour, don, échange, oblativité même. En fait la reconnaissance d'autrui est à la fois sympathie et respect. Comme le bien, elle relève du désir et de la raison négative.

La sympathie est de l'ordre de l'affect et du désir, et elle en porte toutes les ambiguïtés et les ambivalences. Pascal les a déjà fortement dénoncées. Seulement la virulence de sa critique dénote la nostalgie d'une pureté qui n'est pas le propre de l'affect. La raison, elle, ne nous sauve pas de l'embarras. Car elle ne sait pas suppléer les équivoques de l'affect, puisque par elle-même elle n'atteint pas l'autre comme tel. De fait, seuls les insignes de l'autre qui soutiennent mes divers désirs, peuvent me faire sortir de moi-même, et m'invitent à me projeter vers lui. Mais tout sentiment est traversé des violences que les moralistes ont dénoncées, et qui sont: la contagion affective, l'accaparement et l'idéalisation narcissique etc. C'est là que la raison intervient. Au sentiment elle impose la limitation qui s'appelle respect. De nouveau sa fonction est la mise à distance, la néantisation. La raison pose en face de moi l'existence négative d'une altérité radicale. Elle fait échapper l'autre aux emprises de mes désirs. Rappelons ici la thèse de Kant, exposée dans les *Fondements de la Métaphysique des Moeurs*: « les êtres raisonnables sont appelés des personnes, parce que leur nature les désigne déjà comme des fins en soi, c'est-à-dire comme quelque chose qui ne peut être employée simplement comme moyen, quelque chose qui, par suite, limite d'autant toute faculté d'agir comme bon me semble et qui est un objet de respect ».

Cette antinomie de l'affect et de la raison, de la sympathie et du respect, étranglerait le sujet, si elle était statique. Seulement, les deux moments qui la constituent ne sont pas de purs contradictoires qui se

[4] *Sympathie et respect*: *phénoménologie et éthique de la deuxième personne*, dans « Rev. de Métaphysique et de Morale », 59, 4 (1954), p. 388.

détruisent. L'affect anime la raison, et la raison soutient l'affect dans son intention. Ensemble, le lien vital des désirs, et la mise à distance par l'obligation, donnent naissance à ce rapport dialogal qu'on nomme reconnaissance, et où le moi s'adresse à l'autre, en assumant et en traversant tous les insignes qu'il présente à mes désirs. Il les adopte et les dépasse, et dans le lieu de ses désirs à lui, il creuse ce manque, d'où peut surgir son voeu et son accueil de la reconnaissance.

La psychanalyse de Freud n'a pas suffisamment thématisé cette reconnaissance de l'autre. Elle a dévoilé les multiples racines corporelles et pulsionnelles d'où naît ce que dans un raccourci ingénu on appelle « amour ». Elle a dévoilé les leurres d'une conscience qui risque d'autant plus de se mystifier qu'elle se croit plus altruiste, plus possédée par l'être aimé, comme dans l'idéalisation amoureuse, ou dans le deuil mélancolique. Freud n'a cependant pas fait qu'oeuvre de démolition. Il y a au moins un rapport à autrui dont il a étudié l'histoire et l'efficacité morale : c'est le rapport au père. Et pour Freud ce rapport n'en est pas un parmi les autres. C'est lui qui institue et qui soutient tous les autres dans leur vérité : ceux de la fraternité humaine et ceux de l'amour conjugal. A la raison et à la loi, le symbole paternel ajoute ce foyer virtuel, autour duquel peuvent s'organiser, en un acte de reconnaissance réciproque, tous les mouvements conflictuels par lesquels le sujet s'élance vers l'autre.

C'est que la loi, introduite dans les désirs par la raison, se fonde sur le symbole paternel. En vérité, la loi n'est qu'une abstraction. Celle que le sujet en devenir a rencontrée, était incarnée par la figure paternelle, et elle reste désormais suspendue au symbole du père. Pour cette raison elle a le pouvoir de purifier les désirs et de les transmuer de par le dedans. De captation ils peuvent se faire reconnaissance, à la fois, et indissociablement, distance et présence, respect et désir. Par elle-même la raison ne pourrait jamais que néantiser le désir. Instituée par le symbole paternel, elle introduit le désir au rapport vrai à l'autre. Là il trouve son lieu de vérité et sa pacification.

Il faudrait étudier ici dans le détail les ressources du complexe d'Oedipe. Car il est justement ce noeud privilégié d'un conflit qui ne détruit pas le désir, mais le médiatise par la loi du père, pour le transmuer en un rapport de sujet à sujet. Freud en a bien saisi la vertu humanisante, et de bon droit il a fondé l'éthique sur cette institution originaire. Montrons-en les linéaments essentiels.

Le père représente le rival et le modèle. Et ces deux fonctions ne sont pas juxtaposées. Au moment où le fils entre dans l'initiation, elles sont deux moments indissociables. Il ne pourra les distinguer et les séparer, que lorsqu'il aura reconnu et accepté la fonction paternelle.

Rival et modèle, le père l'est parce que lui il détient les droits au bonheur et à la jouissance, qui, dans cette constellation triadique de la famille, sont figurés par la présence maternelle. Ce sont les droits que

le père fait prévaloir, qui introduisent une scission dans l'union fusionnelle de la mère et de l'enfant. Mais par le fait même de son interdit, le
père reconduit les désirs de l'enfant vers l'avenir. Il institue en lui la
temporalisation affective, et, dans le trop-plein d'un désir comblé, il ouvre
le manque qui conditionne le surgissement de la liberté et du projet. Par
son interdit, il apprend au fils le renoncement. En même temps, il vient
au devant des désirs de l'enfant et leur apporte le gage d'un avenir possible.

Dans les désirs il insère ainsi le foyer actif du respect, qui est de laisser
être l'autre dans son altérité. Mais aussi, comme gage d'une promesse de
bonheur, il soutient le désir dans son surgissement temporalisant. Ce
clivage du désir, en un souvenir de paradis perdu, et en un projet d'un
bonheur à réaliser, rend l'enfant capable de rencontrer en vérité un autre
sujet et de répondre à son désir polarisé vers lui. Ce clivage opère la distance dans la présence, et fait de la distance une présence active.

L'unité dialectique des désirs et de la raison négative se réalise donc
dans la constellation triadique du rapport œdipien. Certes, de multiples
affrontements avaient déjà appris à l'enfant le renoncement et le respect.
Le sevrage et la jalousie fraternelle sont déjà des moments crucifiants
où l'enfant doit mourir au désir totalitaire qui l'aliène; ce sont des expériences qui le livrent au réel structuré par la séparation. Mais avant l'Oedipe, aucune scission n'avait touché l'humain aussi profondément au
coeur même de son être de désir. Aussi, nous voyons que toutes les sépa-
rations sont reprises et renouées dans le rapport oedipien, et reçoivent de
lui leur signification ultime: être la reconnaissance de l'autre, à la fois
comme promesse et comme légitimation du désir.

L'on peut montrer que l'échec de cette institution oedipienne se manifeste dans toutes les mésaventures psychologiques et dans toutes les
distorsions morales. Je me borne à citer un type d'échec, celui où la loi
n'est que négative, et détruit le désir, au lieu de le soutenir et de le transmuer. J'entends cet idéal de pureté spirituelle qu'à juste titre P. Valéry
incarne dans la figure démoniaque de Faust. Son ambition est d'approcher de cette conscience absolue, où il n'y a plus d'autre attente que celle
de la clarté cristalline. « Entre le vide et l'événement pur » la conscience
doit se faire silence, pour qu'un jour elle se trouve, tel le cristal, référence unique du ciel étoilé et du monde aboli, référence que ne trouble
plus aucun mouvement de désir, nécessairement impur aux yeux de la
raison. Est-ce là la *pureté morale*? N'est-ce pas plutôt la tentation de
suffisance suprême, démoniaque? Dans le vide que la raison a créé autour
de l'unique centre investi par le moi, l'autre ne peut plus habiter. Pour
que l'éthique s'instaure, il faut qu'aux désirs soit enseigné le respect.
L'éthique est le paradoxe de la loi qui interdit et justifie à la fois. L'amour
est la distance instituée en même temps que supprimée.

Nombre de sujets, qu'on appelle névrosés, nous manifestent une véritable « schize » de la personnalité; deux « moi » se juxtaposent et s'affrontent dans une lutte sans merci : le moi du désir sans respect, et le moi de la raison sans désir. A tour de rôle ils s'imposent comme le vrai moi. Ils sont incapables de renier le conflit qui les constitue. Au moment même où l'un des deux « moi » tend à supprimer l'autre, ces sujets en appellent au dernier pour faire échec au premier. La lutte que les deux se livrent doit toujours reprendre; tous deux en effet s'imposent comme également absolus. Jusqu'au jour où le sujet prend conscience qu'il ne faut pas choisir. En exprimant les deux folies qui le perdent, il apprend à mesurer et son désir et sa raison. Il mettra en oeuvre leur articulation réciproque. La raison habitera ses désirs, et les fera éclater dans un mouvement temporel d'accès à autrui. Les deux « moi » doivent apprendre à mourir, pour surmonter à la fois la contagion affective du naturalisme et l'universalité vide de la pure conscience. Le moi éthique naît de cette double mort.

En fait, la psychanalyse de Freud conteste aussi bien une éthique des valeurs qu'une éthique du légalisme formel. L'homme n'est pas prédestiné au bien par un dynamisme inscrit dans sa nature. Mais il n'est pas non plus appelé à la liberté stoïque du détachement radical. Il ne dispose pas du bien moral, mais il sait le poser dans l'être. Par son engagement affectif dans le rapport oedipien, il apprend à renoncer à l'immédiat du désir. Par là il instaure en lui le manque qui sera le lieu de la rencontre avec l'autre. Lien affectif et loi négative font surgir le bien éthique qui est dans la sympathie respectueuse de l'autre.

III

Le mal seulement humain et le péché originel

Par son lieu d'émergence même dans le désir, l'éthique est nécessairement la conquête du pur sur l'impur, du bien sur le mal. Avant toute chute, il y a ce mélange du bien et du mal, d'où s'arrachent le vrai bien et le vrai mal. Ne faut-il pas, dès lors, reconsidérer la conception du mal tel qu'il a été souvent thématisé dans les mythes et dans certaines théories du péché originel?

Le mélange de bien et de mal précède la conscience éthique. L'interdit les scinde. Du coup il manifeste le mal, par son appel même à la rectitude morale. Avant la chute, la pesanteur habite déjà le comportement humain. C'est en voulant faire le bien que l'homme apprend qu'il fait aussi le mal. Il apprend le bien et le mal en même temps que la raison se fait jour en lui.

N'interprétons ce phénomène ni dans un sens rationaliste ni dans un sens idéaliste. L'explication rationaliste voit dans l'histoire de la chute originelle seulement l'éveil de la conscience intellectuelle, celle qui sait distinguer le bien et le mal, par l'expérience quasi matérielle de l'un et de l'autre. D'autre part, l'interprétation que j'appelle idéaliste, anticipe à la chute la claire conscience du bien et du mal. Les deux pèchent par un intellectualisme qui ne tient pas devant la réalité psychologique de la conscience, telle que, entre autres, la psychanalyse l'a manifestée.

En effet, à l'orée de la conscience du bien et du mal se trouve l'interdit. Bergson l'a bien vu, qui note en tête de son ouvrage sur *Les deux sources de la morale et de la religion* que « le souvenir du fruit défendu est ce qu'il y a de plus ancien dans la mémoire de chacun de nous, comme dans celle de l'humanité ».

Interdit et jugement de condamnation ne sont pas synonymes. Mais le caractère primitif de l'interdit est le signe que l'appel au bien passe par le refus d'un mal en train de s'établir. L'attitude éthique ne peut s'animer que par l'élimination des fausses attitudes auxquelles l'homme s'était fixé. Rien dans le système pulsionnel ne garantit cette invention du bien. Il faut qu'intervienne l'interdit, et qu'à la violence et à l'hédonisme des désirs il oppose l'exigence d'un ordre légal à instaurer et des personnes à reconnaître dans leurs droits. Non pas que la passion soit mauvaise d'un mal radical. Car la conscience, capable de produire ce mal, n'est pas encore. Les passions sont bonnes, mais d'une bonté de nature; d'autre part, à la lumière de la loi, elles apparaissent également comme mauvaises d'un mal de nature. Par leur mouvement spontané, en effet, elles emportent le sujet vers la transgression des lois. Pour la dialectique de la conscience, elles ne sont donc pas indifférentes, pas plus qu'elles ne sont déjà moralement investies. Elles ne sont ni morales, ni immorales, ni vraiment amorales. Nous devons cependant les appeler prémorales, ce qui est plus que: amorales. Elles sont destinées à entrer dans la région de la conscience, structurée par les lois, et là elles se manifestent comme à la fois morales et immorales.

L'interdit intériorisé s'érige en jugement moral. Et tout jugement moral est en même temps rétrospectif et prospectif. Il est l'instance temporelle où s'invente la conscience morale, par l'autocritique et par le projet de constituer le bien. La bonne conscience s'adosse à la mauvaise conscience, et la rachète dans un acte de libération. Le vrai mal, le mal radical, comme Kant l'a montré, est le mal qui a son origine dans l'intention mauvaise. M. Castelli nous rappelle de même que le vrai bien est dans la seule intention de faire le bien. Seulement, la mauvaise intention, comme toute décision, n'est que consentement au mal prémoral que la loi manifeste. La loi manifeste le péché, dit S. Paul dans l'Epître aux Romains (7, 7-13). C'est même la fonction essentielle qu'il lui reconnaît dans ce texte extraordinaire. En cela la loi est pédagogue, dit-il (Gal. 3, 23 ss.).

Non pas qu'elle soit capable d'éduquer pour le bien. Mais en suscitant un conflit insoluble à ce moment de l'histoire, elle prépare l'homme pour le bien qui existe seulement au-delà du système fermé et antithétique de la passion et de la loi. Seule, l'intervention du Père, auteur de la loi et promoteur d'une reconnaissance salvifique, pourra libérer l'homme pour le bien. C'est vrai au plan humain. C'est plus radicalement vrai encore au plan religieux.

Pour cette raison, la culpabilité est inéluctable dans le devenir de la conscience morale. Psychologues ou philosophes font parfois le doux rêve d'une éducation et d'une existence sans culpabilité. C'est méconnaître la nature essentiellement dialectique de la conscience morale. La bonne conscience est toujours la mauvaise conscience dépassée, ou plutôt, en voie de dépassement. Il faut éviter de spatialiser leurs rapports, et de les concevoir comme deux issues juxtaposées. Le comportement moral doit plutôt se comparer à l'acte de parler. Le sens du langage ne précède pas le déroulement diachronique de la phrase parlée, mais il résulte d'une série d'opérations qui effectuent, dans leur progression diachronique, l'articulation significative. De même le bien résulte de l'exclusion du mal. Cependant, la comparaison n'est pas entièrement adéquate. Car, dans les rapports éthiques, la violence et l'hédonisme des passions outrepassent toujours involontairement la loi. C'est seulement en se heurtant à la loi, que les passions se retournent sur elles-mêmes, et assument en elles-mêmes la loi externe. Elles en font ensuite le foyer virtuel qui les transformera par une négativité intériorisée. Rien d'étonnant dès lors que la mauvaise conscience soit beaucoup plus fréquente que la bonne conscience, et que la moralité soit pour une part l'acceptation lucide de la mauvaise conscience. Avant d'être l'écho de la chute dans le mal, la mauvaise conscience est la résonnance affective d'un conflit inéluctable et jamais entièrement liquidé.

Dans *Malaise dans la civilisation* Freud décrit avec force cette culpabilité nécessaire qui s'insinue en toute culture en développement. Freud en dégage une vue sur l'homme et la culture, qu'il sait profondément pessimiste au regard du psychothérapeute. Chez l'homme en effet, l'état pathologique réside avant tout dans l'incapacité à renoncer à la nostalgie d'un bonheur qui n'est pas humain. Mais dans la conception de Freud lui-même, l'attitude éthique doit renoncer radicalement au bonheur de la bonne conscience. Et Freud voit très bien que la religion supérieure ne supprime pas cette douleur de la culpabilité, puisque, dit-il, c'est chez les saints qu'elle existe le plus radicalement. La religion supérieure n'est donc pas, à ses yeux, une drogue contre la culpabilité. Elle se construit sur la lucide acceptation de cette conscience malheureuse. La loi du père et la culpabilité sont le moment négatif de la spiritualisation.

L'innocence morale n'est donc pas originaire. Le mal radical ne l'est pas non plus. Cependant l'humanité a toujours subi la tentation de transférer à ses origines et le bien et le mal radical. C'est que l'un et l'autre ne peuvent pas se penser. Car on pense toujours ce qui *est,* tandis que le mal et le bien ne *sont pas,* à vrai dire, mais **adviennent.** Ils sont tout à la fois le sujet et l'objet de leur pensée.

Le mythème de la chute originelle, celle qui aurait eu lieu dans le passé immémorial, à l'aube de l'histoire et de tous les souvenirs, réunit bien les conditions pour une pensée objective et a-temporelle du bien et du mal. Le bien était donné, et c'est le mal qui se fait par un choix dès lors radical. De cette manière la pureté était absolue, et le mal l'était nécessairement tout autant. L'histoire morale qui s'ensuit devient ainsi pensable objectivement. Le mal qui ronge les actes humains est un héritage que l'homme traîne avec lui, et qui le détermine. On pense le mal comme une substance. Et d'autre part, on pense le bien comme une essence, comme un universel qui, de par son origine pure, reste inscrit dans la nature humaine, quoique souillé accidentellement par une tare originelle.

Ce processus qui substantifie rétroactivement le mal n'est d'ailleurs pas uniquement d'ordre rationnel. Il est aussi solidaire du jugement moral, que le sujet porte rétrospectivement sur son comportement prémoral.

L'oeuvre de St. Augustin est un témoignage saisissant de ces cheminements de la pensée du mal. Au moment de sa conversion, St. Augustin écrit ses *Confessions.* Elles sont en même temps l'adhésion confiante au bien et le jugement de condamnation sur toutes les passions antérieures, qu'avant de s'en libérer, l'auteur n'avait pas reconnues dans leur vraie teneur. Le titre de l'ouvrage dit bien ce double mouvement de l'adhésion glorifiante à Dieu et de l'aveu de son passé, démystifié par ce geste nouveau. L'on voit St. Augustin faire son autobiographie, et arracher à l'oubli le mal que tout d'abord il n'avait pas reconnu. Plus tard, cette nature trouble des passions lui parut exiger une justification rationnelle. Et St. Augustin la cherche dans une théorie du péché originel qui substantifie le mal et le fait adhérer à la passion sexuelle, et plus précisément à la volupté.

Dans ce glissement de la pensée augustienne, on perçoit la double tentation qui menace la théologie du péché originel: celle d'expliquer le mal, et surtout celle de penser et de juger l'homme, d'un point de vue anhistorique. Au moment de sa conversion St. Augustin se met devant le tribunal de Dieu, et y convoque ses désirs et ses passions. Mais en contractant toute son histoire dans l'instant même de sa conversion, il durcit et substantifie les mouvements passionnels qui avaient traversé sa vie. Il leur attribue le poids d'une liberté radicale qui ne se produit en fait qu'en réponse à l'invitation nouvelle à se juger.

N'est-ce pas méconnaître à la fois la puissance de l'instant, du *kairos,* et l'épaisseur d'un nécessaire devenir éthique? La reconnaissance réciproque est celle qui avoue un mal dépassé et s'oriente vers un bien éthique qui n'est toujours qu'en train de se faire.

Dans cette référence au père, à partir du conflit entre désir et loi, il n'y a plus aucune mythologie. Aucune critique démystifiante ne peut évacuer le symbole du père, sous peine de retomber dans l'imaginaire du narcissisme, qui est la terre natale de toutes les mythologies du paradis perdu et retrouvé. Freud a parfaitement reconnu la nécessité du symbole paternel comme instance de vérité humaine. Et la mythologie d'un père absolu, qu'il dénonce dans l'*Avenir d'une illusion,* est au fond une mythologie d'avant la loi et la culpabilité acceptées. Ce qui sépare le croyant et l'incroyant, c'est que le croyant reconnaît la source du symbole paternel dans un père qui est en même temps l'auteur de la loi, et la promesse du bien que cette loi rend légitime. L'incroyant qu'était Freud affirmait avec force le symbole paternel. Il en reconnaissait les dépositaires, que sont le père de famille, l'humanité, la civilisation. Mais il refusait la source ultime en même temps que la réalisation effective du désir.

Pour revenir au péché originel, nous croyons donc pouvoir le démythologiser, par la démythologisation de la conscience morale et de la loi. La mythologie est l'histoire substantifiée en un commencement absolu. La réalité que le mythe enseigne doit advenir par une invention contingente qui s'historialise, et qui se fait en conflit et en dialogue de reconnaissance.

Et nous voici arrivé, du même coup, à la jointure du génétique et du structural, du situationnel et de l'absolu. La conscience morale n'est pas; elle se fait. Mais elle surgit en réponse à l'absolu de la parole de l'autre, qui conteste le désir originaire et l'appelle à la reconnaissance. L'autre est un absolu, mais il n'apparaît jamais que dans les signes historiques, par où il se manifeste en se dérobant. Comme toute histoire, celle de la conscience morale est contingente; mais en se faisant, elle rejoint un absolu.

Note additionnelle. Les références à E. Castelli ont trait à son texte liminaire du volume auquel cet article est repris. — On trouvera des compléments au présent texte dans *L'accès à Dieu par la morale* (n° 13) et dans *L'autre au fondement de l'Ego* (n° 19). — Dans ce texte-ci, j'ai présenté une interprétation structurante du symbole paternel dans les écrits de Freud, alors que Freud est bien plus ambivalent, ainsi que je l'explique dans *Psychanalyse et religion* (n° 30). Après coup je considère mon interprétation comme un commentaire théorique justifié, non pas comme une lecture fidèle de Freud lui-même.

LES APORIES DE LA THÉODICÉE COMME LIEUX DE L'AUTO-IMPLICATION CROYANTE

La théodicée reprend la question qui habite au coeur de la disposition religieuse: qui est Dieu? Mais en tant qu'entreprise de la pensée spéculative, la théodicée donne à cette question une inflexion qui la déplace de l'attention religieuse à Dieu vers la formation d'un système conceptuel. L'énoncé de la question spéculative en témoigne: qu'est-ce que Dieu. Dans son intention, la question religieuse reste remplie par la reconnaissance de la théophanie divine. Son interrogation poursuit la remémoration des bienfaits de Dieu, du chant, en termes poétiques, de sa gloire, des prières qu'on Lui adresse et des gestes rituels dont la teneur symbolique est pleine de significations affectivement saisies. La présence divine demeure première dans le questionnement religieux sur Dieu. C'est même cette présence qui sollicite le questionnement. La disposition est celle d'une confiance fondamentale qui fait scruter les signes de l'action salutaire de Dieu, et d'une admiration qui suscite l'attention aux traces de sa manifestation. La raison spéculative, par contre, prend de la distance par rapport à la pensée religieuse. Elle maintient l'idée de Dieu à l'arrière-fond, comme le référent qui donne à penser, mais l'intérêt de la pensée spéculative se porte vers la logique conceptuelle du discours raisonnable sur Dieu. Le penseur ne s'y implique pas avec tout ce qui compose la trame de son vécu, humain et religieux.

Sans méconnaître les exigences de la raison, on se demande s'il peut y avoir une pensée raisonnable de Dieu qui ne demeure pas accordée au mouvement intentionnel de la question telle que la formule l'étonnement religieux: qui est Dieu? Qui est-il pour moi, pour les autres, pour le monde? Un clivage se produit néanmoins inévitablement entre le questionnement inhérent à la disposition religieuse et celui de la raison conceptuellement raisonnante. A cause de ce clivage, après des siècles de pensée spéculative, une discipline s'est formée qui s'attache à l'étude de l'homme religieux: la psychologie de la religion. Convaincue que les ressources des rapports religieux ne sont pas d'abord de l'ordre de la raison spéculative, la psychologie de la religion a cru pouvoir repatrier les énoncés de la théodicée vers leur lieu d'origine: l'homme religieux. Pour Freud, par exemple, l'idée philosophique de Dieu n'est qu'un pâle reflet de ce que Dieu, en tant que grandiose figure paternelle, représente pour la religion effective. Il écarte dès lors tout l'immense travail de la logique théologique comme une superstructure qui occulte l'intérêt vrai et les authentiques expériences et désirs dont l'idée de Dieu serait née et dont elle continuerait de tirer sa signification. Pour sa part, H. Bergson, tout en étant philosophe, ne pense pas moins que la religion qui donne à penser Dieu est « comme la cristallisation, opérée per un refroidissement savant, de ce que le mysticisme vient déposer, brûlant, dans l'âme de l'humanité ».[1]

Je ne suis pas l'adepte d'une ancienne psychologie, naïvement mythologique, qui pensait pouvoir expliquer psychogénétiquement la religion et rendre compte ainsi des qualités que les religions reconnaissent à leur(s) divinité(s). Quelle que soit l'énigme de l'origine de la religion, la religion en tant qu'ensemble symbolique de discours et de signes appartient à la culture objective. Les processus psychologiques ne sauraient en rendre compte. Bien au contraire, il n'y aurait pas l'homme religieux qu'étudie la psychologie, si sa pensée, son affectivité et ses comportements n'avaient pas pris forme en intériorisant ce que lui propose la religion comme réalité culturellement objective. Il n'en reste pas moins que l'être divin n'appartient pas à un ciel de concepts, et que la religion, lieu originaire de la pensée de Dieu, est affaire d'existence autant que de raison. En déployant et en articulant les qualités divines, la théodicée entend certes dire objectivement ce qu'est Dieu en lui-même. Ces qualités ont cependant toujours un rapport à l'existence humaine la plus subjective.

Cette référence dédoublée, à Dieu en lui-même et au Dieu pour l'homme, s'impose à la philosophie lorsqu'elle veut déterminer le lieu où l'homme situe son lien avec Dieu et sur lequel il fonde sa pensée pour garantir la vérité de son dire de Dieu. La formulation de saint Augustin en exprime admirablement l'insurmontable dédoublement: « Deus intimius intimo meo et superius supero meo ». Cependant, lorsque saint Augustin veut rendre compte de sa découverte de Dieu lors de sa conversion, il essaie de montrer qu'au fond de lui-même il avait toujours connu Dieu. Dieu était déjà présent dans les tréfonds de sa mémoire, écrit-il.[2] Bien entendu, la philosophie platonicienne de la mémoire l'in-

---

[1] *Les deux sources de la religion et de la morale*, p. 252.
[2] *Confessions*, X, 24, 35; XII, 11, 11.

fluence dans son projet de légitimer, devant la raison, la nouveauté de sa foi en Dieu. Mais ce recours à la philosophie platonicienne de la mémoire n'est-il pas aussi la tentative de restaurer la dimension anthropologique de la théodicée? En se convertissant à Dieu qu'il a découvert par la lecture du texte biblique sur la Création, Augustin avait d'abord dépassé les représentations philosophiques de Dieu, car ce texte situe Dieu comme le Dieu absolument extérieur au temps humain, étranger donc à tout ce qui relève de la subjectivité religieuse. Cette contradiction dans l'exposé de saint Augustin entre, d'une part, sa conversion à Dieu tel qu'il Le découvre en lui-même et, d'autre part, la reprise après coup de la découverte sous l'enseigne du ressouvenir, nous paraît illustrer la difficulté de la théodicée. Celle-ci s'attache à la conceptualisation, à visée objective, de l'être divin; mais elle ne traite de Dieu qu'en assumant, dans ses catégories, leur signifiance pour l'homme.

Toute la littérature mystique chrétienne insiste sur la polarité telle qu'Augustin l'a formulée. La démarche mystique consiste, en effet, à sortir de soi et à poursuivre la lente montée vers Dieu, en suivant les traces qu'Il a laissées dans le monde et en tendant l'oreille vers l'appel qu'a fait entendre le Dieu étranger au monde. En même temps, la sortie de soi s'accomplit comme une rentrée au plus intime de soi-même, car c'est à la fine pointe de l'âme, dans la demeure la plus centrale de l'âme que se fait le lien avec Dieu. Il est Celui vers qui on marche, mais aussi l'hôte qui inhabite. Le mystique Le trouve en Le retrouvant en lui-même. Cette intention dédoublée de la quête mystique, exprimée en métaphores spatiales et temporelles opposées, contredit l'interprétation bien légère qui assimile la mystique à une expérience fusionnelle; mais elle se démarque aussi d'une conceptualisation qui, prenant appui sur les catégories du monde transformées en métaphysique, coupe la pensée de Dieu de sa signifiance pour l'homme.

Dans le propos limité qui suit, nous voudrions analyser le moment dialectique, essentiel d'après nous, où les deux intentions de la pensée de Dieu se renouent: le moment où les apories de la pensée objective de ce qu'est Dieu trouvent à s'assumer dans la foi qui les dépasse et qui rejoint ainsi Dieu tel qu'Il est en Lui-même pour l'homme. En réintégrant le Dieu pour l'homme dans la pensée objective de Dieu, nous introduirons également la psychologie de la religion dans la théodicée. En même temps nous trouverons, dans la psychologie de la religion, les références au système symbolique qu'est en lui-même le discours religieux. Sans elles il n'y aurait pas de psychologie de la religion, parce que pas d'homme religieux. L'alliance entre la théodicée et la psychologie de la religion n'est donc pas une mésalliance, même si les méthodes des deux disciplines divergent essentiellement. Les apories de la pensée spéculative sur Dieu correspondent en effet aux conflits personnels de foi qui mettent le croyant à l'épreuve. Pour qu'il les dépasse dans une foi renouvelée, il faut qu'il s'y implique avec son être le plus subjectif. L'épreuve, en effet, le concerne dans ses conceptions de lui-même et de Dieu, ainsi que dans ses désirs et ses attentes. Or le moment d'auto-implication transforme le champ des concepts qu'agence la raison théologique. La référence à Dieu, maintenue d'abord à l'horizon de la construction conceptuelle, devient plus prégnante. Une interanimation se produit entre la foi réaffirmée et la raison théologique que les apories de ses propositions ont rendue à l'état de silence discret. La force illocutionnaire de la confession de foi qui a surmonté l'épreuve rend effectives la présence et l'opération salvifique de Dieu. Les concepts aporétiques, évoquant par leur moment négatif l'indicibilité de Dieu, se remplissent de la positivité de sa présence opérative. L'agnosticisme théologique, tout en n'étant pas conceptuellement dépassé, peut s'assumer comme la condition de l'effectuation de l'intention croyante qui anime le discours théologique.

Nous voudrions illustrer l'interanimation entre la pensée spéculative et l'épreuve existentielle de la foi en analysant la correspondance entre quelques types d'aporie conceptuelle et de mise en question personnelle de la foi.

Bonté et toute-puissance

Dans le raisonnement par lequel la théodicée remonte des êtres finis vers leur fondement en Dieu, les catégories de bonté et de toute-puissance sont indissociables. Ce qui est, est bon et la bonté de l'être doit être attribuée éminemment à Dieu qui en est l'origine. Etant l'origine originante, Dieu est puissance sans limite. Le raisonnement ascendant vers Dieu reporte l'un sur l'autre le contenu des deux concepts. Le Dieu tout-puissant est infiniment bon. Et la bonté, caractérisée par la toute-puissance, est la bonté diffusive d'elle-même.

L'harmonie entre la bonté et la toute-puissance divine devient problématique lorsqu'au lieu de faire le raisonnement ascendant, le croyant tente d'appréhender, dans les figures du monde, l'épiphanie de ces qualités divines. En elle-même la foi ne doit pas nécessairement accomplir le parcours du raisonnement théologique. Mais lorsqu'elle réfléchit sur le contenu de ses croyances, elle assimile l'intelligibilité que la tradition théologique lui propose. Les qualités divines auxquelles elle donne son assentiment se transforment en concepts qui imposent leur contrainte propre. Pensées en rapport au monde réel, les deux catégories de bonté et de toute-puissance semblent alors difficiles à soutenir dans leur détermination réciproque. La souffrance qu'inflige le mal invite à exclure leur conjonction. Devant les cataclysmes et devant les agissements de l'homme qui causent tant de souffrances, répète-t-on, comment encore penser leur Créateur tout à la fois bon et tout-puissant? La réalité sur laquelle la théodicée s'était appuyée semble enfermer la raison dans un dilemme. Si on maintient la toute-puissance divine, on ne sait plus attribuer sans plus la bonté à Dieu. Et si on maintient sans correction sa bonté, il faut nier sa toute-puissance. Un Dieu qui serait sans plus bon et tout-puissant aurait épargné à l'humanité l'immense lot de souffrances qui l'accablent. L'ancien dualisme sauvait la bonté de Dieu et le disculpait de la cause du mal par l'imputation de celui-ci à une noire divinité antagoniste. C.G. Jung a repris la solution dualiste. Convaincu de donner la « Réponse à Job », il introduit dans l'être divin lui-même le principe du mal, face nocturne de la divinité. La théologie ancienne de la trinité des personnes divines devrait se compléter par la doctrine de la quaternité. Dans la gnose psychologisante dont Jung est le grand maître, la théodicée s'accommode aisément de pareilles spéculations mythologiques.

La pensée métaphysique donne à Job une réponse qui est conforme à la logique des concepts spéculatifs. L'être est bon et le mal est un non-être. Dieu, origine de tout être, ne saurait donc être tenu pour responsable du mal. La métaphysique élabore ainsi conceptuellement ce qu'appréhendait déjà l'ancienne tradition biblique. Ayant fortement proclamé la création divine du monde, elle a tout de suite attribué l'origine du mal au péché de l'homme. Inséparable des représentations mythologiques dans lesquelles elle s'est coulée, cette explication ne sait plus s'accorder avec les informations actuelles sur l'histoire du cosmos et de l'humanité. La réponse métaphysique, tout indiscutable qu'elle soit au plan de la logique abstraite, ne rencontre pas non plus la vraie question que fait poser l'expérience du mal. Néant pour la pensée de l'être, le mal n'est pas seulement un manque à être, mais un désordre dans la création. Le mal moral est même un désordre auquel Dieu n'est pas indifférent. La pensée spéculative ne sait pas l'inscrire dans une finalité ontologique qui lui donnerait sens. Si l'homme peut lui donner un sens dans sa pratique éthique et religieuse, le mal ne prend pas pour autant le sens d'une ruse de la raison ontologique.

La logique de la pensée spéculative interdit d'attribuer à Dieu la cause du mal. Mais en adoptant les concepts théologiques, proposant d'appeler Dieu infiniment bon et tout-puissant, la pensée religieuse se trouve habilitée à demander raison à Dieu pour le scandale de la souffrance. Arrivée à ce moment où les concepts de bonté et de toute-puissance aboutissent à une aporie conceptuellement insurmontable, la raison se trouve contrainte à réfléchir sur la présupposition qui commande sa démarche. Or, à tout bien considérer, on voit que, dans le dilemme auquel aboutit l'interrogation sur Dieu, la raison en vient à vouloir penser Dieu et son acte créateur du point de vue de Dieu lui-même. L'aporie est celle de la raison qui tend à se placer à l'intérieur de Dieu tel qu'Il est en lui-même et tel qu'Il forme le projet du monde. Cette visée de penser Dieu en lui-même, s'appuie sur la présupposition que Dieu aurait pu créer un autre monde, plus parfait. Ce raisonnement, dont le dilemme est le point d'arrivée, manifeste ainsi son double vice. Tout d'abord, la pensée d'un autre monde n'est qu'une construction imaginaire sans consistance. La raison humaine ne sait se représenter que le monde tel que le régissent les lois de notre monde et tel qu'il s'est formé par l'histoire cosmique, un monde donc qui reste toujours soumis aux cataclysmes. De même est-on incapable de construire conceptuellement l'idée d'un être humain dont l'intrication de passion et de liberté ne produirait pas le mal. Ce qui est plus important encore: à vouloir penser Dieu en lui-même, on tend à soumettre Dieu à la raison maîtresse. Mais le Dieu dont disposerait la raison n'est plus Dieu; il n'est que l'idole agrandie de l'homme qui se représente être le créateur du monde. La réflexion force ainsi la raison à avouer que son interrogation sur le non-sens du mal en arrive à des énoncés qui, en dépassant la compétence de la raison, n'ont plus de sens. La raison n'est pas en mesure de dire ni que Dieu aurait pu créer, ni qu'Il n'aurait pas pu créer un autre monde.

Acculée par la critique des présuppositions de son procès intenté à Dieu, la raison peut conclure à l'ineffabilité de l'être divin. Si elle en reste là, elle se retranchera dans l'agnosticisme. La raison spéculative peut cependant se souvenir de l'intention croyante dans laquelle elle a pris son essor. Elle s'apercevra alors que son élaboration conceptuelle est dans la mouvance du désir que l'homme adresse à Dieu, suite à l'invocation que Dieu lui adresse par l'intermédiaire de la religion. La pensée spéculative entend légitimer ce désir, mais elle le confronte finalement avec le désaccord entre les concepts spéculatifs et l'expérience de la réalité. L'aporie de la raison engendre le doute de foi. Cette épreuve n'est pas vaine. La raison spéculative se trouve ramenée à l'intention croyante et le désir religieux est forcé de se purifier de ses exigences démesurées. Nous appelons dialectique ce retournement, parce que le croyant ne l'accomplit qu'en s'y impliquant lui-même avec sa foi confiante. L'élucidation théologique va de pair avec la transformation de sa position en face de Dieu. Les catégories de la théodicée reprennent leur fonctionnement interne à la foi purifiée et réanimée. Dire la bonté de Dieu est maintenant confesser, avec la force d'une foi consciente de ses limites, que tout bien manifeste la bienveillance divine et contient la promesse d'un accomplissement. Et proclamer la toute-puissance divine, c'est reconnaître que Dieu seul est la source de tout bien et faire confiance que Dieu est assez puissant pour faire triompher le bien sur le mal. La foi suscite le questionnement sur Dieu, elle conduit au moment négatif de l'épreuve et elle s'effectue comme foi en la traversant. Elle est donc l'origine de son mouvement et son achèvement.

Amour et justice

Ces deux qualités divines appartiennent en propre à la théodicée théologique. Elles n'ont pas leur lieu dans une théodicée philosophique qui travaille avec des concepts métaphysiques. En effet, amour et justice qualifient les relations de Dieu par rapport à l'homme. Bien sûr, la philosophie peut considérer l'amour humain comme étant une disposition et un acte caractéristiques de la personne humaine et rapporter ensuite l'amour à son fondement dans l'être divin. La philosophie sera dès lors conduite à attribuer à l'être divin la qualité d'amour, dans la mesure où la source divine de l'amour humain doit en posséder elle-même la qualité de manière suréminente. Mais l'amour humain, marqué par le manque, est toujours un mixte de désir et de la volonté de promouvoir l'être aimé. Il est échange: demande et don. En attribuant l'amour de manière surémi-nente à Dieu, la philosophie ne peut que le penser en dehors du rapport d'échange. La catégorie d'amour perd ainsi la composante qui permet de lui donner un contenu pensable. En qualifiant Dieu par l'amour, la philo-sophie ne l'envisage plus dans sa concrétude relationnelle. Qu'en reste-t-il alors de cette qualité attribuée à Dieu, sinon l'idée abstraite du bien qui, par surabondance, se répand? L'amour n'est pas une catégorie métaphysique.

Le christianisme qui croit voir dans les actions de Jésus l'opération de Dieu et entend dans ses paroles Dieu qui s'y révèle, a pu, pour la première fois dans l'histoire religieuse de l'humanité, rassembler en cette seule expression l'être le plus caractéristique de Dieu: Dieu est amour. Cet énoncé inouï était certes préparé par une longue tradition biblique. Celle-ci n'a cependant trouvé à se condenser dans l'énoncé johannique qu'après les témoignages de Jésus sur la bienveillance active de son Dieu et après l'événement de sa mort et de sa résurrection, suprême effectuation de l'amour divin. Pour dire la bienveillance active de Dieu, manifestée dans la vie et dans la destinée de Jésus, le christianisme a repris le terme de *agapè* qui ne connote plus l'amour-désir. Il a rempli ce terme de la signification dont Jésus a témoigné: amour bienveillant, très personnelle-ment adressé à tout homme, et source qui suscite en l'homme l'amour par lequel, en retour, il aime Dieu et par lequel il transforme ses relations avec ses co-humains en consonance avec la disposition divine.

Mais la même foi qui proclame que Dieu est amour se trouve aussi requise à reconnaître en Dieu le Juge de l'histoire humaine et de toutes les actions de l'homme. L'attribution à Dieu du jugement n'est pas propre au christianisme. Mais, loin de la supprimer et de la remplacer par l'amour, le christianisme l'a au contraire accentuée, fidèle en cela aux avertissements répétés de Jésus lui-même.

Or, comment concilier rationnellement ces deux qualités fondamen-tales du Dieu chrétien? On peut dire que l'amour divin comporte une exigence terrible, étant donné qu'il ne peut pas s'imposer et requiert donc, pour son effectuation, le libre consentement. Ce consentement implique la conversion. Pour accueillir l'amour offert, il faut en effet renoncer à la maîtrise sur sa propre existence. En outre, on n'accueille cet amour qu'en pratiquant envers autrui la disposition reconnue comme divine. Dans le message de Jésus, l'entrée dans le Règne de Dieu par la foi est toujours indissociable de la pratique de l'éthique évangélique, résumée précisément dans le commandement de l'*agapè*. L'idée du jugement divin est donc inscrite dans l'amour lui-même. Cependant l'*agapè* divine dépasse aussi la mesure d'amour dont l'homme est capable, aussi bien en rapport à Dieu qu'en rapport à autrui; elle ne serait plus divine si Dieu la limitait à la mesure de la réponse humaine. Comment alors concevoir la coexistence en Dieu de l'amour et du jugement? Les deux énoncés se juxtaposent dans l'évangile, comme dans toute la tradition chrétienne. En parlant de la justice de Dieu, les évangiles et saint Paul l'entendent parfois dans le sens de la justice qui justifie, d'autres fois dans le sens de la justice qui juge, sans que ces deux significations soient rassemblées dans une synthèse conceptuelle.

Avouons que la synthèse théorique impossible représente une vraie aporie pour la pensée théologique. Mais, à y réfléchir, cette aporie intellectuelle apparaît bien être la condition de la foi. En se trouvant requis par la loi de l'amour, envers Dieu et envers autrui, le chrétien se sait soumis au jugement de Dieu. Sans la conscience d'être jugé, sa confession de l'amour divin perd son sérieux. Mais sans la confiance dans l'amour divin plus fort que les failles humaines, le croyant se trouverait, dans la crainte et le tremblement, condamné par le juge divin. Le jugement divin l'oblige de s'impliquer personnellement dans la disposition de l'amour offert. Et parce que soumis à l'exigence de l'amour divin, il ne peut que faire confiance, incapable qu'il est de mériter l'amour. Le conflit entre l'affirmation de l'amour divin et la reconnaissance du jugement divin fait ainsi accéder à la confession de la gratuité de l'amour de Dieu. La conscience de l'exigence à laquelle l'homme ne peut pas répondre adéquatement, maintient le sens du dynamisme que l'amour divin doit introduire dans son existence, et empêche de comprendre l'amour divin sur le mode d'un échange équilibré par la proportion entre le mérite humain et le don divin. L'aporie entre l'amour et le jugement divin, irrésoluble intellectuellement, se résout par l'acte de l'amour confiant dans lequel l'homme s'implique en abandonnant toute certitude donnée.

Dès le premier acte de foi, le croyant unifie plus ou moins ses idées théologiques en les assumant dans l'affirmation du Tu divin présent. En tant qu'acte de présentification, la confession de foi traverse les mots inducteurs de la présence divine, sans les abolir, pour se rendre présent à Celui que ces mots évoquent. Mais la prise de conscience de la véritable situation humaine en face de Dieu, creuse la conscience de la distance et de l'indignité humaine. La conscience du péché s'approfondit, en effet, par l'engagement de foi. La catégorie « Dieu juge » se remplit alors de toute la puissance annihilante de la sainteté divine face au péché. A ce moment, l'impossibilité d'opérer la synthèse conceptuelle entre l'amour et le jugement de Dieu place devant un choix existentiel. Tout un travail personnel est à faire qui consiste pour une part importante dans la prise de conscience des attachements secrets qui sont la loi normale du sentiment de culpabilité. Par son interprétation des structures et des processus psychologiques largement inconscients, sans pour autant être pathologiques, la psychologie de la religion peut éclairer les errances du sentiment de culpabilité et servir de guide au dépassement personnel de l'aporie qui, de théologique, est devenue celle de la foi engagée.

En une certaine mesure, la théodicée théologique et la psychologie religieuse s'appellent donc mutuellement. Les apories théologiques soutiennent et présupposent la foi qui leur donne leur sens. La foi, en s'approfondissant et en prenant conscience du péché, perçoit que les affirmations du jugement et de l'amour se soutiennent mutuellement pour faire apparaître la gratuité de l'*agapè* divine. Pour appréhender celle-ci, il faut que le croyant s'implique en faisant confiance sans la garantie conceptuellement assurée.

Grâce et liberté

Illustrons encore notre thèse par le rappel du problème de la conciliation entre l'affirmation de la grâce divine et de la liberté humaine. L'évolution de la conception augustinienne montre bien la difficulté, voire l'impossibilité de les penser ensemble dans un concept synthétique. La théologie mystique de saint Augustin réconciliait la culture de la pensée et de la beauté avec la foi en Dieu et avec l'amour de Dieu. En son temps, il a par là immensément contribué à rendre la foi chrétienne attrayante dans un milieu qui était divisé entre la pensée rationnelle et critique et de vagues courants d'irrationalisme religieux. Dans l'histoire de la culture occidentale, par la suite, Augustin a toujours été le père de l'humanisme chrétien. Sa confession du péché ne diminuait pas au départ son insistance sur l'harmonie fondamentale entre l'humain et Dieu, entre la raison et la foi. Même après l'expérience dramatique de sa conversion, il clame l'accomplissement de son désir dans la foi en la beauté et la vérité de Dieu.

Cet humanisme donne son empreinte à sa première théorie de la grâce. En vue de préserver la liberté humaine, Augustin juxtapose d'abord la liberté et la grâce selon une séquence temporelle: la bonne volonté est première et Dieu lui répond par le don de sa grâce. Plus tard, dans l'*Expositio...*, propos. 61, il essaie de les harmoniser en les concevant comme deux activités simultanées mais distinctes: « ... que nous croyons, est notre fait. Que nous faisons le bien, vient de celui qui donne l'Esprit saint aux croyants fidèles ». Finalement, dans ses *Rétractations* I, 23, 2-3, Augustin en donne la formulation qui maintient leur complète unité dans la distinction: « Donc l'un et l'autre sont de nous en raison de la liberté de la volonté et, cependant, l'un et l'autre sont donnés par l'Esprit de foi et d'amour ». Pour Augustin cette formulation est une déduction logique de l'affirmation de Dieu. Dans le schème de la séquence temporelle, le don de la grâce se conçoit comme une dette que Dieu contracte envers l'homme. Or, c'est nier Dieu que de le rendre dépendant de l'homme. Des raisons philosophiques et théologiques obligent Augustin d'affirmer avec une égale force la liberté humaine et l'absolue transcendance de Dieu. Seule la dernière formulation réconcilie cette double exigence.

Il est significatif qu'Augustin ait hésité longtemps et que l'hérésie pélagienne ait dû lui révéler les conséquences de sa première conception. Le chemin qu'a parcouru la théologie augustinienne de la grâce, est celui de la raison qui tente d'abord de penser ensemble la grâce et la liberté humaine et qui accepte finalement de les affirmer sans pouvoir réconcilier cette double affirmation dans une synthèse conceptuelle. En effet, munie seulement des catégories du monde, la raison ne sait concevoir autrement l'action divine qu'avec le schème inadéquat de la séquence temporelle.

Kant s'est heurté au même problème. Conscient que le mal radical sépare l'homme de Dieu, il reconnaît la nécessité de la grâce. Mais, voulant sauver la dignité de l'homme libre et la majesté de Dieu, il adopte lui aussi la solution du premier Augustin en affirmant que la grâce est donnée après l'acte libre de l'homme, en réponse au bon vouloir humain.[3] Selon Kant, la conception qui admet la grâce prévenante, celle qui suscite le bon vouloir, identifie la grâce à une force magique. Aussi la pratique sacramentelle représente-t-elle pour lui un comportement magique, parce qu'elle impliquerait la conviction que Dieu agit par la médiation des gestes et des paroles de l'homme, alors que le seul culte digne de Dieu est celui de la disposition éthique.

On connaît les propos sceptiques ou ironiques sur « le don de la foi »: si on n'a pas la foi, c'est qu'elle n'a pas été donnée. Le disent aussi,

---

[3] « Supposé que, pour devenir bon ou meilleur, une coopération surnaturelle soit aussi nécessaire, que celle-ci consiste simplement dans la réduction des obstacles ou qu'elle soit même une aide positive, néanmoins l'homme doit *auparavant* (souligné par nous) se rendre digne de la recevoir et *accepter* cette *assistance* (ce qui n'est pas peu), c'est-à-dire *accueillir* dans sa maxime l'accroissement positif de forces par lequel seulement il devient possible que le bien lui soit imputé et qu'il soit reconnu lui-même comme un homme de bien », (*La Religion*, 1e éd., trad. Gobelin, p. 67).

plus sérieusement, ceux qui voudraient croire, mais qui, pour des raisons obscures, ne parviennent pas à transformer l'appréhension incertaine de la manifestation divine en un acte d'assentiment. En un certain sens, il est vrai que la foi n'est donnée qu'à ceux qui croient. Mais la raison qui essaye de rendre compte de l'absence de ce don, le conçoit comme temporellement pré-venant. Pour échapper à cette mise en succession temporelle, qui comporte effectivement une conception magique de l'action divine, Kant, tout comme le premier Augustin, inverse la séquence temporelle.

Comme l'a bien compris le dernier Augustin, la raison théologique ne peut qu'affirmer la coïncidence temporelle entre la liberté et la grâce. Mais la raison ne dispose pas de catégories pour vraiment concevoir la coïncidence temporelle. Pour en être capable, il faudrait qu'elle pense l'agir de Dieu en se déplaçant au centre divin lui-même, c'est-à-dire en niant l'altérité absolue de Dieu. Aussi n'est-il pas étonnant que la foi en l'action divine, dans l'histoire humaine et dans l'existence singulière du croyant, représente la difficulté de foi majeure des contemporains. L'esprit scientifique porte, en effet, à concevoir le monde comme un système clos régi par des lois qui lui sont internes. Dans ce contexte, l'idée d'une intervention divine rappelle les anciennes représentations mythologiques. Le fameux projet de démythologiser la théologie chrétienne, promu par Bultmann, prend appui sur l'opposition entre l'esprit scientifique et la pensée d'une intervention divine qui, selon lui, appartient encore à une mentalité préscientifique. Mais en refusant la foi en l'action divine, on se trouve amené, tout comme Kant, à réduire la foi chrétienne à la disposition éthique en référence à Dieu et à la confiance qu'après l'initiative humaine Dieu interviendra pour la parachever.

Le paradoxe, rationnellement insurmontable, de la liberté et de la grâce ne se soutient que par l'acte de foi. Il invite à l'acte de foi et il se résout pratiquement par l'acte de foi. Le croyant se sait appelé à être le co-créateur avec le Créateur et le co-rédempteur de Dieu, convoqué par Lui pour rendre réelle, dans son existence et dans l'humanité, l'oeuvre salvifique. Action de grâce qui rend grâce pour tout et initiative qui se joint à l'action divine: les deux faces de la foi sont solidaires, inséparables comme les deux faces d'une feuille. Saint Ignace de Loyola exprimait puissamment la spécificité de la foi qui intègre le paradoxe théologique de la grâce et de la liberté: « Agissez comme si Dieu faisait tout, priez comme si vous faisiez tout ».

La question « qui est Dieu? » surgit de la foi religieuse elle-même. Elle rassemble les dispositions du croyant dans un étonnement interrogatif, fait d'admiration, de bonheur et de respect. Elle exprime la conscience de la différence structurale entre l'homme et Dieu et la recherche d'une plus réelle adéquation de l'esprit et de la disposition affective et éthique avec Dieu. Mobilisée par l'étonnement croyant, la raison tente de clarifier le langage qui porte le message religieux et les propositions dans lesquelles s'exprime l'assentiment croyant. Elle se pose la question « ce qu'est Dieu » et elle se donne pour tâche d'énoncer distinctement la nature interne de l'être divin. Dans ce but, elle élabore ses concepts par des constructions opératoires. Cette activité la conduit à se rendre pleinement compte que l'excédant divin défie tout effort pour le saisir en des concepts synthétiques. En se détachant par son propre mouvement de l'engagement de foi, qui est son sous-entendu initial, la raison spéculative incline à se retrancher dans le silence, jugeant Dieu un lieu de pensées inassignable, qui rend impossible un discours de vérité. Mais si cet effort reste dans la mouvance de la foi, la raison s'aperçoit que ses apories conceptuelles traduisent aussi des vecteurs et des tensions internes à la relation religieuse effective. Faisant retour sur les moments critiques de la foi et sa mise en suspens par les conflits qui lui sont inhérents lorsqu'elle s'approfondit, la raison renoue explicitement avec la foi qui la portait. Le suspens existentiel de la foi et les apories de la raison théologique s'unifient et se révèlent être les lieux où les signes de l'excédant divin sollicitent l'acte d'une foi réaffirmée et ajustée. Dans ce parcours d'une dialectique tout à la fois conceptuelle et psychologique, la foi s'engendre elle-même, toujours consciente de s'impliquer dans l'accueil du don divin.

Note additionnelle. On trouvera une analyse plus poussée de la pensée hésitante de saint Augustin dans *Finding God: A Matter of Recovering or Discovering? Reflection on Augustine's Teaching* (n° 17). - On complétera utilement le texte présent par celui qui examine la teneur du concept de Dieu: *Nom, présence, visage* (n° 18).

8

L'INFAILLIBILITÉ ENTRE LE DÉSIR ET LE REFUS DE SAVOIR

J'ai volontiers accepté l'invitation de M. Castelli à réfléchir sur « le désir d'infaillibilité ». Car cette question, même si elle n'a pas directement une signification théologique, me paraît fort importante pour comprendre aussi bien la « majoration » de l'infaillibilité que le scepticisme ou le refus déclaré que rencontre sa doctrine. Le désir d'infaillibilité, en effet, est un moment paroxysmal du désir du savoir absolu, dont les effets mortifères suscitent les résistances.

C'est un lieu commun de dire que des théologiens, officiels, officieux ou privés, ont souvent « majoré » l'infaillibilité. Ce terme quantitatif n'exprime cependant pas adéquatement la tendance que l'on déplore. En effet, en élargissant l'infaillibilité au-delà des limites de son application, on en change la qualité et le sens. Par sa majoration, l'infaillibilité devient affirmation d'idées et consiste en fait dans la réduction des signes signifiants du message à ses expressions logiques, alors qu'elles sont secondaires par rapport à tout ce qui est monstration, indication de l'objet de foi: les concepts symboliques ou les actes et signes du culte. Par la « majoration » on ne respecte plus la priorité de la vérité en acte sur sa formulation conceptuelle; on soumet la vérité au *theorein*. Dans la théologie, qui forme l'arrière-fond de cette problématique, il y a souvent un excès spéculatif de la veine la plus rationaliste et généralement coupée de la pensée contemporaine vivante aussi bien que de la vie de la foi. L'abus théologique de l'infaillibilité relève de la pathologie de la vérité, tout comme le légalisme est une pathologie de la morale. Par sa déviation, l'infaillibilité se trouve distordue et méconnue. Une vue optimiste sur le bon sens ou sur la vérité progressive de l'humanité en marche serait trop courte. Ce qui s'impose, c'est une analyse de la pathologie de l'infaillibilité. Souvenons-nous des avertissements de Kierkegaard et de Freud: si la vérité est la passion de l'homme, il met cependant autant de passion à la cacher. Le durcissement doctrinal et autoritaire, ne nous montre-t-il pas que le christianisme lui aussi cède parfois à la tentation du savoir absolu, ce que le mot « infaillibilité » suggère précisément à de nombreux contemporains?

Plusieurs éléments ont contribué à infléchir parfois la vérité chrétienne en ce sens. Une philosophie trop rationnelle a fortement influencé la conception du dogme, et celle de l'infaillibilité qui lui était associée; ainsi vers le XVIIIème siècle, le dogme a pu être compris comme une proposition qui définit rigoureusement la vérité de foi. Des motifs historiques d'ordre politico-ecclésial ont également contribué à durcir la conception et la pratique de l'infaillibilité; ce sont p. ex. les luttes contre les divisions dans l'Eglise, et le souci de répondre aux problèmes soulevés par les sciences herméneutiques. On pourrait comparer ceci avec des phénomènes analogues dans certains groupes idéologiques qui eux aussi, par les mêmes lois sociologiques, ont tendance à poser leurs formulations doctrinales comme absolues. Il est un autre motif, plus secret, moins apparent pour l'étude des documents historiques: le désir du savoir absolu qui habite l'homme tend à se déployer jusque dans la religion.

C'est là le point qui nous intéresse dans cette note. Nos considérations ne seront donc ni théologiques ni philosophiques, mais anthropologiques. Nous prendrons le christianisme comme une forme de religion, et de ce point de vue nous essayerons de comprendre une part de la problématique de l'infaillibilité: celle de son errance et celle des incompréhensions. Quelle que soit l'originalité du christianisme dans l'univers des religions, il participe en une certaine mesure aux fonctions et aux structures mentales et affectives qui caractérisent le religieux et tout comme lui, il met en oeuvre de puissants mobiles qui ont rapport au savoir. Or la recherche du savoir n'est pas seulement quête désintéressée de vérité.

Notons encore que le terme de pathologie ne doit pas nécessairement être pris au sens fort de la clinique psychiatrique. La psychanalyse et l'anthropologie culturelle nous ont appris que les frontières entre le normal et le pathologique sont flottantes. Dans leur manière de déséquilibrer les tendances normales, les collectivités ou les mouvements culturels peuvent également manifester des tendances morbides, qui entretiennent un rapport de conditionnement réciproque avec les cas de pathologie individuelle.

1. *La religion comme système du monde et comme rapport aux origines.*

Si l'on considère de quelles significations le mot de religion s'est chargé à l'époque moderne, depuis que les sciences de l'homme se sont interrogées sur son essence et sur l'intention humaine qu'elle déploie, on ne manque pas d'être impressionné par l'importance accordée à sa valeur — discutable — de système du monde. Psychologues, sociologues et même philosophes y voient souvent une forme de « conception du monde ».

Dans les *Formes élémentaires de la vie religieuse* Durkheim définissait la religion par la référence au sacré; mais ce sacré, pour lui, coïncide avec la cohérence de la société qui, dans ses symboles religieux, prend conscience d'elle-même. Par là-même la religion n'est plus le rapport vivant de l'homme avec le sacré, mais la conscience collective qui par la force coercitive du sacré trouve à se réaliser et à s'exprimer. Durkheim a souligné à juste titre qu'un symbole religieux ou un langage sacré appartient à la communauté et qu'une expérience du sacré se produit toujours à l'intérieur d'une communauté formée par le langage et le symbolisme religieux. Mais, dépassant le moment de l'enracinement et du conditionnement social de la religion, Durkheim a fait de la condition de la religion son essence: elle serait la fonction même de la communication sociale. Le sacré se trouve réduit au système social. Qu'a-t-on gagné à évoquer le sacré s'il s'absorbe dans le système des significations communautaires? Si les collectivités éprouvent la nécessité de se fonder dans le sacré, n'est-ce pas l'indice qu'elles ont conscience, non seulement d'elles-mêmes en tant que collectivités, mais aussi de leur insuffisance et de la nécessité de se rattacher à des origines qu'elles n'ont pas en elles-mêmes? Sans compter que Durkheim méconnaît en outre la dimension essentielle à toute religion: la perception du transnaturel qui se manifeste et qui dans le langage religieux invoque et requiert l'homme.

Une double démarche caractérise en général les considérations anthropologiques de la religion. Cherchant à comprendre le religieux, elles le situent dans sa fonctionnalité humaine, que celle-ci soit personnelle ou collective. Ensuite, ayant sollicité le religieux vers son intention humaine, elles sont amenées à le comprendre en termes humains, jusqu'au moment où il n'est plus que le fantastique de l'homme, dénué de toute subsistance propre. Car à vouloir remonter de l'humain au divin, on va du réel à l'irréel, du clair à l'obscur.

Ce n'est pas ici le lieu de discuter le statut des sciences de l'homme. Constatons simplement que par leur attitude heuristique elles ont tendance à ramener le religieux dans leur courbure anthropocentrique. Même si nous jugeons que cette optique relève d'un a priori philosophique injustifié et intenable, nous pouvons admettre que la religion est également une fonction de la collectivité et de l'homme qui se fait. C'est précisément l'intention fonctionnelle de se rattacher à une origine et à une loi souveraines, à un principe du principe, qui signe la religion d'une marque d'idéalité et la pose comme conception du monde.

Dans son livre sur *Les Grecs et l'irrationnel* E. R. Dodds explique le prestige durable de l'oracle de Delphes par les conditions sociales et religieuses de l'époque. « Dans une culture de culpabilité, le besoin d'une sanction, d'un appui surnaturel, d'une autorité qui transcende celle de l'homme, semble être d'une force insurmontable. Mais la Grèce n'avait ni Bible, ni Eglise; et c'est pourquoi Apollon, vicaire du Père céleste en ce monde, est venu combler le vide. Si Delphes n'avait pas existé, la société grecque n'aurait guère pu endurer les tensions à laquelle elle fut soumise durant l'époque archaïque. Le sentiment écrasant de l'ignorance et de l'insécurité humaines, la terreur du *phtonos* divin, la terreur des *miamata* — la charge accumulée de tout cela enfin, aurait été insupportable sans l'assurance que pouvait donner un conseiller divin et omniscient de cette espèce — l'assurance que sous le chaos apparent il y avait une science et une intention... ».[1]

Quand les poètes ou les prophètes grecs considèrent leurs oeuvres comme divinement données, et demandent aux Muses ce qu'ils doivent dire, ils étaient sans doute conscients que toute oeuvre créatrice n'est pas un produit du moi, mais qu'elle se fait par une puissance qui opère en eux. Dans une mentalité religieuse, la puissance qui dépasse la volonté de l'homme est jugée d'origine et de nature divines. Dans la conscience des Anciens la puissance créatrice qui les traverse est une manifestation divine. Réticents à l'idée d'une manifestation, les Modernes ont tendance à interpréter cette aperception comme une forme d'explication mythologique et ils invoquent souvent des schèmes explicatifs empruntés à une psychologie hâtive, comme celui de la projection. Mais il importe de noter que les poètes anciens avaient conscience de la faillibilité humaine et que leur recours à l'inspiration divine représentait également l'exigence d'un savoir infaillible. Le désir de savoir et la recherche de la garantie de savoir infaillible portent donc l'homme à la croyance en des vérités divinement données. Tout comme l'angoisse devant le tumulte absurde des événements du monde l'amène à faire foi en des paroles qui lui paraissent émanées du ciel immuable de la vérité divine. La croyance en un regard suprême devant lequel se déroule l'histoire, sauvegarde l'homme de la désolante et angoissante impression de désordre insensé.

Freud lui aussi estimait que le catéchisme est un guide bleu pour le voyage de la vie, bien supérieur en sa fonction que tous les systèmes philosophiques. Et en fait, l'observation psychologique nous apprend qu'une fois interpellé par la question du sens de l'existence, l'homme supporte souvent mal un monde qui ne reçoive pas des origines premières l'ordonnance qui délimite et structure les rapports et les fonctions. Par le discours religieux l'homme se sait intégré dans un ensemble significatif. Et tout comme Freud, des sociologues, tels P. Berger [2] et Th. Luckmann,[3] croient expliquer la religion par le besoin humain d'échapper au chaos et à l'anomie. L'homme doit faire pour lui-même son monde, et toute culture est une manière de construire un monde.[4] Or, un monde implique des lois

---

[1] Traduction française, Paris, Aubier, 1965, pp. 81-82.

[2] *The sacred Canopy. Elements of a Sociological Theory of Religion*, New York, 1967.

[3] *The Invisible Religion. The Problem of Religion in Modern Society*, New York-London, MacMillan, 1967.

[4] P. BERGER, *o. c.*, p. 5.

reconnues par la société et qui ordonnent les expériences individuelles et discordantes. Ces lois demandent à être intégrées dans une totalité, dont les religions présentaient originairement le modèle. « La religion est une entreprise humaine par laquelle un cosmos sacré est établi. En d'autres termes, la religion est la construction d'un monde (*cosmization*) sur un mode sacré ».[5] Le sacré s'oppose au chaos, et le cosmos sacré, émergeant du chaos, s'y affronte comme à son terrible contraire. Les mythes cosmogoniques en témoignent. La société fait partie de ce monde ordonné, et elle reçoit du sacré sa légitimation. « Historiquement la religion a été l'instrument (*the instrumentality*) le plus largement répandu et le plus effectif de la légitimation ».[6] Et pour étayer son explication fonctionnelle de la religion, P. Berger met son lecteur devant l'hypothèse suivante: imaginons l'homme qui construit *ex nihilo* l'ordre institutionnel: comment peut-il en assurer la permanence? Il faut qu'il puisse le légitimer. Il doit donc faire oublier aux hommes que la construction du monde sacral est encore humaine et tire dès lors son origine de rien. Comment couvrir le chaos originaire sinon en faisant croire que la construction humaine est la manifestation de quelque chose qui existe dès les origines? La légitimation religieuse donne à croire qu'en assumant les règles institutionnelles, les hommes réalisent leurs aspirations les plus profondes et se mettent en harmonie avec l'ordre fondamental de l'univers.[7]

Ces quelques références aux études anthropologiques de la religion suffisent à nous montrer de quelle manière elles l'envisagent. Elles y voient essentiellement un système de connaissance qui tend à fermer la pensée et l'existence par la clôture d'un univers fixe et légal. Le dogmatisme, au sens de l'affirmation de limites stables et de principes d'autorité, serait le coeur même de la religion. La religion serait fonction d'un monde clos qui confère à l'existence sécurité et validité et qui compense la faillibilité humaine.

D'après nous, l'optique anthropocentrique de ces interprétations méconnaît l'essentiel de la religion comme du mythe: leur nature de révélation. Nous croyons qu'au-delà de ses avatars fonctionnels qui surcompensent la faillibilité humaine, la religion est d'abord la perception des traces de l'Infini dans le fini; et cet Infini est origine d'existence et de légitimité. Jamais l'homme n'a vécu dans l'évidence des choses données, qu'elles soient de l'ordre du monde ou du domaine social. Conscient que le donné n'appartient réellement ni à son savoir ni à son pouvoir, l'homme avait la connaissance d'une présence originaire qui permettait au monde et aux hommes de se répéter indéfiniment dans un présent vivant. Cette présence originaire n'est la présence de rien de ce qui existe dans le monde

---

[5] *O. c.*, p. 26.
[6] *O. c.*, p. 32.
[7] *O. c.*, p. 33.

changeant. Si monde il y a, et non pas chaos, c'est qu'un ultra-monde permet de parler du monde à partir d'une origine qui se donne dans les traces que le temps efface et reconstitue. Il est difficile de croire que la saisie de l'originaire tel qu'il s'énonce dans le langage mythique et religieux, soit construite en fonction des désirs humains. N'est-il pas plus indiqué de penser que le désir de fonder l'ordre et la légitimité sur les origines est suscité par l'aperception première d'une présence?

Toute société sait que son système de lois et de rites n'est pas oeuvre humaine seule, justement parce que la légalité n'appartient pas à l'ordre des faits, mais à l'ordre symbolique. Son universalité, pour la société donnée, ne pouvait pas trouver son support dans les individus agglutinés, puisqu'elle leur confère précisément leur identité d'être social. Le support de la société ne pouvait se trouver dans le fait même de la société constituée. Et puisque les hommes sont des êtres mortels, et que les générations se remplacent dans la même identité sociale, le support du système symbolique ne pouvait être pensé que dans les origines qui n'entrent plus dans la série indéfiniment répétée. La conscience de l'égalité humaine dans la répétition a amené la plupart des sociétés à situer leur support symbolique dans les ancêtres, figures paternelles émergeant du commun des hommes et revêtues d'un pouvoir divin, sinon mandatées par le dieu lui-même, pour la fondation d'une légitimité qui ne peut émaner des hommes.

Si, par position heuristique, les sciences de l'homme interprètent la religion comme système du savoir, comme conception du monde, et non pas comme manifestation d'un ultra-monde, elles manquent sans aucun doute l'essentiel de la religion. Cela tient à ce qu'elles ne s'intéressent à ce phénomène religieux que dans l'horizon de la rationalité et le déterminent a priori comme fonction humaine. Leur réduction critique nous permet cependant de saisir quelle fonction la religion doit remplir pour répondre au désir de l'homme d'un savoir autorisé et légitimé. En cela, le lien qu'elle établit avec les origines premières nous semble extrêmement important; seule, en effet, une origine divine confère au système du monde et à la société leur ultime légitimité.

Or, la promesse d'un accès au savoir initié et dernier, fait peser sur toute religion le danger d'un autoritarisme théorique qui a toujours tendu à fixer en des formes immuables et apodictiques les signes et les discours religieux. Et le durcissement rationaliste de l'infaillibilité ecclésiale relève sans doute du même processus. En toute religion le désir d'un savoir fonctionnel risque de convertir l'énoncé de la réalité originaire en un système clos. Assurant la fonction de supprimer le non-sens, le chaos, l'absurdité des contradictions, la religion tend à resserrer dans ses concepts des références absolument sûres et à bannir l'incertitude. De quel poids cette tendance a pesé dans la majoration et dans la perversion de l'infaillibilité ecclésiale, c'est là une question que les analyses historiques des documents officiels et officieux ne peuvent que difficilement nous apprendre.

Nous sommes bien convaincu que tout ceci ne nous apprend rien sur la théologie de l'infaillibilité. Mais nous pensons que ces considérations anthropologiques éclairent quelque peu les vicissitudes de sa pratique effective.

Poursuivant notre démarche, nous voudrions, dans un deuxième point, considérer le désir d'absolu qui peut travailler la connaissance et contribuer à la recherche d'un savoir religieux infaillible. Notre analyse ici se fera plus psychologique: elle examinera ce que peut signifier en profondeur le désir de Dieu et de sa vérité.

2. L'autorité religieuse et le désir de savoir absolu et garanti.

Nous ne voudrions pas limiter la fonctionnalité du savoir religieux à sa fonction vitale et sociale. Car le savoir des origines introduit une tentation d'absolu qui lui est propre. Parce qu'il est présence originaire, le sacré signifie également la différence absolue. En même temps qu'il lui est relié, l'homme s'en trouve séparé. Or cette présence-absence peut susciter le désir d'un savoir qui abolit la différence et récupère la distance dans une connaissance initiée aux secrets divins. La question des origines est la plus problématique qui soit, non seulement à cause de sa nature objectivement impossible, mais aussi en raison de tous les désirs qu'elle met en mouvement. Les mots mêmes qui la désignent, le temps, le paradis, la séparation, l'exil, l'infini..., disent déjà qu'en cette interrogation se condense toute la dramatique humaine. Rien d'étonnant dès lors que la religion présente le terrain privilégié pour les vérités les plus essentielles aussi bien que pour les déviations les plus désastreuses. Si la prise de conscience de l'hétéronomie de l'être humain oriente vers la lecture de la vie originaire en signes mondains, elle tend également à supprimer la distance et la différence qui séparent. Comme la métaphysique a toujours voulu rejoindre *idealiter* l'absolu, ainsi la religion s'est toujours vue tentée d'incorporer la vie des origines absolues dans ses énoncés et dans ses institutions. Ce n'est pas sans raison que plusieurs mythes, comme celui de Pandore, nous présentent le désir de savoir comme la tentation par excellence. Et dans la Genèse également le malin tente l'homme par un appel à son désir de connaître le bien et le mal pour s'égaler à Dieu. N'est-ce pas aussi la tentation de toute religion, aussi bien que de la métaphysique, de s'identifier secrètement au savoir divin, et de mettre tous ses énoncés au niveau d'une connaissance infaillible? L'homme est travaillé par la nostalgie d'une certitude qui n'appartient plus à la sphère du savoir humain faillible. Combien n'en est-il pas qui confessent qu'au plus secret de leur être, Dieu est leur évidence première, parce que son irréalité les priverait de toute certitude. Plus rien n'aurait de sens. Dans l'abîme qu'ouvre l'absence de fondement humain ultime ils se savent portés par l'Infini et l'Eternel. Sans révolte ils ont le sentiment de ne pas même avoir la liberté de croire ou de ne pas croire en Dieu et les discussions philosophiques à ce sujet restent en dehors d'eux. Dieu fait partie du domaine de sécurité fondamentale qui demeure inaltérable sous toutes les expériences d'insuffisance, de conflit. A certains égards, cette certitude secrète semble n'être que le souvenir d'un monde révolu, évoquant par sa sérénité et son éclat un paradis, non pas élevé aux cieux des Shaman, mais caché dans la substance même de l'existence intérieure.

Ces hommes ne sont pas des optimistes aveugles; ils sont très conscients que l'expérience humaine, celle de l'ignorance, du mal, de l'absurde, contredit la certitude religieuse première et détruit la rationalité absolue que Dieu semble promettre, et il leur arrive de ne pas savoir se décider dans l'affrontement des impressions contraires. Est-ce que la certitude de Dieu n'est que le souvenir d'une enfance perdue? Est-ce que l'existence absurde est plus réelle que l'impression religieuse première? De cette contradiction naît ce désir de comprendre, de maîtriser par le savoir une existence divisée entre la croyance et l'expérience, entre la lumière divine qui éclaire l'existence et l'absurde qui l'obscurcit. Ne croyez pas que j'interprète; je rapporte à peu près tels quels de nombreux témoignages.

Si ces hommes sont chrétiens, la figure du Christ présente un signe de contradiction [8] qui peut orienter le débat intérieur vers une issue. L'humaine réalité du Christ, méconnu et souffrant, contredit de quelque manière le Dieu de la certitude première. Elle témoigne de l'obéissance divine aux lois de l'insuffisance humaine et inscrit Dieu dans l'existence actuelle. A considérer le Christ, les hommes prennent parfois conscience qu'à vouloir supprimer les expériences d'insuffisance et de non-sens dans la certitude religieuse, ils s'efforcent de reconquérir une existence première, un paradis, dont la vie chaotique les a exilés. Le Christ peut alors s'imposer comme le signe d'une résolution qui situe Dieu dans une histoire réelle et progressive, et introduit la référence absolue dans la connexion vivante des actions humaines, invérifiables dans leur sens ultime.

Certains cependant ne renoncent pas à la nostalgie de la première certitude. Ils sont plus nombreux qu'il n'y paraît, ceux qui rejettent la foi parce qu'elle les déçoit en ce qu'elle ne supprime pas la faillibilité humaine. Sous les critiques qui reprochent à la religion son inefficacité historique et son incapacité à supprimer les contradictions du langage théologique, nous pouvons souvent déceler le puissant désir d'une certitude absolue et d'un principe d'interprétation sans faille.

Ou bien, s'ils maintiennent leur position religieuse, ils requièrent de l'autorité des énoncés qui élucident avec une évidence irrécusable le vrai et le faux, le bien et le mal. Les changements du langage théologique les mettent dans une incertitude intolérable. Dans les formulations dispersées

---

[8] Voir l'article liminaire où Castelli oppose le principe de contradiction et le signe de contradiction.

des vérités religieuses ils ne parviennent pas à ressaisir la garantie que
contenait leur première expérience d'une certitude originaire. Le contenu
manifeste de la religion contredit leur idée de Dieu. Au fond, ils voudraient
penser l'existence comme ils croient que la pense une pensée absolue. Le
savoir religieux devrait les mettre au niveau d'un penseur absolu, au
regard duquel le mal ne serait qu'une apparence, et la souffrance que la
stratégie du bien. C'est à ce point que la religion cesse évidemment d'être
rapport vivant à un Dieu qui fait histoire, pour devenir construction
idéologique : maîtrise de la faillibilité humaine par l'idéalité absolue.

Rapport aux origines absolues présentes dans les incertitudes et les
aléas de l'histoire humaine, la religion cristallise sur elle les désirs les
plus puissants de l'homme, et les déceptions qu'elle provoque sont à la
mesure des promesses que lui attribuent les désirs. La « majoration » de
l'infaillibilité dans l'Eglise a sans doute souvent répondu à cette demande
de savoir certifié que l'homme lui adresse avec une insistance sans pareille.
Il faut une bien grande lucidité, une extraordinaire pauvreté d'esprit, une
confiance radicale dans l'efficace de la vérité divine, pour renoncer à
satisfaire ces puissants désirs de certitude absolue.

Si nos observations psychologiques n'étaient pas probantes à elles
seules, il suffirait d'évoquer l'histoire des religions pour se convaincre de
la présence, sous diverses modalités, du désir d'un savoir absolu et garanti. Le shamanisme ne représente-t-il pas la quête d'un retour expérien-
ciel au paradis perdu et surélevé au ciel, où l'homme rejoint Dieu dans une
familiarité si proche que sa toute-puissance rejaillit sur l'âme? De leur
côté les rites et les mythes de possession nous témoignent de la même
quête humaine pour conquérir l'identité infaillible par la connexion intime
avec l'esprit ou avec le dieu. Et Allier, missionnaire et observateur psychologique, nous rapporte comment « la poursuite systématique de l'émotion,
considérée comme le meilleur moyen de provoquer la crise, conduit presque
fatalement à n'estimer comme réelles que les conversions précédées d'une
secousse affective ».[9] Dans l'expérience affective qui l'arrache à sa commune humanité, le converti cherche le signe tangible de la vérité de sa foi.

C'est le désir de savoir absolu qui a également retenu l'attention de
plusieurs psychanalystes, et c'est son effet qu'ils pensent découvrir dans
toute position dogmatique. Citons Th. Reik [10] qui a poursuivi de vastes
études sur diverses pratiques et croyances religieuses, chrétiennes et autres,
et particulièrement sur le dogmatisme. Pour lui le dogme se définit par
son aspect formel d'affirmation de vérité, maintenue rigidement et intan-

[9] *La psychologie de la conversion chez les peuples non-civilisés*, Paris, Payot,
1925, (I), p. 302.
[10] *Das Ritual. Probleme der Religionspsychologie*, vol. II : *Dogma und Zwangs-*
idee. Eine psychoanalytische Studie zur Entwicklung der Religion, Leipzig-
Vienne, Intern. psychoanal. Verlag, 1927.

giblement, tel un tabou. Certaines particularités de la dogmatique, étranges et choquantes, telles les discussions théologiques byzantines portant sur des détails futiles ou le souci d'une formulation définie avec une extrême acribie, donnent à penser, selon Reik, que nous assistons là à un phénomène typiquement obsessionnel. Couvrant une intense ambivalence affective envers Dieu, le dogmatisme sur-compenserait intellectuellement le refus de la foi par une volonté de certitude affirmée de manière absolue.

Qu'il soit la résistance contre une ambivalence affective envers Dieu ou l'effort pour maintenir la garantie contre l'absurde, le savoir religieux tend à convertir en certitude intellectuelle le discours religieux. L'infaillibilité dont jouit l'Eglise, garantie par l'Esprit, se trouve également sollicitée par le désir humain qui la met dans la position du savoir absolu dans les choses de Dieu.

Dans la philosophie implicite qui inspire parfois les discours de l'Eglise, on peut reconnaître son désir de présenter une conception du monde qui intègre les vérités partielles et contingentes de l'homme dans un système qui les totalise. Ne parle-t-on pas souvent de la nature humaine comme si les lois biologiques étaient l'expression de l'intelligence et de la volonté divines et signifieraient à l'homme quel doit être son comportement? Au regard de la pensée absolue l'homme serait un être défini et normé selon le modèle de la nature vivante. Cette extraordinaire affirmation de l'accord entre l'être humain et l'être naturel ne peut se concevoir qu'en référence à une pensée absolue qui est la puissance déterminante de toute norme. On reconnaît là le penchant du rationalisme qui croit posséder dans ses concepts la source de l'accord préétabli entre l'homme et la nature.

La religion se prête évidemment à pareille rationalisation qui exclut toute inventivité, tout conflit et toute incertitude. De par sa nature même, en effet, elle est le discours et le système symbolique qui rendent présentes les origines absolues. Les phénoménologues et les historiens des religions l'ont mis en évidence : la religion relie le temps et l'éternel. Ses rites sont toujours les mémoriaux des événements originaires, et dans leur référence symbolique ils assument la dispersion du temps dans la présence immuable du divin. Tout comme ils organisent l'espace du monde en le concentrant vers un lieu central où les lignes horizontales se trouvent ramenées vers l'axe vertical du divin. Il n'est pas étonnant dès lors que, garante de l'éternel, la religion représente souvent une puissance réactionnaire. Certes, la vraie théologie pourra nous dire que pour l'Eglise c'est là une déformation de son message, et que seul un durcissement malencontreux de son infaillibilité pouvait l'amener à identifier le dynamisme de son message avec les formes constituées de la société, ou la vérité des dogmes avec leurs formulations contingentes. Je suis le premier à reconnaître et à promouvoir ces nécessaires distinctions. Mais il ne suffit pas de plaider coupable pour le passé. Si l'on veut garantir l'infaillibilité contre ses distorsions, il faut aussi essayer de comprendre les raisons profondes de celles-ci. Or, ces raisons ne sont pas extérieures au christianisme, elles font corps avec lui. Mémorial vivant des origines, la religion est toujours tentée d'hypostasier les formes concrètes de son langage, de ses rites et de ses lois. La plupart du temps elle ne parvient à dissocier l'éternel et le contingent que contrainte par la civilisation qui s'en détache. Au point que l'on peut se demander si l'incroyance n'est pas la garantie nécessaire pour le maintien de l'infaillibilité dans sa juste position.

3. *Refus du savoir religieux.*

Considérons maintenant l'autre versant: l'allergie de nombreux contemporains pour tout discours sur l'infaillibilité. Elle ne se comprend pas uniquement par l'affirmation parfois excessive, irritante, de l'infaillibilité. Elle nous paraît relever d'une foncière méfiance envers toute vérité instituée, et particulièrement envers toute vérité qui advient à l'homme de la part de Dieu. Souvent l'homme contemporain sent son humanité menacée de destruction par un absolu qui le transcende. Notre époque marque un tournant décisif dans l'histoire du sacré. De nombreux contemporains, en effet, dénoncent dans la foi religieuse l'aliénation suprême de l'homme, précisément parce qu'elle serait un désir d'absolu. Résolument orienté vers l'avenir à faire, on rejette souvent toute religion parce qu'elle est le mémorial d'un passé constituant.

Si l'affirmation de l'infaillibilité suscite de si violentes oppositions et si le terme de dogme est devenu l'emblème de la personnalité autoritaire, ce n'est pas d'abord en raison des dictatures intellectuelles et des abus de l'infaillibilité qui demeurent gravés dans la mémoire historique de nos contemporains. Pour écarter cette interprétation, il suffit de penser à toutes les violences intellectuelles que s'autorisent actuellement les mouvements révolutionnaires. Il nous semble plutôt qu'au désir intense de savoir absolu et garanti correspond la peur de voir l'existence privée de sens par une doctrine qui d'emblée lui donne un sens assignable. On veut maintenir l'existence ouverte, problématique, et à la positivité d'un Credo chrétien on préfère la négativité du non-sens; car elle sauvegarde les possibles à faire et à découvrir. Pour comprendre la résistance à l'infaillibilité de l'Eglise, il faut donc situer le débat dans l'opposition entre le désir et le refus de savoir, tension secrète qui divise l'homme, et dont les antinomies sont progressivement manifestées par l'évolution de la pensée.

Que la préférence pour la négativité domine la pensée contemporaine, plusieurs courants l'attestent, que nous pouvons ressaisir à partir de l'exigence de nier tout ce qui prend figure de vérité donnée. Un même puissant motif tisse une parenté entre plusieurs phénomènes de la culture actuelle: le refus d'une vérité instituée, pour ce qu'elle semble arranger d'avance l'existence. Cette peur du sens fermé fait comprendre la réaction affective contre tout rappel d'une révélation, contre l'idée de résurrection, contre le concept d'un Dieu personnel. Ayant thématisé la subjectivité, l'histoire et l'existence, l'humanité contemporaine est à ce point soucieuse de préserver la finitude radicale que dans l'idée d'un Dieu se révélant elle voit une menace pour son identité.

Quoi de commun, à première vue entre la philosophie de l'existence et la négation du sujet dans diverses pensées groupées sous l'enseigne du structuralisme? Ces courants de pensée, qui militent entre eux, se rejoignent dans un même refus de toute référence à une plénitude de sens et à une vérité souveraine qui seraient l'horizon mental du christianisme. Qu'on mette la liberté avant l'essence, c'est pour sauvegarder un monde et une vérité qui sont toujours à faire, un monde qui n'est jamais accompli, une existence qui est toujours promesse menacée d'obstacles et de défis. Dans une intuition fulgurante, Nietzsche a défini le christianisme comme platonisme pour le peuple. Absurde aux yeux du théologien, cette parole traduit l'horreur fort répandue devant l'affirmation d'une vérité révélée, parce qu'elle semble contenir le mythe d'un savoir dernier et absolu. La liberté craint de mourir au contact de l'absolu. Pour la conception religieuse, le monde ne serait pas le lieu obscur où la liberté se fait, mais seulement le théâtre d'un libre arbitre.

N'est-il pas significatif, que la philosophie soit entrée dans le temps de l'indigence? Elle ne peut vivre aujourd'hui que dans un régime d'austérité. Jamais elle n'a autant contesté toute certitude parce qu'elle semble présenter un relent d'idéologie qui surplombe l'existence et l'écrase sous le palais des idées. L'affirmation de Dieu paraît boucler l'existence et la priver de la genèse à elle-même qui lui est essentielle. Alors qu'autrefois plusieurs chrétiens, tels Pascal, Malebranche ou Blondel, tiraient de l'insuffisance humaine un argument pour une interprétation chrétienne de l'existence, actuellement l'idée d'un Verbe éternel qui éclaire l'homme venant en ce monde, paraît lui enlever le pouvoir qui fait le coeur de son être, celui de réinventer toujours sa propre vérité. L'Infini et l'Eternel, par leur position même, empêcheraient l'homme de se constituer dans l'incertitude nécessaire. Le christianisme a légué à la pensée occidentale les thèmes qui lui sont devenus essentiels, celui de la subjectivité, celui de l'histoire, et celui du dépassement de lui-même. Mais aujourd'hui on voit difficilement comment l'homme peut encore se dépasser si les termes et les principes de ses possibles sont posés par Dieu. Et si l'eschatologie est présente à l'existence, comment peut-on encore la rendre historique? Passé un certain point de maturité, comment l'homme peut-il encore se déployer librement à l'intérieur d'un univers articulé d'avance? Le dépassement ne paraît possible que par une transgression qui abolit toute vérité prétendument acquise et défait les rapports au monde, à autrui et à Dieu qui sont déjà institués. La finitude n'est plus positive si la négativité ne prévaut pas sur le trop plein des réalités révélées. Dire oui au christianisme, ce serait déforcer tout non au sens déjà réalisé.

Quelque contraire que le structuralisme paraisse à la pensée de l'existence, il lui est solidaire dans la négation de la positivité, dans la mise en cause du passage entre le possible et le réel. Pour lui, le sens qui circule entre les mots n'est jamais un départ vers un sens plus plein. Si les termes n'ont pas de sens, mais seulement leurs relations, c'est que rien n'est le support d'une vérité qui subsisterait en elle-même. Dans cette conception on croit sauver une recherche de sens qui ne dépasse jamais la différence inaugurale. On refuse la transcendance du sujet, pour fustiger sa dimension narcissique, qui lui est évidemment inhérente, puisque le moi ne peut se constituer que par le redoublement lui-même. On laisse entendre, du moins implicitement, que par la négation du sujet on pourrait dépasser tout narcissisme. L'élimination du pour-soi comme centre des significations devrait nier radicalement un monde d'avance fait pour l'homme.

Il va de soi que notre intention n'est pas d'identifier la méthode d'analyse structurale, soit en linguistique soit en psychanalyse ou en anthropologie en général, avec la philosophie négative du sujet et du sens qu'on a pu en déduire, ni même de méconnaître la problématique philosophique mise à l'ordre du jour par une pensée de la différence. Nous en avons nous-mêmes reconnu la vertu d'élucidation. Nous visons le parti-pris militant qui écarte toute la question du sens et du sujet en la réduisant à un leurre idéologique. Dans le structuralisme philosophique nous ne voyons pas une nostalgie d'un univers mental uni et pacifié, mais la méfiance extrême envers toute idée d'un centre autour duquel le monde viendrait se coordonner, même si ce centre creuse sa propre négativité et déchire le tissu des faits donnés. La philosophie structuraliste militante l'a bien vu : poser l'existence comme le possible qui précède l'essence, c'est encore faire refluer vers elle une vérité en train de se faire. Le moment ultime de la transgression ne peut consister qu'à transgresser l'humanisme de l'existence.

Conclusion : *Situation de l'infaillibilité chrétienne.*

En analysant les deux désirs humains, aussi puissants que contradictoires, celui de la vérité première et certifiée et celui de l'absence de toute vérité donnée et absolue, nous avons, sans doute, désigné la position essentielle du sujet et le lieu de l'infaillibilité. Aussi voudrais-je, en guise de conclusion, situer brièvement l'infaillibilité par rapport au désir de savoir ; je voudrais dire en quelques mots comment la foi n'est pas désir religieux, et deuxièmement, comment l'infaillibilité est constitutive de la foi.

1. La foi chrétienne présente une position bien à part ; il faut le dire à l'encontre de toute synthèse oecuménique universelle, qu'elle soit bienveillante ou gouvernementale, ou les deux. Le christianisme se différencie radicalement de toute religion, en ce que le discours humain sur

Dieu porte sur un discours de Dieu sur lui-même, sur une présence qui fait sa vérité et transcende tout discours sur elle. Dans les autres religions Dieu n'est présent que par le discours humain qui témoigne de lui. Aucun événement historique ne les oblige à se décentrer aussi radicalement d'elles-mêmes que dans le christianisme où tout discours théologique redouble une parole première. Le Dieu de l'Evangile, s'il se fait proche de l'homme, se rend aussi radicalement extérieur à lui. Advenant à l'homme depuis une extériorité radicale, Il n'est pas projection des désirs humains, et sa vérité demeure étrangère à tout *theorein* pur. Le *theorein,* métaphysique ou fonctionnel, ne peut que désigner une sphère du sacré où le Dieu de la Parole peut advenir.

Par sa position originale, solipsiste, la foi provoque l'homme à sortir de ce solipsisme. Trois voies s'offrent pour sortir du malaise dans lequel peut mettre la position de la foi. Ce sont les deux voies que peut présenter toute religion : le dogmatisme rationaliste qui déplace toute l'attention sur les concepts; ou bien l'intuitionisme qui cherche à rejoindre directement Dieu par une expérience religieuse. La première voie a été souvent la tentation du catholicisme; la deuxième, celle du protestantisme (le protestantisme libéral et le piétisme). Il en est une troisième encore, typique de la religion chrétienne : celle du fondamentalisme, qui veut rejoindre directement Dieu dans l'écoute littérale de la parole des Ecritures.

2. Situons maintenant l'infaillibilité dans la position propre de la foi, celle d'un discours sur la parole. On l'a dit à plusieurs reprises : l'infaillibilité théologique n'a aucun rapport avec la connaissance théorique. Elle est une propriété de celui qui enseigne justement ce qui n'est pas vérifiable théoriquement, ni actuellement, ni jamais. Et quand l'infaillibilité de l'Eglise veut se faire doctrinaire, quand elle veut se faire trop théorique, elle change de nature, nous l'avons vu.

Le désir du savoir absolu et garanti anime en grande partie la philosophie, même si elle y renonce. Elle anime également les religions. La foi chrétienne est une attitude tout à fait particulière, en contradiction avec ce désir, parce qu'à tous ses moments essentiels elle nous enlève aussi bien l'évidence que la garantie. La vérité de Dieu est d'un ordre tout à fait différent de celui de la vérité philosophique ou scientifique. Comme elle se manifeste en des paroles et des actes historiques, on ne la connaît que par témoignage, *ex auditu.* Pour cette raison elle n'est en rien l'objet d'une expérience religieuse ni d'une connaissance vérifiable. La structure du Credo l'indique; je ne crois en Dieu (premier article du symbole) qu'en croyant aux mystères historiques : le *credo in Deum* et le *credo quod* (des différents articles) sont indissociables. Je ne peux croire directement en Dieu, car sa vérité n'est pas l'objet d'un voir. Pour y accéder, le sujet humain doit donc radicalement se décentrer de la position naturelle de son *cogito.*

Mais la foi n'est pas non plus l'acte d'un « je », aussi personnelle qu'elle soit. Le « je » qui donne un assentiment, et qui prononce le *Credo,* c'est la communauté, car aucun sujet n'a directement accès aux paroles et aux actes du Christ. La connaissance de chacun passe par le témoignage sur le témoin. C'est ici et ici seulement qu'intervient l'infaillibilité, fondement pour la confiance dans le juste témoignage de la communauté sur le témoin de Dieu. Les paroles de la communauté ne sont jamais, et n'ont jamais été, la répétition littérale des paroles de Jésus: l'Ecriture est déjà un témoignage humain sur Jésus. Pour elle aussi se pose le problème de la distance entre les expressions dogmatiques et la vérité de Dieu manifestée en Jésus.

Bien sûr, il faut qu'il y ait continuité historique dans les présentations du message, comme dans ses traductions. Mais la continuité n'est pas strictement contrôlable, puisqu'aucun concept n'est univoque. C'est l'intelligence, théorique et pratique, qui juge de la continuité; un énoncé dogmatique est un acte intellectuel d'herméneutique, et non pas une vision mystique, prophétique ou médiumnique. Mais jamais l'intelligence ne peut certifier que les différentes présentations du message expriment la même réalité, justement parce que toutes les expressions sont analogiques par rapport à l'objet, et également analogiques les unes par rapport aux autres. Nous pouvons seulement croire que Dieu ne laisse pas se tromper la communauté ecclésiale. Nous acceptons l'Eglise infaillible parce que nous croyons en l'Esprit. Souvenons-nous de la distinction rappelée et défendue par Erasme: *credo ecclesiam - credo in Spiritum Sanctum.* Il me semble que cela n'a aucun sens de dire que Dieu est infaillible au sens qu'Il ne se trompe pas; Il est la vérité se manifestant. Ce qui en Dieu correspond à l'infaillibilité c'est qu'Il ne trompe ni ne trahit; ce qu'expriment les anciens textes de prière: il ne fait pas défaut à son Eglise.[11] Si on cherche une analogie humaine pour comprendre l'infaillibilité, ce n'est pas dans l'ordre de la connaissance théorique qu'on la trouve. A vouloir la chercher dans cet ordre, on en pervertit la notion, et on aboutit à une pathologie de la vérité chrétienne. La seule analogie se trouve dans le rapport d'une parole déclarative de personne à personne, telle la parole d'amour, dont rien ne garantit rationnellement la véracité; qui recherche une garantie contraignante tombe dans les formes bien connues de pathologie.

L'infaillibilité de l'Eglise, dans le sens intellectuel défini, concernant les expressions dogmatiques, est toute relative par rapport à l'infaillibilité fondamentale qui est de rester fidèle au message, pour autant que l'Esprit l'anime. L'Esprit est le fondement aussi bien de notre foi que de l'infaillibilité de la communauté ecclésiale. On ne peut donc jamais

---

[11] Voir les deux articles de J. MULDERS et de A. HOLLAARDT dans: *Onfeilbaarheid, Annalen van het Thijmgenootschap,* Hilversum, P. Brand, 1968.

juger de l'infaillibilité sur un acte isolé. L'acceptation de l'infaillibilité est constitutive de la foi. Et je vois mal comment elle ne pourrait pas faire partie de l'axiomatique protestante. L'objet de la foi, la vérité de Dieu n'est d'aucune manière suffisamment vérifiable, ni pour la philosophie ni pour la critique historique. Celui qui veut se poser en juge souverain de la correspondance entre le témoignage de l'Eglise et les énoncés et actes de Jésus, ne peut que devenir incroyant. L'infaillibilité, non de Dieu, mais de l'Eglise, est un critère herméneutique de la foi.

Notre position n'implique aucun mysticisme ni illuminisme. Car l'Esprit n'est pas l'objet de révélation, mais son sujet. Il fait voir la continuité, la maintient fidèlement, mais Lui-même ne présente aucune vérité originale. Il manifeste celle de Dieu en Jésus-Christ. La structure de la foi, impliquant l'infaillibilité exclut aussi bien l'illuminisme que le rationalisme : dans l'Eglise, guidée par l'Esprit, nous connaissons la vérité de Dieu manifestée en Jésus.

Mais si la communauté est le lieu et la garante de la foi en Jésus, elle peut aussi vouloir combler toute distance entre les concepts actuels et la vérité de Dieu. C'est ainsi que le Christianisme doit veiller sans cesse à ne pas vouloir certifier, garantir absolument notre connaissance de Dieu.

Note additionnelle. En réponse à la sollicitation de E. Castelli, organisateur du colloque sur l'infaillibilité de l'Église et du pape, nous avons examiné l'intellection que les sciences de la religion, en particulier la psychologie, peuvent apporter concernant les ambiguïtés de l'idée d'infaillibilité. Notre référence théologique, nécessairement succincte, vise avant tout à prévenir la confusion entre la foi chrétienne et les représentations de désir et de méfiance qui peuvent l'obscurcir, dans la conception, voire dans la pratique ecclésiale. Limité dans son approche, ne considérant même pas les données historiques et politico-sociologiques qui sont également en jeu, notre texte nous paraît cependant présenter une analyse — toujours actuelle — des forces peu rationnelles et peu théologiques qui opèrent en ce domaine.

9

DIEU NOTRE PÈRE

La paternité divine comme principe de morale

Les conséquences de l'intime connexion entre foi et praxis sont paradoxales pour ceux, chrétiens ou non, qui s'attendent à la présentation d'une morale spécifiquement chrétienne. On observe, en effet, que bien souvent, dans leur formulation concrète, les règles tenues pour proprement chrétiennes expriment des convictions contingentes, déterminées par un certain contexte historique. Ou bien on constate qu'au fond les principes chrétiens sont virtuellement universels et le deviennent effectivement; inversement l'Église fait siennes des directives morales que l'humanité se donne par les initiatives de ses représentants les plus humanistes. Ce statut ambigu et parfois déroutant de la morale chrétienne tient, d'après nous, à l'unité chrétienne entre foi et pratique morale. Toutes deux, en effet, ont pour fondement la paternité divine.

L'affirmation, par Jésus, de la paternité divine, ne représente pas une idée entièrement nouvelle de Dieu. Cependant, le propre du message du Christ consiste dans sa présentation toute singulière de la paternité divine. Habitués que nous sommes à ramener tout message à des idées générales, pensables en concepts théoriques, nous avons tendance à affadir le message du Christ et à expliciter la paternité divine par des qualités générales telles que: bonté, patience, créateur tout-puissant, autorité qui donne la loi, juge... Certes, ces qualificatifs désignent adéquatement les diverses relations du père à ses enfants. Mais si on se limite à décrire ainsi le contenu du concept de paternité, on ne fait que reprendre l'idée généralement religieuse d'une paternité divine. Elle ne fonde alors qu'une philosophie morale. La nouveauté du message de Jésus est de ne pas présenter une «idée» de la paternité divine, mais bien son effectuation.

L'on sait que Jésus s'adressait à son Dieu avec une allocution très personnelle, totalement nouvelle, insolite par son intimité: Abba. Cette totale familiarité confiante, alliée au respect, n'exprime pas un sentiment religieux purifié et approfondi, mais la conscience d'une élection et d'un destin messianique. L'allocution «mon Père» répond à une parole déclarative et à une initiative de Dieu qui se fait effectivement Père pour Jésus et, par lui, pour l'humanité. Pour et par Jésus, la paternité divine n'est pas une idée générale, une expression métaphorique comme le pensait Kant et, avec lui, bien des chrétiens, plus héritiers du Siècle des Lumières que de Jésus Christ. La paternité divine est un événement, un mystère au sens originaire du terme: l'advenue effective à l'homme de Dieu comme Père. La morale chrétienne, comme praxis de la foi, se trouve suspendue à cet événement.

Avant de considérer les conséquences de ce principe de foi et de conduite, nous voudrions éclairer le sens et la portée du message singulier du Christ en réfléchissant sur la paternité humaine. Il y a une analogie frappante. Et loin de donner à penser que la représentation de Dieu-Père n'est que symbolique au sens d'une idée religieuse générale, formée par le transfert sur Dieu d'une expérience humaine, cette analogie montre que la paternité divine n'est réellement accomplie que par l'acte historique dans lequel Dieu s'est fait Père. En effet, ce qui, dans l'ordre humain, spécifie le père, comparativement à la figure maternelle, c'est que le père se pose comme père en exerçant ses qualités propres dans son rapport personnel à l'enfant. La mère est naturellement présente à l'enfant, par les liens bio-affectifs qui sont d'abord une symbiose spontanée. Et tout ce qu'elle représentera comme valeurs spécifiquement maternelles, reproduira ces qualités d'initimité, d'intériorité, d'accueil et de tendresse. Le père, pour qu'il soit effectivement père, doit assumer sa paternité et, par ses initiatives, reconnaître l'enfant. Aussi, chez nombre de peuples, l'adoption n'est-elle pas une moindre paternité, car il est dans la nature du père, même géniteur, d'adopter l'enfant comme sien. Le texte du *Ps* 2, 7, maintes fois cité dans le Nouveau Testament et repris dans la liturgie, exprime lui aussi que Dieu s'est fait le père de Jésus de Nazareth en l'investissant, par une initiative datée, des droits, de la dignité et de la mission de Fils: «Tu es mon Fils, aujourd'hui je t'ai engendré». Et c'est parce qu'il appartient au père d'instituer la relation paternelle et d'investir le fils du lien de filiation, que la fonction paternelle comporte une dimension éthique, comme nous verrons.

Le statut ambigu de la morale chrétienne se comprend si l'on voit qu'elle est la mise en œuvre, dans la conduite, de la foi comme consentement à l'initiative manifestée de la paternité divine. D'une part, Dieu, comme Créateur, le Père tout-puissant qui a fait le ciel et la terre, est le fondement ultime de la morale de tout homme religieux. Et même, si l'homme incroyant ne prend le mot «Dieu» que pour un symbole de ce qu'il perçoit comme le sacré de la vie humaine, il s'accordera avec l'homme religieux pour prôner des valeurs éthiques qui sont universelles parce que essentielles pour l'humanité de l'homme: justice, ne pas tuer, respect de la vérité... En affirmant comme premier point du Credo la foi dans le Créateur, le christianisme s'oblige aux règles universelles de la morale. Sa morale sera donc pour l'essentiel de son contenu de nature philosophique, établie sur des principes de la raison. Mais, d'autre part, l'adhésion de foi à l'avènement de la paternité de Dieu et à la filiation adoptive comporte des conséquences dans l'existence croyante qui lui sont spécifiques. Peut-on encore les appeler morales? La réponse n'est pas simple. D'après nous, elles ont une portée morale parce qu'elles influent sur la conduite morale. Pour reprendre une distinction classique, nous dirions qu'elles transforment l'existence et qu'en conséquence, elles donnent l'énergie spirituelle pour promouvoir ce qui, d'essence, est universellement moral. La foi chrétienne en Dieu Père n'est pas l'affirmation théorique d'une vérité énoncée par un homme religieux. C'est l'acte d'accueil d'une relation offerte. «Je crois» est une parole «performative». Je m'y implique et je m'y engage pour une relation vécue qui transforme mon existence, de la même manière et plus fondamentalement que l'homme et la femme qui, en s'épousant, instaurent une relation et s'engagent à vivre conformément à cette investiture. Ainsi l'existence croyante est un centre de rayonnement pour l'éthique dans l'humanité.

LES SIGNIFICATIONS DE LA PATERNITÉ DIVINE ET LEURS CONSÉQUENCES POUR LA PRAXIS

Paternité et loi

Jésus a subverti «la loi», référence juive fondamentale et objet du culte; et c'est là la raison principale de l'hostilité des scribes et des pharisiens et la cause de son arrêt de mort. Mais loin de supprimer la loi, Jésus la reconduit à sa source: la volonté de Dieu. Toute la loi est suspendue au premier et au plus grand des commandements. Celui qui aime Dieu de tout son cœur et de tout son esprit obéit à la loi, mais avec la liberté inventive qui distingue ce qui est essentiel et ce qui n'est que secondaire, application contingente et souvent tâtonnante. Le consentement de Jésus à la volonté du Père est si intime et si immédiate que de toute sa conduite émane une autorité personnelle et que pour ses disciples, impressionnés par cette autorité et cette liberté spirituelle, il devient le modèle.

Réfléchissons encore à partir de l'expérience humaine de la paternité. Le terme de loi paraît formel, juridique et répressif, surtout dans le climat culturel présent où l'homme, pris dans une société extrêmement complexe, nourrit le rêve utopique d'une existence spontanée, sauvage, anarchique, mais à condition de ne pas perdre les bénéfices de la société actuelle. Ajoutons que l'Église comme institution, suivant le modèle des sociétés modernes, a eu tendance à régler de manière juridique les comportements moraux, cultuels et sociaux, au point de proposer l'image d'un système répressif de lois. Ces données circonstancielles occultent une vérité fondamentale: que la paternité est une fonction d'humanisation par le don de la loi. Insistons sur la différence entre faire la loi et donner la loi. La première expression suggère le caractère arbitraire de la loi imposée par celui qui veut faire valoir son autorité personnelle, et cela au profit de sa puissance et de sa gloire. Et, sous l'influence de conceptions simplistes sur l'émancipation de l'homme, c'est cette interprétation qui s'attache souvent à l'idée de père. L'expérience psychologique prouve cependant que l'absence d'un père qui exerce sa paternité en donnant la loi, perturbe profondément l'enfant. Cela se comprend. Un père qui ne propose pas des directions de vie, ne s'intéresse pas réellement à l'enfant. Il montre qu'il est indifférent à ce que l'enfant deviendra. Donner la loi appartient à l'amour paternel, parce que c'est un vœu sur l'avenir de l'enfant. Si l'homme n'était qu'un être de nature, il serait soumis à des déterminismes biologiques. Mais pour être humain, il doit le devenir en se construisant d'après des directions de sens dont le père re-présente les principes. La mère elle aussi remplit cette fonction; mais il est dans l'ordre des rapports différenciés qu'elle appartienne en spécifique au père. Il y a donc inévitablement un rapport ambivalent au père. Les tendances humaines sont chaotiques et contradictoires. Pour se construire et pour vivre dans une indispensable sécurité, l'enfant a besoin de la loi paternelle. Mais étant exigence à se dépasser, la loi suscite résistance et révolte. Si elle signe l'amour du père comme vœu pour l'avenir, la révolte n'est qu'une «heureuse faute».

Cet éclairage psychologique nous aide à élucider le rapport chrétien à la loi éthique, telle que Jésus l'a manifestée en subvertissant la Loi par amour de la Loi. Tout d'abord, le lien de filiation donne à la loi éthique sa signification d'un don paternel. C'est là le sens de la volonté du Père, volonté qui est indissociablement offre de sa présence et de sa gloire et condition de la jouissance de cette offre. C'est dire que le sens de la loi comme volonté du Père n'est intelligible que dans la mesure où l'homme, à la suite du Christ, peut dire à Dieu, avec une parole en première personne et à laquelle il adhère avec toute son existence: «Je te rends grâce, Père...» et «Que ta volonté sur moi s'accomplisse». Il s'ensuit, deuxièmement, que la morale chrétienne, perdant le caractère abstrait d'une loi idéelle, est progressive. La volonté paternelle est un vœu et un projet d'avenir sur l'homme. En appelant l'homme au bien de la filiation, Dieu l'invite à un cheminement et à une découverte. Trop enclin à penser la foi comme adhésion à des vérités révélées sur Dieu, on a tendance à départager foi et incroyance. En conséquence, on propose la morale comme un ensemble codifié de lois. Il serait plus conforme au fondement de la praxis chrétienne de présenter des modèles. Le «Je suis le chemin, la vérité et la vie» implique que le croyant accède progressivement à la Vie en suivant la voie tracée par le Christ et éclairée par différents modèles de vie évangélique. Une troisième conséquence, solidaire de la deuxième, est qu'une liberté inventive est la marque de la morale chrétienne. Le célèbre «aime et fais ce que tu veux» de saint Augustin énonce parfaitement cette liberté. Celui qui aime, et dans la mesure où il aime, fait ce qu'il veut parce que ce qu'il veut, c'est la volonté d'aimer et de correspondre à l'amour reçu.

Des recherches empiriques nous ont montré que pour beaucoup de prêtres la foi en Dieu Père demeure une idée religieuse générale et vague d'une bonté providentielle. Elle se juxtapose conflictuellement à l'autre idée, celle du Dieu Juge devant qui les hommes ont à répondre du bien et du mal. Et les jeunes qui se préparent au sacerdoce éliminent même significativement la référence à la fonction paternelle du don de la loi. Dieu représente pour eux essentiellement une expérience religieuse de proximité et de confiance. C'est dire que la foi est la recherche d'une gratification. Celle-ci est sans aucun doute essentielle en toute religion. Mais si on en reste là, on n'accède pas à ce rapport intersubjectif d'un amour qui implique l'engagement pour une réciprocité à réaliser progressivement. La différence entre la foi comme «expérience religieuse» et la foi comme entrée dans la filiation divine est analogue à la distance qui sépare le sentiment amoureux et l'engagement dans l'amour comme projet d'avenir pour toute l'existence. Ces observations montrent qu'on ne rejoint pas si aisément le fond et le sens de la morale chrétienne. La disjonction entre paternité divine et, d'autre part, loi et jugement, explique sans doute l'oscillation, dans certaines prédications, entre un exposé piétiste sur la bonté divine et une moralisation trop envahissante.

Le projet paternel sur l'avenir de l'humanité

En s'instituant Père, Dieu se lie à l'homme pour l'éternité. C'est le propre de l'amour d'être une promesse de fidélité. L'amour, en effet, s'adresse a l'être aimé dans ce qu'il a de radicalement personnel, ce «tu» qui désire vivre en trouvant l'ultime sens de la vie dans l'amour qui est plus fort que la mort. La paternité de Dieu, telle qu'elle advient en Christ, implique l'au-delà de la mort. Aussi c'est comme premier d'entre les frères dans la filiation divine, que le Père a ressuscité celui qu'Il a pleinement investi de son amour paternel. Ce projet eschatologique du Père ne donne sans doute pas un nouveau contenu à la morale. Il confère cependant une liberté spirituelle qui est une inspiration et une sauvegarde de vraie moralité humaine. Et dans l'histoire culturelle de l'Occident, ce fut aux époques où cette foi eschatologique était vivace que le christianisme a spirituellement révolutionné l'humanité. Songeons aux premiers chrétiens dans l'empire romain, au rayonnement humaniste des vrais moines, au lyrisme franciscain.

Toute morale oriente vers une certaine conception idéale de l'homme. Elle est attestataire en ce qu'elle propose un perfectionnement de l'homme; et elle est contestataire par sa critique de ce qui diminue actuellement la qualité de l'existence: les passions, les errances de l'esprit, les mauvais fonctionnements des entités sociales et économiques. Une morale incite toujours à se libérer des puissances oppressives, internes et externes. Elle cherche dès lors à identifier les puissances aliénantes et, conjointement, à déterminer la vraie liberté par laquelle l'homme serait enfin en harmonie avec lui-même et heureux. Quelle qu'elle soit, la morale est un guide pour le perfectionnement de l'homme. Or, cette croyance dans la perfectibilité de l'homme est à la fois un dynamisme de dépassement essentiel pour la montée vers plus d'humanité et un danger insidieux. Lorsque la morale se détache du fondement religieux et maintient l'idéal de perfection, celui-ci se projette alors sur un avenir historique que la raison définit. En l'absence d'un au-delà de l'histoire humaine on ne peut chercher l'idéal de perfectibilité qu'à l'intérieur des coordonnées terrestres. Deux lignes de conduite dangereuses sont alors possibles. Consciente de l'imperfection actuelle, la volonté transformatrice s'exaspère. On accuse et on rejette la tradition et toute autorité comme responsables des lacunes de bonheur et d'harmonie. On cultive le rêve de la révolution permanente, ne sachant pas où se diriger, mais voulant d'abord faire table rase du système hérité, vaguement confiant que des décombres surgira une nouvelle humanité, comme par spontanéité sauvage. On va jusqu'à justifier l'immoralité actuelle par l'exigence d'une moralité déplacée vers un futur indéfini. Ou bien on croit pouvoir définir les mécanismes et les erreurs qui aliènent l'homme et, dans un même projet rationnel, on élabore une stratégie planifiée pour libérer l'homme et l'amener à la perfection. La rationalité technicienne se met au service de l'action transformatrice et engendre une formidable entreprise d'humanisation de l'individu et de la société. C'est ainsi que le marxisme, comme projet d'un humanisme achevé, a été la grande référence pour nombre d'incroyants qui voulaient hâter le changement de l'homme et de la société. L'on sait la déception et la révolte qui les ont saisis devant le barbarisme des systèmes totalitaires. Ce qui importe, c'est de voir que l'idéologie d'une humanité achevée et la conviction de pouvoir connaître et maîtriser les puissances oppressives transforment nécessairement la société en un Goulag.

La tentation de contraindre l'homme au bien n'est pas absente de l'histoire de l'Église. De nos jours, elle renaît dans de multiples sectes dont les techniques de recrutement, les cruelles manipulations psychologiques de la culpabilité, les endoctrinements oppressifs et aveuglants, les prétentions autoritaires à l'inspiration prophétique illustrent l'appareil de contrainte intellectuelle et morale qu'une religion risque de déployer lorsqu'elle croit posséder l'idée de la moralité accomplie. En s'identifiant avec la paternité dont émane la loi, elle bafoue les règles essentielles de la morale.

La foi en Dieu Père a une vertu critique qui sauvegarde la morale. Le Père, en effet, est auteur de la promesse en même temps que de la loi. Le sens de l'histoire humaine est au-delà du monde. Pour la foi au Père l'histoire a un sens; mais ce sens est soustrait à l'homme. La parole de la promesse est une coupure dans le projet humain de boucler théoriquement et pratiquement le sens de l'aventure terrestre. Il reste suspendu à la destinée que Dieu forme sur le monde. On sait, dans la foi, que cette destinée sera une transformation glorieuse qui achèvera la perfectibilité de l'homme. On sait également que l'effort historique de l'humanité n'est pas vain; la foi est d'ailleurs une «puissance». Mais dans l'ignorance affirmée sur l'humanité achevée et dans l'impuissance consentie à instaurer l'humanité idéale, et confiant dans la promesse, l'homme se décrispe, renonce à la démesure de la volonté de faire le bien et se réjouit de l'étincelle de paix, d'amour et de bien-être qu'il peut allumer. Les paraboles évangéliques, parce qu'elles sont une pédagogie de l'espérance eschatologique, présentent l'attitude qui maintient l'action morale dans la visée conforme à son intention. Leur thème général est le caractère caché du Royaume de Dieu. Il ne faut pas vouloir arracher l'ivraie afin de ne pas arracher en même temps le blé qui pousse. Les choses du monde ne sont pas insignifiantes pour autant. Le monde familier des travaux, des joies et du bien-être est un signe du Royaume, insaisissable mais partout actif et avançant vers la plénitude des temps. Mais ces choses quotidiennes ne signifient le Royaume et leur expérience ne soutient l'espérance que par leur valeur présente pour l'homme. Un monde de détresse ne serait plus signe. Pour que le monde soit signe, il faut donc que l'homme l'humanise. D'autre part, la puissance symbolique que l'espérance confère au monde humain le libère de la violence destructrice qu'engendre le désir de réaliser sur terre une Jérusalem céleste.

Aimez vos ennemis

Ce commandement est sûrement le plus dur. C'est aussi le plus spécifiquement chrétien. Il fait entrer dans les rapports à autrui la conformité à la paternité divine. Il distingue les disciples de Jésus des publicains et des païens. «Ainsi serez-vous fils de votre Père qui est aux cieux...» (*Mt* 6, 8). Cette consigne évangélique revient dans la prière au Père que Jésus a donnée à ses disciples comme règle distinctive de prière. Elle ne comporte que trois requêtes. D'abord la demande du pain qui a probablement le sens réel du quotidien et la visée symbolique du demain de l'espérance eschatologique; les deux ne sont jamais séparés pour Jésus. Ensuite la demande du pardon paternel qui est conditionné par le pardon envers les autres, les ennemis.

Est-ce une règle morale? Ici encore, nous dirions que c'est un commandement qui dépasse la stricte morale mais qui introduit dans l'existence une disposition qui soutient et inspire l'action morale. Le vrai pardon est la fine pointe de l'amour et son ressourcement. Car le pardon refuse de juger et pose un acte de confiance dans les secrètes possibilités de bonté de l'autre. Ce commandement spécifiquement évangélique dépasse la simple qualité de bonté. Il est l'adoption du regard paternel de Dieu sur l'homme.

Tout d'abord le pardon ou l'amour des ennemis implique le renoncement à vouloir identifier l'autre avec le mal. Le pardon disculpe l'autre en reconnaissant que, dans le fond, il n'est pas l'origine du mal. La prière «Père, pardonne-leur, car ils ne savent pas ce qu'ils font» traduit le rapport chrétien au mal. Le mal est la grande énigme du monde, l'impensable réel; et les idéologies totalitaires ou les sectes qui veulent le maîtriser, le démultiplient. La victoire sur le mal n'appartient ni à la connaissance théorique ni à la domination volontaire, mais à l'espérance qui est solidaire de la foi en Dieu Père.

Le vrai pardon est aussi un acte de foi dans l'avenir de l'homme. Il n'est pas possible de réellement pardonner sans se décentrer de soi-même ni sans avoir confiance que l'homme, le plus haïssable soit-il humainement, est encore sous la mouvance du Royaume de Dieu caché.

Que ce commandement ne soit pas une attitude humaniste naturelle, un texte de S. Freud dans *Malaise dans la civilisation* l'atteste. C'est pour Freud l'exigence irrécevable dans la morale évangelique dont il souligne cependant la noblesse et le pouvoir d'atteindre un bonheur impossible dans l'ordre humain. Mais trop d'hommes ne sont pas dignes qu'on les aime, estime Freud. Et les aimer, c'est dévaloriser la vie et accréditer sa déchéance. Pourtant, l'éthique de la psychanalyse freudienne témoigne d'un exceptionnel respect pour l'homme soumis à tant de raisons inconscientes qui le poussent à faire le mal. Il reste que l'exigence radicale du pardon dépasse le respect et la tolérance humaniste. Ce pardon n'est possible que si, dans son regard sur son ennemi, l'homme intègre la disposition du Père qui, avec une infinie discrétion, va au-devant du fils prodigue et accueille avec joie son retour, fût-il motivé par l'intérêt d'un simple bien-être.

Si l'amour de l'ennemi, comme pratique de la foi, n'est pas proprement une décision morale, il est extrêmement fécond pour l'action morale. Rien ne démoralise autant que la haine. Le mal subi et non dépassé par le vrai pardon, diminue, peut même détruire la disposition pour l'agir moral. Traité injustement, blessé dans son attente de respect ou d'amour, abusé dans sa confiance, l'homme voit l'humanité comme infectée par une souillure et il perd la foi en l'homme, nécessaire à l'action morale.

On s'étonne parfois naïvement que la religion puisse devenir une puissance de violence monstrueuse et de haine farouche. C'est ignorer que la religion représente aussi les références ultimes pour juger du bien et du mal et qu'à ses croyants, elle donne leur conception de l'homme et du monde. L'idéal de l'homme qu'on aime et avec lequel on s'identifie pousse à combattre et à haïr ceux qui sont différents. Le fameux orgueil des pharisiens ennemis de Jésus est un produit religieux. La religion est donc bien dangereuse. Elle risque d'amplifier les puissances nocturnes de l'homme. Pour que la religion soit source de transformation morale, il faut qu'elle se convertisse à l'amour patient, discret et confiant qui est l'amour de Dieu notre Père.

Par l'acceptation de la loi comme don, par la promesse qui reporte la perfection au-delà de l'histoire terrestre, et par l'amour qui, ne jugeant point, pardonne et conserve la foi en l'homme, la morale humaine trouve à se purifier, à se ressourcer et à se renouveler inventivement. On regrette parfois que la morale chrétienne n'ait pas de directives à proposer pour les grandes questions de la vie sociale. Mais n'est-ce pas aux chrétiens d'inventer les meilleures règles *humaines* pour les problèmes de la collectivité? Ce que veut le Père, c'est aussi que par la loi donnée, les fils atteignent l'autonomie et prennent la responsabilité de leur monde.

Note additionnelle. Dans A. Vergote et A. Tamayo, *The Parental Figures and the Representation of God. A Psychological and Cross-Cultural Study*, Leuven - The Hague, Leuven University Press & Mouton Publishers, 1980, on trouvera l'élaboration et la justification des idées exposées sur la fonction paternelle.

10

L'ESPRIT, PUISSANCE DE SALUT ET DE SANTÉ SPIRITUELLE

L'idée chrétienne que l'Esprit est une puissance de santé spirituelle, nous invite à penser concrètement le rapport entre l'humain et Dieu de telle manière que cette idée soit intelligible. Il s'agit de comprendre comment l'Esprit, donné pour la divinisation de l'homme, s'insère efficacement dans la vie de l'esprit, le transforme et l'accomplit pour son propre bien-être, sans en supprimer le fonctionnement propre.

Pour penser cette coalescence intime de Dieu et de l'existence concrète, nous devons recourir aux données anthropologiques qui en permettent l'articulation. Une conceptualisation théologique qui resterait en dehors de l'anthropologie planerait au-dessus du croyant réel. Elle resterait dans le dualisme de l'esprit humain inerte et de la puissance divine extérieure à l'existence vivante. Or, c'est précisément ce dualisme que la révélation de l'Esprit supprime, mais que réintroduit toujours son effacement de la conscience chrétienne. La plus ancienne tradition chrétienne l'atteste: le Seigneur «a posé Dieu dans l'homme par l'Esprit»[1].

L'ESPRIT COMME PUISSANCE SALVIFIQUE

La conscience chrétienne a toujours reconnu à l'Esprit une efficacité de régénération. Dans une admirable prière adressée au Saint Esprit, l'Église lui demande d'illuminer l'esprit, de guérir ce qui est blessé, de

---

1. IRÉNÉE, *Adv. Haer.*, v. 6, p. 6.

redresser ce qui est distordu, de rendre fécond ce qui est stérile... S'agit-il seulement de la vie de la foi? On ne voit pas comment la foi serait à guérir si elle n'était qu'affaire de simple raison et de pure volonté. C'est pour autant qu'elle habite l'obscurité humaine, y puise ses ressources et en est imprégnée, qu'elle est exposée aux failles humaines et a besoin d'être authentifiée par l'Esprit. D'ailleurs, les termes symboliques de la prière sont si fondamentaux et si universels qu'ils englobent l'existence entière. Ils expriment la disposition et le vécu dans tous les domaines où l'homme engage son existence personnelle. Le croyant qui prie ce texte y parle depuis le noyau intime de son être, conscient qu'en deçà et au-delà de la fragmentation des diverses régions et appartenances de son être, une unité concrète tend à se réaliser. Au cœur de lui-même il se sait perméable à une inspiration et à une puissance d'être qui peut le régénérer, l'unifier, l'illuminer et lui communiquer un élan pour le porter au-delà de ses possibilités actuelles. Certes, l'expérience pastorale et clinique montre qu'une telle prière est piégée. Il n'y a pas de croyance autour de laquelle s'agglutinent de plus secrètes illusions de désir. Car les expressions symboliques d'une telle prière peuvent suggérer la promesse irréelle de supprimer les manques humains dans une complétude quasi-divine. Certaines figures et certains événements du christianisme attestent néanmoins les effets significatifs de cet événement que la foi chrétienne a compris comme l'effusion de l'Esprit.

La manière dont le Christ s'est présenté, d'abord, ne laisse pas d'intriguer, du moins si nous n'obscurcissons pas sa figure et son action en l'interprétant, à la manière quasi-docétiste, comme des manifestations miraculeuses d'une divinité sur terre. Investi de l'Esprit de Dieu, il annonce la parole avec l'autorité personnelle de celui qui parle directement au nom du Père; avec la même autorité il commande au démon de quitter le possédé qui se présente lors de sa première activité prophétique dans le synagogue (Mc I,21-28). Et par une même parole puissante Jésus déclare et rend pur le lépreux et guérit le paralytique (Mc I, 40-45 et II, 1-12). Ce qui nous donne à réfléchir et ce qui importe pour notre propos, c'est que selon toute vraisemblance Jésus adhère à la croyance antique, particulièrement prononcée chez les Juifs, que certaines maladies sont causées par les puissances du mal. La croyance post-vétéro-testamentaire tient que là où la foi vive en Dieu se trouve ébranlée ou évincée, les puissances démoniaques font irruption et prennent possession des hommes. C'est le clivage du moi chez ces malades qui probablement a fait penser à la possession: livrés à une puissance étrangère, ces hommes tiennent des discours qui sont étrangers à leur vraie personnalité.

Par contre, l'homme réalise l'unité de son être s'il est relié à Dieu. Car l'homme ne s'appartient pas à lui-même; ou bien il est orienté vers Dieu, ou bien il déchoit de lui-même en étant livré aux puissances démoniaques. Face à ces malades, Jésus se présente comme l'homme charismatique qui, revêtu de la puissance de l'Esprit, relie l'homme au Dieu créateur et vainc par lui les forces chaotiques et destructrices[2].

Quelle que soit l'idée qu'on tienne sur la réalité personnelle des puissances du mal, dont Jésus acceptait l'existence et l'influence, il est en tout cas indéniable que l'activité salvatrice de Jésus s'inscrivait dans une conception de l'homme et du monde qui relie étroitement la santé psychique et même corporelle à l'appartenance au Royaume de Dieu. La vraie foi en Dieu que restaure le message messianique, opère comme une puissance de salut pour tout l'homme.

Dans Rom. VII-VIII, saint Paul décrit l'homme exposé aux puissances qui l'habitent. Le péché est la puissance anonyme du mal qui hante l'univers d'avant le Christ. Par la chair qui est l'élément poreux, faible et faillible, le péché s'introduit au cœur de l'homme, jusque dans sa volonté, au point qu'il se trouve distendu dans une contrariété conflictuelle: voulant se conformer à la loi divine qu'il estime bonne, il agit néanmoins contre son assestiment et ne fait pas ce qu'il veut. Tendu vers l'accomplissement de la loi, mais impuissant à y correspondre, parce qu'envahi par la puissance étrangère du mal, le Juif figure le prototype de la conscience religieuse malheureuse. L'Esprit est la puissance divine qui se substitue à la puissance anonyme du mal, qui libère en même temps l'homme de sa polarisation sur la loi et lui donne l'essor pour la foi confiante par laquelle, à la suite de Jésus, il s'adresse à Dieu comme Père.

Pour saint Paul, l'Esprit est donc une puissance salvifique qui restaure en l'homme l'unité et la liberté perdues. L'homme ne retrouve pas son intégrité en se repliant sur lui-même mais par l'inhérence de l'Esprit qui le met en harmonie avec l'être véritable du Dieu manifesté. Dans le régime de la loi, l'homme cherche vainement à coïncider avec son propre vouloir. L'Esprit le libère de la clôture dans laquelle l'enfermait son désir de correspondre parfaitement à la volonté législatrice de Dieu. En écoutant le message du Christ, l'homme laisse son moi s'ouvrir à l'Autre qui parle en lui et l'élance au-delà de lui-même pour une relation offerte.

---

2. Nous nous inspirons de W. GRUNDMANN, *Das Evangelium nach Markus*, Berlin, 1959, p. 42-45.

Et d'après saint Paul cette libération régénère toute l'existence. Il en donne les indices dans d'autres textes, ainsi lorsqu'il décrit les effets de l'Esprit: la paix, la joie, la bienveillance humaine...

Les mouvements charismatiques qui courent comme un feu à travers les églises contemporaines, entendent retrouver la force active et vive de l'Esprit. Sans les suspecter a priori d'illusion mystique et sans nous incliner d'emblée devant leurs témoignages, nous voulons considérer et les expériences qu'ils présentent et leurs principes d'interprétation. Ce qui nous frappe tout de suite dans les groupes charismatiques qui œuvrent à l'intérieur des églises, c'est que, au risque d'être fondamentalistes, ils prennent au sérieux tout ce que les Ecritures nous rapportent sur l'efficace pluriforme de l'Esprit. Que l'Esprit a le pouvoir d'enseigner le sens du discours et des signes de la révélation n'est pas un principe abstrait pour eux; ils assument le christianisme depuis son début et font revivre le Christ glorifié comme la présence aussi actuelle et salvatrice qu'il l'était pour ses contemporains. Et dans un même réalisme de foi, ils sont convaincus que l'Esprit de Dieu qui habitait Jésus, peut délivrer de la puissance du mal dont la pesanteur inhibe la santé psychique tout aussi bien que l'élan de la foi. Les groupes charismatiques nous posent la même question, anthropologique et théologique, avec laquelle nous confronte le Jésus des évangiles: celle de l'efficience spirituelle et psychique de l'Esprit.

COAPTATION DE L'ESPRIT ET DE L'ÊTRE HUMAIN

Si Dieu agit librement comme puissance immanente au monde, on ne conçoit cependant pas qu'il enjambe ou brise les lois de l'humain, ceux du corps, du psychisme, du langage ou du corps social. Bien au contraire, si l'Esprit est une puissance de salut, il faut poser en principe qu'il s'intègre dans les virtualités de l'homme et les libère de l'intérieur, à partir d'elles-mêmes et selon les possibilités qui y sont inscrites. Pour devenir visible et audible dans l'histoire humaine, Dieu n'a-t-il d'ailleurs pas pris chair humaine? C'est dire que l'anthropologie doit pouvoir rendre compte des témoignages sur l'action de l'Esprit et apporter des critères de discernement. Mais d'autre part, ces témoignages imposent à l'anthropologie la tâche de penser l'être humain comme susceptible de l'action salvifique de l'Esprit.

De nos jours le terme de salut évoque d'abord une réalisation divine et eschatologique de l'espérance humaine. L'étymologie du mot nous rappelle cependant que le salut désiré concerne d'abord l'existence humaine actuelle. En effet, le «salut» est l'état d'être de l'homme qui est *salvus*, restauré dans l'intégrité de ses pouvoirs. Les langues germaniques manifestent d'ailleurs toujours la proximité entre le «salut» et la restauration de l'intégrité corporelle et spirituelle: le terme religieux de salut (*Heil*) y appartient encore à la famille sémantique qui désigne l'acte de guérir (*to heal, heilen, helen*). C'est que les religions ont toujours eu la conscience qu'une blessure diminue l'homme, la société et même le cosmos, et que les rites religieux leur restituent leur intégrité, perdue ou jamais possédée. Comme l'affirme E. Durkheim, «la religion n'est pas seulement un système d'idées, c'est avant tout un système de forces»[3]. Partout les rites religieux sont des actions symboliques qui opèrent un changement d'état. L'anthropologie contemporaine nous fait comprendre le pouvoir thérapeutique individuel et social de ces rites: ils mettent en œuvre les liens que ces peuples entretiennent avec les puissances (quasi-) divines en lesquels ils croient.

La culture a progressivement différencié les régions d'existence: le corps, le psychique, l'esprit, la société, la communauté religieuse. Reconnaissant les lois propres qui régissent ces entités distinctes, elle a diversifié les concepts de santé. Les questions de la santé corporelle, mentale, sociale ou religieuse doivent être considérées dans le domaine propre qui se trouve concerné et un jugement critique se réfère aux normes spécifiques qui règlent le fonctionnement de ces diverses instances. Aussi doit-on affirmer qu'en principe l'authenticité de la foi ne dépend pas de la santé physique ou mentale et que ni les troubles psychiques ni les maladies corporelles ne résultent d'un état de péché. Il ne faut pas être sain pour être saint. Car l'Esprit souffle où il veut et aucun diagnostic psychiatrique ne sait mesurer le degré de liberté que les gens même profondément perturbés sont encore capables d'engager dans une foi religieuse.

Une plus juste idée de Dieu et des siècles d'explorations scientifiques ont permis de faire ces distinctions, alors que les mentalités primitives associaient étroitement la rectitude éthico-religieuse et la santé corporelle ou mentale. Leur confusion relèverait aujourd'hui d'une régression religieuse vers un providentialisme gnosticisant et elle méconnaîtrait les théories scientifiques les mieux assurées. Cependant, la question de l'unité de l'homme resurgit de nos jours. La psychanalyse et la médecine psycho-

---

3. «L'avenir de la religion», in *La science sociale et l'action*, Paris, 1970, p. 306-307.

somatique obligent à dépasser la fragmentation à laquelle avait abouti la diversification des disciplines scientifiques et qu'avait favorisée un dualisme philosophique. Les études sociologiques et anthropologiques ont démontré l'interdépendance entre le bien-être individuel et les milieux que sont la famille, la société, plus largement encore: tout l'état de la culture. Et des mouvements contestataires, telles certaines tendances «anti-psychiatriques», tendent même à lier la santé psychique à la culture d'une dimension mystique que les églises aussi bien que la civilisation exclusivement fonctionnelle auraient réprimée et évacuée. A ces courants correspondent les mouvements dits charismatiques qui entendent régénérer les hommes et les églises par la promotion systématique des dons de l'Esprit.

Le salut religieux, l'intégrité spirituelle, la santé psychique, le bien-être somatique... engagent des données si complexes et si fondamentales, que l'absolue sécurité manquera toujours à la pensée de leurs liens. Nous disposons néanmoins de quelques repères essentiels qui nous permettent d'éviter les illusions confusionnelles et les clivages dualistes. Nous voyons aujourd'hui que tous les facteurs qui composent l'humain sont de quelque manière en interaction. Nous savons aussi que ces facteurs gardent leur autonomie relative. Un jugement équilibré doit se mouvoir entre ces deux affirmations complémentaires. Mais il est impossible de décider quel poids ont les diverses données dans l'état concret de la personne ou de la société.

La reconnaissance de l'Esprit comme puissance de salut et de santé spirituelle nous oriente vers l'affirmation de l'unité de l'homme psychique, spirituel, culturel et religieux. Cette reconnaissance restitue au mot «salut» sa plénitude existentielle. Elle implique que la présence efficace de l'Esprit régénère l'homme dans toutes ses dimensions, que le salut chrétien n'est pas qu'une mutation eschatologique, mais qu'il œuvre déjà efficacement dans l'existence humaine et dans la culture. Si l'Esprit agit librement, c'est encore toujours à l'intérieur de l'humain et donc selon l'ordre humain dont les études anthropologiques nous font connaître les principes. L'Esprit agit en se joignant à l'esprit humain, non pas contre ou en dehors de lui. La même unité relative de l'homme joue d'ailleurs aussi en sens inverse. Si l'Esprit peut agir salutairement sur tout l'humain, son efficace se trouve conditionnée et limitée par les réalités humaines. La tradition chrétienne a toujours tenu ensemble les deux données, même si leur harmonisation conceptuelle demeure énigmatique: que l'Esprit souffle où il veut et que les conditions personnelles et culturelles favorisent ou défavorisent son action.

En fait, ce qui est en jeu dans ce rapport d'influence circulaire entre les ordres partiels et l'unité humaine qu'ils composent, c'est la liberté. L'idée de liberté est d'ailleurs comprise dans celle de salut: il signifie toujours une libération de ce qui diminue l'homme et une libération pour ce qui l'agrandit. Investi de l'Esprit, le Christ libère du mal — physique, psychique et religieux —, pour que le vœu intime de l'homme soit exaucé par le don du Royaume de Dieu. Et selon saint Paul, l'Esprit libère de la loi, de la puissance du péché et de la mort, physique et morale, pour que l'homme puisse se rapporter à Dieu dans la conscience heureuse qu'il est Père. La liberté dans et par l'Esprit comporte donc deux mouvements: celui, négatif, de l'éloignement des puissances de pesanteur et celui, positif, de l'instauration d'un lien nouveau avec Dieu.

LA FOI DANS L'ESPRIT, FACTEUR DE SANTÉ SPIRITUELLE

Dans l'expression «santé spirituelle», nous prenons le terme d'esprit dans son sens large et fondamental. Le spirituel religieux en est une des manifestations, et notre propos est d'examiner à quelles conditions il défigure l'esprit ou le libère. L'esprit est le pouvoir humain de s'introduire dans l'univers symbolique des signes et, par leur médiation, de s'ouvrir aux possibles et à l'avenir à faire, et de rencontrer autrui en vérité. La santé est l'intégrité de ce pouvoir spirituel. La santé spirituelle dépend donc tout à la fois de l'environnement culturel et de la capacité subjective de l'assumer activement.

La santé spirituelle implique une foi naturelle. Il ne s'agit pas encore là de la foi religieuse ou théologale, mais d'une confiance que l'existence est destinée à un dépassement toujours possible, quelles que soient les failles, les pesanteurs et les aliénations. Par cette foi qui écoute la voix discrète des signes et en reçoit les significations à développer et les vérités à faire, l'homme se sauve de la déréliction et surmonte le nihilisme accablant, même s'il n'est pas religieux. Il participe à la lente montée de l'humanité et, par-delà les faits brutaux et les impuissances humaines, il accomplit avec autrui le mouvement de l'esprit qui est en train de se réaliser. Relâchant la volonté crispée qui veut tout posséder, abandonnant l'illusoire désir de tout être, la foi sature l'existence de sens et de jouissance par une adhésion active à l'Esprit qui se manifeste et se déploie dans les créations humaines.

Parce qu'elle accomplit la foi naturelle, la foi chrétienne peut la soutenir, la sauver de son épuisement et stimuler ses reprises incessantes.

Car la foi chrétienne polarise l'existence sur un Dieu qui est présence manifestée et à venir. Elle répond ainsi au désir de reconnaissance et d'échange sans limite et elle focalise sur un futur qui exhaussera tout présent. Elle est la certitude généreuse qu'aucun tâtonnement n'est vain et qu'aucun chemin ne se perdra dans la nuit. La foi en Dieu confirme la foi naturelle par la certitude de l'espérance que toute lumière prépare l'illumination de Dieu et que toute générosité appelle la manifestation de sa gloire. La foi chrétienne a donc pour la santé spirituelle la vertu de percevoir la contingence relative des événements du monde; elle exorcise la passion de toute-puissance imaginaire qui voudrait réaliser sur terre une Jérusalem céleste utopique. Positivement, la foi chrétienne donne à la praxis contingente une signification et une dignité suprêmes: celles d'être la maturation du Royaume de Dieu à venir.

La foi chrétienne ne réalise cependant cette fonction salutaire qu'à condition d'être foi dans et par l'Esprit, une foi qui croit que Dieu n'est pas seulement au-dessus de l'homme et dans un avenir post-historique, mais que, par l'Esprit, il est aussi présence immanente, travaillant dans l'histoire et dans les hommes. Le chrétien sait que l'Esprit est donné. Mais s'il ne vit pas consciemment de cette présence intérieure de l'Esprit, sa foi est tronquée. Elle est sujette alors à des déviations nocives pour le croyant et dangereuses pour la santé spirituelle de la communauté. La foi est donc un facteur ambivalent par rapport à la foi naturelle qu'exige la santé spirituelle; elle peut s'y opposer ou l'amplifier. Cela dépend de l'adéquation de la foi concrète avec sa nature authentique. Et nous estimons que la conscience vive de se mouvoir dans et par l'Esprit est le critère essentiel de discernement.

De l'oubli de l'Esprit résultent des déviations religieuses dont on peut rendre compte en analysant la structure de la relation à Dieu. Lorsque la foi en l'Esprit n'est plus qu'un culte localisé, alors l'Église glisse vers un régime religieux apparenté à celui que saint Paul appelle celui de la loi. Elle devient autoritaire, dogmatiste et ritualiste. Les structures d'autorité se figent et elles imposent à toute la vie chrétienne leurs lois uniformes. On veut fixer le message chrétien dans des concepts immuables, identifiant le contenu avec les expressions contingentes, comme s'il s'agissait de substances parfaitement identifiées. Et on lie étroitement la participation à la vie divine à une pratique sacramentelle dont les signes sont strictement codifiés. Une telle congélation de la vie chrétienne obéit à une logique. Dans l'oubli de l'Esprit, la foi se rapporte à un Dieu qui est pure transcendance surnaturelle à l'écart de l'histoire humaine. Dieu n'est alors avec l'homme que pour lui imposer une vérité toute faite et une loi radicalement extérieure. Et sous la volonté d'accomplir un service d'amour, l'autorité ecclésiale se pose comme le lieu-tenant de ce Dieu.

Certes, jamais ces déviations n'ont absorbé toute la foi vivante; à certains moments elles l'ont cependant gravement perturbée.

Les conséquences de ces déviations sont incalculables, tant pour la foi que pour la culture. Car, jamais naturelle, la foi chrétienne constitue toujours un défi pour l'intelligence et pour les désirs de l'homme. Or, les maladies des églises que nous avons signalées, alourdissent et recréent sans cesse les oppositions que la foi doit surmonter. Au lieu de faire percevoir leur nature imaginaire, fantasmatique, les églises légalistes les posent dans la réalité historique et sociale. Dans ce cas, le christianisme ne représente pas non plus dans la culture occidentale le ferment de liberté mystique qui devrait trouer le plafond d'un positivisme réducteur et profanateur. Quelles que soient leurs ambiguïtés, les expériences de mysticisme sauvage et les renaissances orientales ont voulu donner à l'Occident ce supplément d'esprit que n'a pas suffisamment représenté un christianisme trop oublieux de l'Esprit.

Certes, le christianisme occidental n'a jamais renié l'Esprit. Mais il n'a pas assez perçu que la foi s'authentifie par la dialectique entre les trois composantes du Credo: la foi dans le Père, dans le Fils et dans l'Esprit. La dogmatique a dépensé de grands frais intellectuels pour formuler conceptuellement la Trinité divine. Dans certaines époques, ce souci de rectitude notionnelle a détourné l'attention de ce qui est plus essentiel: l'équilibre de la vie chrétienne et de la communauté ecclésiale en correspondance avec la triple référence à Dieu: transcendant, historique et immanent à la destinée humaine. Que de nombreux chrétiens fassent écho à J.-J. Rousseau et jugent le dogme de la Trinité contraire à la raison et inutile à la vie morale et au salut, indique une grave distorsion de la conscience chrétienne. Elle est évidemment le corollaire d'un déséquilibre dans l'institution et dans la vie ecclésiale et d'un mauvais ajointement de l'église avec l'histoire humaine. En tant que religion biblique qui reconnaît la sainteté de Dieu, son altérité radicalement distincte, le christianisme est menacé plus que les autres religions par une transcendance écrasante et inductrice d'autoritarisme. A moins qu'il ne suive dans toutes les conséquences la révélation de la paternité divine et ne vive pleinement de l'infini diffusé par l'Esprit. Car l'Esprit est l'élément divin dans l'humanité, la délégation terrestre de Dieu, sa trace active qui œuvre déjà dans l'humanisation de l'homme et y inscrit le Royaume. Par lui Dieu est au plus intime de l'homme, même pré-chrétien. Etant l'élément divin qui donne voix divine à toutes choses, l'Esprit est aussi l'élément de joie et d'amour. Un christianisme conscient de l'immanence divine par l'Esprit diffusé, trouve en lui une positivité illimitée de renouveau et d'espérance. Une foi dans l'Esprit replace l'institution et la lettre dogmatique dans leur relativité et, par la liberté spirituelle, elle en mobilise les virtualités dormantes ou figées. Elle se libère de la crampe autoritaire et de l'angoisse devant le mal, pour accompagner l'Esprit dans ses poussées génératrices.

SANTÉ SPIRITUELLE ET SANTÉ PSYCHIQUE

La santé spirituelle d'une communauté humaine ne suffit pas à garantir la santé psychique des individus. Et la foi religieuse n'est pas de soi une thérapeutique pour les troubles «mentaux». Des facteurs organiques encore bien énigmatiques peuvent en être responsables. Et des représentations, inconscientes parce que refoulées à la naissance de la vie psychique, exercent leur influence déterminante sur le comportement, sur la pensée et sur les relations affectives des hommes. Ces obscures puissances intérieures peuvent très largement échapper à l'effort délibéré et à la pensée consciente. L'expérience psychanalytique apprend même que l'inconscient dresse parfois un obstacle infranchissable devant la foi chez des sujets qui désirent cependant croire. Dans ces malheurs-là, l'Esprit ne se substitue pas miraculeusement à l'ordre psychique. Mais de tels psychismes n'excluent pas non plus l'Esprit. Dans leur manière de porter leurs souffrances et de s'accommoder de leurs impuissances, ces hommes peuvent encore garder une certaine santé spirituelle où le croyant reconnaît l'Esprit qui épouse un psychisme défaillant.

Il reste cependant que la santé spirituelle du milieu pose les conditions nécessaires pour la santé psychique des individus; plus même, qu'elle la promeut chez l'homme psychiquement blessé. Nous croyons que l'anthropologie contemporaine permet d'en rendre compte et qu'ainsi nous pouvons comprendre dans une certaine mesure que l'Esprit est aussi une puissance de libération et de guérison dans l'ordre proprement psychique. Point n'est besoin pour cela d'invoquer une efficacité surnaturelle extraordinaire. Et même si nous n'excluons pas en principe l'action transformatrice quasi-miraculeuse de l'Esprit, il nous paraît vain de l'invoquer pour expliquer un phénomène humain et malsain de miser sur elle. Si elle s'effectue, ce ne peut être que par surcroît, inattendue donc et jamais décelable comme telle. Aussi nous attacherons-nous à comprendre l'efficace humaine de l'Esprit en examinant les voies normales par lesquelles il peut opérer.

Or, c'est bien par une adéquation entre l'humain total et le Royaume de Dieu qu'une foi vécue dans l'Esprit libère l'humain jusque dans son épaisseur affective et en revigore la vitalité originaire. En effet, si l'homme vit consciemment de la vérité révélée que l'Esprit se conjoint à l'esprit humain pour lui manifester le Père, alors il peut assumer avec liberté toute la vie que l'esprit mène en lui. Et cette vie s'étend bien au-delà des décisions volontaires et des pensées préméditées. L'esprit renoue avec les réseaux affectifs et avec les pulsions charnelles. En voulant maîtriser et spiritualiser anxieusement l'humus signifiant de son corps émotif et de son imagination spontanée, le chrétien peut avoir l'impression de rendre pure sa religion. En fait, un peu de sagesse psychologique décèle dans cette spritualisation une autre impureté, plus grave parce que méconnue et plus nocive parce qu'épuisant les ressources de l'esprit: l'impureté narcissique d'une pureté qui, secrètement, se complaît dans sa propre image. C'est là d'abord le vieil homme auquel il faut mourir pour vivre avec Dieu. Seule la foi en l'Esprit œuvrant dans tout l'esprit humain, nous libère de l'enfermement puritain. Cette foi accepte qu'intérieur à l'homme, Dieu parle et agit aussi dans la spontanéité du psychisme. Dans le savoir que nous croyons posséder, la spontanéité psychique opère des fissures par où de nouvelles significations font irruption. Et les pensées déjà présentes nous touchent en profondeur si nous acceptons de les laisser rejoindre notre histoire émotionnelle. La prière liturgique reconnaît en l'Esprit celui qui nous fait «savourer» (*sapere*) les choses de Dieu. Qu'est-ce savourer sinon y adhérer avec notre capacité de jouissance? Et ce pouvoir de jouissance ne réside pas dans l'esprit désincarné mais dans l'homme entier, être pulsionnel et désirant autant qu'être de raison et de décision. La spiritualité axée sur l'Esprit accueille donc avec faveur les puissances affectives de l'homme et elle les sanctifie en les ordonnant vers Dieu. Car l'Esprit enseigne que dans la création et en Jésus, Dieu se manifeste pour un surcroît de désir et de jouissance. Ainsi sont conjurées les obscures puissances qui risquent de bloquer l'homme dans un conflit insurmontable: la tendance à une jouissance sans mesure et sans ordre, et d'autre part la tentation obstinée de museler les pulsions sauvages. En laissant se manifester et s'exprimer son imaginaire affectif et en le polarisant sur un Dieu qui fait signe, l'homme sait qu'il y a plus dans sa foi que ce qu'il conçoit et réalise. Il apprend à écouter l'Esprit qui l'inspire par les frayages que pratiquent en lui les intuitions créatrices et les désirs tâtonnants.

Nous croyons que les dons de l'Esprit dont se prévalent les mouvements charismatiques illustrent jusqu'à quelle profondeur l'Esprit se conjoint à l'esprit humain. Ce qui nous paraît essentiel à ces mouvements, c'est qu'ils créent l'espace et le climat de confiance pour la prière spontanée et jouissante. Même si l'attention de foi est soutenue par quelques formules presque rituellement murmurées, ou chantées comme des mélopées répétées, ces formules demeurent la respiration d'une intention affective multiforme et flottante. Sans les gouverner volontairement, ces prières renouent les significations et les désirs dispersés et elles allument la série indéfinie des émotions qui germent dans l'abandon recueilli. Les puissances latentes de l'homme se trouvent ainsi libérées tout en étant rassemblées du fait qu'elles visent au-delà d'elles-mêmes l'œuvre de l'Esprit à exprimer et à effectuer.

Il est normal que l'on interprète comme dons de l'Esprit les diverses manifestations que ces mouvements laissent naître et les activités particulières qu'ils déclenchent. L'Esprit n'est-il pas le dynamisme interne qui ordonne vers le Royaume tout ce qui est humain et qui gonfle tout vécu du sens manifesté par Jésus? Le langage théologique concernant les charismes n'est cependant pas sans danger. Il tend à rendre exclusivement surnaturel ce qui germe dans la nature et ce que l'Esprit assume, oriente et remplit de sens chrétien. Or, le surnaturalisme dualiste risque toujours d'aboutir à la convulsion chaotique ou au spiritualisme répressif. Une spiritualité charismatique qui ne se laisse pas régler par une anthropologie dévie vers un naturalisme qui engouffre l'esprit dans le pathos privé ou vers un surnaturalisme qui vide à nouveau la foi de sa substance humaine. Dans un cas, il absorbe l'esprit dans ce qui est inférieur à l'Esprit; dans l'autre, il détruit les vertus de l'esprit en prétendant lui substituer l'Esprit.

Conclusion

S'il fallait résumer nos réflexions en une formule, nous dirions que la puissance salvifique de l'Esprit consiste à naturaliser Dieu dans l'esprit humain et de diviniser celui-ci par l'immanence divine. Par son inhabitation dans l'esprit humain élargi, tel que l'anthropologie contemporaine nous le fait connaître, Dieu est le salut pour tout l'humain. L'Esprit agit sur tout l'humain précisément parce qu'il agit par lui et lui donne de s'assumer librement dans la foi.

II

LA PENSÉE DE LA FINITUDE ET L'EXCÉDENT DIVIN

11

LA RELIGION
COMME ÉPREUVE PARADOXALE
POUR LA PHILOSOPHIE

Le philosophe peut-il interpréter la religion sans la perdre? C'est la question que, pour notre part, nous entendons dans la formulation critique que M. Castelli a donnée au thème de ce colloque. « L'herméneutique de la philosophie de la religion » n'est pas un redoublement de la pensée où herméneutique et philosophie seraient équivalentes. Faire l'herméneutique de la philosophie de la religion, c'est s'interroger sur la philosophie de la religion, sur sa légitimité ou ses illusions, sur sa juridiction et ses limites.

A première vue, la religion se prête à la réflexion philosophique. N'offre-t-elle pas des significations à connaître? Plus que d'autres formations culturelles — l'art, les formes de droit ou le langage — la religion présente une « conception du monde » dont la philosophie serait appelée à élucider les connexions idéales. Cette apparente parenté constitue cependant pour la philosophie un problème essentiel. La religion peut-elle être une chose à connaître sans préjugés? Inversement, si devant elle le philosophe renonce à son autonomie, ne manque-t-il pas de la rigueur inconditionnée que la philosophie requiert? Et si la philosophie maintient son autonomie absolue envers la religion, ne laisse-t-elle pas se dérober son objet? Pour que la philosophie de la religion ne soit ni une reconstitution fictive ni une théologie subreptice, il semble bien que le philosophe devrait être tout à la fois à l'intérieur de la religion et à l'extérieur. On peut se demander dès lors si toute philosophie de la religion ne doit pas se résoudre ou bien à limiter fondamentalement l'autonomie de la philosophie ou bien à nier à la religion son essence irréductible. L'idée ne viendrait jamais à celui qui élabore une philosophie du langage d'exiger pour la philosophie une autonomie radicale; le philosophe se situe d'abord comme être de langage et même s'il entend reconstruire les formes de signification universelles, il les obtient encore en obéissance aux langages de fait. On ne peut pas mettre en doute que l'homme est sujet parlant sans supprimer les conditions mêmes du questionnement philosophique. La philosophie peut-elle sans se renier avoir la même docilité envers la religion? La religion, en effet, propose des significations qui forment système et qui se rapportent aux vérités ultimes. La philosophie qui ne questionne pas l'homme religieux sur ses raisons, adopterait des significations étrangères à elle-même. D'autre part, si la philosophie foule le champ religieux, peut-elle redécouvrir théoriquement l'homme religieux et fonder la religion sans absorber celle-ci dans une compréhension qui l'épuise? Les méandres historiques de la philosophie de la religion montrent en tout cas qu'elle n'est pas une entreprise simple et innocente.

De la philosophie intérieure à la religion, de la religion intérieure à la philosophie.

Il a fallu des siècles de philosophie avant que ne se constitue vraiment une « philosophie de la religion ». Pour prendre la religion comme phénomène spécifique de son interrogation, la philosophie devait d'abord s'en libérer. Mais à ce moment, la religion n'est plus un domaine préservé de significations qui excèdent le jugement philosophique. Auparavant, la religion était l'horizon infini pour les conquêtes partielles de la raison philosophique. Ferments de philosophie, les thèmes religieux n'étaient pas eux-mêmes objets d'une mise en question philosophique. On peut dire qu'avant la constitution d'une philosophie de la religion, la philosophie demeurait dans la mouvance religieuse.

La généalogie même de la philosophie la prédestinait à une concordance tensionnelle avec la religion. C'est la tradition mythico-religieuse, en effet, qui a donné naissance à la philosophie. Elle n'est pas d'abord fille du pur étonnement intellectuel, comme on l'a souvent prétendu; elle est née des significations déjà disponibles dans les mythes qui, d'eux-mêmes, appellent les élaborations intellectuelles. Dans la Grèce antique, les puissances divines des cosmogonies mythiques se transforment en principes philosophiques, comme l'ont montré Werner Jaeger [1] et Jean-Pierre Vernant.[2] Le lieu de la vérité reste ainsi longtemps le langage symbolique par lequel la religion anticipe sur la reprise philosophique et ouvre pour elle les champs de la connaissance théorique. Et même Aristote, qui élabore une philosophie sur une base purement

[1] *The Theology of the Early Greek Philosophers*, New York, Oxford University Press, 1967, pp. 20-21.
[2] *Mythe et pensée chez les Grecs. Etudes de psychologie historique*, Paris, François Maspero, 1965, pp. 290-292.

rationnelle, reprend encore ses références à la religion; lorsqu'il pose Dieu comme clef de voûte du système du monde il n'invente pas Dieu mais il se réfère à une vérité religieuse prédonnée. Autant que les expériences naturelles, elle lui donne à penser philosophiquement. Sa philosophie se déploie même si bien à l'intérieur des signifiants religieux qu'elle représentera un modèle pour le concordat thomiste entre foi chrétienne et pensée philosophique. Le projet lui-même d'une métaphysique est d'ailleurs l'héritier du langage religieux d'après lequel les phénomènes épars forment une unité cosmique en raison de leur gravitation autour de l'être divin.

La religion de la révélation amène l'esprit à reconnaître explicitement les apports religieux à la pensée philosophique. La révélation, en effet, introduit une instance extérieure à la raison et propose des noeuds de signification qui précèdent et guident l'effort d'intellection. L'inhérence de la raison philosophique à la révélation chrétienne est si explicitement affirmée que Gilson a pu se demander s'il est légitime de qualifier saint Thomas de philosophe. Il ne doute cependant pas que Thomas d'Aquin ait développé des arguments strictement rationnels. L'autonomie de la raison philosophique est d'ailleurs à ce point tranchée que, comparés à la littérature patristique, les textes thomistes frappent par leur modernité rationnelle. Même concernant la tradition chrétienne la plus singulière, saint Thomas ne se contente pas d'enregistrer les faits; il en élabore l'articulation en les fondant sur les acquisitions d'une raison universelle. Ainsi est-il le premier à établir la régulation anthropologique de l'ordre sacramentel.[3] La théologie est une logique de l'agir divin, et c'est la philosophie qui pense cette logique. Le Verbe créateur communique son logos à la matière, à l'homme et à l'esprit et, pour se manifester et réaliser son efficace, Il se soumet Lui-même aux lois de la nature qu'il a fondées. Loin de supprimer l'autonomie de l'esprit philosophique, la foi chrétienne en garantit la dignité.

La formule classique, plaçant la philosophie thomiste dans l'état de servitude envers la théologie, cache une part essentielle du rapport complexe entre philosophie et foi. Pour qu'il y ait théologie, il faut que la philosophie lui apporte sa lumière naturelle. Elle sert la théologie pour autant que son entendement en saisit les vérités internes. La foi ne saurait dominer la philosophie de l'extérieur puisque Dieu Lui-même s'insère dans la trame du monde et a rendu la raison nécessaire à l'intellection de la foi.

Consciente d'elle-même, la foi inclut la raison; elle ne la conclut pas pour autant. En la justifiant par la foi chrétienne, la synthèse tho-

---

[3] M.-D. CHENU, *Pour une anthropologie sacramentelle*, dans « La Maison Dieu », 119, 1974, 3, pp. 85-100.

miste enveloppe la philosophie dans des signifiants primordiaux qu'elle ne saurait dominer, mais qu'elle est appelée à commenter. En ce sens, la philosophie demeure intérieure à la religion comme dans son *Lebenswelt* thématique. La religion ne saurait donc être comme telle objet de la philosophie.

Au départ la philosophie avait vécu sur un postulat religieux naturel. Comme nous l'avons dit, le projet même d'une métaphysique s'inspirait de la croyance religieuse que le monde est une totalité substantielle dont l'esprit est capable de déchiffrer l'arrangement. Avec la synthèse thomiste, l'*a priori* religieux s'énonce et se confirme dans une adhésion de foi. Un double postulat religieux y supporte explicitement la philosophie. D'une part, l'univers est un ensemble ordonné où une ligne de force relie en réseaux tous les êtres et tous les mouvements; étant l'auteur et la destinée ultime, Dieu rassemble les êtres qu'Il pose dans leurs différences ordonnées. D'autre part, doué de la lumière naturelle qui dérive du Verbe divin, l'esprit humain est ajusté aux signes inscrits dans les choses et, au delà des apparences, il peut en dévoiler l'ordonnance intime, l'ordre métaphysique. Cependant, en garantissant la philosophie, la foi lui assigne ses limites. L'univers à dévoiler par la raison recèle une profondeur que la raison ne saurait mettre au jour; car, tout en étant réalité substantielle, sa face méta-physique n'est encore que le signe de la vraie réalité surnaturelle. L'univers révélé par la philosophie n'est pas une fiction pour autant; parce qu'il est signe et médiation nécessaire, son identité logique est dicible. Au moment où il est affirmé, le fondement religieux de la philosophie se trouve donc soustrait à la philosophie, puisqu'elle ne se donne pas elle-même les fondements de ses propres postulats religieux.

Le projet d'une philosophie de la religion ne se formera qu'au temps de l'*Aufklärung*, lorsque la religion ne sera plus l'autre interne qui enveloppe la raison mais l'autre extérieur, phénomène culturel parmi les autres, oeuvre de l'homme où se mélangent raison et déraison, et dont il faut décanter et se réapproprier les vertus. Hegel affirme que pour l'*Aufklärung* l'utilité est un concept fondamental et un critère de vérité.[4] Ce principe préside en tout cas au tri que l'on opère dans les formes et dans les énoncés disparates des religions. Ainsi que l'écrit Montesquieu: « Toutes les religions contiennent des principes utiles à la société ».[5] Le principe d'utilité est la forme sociale de la raison. Elle légalise ou critique la religion d'après les effets pratiques qu'elle produit dans la société qui est à construire. La raison doit élucider (*auf-*

[4] *La phénoménologie de l'esprit*, trad. J. Hyppolite, Paris, Aubier, 1941, vol. II, pp. 112-114.
[5] *Lettres persanes*, lettre 86.

klären) les pratiques et les croyances religieuses en y discernant les apports de sauvegarde et de progrès éthiques. Héritière de l'effort du siècle des lumières pour construire des sociétés modernes, dans ses jugements sur la religion, notre civilisation maintient encore pour une large part le principe de l'utilité sociale. Ainsi le prophétisme qui anime des groupes chrétiens se soumet souvent aux requêtes de l'efficacité politique de la théologie.

Cette transmutation culturelle pose la raison en pouvoir de domination sur la religion. La philosophie se donnera désormais pour tâche critique de fonder la religion en raison ou d'exhumer ses fondements fictifs. Même si elle la justifie, elle la reconduit dans les limites de la raison. Les rapports entre religion et philosophie se sont inversés. Non pas que la raison philosophique se réduise à l'axiomatique sociale. La subjectivité peut même s'imposer comme irréductible à l'histoire du progrès social, comme chez Kant. Ce qui importe c'est que la raison est encore le principe d'une réinterprétation qui veut vérifier dans le christianisme les vérités qu'il porte et celles qu'il dissimule et qu'il faut traduire.

Hegel est le grand témoin d'une théologie où Dieu n'est plus l'auteur d'une logique à laquelle Il se soumet délibérément, mais où Il coïncide avec le devenir du logos. Après avoir été le sujet de la philosophie, la religion est destinée à devenir son objet. Moment de l'Esprit en marche, elle se dépasse dans le concept philosophique qui juge des limitations des représentations religieuses et sauve leur négatif en le convertissant dans le positif du concept. La philosophie inclut la religion et elle la conclut.

Personnellement nous estimons qu'une philosophie qui se donne pour tâche d'élucider la religion, lui vole son âme. On ne peut pas préférer les significations religieuses à leur vérité voilée sans les reléguer à l'imaginaire passé. Or, la religion ne survit que si elle est toute entière au présent. Il est de sa nature de rendre contemporains les événements fondamentaux qu'elle remémore. Dans un système philosophique, dont Hegel demeure sans doute le paradigme, les événements qui fondent la religion ne sont que les formes symboliques de vérités actuelles, et leur efficacité est plus grande à mesure que l'esprit en dévoile les significations conceptualisables. Détours historiques pour la genèse de l'esprit, ces événements n'ont qu'une portée pédagogique. Ils ne sont plus contemporains en tant qu'événements qui produiraient leurs effets durables. Leur contemporanéité n'est pas celle de l'événement contingent qui recoupe à chaque instant le flux temporel; elle est celle de l'homme total qui contracte le devenir historique dans le présent éternel. Même si l'histoire n'est pas close, l'homme total est déjà acquis comme idéal. Dans ses retombées culturelles, ce postulat de la réinterprétation philosophique de la religion se manifeste clairement: la spiritualité chrétienne se convertit en éthique sociale et l'idée de progrès remplace le messianisme du peuple élu.

La philosophie de la religion est-elle nécessairement cette entreprise totalitaire qui, présentant seule le sens possible de la religion, la dé-construit pour se l'approprier? L'histoire semble nous imposer l'alternative: ou bien la philosophie inclut la religion dans son domaine et la dépasse; ou bien la philosophie renonce à prendre la religion pour son objet et elle accepte d'être incluse par elle. La philosophie de la religion représente donc une épreuve pour la philosophie, du moins pour le philosophe qui maintient l'altérité indestructible de la religion. Et cette épreuve est paradoxale s'il est vrai que « Dieu, la liberté et l'immortalité de l'âme sont les tâches que toutes les ressources de la métaphysique ont pour fin dernière et unique de résoudre ».[6] Sans doute ne prescrit-on plus actuellement à la philosophie cette tâche considérée comme primordiale par Descartes et par Kant. Mais ce changement dans l'intérêt de la philosophie, n'est-il précisément pas pour une large part la conséquence de la philosophie elle-même qui, en s'appliquant à élucider les données religieuses, les transforme en les délestant finalement de leur contenu proprement religieux?

L'origine même de la philosophie la prédestinait à se confronter aux thèmes religieux et même à les prendre pour son objet privilégié, ainsi que le voulait Kant. La philosophie, en effet, ne peut pas se contenter de simplement enregistrer les données que la religion présente comme vérités ultimes. Mais cette tâche spéculative comporte une ambiguïté essentielle. Car l'homme religieux ne peut pas accorder à la philosophie le magistère qu'elle a voulu exercer sur la religion; ce serait incorporer la religion à la philosophie et la dissoudre comme religion. La religion entend s'établir dans une dimension où la philosophie ne peut ni la contester essentiellement ni la comprendre du dedans. Peut-elle, au moins, sans abdiquer, reconnaître l'étrangeté religieuse, la comprendre du dehors, par contraste avec le lieu qu'elle habite elle-même? Bien avant l'interrogation sur elle-même à laquelle l'obligent les sciences de l'homme, et de façon plus essentielle, c'est dans l'occupation intrépide du domaine religieux que la philosophie manifeste l'ambiguïté de son histoire intentionnelle.

Croire et savoir. La transgression théorique.

L'herméneutique de la philosophie de la religion fait donc refluer l'interrogation philosophique sur elle-même. Que veut et que peut la

---

[6] *Kritik der Urteilskraft*, p. 465.

philosophie? Quel intérêt anime sa volonté de vérification universelle et quelle est la légitimité de cette prétention?

L'herméneutique de la philosophie, à laquelle nous reconduit sa confrontation avec la religion, peut paraître une entreprise exorbitante. La philosophie, en effet, n'est pas une entité idéale, et une philosophie de la philosophie risque de faire violence à ces diverses pensées où la vie de l'esprit respire et excède toute reprise réflexive. Cependant, toute ouverte et interminable que soit la philosophie comme idée historique, elle ne présente pas moins une visée commune qui traverse et nourrit ses élaborations multiformes. Elle n'a qu'un projet fondamental: proférer les vérités que recèlent les opinions. Or, en principe, ce projet implique l'exigence de donner aux mots une transparence entière. Les concepts doivent ressaisir sans perte la réalité et la rendre présente en la signifiant. Par son intention même la philosophie tend à délimiter le réel à l'espace logique dont elle établit les lois. Ce que le concept ne renferme pas est l'impensable, et l'impensable est le négatif de l'être. Le monde vrai est celui de la théorie. Et la prévalence de la vision dans la tradition philosophique n'est pas un simple hasard. Métaphore privilégiée, elle indique que la visée fondamentale est la clarté de l'évidence. Le jeu des apparences n'est que la surface d'un arrangement dont l'ordonnance conceptuelle révèle les lois de nécessité. Le langage métaphorique lui-même se trouve ramené autant que se peut à la visibilité des identités. « Bien faire des métaphores, c'est bien voir (*theorein*) les ressemblances », dit Aristote.[7]

Une définition de l'intention de la philosophie est toujours quelque peu cavalière. Mais si nous voulons comprendre comment elle aboutit à imposer à la religion sa magistrature, nous devons maintenir en marge les différences et les discordances entre les philosophies et insister sur son choix fondamental qui est de reconquérir pour la raison les virtualités logiques de toutes les significations perçues et vécues. Ce choix théorique de la philosophie n'est ni délibéré ni arbitraire. Il surgit de la puissance éclairante du langage et, à travers les hésitations et les réactions sur elle-même dont l'histoire de la philosophie fourmille, ce choix s'affirme par son exercice soutenu. Qu'il s'agisse cependant d'un choix, la singularité occidentale de la philosophie l'atteste. Certes, des éléments de la langue grecque s'y prêtaient; mais ils ont été privilégiés. Ce sont les schèmes qui neutralisent la multiplicité des qualités et la contingence du devenir. En principe, la philosophie n'exclut aucune expérience: elle les considère toutes comme promises à la raison. Son choix est d'établir l'équivalence entre le rationnel et le réel. La théorie n'entend pas rompre les liens avec le réel, mais se l'approprier. La philosophie se meut toute entière dans la conviction que le monde est ra-

---

[7] *Poétique*, 1459 a.

tionnel. Elle prolonge et transforme ainsi une conviction exercée dans la religion, mais qui n'y est pas affirmée devant l'instance critique de la raison: que l'univers est porté par une direction de sens qui relie les éléments hétérogènes. La théologie chrétienne justifie l'*a priori* de la confiance philosophique en déclarant le monde rationnel parce que fondé sur le Verbe éternel. Et Kant reprendra encore l'ultime recours au fondement divin: « D'où vient que le monde apparaisse rationnel, si une instance théologique ne le garantit plus? ».

Cependant, entre les deux appels à l'*a priori* religieux, celui de Thomas d'Aquin et celui de Kant, un déplacement essentiel s'est fait. Au premier regard, avec Kant la théorie conquérante paraît retrouver son ancrage dans un religieux qui la dépasse. Mais à bien considérer la démarche de Kant, on est frappé par l'inversion; c'est en s'expliquant avec elle-même que la raison théorique s'ouvre à un espace qui lui est étranger. Requise par la raison théorique pour la garantir, la foi religieuse ne se justifie plus d'elle-même. Elle est désormais convoquée devant l'instance de la raison, et elle a à se justifier devant elle. La religion se loge dans le creux que la raison ouvre en elle-même au moment où elle veut ressaisir sa propre opérativité; dès lors la religion ne tient sa légitimité et son sens que du projet de la raison théorique. Nous dirions que même en ouvrant son vide, la raison théorique veut demeurer système. C'est encore elle qui décide des limites de ce qui la dépasse.

Plus tard, en se référant à ces monuments de «totalités doctrinales» (Schelling) que sont les philosophies idéalistes, les sciences ont parlé avec mépris du « système ». Mais les sciences ne suivent-elles pas le modèle philosophique lorsqu'elles visent l'objectivation radicale et lorsqu'elles se justifient épistémologiquement par la saisie réflexive de leurs opérations? Jugeant les « systèmes » une forme de savoir conjectural, les sciences positives reprennent le relais de la volonté philosophique de dépasser les opinions. Le renversement de la définition de l'objectivité s'inscrit encore dans le tracé ouvert par l'idéal de la raison théorique. Aussi le projet même de la science reprend-il l'attitude ambiguë de la philosophie envers la religion. Le scientisme clos n'est pas le fruit du hasard; il s'enracine dans la croyance de pouvoir reconstituer théoriquement le monde comme système unifié et totalisé. Une analyse critique des principes qui président aux sciences des religions illustrerait la tendance transgressive que l'esprit scientifique a reprise à l'intention philosophique. Sans doute la philosophie s'est-elle de nos jours profondément transformée, tout à la fois en réaction contre la démesure de ses rejetons scientifiques et instruite par leurs observations sur les énigmes irrécupérables. Des études scientifiques des religions, entre autres, ont démontré les illusions naïves aussi bien de leurs interprétations dans les systèmes philosophiques que de leurs explications scientifiques, qu'elles soient psychologiques, économiques ou sociologiques.

Croyance et foi.

Les fabulations mythiques motivaient les premières censures philosophiques des représentations religieuses. Platon les juge indignes des dieux parce qu'elles sont en opposition avec les vertus morales que la philosophie avait pour tâche de conduire à leur vérité essentielle.[8] Il inaugurait par là l'apport durable de la philosophie à la religion, celui du discernement raisonnable qui pousse à leur pureté les principes mêmes de la religion. Mais jusqu'où peut aller le déchiffrement philosophique des significations religieuses? Comme nous l'avons rappelé, il est un fait que lors de son incursion dans le langage religieux, la philosophie se sent en sursis aussi longtemps qu'elle ne transforme pas en elle-même les significations conditionnelles qu'elles rencontre. Or, les langages religieux sont toujours des langages de signes jamais pris à la lettre, mais désignant par métaphores des choses divines impossibles à cerner. Le heurt des langages philosophiques et religieux n'est pas fortuitement survenu en raison des excroissances fabulatrices des religions ou des excès de domination rationnelle du côté des philosophes. Entre le geste religieux et les gestes de la philosophie, la différence est constitutive. La religion est toujours de l'ordre de la croyance alors que la philosophie relance indéfiniment son acte de reprise théorique. Son entéléchie constitutive porte la philosophie à réinterpréter les événements célébrés par les religions comme des archéologies signifiantes, et à les faire passer au régime de l'esprit universel. N'est-ce pas, se demande Husserl, « la fin (*telos*) innée à l'humanité européenne de par la naissance de la philosophie grecque (...) de vouloir une humanité sur la base de la raison philosophique et de ne pouvoir l'être que sur ce mode — dans un mouvement indéfini de la raison latente à la raison manifeste et dans l'effort indéfini pour se gouverner soi-même par cette vérité et authenticité proprement humaines... ».[9]

On pourrait observer que le terme de croyance, par lequel nous caractérisons la conscience religieuse, est un anachronisme. En dehors de la Bible, en effet, le mot « croire » n'est pas une expression qui caractérise le rapport religieux. Le message monothéiste d'Israël l'a suscité comme son répondant spécifique. Et comme on le sait, c'est dans le christianisme que le terme de foi devient le terme-clé pour désigner la connaissance confiante du Dieu qui advient dans la geste de Jésus-Christ. Dans les religions dites primitives il n'y a pas de termes pour désigner un acte mental qui pose l'existence de(s) dieu(x) ou affirme

---

[8] *Republique*, 379 a et b.
[9] HUSSERL, *Die Krisis der Europäischen Wissenschaften und die Transzendentale Phänomenologie*, Haag, M. Nijhoff, 1954, p. 13.

son/leurs actions.[10] Les Grecs non plus n'avaient pas la conscience thématique de croire à leurs dieux. Ils les célébraient et les reconnaissaient (*nomizein*), accomplissant ainsi un devoir de piété, mais non pas un acte de foi. Il serait donc faux de projeter sur ces consciences religieuses la catégorie biblique de la foi. Celle-ci est un solécisme religieux qui caractérise la réponse à l'interpellation du message monothéiste. Par le don de la parole révélatrice, l'homme se trouve requis de répondre par une parole d'assentiment. Cependant, si nous voulons identifier la religion et la différencier de la pensée conçue et possédant sa propre opération, telle que la promeut la philosophie, nous sommes obligés de recourir au langage que l'évolution de l'esprit a formé en départageant les deux modes de conscience que sont: croire et savoir. La conscience religieuse non biblique ne peut apparaître qu'en suspens, attendant la catégorie qui la détermine. Aussi estimons-nous justifiée l'interprétation qui définit les religions comme des systèmes de croyances véhiculés par les mythes, se réalisant dans les rites et donnant naissance à des expériences particulières.

La conscience religieuse qui ne se posait pas comme une réponse de foi, est un état mental difficile à saisir. Son ambiguïté se manifeste dans la perception du numineux. Des phénomènes insolites, des événements imprévisibles, des signes éclatants ou énigmatiques font apparaître le numineux aux tournants de tous les chemins, et les hommes en perpétuent les traces dans les mémoriaux. Comme une nuée mobile et lumineuse le numineux s'introduit dans la trame de l'expérience du monde, à la fois semblable et contrastée à la colonne de feu qui illumine le message monothéiste. Les dieux se tiennent dans la proximité des hommes et apparaissent dans leur monde sans pour autant y appartenir. Aux frontières de l'existence qu'il recroise sans cesse tout en étant ailleurs, le divin est célébré, invoqué, conjuré; mais excédant par nature l'univers conceptualisable, il n'est pas l'objet d'une connaissance qui légifère. En désignant les religions comme systèmes de croyance, on pose une énigme pour la raison qu'elle ne se résigne que difficilement de reconnaître dans son étrangeté irréductible.

Par l'affirmation que Dieu n'est réellement accessible que par le ressouvenir des paroles et des gestes dans lesquels Il est survenu au monde, le christianisme accomplit sciemment la coupure entre croyance religieuse et raison théorique. Au regard de la foi consciente d'elle-même, le discours mythique et le sens numineux apparaissent comme un pressentiment du mode spécifique de la conscience religieuse qu'est la foi. Aussi n'est-ce que rétroactivement que l'homme est en mesure

---

[10] C'est ce que démontre NEEDHAM RODNEY, *Belief, Language and Experience*, Oxford, Blackwell, 1972.

d'appeler croyance le rapport à l'autre du monde. Avec la révélation, la scission s'opère conjointement entre le Dieu vraiment unique et le monde des hommes, et entre l'assentiment croyant à Dieu et la maîtrise théorique de la lumière que recèle le monde. Etant en dehors du monde, Dieu est en dehors du savoir philosophique. Il est connu, certes, mais d'une connaissance non théorique, celle qui est inhérente à la foi: *scio cui credidi*. La foi est la seule connaissance appropriée à Dieu. *Credo ut intelligam*, selon la formule tranchante de saint Anselme. Et la structure du Credo, qui est celle d'un mémorial récitatif, atteste que la foi se rapporte à une rencontre effective, et n'est pas une forme préparatoire des variables idéales. Sa singularité historique ne la dispose pas pour la tâche philosophique de la constitution universelle. La catégorie de la foi est si radicalement différente des concepts philosophiques que l'on voudrait prendre pour humour métaphysique l'énoncé de Nietzsche: « Les métamorphoses de l'être: corps, Dieu, idées, lois naturelles... ».[11] A moins de prendre pour aveu d'une préconception théorique cette autre phrase: « Nous autres Allemands sommes hégéliens, quand même Hegel n'eût jamais existé... ».[12]

Mesurée aux exigences de la pensée théorique, la foi ne semble qu'une croyance au sens mineur du terme, un mode conjectural de connaissance, une opinion dépourvue de certitude. La philosophie ne s'est d'ailleurs attachée que bien tard à l'évaluer comme mode propre de connaissance. Hume fut sans doute un des premiers à essayer d'en faire l'épistémologie. Encore a-t-il pris pour modèle de *belief* non pas la foi religieuse, mais la croyance perceptive, l'interprétant comme une association d'impressions sensitives, involontaires et correspondant aux besoins pragmatiques.[13]

A considérer l'étrangeté de la religion pour le projet philosophique, on se demande si l'idée même d'une philosophie de la religion n'implique pas un détournement du sens des mots religieux, une usurpation de tous les vocables de la foi. Comment penser philosophiquement l'événement dont le surgissement gratuit est aux antipodes de ce qui est régi par des lois de nécessité? Et comment comprendre par les principes du logos ce qui est parole événementielle unique? Peut-être peut-on penser que la philosophie ne doit pas se reclure dans la raison théorique et qu'elle peut aussi se développer comme la conscience vigilante des diverses formes de connaissance. Essayons de suivre cette voie entrouverte et examinons si elle permet d'élaborer une philosophie de la religion.

[11] *La volonté de Puissance*, t. I, § 170, pp. 251-252.
[12] *Le gai savoir*, § 357.
[13] *Treatise of Human Nature*, Book I, Part III, section 7.

Foi philosophique et philosophie croyante.

Ce qu'écrit Feuerbach dans *L'essence du christianisme*: « Dieu est le concept qui supplée au manque de la théorie », nous paraît exactement situer Dieu dans la théorie: à la place vacante. Mais est-ce le Dieu de la religion qui l'occupe? Pour que ce soit Dieu, il faudrait transformer le terme de concept par: signe d'un référent non conceptualisable. A vrai dire, il n'est donc pas d'occupant pour la place ouverte par le manque de la théorie. De son manque surgit un appel à la religion qui lui semble promettre une réponse qui comble. Mais venant d'ailleurs, le Dieu de la religion doit être naturalisé dans la théorie pour qu'Il lève le manque. A ce moment la religion, fonctionnant comme théorie, se supprime elle-même et Dieu ne peut qu'être déclaré mort.

La volonté de dominer et d'absorber la foi religieuse relève donc d'une intolérance de la théorie pour le manque. Cette intolérance manifeste le désir propre de la théorie, celui de la plénitude. La totalisation théorique est le symptôme le plus fantastique du désir de tout être et de tout avoir. Et c'est ce désir qui engendre la croyance inlassable et utopique en sa réalisation possible. Le système totalisant se soutient ainsi de la croyance qu'elle méconnaît et qu'elle annule en déplaçant la réponse au manque vers un autre lieu, un lieu utopique, dont il faut ensuite nier l'altérité. La présomption du savoir théorique qui prétend dépasser la croyance, est en fait une croyance déniée. C'est ce que Freud a vu lorsque, dans un raccourci saisissant, il a affirmé la parenté entre la philosophie et la schizophrénie,[14] relevant ainsi la puissance de fiction que comporte la croyance théorique. On se méprendrait doublement sur le sens de cette interprétation, si on attribuait à Freud l'assimilation de la philosophie à une maladie de l'esprit. Parenté n'est pas identité. Et la schizophrénie paranoïde n'est pas pur leurre; sous le faux-semblant de ses systématisations, même pseudo-scientifiques, elle recèle un impératif inhérent à l'esprit. La parenté entre les deux productions de la raison consiste, d'après Freud, dans la confiance excessive dans les concepts, comme si le réel y était inscrit sans reste. Par la confiance illimitée qu'il accordait aux sciences, Freud n'en était pas moins héritier de l'illusion philosophique dénoncée. Prolongeant l'interprétation de Freud, nous dirions que la confiance paranoïaque à la prédétermination conceptuelle du monde repose finalement sur une incapacité constitutive de croire. Car la croyance ne s'y avoue pas comme telle; elle reste en retrait de la conscience en mettant en scène un univers d'affirmations sans lacunes. Le mot y coïncide avec la chose. N'est-ce pas l'espoir qui relance la raison théorique? On voudrait

---

[14] *Das Unbewusste*, G. W. X, 303.

arracher à son repli la chose en soi. Et, malheureux de la distance à laquelle la tient le concept, on est tenté de s'en libérer par la torsion réflexive de l'esprit sur lui-même dans la poursuite du concept du concept. Ainsi une fissure interne se recrée à chaque pas, ouvrant dans le savoir le manque. Le savoir ne parvient jamais à savoir.

C'est qu'une foi précède et enveloppe le savoir. D'en avoir pris conscience libère la philosophie de ses illusions. Rappelons les analyses husserliennes de la foi originaire qui pose le monde comme lieu de vérités possibles.[15] Cette foi contient une tâche pour la raison. D'elle-même la foi n'est pas encore connaissance; mais elle n'est pas non plus son contraire. Elle l'anticipe et la sous-tend comme son fond inexhaustible. Le manque à savoir est ainsi reconnu comme constitutif du savoir. C'est dans la même direction que se poursuivent nombre d'analyses de la philosophie anglo-saxonne sur la croyance (*belief*) inéliminable en toute connaissance. Elles nous semblent reprendre l'idée de la chose en soi inconnaissable, non pas comme axiome théologique, mais comme postulat philosophique.

Pour une philosophie qui ne tient plus pour antinomiques foi et raison théorique, la religion comme croyance n'est plus nécessairement à ramener dans les limites de la raison. Certes, la foi philosophique n'est pas la foi religieuse. Dans celle-ci la conscience du manque théorique est intérieure à la conscience de connaître sur un autre mode. Dieu ne se donne pas par un dévoilement d'une profondeur latente sous la surface du monde. C'est lui-même qui fait connaître dans le monde une réserve de significations nouvelles. L'acte révélateur de Dieu les produit effectivement en même temps qu'il crée les conditions de leur connaissance.

La pertinence de la philosophie concernant la religion nous paraît donc restreinte et conditionnelle. La philosophie peut certes reprendre la vie significative de la religion, tout comme elle peut se mettre à l'école de l'histoire humaine ou des oeuvres d'art, ou même des sciences, celles de l'homme ou celles de la nature. Elle s'y intègre alors et fait corps avec leurs propres démarches, développant de l'intérieur leurs propres vérités. La philosophie se fait alors plurielle, disséminée, étant partout et nulle part, comme l'a écrit Merleau-Ponty.

Une philosophie qui veut être à l'écoute de la religion doit donc être sujette à la religion qu'elle prend pour objet. A cette condition elle peut contribuer à rendre lisible le logos que profère la religion. Mais pareille philosophie de la religion s'intègre dans la théologie. La philosophie qui se fait théologie n'est cependant pas dans une situation différente de la philosophie qui développe du dedans les théories scientifiques ou les manifestations qui habitent les oeuvres d'art. La

---

[15] *Ideen zu einer reinen Phänomenologie...*, §§ 103-106.

conscience de la foi qui précède et sous-tend la raison théorique ouvre un horizon de réceptivité pour les divers modes de manifestation de sens et justifie la dissémination de la philosophie. Cette conscience prépare également la raison pour accueillir un Dieu qui se fait entendre comme sa propre vérité positive, un Dieu qui n'est plus celui qui supplée au manque de la théorie et que l'homme saurait plier à sa maîtrise spéculative.

La dissémination de la philosophie, éprouvée d'abord comme échec, la sauve en la libérant d'un totalitarisme finalisé. En effet, si la philosophie veut contraindre la religion, l'art ou l'amour dans le système qui détermine leurs significations relatives, alors elle les subordonne à une finalité qui les dépasse. Le théorique qui s'impose comme instance suprême généralise en fait le finalisme. Et on ne voit pas comment le théorique échapperait lui-même au finalisme qu'il impose et, par conséquent, comment le finalisme ne se convertirait pas en utilitarisme, principe cardinal de l'*Aufklärung* selon Hegel. Le savoir y devient un avoir utile à l'homme. Mais la question de la finalité rebondit: à son tour, à quoi l'homme est-il utile? La domination théorique, conduisant par le finalisme généralisé à l'utilitarisme, aboutit à un cercle vicieux qui prouve négativement que les dimensions diverses de l'homme ne peuvent pas être subsumées sous le seul intérêt de la raison théorique. Ce fut Kant, lumière de l'*Aufklärung*, qui en a cependant radicalement subverti le principe, en posant l'irrélatif de la volonté bonne en elle-même, fin-en-soi, non reconductible à d'autres fins, brisant dès lors la récurrence d'une « rationalité de fin » (*Zweck-rationalität*). Autant que le postulat théologique, l'éthique impose au domaine du théorique sa mesure. Leur hétérogénéité oppose au privilège de la conscience théorique l'originaire de l'existence où les finalités ne sont pas homonymes.

Pour l'homme religieux Dieu est la jointure de la téléologie éclatée. Mais comme c'est Lui qui la rassemble, Il n'est dans le prolongement calculable d'aucun des univers mesurés de finalité. Dans la religion, l'homme se rapporte en foi à un monde qui trouve son unité en Dieu. Mais par elle-même la philosophie en reste à distance. Pour qu'elle soit en mesure de rendre compte de la religion, il faudrait qu'elle puisse remplacer la foi, s'installer au point de fuite ultime où convergent les finalités autonomes et qu'elle traduise en termes de savoir l'existence originaire, unité « qui réside en deçà de toute thèse ».[16]

Il y a donc dans la philosophie une préparation de la religion, et elle définit son droit de regard relatif sur la religion. Reprenant l'idée

---

[16] Dans *Ideen* II, p. 22, Husserl parle des « Synthesen, die vor aller Thesis liegen ». Evitant le relent théorique du terme « synthèses », nous lui substituons le mot unité, conscient de détourner ainsi le texte de son intérêt épistémologique.

de Blondel et en lui donnant un sens sans doute différent, nous dirions que la philosophie, consciente de ne pas se boucler, sauvegarde le manque théorique où la religion a son lieu. De plus, elle peut exiger de la religion qu'elle laisse intact ce manque théorique et ne vienne pas y inscrire Dieu comme le monogramme qui lui fait défaut. La philosophie, en effet, ne peut reconnaître comme proprement religieuse que la religion qui est en dehors des limites de la raison. L'ayant reconnue comme l'autre, elle peut se mettre à son écoute, reprendre du dedans ses significations, contribuer à en élucider les articulations. La foi philosophique, si elle veut prendre la religion pour son objet d'investigation, doit se faire son alliée et devenir une philosophie croyante. Instruite par son passé, consciente de ses limites, s'acceptant comme plurielle, la philosophie peut maintenant aussi se faire théologique sans s'éprouver comme serve et aliénée.

Note additionnelle. On pourra lire un complément à cette étude dans notre *Interprétation du langage religieux*, Paris, Seuil, 1974, chap. I: "Passion de l'origine et quête de l'originaire".

12

ÉQUIVOQUES ET ARTICULATION DU SACRÉ

Sans me placer d'emblée au niveau d'une problématique philosophique ou théologique du sacré, je voudrais d'abord m'interroger sur la légitimité de la catégorie du sacré. Car le terme de sacré comporte des équivoques qui sont lourdes de malentendus. J'accepte la distinction fondamentale que fait E. Castelli entre histoire sacrée et histoire du sacré; mais par « histoire du sacré » j'entends également la trouble histoire du concept de sacré.

I. Les équivoques d'un discours sur le sacré

Personnellement j'estime qu'on ne peut pas traiter le concept de sacré comme s'il était un concept ontologique ou métaphysique et le poser comme une essence idéale qui serait aussi une norme absolue. Le sacré appartient à l'ordre des phénomènes culturels. Il faut donc d'abord l'explorer dans sa phénoménalité historique. N'oublions pas que c'est notre siècle qui a promu le sacré à la valeur d'un substantif et l'a reconnu comme un type d'être. Dans les sciences des religions qui recourent à ce vocable, le sacré englobe tout ce qui est l'objet des rites, des organisations, des sentiments et des représentations religieuses. Dans certaines phénoménologies la notion de sacré serait aussi fondamentale pour la compréhension des religions que le concept d'être l'est en ontologie. Cette notion serait encore le concept théorique qui permettrait d'interpréter les religions où cette notion n'est même pas présente comme telle. Plus même, dans certains écrits, cette notion englobe non seulement tout sens d'une dimension mystique, toute pratique religieuse rituelle, mais encore tout comportement qui a quelque rapport à l'occulte: l'astrologie, la divination, la cartomancie aussi bien que les cultes démoniaques. Le sacré serait indistinctement l'étrange qui s'impose à l'étonnement et le surcroît de force que l'on veut produire par un rite quelconque. Dans des études sur la religion, on présuppose souvent ce concept global de sacré et on échafaude ensuite des théories qui expliquent les diverses formes que prend « le sacré » dans nos sociétés. Ainsi voit-on des auteurs différencier selon des clivages sociologiques le sacré des religions et le sacré occulte. Le sacré religieux serait celui que les religions officielles légitiment, en vertu du pouvoir de légitimation que leur donnent les groupes qui dominent la société. Toute l'efflorescence des pratiques occultes dans notre monde s'explique- rait par l'effort des groupes marginaux pour instituer leur propre sacré, en des formes qui correspondent à leur situation non légitimée par la société officielle. Le sacré legitime ou officiel serait donc celui qu'un corps de spécialistes a su imposer parce que les groupes dominants le privilé- gient. L'occulte serait le sacré devenu hors-la-loi parce que les groupes marginalisés ne sont pas parvenus à faire reconnaître leurs concepts et leurs rites.[1]

Sans doute les pratiques occultes entretiennent-elles quelque rapport avec le religieux. Mais quels sont ces rapports? Faut-il concevoir les pra- tiques occultes comme étant des imitations, des déplacements, des substi- tions des religions? Sont-elles des religions sectaires ou de nouvelles for- mes religieuses? Il ne suffit pas d'imposer le concept abstrait de sacré pour assimiler ces pratiques à la religion. Seule une analyse approfondie des références, des croyances, des finalités et des intentions vécues pourrait nous instruire sur les rapports de l'occulte avec la religion. Aussi long- temps qu'une telle élucidation n'est pas faite, tout discours sur un sacré protéiforme n'est que le maniement illégitime d'un concept bon à tout faire.

Le concept englobant de sacré s'est imposé à l'esprit d'une manière si contraignante à la suite de toute une histoire. Cependant, si l'on fait l'inventaire des circonstances de son surgissement et de son usage, on se demande si la catégorie « le sacré » n'est pas souvent un leurre sémanti- que, une erreur scientifique et une illusion philosophique.

Deux courants ont contribué à la formation de cette catégorie. D'une part, des théories explicatives des religions ont introduit le concept de sacré comme puissance, pour interpréter par lui les rites, considérés comme les phénomènes religieux de base, plus essentiels que les représentations. Le rite, parce qu'il est action, positive ou négative, est un rapport à une puissance. Pour rendre compte des diverses actions rituelles, les théories des religions ont forgé le concept-clé de sacré et l'ont chargé de toutes les significations rencontrées dans les divers rites. Le sacré fut ainsi

---

[1] Voir p. ex. l'article de J. Remy et de E. Servais, *Clandestinité et illégitimité: les fonctions de l'occulte et du mystérieux dans la société contemporaine,* dans « Con- cilium », 1973, 81, 69-80.

conçu comme une substance unique et polyvalente: pure et impure, divine et démoniaque, bénéfique et destructrice. La magie, comprise comme une technique imaginaire, serait l'essence même de l'action rituelle et donc du sacré. Les représentants de ces théories de la religion sont connus: Frazer, Durkheim, Wundt, Freud... Quelles que soient les différences entre leurs théories, elles cherchent toutes à rendre compte des religions par un sacré qui est une puissance ambivalente et extraordinaire. D'après ces théories, le sacré, en faisant irruption dans le monde commun, exige des rites défensifs et donne également lieu à des techniques de manipulation qui mettent le pouvoir sacré au service des hommes. Ayant ainsi ramené les religions à leur essence présumée, ces systèmes se donnaient le moyen de les expliquer par une théorie génétique du sacré postulé. L'ambivalence présumée du sacré, mélange du pur et de l'impur, de la destructivité et de la puissance bénéfique, permet de ramener la perception du sacré à une phase primitive du devenir culturel de l'humanité.

Les phénoménologies de la religion sont la deuxième source du concept moderne de sacré. Réagissant contre les réductions rationalistes de la religion et contre les explications psychologiques du sacré, elles ont repris le terme de sacré pour établir l'originalité irréductible de la religion. S'opposant à Wundt, R. Otto a essayé de donner au sacré son statut de catégorie transcendantale s'originant dans une disposition a priori de l'affectivité. Postulant la correspondance entre les composantes de l'expérience affective et l'objet noématique visé, Otto définit le sacré par la polarité du *tremendum* et du *fascinosum*, qui, ensemble, constituent le numineux. Mais pour définir ainsi le sacré, Otto a dû rassembler en un seul faisceau tous les types d'émotion qui peuvent se rencontrer dans diverses situations religieuses. La question se pose dès lors si un tel procédé comparatiste fournit plus que la construction arbitraire d'une abstraction englobante. On ne voit pas en outre comment la catégorie affective ainsi construite pourrait rendre compte de la diversité des rites religieux ni comment cette catégorie a priori de l'affectivité pourrait étayer le réalisme théologique qu'Otto veut sauvegarder. Le fait d'ailleurs que d'autres auteurs définissent autrement l'objet de l'expérience religieuse pose également la question de la validité d'une phénoménologie qui voudrait montrer que la perception du « sacré » anime et engendre les religions. L'on sait que Van der Leeuw, s'attachant plus à la phénoménologie des rites, conçoit le sacré comme le puissant et que M. Eliade, invoquant les mythes et les symbolismes, définit l'objet intentionnel de l'expérience religieuse comme le temps fondamental. L'on pourrait nous répondre que le sacré subsume toutes ces dimensions différentes. Mais dans ce cas, le sacré n'est-il pas un concept théorique construit à partir d'une multiplicité de phénomènes religieux? Est-il encore l'objet noématique d'une expérience noétique caractérisée? Cette thèse semble difficile à soutenir. Quelle est alors la teneur de réalité et quel est le pouvoir d'explication de la catégorie « le sacré »?

On soupçonne d'abord dans la formation de cette catégorie l'erreur sémantique qui passe de l'adjectif au substantif et lui attribue un référent réel qui contiendrait toutes les connotations de l'adjectif. Ayant ainsi forgé la substance du sacré, comme objet de tous les rapports aux choses sacrées, on élabore des théories psychologiques ou cognitives pour en rendre compte. Ainsi le terme bâtard de sacré est devenu le grand piège des sciences de la religion. Et le mystère qu'il véhicule rend encore plus trompeuse sa fausse évidence.

Au lieu de l'adopter comme une grandeur établie, je voudrais d'abord en examiner la teneur exacte par une analyse sémantique de sa signification dans le langage ordinaire. En un premier temps nous mettrons donc entre parenthèses les significations dont les théories des religions ont surchargé ce terme, pour nous en tenir à un inventaire systématique de ses connotations dans le vécu des contemporains. Cette analyse sémantique nous montrera que pour des groupes représentatifs de notre culture le sacré évoque une expérience non spécifiquement religieuse. dont il faudra examiner le rapport avec la religion. En un deuxième temps, nous examinerons le concept de sacré construit par les sciences et la phénoménologie, en le mettant sous l'éclairage de quelques études récentes des religions. Cette deuxième démarche nous permettra de voir si et en quel sens on peut parler du sacré dans une religion constituée. Dans un troisième temps enfin, nous essayerons de comprendre pourquoi dans notre culture le concept de sacré s'est imposé comme une grandeur quasi-religieuse mais détachée du sacré proprement religieux; cette interprétation nous éclairera sur la fonction de sacré quasi-religieux dans la foi chrétienne.

II. ANALYSE SÉMANTIQUE

1. *Ce qu'on qualifie de sacré.*

Ces recherches méthodiques nous apprennent que pour l'usage de l'adjectif « sacré », une distinction s'impose entre deux domaines, distinction dont les phénoménologies du sacré ne tiennent pas suffisamment compte.

Le caractère sacré affecte d'abord les personnes, les objets et les lieux du culte, parce qu'on les considère comme *consacrés* à Dieu (à des êtres divins), éventuellement parce qu'ils sont censés être investis d'une présence ou d'une puissance divine. Même celui qui ne leur accorde personnellement aucune valeur réelle les désigne comme sacrés pour autant qu'ils appartiennent au domaine de la religion. Le sens premier de l'adjectif est d'ailleurs inscrit dans son étymologie: ces réalités sont sé-

parées des fonctions profanes et circonscrites (*sancire*) par leur appartenance. Le sens premier du mot, qui est donc institutionnel et rituel,
n'évoque pas l'expérience d'un type d'être particulier.

Pour autant que l'adjectif connote une *expérience de valeur*, celle-ci
concerne des réalités qui ne sont pas rituellement séparées de l'existence
profane. Ainsi appelle-t-on sacrés par exemple le mariage ou la patrie.
L'on signifie par là que le mariage a une valeur d'idéal et qu'il donne
une profondeur particulière à l'existence. Il est encore sacré pour la
qualité d'éternité que lui confèrent sa durée et sa stabilité. Sa valeur
d'idéal et d'éternité implique aussi son inviolabilité. Ce caractère naturellement sacré du mariage se trouve renforcé si on l'estime fondé sur
une institution divine et si on lui reconnaît une dignité sacramentelle.

La patrie, elle aussi, est souvent estimée sacrée pour sa valeur
affective et idéale. Lorsqu'on lui est attaché comme à une réalité précieuse et indispensable, on est disposé à la servir, à la respecter et à la
défendre contre la violation. Mais, de nos jours, elle n'est que très rarement perçue comme fondée sur une institution divine.

Le qualificatif de sacré se trouve donc attribué à deux ordres de
réalités bien différentes. Seules des réalités proprement humaines, profanes, représentent une valeur de sacré dont on fait l'expérience. L'homme qualifie de sacré des réalités qui représentent des valeurs essentielles
et idéales dont il se trouve le bénéficiaire et le garant. Elles comportent
l'interdit de les transgresser, non pas parce qu'elles seraient séparées du
profane, mais parce que leur violation détruirait le sens même de l'existence qui est solidaire de ces valeurs. Le religieux, par contre, est qualifié de sacré parce que son affectation au culte le met institutionnelle-
ment à part. Le sacré religieux n'a affaire à la valeur et à l'idéal et il
n'est inviolable que par la médiation de Dieu. Il est sacré parce que consacré: relié à la sphère de la sainteté et de la puissance divines. Les
réalités humaines qui sont qualifiées de sacrées le sont immédiatement et
pour des motifs similaires. Le mariage (ou l'amour) et la patrie (à laquelle l'on peut assimiler la langue maternelle, la cause révolutionnaire)
sont à la fois des valeurs données et des idéaux, des réalités très personnelles et communautaires. On pourrait approfondir l'analyse de ces formes d'existence et en dégager la dimension anthropologique et même
ontologique: l'homme s'y découvre relié à son existence la plus essentielle justement en rejoignant la coprésence en lui de la communauté
avec autrui et avec le monde. Ces réalités représentent les formes sensibles du croisement entre la nature et la culture, entre le passé de
l'origine et l'avenir du projet personnel.

Y a-t-il entre les deux registres de réalités dites sacrées quelque
communauté de nature ou bien le lien n'est-il que verbal? La connexion
historique entre la famille ou la patrie et la religion pourrait donner à
penser que le lien institutionnel indique une communication de sens.

Mais ce lien nous paraît trop complexe et trop déterminé par l'histoire des religions pour que nous puissions en arguer immédiatement. En effet, l'origine de ce lien dans le passé clanique des religions nous interdit de le transposer tout de suite sur les cultures présentes, façonnées par les religions universalistes. De toutes manières, dans la perception actuelle des hommes, les deux registres des réalités sacrées sont nettement différenciés. Pour cette raison, la communauté du terme de sacré nous paraît relever de la métaphore linguistique. Et nous gardons à la métaphore toute sa force de production de sens; comme nous essayerons de le démontrer plus loin, une dérive, à la fois culturelle et linguistique, transfère certains éléments qui étaient spécifiques aux choses religieuses sur des valeurs humaines fondamentales. La parenté d'attitudes envers les deux types de réalités sacrées motive ce transfert métaphorique: dévouement, respect, attente d'une existence élargie et sauvée du non-sens.

Dans ce déplacement métaphorique on croit parfois reconnaître le signe de la sécularisation du sacré; à la religion axée sur le surnaturel l'homme aurait substitué une religion sans Dieu. Mais cette interprétation ne fait pas droit à l'attitude des croyants qui maintiennent un double registre de réalités sacrées. Et rien ne prouve que pour les incroyants les valeurs humaines remplissent la même fonction que la communication religieuse avec un être divin. En fait, la théorie sociologique de la sécularisation du sacré part du présupposé erroné d'un sacré-substance qui serait déplacé du divin à l'humain. L'analyse sémantique du qualificatif nous oblige de remplacer la theorie du déplacement d'un objet noématique par celle de la dérivation métaphorique. Par la métaphore un sens nouveau se produit, révélant à la conscience l'émergence d'une réalité nouvelle. Parler d'une identité de nature entre les deux types de sacré, c'est hypostasier l'adjectif et postuler une essence et une puissance identiques qui viendraient prendre corps soit dans les choses religieuses soit dans les choses humaines. Dans ces interprétations une illusion sémantique au relent platonicien se conjugue à des hypothèses sociologiques et psychologiques invérifiées sur l'origine et la nature des religions. L'analyse sémantique nous conduit à poser tout autrement la question du double sens du qualificatif « sacré ». La vraie question est de savoir ce qui est advenu à l'homme et à la religion par la production métaphorique du sens nouveau. Une analyse de la signification actuelle du substantif « le sacré » pourra nous éclairer.

2. *Le sacré.*

Si l'on refuse une essence commune aux réalités qualifiées sacrées, le terme pris comme substantif a-t-il encore un sens décidable et un référent garanti? La langage usuel le suggère. Et même si le terme « le sacré » dérive historiquement des spéculations douteuses ou aberrantes des sciences de la religion, il semble bien traduire une expérience typique qui a quelque rapport avec le religieux. Pour décider de la réalité de ce sacré, il faut d'abord à nouveau en cerner les connotations par une analyse. Car aucune spéculation philosophique a priori ne peut décider ce que doit être « le sacré », puisque celui-ci est une figure culturelle.

Une telle analyse sémantique ne peut pas se faire de manière directe. En effet, si nous voulons échapper au piège d'une hypostase linguistique et d'une abstraction conceptuelle, nous ne pouvons pas nous appuyer sur l'étude des objets que qualifie l'adjectif. Une méthode praticable serait d'analyser des textes d'auteurs qui rapportent leur expérience du sacré. L'on pourrait même compléter une telle recherche par une enquête sur une population qu'on inviterait à témoigner de son expérience. De cette manière on échapperait déjà à l'arbitraire d'une phénoménologie enfermée dans l'expérience et la pensée subjectives de son auteur. Nous avons préféré une approche plus technique et nous avons eu recours à l'instrument linguistique qu'est l'« échelle sémantique ». C'est une liste de qualificatifs, choisis dans la littérature et dans le matériel d'une enquête préliminaire. On demande à un groupe de sujets d'attribuer ces énoncés au sacré, selon les degrés d'intensité estimée adéquate. Une telle analyse a l'avantage de fournir des informations précises, quantifiables même, sur les connotations du sacré que les sujets assument personnellement. Dans cette approche instrumentale les connotations du sacré nous sont révélées par les multiples liens sémantiques que le substantif « le sacré » entretient avec les vocables de l'échelle sémantique. Nous mettons ainsi en oeuvre une loi fondamentale de la linguistique selon laquelle la valeur d'un mot est déterminée par ses multiples liaisons. Cette loi, la psychanalyse l'a puissamment illustrée en démontrant que les mots essentiels ont leur signification par leur insertion dans des chaînes langagières qui demeurent pour une large part préconscientes. A la différence de l'association libre de la psychanalyse, notre étude instrumentale propose des associations obligatoires, dont le pouvoir de révélation est certes plus limité, mais qui en dehors de la situation analytique constituent la seule méthode capable d'explorer les latences sémantiques.

Pour saisir la différence spécifique entre le sacré et le domaine proprement religieux, nous avons fait appliquer notre échelle sémantique séparément aux concepts « le sacré » et « Dieu ».[2] Les sémantèmes qui composent l'instrument ont été choisis dans le but de permettre une

---

[2] Cette recherche a été réalisée par un de nos étudiants: R. RICHARD, *Les dimensions de hauteur et de profondeur dans l'image de Dieu et du sacré*, mémoire de licence présenté à la Faculté de Psychologie de Louvain en juillet 73.

différenciation. Sur la base d'explorations préliminaires, littéraires aussi bien qu'instrumentales, nous avions formé l'hypothèse que deux dimensions étaient essentielles au champ de notre investigation: celles de la profondeur et de la hauteur symboliques. D'autres dimensions encore pourraient peut-être qualifier de manière différenciée le sacré et Dieu: celles du proche et du lointain, du temps et de l'éternité... Nous avons pensé que si les dimensions choisies n'épuisent pas notre champ sémantique, elles permettent en tout cas de déceler l'existence d'un sacré et d'en déterminer la spécificité par rapport au monde et à la religion.

D'après cette recherche, le sacré représente bien une région d'être spécifique, dont il faudra déterminer le statut sans a priori anthropologique, philosophique ou théologique, mais en nous guidant sur les associations sémantiques qui en manifestent le sens.

Diverses opérations statistiques sur nos données sémantiques nous enseignent qu'une série de sémantèmes de la profondeur qualifient effectivement le sacré: intériorité, caché, obscur, s'enracine dans les forces vitales, secret, ce qui est source et origine, on y accède en rentrant en soi, intime, mystère, fécondité. A ces sémantèmes on peut assimiler les énoncés qu'une autre recherche a dégagés comme unité statistique et sémantique:[3] la puissance dynamique dans tout ce qui vit, une réalité mystérieuse toujours présente, ce qu'il y a de plus profond en moi-même, cela à quoi tout dans le monde se réfère, le symbole des réalités les plus profondes en l'homme.

Nos sujets attribuent également à Dieu tous les sémantèmes qui définissent le sacré. Mais ceux-ci ne suffisent pas pour identifier Dieu. A la différence du sacré, le concept « Dieu » comporte la dimension symbolique de la hauteur en même temps que celle de la profondeur. Les sémantèmes de la hauteur qui lui sont significativement associés, sont: puissance, qui règne, majesté, imposant, gloire, royal. On peut encore leur assimiler les qualificatifs que dans la deuxième recherche citée, les sujets croyant en un Dieu personnel lui reconnaissent et qui forment eux aussi une unité statistique: le principe ordonnateur du monde, une réalité supérieure et englobante, celui à qui tout renvoie, la réponse aux ultimes questions existentielles.

Si le sacré ne se définit que par la dimension de la profondeur, il s'ouvre cependant pour une transcendance marquée par la dimension de la hauteur. En effet, les termes dynamiques qu'une analyse sémantique préliminaire classait dans la chaîne de la profondeur, sont aussi significativement attribués à la hauteur et se trouvent associés aussi bien à Dieu qu'au sacré. Ce sont les énoncés: donne accès à ce qui est authen-

---

[3] GODELIEVE VERCRUYSSE, *The Meaning of God. A Factoranalytic Study*, dans « Social Compass », 1972 (XIX), 3, pp. 347-364.

tique, nous concerne en ce qui nous est le plus personnel, donne du sérieux aux choses, pénètre tout ce qui existe, révèle à l'homme sa valeur unique. De même les sémantèmes dynamiques de la hauteur se superposent sur les sémantèmes dynamiques de la profondeur et qualifient aussi bien le sacré que Dieu. Ce sont: dépassement, sublime, fascine, admirable. Ce croisement des deux chaînes sémantiques, en leurs énoncés dynamiques, nous indique que, par certaines de ses connotations, le sacré renvoie au-delà de lui-même vers le sublime qui s'impose à l'admiration et qui oriente l'homme vers un rapport avec le Dieu identifié. En retour, la dimension de la hauteur qui identifie Dieu, inscrit son appel au dépassement dans la profondeur même de l'existence.

Si on le déleste de ses surcharges théoriques, le sacré n'est donc pas un artifice de langage. Le mot désigne une région d'être que les locutions adjectives ne permettent pas de cerner. Elles ne pourraient d'ailleurs pas manifester « le sacré », puisque l'adjectif se rapporte toujours à une réalité localisée par le nom qu'il qualifie. « Le sacré » ne résulte pas de l'abstraction théorique opérée sur les qualités éminentes reconnues à certaines réalités. Le terme a son référent propre, même si celui-ci n'est dicible qu'indirectement, en des termes dont la valeur symbolique appelle une réflexion philosophique et une interprétation psychologique. Ce qui caractérise en premier lieu le sacré, c'est sa situation intermédiaire entre le monde quotidien et Dieu. Il est incontestablement perçu comme une dimension propre de l'existence et du monde. Nos sujets ne l'identifient ni à Dieu ni à quelque surnaturel qui ferait irruption dans le monde. Il ne s'oppose pas au profane, car toutes les connotations qui le spécifient révèlent qu'il est une transcendance immanente à l'existence elle-même. Si on veut le situer par rapport à son négatif, il faut l'opposer à la simple existence de fait, à l'événement fortuit, à la contingence disponible, à l'éphémère du temps discontinu.

Ayant certifié la subsistance du sacré, nous pouvons reconsidérer le lien entre la perception du sacré et la qualification adjective que nous avons d'abord analysée. Au regard de notre analyse du sacré, l'attribution de l'adjectif à des réalités telles que le mariage ou la patrie, ne paraît pas fortuite. Ce sont deux réalités où l'homme rejoint une certaine plénitude d'existence à l'intérieur même de son humanité. En plus, il y accède à un sens durable et à une forme d'existence qui lui est donnée par autrui tout en étant confiée à sa responsabilité personnelle. En ces réalités convergent la nature et la culture, pour produire une transcendance immanente qui s'impose comme inviolable. Pour cette raison, de telles réalités incarnent concrètement le sacré. Elles ne sont pas la diffraction dans le monde d'un surnaturel occulte et ambivalent, mais l'avènement de l'humain essentiel auquel l'homme se voue pour se réaliser.

Si le sacré est le mystère intérieur au monde, Dieu est en même temps l'intériorité voilée et manifestée, et l'englobant extérieur à l'homme et au monde. Tout en restant opérant dans la profondeur de l'existence, Il est le Tout-Autre qui transcende le sacré. Contrairement à ce qu'affirmait R. Otto, pour nos sujets le sacré n'est pas le Tout-Autre; il demeure une dimension d'altérité à l'intérieur du monde, dans l'immanence.

L'extériorité de Dieu qui se conjoint à son immanence, le pose dans une relation structuralement identifiée envers l'homme et ouvre l'espace articulé pour un rapport d'échanges. Le sacré, par contre, n'a pas d'identité qualifiée, même s'il constitue une région d'être désignée. Envers lui l'homme ne se trouve pas en face à face. Il ne peut le célébrer ni lui adresser la parole. Le sacré appartient à l'anonyme du « il » et non pas à l'ordre intersubjectif du je et du tu. Omniprésence latente et flottante, il ne peut advenir dans un événement dont la nouveauté ferait éclater le fond inépuisable du « il y a » toujours émergeant des profondeurs. Seul Dieu, séparé du monde selon la transcendance de la hauteur, est l'Autre identifié face auquel l'homme peut se poser dans son identité humaine.

Extérieur aux limites du monde, même s'il englobe le sacré immanent, Dieu n'est pas l'objet de l'expérience. Le sacré, par contre, étant mystère intime et source féconde, se communique à l'homme qui rentre en lui-même et laisse advenir à la conscience réceptive la dimension pathique de l'existence. Le sacré est proprement l'objet d'une expérience de la profondeur où co-naissent la subjectivité et le monde depuis un fond commun et universel. Dans cette expérience pathique l'homme éprouve qu'il ne coïncide pas avec lui-même mais qu'un être originaire et durable l'habite et l'enveloppe. Cet être anonyme et dont l'identité est indécidable se différencie lui-même par quelques propriétés dynamiques. Au secret de l'expérience de la profondeur sacrée un mouvement ébranle l'homme vers une autre transcendance, située au-delà des limites du monde. L'expérience du sacré rend ainsi l'homme disponible pour l'advenue du Dieu Tout-Autre.

L'échange dynamique entre la profondeur et la hauteur ne serait-il pas le contenu vécu de l'ultime? On sait que P. Tillich entendait par l'ultime la région d'être sur laquelle l'existence s'ouvre d'elle-même, région où il situe le lieu humain de la foi religieuse. Le terme « l'ultime » évoque, en effet, la direction de sens où s'engagent le désir d'accomplissement et le questionnement ontologique. Mais oscillant entre une métaphysique et une psychologie de la subjectivité, Tillich hésitait entre les significations objectives ou subjectives de l'ultime. Finalement il n'échappe au relativisme subjectiviste que par une interprétation métaphysique extérieure à l'expérience subjective. Notre analyse sémantique montre qu'avant toute quête subjective et avant toute théorétisation métaphysique une expérience du sacré s'impose à la réceptivité pathique de l'homme. Le sacré se manifeste comme une dimension objective de l'existence et c'est sa présence obscure qui sollicite le désir et lui prescrit la direction de sens.

III. LE SACRÉ DANS LA RELIGION

De nos jours on définit volontiers la religion comme l'ensemble des croyances et des pratiques qui se rapportent au domaine du sacré. Cependant, le sens du sacré qu'a cerné notre analyse sémantique ne justifie pas l'assimilation directe entre la religion et la reconnaissance du sacré. Car le sacré qui est présent à l'expérience de nos sujets, n'implique ni la croyance en un être divin ni l'élément de puissance surnaturelle que les rites semblent toujours mettre en oeuvre. Nous devons donc poser la question de la différence entre l'expérience du sacré et la religion. Et nous devons examiner si la religion peut encore se définir par la référence au sacré.

Certains estimeront peut-être que le sacré dont témoignent nos groupes de sujets et qu'ils distinguent nettement de Dieu et de la religion, n'est pas le vrai sacré. Mais qui peut s'arroger le droit de décréter quel doit être le véritable contenu d'un concept qui appartient à l'histoire de l'esprit? Et lorsqu'on veut rendre absolu le concept de sacré, n'est-ce pas parce qu'on reprend inconsciemment les présupposés de certaines théories de la religion et qu'on réifie des constructions hypothétiques?

Si l'on veut maintenir le terme de sacré pour qualifier la religion et pour désigner l'objet des rites, il faut de toutes manières concevoir ce sacré comme une puissance, ce qui le différencie profondément du sacré dont témoignent les sujets de notre recherche. On pourrait certes imaginer des rites qui ne sont que de pures expressions symboliques de l'expérience du sacré. En fait, les formes artistiques qui donnent figure, voix ou corps expressif au sens du sacré immanent, s'approchent des mises en forme rituelles. En tant que révélation de la visibilité du monde, l'art peut aussi manifester la dimension sacrale du monde, au sens que nous avons reconnu au sacré. Mais l'art n'a pas l'intention d'opérer un changement d'état par une action efficace. Or, sans cette intention exercée, il n'y a pas de rite religieux au sens propre du terme. Plus qu'expression symbolique d'une expérience ou d'une attitude, plus que manifestation d'un sacré présent en signes voilés, le rite est action. Et ce qui de nos jours fait même le problème essentiel de la religion et suscite le plus de malaise, c'est précisément le rite comme geste symbolique opératoire.

Quoique ambiguë, l'expression de sacralisation par laquelle on interprète souvent le rite religieux, nous indique d'ailleurs que l'on perçoit le rite comme l'effectuation d'un sacré qui n'est pas donné, précisément parce qu'il est divin. Ce sacré institué par les rites ne peut pas être celui dont on fait l'expérience, puisqu'il ne se révèle pas à la conscience comme une dimension d'existence déjà présente.

Si le terme de sacré a deux sens à ce point différents, on doit se demander s'il est encore adéquat pour dire ce que le rite effectue. En fait, en dehors des théories de la religion le terme « le sacré » ne désigne pas la réalité surnaturelle que le rite entend effectuer. En maintenant sans plus le substantif « le sacré » pour exprimer le sens des rites, et donc de la religion, on reste dans les ambiguïtés qui grèvent les théories des religions qui ont promu ce concept.

Pour clarifier le rapport entre sacré préreligieux et religion, désintriquer les équivoques du concept de sacré religieux, nous devons donc d'abord considérer d'une manière critique les théories de la religion qui nous ont légué le concept hybride de sacré que trop d'auteurs reprennent comme s'il était un a priori certifié.

Le XIXᵉ siècle a manifesté un immense intérêt pour les religions primitives et il a cherché à expliquer les religions évoluées en remontant aux formes religieuses que l'on croyait primaires. L'hypothèse évolutionniste et la pensée fonctionnaliste dominaient les interprétations scientifiques des religions. Il s'agissait de comprendre les religions primitives par les fonctions sociales et psychologiques qu'elles pouvaient remplir dans une mentalité archaïque. D'après l'hypothèse évolutionniste, les religions plus évoluées se comprendraient par les lois de transformation du sacré archaïque. Mais si « le sacré » est originairement une catégorie archaïque, les religions évoluées restent encore à comprendre en référence à la mentalité archaïque.

En étudiant les religions anciennes, les anthropologues du XIXᵉ siècle ont à juste titre accordé une importance majeure aux rites. Ceux-ci constituaient pour eux la principale énigme et ils semblaient contenir le secret de la religion. Frazer, Durkheim, Hubert et Mauss, Freud et Van der Leeuw ont perçu qu'on ne peut pas traiter les religions comme si elles étaient des systèmes de croyances indépendants des rites. C'est par l'interprétation des rites qu'il fallait donc expliquer les religions. Les croyances pouvaient être considérées comme des théories primitives du monde. Par contre, les rites, comme actions positives ou négatives, manifestent ce qui distingue les religions d'un système du monde: l'élément spécifique de puissance qu'on manipule et qu'on organise. C'est cela qu'on appelle « le sacré »; il se définit comme l'objet de « la magie ». Même Durkheim, qui ne limite pas la religion à la pratique magique, ne rejette pas moins les théories intellectualistes pour lesquelles les croyances sont l'essence des religions. Pour lui aussi la religion n'est pas d'abord une conception du monde, mais une action sur des forces surnaturelles. Les croyances ne donnent que des figures représentatives à la puissance sacrée que la collectivité fait surgir en ses moments d'effervescence. Une fois produites par l'action collective, les idées religieuses mènent leur vie autonome, réglée par des lois qui leur sont propres.[4]

Si l'interprétation sociologique de Durkheim relève en fait de la psychologie sociale, d'autres interprétations cherchent à comprendre le sacré magique par des théories psychologiques de l'émotion et des besoins. Dans *Totem et Tabou* Freud les reprend à son compte, s'efforce de les synthétiser et de leur donner un fondement par l'analyse du psychisme inconscient. Adoptant le concept courant du sacré ambivalent et l'assimilant au tabou, puissance bénéfique et destructrice, pure et impure, Freud interprète le sacré comme un produit libidinal. Le sacré serait dangereux et impur parce que chargé de représentations incestueuses; mais il est aussi la représentation imaginaire de la puissance parce qu'il émane de l'imaginaire toute-puissance des idées, caractéristique pour la mentalité primitive.

Quelles que fussent les théories concernant les pratiques magiques, elles avaient en commun d'invoquer comme noyau de la religion un sacré énergétique dont l'explication se trouve dans la psychologie individuelle ou sociale. De ce fait, le mana, le tabou, le surnaturel et l'impur se trouvaient associés pour constituer le concept de base du sacré. Pour toute l'ancienne anthropologie le sacré est une donnée première de la mentalité primitive. La religion règle l'accès et l'utilisation du sacré errant, elle sauvegarde le domaine profane de son envahissement destructeur et fait bénéficier la nature, l'homme et la société de son surcroît de puissance.

Ce concept survit dans des phénoménologies, des psychologies ou des sociologies de la religion, alors que de nos jours de nombreuses études anthropologiques ont radicalement modifié l'interprétation des religions. Nous appuyant sur les recherches de E.E. Evans-Pritchard, V.W. Turner, Cl. Lévi-Strauss et Mary Douglas, nous pouvons avancer quelques thèses qui nous permettent de démystifier le concept d'un sacré énergétique, puissance ambivalente et manipulable, donnée première et source des religions. La conception évolutionniste de la religion, d'abord, paraît bien n'être qu'une fantaisie d'ethnologues peu informés, puisque aussi haut que l'on remonte, on trouve l'attestation de croyances en des dieux ou en des esprits, même en un Dieu suprême; les différentes croyances pouvant d'ailleurs coexister.[5] Quant à la magie, il paraît évident aujourd'hui qu'on ne peut jamais la dissocier de l'ensemble des croyances. L'efficacité magique requiert d'ailleurs toujours la croyance d'une communauté structurée

[4] *Les formes élémentaires de la vie religieuse.* Paris, 1912.
[5] Voir E. E. EVANS-PRITCHARD, *Theories of primitive religion*, p. 26. Oxford, 1965; trad. fr.: *La religion des primitifs à travers les théories des anthropologues*, pp. 32-33. Paris, 1971.

qui qualifie le pouvoir et l'autorité du magicien.[6] Aucune psychologie individuelle ne rend donc compte du rite. La pratique magique n'est pas
exclusivement, ni même en premier lieu, une technique imaginaire qui
cherche à modifier les données naturelles, mais elle vise à intégrer l'homme dans l'ordre du cosmos ou à restaurer l'ordre symbolique sur lequel
la société est fondée.[7] Loin d'être imaginaire, la magie obéit à des lois
formelles qui exigent une fine connaissance des relations sociales et des
propriétés des choses.[8] La plupart du temps la magie en appelle d'ailleurs
à trois ordres de causalité nettement distinguées et les rites les articulent
les unes sur les autres: le pouvoir des êtres surnaturels, l'action responsable des hommes et les puissances qualifiées des choses naturelles. Le
rite n'est donc pas efficace parce qu'il capterait une puissance surnaturelle
flottante, mais parce qu'il mobilise des énergies identifiées et structurées.
Aussi est-ce le rite qui investit des choses naturelles d'une puissance surnaturelle qu'elles n'ont pas en dehors du rite.[9] En ce sens, on peut dire
que le rite est la production d'un « sacré ». En fait, il a son efficacité
parce qu'il est la mise en oeuvre d'un univers religieusement structuré.
Pour cette raison, les anthropologues non seulement refusent de définir le
sacré par une ambivalence identique à l'antinomie du pur et de l'impur,
mais ils jugent inadéquat de caractériser la religion par l'opposition entre
sacré et profane. Là où elle est présente, cette opposition n'est que secondaire et relative.

Ce bref rappel de quelques données anthropologiques montre que le
concept de sacré énergétique est une abstraction théorique prélevée sur
des univers religieux articulés. Le sacré énergétique n'existe qu'à l'intérieur
des systèmes symboliques où les êtres surnaturels — les esprits, les dieux,
le dieu — sont des puissances agissantes. Il n'y a pas d'abord une puissance
diffuse à laquelle l'homme aurait par la suite donné des figures personna-
lisées. La puissance surnaturelle émane des êtres surnaturels qui la produisent par des actions, lorsque l'homme et le cosmos se relient à ces
êtres par un réseau de correspondances symboliques. L'énigme des religions ne se trouve donc pas dans quelque obscure aperception d'un sacré,
mais dans l'ordre symbolique dans lequel elles englobent tous les êtres
pour les situer dans leurs différences et dans leurs rapports organisés.

---

[6] Voir Cl. Lévi-Strauss, *Anthropologie structurale,* chap. IX: *Le sorcier et
sa magie.* Paris, 1958.

[7] Voir Mary Douglas, *De la souillure. Essais sur les notions de pollution et
de tabou,* pp. 77-90. Paris, 1971.

[8] M. Mauss a fort insisté sur cet aspect. Voir son étude *Esquisse d'une théorie
de la magie* de 1902-1903, reprise dans *Sociologie et anthropologie,* pp. 3-141, surtout
pp. 67-72. Paris, 1950.

[9] Cf. E. E. Evans-Pritchard. *op. cit.,* trad. fr., p. 106.

Tout comme le langage et les mythes, les religions forment d'emblée des systèmes globaux. L'association étroite entre mythes et religions nous indique d'ailleurs que les religions sont elles aussi des phénomènes de structure. Et c'est même pour cette raison que les significations des rites et des interdits, tout comme celle des noms des dieux, échappent en une mesure variable à la conscience des fidèles. Ni le mythe, ni le rite ne sont des expressions d'un sacré; ils sont premiers et s'il existe un sacré, c'est parce qu'ils l'instaurent.

Des études sur le « mana » confirment l'interprétation structurale des religions et elles nous montrent de quelle manière on peut concevoir « le sacré » à l'intérieur du fait global qu'est la religion. On croyait autrefois saisir dans le mana un sacré premier, substance fluide qui se condenserait de manière secondaire dans certains êtres, dans certaines paroles et actions. Terme indigène pour « le sacré », le concept de mana semblait fournir l'explication originelle de la magie, qu'une théorie psychologique moderne pouvait ensuite ramener à l'imaginaire affectif. En fait, remarque Evans-Pritchard, pour comprendre les religions, il vaut mieux renoncer au concept trop énigmatique du mana, dont M. Eliade conteste d'ailleurs l'universalité.[10] En outre, d'après M. Mauss, le mana est plus universel que le sacré et englobe ce dernier.[11] Et ce qui est plus important, c'est que le mana n'apparaît plus comme une donnée affective et première. Tout comme le « hau » de l'échange, il n'est, selon Lévi-Strauss, « que la réflexion subjective de l'exigence d'une totalité non perçue ».[12] On construit ce concept par un jugement synthétique a priori et collectif, pour exprimer la synthèse des rapports structurés entre les êtres concrets. Il existe, en effet, entre les êtres une unité que les opérations magiques entendent restaurer. Le concept de mana désigne cette unité. Poursuivant l'idée que le concept de mana est le produit d'un jugement, Lévi-Strauss le commente dans un sens intellectualiste. « C'est une synthèse immédiatement donnée à, et par, la pensée symbolique qui, dans l'échange comme dans toute autre forme de communication, surmonte la contradiction qui lui est inhérente de percevoir les choses comme éléments du dialogue, simultanément sous le rapport de soi et d'autrui, et destinées par nature à passer de l'un à l'autre ».[13] Pour Lévi-Strauss le mana représente le signifiant flottant où l'homme loge la surabondance de significations. Car l'univers « a signifié, dès le début, la totalité de ce que l'humanité peut s'attendre à en connaître ».[14]

---

[10] *Mythes, rêves et mystères*, pp. 171-174. Paris, 1957.
[11] *Op. cit.*, p. 112.
[12] Introduction à l'oeuvre de Mauss, dans: M. MAUSS, *op. cit.*, p. XLVI.
[13] *Ibidem*.
[14] *Ibidem*, p. XLVIII.

La discontinuité entre l'univers des signifiants et la masse des signifiés constitue la source et la limite de la pensée humaine qui en exprime la conscience dans le concept du mana.

Ce surplus de signification, perçu par un jugement synthétique immédiat, rappelle étonnamment ce que les sujets de notre enquête sémantique appellent le sacré. Mais alors que le concept de mana est produit par l'inconscient collectif de la communauté religieuse, le sens du sacré que nous avons observé résulte d'une prise de conscience subjective d'un fond surabondant de sens et d'être. Pour cette raison, le concept de mana dit l'unité intrinsèque d'un univers déjà signifié comme totalité articulée d'ordres identifiés, alors que le concept de sacré désigne un infini non identifié et sous-jacent aux significations limitées.

Il paraît cependant insuffisant de restreindre le mana au domaine de la signification. Car le surplus de sens n'est pas encore la puissance de l'action rituelle. L'interprétation intellectualiste de Lévi-Strauss se limite au sens qui dépasse et sous-tend les systèmes classificatoires de l'univers organisé par le langage. Pour qu'il y ait rite, il faut qu'un échange s'opère entre les êtres identifiés par l'ordre symbolique. Si le mana paraît bien associé aux rites magiques, même s'il ne s'y limite pas, ne peut-on pas penser qu'il représente ce surplus de puissance que déclenchent les actions par lesquelles les hommes s'insèrent dans l'univers religieusement structuré et signifié?

En conclusion de nos considérations sur la religion, nous estimons qu'on peut parler d'un sacré proprement religieux, mais à condition de bien définir le statut de ce concept. Si on veut parler de sacré religieux, il faut le concevoir comme la sursignifiance et la surpuissance divines communiquées au monde par la médiation des signes et des actes rituels. Autrement dit: il est le divin rendu présent dans les choses, dans le langage et dans les personnes par l'effet d'une consécration. On peut donc garder le concept de sacré religieux, si on le définit comme un concept réflexif: il désigne l'échange qui se produit dans les rapports effectifs entre les êtres surnaturels, humains et naturels, situés en interdépendance active. L'homme qui exerce le rite se place à l'intersection de ces échanges qu'il opère en vertu du pouvoir dont il est investi par l'ensemble de l'univers structuré. Le sacré proprement religieux n'existe que médiatisé par le rite. Le sacré religieux n'explique pas le rite; car ce dernier l'institue.

Prendre la superstition pour modèle du rite est une aberration théorique. La superstition n'est que la retombée d'un sacré rituel. Elle en est la caricature privée, tout comme la névrose obsessionnelle est la caricature privée, semi-comique semi-tragique de la religion. Mais, comme le remarque Evans-Pritchard, c'était en se référant à la superstition que de nombreux auteurs du XIXe siècle ont élaboré leurs concepts et leurs théories du sacré religieux.

Le sacré surnaturel n'existe donc ni avant ni en dehors d'une religion constituée. Et la religion est l'articulation de l'univers en trois ordres que les rites et le langage relient entr'eux.

Aucune théorie fonctionnaliste, psychologique ou sociologique, n'est en mesure d'expliquer l'apparition des systèmes symboliques que sont toujours les religions. Les fonctions psychologiques ou sociologiques ne rendent pas plus compte des religions que des mythes ou du langage. Car toute fonction particulière (par exemple conjurer l'angoisse du chaos) ne joue qu'à l'intérieur d'un ordre signifiant donné; elle ne peut jamais le faire émerger comme fait global. Aussi sommes-nous bien d'accord avec Evans-Pritchard lorsqu'en conclusion de son aperçu critique sur les théories des religions primitives, il constate l'indigence de ces théories et conclut que le temps est venu d'analyser les significations des rites, des symboles et des représentations religieuses, dans le but non pas de les expliquer mais de mieux les comprendre.

Ce qui est donc propre à la religion et ce qui la distingue du sacré flottant de l'expérience, c'est que la religion identifie le surplus de sens en organisant l'univers en des rapports effectifs entre des êtres différenciés. Le sacré flottant de l'expérience préreligieuse n'existe même pas dans la religion. En réalité, la religion instaure la présence opérante d'un autre monde; elle opère l'irruption du divin. Mais rétrospectivement, l'homme religieux peut lire la présence divine dans les signes humains transformés par l'action religieuse. On peut encore appeler « le sacré » cette visibilité divine opérée par la religion. Et c'est là le troisième sens valable que nous reconnaissons au terme de sacré. En effet, la religion constituée qui fait le divin habiter le monde et qui réalise la transformation surnaturelle, présente aussi les signes lisibles de cette action: par son langage elle investit les symboles du monde d'une référence divine que les symboles n'ont pas d'eux-mêmes. En tant que signifiés par le discours religieux, les symboles visibles sont un sacré médiateur entre le monde de l'expérience et le Dieu invisible. Mais ce sacré religieux n'est pas l'objet d'une expérience humaine directe; il est une manifestation que produit une transgression religieuse efficace. Et l'ambiguïté d'une phénoménologie des religions consiste souvent à vouloir rendre compte des religions par un sacré qui serait un phénomène primordial. Ainsi Mircea Eliade semble-t-il considérer la hiérophanie comme le point de départ des religions, alors que ce sont les religions qui l'effectuent. Même si elles ne ramènent pas la religion à quelque expérience ou tendance extrinsèque à son propre champ, les phénoménologies inclinent encore à fonder la religion sur un fait primitif qui la précède et la fonde. Héritières d'un esprit d'explication, elles veulent rendre compte d'une donnée globale par une donnée à la fois simple et universelle.

IV. Le sacré contemporain comme dérive culturelle de la religion chrétienne

Nous avons donc observé que le terme de sacré recouvre deux réalités fort distinctes: un sacré humain et un sacré proprement religieux; ce dernier englobe, d'une part, la transformation du monde par les rites religieux (réalité désignée par le concept réflexif de sacré) et, d'autre part, la transparence divine dans les signes religieux. Mais la signification proprement religieuse du terme de sacré n'était pas celle que nous donnait notre analyse sémantique empirique du terme. Dans la conscience des hommes, le mot évoque d'abord une expérience préreligieuse. Nous devons donc examiner comment notre culture a fait émerger le nouveau concept d'un sacré autonome et préreligieux. Car même si ce concept est un héritage des théories douteuses qui l'ont imposé, il a pris la valeur d'un signifiant canonique. Dans de multiples expressions, telles « le langage sacré », « les textes sacrés », l'adjectif « sacré » garde ses significations spécifiquement religieuses. Mais notre problème concerne le signifiant nominal par lequel les contemporains désignent la région d'être qui s'apparente au divin tout en restant en dehors de toute relation identifiée par le langage religieux.

La manière dont on utilise le terme « le sacré » est instructive et nous montre que ce terme représente un destin culturel. Généralisé et identifié à une cause vaguement religieuse, le terme véhicule toute l'ambivalence contemporaine vis-à-vis de la religion. Il exprime l'estime que l'on porte à la religion comme gardienne d'un surplus de sens indispensable à l'existence et à la culture; mais souvent il traduit également le scepticisme religieux et la tendance à démystifier ou à démythologiser le rite et le discours religieux qui instituent les rapports à une transcendance identifiée. En fait, en promouvant le sacré immanent, on désire sauvegarder le religieux en reconduisant les religions à ce qui serait leur fait primitif et secret, à l'entre-deux du monde quotidien et d'un Dieu inconnaissable.

Le sens contemporain du sacré n'est donc pas l'expression d'une éternelle nature religieuse de l'homme. Il est une figure historique de l'esprit et un destin religieux. Il appartient à une culture transformée par le christianisme et par la conscience subjective et il représente la prise de conscience d'une réserve de sens que n'épuise pas le langage rationnel et fonctionnel.

Le judéo-christianisme, d'abord, a profondément bouleversé la religion. Nous ne croyons pas, comme on l'a souvent dit, que la religion biblique se trouve dans une situation à part parce qu'elle aurait désacralisé la nature. Car en fait, aucune religion n'a rempli la nature d'un mana redoutable et enlisé, sauf dans les écrits des premiers anthropologues. Ce qui est propre au Dieu d'Israël, c'est qu'Il est le seul vrai

Dieu, le Dieu nettement distinct, Celui qui domine toutes les puissances surnaturelles et qui agit souverainement. Les religions primitives, par contre, ne savent la plupart du temps pas articuler la causalité divine et celle des autres êtres, surnaturels ou naturels. Subjectivité transcendante et opérante, le Dieu Saint, distinct de toute autre puissance surnaturelle, convoque pour une foi en sa parole de promesse et impose un culte en esprit et en vérité qui ne s'adresse qu'à Lui. Jahvé n'est pas une divinité immémoriale qui préside aux productions de la nature et aux lois immuables de la société. Il requiert un culte personnel comme condition et signe d'une alliance librement instaurée.

Le discours mythique qui, dans les autres religions, donne à connaître le nom de Dieu ou des dieux, n'exige pas réellement la foi. Nous pourrions peut-être caractériser l'écoute du discours mythique comme une croyance. Le mythe, en effet, est un langage a-subjectif. Parlant des dieux en troisième personne, il les identifie à l'intérieur d'un système de l'univers. La foi, par contre, est relation à l'événement d'une parole prononcée en première personne. Elle rejoint un Dieu qui est au-delà de l'univers constitué, puisqu'il n'en est pas seulement l'origine, mais Il est Celui qui instaure la nouvelle création historique du Royaume.

Il me semble que l'altérité radicale du Dieu d'Israël et de Jésus-Christ a ouvert un tel vide séparateur entre Dieu et le monde que l'homme comble ce vide par l'entre-deux qu'est le sacré non religieux. Le sacré est la trace qu'a laissée le Dieu vivant dans la conscience moderne qui oscille entre l'immanence du monde et le Dieu manifesté comme au-delà des limites du monde. Nous l'observons d'ailleurs quotidiennement: le respect religieux qui reste à distance de la foi, s'exprime encore en référence au sacré anonyme. Le sens du sacré est en deçà de la foi, mais au-delà de l'incroyance décidée. Le sacré est un infini de qualité où peut se retrancher un esprit religieux sans religion. Pour leur part, les croyants perçoivent dans le sacré une qualité quasi-divine diffuse dans le monde et qui leur donne de relier l'existence au Dieu Tout-Autre.

La formation de la conscience subjective est le deuxième élément culturel qui a conditionné l'apparition du sens du sacré. Dans la pensée occidentale, la promotion de la subjectivité est corrélative de l'esprit scientifique. Ayant posé le monde comme objet de connaissance, l'homme a du même coup développé la conscience réflexive de sa subjectivité. C'est dans le vis-à-vis du sujet et de l'objet que la psychologie, comme science du sujet, s'est d'abord constituée et que s'est développée l'exploration psychologique d'une profondeur sacrale de l'existence.

Le thème du sacré est solidaire de la prise de conscience de la subjectivité. Car le sacré n'était pas seulement le concept opératoire des études sur les religions primitives; il a également été conçu comme objet d'une expérience subjective. Schleiermacher, James et Otto représentent des étapes décisives de l'avènement du sacré moderne. Contre toute réduction rationaliste, ils entendent sauver l'essence de la religion en analysant son émergence dans l'intériorité subjective. Au-delà du monde objectif des sciences, au-delà même de l'éthique rationnelle, l'homme accède à un surplus quasi-divin en se recueillant aux racines de son existence singulière.

La définition du religieux comme objet d'une expérience affective a eu de graves conséquences. Parce qu'elles méconnaissent le pouvoir signifiant et structurant du langage religieux et des institutions symboliques, les théories émotionnalistes ne savent pas opérer le lien entre l'expérience et la religion. En assimilant la sainteté divine au sacré, on élimine le pouvoir transformateur du Dieu qui agit par sa parole et par ses signes. Le sacré de l'expérience n'est qu'une qualité du monde; elle peut éventuellement s'ouvrir sur la sainteté agissante de Dieu que seul manifeste le message religieux. La réduction psychologique ou phénoménologique du religieux au sacré a cependant eu pour effet positif de faire surgir pour la conscience une région d'être qui transcende la dualité du sujet rationnel et du monde objectif.

La promotion de l'expérience du sacré répond ainsi au désir de restituer un sens à l'existence désenchantée par la désacralisation du monde. Nous l'avons dit: cette expression est trompeuse, car elle peut suggérer qu'autrefois le monde était rempli d'un sacré diffus. Mais, par l'ancienne sacralisation du monde, nous comprenons la situation culturelle où la religion avait recouvert le monde d'un réseau de signes et inscrivait sur sa face les références à son origine et à sa destinée surnaturelles. Dans ses qualités et ses puissances, le monde métaphorisait alors la présence d'un Dieu Tout-Autre. Par les objets et les gestes rituels, prélevés sur le tissu du monde quotidien, l'homme se trouvait relié à Dieu. L'intention religieuse lui donnait de lire et de rassembler avec soin les réalités dispersées du monde et de les sauver du non-sens en les joignant à l'éternel. Ce sont là d'ailleurs les deux étymologies possibles du mot « religion »: l'établissement d'un lien et le recueillement attentif. La désacralisation du monde est l'affirmation collective de son autonomie séparée et l'obscurcissement culturel de sa lecture religieuse. Mais lorsque la foi a perdu son évidence quasi-naturelle, lorsque l'objectivation désenchante le monde, l'homme se trouve plus subjectivement confronté avec son désir singulier de sens et de bonheur. C'est en cette époque de culture désacralisée que surgit le sens du sacré. Il est le souvenir d'une présence divine dont l'éloignement ouvre pour le désir les voies subjectives vers un infini. Et même si l'homme a gardé la foi en le Dieu vivant, la désacralisation de la culture rend difficile l'intériorisation de la révélation dans l'existence vécue. Avec le Dieu de la foi l'homme ne peut plus entretenir qu'un lien brisé. Il cherche alors à inscrire les paroles de la révélation dans l'expérience médiatrice qu'est la conscience du sacré comme qualité d'infini, inhérente à l'existence même.

CONCLUSION

Une analyse sémantique et une critique des anciennes théories des religions nous obligent à limiter et à purifier l'expression « le sacré ». Dérivé de l'adjectif qui désigne les réalités rendues sacrées par la religion, le substantif a créé l'illusion de représenter une entité surnaturelle polyvalente et originaire dont l'expérience serait la source des religions. La dérivation opérée ensuite par R. Otto à partir du Saint (*Heilig*), comme qualificatif spécifique du Dieu révélé, est venue remplir le terme de sacré de toutes les références bibliques. Cependant, si son histoire véhicule tous les malentendus des théories psychologiques, émotionnalistes et sociologiques de la religion, le terme s'est imposé avec obstination à la conscience moderne parce qu'il est devenu le signifiant d'une expérience nouvelle: celle d'un règne intermédiaire entre le monde et le Dieu de la religion.

Le sacré préreligieux est l'infini anonyme qui précède, sous-tend et englobe le sujet et le monde. Il est le *Il* primordial dont les expériences humaines manifestent l'inhérence cachée dans l'existence même. En descendant à la source de son existence, l'homme le découvre comme sa différence interne. Le sacré premier n'est pas Dieu et il ne fonde pas la religion. Car étant un infini neutre, le sacré ne parle pas et l'homme n'entre pas avec lui dans un lien de pacte. Mais précisément parce qu'il est un infini immanent, le sacré préreligieux peut opérer un lien entre les manifestations du Je divin et la subjectivité humaine. Se soustrayant à la pensée transcendantale comme à l'expérience intuitive, le Dieu de la foi risque de ne plus être pour l'homme contemporain qu'un pur signifiant qui ne signifie rien pour l'existence vécue. Le sacré peut Lui restituer une première fonction significative et Lui rendre sa valeur de signifié. Et même chez l'incroyant, le sacré demeure le rayonnement intérieur à l'existence d'un quasi-divin anonyme sur lequel peut encore se poser le signe du divin. Par le consentement de la foi, le sacré flottant se trouve alors polarisé dans sa source: le Je éternel qui se déclare et fait entrer le désir de sens dans un pacte de reconnaissance. S'il n'est pas encore la foi, le sacré préreligieux est à la fois une réminiscence de Dieu et une médiation possible entre le monde et le Dieu Tout-Autre. L'expérience d'un sacré quasi-divin qui habite le monde et l'existence, donne aux réalités humaines une dimension qui les rend aptes à être nouvellement signifiées par la religion. Le sacré mondain a aussi le pouvoir de remplir d'une densité métaphorique le langage religieux qui identifie Dieu. Car, se déclarant en un langage humain, Dieu s'expose à devenir captif dans notre langage du monde. Selon l'avertissement de Castelli, le langage sacré, même s'il n'est pas autre que le langage humain, conteste en même temps toute grammaire et tout lexique, pour laisser advenir le verbe originaire qui est pur acte d'énonciation et parole créatrice. Le sens du sacré qui précède le discours de la religion et les signes religieux, ouvre la conscience pour un infini et la dispose à reconnaître le Verbe qu'aucun langage ne peut récupérer dans son système articulé. Car tout langage direct porte sur les rapports logiques entre les choses du monde. Etant un infini à même le monde articulé, le sacré préreligieux se donne comme objet d'un discours oblique. Il ne peut se dire qu'en des expressions qui métaphorisent l'être indicible des choses. Ce sont ces réserves de sens métaphoriques du sacré préreligieux qui donnent au discours proprement religieux son langage pour qu'il y formule ses propositions de vérité révélée. Si l'homme religieux n'a pas le sens d'un sacré préreligieux, il emprisonnera Dieu dans la logique de son langage du monde et dans la magie de ses signes rituels.

Le sens d'un sacré préreligieux est également la matrice pour la création des signes religieux visibles qui peuvent manifester Dieu. Le sacré religieux qui peut médiatiser la présence et l'action divine, puise ses signes et ses métaphores dans la médiation du sacré préreligieux.

Il faut même que dans le sacré religieux l'homme contemporain perçoive le prolongement et l'accomplissement de son expérience du sacré immanent. Méfiant envers tout discours et tout signe qui viendraient de l'extérieur signifier son existence, il mesure les religions au critère de son expérience du sacré préreligieux. La dérive culturelle et religieuse du sacré ouvre un champ infini de questionnement et de désir où les figures religieuses inscrivent leurs signes ambigus. La foi ne se réalise que par un va-et-vient dialectique entre le sacré de l'existence et le sacré religieux.

Note additionnelle. Nous avons présenté une étude élaborée sur les théories psychologiques de l'expérience du sacré, ainsi que des observations empiriques et leur interprétation, dans notre ouvrage: *Religion, foi, incroyance. Étude psychologique*, Bruxelles, P. Mardaga, 1983, pp. 111-188.

13

L'ACCÈS À DIEU
PAR LA CONSCIENCE MORALE

Les voies de la conscience morale.

Pour la majorité des hommes, seule l'idée de Dieu donne aux lois morales leur sérieux. Même si cette idée n'oriente pas leurs options morales dans une direction bien définie, elle se profile derrière tout jugement de valeur éthique, et semble le fonder comme son principe ultime. Esprit parfait et infini, Dieu signe la nature humaine d'une possibilité et d'une exigence de perfection infinie. Cela selon plusieurs approches.

En premier lieu, il fait jaillir en l'homme l'amour du bien et de la justice. Pour la plupart des hommes, la quête proprement métaphysique est forclose. Et l'expérience religieuse n'est qu'une vague lueur ; elle déchire à peine l'opacité d'un univers qui se referme sur l'homme captif de sa finitude. Devant l'angoisse que suscite l'Infini, l'homme préfère encore se dissimuler la tristesse du fini. Il est pourtant ouvert aux valeurs ultimes et par elles il atteint obscurément le divin. Dieu est sensible au cœur, pour reprendre la formule de Pascal, parce que le cœur humain cherche confusément le beau et le bien. L'homme est impuissant, en une large mesure, à donner vie à l'élan de générosité qui sourd en son cœur. Aux moralistes il montre souvent un visage altéré par l'avidité. Il est submergé parfois par une vague de fond qui porte la haine et le mal. Mais une estime des valeurs spirituelles reste à la racine de l'être humain. Les valeurs morales ne sont pas inscrites dans un ciel platonicien ; l'homme les sent présentes dans « son cœur », cet étonnant mélange de grâce et de pesanteur. Elles attestent son affinité avec le divin. Tel l'Éros platonicien, l'homme se sait apparenté au divin, sa conscience morale ouvre son horizon sur la région transcendentale.

Cette approche de Dieu est enveloppée des ténèbres de l'affectivité. La sensibilité même aux valeurs morales est pathique ; elle est passion, au sens originaire du mot ; elle est pulsion et jaillissement, dans la confusion d'une quête de plaisir et de bonheur. Certes, elle traverse l'existence humaine d'une intentionnalité éthique. Mais elle est obscure dans son orientation et presque aveugle dans sa recherche. Par cette sensibilité cependant, l'homme a la quasi-certitude d'être prédestiné à un ordre si fondamental et si élevé qu'il ne peut être que divin.

D'ailleurs l'homme ne dispose pas de ces valeurs comme d'un fief. Il

s'en sait responsable. Il a à répondre de son existence. Et cette responsabilité a pour lui une telle gravité, qu'elle ne peut avoir son centre qu'en
Dieu lui-même. N'est-ce pas cette ultime garantie de la moralité que
nombre de chrétiens cherchent dans l'Église ? Si Dieu n'existe pas, les
bases de la moralité s'effondrent.

Cette garantie ultime leur paraît d'autant plus indispensable que le sens
inné de l'obligation inconditionnelle entre en conflit avec l'aspiration au
bonheur. Tout homme cherche le bien, est la constatation qui ouvre
l'Éthique à Nicomaque ; disons plutôt que tout homme cherche le bonheur
et que cette quête définit pour lui la première région où se situe le bien.
Ce désir de bonheur ne conduit pas sans autre examen à la reconnaissance
de Dieu. Par lui cependant l'homme cherche, à tâtons et dans l'obscurité,
une source de plénitude qu'il soupçonne être de nature divine. Cette soif
de bonheur n'a pas elle-même qualité morale. Elle oriente toutefois vers le
bien, ne fût-ce que par l'exigence de paix et d'intégrité intérieure. Bonheur
et bien doivent se rejoindre dans l'ordre de l'absolu. C'est ce que les
hommes pressentent obscurément et ce qui les oriente religieusement.

Trois arguments d'ordre éthique motivent donc la foi religieuse de
beaucoup d'hommes. La soif de bonheur les initie au mystère d'un Bien
absolu. La sensibilité aux valeurs spirituelles institue la communication
verticale de l'homme avec une région divine, le θεῖον, qu'il localise en un
Dieu subsistant. Son sens du devoir et de la loi l'oriente, par delà la
contrariété du bien et du mal, vers un ordre absolu. « Deux choses remplissent le cœur d'une admiration et d'une vénération toujours nouvelles
et toujours croissantes à mesure que la réflexion s'y attache et s'y applique:
le ciel étoilé au-dessus de moi et la loi morale en moi »[1]. Le ciel étoilé,
n'est-ce pas la figuration symbolique du monde des valeurs spirituelles ?
Pour Kant, c'est par son cœur que l'homme est coordonné à la loi morale
(das Gemüt). A cette fameuse confession de l'homme de l'Aufklärung,
nous ajoutons celle de la pensée augustinienne qui était sous la mouvance
platonicienne : Inquietum est cor nostrum donec requiescat in te (Conf.,
I, 1). Elle dit parfaitement la troisième voie de la conscience morale :
cette gravitation du cœur humain vers l'Absolu qui reposerait en lui-même.

Ainsi donc, la conscience morale paraît bien être la voie royale vers une
affirmation de Dieu. L'homme reste en général bien convaincu que le
jugement porté sur l'existence de Dieu exerce une influence décisive sur
les démarches éthiques. Pour lui comme pour Dostoievski, si Dieu n'existe
pas, tout est permis.

Les philosophes ont systématisé par une réflexion transcendentale cette
triple assignation religieuse de l'homme, par les valeurs, par la loi et par
l'attirance du bonheur. Ils ont élaboré une preuve eudémonologique de

---

1. KANT, *Critique de la raison pratique*, trad. PICAVET, p. 174.

l'existence de Dieu, où l'Infini Bien est le pôle d'aimance et la force de mouvance dans le dynamisme humain.

L'ordre éthique, qui est celui du bonheur total, nous introduit dans l'ordre métaphysique des fins dernières. Il devrait donc y avoir une fin voulue pour elle-même, un bien englobant, auquel se subordonnent tous les autres biens comme des moyens. La disproportion entre l'étroitesse du bien qui nous est accessible, et, d'autre part, l'exigence de perfection illimitée indiquerait la coordination de l'homme à Dieu qui est bien absolu. L'homme, par son dynamisme spirituel, attesterait sa capacité de Dieu. Le caractère transcendental du vouloir humain situe la béatitude dans la possession de Dieu, puisque aucun être créé ne remplit cette visée illimitée. S. Thomas va jusqu'à dire que l'homme par nature tend à posséder et à voir Dieu en lui-même. *Nihil finitum desiderium intellectus quietare potest.* Et S. Thomas en conclut, à propos des esprits séparés : *Tendit igitur naturale ipsorum desiderium ad intelligendum divinam substantiam* (S. C. G., III, c. 50). Le point saillant de cette démonstration est cette double transmutation dialectique : l'une passe de l'ouverture au bonheur à la postulation du bien englobant, l'autre de l'affirmation du bien englobant à la position du bien personnel, être et bien absolus à la fois.

La conscience d'obligation d'autre part, a été articulée dans une preuve déontologique. *Bonum est faciendum.* Ce principe n'est pas hypothétique, mais absolu. Ce caractère inconditionnel de l'obligation a été interprété comme la voix d'un législateur absolu (Scheler, Newman [2]). On a également dégagé de l'impératif catégorique les présupposés nécessaires : la survie et l'existence de Dieu, garant de la synthèse eschatologique du bien (le devoir) et du bonheur (Kant). D'autres encore ont reconnu dans l'obligation le signe d'un ordre universel, d'une nature, qui ne pourrait être que participation à la vérité de Dieu lui-même, ou l'expression de sa volonté ordonnatrice (cfr les néo-scholastiques).

La preuve par le sens des valeurs fut rigoureusement élaborée à l'aide du principe de l'illimitation. « Les perfections de Dieu sont celles des créatures moins les limites » [3]. La sensibilité elle-même opère cet effacement des limites : « ...concevoir l'infini à travers toute trace d'être, de beauté, de bonté que nous montrent les créatures ; et parce qu'elles nous montrent aussi partout des bornes, du vide, du mal et de l'imperfection, le devoir de notre raison, comme le devoir de notre volonté, c'est de ne nous point arrêter tout entiers ni par la connaissance, ni par l'amour dans

---

2. Pour Newman le *sense of duty* nous fait apercevoir une invitation émanant d'une sphère suprahumaine, parce que il est un « dictat » : « The feeling of the conscience is twofold : it is a moral sense and a sense of duty ; a judgment of the reason and a magisterial dictate » (*An Essay in Aid of a Grammar of Assent*, London, 1930, p. 105).

3. A. GRATRY, *De la connaissance de Dieu*, Paris, 1953, vol. II, p. 80.

les êtres bornés » [4]. De ce procédé naturel de l'âme, le P. Gratry a essayé de faire une traduction philosophique d'une infaillible rigueur, en s'inspirant des méthodes mathématiques. Récemment, M. Nédoncelle a repris cette voie d'accès à Dieu [5]. Cette voie est proche de la quatrième de S. Thomas. Mais elle prend son départ dans l'estimation connaturelle des hommes pour les valeurs spirituelles. Son élaboration technique passe par la reconnaissance d'un dieu en nous, un daimon, foyer de créations de valeurs, qui nous précède et nous oblige, et nous promeut vers le bien personnel dont il est le représentant.

Nous ne tenterons pas ici l'élucidation de la logique interne de ces preuves. Nous n'essayerons pas la prospection des courts-circuits logiques qu'elles peuvent recéler, ni la désimplication de ses moments de vérité métaphysique. Nous voudrions simplement creuser un peu l'expérience éthique elle-même. Si les métaphysiciens ont le souci de la rigueur formelle, nous avons le pressentiment que c'est d'abord dans la profondeur de l'expérience de la faute que se fait l'ouverture à la dimension transcendentale. Un motif pressant nous invite d'ailleurs à cette réflexion : les multiples études psychologiques et anthropologiques ont révélé les équivoques de la conscience morale, mettant ainsi en question le point de départ de ce cheminement vers Dieu.

Les apories de la conscience morale. Analyse statique.

1. Une première constatation a de quoi nous dérouter : dans l'expérience de la mauvaise conscience, la référence vraiment religieuse est assez rare. On est habitué, en milieu chrétien, à la collusion théorique entre morale et religion ; on ne s'aperçoit plus que nombre de croyants sont toujours entre l'une et l'autre. Les résultats des enquêtes, donnant des garanties suffisantes, sont incontestables : la mauvaise conscience n'est qu'exceptionnellement conscience du mal sous le regard de Dieu [6]. Sans doute y a-t-il souvent référence à la loi révélée, au péché, au jugement divin. Mais si l'on en juge par les termes des réponses données, il appert que le bien religieux est extérieur au mal vécu. Il est surajouté à une conscience proprement éthique de la faute, qui lui emprunte son langage théologique, sans en être affecté dans sa nature intime. La faute n'est pas vraiment mesurée par la vérité et la sainteté du Dieu vivant qui sonde les reins et les cœurs. Elle est définie par la loi de la société humaine. Seulement, par la logique de la situation historique, l'Église se trouve être de fait la dépositaire de l'autorité morale : la présence du jugement divin

4. O. c., II, p. 121.

5. Un chemin philosophique vers Dieu, dans Tijdschrift voor philosophie, t. XXII (1960), p. 425-440.

6. Sur la culpabilité religieuse, voir L. BEIRNAERT, Sens chrétien du péché et fausse culpabilité, dans Trouble et lumière (Études Carmélitaines), Paris, 1949, p. 31-42.

garantit l'Église comme institution sociale. Mais l'Esprit n'illumine pas de l'intérieur l'expérience de la faute. Sans doute nous durcissons l'opposition entre un christianisme sociologique et un christianisme théologal. Mais seule la vigueur de nos catégories nous permettra de nous orienter dans le terrain confus des expériences et de lire les manifestations de ses intentions implicites.

Si la mauvaise conscience n'est qu'exceptionnellement religieuse dans sa nature intime, n'est-ce pas l'indice de l'autonomie de la conscience morale vis-à-vis du prétendu fondement théologique ?

2. A bien examiner la conscience morale, on s'étonne d'ailleurs moins de cette autonomie. On infère ce fondement théologique de son caractère prétendûment absolu. Impressionné par sa puissance et contraignance, on s'attend à la voir débouchei directement dans la conscience religieuse. Ce caractère absolu est fort contestable. Il nous paraît relever de la fascination qui émane de toute pensée formelle. Tout formel, ne se présente-t-il pas avec des prétentions d'autant plus absolues qu'il est vidé de tout contenu d'être ? Rien n'est plus radicalement absolu qu'une affirmation d'être purement abstraite. Le fait que Pierre est assis, est évidemment un acquis définitif et le sera incontestablement pour l'éternité. Mais que peut-on légitimement inférer de cet être logique absolu, établi sur un fait contingent ? On le grossit des résonances existentielles de l'être humain vécu. De même, que peut nous révéler sur l'Être un devoir conçu selon l'abstraction formelle pure ?

Ce n'est pas tant la faillibilité de la conscience morale qui fait question (problème posé par S. Thomas d'Aquin, et résolu par lui par la distinction entre la conscience morale pure : *synderesis*, et la conscience morale empirique et faillible : *conscientia*). Mais la *synderesis*, la lecture spirituelle du bien et du mal, qui selon S. Thomas apparente l'homme à l'ange, est elle-même mélange d'absolu et de contingence. L'obligation s'impose avec un rigorisme absolu. Mais l'obligation elle-même est variable selon les conjonctures culturelles. C'est à travers une obligation contingente que se fait entendre l'exigence absolue. L'absolu n'est donc pas inscrit dans les préceptes moraux. Seule une abstraction spéculative l'isole et l'érige en sa radicalité formelle. C'est pourquoi la philosophie contemporaine accentue la créativité [7] de l'attitude éthique. L'obligation éthique n'impose pas ce qui est, mais ce qui a à être. Et ce qui a à être sera toujours contingent. Étant œuvre humaine et culturelle, la « valeur morale », produite par la spontanéité humaine, sera limitée par la situation historique dans laquelle elle s'inscrit tout en la contestant. N'est-ce pas cette contingence de l'obligation éthique que le génie d'Aristote pointe dans son

---

7. Voir A. WYLLEMAN, *L'homme et la création des valeurs*, dans *Revue Philosophique de Louvain*, t. LVIII (1960), p. 88-102.

analyse du δεῖ de la conscience morale : l'obligation s'impose, absolue et conditionnelle à la fois. Elle est portée et justifiée par l'idéal indissolublement esthétique et éthique de l'homme grec.

Le moment abstrait de l'obligation affecte l'agir humain d'un coefficient éthique. Étant purifié par l'abstraction, ce moment s'énonce de façon absolue. Si l'on isole l'obligation des contenus contingents dont elle naît et qu'elle informe, on s'égare dans une logique purement formelle dépossédée d'être.

Dans le réel de la situation humaine, l'obligation morale est surtout contestation d'une situation de fait. L'obligation de justice exige la modification du désordre établi. L'obligation morale en appelle à l'initiative créatrice de l'homme pour qu'il pose de nouveaux rapports humains qui incarnent des valeurs à créer. L'obligation morale est donc position de rapports concrets autant que devoir abstrait.

3. Ce mixte de contingence et d'absolu dans l'expérience de l'obligation morale a été éclairé et détaillé par les sciences psychologiques et sociologiques. Les philosophes n'y voient souvent que la limitation extérieure et presque caractérologique de l'absolu de la morale. Nous sommes convaincu qu'une analyse attentive de la conscience morale vécue permet de mieux comprendre la combinatoire de l'absolu formel et de la contingence des valeurs. Nous nous limiterons à l'analyse de la conscience coupable, celle d'une voix qui juge et condamne. Elle révèle une instance personnologique qui, à la fois, fait partie du sujet et s'oppose à lui. La conscience morale est indépendante de la volonté et des désirs du sujet. Elle est une fonction autonome et spécifique. Elle ne présente pas de jugement de valeur abstrait et flottant, et, par elle-même, elle ne mène pas à une élaboration théorique de valeurs morales. Elle porte un jugement pratique sur un acte déterminé, et décrète que par sa propre praxis, le sujet s'est qualifié ou disqualifié. Dans la culpabilité, l'homme fait l'expérience de l'autonomie de la conscience morale. Au premier regard, le sentiment de culpabilité émane du sujet lui-même, du centre de son être. Mais en fait il a son lieu dans un épicentre situé en dehors du moi et cependant constitutif du moi. Cette hétéronomie liée à l'immanence au sujet rend possible le jugement qui concerne le sujet coupable tout entier. La mauvaise conscience n'est pas le sentiment d'une diminution de valeur. Elle a d'abord une signification juridique. Le sujet se sait coupable par l'appel qu'il perçoit comme surgissant de l'extérieur.

Cette autonomie relative et intérieure de la fonction morale pourrait nous inciter à notre tour à outrer son caractère absolu. Mais au moment crucial de l'interprétation, nous voyons la conscience coupable se retirer en sa propre intériorité. Elle s'actualise comme conscience de soi coupable par la gamme de sentiments qui nuancent la résonance affective de la condamnation.

En nous guidant sur les enquêtes [8], nous pouvons détailler les composantes de la mauvaise conscience, selon leur ordre de prépondérance. Le sujet porte le poids d'une dette ; il n'est plus libre. Une inquiétude l'opprime et l'empêche de penser librement. Il tend à se décharger et à s'exprimer, même à réparer. La culpabilité est donc un savoir et une tendance dynamique. La force même qui opprime est à l'origine de la tendance presque motrice à l'expression et pousse à la réparation. L'expérience de la culpabilité n'est pas encore l'aveu, et elle ne mène pas, par glissement continu, au repentir. Mais l'état obscur d'inquiétude forme une transition vers l'expression et la restitution de l'équilibre interne rompu. Dans l'état extrême, les morsures de la conscience arrachent au sujet les cris d'un aveu involontaire et presque animalement douloureux. Le désespoir de Macbeth est la figure exemplaire de ce cri qui ne soulage pas et de cette impuissante tendance à se décharger.

Chez nombre de sujets, la peur et l'angoisse intensifient cette inquiétude. Les sentiments au paroxisme entament la structure du sujet plus profondément que l'inquiétude. L'inquiétude est encore un sentiment dynamique ; elle est pression motrice et prépare le passage à l'acte. La peur incite à la fuite, acte négatif face à autrui ; l'angoisse paralyse devant un danger sans visage. A l'instar de Cassandre, l'homme angoissé désire parfois le malheur qui fixe l'intolérable attente d'une obscure catastrophe. Toutes ces connotations affectives qui peuvent accompagner et spécifier l'expérience de culpabilité, en manifestent la teneur concrète. Car, d'après les témoignages des sujets interrogés, le danger visé est celui d'être découvert. Le jugement d'autrui constitue par lui-même la punition première. Le regard qui découvre est déjà une menace insupportable ; il peut en plus terroriser le sujet, par les dangers cachés qu'il annonce. De l'aveu de plusieurs sujets, la conscience coupable évite de rencontrer les autres, et recherche la solitude. La dépression l'envahit. Exclue de la communication des hommes, elle n'est plus suspendue à un regard qui la maintient dans une existence valable.

Nous retrouvons donc l'hétéronomie de la conscience morale. C'est par la voix d'un autre soi-même immanent que le sujet se découvre coupable. Cette conscience de soi coupable s'intériorise dans le sentiment. Elle assume et intègre le verdict quasi extérieur de la voix qui la sollicite et la juge. Par ondes concentriques, le sentiment creuse dans le moi cette profondeur d'existence mauvaise. Le moi tend à se décharger. Il aspire à réintégrer son autre lui-même, sa voix interne-externe, par l'aveu et la réparation. Mais il ne pourra le faire que par un aveu devant un vrai

---

8. Nous utilisons ici les données essentielles de deux recherches de psychologie religieuse positive : A. Snoeck, *De psychologie van het schuldbewustzijn*, Anvers-Utrecht, 1948 ; L. Gielen, *Das Gewissen bei Jugendlichen. Psychologische Untersuchung*, Göttingen, 1956.

autrui, devant la société qui acceptera de lui restituer son innocence. En même temps, la peur et l'angoisse repoussent de lui cette société et l'amènent à se soustraire à ses yeux. S'il cède à ce mouvement de défense, le sujet coupable glisse morfondu à l'isolement. A la limite, il refoulera sa culpabilité manifeste et entrera dans le système de la culpabilité pathologique. Ce mouvement pathogène de la fuite et de l'isolement manifeste lui aussi le lien interne qui unit l'autre intérieur, la voix de la conscience, à l'autrui réel qui représente la société. Nous dirions que la voix intérieure est la messagère de la société. Elle a force de loi par procuration de la société réelle des hommes. C'est pourquoi la réintégration de l'autre soi-même se fait par la médiation de la société, de même que la fuite de la société permet d'éteindre la voix intérieure qui en anticipe la disqualification.

L'hétéronomie de la conscience morale se résorbe donc étrangement dans l'expérience même que le sujet en fait. La culpabilité du sujet, fondée d'abord sur l'accusation de la voix intérieure-extérieure, l'est autant sur l'attachement que le sujet se voue à lui-même. S'il ne s'était pas jeté à la recherche du bonheur, il ne serait pas sensible à l'accusation ; au point que l'autre qui accuse, peut, à certains moments, ne sembler qu'un élément référentiel extrinsèque, qui trouble le tête-à-tête du sujet avec lui-même.

Cette amplitude affective de la culpabilité n'est ni accidentelle ni étrangère à la conscience morale. Elle est l'appropriation même du jugement porté par autrui. Elle est son intériorisation ; ou son introjection, en termes de psychanalyse. En elle, la personne entière s'exprime et se thématise comme jugé. Le savoir abstrait se fait ici conscience en première personne.

Nous arrivons ainsi à cette idée d'une fondation réciproque des deux éléments constitutifs de la conscience morale. Le moi se sait coupable parce qu'à l'intérieur de lui-même, il perçoit cette voix qui l'interpelle et le juge. Cette voix autonome qui habite son for intérieur, n'a cependant de prise sur lui, et ne peut l'éveiller à la conscience de soi coupable, que parce que, entièrement orienté vers son bonheur, il dépend étroitement d'autrui pour ce bonheur. Autrui doit le reconnaître et le garantir. Autrui, à cet égard, n'est que le point de référence pour la constitution de la propre intériorité du sujet. La conscience morale est foncièrement « narcissique » jusque dans sa soumission à la loi hétéronome. Nous retrouvons en elle, dans l'expérience concrète de la faute, cette dualité de l'aspiration au bonheur et de la sommation par le devoir, les deux composantes se fondant réciproquement.

4. Les sciences anthropologiques par leurs théories sur la formation de la conscience morale, ont voulu rendre compte de ce mixte d'autonomie et d'hétéronomie. Toutes ces théories relativent la conscience morale, par la mise en lumière de ses inhérences psychologiques et sociologiques.

Rappelons-en les lignes essentielles. Elles prépareront le passage à l'étude dynamique de la conscience morale.

La psychanalyse, déjà et surtout dans les écrits de S. Freud, a montré que l'homme vit sous le signe de l'exigence éthique et de la culpabilité. Aucune autre catégorie existentielle, que ce soit le souci ou l'aliénation sociale, ne marque aussi profondément le devenir humain, dès avant sa première prise de conscience, à l'aurore de la conscience humaine [9]. Des psychologues et psychanalystes, acclimatés à des conceptions culturalistes, ont trop facilement voulu réduire cette culpabilité à un symptôme qui dissimule une réalité psychique à déchiffrer [10]. Même au cas où la culpabilité serait un masque, elle manifesterait encore, dans son déguisement, le mode fondamental de l'être humain : qui est d'être soumis au jugement et à la loi, dès avant sa capacité d'y répondre librement. Il est exagéré de voir en la culpabilité le complexe nodal de toute pathologie mentale [11]. Elle est cependant partout présente, en des modalités profondément différentes ; et elle est au cœur de deux névroses : la phobie et l'obsession. C'est dire qu'aux tous premiers âges de la vie psychique, là où se prépare la névrose, l'homme est déjà marqué par le signe d'une prémorale et d'une préculpabilité, qui ne se comprennent qu'en référence à une morale et une culpabilité authentiques, sur lesquelles elles anticipent et qu'elles rendent possibles.

Nous ne reprendrons pas ici la théorie de la formation du sur-moi [12] à travers les différentes phases psychologiques. Nous voudrions circonscrire son intuition centrale. Il nous semble difficile de contester qu'elle a profondément modifié notre conception de la conscience morale. Parmi les lois essentielles du devenir humain qu'elle nous a appris à mieux connaître, il faut noter la combinaison des deux processus : celui de l'identification et celui du principe de plaisir. L'homme n'est sujet que parce qu'il est un centre dans un réseau de références. Les intentions et les désirs d'autrui lui permettent d'émerger de ses besoins vitaux et de se constituer en sujet par sa réponse à l'appel qui lui est lancé.

Cette demande prend sa signification existentielle pour le sujet naissant, parce qu'elle met en question sa sécurité. Il lui répond en même temps par besoin de bonheur et par peur. On entre dans les relations interpersonnelles par la peur et par le désir. Par ces deux motifs, l'interdit et l'exigence parentales deviennent une partie du sujet lui-même. Il s'identifie à une part de la personnalité du père. Il « intériorise » son autorité. Intégrée

9. Voir A. HESNARD, *L'Univers morbide de la faute*, Paris, 1949.

10. Les considérations du Dr HESNARD sur le « péché » sont significatifs à cet égard ; voir *Morale sans péché*, Paris, 1954, p. 2-3, 40-42, 66-67, etc.

11. C'est une des critiques que nous adressons aux livres du Dr HESNARD.

12. Nous pouvons renvoyer le lecteur à l'excellent résumé de A. GÖRRES, *Methode und Erfahrung der Psychoanalyse*, München, 1958, p. 168 ss.

en lui, par cette identification, elle devient cette voix qui parle à l'intérieur de son propre être, immanente et transcendante à la fois. Rien d'étonnant dès lors qu'après la désintégration de la personnalité, dans certaines maladies, le sujet entende à nouveau cette voix dans la réalité extérieure : il restitue au monde la part qu'il s'en était intériorisée par identification [13].

Il va de soi que pareille conception psychogénétique de la conscience morale fait la part très large aux facteurs sociaux, au point d'éliminer toute connaissance innée. La conscience morale résulterait, comme instance psychique nouvelle, de l'interaction de divers dynamismes pulsionnels, exposés aux influences des échanges intersubjectifs. Elle est donc œuvre culturelle au sens fort du terme : elle est le fait d'une production humaine qui tire sa substance des couches primaires, chtoniques, de l'homme. Celles-ci passent à la qualité humaine par les transformations que leur font subir les relations historiques.

Cette psychologie semble nous entraîner vers le vertige du relativisme, tentation qui guette toute étude génétique. Il ne saurait pourtant être question, pour le philosophe, de méconnaître la technique propre de ces études, ni les conclusions auxquelles elles aboutissent. Une philosophie du réel se devrait d'élucider et de mettre en valeur, par sa réflexion transcendentale, les expériences de cette psychologie. D'autant plus qu'elles trouvent une confirmation dans l'histoire de la pensée morale. En effet, l'historique des notions morales met en vive lumière l'importance majeure de la présence institutionnelle dans l'érection même de la conscience morale. « Le tribunal va devant, la psychologie vient après. » « C'est de cette réflexion convergente sur le droit pénal, sur les crimes fabuleux, et sur les pénitences appliquées aux initiés, que sont issus les concepts fondamentaux que le Platon des Lois et surtout l'auteur de l'Éthique à Nicomaque porteront à un certain degré de rigueur » [14].

L'institution juridique de la cité grecque a donc, selon les admirables analyses de P. Ricœur, doté l'humanité de la métaphore de l'imputation pénale, et a permis à la conscience morale en formation, de se déployer selon la mesure de la justice. Dans le monde biblique, le prophète constituait le contre-pôle d'accusation raisonnable. Le prophète médiatise le Dieu vivant, seul foyer d'exigence et d'inculpation dans la relation de l'alliance. Aussi bien la faute est-elle devant Dieu, et sa montée au jour de la conscience y développe de toutes autres résonances affectives que dans la conscience éthique éveillée par la cité grecque. De toute façon, la conscience se spécifie en éthico-juridique ou éthico-religieuse par l'intégration d'un contre-pôle, qui surgit devant elle comme exigence d'abord

---

13. Voir S. Freud, *Zur Einführung des Narzissmus,* dans *Gesammelte Werke,* t. X, p. 162-163.

14. Voir P. Ricœur, *Finitude et culpabilité,* Vol. II : *La symbolique du mal,* Paris, 1960, pp. 110-11.

extérieure. La peur par laquelle le sujet entre dans la moralité, exprime dans l'affectivité cette extériorité de fait. L'inventaire des formes historiques de la conscience morale nous offre donc la réplique du cheminement que la psychologie des profondeurs a su dégager par ses techniques propres et irremplaçables. L'événement historique est-il premier, ou est-il précédé par la genèse psychologique ? Sans doute les influences sont-elles ici réciproques : un mouvement circulaire englobe individu et société dans un commun devenir.

C'est donc par choc en retour, dans la rencontre des réalités de l'existence, que les aspirations personnelles au bonheur donnent naissance à cette instance psychique qui se fait valoir avec une originalité radicale et appelle à une nouvelle modalité d'existence : la responsabilité éthique. La conscience morale est vraiment le surgissement d'une nouvelle instance de la personnalité, à partir de phénomènes psychiques primaires et d'institutions de nécessité sociale. Relative dans ses exigences et absolue dans sa formulation abstraite, située dans la culture et la contestant par ses impératifs métasociologiques, intérieure à la personnalité et autonome dans sa fonction de loi et de juge, la conscience morale est tout cela parce qu'elle est l'intériorisation, dans la personnalité, d'une autorité extérieure, familiale et sociale à la fois, dont la nécessité vitale précède et polarise la formation éthique du groupe et de l'individu.

Dans le formalisme kantien, nous avons reconnu une visée absolue de l'esprit qu'aucun positivisme ne saurait justifier. L'ouverture au bonheur englobant, ensuite, nous est apparue comme la dimension métaphysique essentielle de l'homme. En plus, le désir du bonheur fait participer l'homme aux qualités divines. L'étude génétique, d'autre part, d'abord de la forme de la conscience morale, comme voix qui interpelle et qui juge ; de son contenu culturel et social, ensuite, constitue l'autre moment de notre analyse. Comment concilier ces deux faces de la conscience morale ? Notre analyse statique a décomposé la conscience en ses moments abstraits. Il nous reste, pour essayer de dépasser ces apories, de tenter une étude dynamique qui restitue aux différents éléments leur fonction dialectique. Elle seule est en mesure de nous révéler l'organisation interne de ces fragments abstraits et d'en livrer leur signification dernière. En particulier, il nous reste à considérer les virtualités symboliques que suscite dans la conscience le double affrontement, psychologique et social-historique ; et les contingences historiques risquent d'en masquer la portée métaphysique.

L'émergence de l'instance éthique dans l'expérience de culpabilité.

Pour reconquérir l'unité et les vertus de la conscience morale, nous adopterons l'optique génétique. Elle seule a le pouvoir de surprendre la vie qui anime tous les aspects de l'expérience et de réintégrer dans la simplicité de l'agir les contraires que l'analyse a distendus. Mais nous espérons saisir, en deçà de l'arrangement des concepts, la conscience éthique à l'état naissant, dotée encore de toutes ses virtualités.

1. « Tout art et toute investigation, et pareillement toute action et tout choix tendent vers quelque bien, à ce qu'il semble. Aussi a-t-on déclaré avec raison que le Bien est ce à quoi toutes choses tendent » (*Eth. Nic.*, I, I, 1094 a, 1-4, trad. Tricot). L'homme est engagé dans une aventure qui le dépasse. Il est travaillé, à tous les plans de son existence, par l'universelle et cosmique tendance à l'achèvement, au bien. Dans la quête de bonheur qui jaillit de la vitalité affective de l'homme se fait sentir la pulsion même de l'être, dont le bien est un transcendental. « Être heureux est nécessairement le désir de tout être raisonnable mais fini » [15]. Le génie du Stagirite a reconnu dans le désir du bonheur l'amorce du mouvement éthique [16], par lequel l'homme manifeste son insertion dans l'universelle destination au bien.

Mélange de richesse et de pauvreté : l'homme est un être de désir. Son projet fondamental est la possession du bonheur total. Il ne peut renoncer à ce déploiement qu'en abdiquant son être même. La plénitude de l'existence lui est offerte. Mais elle est voilée, toujours hors d'atteinte. Elle est au centre de son être.

Le centre d'où jaillit le désir fondamental, c'est l'affectivité, l'unité indistincte de sensibilité, d'imagination, de présence intuitive, de pulsions et de vouloir. Une psychologie des facultés a longtemps méconnu cette racine commune et informe des puissances de l'âme. Elle prenait les facultés à l'état de fait, et n'a pas compris que les « facultés » ne sont que des cristallisations de cette matière psychique originaire, qui se diversifie et se transforme infiniment par ses relations aux objets et aux humains. Non que nous rejetions en bloc la spécificité de certaines formes privilégiées de l'activité psychique ; mais il faut les ressaisir à partir de leurs conditions d'apparition. A l'orée de la vie psychique, l'homme se meut dans un état d'indistinction originaire, et ne possède pas encore la science de l'autre. Le narcissisme primaire précède le déplacement du point de vue et l'adoption d'une perspective. Le moi ne se limite pas encore par une rencontre avec l'objet ou autrui. Il n'a pas non plus la science du bien et du mal. L'affectivité, à son point d'émergence, est pré-morale. Et cependant elle est le lieu et le moment de naissance de la conscience morale. Car elle est toute tendue vers la réalisation de son plaisir-bonheur, indistinct lui

---

15. KANT, *Critique de la raison pratique*, p. 24.
16. Voir C. J. DE VOGEL, *Quelques remarques à propos du premier chapitre de l'Éthique à Nicomaque*, dans *Autour d'Aristote (Recueil d'études de philosophie ancienne et médiévale offert à Mgr Mansion)*, Louvain, 1955, p. 307 : « La théorie morale de notre philosophe sera donc finaliste, et, comme la fin ultime sera définie par l'eudémonie, elle sera 'eudémoniste. »

aussi dans sa double exigence d'instant total et de plénitude englobante. Et tous les fruits semblent s'offrir à ses demandes, puisqu'elle n'a pas encore appris à situer un objet en face d'elle et à mesurer ses désirs aux lois du réel. Elle est magique, en ce qu'elle habite un univers projeté selon la mesure de ses désirs. Privée de la notion de distance et de séparation, elle ignore également le renoncement et le respect. Elle est violence et jouissance. Non qu'elle piétine les droits d'autrui. Tout simplement elle ne connaît ni droit ni autrui. Cependant elle se rend coupable devant les ordres qu'autrui lui intime.

2. La conscience affective se fait donc accuser, comme elle se plonge dans les déceptions. La réalité contredit et démystifie la toute-puissance de son imaginaire. Et autrui lui oppose des interdits qui mettent en état d'accusation son innocence prémorale et quasi-naturelle ; on dirait animale, si elle n'était possédée d'une exigence de plénitude qui humanise dès le début l'affectivité.

La conscience découvre donc la légalité par choc en retour sur le réel des objets et des humains. Le sujet fait d'abord l'expérience d'oppositions encore externes. Par un acte sien, il opère, sans le vouloir vraiment, des ruptures qui le rejettent sur lui-même, et lui renvoient la signification effective et objective de son comportement. La résistance de l'autre lui révèle l'existence d'un centre irréductible à ses désirs de domination et de jouissance. Constitué en vis-à-vis de ses désirs illimités, l'autre prend la signification d'une nécessité. Il a, par son être même, force de loi. En plus, il inspire au sujet « coupable » la peur, parfois même cette terreur profonde qui fait le fond de toute perturbation affective précoce. Car, dans son état d'essentielle prématuration vitale et affective, le jeune sujet dépend entièrement, pour sa requête de bonheur, de ce contre-pôle hostile. Mais en raison de la fragilité affective du jeune être humain, la loi effective qu'oppose l'adulte à ses désirs, éveille en lui la tendance à récupérer la nécessité extérieure, par une identification aux exigences de la société. Cette identification lui rend son assurance affective, et la conservation de son désir, moyennant les vœux de ceux dont il dépend. Dépassant ainsi la loi brutalement extérieure, le jeune être entre dans l'ordre de la loi, reconnue pour la valeur d'humanité dont elle investit autrui.

Par sa culpabilité obscure, la conscience reconnaît sa démesure illusoire et imaginaire. L'autre l'accuse d'ailleurs, par le geste même de son refus et de sa résistance. Cependant, l'accusé n'est pas vraiment coupable au sens où il aurait voulu disposer en maître d'autrui et le réduire à l'esclavage, puisque autrui n'était pas encore vraiment pour lui. La négation d'autrui supposerait que cet autrui soit présent comme centre de conscience et de liberté. On ne peut nier l'autre au sens fort sans, au même moment, le reconnaître et l'affirmer comme son égal. La jouissance affective est antérieure à ce désir de reconnaissance qui pose dans l'être-pour-soi. Elle précède la vraie lutte pour la reconnaissance au sein d'une humanité **reconnue commune aux deux sujets.**

On fera valoir que la notion de culpabilité n'a pas plus de consistance, à ce niveau d'indistinction, que les notions d'autrui et de loi. Il serait en effet abusif d'imputer à la conscience affective la responsabilité « morale » pour un acte qui précède l'avènement de la loi et de la liberté d'un être-pour-soi. Mais d'autre part, ce serait obturer l'horizon éthique que de récuser cette notion de culpabilité prémorale. Telle est bien notre situation de départ : la conscience affective n'est ni liberté ni chose. Elle est à la fois aveugle sur le réel et sur autrui, et intentionnellement orientée vers eux par son désir de bonheur. Rétrospectivement, lors de la découverte de la loi, elle se juge coupable, même si elle sait qu'elle peut être inno-centée selon des critères de stricte rationalité. La culpabilité première est cette expérience transitoire, où, par l'épreuve du réel, elle reconnaît la logique interne de son comportement, s'arrache à son narcissisme, et naît pour la loi et pour autrui. Ce mouvement rétroactif de l'autoaccusation déroute nos catégories logiques qui sont plus aptes à dire le solide, le préétabli, la chose. La vie de l'esprit est genèse, reprise continuelle de ce qui est, du déjà-là, dans une intériorité en surgissement. Le corrélatif réflexif d'une authentique vie de l'esprit est une philosophie qui articule ces deux temps de notre devenir spirituel : le mouvement centrifuge qui opère le retour sur le réel et en entérine l'opacité ; au deuxième moment : l'assimilation intérieure de la nécessité extérieure de l'être-là à laquelle la conscience primitive s'était heurtée.

L'hiatus entre les deux moments n'est pas radical. Une secrète parenté connaturalise la conscience avec la loi et la nécessité. Le désir du bonheur-plaisir, dans sa structure intentionnelle, l'ouvre à la rencontre d'autrui, et la prédispose à l'intériorisation de la loi. Si continuité il y a, la rupture domine cependant le rapport avec un monde qui se dresse en face de la conscience primaire. Toute l'histoire de la pensée atteste d'ailleurs que la dénégation introduit la négativité au cœur de l'esprit. Le moment de culpa-bilité est réciproque de la conscience éthique et religieuse. L'aveu de sa malice existencielle est corrélative, chez Isaïe comme chez tous les saints, à sa confession de la gloire divine.

On ne s'est pas assez étonné de la forme essentiellement négative de la loi morale. On a même tendance aujourd'hui à émousser cette formulation négative par des poncifs moralisateurs sur une éthique constructive, et sur l'« oblativité » inscrite dans les instincts mêmes de l'homme. A ce compte, la vie de l'esprit ne serait finalement qu'une paisible rêverie de perfection sans conflit. C'est nier en termes éclatants la portée du Décalogue : par toute sa formulation négative, il manifeste que la rencontre du Dieu vivant est mise en question de l'homme, et contes-tation de son être « nature », de son être passionnel.

De là au dualisme manichéen il n'y a qu'un pas. Il a été allègrement franchi par nombre de systèmes. Sans verser dans cette systématisation outrée, maints philosophes ont élaboré une vision éthique du monde où les passions sont jugées viciées, dégradées en leur nature même. P. Ricœur a fait une pénétrante analyse de cette vision éthique du monde [17]. Il en récuse la primauté et il récupère, avec une force remarquable, les moments originaires sous-jacents à la dépravation de la vie passionnelle. Il nous semble cependant, qu'il n'a pas cerné ce moment primordial de l'avènement même de la vie de l'esprit, moment où la conscience, par l'aveu de sa culpabilité, se détache de l'imaginaire et de la jouissance, et s'aligne sur les exigences du réel et d'autrui. Entre l'originaire ontologique que Ricœur dégage par une analyse intentionnelle, et la vie affective des passions, sur laquelle Kant porte son jugement éthique, il y a le moment psychologique d'une affectivité qui est indivisiblement imaginaire, mystifiée et désir de bonheur vrai. Entre l'innocence ontologique mais prémorale, et la faute par connivence avouée, il y a le moment évanescent de la culpabilité par laquelle le sujet s'approprie le cœur des choses et des humains qui lui ont opposé leurs interdits.

Il y aurait lieu de reprendre, dans cet éclairage, l'étude de la tragédie grecque. Elle a puissamment thématisé cette inéluctable culpabilité humaine. Plusieurs figures mythiques expriment l'hybris tragique qui s'introduit fatalement dans l'action humaine et la tourne en démesure et révolte. Citons seulement Oedipe, figure exemplaire du criminel innocent. Ses crimes réalisent, aux dires de Platon et de Freud, les désirs les plus enfouis et les plus inavouables de l'humanité. Lui-même en frémit autant que les moralistes actuels. Il se refuse à les reconnaître, de toute la force de sa puissante personnalité. Son drame est précisément dans la lente conversion par laquelle il remonte aux sources de son passé, et adhère à la vérité de son histoire. Mais son vrai crime, celui pour lequel il sera puni n'est pas dans l'accomplissement des obscurs désirs sexuels incestueux et du meurtre du père. Sa faute est dans sa colère, dans la révolte contre la lumière qui se fait sur sa personne. Il refuse de se reconnaître tel qu'il est. Là gît son hybris essentielle. Il l'assumera ; il s'en punira en se crevant les yeux. Finalement il se reconnaîtra dans sa vérité démystifiée : il est homme, et non pas dieu ; il renonce à l'orgueil de sa toute-puissance imaginaire et passionnelle. Il se connaîtra lui-même, selon le sens originaire du principe grec fondamental : connais-toi toi-même ; c'est-à-dire : sache que tu es un homme et non pas un dieu.

Le drame d'Oedipe présente deux niveaux de culpabilité et deux moments de conversion. L'accusation par le représentant de la société humaine et divine, Tirésias, révèle à Oedipe ses fautes cachées et involontaires. Oedipe refuse de les reconnaître, et, par sa révolte, il commet la vraie faute, celle de l'orgueil. Par son refus de la culpabilité, Oedipe ajoute à la faute première et prémorale celle de l'orgueil, beaucoup plus lourde

---

17. *Finitude et culpabilité*, vol. I : *L'homme faillible*, p. 97 ss.

parce que consciente et vraiment morale. Ne pouvons-nous évoquer à ce propos, la distinction essentielle que le Christ fait entre ceux qui ne savent pas ce qu'ils font et ceux qui commettent le péché contre la lumière ?

La culpabilité acceptée est donc le moment de vérité où l'homme se reprend, s'arrache à l'ordre pathique, et passe au règne éthique de la loi reconnue. Encore, ce mouvement de rupture est-il nourri et porté par l'ordre pathique lui-même : par le désir fondamental du bonheur. La conscience morale est la contestation permanente qui purifie, de par l'intérieur, la passion dont elle continue de se nourrir. De là cette diversité de résonances affectives et ces glissements aux frontières de la conscience morale et de l'affectivité. Chaque moment de prise de conscience constitue pour le sujet une tentation de révolte et de retrait. Il est tenté de préserver sa fragile recherche du bonheur par le rejet de l'accusation et le maintien de son projet désavoué. Il peut même retourner contre l'autre l'accusation, et se constituer juge d'autrui, pour s'innocenter lui-même. A la limite, il devient conscience paranoïaque. Ou bien il se retire du monde et se délecte dans sa solitude morose ; à l'extrême de ce retranchement, il entre dans l'isolement schizophrénique.

Le symbolisme religieux du règne éthique.

1. La reconnaissance et l'intériorisation de la loi arrachent la conscience à elle-même. Par delà l'angoisse de cette séparation d'avec-elle-même, elle entre dans l'ordre symbolique de la loi et de la parole. Au terme de son itinéraire éthique, elle accède à la Parole qui offre le pardon et le bonheur, et découvre le Dieu qui est salut. La voie qui passe de la passion à la la confession religieuse est celle du renoncement à la toute-puissance. L'humilité est la vertu religieuse fondamentale. Elle est la reconnaissance définitive de la finitude, et l'abandon de tout espoir de jamais récupérer celle-ci, par une participation quelconque à l'homme total, substitut que pourrait offrir à son échec individuel une idéologie de l'histoire. Après que la culpabilité lui a révélé son ancrage dans un transcendant, l'homme humble sait que le dépassement de la finitude ne pourra jamais s'effectuer que par pure grâce. Si aucun homme ne renonce au désir d'être dieu, celui qui est entré au règne éthique entrevoit tout au plus, à la pointe de son espoir résigné, la possibilité d'être dieu par participation gratuitement offerte.

Mais cet espoir n'est pas une assurance triomphante. Elle n'est pas système de philosophie ; elle n'est qu'une manière de vivre, intentionnellement structurée, projetant à vide ses visées infinies. Avant de s'égaler à elle-même, la conscience éthique a un long chemin à parcourir où chaque prise de possession d'elle-même ouvrira de nouvelles négativités. A chaque étape, elle est distendue en elle-même et crucifiée dans son espoir de réconciliation immédiate.

Ce désir de divinisation ne fait pas l'objet d'une connaissance explicite. On le retrouve au centre de la quête de bonheur. Il est le nœud de la tragédie grecque. Il est le projet fondamental qui oriente le devenir de la conscience. Mais l'homme n'est explicitement conscient de son propre principe qu'au terme de ce devenir, après une longue docilité à la vie opérante de l'esprit, qui l'invite à chaque instant à rectifier les équivoques et les substitutions imaginaires dans lesquelles il s'égare. Ici également une tâche urgente s'impose au philosophe : celle de sauver ce « désir naturel de voir Dieu » de sa dogmatisation par une pensée uniquement formelle, qui rétroacte dans les premiers moments de l'esprit son aboutissement.

2. La reconnaissance de la loi est le premier moment de la vie éthique. Le sujet plaide coupable pour le passé, et transforme le conflit extérieur en tension spirituelle intérieure. Ainsi il s'engage sur la voie de la symbolisation des faits externes, même s'il ne prend pas pleinement conscience des présupposés de la loi reconnue. L'autrui qui opposait à sa folie d'exploitation la résistance de son existence inaliénable, se dresse maintenant en face de lui comme le chiffre d'un absolu non encore identifié. Lui aussi manifeste, par des demandes de possession et de reconnaissance, ce même désir infini de bonheur. Devant l'outrecuidance du sujet prémoral, il fait valoir ses droits égaux au bonheur. En plus, il possède un certain système du monde qui règle les rapports entre les personnes constituées et leur reconnaît des droits et des devoirs. Il n'est pas nécessaire qu'il thématise en des principes théoriques le sens de ses demandes et interdits. Il suffit que sa recherche de bonheur se manifeste comme la connexion vivante de ses initiatives. C'est elle que la conscience éthique respecte, en lui reconnaissant le droit de se soustraire à l'aliénation dont elle est menacée. En autrui, par le fait de son existence infiniment ouverte au bonheur, la conscience éthique rencontre la légalité. Celle-ci surélève l'existence de fait et la situe à un niveau radicalement neuf par rapport à toute facticité. Cette transmutation du fait en légalité, nous l'appelons symbolisation, parce qu'elle annonce plutôt qu'elle ne donne la qualité nouvelle. Elle englobe les êtres dans un univers jamais adéquatement explicité. Elle fournit une règle susceptible de guider la praxis, plutôt qu'un principe de délimitation rationnelle. Cette règle d'action dans laquelle s'érige la reconnaissance de la personne, Kant en a désigné la source dans le sentiment moral spécifique : le respect.

Dans notre analyse statique, nous avons vu se dissoudre les prétentions absolues de la conscience morale, au contact de la psychologie et de la sociologie. L'absolu qu'elle nous présentait était dans une construction de concepts, dissociés de l'inhérence humaine de la conscience. Le monde métaphysique y est superposé à l'univers plat des faits psychologiques et sociologiques. De cette dissociation, la métaphysique aussi bien que les sciences humaines meurent.

L'absolu de la conscience morale n'est pas en dehors de l'expérience qu'elle fait des relations humaines et des situations historiques. A l'intérieur des rencontres épisodiques et des événements fortuits, la conscience éthique reconnaît ces centres de gravité dont émanent des demandes et des désirs inaliénables. Limités et circonscrits par leur milieu et leur histoire, ces sujets n'en présentent pas moins un appel personnel qui a valeur d'infini. Aucune sociologie positiviste et aucune psychologie purement génétique ne pourront rendre compte de cet appel reconnu dans la trame d'un monde toujours changeant.

P. Ricœur parle à bon droit de la *métaphore* juridique qui a précédé la psychologie [18]. En effet, les institutions sociales et judiciaires, qui ont permis à l'expérience de culpabilité de se thématiser, ne sont que des métaphores aux yeux de la conscience coupable. Ces institutions incarnent une autorité qui vient d'un au-delà d'elles-mêmes. Elles sont tributaires d'une légalité qu'elles empruntent à un ordre suprasocial. Elles interdisent, obligent et jugent par procuration. Peu importe pour l'instant le pouvoir qui peut mandater : qu'on l'appelle l'idée d'humanité ; la totalité des choses et des hommes ; l'esprit objectif qui se révèle en eux ; le sacré auquel les hommes et les sociétés participent. C'est tout cela, de façon encore indéfinie. Le père qui impose son autorité est la métaphore vivante d'une paternité, dont il ne dispose pas. Celle-ci l'habite ; elle est source d'ordre et de sanction. Le juge est la métaphore, non seulement de la société qu'il représente par délégation autoritaire, mais d'un pouvoir juridique qui l'investit de par en haut. C'est pourquoi la loi prend valeur de devoir être, outrepassant ce qui *est*, dans l'individu et dans la société. Le projet absolu de bonheur qui traverse la praxis de l'homme, est l'émanation d'un ordre de choses que l'ordonnance sociale ne fait que symboliser et dont elle tire toute son efficace.

Corrélativement, le moi, dans la culpabilité, se pose comme centre d'initiative ; dans l'aveu de la faute ressort en toute clarté cette origine absolue de l'acte-mien ; elle perce les ténèbres des passions, et soulève la pesanteur des circonstances. La culpabilité, d'après l'expérience, ne concerne pas un acte, mais l'existence même. Elle est radicale, parce qu'elle vise la racine même de l'agir, le projet par lequel le moi se constitue comme tel. A un autre plan, ce mal d'existence se manifeste dans la confession du péché, lors d'une rencontre vraie avec le Dieu vivant *(Isaïe, VI)*.

La conscience éthique comporte donc une dimension d'absolu. Elle est aux antipodes du positivisme qui réduit l'éthique aux contingences de la société et à ses mobiles utilitaires. De même, elle est étrangère à la pensée formaliste qui l'oblige à sortir d'elle-même, et l'entraîne, dans un mouve-

18. *Op. cit.*, vol. II, e. a. p. 107.

ment purement linéaire, vers un absolu lui paraissant un pur vide. L'absolu est déjà là pour elle. Il est la réalité symbolique à l'horizon du vécu humain. Il est le transréel en qui le réel se fonde et par qui il s'unifie. Cet absolu se découvre dans les vicissitudes du devenir humain ; mais il ne se constitue ni ne s'explique par elles. Il est premier, en ce que les figures métaphoriques auxquelles l'individu s'identifie, puisent en lui leur substance et tiennent de lui leur densité. — Une optique génétique risque de rester en-deçà du devenir de la conscience, et de méconnaître cette essentielle découverte du symbolique, qui est le nœud même de l'intériorisation éthique. Il faut que la pensée génétique se dialectise, et qu'en s'attachant aux événements, elle aperçoive la légalité qui s'y manifeste et que la conscience éthique y découvre [19]. En se dialectisant ainsi, la pensée génétique se fait philosophie du symbolique. Elle ne s'y épuise pas cependant ; si elle suit la trajectoire du devenir éthique, elle se dépasse dans une philosophie de la parole.

3. La conscience éthique comporte donc une dimension religieuse. Elle est d'emblée sensible au « sacré ». En elle, l'ordre social communique avec un ordre symbolique qui englobe le monde humain et lui confère sa vertu. La conscience morale, est-elle portée, par sa propre vie intérieure, à déchiffrer le mystère de l'englobant ? L'homme peut-il rejoindre le mystère de l'absolu par la praxis morale, ou doit-il en recevoir la définition du logos métaphysique, qui réfléchit sur les conditions à priori de l'expérience ?

Quelle que soit l'estime dans laquelle on tienne la réflexion métaphysique, il importe de voir ce que la conscience éthique engendre par elle-même, de par son propre mouvement intérieur. Nous croyons que l'adoption de l'attitude éthique amorce une dialectique de catharsis et de rationalité qui conduit au seuil de l'attitude religieuse. Car l'expérience de la culpabilité est indivisiblement l'écoute d'une parole qui est jugement et pardon, interdit et promesse ; le sujet coupable répond par une parole qui est aveu et repentir, reconnaissance d'une dette contractée et espoir d'une grâce future. Dans l'aveu de la faute prémorale, la conscience se pose dans l'autonomie de sa liberté, et s'oriente vers le bien moral dont le respect est la vertu spécifique. Elle reconnaît le bien dans sa signification à la fois personnelle et transpersonnelle, existentielle et symbolique. Et par la

---

19. Plusieurs études récentes ont montré, à l'encontre d'une philosophie étroitement rationaliste ou positiviste, que le symbolique est premier ; qu'il entoure et sous-tend aussi bien le rationnel que l'événementiel et leur est irréductible. Nous pouvons renvoyer le lecteur aux études de MIRCEA ELIADE et de Cl. LEVY-STRAUSS (nous faisons abstraction ici de ce qui les distingue profondément). Nous-même nous avons essayé de mettre en lumière cette originalité du symbolique en même temps que sa valeur de fondement ; voir : *Le symbole*, dans *Revue Philosophique de Louvain*, t. LVII (1959), pp. 197-224.

réciprocité de toute parole, la conscience se sait innocentée par autrui du moment qu'elle assume la loi et la faute. La parole qui juge contient en même temps le pouvoir de restituer au coupable son innocence ; ou plutôt, de le faire accéder à une innocence proprement éthique, au-delà de l'indistinction originaire. Telle est la puissance de la parole : elle contient la promesse du pardon, et la force de transformer l'aveu en une reconnaissance réciproque. Dès que les humains sont en un échange de parole vraie, ils sont sur le chemin du salut.

Mais aucun humain n'aurait cet extraordinaire pouvoir de pardonner et d'innocenter, si celui-ci ne lui était donné. L'homme ne détient pas la parole, il n'en est que le gardien. Cette parole est capable de créer un état d'innocence nouvelle, proprement éthique. Tout amour humain est offre de pardon et d'intégrité morale par delà les fautes. Le miracle de l'innocence n'est pas à l'origine, là où le cherchent certains rêves. Il est devant le sujet ; il requiert même son renoncement à la vaine nostalgie des innocentes origines. L'innocence résulte de la réconciliation avec la loi, grâce à la parole de pardon qui l'accompagne. La vraie innocence est médiatisée par autrui. Le rêve d'un paradis perdu des mythologies n'en offre qu'une ombre facile, sous la figure de la loi naturelle. L'innocence éthique n'est pas une donnée de départ ; elle est un don d'amour par lequel l'homme se construit.

Dans cette réciprocité de la parole, l'homme trouve également la vérité du bonheur absolu. Quand il intériorise la loi, il rencontre en autrui le bien pour lequel il est prédestiné par la passion et qu'il cherche à tâtons. L'accomplissement de son bonheur lui est offert, s'il renonce au bonheur immédiat et instantané du plaisir. Au moment du conflit, rien n'assure cette promesse de bonheur inscrite dans les passions. Et rien ne garantit l'offre de bonheur que contient la parole d'autrui. Autrui lui-même ne saurait la garantir, puisqu'il n'en dispose pas vraiment. La réponse du bonheur est toujours grâce, parce qu'elle passe par la parole d'autrui.

Cependant l'extériorité n'est pas radicale. Autrement l'homme ne saurait même pas espérer, ni reconnaître ce qui s'offre à lui. En dessous des apparences illusoires de la passion, l'homme distingue la voix imperceptible de la parole de pardon et d'amour. Par une connaturalité vécue, sinon exprimée, il sait qu'elle contient la vérité des apparences dont il se nourrit encore. S'il n'y a pas de garantie ni de continuité, il n'y a pas non plus d'étrangeté radicale.

La structure intentionnelle de la conscience éthique est donc religieuse par sa nature même. Elle anticipe même sur le rapport surnaturel et lui offre un point d'insertion dans la réalité humaine. Sans la révélation, l'homme ira-t-il jusqu'à reconnaitre dans la parole de la loi et de la grâce, le Dieu personnel dont elle est l'écho ? S'il fait confiance, par son attitude éthique, saura-t-il à qui il fait confiance : *scio cui credidi* ? On est tenté de brusquer le passage et de forcer la garantie que l'esprit cherche éperdument. Mais pareille décision logique ferme tout accès à Dieu par la conscience morale. Elle brise l'attitude de confiance qui ouvre à la Parole substantielle, capable de consacrer l'effort moral.

Le règne éthique, par son symbolisme même, nous invite au consentement religieux. Aussi complexe et logiquement impensable que soit le concept de la Parole substantielle, il faut que la symbolisation converge vers un point absolu. La Parole qui donne le pouvoir de juger et de pardonner, d'offrir le bonheur et le bien, cette Parole ne flotte pas quelque part à l'horizon du monde humain, ou dans une structure linguistique. Elle doit être centre d'existence et liberté créatrice. Comme elle est loi et jugement, elle doit être l'innocence originaire, source éternelle de tout devenir éthique. Parole de pardon et d'amour, elle porte en elle le bien et le bonheur en une unité première.

Conclusion.

Notre investigation a pris appui, au départ, sur les traditionnelles preuves morales de l'existence de Dieu : preuve eudémonologique, preuve par la voix de la conscience, et preuve fondée sur les qualités ultimes.

Prise isolément, chacune de ces démarches a besoin de compléments, et les formes qu'on leur donne trop souvent, manquent de rigueur métaphysique. On ne voit pas par quel principe le seul désir du bonheur s'élève au niveau éthique, ni comment il se dépasse dans la position d'un Bien qui serait l'intégration de tous les biens. Les qualités divines auxquelles l'homme participe ne constituent qu'une invite confuse. Elles manquent en effet d'un principe de hiérarchisation, et elles ne suppriment pas notre crainte d'être leurrés par les émotions. La loi et le devoir s'imposent comme des moments trop négatifs pour que la réflexion en tire plus qu'un absolu formel. De plus, les études anthropologiques infirment la preuve par la voix de la conscience. Elles ébranlent le point de départ lui-même : la conscience morale éclate en ses fragments, et ses apories ne permettent plus qu'on fonde sur elle une vérité absolue.

Mais au terme de notre analyse statique, par une remontée à son point d'émergence, nous avons retrouvé la structure intentionnelle de la conscience morale. Nous l'avons ressaisie à sa naissance, au moment même où elle se constitue. Et les apories qui semblaient nous acculer à un plat relativisme, se sont révélées être les tensions d'un devenir unique, à la fois psychologique et symbolique, sociologique et métaphysique.

En se confiant, par l'aveu, à la parole de la loi, la conscience acquiert l'intégrité éthique, et se met sur la voie où la quête du bonheur, l'intégration du devoir et la sensibilité aux qualités ultimes, la mènent à une plénitude méta-éthique.

En somme, au cours de notre étude, nous avons appris que « les voies » de la conscience morale se rejoignent et se réfèrent l'une à l'autre. Elles ne font qu'une seule vie éthique, qui est histoire et intériorisation progressive. Si la réflexion demeure fixée sur une seule voie, aussi clairement tracée qu'elle paraisse devant la pensée logique, elle se condamne à prendre pour Dieu un moment de la vie de l'esprit, agrandi aux dimensions de l'éternel. Ce Dieu a toujours quelque chose de stoïcien ; on le contemple, rétrospectivement, à l'origine de la loi, aux sources de notre bonheur, ou à l'intérieur des qualités ultimes. On retrouve ce Dieu immanent à notre être comme sa condition nécessaire. Ce Dieu est appelé Dieu, parce qu'on le connaît par ses paroles transmises en un moment de l'histoire humaine. Autrement, ne parlerait-on pas plutôt du divin, du θεῖον ? Ces fragments de la vie de l'esprit, étendus jusqu'à l'infinie perfection, ne permettent pas la position dans l'être d'un Être à la fois intérieur et extérieur, historique et transtemporel, personnel et fondement de toutes choses.

En épousant le devenir de la vie éthique, la réflexion philosophique se donne à elle-même le pouvoir d'expliciter sa visée la plus essentielle : celle qui pointe, par devant nous, à travers les symboles de la loi et du pardon, la Parole énigmatique où sont concentrés tous les mystères de la personne.

Note additionnelle. Ce que nous disons ici concernant le sens du sacré sur lequel s'ouvre la conscience morale, doit être complété par notre texte précédant *Équivoques et articulation du sacré* (n° 12) où nous expliquons notre conviction que le sens du sacré est lui-même l'effet, dans la culture, du langage et du symbolisme religieux. — On mettra le texte *L'accès à Dieu par la conscience morale* utilement en parallèle avec ceux de la première partie sur *La loi morale et le péché originel* (n° 6) et sur l'Épître aux Romains chap. VII (n° 4). Dans les deux textes qui suivent, *De la finalité religieuse en l'homme* (n° 14) et *Plaisir, désir, bonheur* (n° 15), on pourra lire des analyses plus poussées des idées ici exposées sur le plaisir et sur le bonheur.

14

DE LA FINALITÉ RELIGIEUSE EN L'HOMME

Devant les études consacrées au thème thomiste du désir naturel de voir Dieu, le lecteur contemporain se trouve dépaysé. Presque tout y semble étranger à sa manière de penser en anthropologie, en philosophie ou en religion. Le philosophe est heurté par la suture de l'action humaine et de la finalité de nature. L'homme religieux, pour sa part, demeure perplexe devant un système qui, avec une si belle assurance, prescrit au désir humain une finalité religieuse innée.

Cependant, si aucune connaturalité n'accordait l'homme au Dieu qui se manifeste, comment l'homme pourrait-il jamais entendre la Parole qui l'interpelle ? Et si Dieu n'agissait pas en son désir, comment l'homme parviendrait-il à aimer son Dieu de tout son cœur, de toute sa mémoire profonde et avec ses ressources affectives ? Il est clair que l'homme ne passe pas du terrestre au Dieu chrétien par simple prolongement, mais il ne saurait pas non plus adhérer à une révélation comme existence ajoutée que rien en lui n'avait motivée. En face de Dieu l'homme n'est pas un négatif qui, en se purifiant davantage, serait disposé à accueillir la lumière divine.

La tradition a toujours cherché à établir une paix naturelle entre l'humain et le Dieu du Verbe incarné. On ne pouvait accepter que l'ordre de Dieu soit radicalement hétéronome au désir, sinon comment Dieu et l'homme pourraient-ils jamais se rejoindre dans une communauté de sens ? N'est-ce pas dire que dans la profondeur de l'être humain un dynamisme l'oriente, au-delà de l'intermonde humain, vers le surnaturel ? Ce dynamisme ne peut être autre chose que le chiasme de passivité et d'activité, l'accueil d'une présence donnée et la poursuite d'un lien plénier.

Au premier abord, la synthèse thomiste semble présenter une formulation simple de la corrélation existant entre l'homme et Dieu. Origine et fin ultime, cause première de l'action humaine, principe interne de sa direction et objet dernier de son achèvement, telle est, d'après le thomisme, la présence de Dieu en son œuvre. Et les principes métaphysiques d'intelligibilité semblent mettre en lumière les articulations essentielles de l'action humaine : l'agir humain est fondamentalement désir, tendance orientée à la complétude dans la possession de l'objet transcendant.

La synthèse thomiste a pu un moment donner satisfaction aux exigences de la foi lorsqu'elle rencontra la philosophie grecque. Mais l'on sait les difficultés qu'elle rencontre à vouloir synchroniser métaphysique et religion chrétienne. Dans la tradition elles se sont d'abord manifestées comme un problème de rectitude théologique. Notre propos n'étant pas théologique, un bref rappel de ces problèmes nous servira d'indice révélateur pour les questions proprement philosophiques d'une interprétation onto-théologique de la finalité religieuse. Notre réflexion portera cependant en premier lieu sur les concepts métaphysiques et anthropologiques de la synthèse thomiste : peut-on vraiment penser le désir humain en le réglant sur une loi de l'Être immanente à toutes choses ? Force nous est de constater que le thomisme se donnait *a priori* la réponse à la question du désir ; comme toute réalité, elle le subordonne à une perspective métaphysique commandée par l'interprétation chrétienne. Avant toute philosophie, saint Thomas était convaincu d'avoir affaire à un ensemble ordonné par Dieu, origine et fin universelles. La rigueur philosophique nous oblige actuellement à procéder de manière opposée. Nous avons à étudier le désir pour lui-même et à nous demander ce qu'est l'Être tel que nous le manifeste le désir. Ce n'est qu'après que nous pouvons examiner comment le désir humain, inscrit au monde et ouvrant sur l'Être, peut refluer vers le Dieu qui se propose comme fin ultime.

Traditionnellement les théologiens catholiques entendaient préserver la synthèse thomiste en articulant les données chrétiennes sur la positivité de la nature humaine. S'ils incorporent la révélation et la grâce au monde et à l'homme de diverses manières, selon les discordances conceptuelles qu'ils reconnaissent, ils demeurent généralement fidèles à la philosophie qui leur a imposé le problème : celle précisément qui pense l'homme selon l'ordre des essences naturelles. Cette synthèse nous la voyons souvent éclater en ses contraires chez les théologiens protestants, libérés de l'héritage philosophique du Moyen Age, plus soucieux de fidélité au langage biblique et plus attentifs à ce qui sépare le christianisme d'un monde divisé. La fidélité à la Parole historique porte plutôt le protestantisme à lui opposer les intermittences ou même les occultations du Verbe immanent au monde. Et l'obéissance de foi lui fait volontiers relever que la Seigneurie de Dieu appelle l'homme pour une existence à laquelle sa condition réelle ne le prédestine pas. Mais des reflux de pensée conduisent régulièrement des courants protestants contraires à éliminer l'hétérogénéité surnaturelle, à rendre Dieu accessible à la profondeur de l'affectivité et présent à l'intériorité de l'existence. L'incessante oscillation des écoles protestantes correspond aux hésitations catholiques dans l'effort de penser la conjonction entre la nature et la surnature.

Il est clair qu'aucun ajustement conceptuel ne permettra de clore définitivement un débat qui porte sur l'essence même de la vie religieuse et met à l'épreuve toutes les catégories de la pensée. Que l'on préfère les affrontements abruptes des écoles protestantes ou les efforts catholiques pour intérioriser et concilier les tensions, l'important est de reconnaître les polarités en jeu. Des écoles post-thomistes ont cru dépasser les contradictions de la synthèse thomiste. Mais leurs subtilités logiques nous donnent actuellement plus l'impression d'un bricolage philosophico-théologique que d'une pensée vivante. Sous l'obédience de concepts tout faits, ils maniaient souvent des fossiles de l'esprit et laissaient en suspens les vraies questions qui naissent sous les contradictions conceptuelles. Il faut creuser sous les antinomies qui affleurent au système constitué ; on découvre alors que dans le rapport nature-surnaturel il y va des polarités essentielles de l'humanité : le rapport entre essence et existence, entre liberté et nature, entre lois immanentes et historicité, entre être et langage. Si nous voulons éviter le mensonge théologique ou philosophique, nous devons même nous interroger sur les raisons qui ont imposé à la tradition de conceptualiser le rapport entre christianisme et monde sous les catégories de nature et de surnaturel. Une réflexion philosophique sur la finalité religieuse doit aussi opérer une démarche régressive et déconstruire les termes que la tradition propose. Pour cette raison, notre étude partira de la synthèse thomiste et, par un va-et-vient avec la pensée contemporaine, elle essayera de dégager ce qui demeura impensé dans la fixation des concepts et dans leurs dérivations historiques.

En nous attachant au thème de la tradition ancienne, nous n'émigrons d'ailleurs pas vers un univers radicalement séparé de nous. Le désir trace son sillage à travers toute la littérature et de nombreuses études anthropologiques reconnaissent en lui la déhiscence fondamentale de la subjectivité, qu'elle soit articulée par la structure topique de l'inconscient et de la conscience, par les extases temporelles ou par l'assymétrie de la réciprocité intersubjective. Cependant, pour instructives que soient ces analyses dans l'anthropologie et dans la philosophie contemporaines, nous ne pourrons que les évoquer par quelques références. Notre projet est d'examiner si, à l'instar des anciens, l'on peut concevoir le désir comme finalité et si l'on peut penser Dieu comme sa cause et son achèvement.

I. Désir de nature

Une métaphysique de la nature permet à saint Thomas de définir, en tout domaine, le statut du monde et de l'homme à l'intérieur d'une vision chrétienne. En matière d'action humaine le thomisme tend vers une psychologie transcendantale sous l'égide d'une loi nécessitante, celle de la nature. Les questions de la liberté et du mal y trouvent une solution particulière qui relie l'indéterminisme à l'empire de la volonté rendue positive par sa fin transcendentale. De même le désir humain est envisagé comme un mode particulier d'une réalité universelle et fondamentale : l'appétit, ou la tendance finalisée, qui est un dynamisme de nature métaphysique. A première vue « appétit » est un terme psychologique ; pour cette raison saint Thomas peut le mettre en équivalence avec d'autres termes aux connotations également psychologiques : inclination, tendance, amour et même espérance [1]. Mais les termes psychologiques se trouvent étendus à tous les êtres, même inanimés. L'influence de la physique aristotélicienne a servi de médiation à cette transposition de la psychologie en une métaphysique de teneur cosmologique. La physique d'Aristote, en effet, conçoit les êtres physiques comme investis d'un principe qualitatif responsable de leur mouvement que détermine une fin inscrite dans leur être ; ainsi p. ex. les choses lourdes sont nécessitées à tomber à cause de l'inclination inhérente à leur qualité de lourdeur. L'extension du physique au psychologique insère ce dernier au cosmique ; l'inscription de l'humain dans un ordre universel permet ensuite la transformation des concepts anthropologiques et physiques en concepts métaphysiques. Tout être est doué d'un appétit naturel qui peut le joindre à sa fin. Cette fin est de part en part naturelle : elle réalise complètement la nature d'un être. Déjà immanente à l'être encore incomplet, la fin meut cet être ; elle est la raison de son activité. Connaître la fin, c'est rendre raison de l'action.

L'épithète « naturel » évoque donc l'idée du nécessaire, non pas en antithèse au surnaturel historique, ni en opposition à l'électif libre, mais se distinguant de lui. Le désir de nature en l'homme coïncide avec la finalité objective de sa nature. Le désir élicite n'est que l'expression subjective de l'appétit de nature qui structure la conscience objective.

La synthèse thomiste transpose également en termes aristotéliciens le discours chrétien [2] sur le désir de Dieu. La nature humaine obéit à la même loi théologique qui commande tous les êtres de l'univers ; nécessairement elle incline l'homme vers l'achèvement de son être, tel qu'il est inscrit dans la forme qui le spécifie. Les apories du rapport entre naturel et surnaturel ne sont guère présentes à l'horizon de la vision synthétique de Thomas d'Aquin. Elles surgiront en pleine lumière dans la théologie postérieure, qui s'efforcera de préciser le statut de la vocation chrétienne, et cela précisément dans les termes de la téléologie métaphysique léguée par saint Thomas. Le finalisme ontologique lui-même n'y fut pas contesté. Il pose cependant les questions majeures qu'il faut d'abord examiner

---

1. Voir J. Laporte, *La destinée humaine selon Thomas d'Aquin*, Paris, Vrin, 1965, p. 22-46.
2. Sur le thème chrétien du désir de Dieu voir J. Leclercq, *Initiation aux auteurs monastiques du moyen âge*, Paris, Éd. du Cerf, 1957²; H. de Lubac, *Surnaturel, Études historiques*, Paris, Aubier, 1946, p. 189-212.

pour elles-mêmes. Car si le concept de finalité de nature fait problème dans une théologie du surnaturel, c'est, croyons-nous, parce qu'il est déjà vicié en philosophie. Nous tenons pour une illusion métaphysique la psychologie transcendentale médiatisée par les principes de la cosmologie, fût-elle mélange de physique et d'ontologie.

Tous les termes qui articulent la synthèse thomiste devraient être soumis à l'épreuve d'une réflexion constitutive. Qu'apporte p. ex. le terme de perfection pour une intelligence de l'action humaine ? Nous croyons avec Spinoza que l'idée de perfection comme achèvement d'un être, dérive du langage sur les choses artificielles. « On dira qu'une maison est parfaite aussitôt qu'on verra que l'ouvrage est conduit à la fin que l'auteur s'était proposée... Telle paraît avoir été la première signification de ces termes » [3]. Depuis les œuvres artisanales l'idée de perfection a pu se transporter sur la nature et sur l'homme. Mais l'on ne voit pas tout de suite l'intelligibilité qu'ouvre cette métaphore. Sa teneur d'explication tient en tout cas au réseau de concepts qui la déterminent par différentiation et par correspondance. Or dans la métaphysique thomiste, c'est le contexte cosmologique qui spécifie le terme de perfection. Bien sûr, la vision chrétienne donne les références ultimes et fondamentales. Mais si saint Thomas détermine pour la raison le statut de l'homme, c'est sa synthèse cosmo-métaphysique qui définit l'intelligibilité de ses concepts. Il en est ainsi pour le lien qu'il établit entre désir, fin et perfection.

Une fois que l'on s'installe dans la pensée métaphysique, il semble aller de soi que l'on puisse poser la tendance vers une fin qui est perfection, en loi immanente à l'action humaine. Cependant, cette légitimation de l'agir humain nous paraît fallacieuse, car elle fait passer l'humain au rang des choses naturelles. Seul le schème de pensée cosmologique a permis d'étendre à l'humain la conception téléologique. Si l'idée de perfection est empruntée à l'univers de l'artisanat, l'idée de fin comme achèvement dérive d'une pensée de la nature naturelle. Et nous ne voyons pas qu'elle permette de rendre raison de l'action humaine. Il nous semble que le transfert du terme d'appétit, depuis son lieu psychologique, vers la téléologie naturelle, aboutit à naturaliser l'humain. Les questions théologiques ultérieures doivent à cette naturalisation cosmologique leurs contradictions insurmontables.

Analysons la connexion entre appétit et nature, telle que l'héritage aristotélicien l'a léguée à la pensée thomiste. Les trois éléments qui composent le thème du désir de nature sont empruntés au concept aristotélicien de nature. La nature est principe interne de mouvement. L'inclination ou l'appétit est l'activité naturelle qui suit l'incomplétude

---

3. *Éthique*, IV, Préface (Œuvres complètes), éd. de la Pléiade, NRF, Paris, 1967, p. 487.

de la nature telle qu'elle est actuellement réalisée. La fin est l'état de repos qui termine le mouvement, lorsque l'être touche à sa complétude naturelle. Comme le souligne avec force M. Heidegger [4], le principe (ἀρχή) est à comprendre en même temps comme l'origine et comme la domination du mouvement, qui relève ainsi tout entier du principe. Pour cette raison, le mouvement, ou plutôt ce par quoi l'être est être en mouvement, est corrélatif du repos, dans lequel le mouvement se trouve recueilli et rassemblé. Au sens fort de l'expression, le repos réalise l'entéléchie ; en cet état les êtres possèdent véritablement en eux-mêmes leur fin effectuée, leur telos (ἐν-τέλος-ἔχει). De cette manière le mouvement, comme qualité de l'être mu par un principe interne, culmine dans le repos. Ce qui caractérise donc les êtres de nature, c'est qu'ils ont leur principe de mouvement en eux-mêmes, alors que les êtres artificiels (ποιούμενα) reçoivent l'origine de leur mouvement de l'extérieur. Ainsi les êtres de nature émergent d'eux-mêmes dans leur autodéploiement et, au moment où ils possèdent l'objet vers lequel ils tendent, ils retournent en eux-mêmes pour rejoindre leur propre nature.

Comme nous verrons, le principe de la finalité de nature recevra chez saint Thomas une extension aux dimensions d'un univers conçu tout entier comme doté d'une archè divine. Mais c'est d'abord au niveau de l'anthropologie métaphysique que nous voulons examiner le concept de nature. Car c'est lui qui permet d'englober la destinée de l'homme et de tout l'univers dans une entéléchie théologique. Nous sommes bien conscient que les concepts de mouvement et de fin, propres aux philosophies aristotélicienne et thomiste, ne sont pas des schèmes cosmologiques au sens moderne. Le mouvement n'est pas conçu selon le modèle du déplacement dans l'espace neutre de la *res extensa* ; bien au contraire, ce mouvement-là n'est qu'un mode du mouvement fondamental, ontologique, qui est l'être se déployant selon ses virtualités innées et tendant à leur accomplissement. Il reste que le schème du manque, du mouvement et de l'achèvement dans le repos, est un concept emprunté à la perception de la nature naturelle et nous ne voyons pas qu'il puisse interpréter l'action humaine. De toute manière il ne saurait être le seul schème qui rende compte, en pensée spéculative, des phénomènes typiquement humains.

Comment concevoir par un schème finaliste ce qui différencie fondamentalement les tendances de l'homme vers les choses et ses relations avec autrui ? Certes, l'on peut dire que le rapport à autrui achève l'être humain, en déployant des virtualités que sa nature lui a conférées comme principes intimes de son mouvement de désir. Seulement dans ce rapport les termes de fin et de repos se trouvent supprimés par leurs

4. *Vom Wesen und Begriff der Φύσις. Aristoteles Physik B 1 (Testi Filosofici)* Milano, Istituto Editoriale Cisalpino, 1960 ; voir p. 42 ss.

contraires : l'infinitude d'autrui, autrement dit sa transcendance incessante rend inapte le concept du repos dans la possession ; nous y reviendrons. Et si l'on objecte que notre argument est d'ordre psychologique, qu'il ne se place pas au niveau ontologique de la visée thomiste, nous devons répondre que rien ne justifie le privilège conféré au schème de la nature pour penser l'être humain selon sa légitimité ontologique. La manière adéquate de concevoir l'Être serait de le penser en concentrant l'attention sur l'être-sujet qu'est l'homme. Peut-être les concepts empruntés à l'être naturel ont-ils seuls permis d'englober tous les êtres dans une interprétation métaphysique. S'il en était ainsi, ce ne pouvait être qu'au prix d'un raccourci logique qui supprime la spécificité de l'humain. Pourtant, l'être humain n'est-il pas le lieu privilégié d'une pensée de l'être ?

La neutralisation métaphysique de la différence entre la nature et l'homme est d'ailleurs responsable de l'intellectualisme thomiste, qui devait finalement prescrire au désir la connaissance de Dieu comme sa fin naturelle.

II. Le désir dans la circularité cosmique

La pensée ontologique de la destination humaine résulte d'abord de la surimpression de la philosophie aristotélicienne sur l'héritage patristique. Mais la grande synthèse du Pseudo-Denis, explicitant l'acte créateur par le schème cyclique de la sortie et du retour, vient insérer la métaphysique du désir dans une loi universelle. De cette manière l'assomption du psychologique dans la métaphysique théiste reçoit sa légitimation par la correspondance de la trajectoire humaine avec le rythme onto-théologique de l'univers.

Le P. M.-D. Chenu [5] a montré que le schème platonicien de l'*exitus* et du *reditus* fournit à saint Thomas le principe universel d'intelligibilité. Leur commune production par le Créateur subordonne tous les êtres à la loi universelle de finalité théocentrique. Par sa sortie même de Dieu tout être porte en lui le principe de sa finalité. Dieu est le principe de son intelligibilité, dans la remontée à son origine comme dans le parcours vers son achèvement. Immanent à l'acte d'existence comme l'événement qui le produit à l'être, Dieu est également le principe qui commande son mouvement. Ce mouvement ne peut dès lors être que le retour à l'origine, retour où l'être atteint la complétude et le terme de son mouvement. Enchâssés entre la cause première et la cause finale, qui en Dieu sont identiques, tous les êtres prennent place dans un ordre universel. Tout être obéit à une loi intime, de par son origine même dans le Créateur.

---

5. *Introduction à l'étude de saint Thomas d'Aquin*, Paris, Vrin, 1950, p. 258 ss.

Dès lors la création constitue un évènement finalisé : issue de Dieu comme de son origine, elle porte en elle-même le principe qui commande le mouvement vers un retour en Dieu, qui est en même temps le retour accompli sur elle-même. La destination divine de l'homme, même si elle est particulière, en corrélation avec sa nature spécifique, n'est pas un cas isolé à poser d'abord en termes anthropologiques. La question anthropologique se trouve d'emblée englobée et dépassée dans la vision onto-théologique de la création comme un mouvement cyclique.

Aussi l'univers thomiste est-il un ensemble ordonné, et l'intérêt de saint Thomas s'oriente plutôt vers l'insertion de l'homme dans l'ordre cosmique que vers la spécificité de son être. Bien sûr, les analyses thomistes du mal démontrent le souci de préserver la liberté de l'homme dans l'effectuation de sa destination de nature. Mais l'étude de l'être humain est entièrement subordonnée à l'unique ressource d'intelligibilité que fournit le schème platonicien appliqué à l'histoire chrétienne du gouvernement divin des créatures.

L'architectonique même de la Somme de Théologie est commandée par le schème platonicien. « Deux traits composent la physionomie générale de l'œuvre, en immédiate dépendance du principe de l'émanation et du retour : 1º Cette émanation et ce retour se développent sur deux tranches étroitement connexes dans l'unité des deux mouvements inverses : la Ia *Pars* et la IIa *Pars* sont entre elles comme l'*exitus* et le *reditus* ; 2º l'Incarnation, centre de l'économie, ne rentrera dans ce circuit que comme le moyen voulu par Dieu : c'est la IIIa *Pars*, qui semblerait, à en juger abstraitement, ne jouer que le rôle d'une pièce ajoutée après coup » [6].

Aurions-nous tort de voir en cette ordonnance dynamique, commandée par le schème cyclique de l'*exitus* et du *reditus*, une transposition onto-théologique du langage mythique, relayé et formalisé par les grandes philosophies antiques et transformé par la vision créationiste ? Il est bien connu que la présentation du flux et du reflux de la vie multiforme constitue l'essentiel du schème mythique, même si la plupart du temps la dimension eschatologique du retour à l'état originaire n'y est pas explicitée [7]. La référence aux sources mythologiques ne représente d'ailleurs pas à nos yeux une disqualification de la pensée spéculative. Dans son effort de totalisation la pensée spéculative ne pouvait avoir recours qu'aux modèles antérieurs qui proposaient une représentation du monde comme unité invisible. Née de la mythologie, la pensée spéculative, même si elle avait accompli un saut qualitatif pour devenir pensée consciente de ses principes, n'en gardait pas moins la vision

---

6. M.-D. CHENU, *o.c.*, p. 266.

7. Voir p. ex. G. DUMÉZIL, *Temps et Mythes, Recherches Philosophiques V*, 235-251. Paris, Boivin, 1936.

imaginaire qui lui permettait de dire progressivement les principes qui relient les êtres en deçà de la diversité infinie de leurs apparences.

Qu'en est-il cependant de cette vision totalisante au regard d'un questionnement sur l'être humain ? On reste perplexe devant une telle construction englobante qui d'emblée enveloppe l'humain dans une représentation a priori, certes transcendantale dans sa visée, mais engendrée par la figure mythique du mouvement circulaire. A s'interroger sur l'homme, on a trop le sentiment qu'un tel système de connexions, où tout le réel trouve sa place ordonnée, ne sait enserrer l'homme dans sa texture qu'à condition d'éliminer son originalité. Par rapport à cette pensée de système, l'homme fait figure d'aberration, tout comme, selon Bergson, la vie représente toujours un écart aberrant pour la science de la vie. On comprend que le tableau d'un ordre universel et dynamique puisse fasciner l'esprit. Mais on conçoit tout aussi bien que les penseurs contemporains ressentent un profond malaise devant une synthèse qui fait difficilement droit aux acquisitions de leurs recherches : la subjectivité comme transcendance incessante, l'historicité de l'existence, l'être comme différence dans l'identité, la rupture épistémologique entre la loi naturelle et la loi morale de l'action humaine.

Que le Créateur soit la clé de voûte du système cosmique permet sans doute son unification ultime par une conjonction de la métaphysique et de la téléologie transcendantale. Mais les difficultés insurmontables de la théologie postérieure nous indiquent la fragilité conceptuelle de pareille synthèse inspirée par le schème platonicien et assumant en lui les multiples discours bibliques sur Dieu et son action dans le monde. Nous croyons même que des concepts philosophiques modernes, qui sont en rupture avec l'ancienne synthèse onto-théologique, rejoignent les préoccupations malheureuses de la théologie du surnaturel et permettent mieux de penser le rapport entre désir humain et surnaturel.

Est-il présomptueux de renoncer à la conjonction entre, d'une part, le schème de l'*exitus* et du *reditus*, et, de l'autre, la conception métaphysique de l'action humaine comme déterminée dans sa quête par une entéléchie de nature ? Avouons en tout cas que ces deux éléments, sur lesquels repose toute la synthèse thomiste, sont radicalement étrangers à la pensée contemporaine. Les termes essentiels qui étayent l'interprétation thomiste du désir de Dieu nous sont légués comme des indices d'interrogation ; ils ne peuvent plus présider à notre réflexion à titre de directives de pensée. Nous devons d'abord penser l'être humain pour lui-même, en le différenciant de l'entéléchie de nature. La pensée ontologique ne peut se mouvoir qu'en cet écart dialectique. Et c'est en repoussant le schème mythico-cosmologique du cercle de sortie et de retour qu'il nous faut essayer de conceptualiser l'acte créateur et le vœu providentiel sur le devenir humain. De même est-ce par une interrogation critique sur l'intellectualisme que nous parvenons à voir la spécificité de l'action humaine. En toute question, la pensée ne parviendra à sa rectitude qu'en surmontant la fascination de l'idée de l'un, même si cette idée a pu être le lieu natal de la pensée spéculative.

III. Le désir se terminant dans la vision

Dominé par la finalité qui est origine du mouvement, mouvement s'accomplissant et repos dans la possession plénière de sa nature, l'homme, dans la métaphysique thomiste, dépasse et achève le désir de nature dans la connaissance. Car, à la différence du vouloir, la connaissance n'est pas mouvement, acte à l'état d'imperfection, mais acte accompli. La théorie thomiste de la connaissance vient répondre à la conception métaphysique du désir de nature comme entéléchie tendant au repos. Certes, le bien est une catégorie transcendentale au même titre que le vrai. Seulement, la manière dont le bien est conceptualisé ne lui conserve pas son autonomie transcendentale. L'action se résorbe finalement dans la connaissance. Celle-ci est supérieure au vouloir, puisqu'il est le mouvement centrifuge qui oriente le sujet vers les choses en soi, alors que la connaissance est l'aboutissement d'un mouvement centripète qui reprend en soi les formes des choses connues. La supériorité de la connaissance sur le vouloir se redouble encore du fait que chez les êtres conscients le désir du savoir est posé comme désir supérieur. Ainsi la reprise de l'affectif et du vouloir dans le théorique est complète. Nous nous contentons de rappeler ici ces thèses bien explorées, mais dont on n'a pas toujours mesuré l'importance dans le système thomiste [8]. Nous tenons à souligner que ces thèses ne sont pas des unités isolées. Dans la synthèse robuste de leur auteur, elles sont une partie intégrante de sa conception métaphysique de la finalité de nature. La connaissance comme achèvement du vouloir représente le mode humain de réaliser une loi universelle. En conséquence, la mise en cause de l'intellectualisme thomiste signifie l'abandon de la conception même du désir de nature, ainsi que de toute la vision onto-théologique telle qu'elle est légitimée.

L'on voit d'ailleurs saint Thomas achever progressivement sa synthèse autour de ces axes essentiels de sa pensée. Au départ il parvient difficilement à concilier la tradition chrétienne, proposant l'éminence de la charité, avec son affirmation philosophique de la supériorité de la possession théorique. Mais, tout en conservant les expressions chrétiennes concernant la charité, Thomas d'Aquin aboutit à en transformer le sens,

---

8. Nous nous permettons de référer à une recherche que nous avons consacrée à ce sujet, et où nous analysons les textes : *Intellektualisme en Voluntarisme. De antino-miën van het finalistisch goedheidsbegrip bij Aristoteles en Thomas van Aquino, Tijdschrift voor Filosofie*, 1955, 3, 477-522.

plus préoccupé de les subordonner à sa synthèse métaphysique qu'à repenser cette dernière par une confrontation avec le discours chrétien dans sa nouveauté.

Cette systématisation progressive, qui remanie tout l'héritage pseudo-dyonisien et augustinien par l'imposition des principes métaphysiques, se vérifie particulièrement dans l'évolution de la pensée thomiste au sujet du désir de Dieu [9].

Dans ses premières œuvres, encore fortement influencées par saint Augustin, Thomas d'Aquin essaie de prouver la destination religieuse de l'homme par une analyse philosophique de la volonté. Le libre vouloir (*voluntas deliberata*) caractérise l'homme. Mais il s'agit de concilier la légalité de la finalité avec la liberté. Dirigée par son essence vers le bien, la volonté est déterminée par sa fin. Seulement, toute fin se trouvant située dans la totalité des références, la fin transcende toute fin limitée. Ainsi la légalité naturelle de la volonté est la condition de la liberté qui spécifie la volonté humaine. Et le bien en totalité, le totalement bien, fin ultime, doit exister, sinon le vouloir humain serait privé de son sens et dépourvu de cohérence. Pour la pensée thomiste qui unit si étroitement la loi de la nature et la liberté humaine, il est essentiel que le bien total existe réellement. Aussi saint Thomas passe de l'affirmation du bien transcendental à celle de l'Être réel qui représente effectivement ce bien. Mais ce saut, il ne sait l'accomplir que sur l'appui de la théologie, en posant l'existence et l'unité du bien suprême en Dieu. De cette manière Dieu répond à l'exigence de bonheur total que Thomas désigne dans l'orientation du vouloir vers son achèvement dans un bien sans manque.

Une lacune dans la connexion logique amènera saint Thomas à réinterpréter sa conception dans le sens intellectualiste. En effet, orienté vers le bonheur qui transcende tous les biens partiels qui le laissent désenchanté, le vouloir n'en est pas pour autant polarisé vers la forme de ce qu'il désire. Par lui-même il ne sait opérer le joint entre bonheur suprême et être divin. Il fallait donc explicitement subordonner le vouloir au seul élément en l'homme qui permette de connecter logiquement la tendance de nature au bonheur achevé avec l'être divin, que l'eschatologie chrétienne et le schème néoplatonicien posaient comme la réalité effective du bien. A partir de la Somme contre les Gentils, Thomas reconnaît cette connexion logique dans le désir de connaître, qui trouve son aboutissement dans la vérité dernière, Dieu comme être plénier.

---

9. Voir PAULUS ENGELHARDT, *Zu den anthropologischen Grundlagen der Ethik des Thomas von Aquin. Die Enthüllung des mass-gebunden Lebenszieles durch das desiderium naturale*, in : *Sein und Ethos. Untersuchungen zur Grundlegung der Ethik* (Walberger Studien der Albertus-Magnus Akademie, Band I), Mainz, Matthias Grünewaldverlag, 1963, 186-212.

Seul l'intellect est donc en mesure de poser Dieu comme fin ultime du désir. L'intellect ne présente pas Dieu comme bien ultime pour la volonté envisagée en elle-même. Cette conception impliquerait encore la dualité entre le théorique et le volontaire, dualité qu'il s'agissait de dépasser pour justifier la finalité religieuse par les principes métaphysiques. La volonté elle-même se trouve maintenant subordonnée à la finalité théorique. Trois thèses qui s'organisent selon la finalité résolvent ainsi les questions laissées en suspens dans les premières formulations concernant le désir de Dieu. Le désir humain culmine dans le désir de savoir ; la connaissance est le repos dans la possession ; Dieu est l'objet total du désir de savoir. Ainsi le désir de nature, principe métaphysique du *reditus*, prend chez l'homme la figure du désir de voir Dieu, objet ultime et connaturel de ses tendances. La structure même de la tendance intellectuelle fonde dès lors la convenance d'une révélation surnaturelle (S.C.G. I 5, nº 29). D'une part, Dieu est l'être surnaturel par définition, comme nous verrons ; d'autre part, Il est le principe inscrit dans la nature humaine comme origine et terme du désir. La coaptation du vouloir humain au bonheur total s'est ainsi transformée en une équation entre l'homme achevé dans sa nature et la vision de Dieu. La volonté se surélève dans l'intelligence, les désirs se subordonnent au désir intellectuel, et ce dernier s'achève dans la connaissance de l'objet total, l'être réel de Dieu. La clôture du désir reproduit celle du cycle de l'*exitus* et du *reditus*.

Nous apercevons bien toutes les nuances qu'il faut apporter à la thèse de l'intellectualisme thomiste. Nombre d'auteurs ont mis en lumière la richesse des connotations bibliques et augustiniennes qui surdéterminent la synthèse de saint Thomas : la connaissance de Dieu n'est pas conçue sur le mode de la rigoureuse pensée spéculative, puisqu'elle est désignée comme contemplative. Et la vision de Dieu, loin d'être de nature philosophique, est une communion où culmine la charité. La vision béatifique n'est d'ailleurs pas à la portée de la raison spéculative, puisque seule la révélation et l'efficace de la grâce peuvent la donner. Il reste que toutes les corrections que l'on se doit de relever, ne sont que les franges de signifiés que la tradition proprement chrétienne surimprime au système ; les thèmes chrétiens n'en déterminent cependant pas la connexion spéculative. Il est vrai que pour comprendre la vision totalisante de saint Thomas, nous sommes conduits à chercher, sous sa systématisation et avant sa réflexion métaphysique elle-même, ses raisons de croire en la finalité religieuse de l'homme. N'empêche qu'en dépit des références chrétiennes qui se pressent partout à se faire reconnaître, ce sont les concepts métaphysiques grecs qui président à l'interprétation théorique et qui ramènent tous les phénomènes à l'unité systématique. Pour insérer le désir humain dans une totalité unifiée et pour légitimer sa finalité, religieuse de nature, il fallait subordonner le désir à la loi théorique qui seule est à même d'unifier tous les êtres.

Pour la pensée moderne la réduction du désir au théorique présente autant de difficultés que l'affirmation d'une finalité de nature. Même si on ne pense plus en termes de facultés distinctes, il reste que l'ordre pratique conserve sa spécificité irréductible par rapport au théorique. Ce n'est que par une contrainte exercée sur l'objet du désir que l'on peut le ramener dans le cadre métaphysique ordonné autour de la connaissance. Comme nous l'exposerons plus loin, l'union avec un autrui reconnu brise le modèle métaphysique de l'unité théorique. En introduisant un univers polycentrique, l'intersubjectivité ne se laisse plus penser en termes de finalité de nature, sinon à condition de transformer radicalement aussi bien la catégorie de fin que celle de nature. Les deux termes sont d'ailleurs indissociables, puisque la nature se définit par la présence immanente de la fin, présence qui est principe, origine et domination du mouvement.

Une analyse thématique du désir de voir, tel que la tradition religieuse le déploie en ses multiples connotations, nous dévoilerait sans aucun doute une signification du voir qui déborde le sens théorique et ne se laisse plus articuler en termes d'immanence cognitive. En tension dialectique avec la distance de l'écoute, le voir dit la présence en chair et l'échange intemporel d'une immanence mutuelle, où le sujet et l'autrui sont actifs et passifs dans l'incessant flux et reflux de l'inhérence. C'est bien pourquoi, en amour comme en religion, la vision supprime l'attente du désir et l'inquiétude de l'illusion. Le terme « voir » dit bien la présence effective qui remplit le désir d'une proximité anticipée dans l'espoir. Mais à penser la relation uniquement en termes de repos et d'achèvement, on se laisse guider par une seule des connotations du désir ; on ne le pense plus dans son irréductible originalité. Car la présence demeure dans une extériorité qui est la condition de l'échange entre deux sujets définis par leur autonomie et leur transcendance inaltérable. Le désir ne peut se déployer que dans la différence ; le voir dit présence et union, l'écoute : échange dans l'altérité.

La prévalence du voir dans la pensée grecque a sans aucun doute rendu possible l'émergence et le développement de l'esprit philosophique et scientifique. Mais elle rendait une telle pensée inapte à formuler correctement les grands thèmes que la tradition chrétienne introduit précisément dans la pensée occidentale : ceux de la subjectivité, de la liberté, de l'amour, de l'historicité, de l'autodépassement, de la relation à un Dieu personnel. Si dès le départ ces thèmes insistent, force nous est bien de reconnaître que la tentative thomiste de les formuler en pensée systématique, les incurve vers la vision grecque dominée par la pensée du voir et de la nature ; autrement dit : vers le rationalisme philosophique. Il a fallu des siècles à la philosophie occidentale pour faire éclater la pensée de l'un et pour faire droit à la transcendance humaine, à son historicité et au décentrement qu'opère en lui le langage.

La pensée de la nature et la prévalence du voir s'accordent d'ailleurs dans une commune perspective. Hans Jonas [10] l'a bien démontré : le voir nous donne le monde comme unifié et comme permanent. En effet, les êtres ne s'y présentent pas dans leurs apparences successives mais dans leur coexistence momentanée à l'intérieur d'un seul champ visuel. La simultanéité avec laquelle les êtres se donnent, confère à la vue une infinitude de totalité. Dans le champ visuel, en effet, les êtres se soudent dans une commune spatialité déployée. Et le sujet du regard qui les embrasse dans une vue panoramique (παν ὁράω : totalité rassemblée dans la vue), jouit d'une ubiquité qui l'illimite dans l'éternelle contemporanéité avec les données [11]. Pour cette raison aussi les choses se donnent au regard comme des étants : l'acte de voir les fixe dans leur actualité permanente au-delà de leurs fugaces apparences, il les stabilise dans le maintenant de leur présence et les fonde en êtres permanents. Comme les analyses de Husserl l'ont d'ailleurs démontré, même si le regard, au contraire de l'imagination, fait le tour des choses, son mouvement s'achève dans la fusion des perspectives qui toutes reposent dans l'unique objet stable. Le déploiement temporel de la perception se résorbe dans la stabilité de ce qui s'offre au regard. Simultanéité, panoramicité, infinitude de principe, ubiquité virtuelle, permanence, telles sont les caractéristiques du voir qui le prédestinaient à servir de modèle à l'intellection métaphysique et à la pensée scientifique, pour laquelle le « prévoir » définit d'ailleurs les lois de la nature.

Certes, on peut faire valoir que la vue représente une première émergence de l'altérité : le voir, en effet, est un processus, une perception dirigée. En le sortant de l'immanence fusionnelle, il conduit le sujet vers l'autre, vers ce qui s'offre en dehors et autour de lui ; ce faisant, il permet à l'*ego* de naître à lui-même [12]. Cependant, Merleau-Ponty l'a souvent montré, la vue neutralise l'opposition sujet-objet. Dans la vue l'ego est présent dans l'ensemble de ce qu'il y a. Le sujet ne s'y éprouve pas comme opposé mais comme présent [13]. N'est-ce pas dire que par lui-même le regard neutralise également la différence ego-autrui ? L'on sait d'ailleurs quelle a été la difficulté pour la phénoménologie, philosophie de présence perceptive, à concevoir la relation à autrui [14].

---

10. *The Nobility of Sight, Philosophical and Phenomenological Research* (XIV), 1954, 4, p. 507-519.
11. Voir J. BRUN, *Le regard et l'existence*, *Revue de Métaphysique et de Morale* 1957, (67) 3, p. 286.
12. C'est le thème de l'article de J. BRUN.
13. Voir e.a. : *L'œil et l'esprit*, *Temps modernes*, XVII, nᵒˢ 184-185, pp. 193-227.
14. Cfr voir les analyses pénétrantes de Michael THEUNISSEN, *Der Andere. Studien, zur Sozialontologie der Gegenwart*. Berlin, W. de Gruyter, 1965, surtout les pp. 102-155.

Le vecteur théorique n'épuise pas tout le registre du voir et un examen de la correspondance entre la forme esthétique et le regard contemplatif complèterait notre analyse. Si l'interprétation intellectualiste du désir conserve à la vision de Dieu son caractère de contemplation, c'est que l'influence persiste, non seulement de la spiritualité chrétienne, mais aussi de la tradition platonicienne. C'est par dérivation du voir esthétique que le désir de connaître maintient la distance de l'altérité, qu'exprime précisément le terme de contemplation. E. Levinas [15] le remarque avec justesse : contemplée, la forme parfaite demeure séparée du regard et se soustrait à l'emprise de totalisation. Mais l'esthétique est vite récupérée dans la courbure théorique qu'imprime à la pensée philosophique la prédominance du voir. Et du moment où le voir se transforme en regard intellectuel, en connaissance possessive, seul le poids de la tradition chrétienne sauvegarde l'altérité de l'Être parfait. Plus tard la pensée théorique s'efforcera de récupérer ces éléments discordants. Les exigences internes de la métaphysique amèneront Hegel à reprendre la totalité du réel dans l'immanence du savoir absolu.

Dans le concept de nature on peut relever une ambivalence analogue à celle du voir-connaître et du voir-contempler. Dans notre interprétation nous avons mis en valeur l'immanence et la permanence de la finalité qui permettent à la pensée théorique de ramener la multiplicité des apparences à l'unité essentielle (à l'οὐσία). A la suite de Heidegger, nous pourrions encore souligner la coalescence, dans l'idée de nature, des deux thèmes d'entéléchie et de manifestation. Le concept de μορφή, en effet, qui s'ajoute à celui de τέλος, interprète l'être de nature comme l'étant dans lequel se manifeste la puissance révélatrice de l'être, la vérité comme dévoilement de l'être dans les choses offertes.

Tous ces thèmes, aux ressources culturelles et religieuses pré-réflexives finissent par s'ajuster dans une vision unifiée qui les subordonne progressivement à la pensée théorique. Celle-ci fait du savoir théorique le principe qui articule conceptuellement l'univers humain sur la nature et sur la cause première. La référence proprement chrétienne au surnaturel historique se laissera cependant difficilement intégrer dans la texture du système.

IV. Le surnaturel, rupture de la totalité

Nous prendrons notre point de départ dans les discussions théologiques sur le rapport entre nature et surnaturel, en nous appuyant essentiellement sur les études pénétrantes que le P. H. de Lubac leur a consa-

15. *Totalité et Infini. Essai sur l'extériorité*, La Haye, Martinus Nyhoff, 1961, p. 19 et 43.
16. *A.c.*, p. 37 s.

crées [17]. Notre intention n'étant pas théologique, nous voudrions dégager une leçon philosophique de cette histoire particulièrement complexe et bien ésotérique pour un esprit contemporain. Nous observons qu'à s'enfoncer dans le problème tel qu'il a été posé dans les termes onto-théologiques du thomisme, ou bien par fidélité théologique on finit par vider le thème du désir de nature de toute consistance, ou bien on aboutit à réduire le surnaturel chrétien aux lois de la dite nature humaine. Dans la première issue, le surnaturel, en opposition à la nature, fait figure de miraculeux superflu. Dans la seconde, l'originalité du christia-nisme se résorbe dans une naturalité anhistorique. Ce dilemme, irreceva-ble pour la pensée chrétienne est pour nous l'indice que le rapport personnel et historique de l'homme à Dieu ne se laisse pas penser dans les termes métaphysiques qui unifient le système aristotélico-thomiste. La foi en Dieu se révélant introduit une coupure anthropologique et épistémologique dans la cohérence du système. Et cette coupure ne laisse pas intacte la pensée métaphysique. Car elle est similaire à celles que la pensée moderne a dû opérer lors de ses interrogations sur la « nature » de l'homme. A chaque étape de son progrès la philosophie a été conduite à situer l'homme dans le réseau des différences significatives, que ce soit le rapport entre nature et culture, entre finalité et loi morale, entre intentionalité perceptive et rapport à autrui, entre inconscient et conscient. Aussi croyons-nous qu'instruits par cette similitude de problématique, nous sommes encouragé à penser la finalité religieuse en d'autres termes que ceux de désir de nature. Les faits d'expérience nous y invitent d'ailleurs avec insistance.

Toutes les discussions postérieures à saint Thomas s'attachent à préciser l'assymétrie, affirmée par lui, entre le désir de nature et son objet, la vision intuitive de Dieu, appelée « surnaturelle », terme nouveau en théologie et désormais accrédité. La fin dépasse donc les forces de la nature, mais non pas ses aspirations. Selon saint Thomas la raison et la volonté, en leur nature, sont insuffisamment (*non sufficienter*) ordonnées vers Dieu en tant qu'objet de béatitude surnaturelle (Ia IIae, Q. 62, a1). La tradition postérieure appellera cette insuffisance l'inefficacité du désir, et en déduit qu'elle postule l'efficace de la grâce. Seule fin dernière pour l'esprit humain, la vision de Dieu commande donc toutes les puis-sances supérieures et polarise tous les actes de l'homme ; elle n'en demeure pas moins non proportionnée à la puissance humaine. Et cependant, saint Thomas maintient le principe fondamental de la métaphysique aristotélicienne : un désir de nature ne peut pas être vain.

Si on conserve strictement le concept de nature, il fallait ou bien dissocier son lien avec le désir de la fin surnaturelle, ou bien, ce que les

---

17. *Surnaturel. Études historiques*, Paris, Aubier, 1946 ; *Augustinisme et théologie moderne. Ibid.*, 1965 ; *Le mystère du surnaturel. Ibid.*, 1965.

théologiens ne sauraient accepter, affirmer l'efficacité du désir. Souvent
le concept d'efficacité fut interprété dans le terme juridique d'exigibilité.
Pensée dans les termes du rapport personnel à Dieu, la non-vanité ou
l'efficacité du désir fut comprise comme un droit que l'on pouvait faire
valoir envers le Créateur. S'il a déposé dans sa créature un désir invisiéré
au plus profond de son être, Il doit lui garantir son aboutissement. Mais
l'exigibilité est évidemment contraire à la gratuité qui définit le surnaturel. On fut donc amené à diminuer la force du terme de désir de
nature. Différentes écoles proposent diverses interprétations. Ou bien
on distingue la pure nature humaine de l'état historique d'une nature
surélevée par une destination ajoutée ; dans ce cas il n'y a plus lieu de
parler de désir naturel de la vision divine. Ou bien on maintient le
principe du désir de nature, mais on le comprend comme un dynamisme
intellectuel qui est sollicité par une connaissance en soi de l'Être divin,
connaissance dont le mode n'est même pas nécessairement entrevu ; la
non-vanité de ce désir implique tout au plus que la satisfaction ne peut
pas être impossible [18].

Le P. de Lubac tient ferme au « désir de nature », expression qui,
selon lui, traduit fidèlement la théologie des Pères. L'esprit humain
désire Dieu d'un désir « inconditionné » ; ce désir définit la condition
de l'homme réel et n'est pas une seconde finalité ajoutée à un être humain
que l'on saurait penser comme finalisé vers les réalités naturelles du
monde [19]. Cependant le P. de Lubac affirme avec une force égale l'inefficacité de ce désir, même si le terme d'inefficacité lui semble équivoque.
D'après lui, cette double affirmation ressaisit la pensée substantielle de
Thomas d'Aquin. Seulement le P. de Lubac estime que la formulation
thomiste en catégories aristotéliciennes fut plutôt malheureuse, en ce
qu'elle ouvre la voie aux aberrations postérieures. Voulant exprimer
la théologie patristique en termes métaphysiques, saint Thomas a
préparé la thèse post-thomiste qui distingue entre finalités naturelle et
surnaturelle. D'après de Lubac cette thèse qui a largement prévalu,
est une distortion de la tradition chrétienne la plus assurée. Elle porterait
une lourde responsabilité dans le virage athée de la pensée moderne.
En effet, la suppression du désir de nature dirigé vers la vision de Dieu
introduit une telle coupure entre la condition humaine et la révélation
chrétienne que l'homme en vienne à se poser comme un absolu en lui-
même, face à un Dieu étranger à sa condition. La distinction entre
les deux finalités aurait favorisé l'athéisme moderne [20]. Le P. de Lubac

18. Voir J. MARÉCHAL, *Le point de départ de la métaphysique*, Cahier V : *Le
Thomisme devant la philosophie critique*, Bruxelles-Paris, Desclée De Brouwer,
1949², p. 313.

19. *Surnaturel*, p. 433-434, 484.

20. *Ibid.*, p. 431-438.

voudrait arracher le concept de désir de nature à son élaboration en catégories métaphysiques, pour le comprendre selon l'esprit des Pères : l'esprit est image de Dieu, « reflet divin dont la noblesse est perpétuellement empruntée, création du souffle qui ne se solidifie jamais en nature indépendante » (p. 435), νοῦς qui est toujours une participation gratuite au πνεῦμα.

Il ne fait aucun doute que saint Thomas, tout en pensant la création en termes de nature et la conceptualisant selon la philosophie d'Aristote, ne la conçoit jamais comme « nature indépendante ». Bien au contraire, la synthèse qu'il opère entre la vision cosmique du Pseudo-Denis et les catégories aristotéliciennes, rattache étroitement la création au Créateur. Originant en Lui, la création toute entière est mue par un appétit de nature qui tend à retourner en Lui. Ce qui fait problème, c'est que le Créateur est indissociablement principe de nature et par lui-même être surnaturel. La même discordance se reproduit dans l'anthropologie : l'homme est en même temps finalisé par la présence en lui du dynamisme divin, et impuissant à atteindre sa fin en vertu de ce dynamisme. La désharmonie entre les données chrétiennes et la logique philosophique éclate d'ailleurs dans la construction même de la Somme de Théologie : la place du Christ y est fort accessoire. Il intervient, non pas pour constituer le sens même de l'œuvre divine, mais pour permettre à l'homme de réaliser le sens de son existence, tel qu'il est inscrit dans sa nature.

Le P. de Lubac a voulu faire œuvre de théologien et non pas de philosophe. S'il qualifie péjorativement la transposition de la théologie patristique en termes aristotéliciens, c'est qu'à ses yeux ceux-ci dénaturent nécessairement les données chrétiennes. Sa critique théologique ne postule-t-elle pas dès lors d'autres catégories philosophiques ? Pour échapper aux vicissitudes que le binome nature-surnature impose à une pensée formée par la métaphysique grecque, le P. de Lubac préfère appeler le désir de la vision béatifique un désir inconditionnel. L'expression est certes fort heureuse en théologie. Mais le problème philosophique est-il résolu pour autant ? Et s'il ne l'est pas, comment la théologie peut-elle penser la corrélation entre la condition réelle de l'homme et la vocation chrétienne ? Car il ne s'agit pas d'abord d'éviter les inconséquences conceptuelles ni de garantir une théologie fidèle à ses propres lumières. Ce qui est en jeu, c'est la question réelle de l'existence, humaine et chrétienne, dont la logique interne doit conduire aussi bien la théologie que la philosophie. Le grief que le P. de Lubac fait à saint Thomas pour sa reprise des catégories aristotéliciennes, implique l'exigence d'une pensée philosophique qui n'enchaîne pas l'expérience chrétienne dans un système préétabli. Il ne suffit pas de recueillir l'héritage patristique. Dès que la pensée s'est faite réflexive, elle a cherché à scruter les articulations de la vie de l'esprit dans tous ses secteurs. L'entrée d'Aristote en terre chrétienne y a provoqué le départ d'une réflexion qui entend révéler la logique immanente de l'existence chrétienne. Si les catégories d'une métaphysique de la nature sont inaptes à légitimer devant la raison la situation de l'homme chrétien, n'est-ce pas le signe de leur insuffisance fondamentale en anthropologie et, par voie de conséquence, en ontologie ? Or, il nous semble que les données chrétiennes recèlent précisément des concepts anthropologiques qu'il s'agit de monnayer en une philosophie explicite. Non seulement ils sont plus aptes à exprimer catégorialement la religion de révélation, mais, par une coïncidence qui n'est pas gratuite, ils sont étonnamment apparentés aux idées qui traversent la pensée contemporaine. Parmi ces données qui nous appellent à nous libérer d'une métaphysique préétablie, la notion préphilosophique de surnaturel offre des indications précieuses. Les analyses que le P. de Lubac a consacrées à l'histoire du terme « surnaturel » peuvent nous servir de guide en la matière.

Soit le terme même de surnaturel dans la littérature grecque : l'adjectif y est synonyme d'étrange, de merveilleux, d'extraordinaire [21]. C'est ce qui déborde la nature. Les chrétiens reprennent le terme à la langue classique pour exprimer par lui les réalités transcendantes, dont Dieu lui-même en premier lieu. Dieu est au-dessus de la nature, parce qu'Il ne reçoit pas un achèvement qui ferait suite à une génération. Aussi dépasse-t-Il nécessairement le discours et l'entendement. Comme l'indique le terme lui-même de sur-naturel, le schème cosmologique est présent dans la formation du concept. Non seulement en est-il l'origine, mais pour les anciens il en est encore le contenu réel ; en effet, ils pensent le monde en le divisant en région sublimaire, celle de la génération et de la corruption, autrement dit : de la nature, et en région céleste, formée de corps et d'êtres incorruptibles. L'homme lui-même, microcosme, appartient aux deux régions [22]. Aussi bien son âme est-elle dite surnaturelle, bien avant que la théologie ne confère au mot le sens technique d'une destinée surélevée engendrée par une seconde initiative du Créateur. Ce sens prétechnique se retrouve dans les écrits de saint Thomas, là où il considère l'âme comme surnaturelle par définition, pour autant qu'elle est capable de connaître Dieu, surnaturel par excellence.

La pensée moderne du XIXe siècle garde l'essentiel de ce binome quand elle oppose la nature, domaine régi par les lois scientifiques et connaissable par la science positive, au surnaturel, conçu comme le merveilleux qui dérangerait les lois scientifiques. Appauvrie dans une schématisation positiviste, l'opposition n'en est pas moins significative : le surnaturel demeure le transcendant faisant irruption dans la nature.

Le concept de surnaturel a donc toujours désigné le transfini dans l'homme et dans le monde, que ce soit pour identifier le réel à la nature

21. *O.c.*, p. 355.
22. *O.c.*, p. 329 ss.

ou pour élargir le réel et lui intégrer le transnaturel. Quelle que soit la détermination de la nature, celle-ci représente le domaine de la clôture ; elle est le réseau des relations nécessaires et des faits prévisibles. Par leur vocation théorique, la philosophie aussi bien que les sciences tentent, de diverses manières bien sûr, d'établir le système des lois qui transcrivent au niveau du *logos* les déterminations de la *physis*. Tant que l'homme garde par devers lui l'idée de l'être sauvage qui l'environne et le déborde, lui et la nature, il sait reconnaître, dans ses propres désirs aussi bien que dans des phénomènes originaux, la manifestation d'un sur-naturel qui fait éclater le système clos et se révèle comme l'origine inexpugnable du réel et du vrai. Mais si l'on a posé une fois qu'aucun réel ne peut dépasser l'inhérence naturelle, toute manifestation du transnaturel n'est plus qu'un résidu en principe révoquable et le surnaturel, de révélation originaire qu'il était, prend la figure d'un imaginaire marginal. Cette conception rationaliste est l'aboutissement d'une longue évolution de la pensée. Mais déjà l'entrée des catégories aristotéliciennes en Occident au XIIIᵉ siècle, inaugurant la modernité de la pensée, a infléchi la pensée chrétienne elle-même vers la reprise systématique du surnaturel chrétien dans un système régi par les principes de nature, ce système fût-il ordonné autour du Dieu surnaturel.

Si l'histoire théologique n'avait pas fixé le terme de surnaturel dans un sens précis et dérivé, nous dirions volontiers qu'il faudrait toujours penser l'homme et l'être selon la bifurcation de la nature et du surnaturel. N'est-ce pas d'ailleurs en ces termes que l'anthropologie contemporaine se plaît parfois à penser la spécificité humaine ? A la suite de l'anthropologie nous pouvons définir l'homme par l'institution de la culture. Or, pour comprendre l'émergence de la culture, nous avons besoin des deux pôles qui s'y rencontrent et travaillent en elle ; elle se situe au croisement de l'inhérence naturelle et d'une verticalité d'existence que nous pouvons désigner par le terme de surnaturel. Inséré dans la nature, mais invoqué par un surplus de sens, l'homme symbolise l'existence et lui donne des significations qui manifestent son écart par rapport à la nature. L'existence est l'objet de la symbolisation. Mais, ainsi que l'affirme Cl. Lévi-Strauss, les symboles sont eux-mêmes plus que ce qu'ils symbolisent. Les systèmes symboliques (le langage, le mariage, l'appartenance tribale...) transcendent aussi bien la nature que la culture. En eux une totalité se fait valoir qui ne relève pas de la perception directe. Cette totalité, qui englobe et réunit la nature et la culture, Lévi-Strauss l'appelle le sacré ou le mana [23].

23. Nous n'avons pas l'intention d'attribuer à Cl. Lévi-Strauss quelque reconnaissance implicite d'une vérité religieuse. En tant qu'interprète anthropologique cependant, l'auteur a bien reconnu dans le sacré ou le mana (nous dirions le surnaturel, mot que L.-Str. évite) ce « signifiant flottant », ce « surplus de signification absolu-

De son côté la philosophie de l'existence creuse l'écart entre la nature et l'être humain marqué par une « sur-venue transgressante » [24]. Le concept de nature humaine lui paraît dès lors contradictoire : se posant la question de son être, parce que requis d'abord par la vérité de l'être, l'homme ne peut jamais se comprendre uniquement comme étant parmi les étants. La différence entre l'être et l'étant passe par lui et opère en lui la déhiscence qui le situe en dehors d'une totalité définissable.

Avec maints autres auteurs le P. de Lubac craint que la déconnexion entre le désir humain de nature et le surnaturel n'éloigne du christianisme les esprits modernes et ne les renforce dans la pensée de l'homme comme être autonome. Par sa conception du désir inconditionnel de Dieu il voudrait voir inséré la finalité religieuse dans le cœur même de l'esprit. Nous pouvons comprendre sa remarque : si une pensée philosophique tend à la pleine possession réflexive de soi-même, de quelle ouverture au radicalement Autre peut-elle bien être susceptible ? Mais la conception du P. de Lubac rencontre-t-elle la réticence la plus vive de la pensée contemporaine : celle de voir l'homme enfermé dans la clôture d'un cercle défini ? Il nous semble que Dieu fait problème pour de nombreux penseurs précisément parce qu'Il semble être l'étant suprême qui obture toute différence et clôt le système sur lui-même. Il serait la pièce maîtresse d'un univers clos. Pensé comme la source qui est également but final, Il arrête en effet la remontée de la pensée vers les origines ainsi que sa progression dans le déploiement des significations. Transcendant aspirant à Lui la transcendance humaine, Il serait l'Absolu au contact duquel « la conscience métaphysique meurt » [25].

L'idée d'un authentique surnaturel, comme survenue d'une existence qui n'est pas dans le prolongement du désir, ne répond-elle pas mieux à l'émergence transgressante qui spécifie l'homme en même temps qu'elle authentifie mieux l'altérité inaltérable de Dieu ? L'affirmation d'un vrai surnaturel divin ne va cependant pas sans une radicale mise en question de nombreux concepts qui étayent la « théologie naturelle », ceux qui concernent l'explication des origines et ceux qui disent la finalité religieuse de l'homme. A vrai dire, le rapport du surnaturel chrétien à la philosophie est beaucoup moins simple que les théologiens du passé ne l'ont pensé. La « théologie naturelle » fut élaborée selon le modèle d'une philosophie comme système rigoureux de concepts reposant

ment nécessaire » pour que l'homme, en symbolisant l'existence, puisse instituer la culture. Voir p. ex., L'Introduction à l'Œuvre de M. Mauss, dans M. MAUSS, *Sociologie et anthropologie*, Paris, P.U.F., 1950, IX-LII.

24. Nous reprenons l'expression à J. TAMINIAUX, *Finitude et Absolu. Remarques sur Hegel et Heidegger, interprètes de Kant*, Rev. philos. de Louvain, 1971 (69), 2, 199.

25. M. MERLEAU-PONTY, *Sens et Non-Sens*, Paris, Nagel, 1948, p. 191.

sur l'immanence de l'esprit réflexif. Si l'on admet, par contre, que la réflexion ne se fait qu'à l'intérieur d'un discours culturel prédonné qui informe notre perception du monde avant toute conceptualisation thématique, alors le clivage entre théologie naturelle et théologie chrétienne s'avère fort problématique. L'idéal de la philosophie pure a pu faire oublier ses origines culturelles. En fait jamais le philosophe ne boucle sa propre réflexion et ses idées sont toujours prélevées sur la culture à laquelle il appartient. Alors quel sens encore conserver à une théologie purement naturelle ?

V. Le désir d'absolu scindé par la Parole du Dieu vivant

A première vue, en interprétant l'action humaine en termes de finalité, la philosophie reprend seulement la question du pourquoi, autour de laquelle s'articule le langage ordinaire de l'action. L'homme n'est-il pas de part en part être de projet ? Et comment penser le projet sinon comme effectuation d'un but pro-jeté, anticipé dans le jugement pratique qu'est l'acte de volonté ? Et dans la ligne des projets rien n'est donc plus naturel que de chercher à fixer le but ultime, but absolu et non plus intermédiaire, fin qui termine la série de projets, et ne laisse plus naître des lacunes aux abords de la satisfaction. Le Bien Absolu serait à la mesure de l'infini du désir.

Comme à la philosophie on confie volontiers la tâche de répondre aux questions qui hantent l'existence, de même dans l'ordre du désir elle devrait conduire l'action et le questionnement à leur terme, en identifiant l'Être absolu vers lequel pointent toutes les questions du pourquoi et toutes les demandes de bonheur.

Pour un regard de surface, c'est également le domaine et la fonction que se réserve la religion. Le commun éclairage que la philosophie et la religion donnent sur la fin ultime, serait le secret de leur coexistence, même si la différence entre leurs deux ordres de vérité a rendu leur pacte instable. On peut aligner nombre de textes religieux qui modulent la confession augustinienne : « Notre cœur est inquiet jusqu'à ce qu'il repose en toi, Seigneur ». Travaillée par le désir de perfection, hantée par l'exigence d'absolu, la conscience semble destinée à trouver en Dieu la seule positivité qui puisse l'assouvir. Ainsi pour Descartes l'infini de la volonté était l'expérience première et la plus fondamentale, celle qui l'assurait de l'idée d'une perfection infinie. Et Rousseau décrit en termes d'expérience la même hantise de Dieu inscrite dans le désir : « Je ne vois partout que sujets de contentement, et je ne suis pas contente. Une langueur secrète s'insinue au fond de mon cœur. Mon cœur ignore ce qui lui manque ; il désire sans savoir quoi. Ne trouvant donc rien ici-bas qui lui suffise, mon âme avide cherche ailleurs de quoi la remplir : en s'élevant à la source du sentiment et de l'être, elle y perd sa sécheresse et sa langueur... elle est toute dans l'Être immense qu'elle con- temple... »[26]

Remarquable description, certes, de la conscience religieuse ; mais sa formulation même, toute en nuances, prévient toute conclusion hâtive. Rousseau distingue fort adéquatement le cœur et l'âme. Le cœur, lui, désire, mais ne sait pas ce qu'il désire. Mais l'âme lui présente ce qui supprime le désir malheureux : la contemplation de l'Être infini. Rousseau ne désigne pas au désir Dieu comme son objet. Devant l'Être divin, le désir se tait. Si le cœur ignore ce qui lui manque et si le désir ne sait pas ce qu'il cherche, ne doit-on pas dire qu'il est désir sans fin ? Ne sommes-nous pas reconduit à la finalité sans fin, paradoxe auquel aboutit Kant ? Ce serait bien indûment clore le désir sans fin en assimilant l'absence de fin à l'In-fini anticipé comme but.

Finalité sans fin, projet irrécupérable dans un achèvement, tendance sans but assignable, telle est bien la caractéristique du désir. Par lui-même il est désir du désir : mouvement qui annule ses conquêtes, projet qui s'élance au-delà de ses réalisations. Sa fin ne pourrait être que sa transformation en non-désir. C'est dire qu'en lui-même le désir est ce tremblement intérieur de l'être qui n'entend jamais combler la distance qui est l'émergence de sa vie. Au moment où l'« âme » contemple la Présence, le désir semble se taire. Ayant dépassé le malheur du vide, il ne se résigne cependant pas à mourir dans une réplétion qui arrête son élan. Le silence du désir dans la contemplation peut nous leurrer et nous amener à le concevoir selon le schème cosmologique d'un mouvement se reposant dans son terme. Cette manière de penser est trompeuse, car elle caractérise le désir par une seule dimension de sa vie : l'inquiétude suivie de pacification. En fait l'inquiétude n'est pas habitée par une présence anticipée, à l'instar d'une cause finale dominant le mouvement ; par elle-même l'inquiétude ne tend pas à son terme. Et enfin, la présence n'est pas repos sans mouvement ; elle demeure distance qui donne vie et parole au désir pacifié. Les poètes médiévaux le savaient bien qui soutenaient le désir par une loi séparatrice.

Il est donc de la nature du désir de tendre à être comblé, mais d'ignorer ce qui pourrait le libérer de sa souffrance. Il lui est encore plus essentiel de ne pas s'éteindre dans l'achèvement. C'est pourquoi il peut se retourner sur lui-même et, dans le désir du désir, se prendre pour son propre objet de jouissance. N'ayant par lui-même pas d'objet qui lui est commen-surable, il est capable de se polariser sur lui-même. Dans le retournement du désir sur lui-même Dante avait déjà dénoncé sa plus profonde per-

26. *La nouvelle Héloïse* (VI, 8), Œuvres Complètes, T. X, Paris, Ed. Baudouin, 1826², p. 288-289.

version et bien avant la psychanalyse il avait placé cette inversion sous le signe de Narcisse [27].

La métaphysique du désir a en somme masqué sa condition réelle, telle que la manifestent les analyses anthropologiques. Pour le saisir dans sa substance vivante il faut le prendre au ras de l'expérience et le saisir dans le langage, ordinaire et littéraire, où il s'exprime. Il s'avère alors impossible d'y découvrir une finalité transcendentale encore que l'homme puisse l'y faire entrer, par une transformation qui ne le supprime pas. Inquiétude essentielle de l'esprit et du cœur, il est sans relâche hanté par ses contradictions internes. Il veut se dépasser dans le repos, mais refuse une clôture qui fige sa mouvance. Ne sachant pas ce qu'il cherche, il peut cependant découvrir sa vérité cherchée confusément, s'il entre dans la relation d'une présence aimante. Par une modification interne l'homme peut sortir de son inquiétude de désir et s'ouvrir à la présence d'autrui. Cette présence est toujours une nouveauté inattendue. Elle réalise le chiasme de la quête et de la surprise, de la démarche et de l'accueil. L'homme ne se ressaisit que s'il est saisi par l'autre. La transformation du désir en présence, nous devons l'appeler conversion, en opposition avec l'inversion. Par un remaniement radical de lui-même le sujet assume en première personne l'invocation que lui adresse l'autre. Certes, l'autre demeurant toujours séparé dans son altérité, la présence demeure traversé de désir. Mais la différence reconnue n'abolit pas la joie et la jouissance. Au contraire, l'altérité indépassable de l'autre est la condition de la présence. L'autre ne se manifeste comme sujet aimant qu'à partir d'un lieu qui lui demeure propre à tout jamais.

A prendre à la lettre le langage du désir humain, on ne voit pas comment lui assigner l'Être absolu de Dieu comme objet connaturel de sa quête. En lui-même le désir n'est absolu que par refus de délimitation. Il tend seulement vers ce qui pourrait l'absoudre de son mouvement indéfini. Rien ne lui répond adéquatement parce que par nature il aspire à ce qu'il refuse : se boucler sur une possession. Confusément il veut la vie et la mort dans l'indistinction. N'est-ce pas la plus trompeuse illusion métaphysique que de vouloir mettre en correspondance directe l'indéfini de sa quête avec l'Infini de Dieu ? Certes, l'indéfini du désir humain comporte le pouvoir de néantisation et l'amène de proche en proche à se décrocher de tout ce qui promet un instant de le combler. Rien ne fait vraiment le poids. Mais la démesure du désir est bien ambiguë. Si l'homme ne dépasse pas la mobilité indéfinie du désir, il n'est jamais en mesure de se laisser interpeller par une présence qui le centre en lui-même dans un rapport ex-centrique à l'autre. L'indéfini du désir,

27. R. Dragonetti, *Dante et Narcisse ou les faux-monnayeurs de l'image*, Revue des Études Italiennes, 1965 (XI), nᵒˢ 1-2-3, 85-146.

condition fondamentale pour la rencontre, constitue même un obstacle à la sortie de soi. Pour le désir originaire le rapport intersubjectif représente une aliénation, une exigence de se décentrer et d'accepter la perte d'un objet non identifié dont il poursuit la possession. Ne sachant pas ce qu'il cherche, mais cherchant à posséder ce qui mettrait fin à sa nostalgie, il perçoit d'abord la présence dans l'altérité comme une absence et une perte renouvelée. En amour humain comme en religion l'expérience le démontre : un puissant désir est tout à la fois une prédisposition à la présence et une indisposition majeure qui requiert une profonde transformation des mouvements affectifs.

Nous objectera-t-on que notre analyse en reste au plan anthropologique ? Nous ne voyons pas comment une synthèse métaphysique pourrait se dispenser de considérer la manière dont l'homme prend conscience de lui-même. Le constructeur d'une synthèse axée sur l'universelle finalité théocentrique se met d'emblée et imaginairement à la place de Dieu, mais il ne parle plus de l'homme réel ni du Dieu de la religion. Le philosophe serait-il dès le départ, selon une formule de Hegel, l'homme d'affaires du génie de l'univers ? Certes, au bout de leur exploration, philosophe et théologien peuvent réinterpréter l'existence à la lumière de leurs croyances transcendantes. Mais à rétro-projeter sur le désir humain réel la destination religieuse que lui a prescrite le Créateur, on manque de comprendre comment l'homme peut y accéder. Jamais l'interprétation transcendentale ne peut se substituer aux déterminations et aux mouvements de la vie humaine. Et s'il revient à la philosophie une tâche, ce n'est certainement pas d'anticiper, par une réponse théologique, sur les interrogations humaines. La philosophie doit s'inscrire dans les questions de l'homme, même pas nécessairement pour leur apporter la réponse qui les boucle, mais essentiellement pour connaître en vérité aussi bien leurs lacunes indépassables que les espèces de significations qu'elles ouvrent.

Rien donc dans l'indéfini du désir ne le coapte directement à l'Être transcendant. A l'instar de l'ego réflexif, le désir est l'incessant mouvement de transcendance qui constitue la subjectivité. Et tout comme la réflexion, il est déchiré par une contradiction interne : il tend à se délester de son inquiétude dans une prise exhaustive sur un objet qui viendrait le remplir et le couvrir ; mais lui-même fait également éclater l'apparente plénitude de sa satisfaction éphémère.

Dans une perspective bien différente nous pourrions retrouver la même transcendance de l'action humaine, en reprenant les antinomies de la volonté telles que Kant les a analysées. De plus, nous avons la conviction que notre description du désir correspond à tout ce que la pensée contemporaine a reconnu lorsqu'elle s'interroge sur le rapport entre la finitude et l'absolu. Et comme nous l'avons dit, si Dieu fait problème pour de nombreux penseurs, c'est qu'ils l'identifient au Dieu de l'onto-théologie métaphysique, alors qu'ils ont dénoncé les illusions d'une métaphysique dont Dieu serait la clé de voûte.

Ni la transcendance sans terme du désir ni la réflexion ne nous conduisent à Dieu. Encore qu'elles ouvrent l'espace d'existence où Dieu peut advenir. Mais il n'advient à l'homme ni au terme de sa pensée ni de son désir. S'Il peut advenir, c'est précisément non pas pour achever dans une plénitude de perfection l'être humain scindé par sa déhiscence interne ; c'est par la nouvelle scission qu'introduit dans la pensée et le désir la Parole qui Le manifeste et Le rend présent dans son altérité inaliénable. Son advenue transgresse la transcendance humaine ; elle ouvre en elle une réelle histoire de pensée et de désir et leur donne à se déployer dans une présence. Mais transgressant la transcendance humaine, cette présence requiert l'homme pour une substantielle transformation de lui-même.

Comme toute présence, l'advenue de Dieu est inséparablement Parole et manifestation. La conjonction du visible et de l'invisible maintient l'Autre dans une altérité qui se donne en échange. Toute la révélation biblique est un tissu continu où se conjuguent les signes et les paroles qui donnent sens par leurs références réciproques. Une discontinuité de signification aussi bien que de temps distend toujours le lien entre signes et paroles. Elle révèle une présence dans l'absence et ouvre à tout instant la dimension du futur, sauvegardant ainsi dans l'échange la déhiscence interne de la subjectivité humaine.

La religion enseigne que la foi est indissociablement espérance et que la charité ne les dépasse pas, mais les régénère. N'est-ce pas reconnaître que la finalité religieuse, loin d'être inscrite en l'homme au départ, dans sa « nature », s'instaure seulement par l'expérience progressive d'une présence accueillie ? La polarisation religieuse de l'homme est la dimension du futur qu'ouvre la Parole entendue et reçue. Le Dieu pour l'homme, le Dieu des religions, non pas celui qui est pensé dans un système du monde, assume la condition de l'homme. La survenue et l'articulation de la finalité religieuse correspondent à celles de toute inter-existence personnelle. Le plus grand leurre d'une onto-théologie, ce serait de vouloir penser l'inter-existence de l'homme et de Dieu du point de vue de la fin de l'histoire. Le schème cosmologique induit ce leurre, puisque prenant le mouvement de nature pour catégorie fondamentale, il incline à penser Dieu et l'homme du point de vue d'un monde fermé, celui du cercle se fermant sur lui-même.

La fin de l'histoire est impensable, puisque toute détermination en est contradictoire. En contractant dans la vision le terme du désir, on élimine sa substance même qui est de se rapporter à l'Autre selon le futur d'une irrécusable transcendance. La vision, tout en étant présence effective, ne pourra cesser d'être aussi ouverte par la parole. La vision comme fin de l'histoire n'est donc qu'un concept inconsistant et ne saurait être l'ultime guide pour penser le désir.

Essayons maintenant d'articuler les étapes de la finalité religieuse. Notre critique d'une finalité de nature n'exclut pas une polarisation du désir sur Dieu, être, perfection, vérité suprêmes qui adviennent au désir humain. Nous récusons cependant l'inscription du terme divin comme origine et comme entéléchie du désir. Car le désir est un processus ; il se constitue en désir finalisé par l'intégration progressive de son terme, intégration qui le métamorphose intérieurement. Le terme divin n'est pas une donnée de nature. L'assimilant lors de son advenue, l'homme peut le naturaliser en son existence historique. Car l'homme n'est pas ; il se fait. Et Dieu, surnaturel par définition, n'est pas un principe de nature ; Il s'inscrit dans le désir de l'homme au cours d'un processus de manifestation historique.

La transcendance de son désir empêche l'homme de se fixer à aucun être-là ; c'est là son seul caractère de nature. De cette transcendance la psychanalyse nous montre les conditions constitutives ; dès l'origine « la perte d'objet » est l'essor du désir. Une séparation originaire clive l'existence et le désir est l'effort pour retrouver le temps perdu. Mais la démarche récessive vers l'objet perdu est en fait un mouvement qui creuse l'écart. Car l'objet perdu tel que l'homme se le représente, est déjà transfiguré par le discours culturel qui, dans la représentation, lui donne forme et contenu. Aussi la psychanalyse renverse-t-elle la perspective anthropologique habituelle. Dès l'origine, à l'instant où se clive l'existence, le désir est nourri et sous-tendu par les paroles qui donnent sens aux objets de sa quête.

Transcendance de par le clivage originaire, le désir infinitise l'action humaine. Aucun être réel ne boucle sa démarche sur ses origines récupérées. Dans cette déhiscence de nature se révèle aussi la transcendance de l'Être sur les êtres-là. En opposition aux délimitations qu'imposent les concepts, l'Être qui se manifeste dans les êtres se présente comme sauvage et illimité dans ses possibilités. De même au plan de la connaissance, l'Être se présente comme la vérité toujours en retrait par rapport à ses dévoilements finis. L'ontologie nous montre que, si le désir infinitise l'homme, c'est qu'il est déjà requis par l'Être, qui, tout en se manifestant dans les étants, rompt leur identité fermée. Au clivage originaire de l'existence correspond la différence ontologique. Certes, le langage donne représentation et sens à l'objet perdu, substituant l'être nommé et signifié à l'innommable irrémédiablement perdu. Mais dans le langage nous parle toujours le logos de l'Être qui évoque l'homme à la transcendance et empêche son désir de se perdre dans l'en-deçà perdu.

L'infini du désir ne comporte aucune direction vers un être qui viendrait arrêter sa démarche. Mais si un être réel se présente qui, dans son identité même, manifeste de manière singulière sa propre transcendance, un être qui dans sa réalité essentielle est tout à la fois identique à lui-même et infini par sa différence d'avec lui-même, alors le désir de l'homme peut s'y attacher comme à ce qui le comble sans le clore sur lui-même. Tel est le rapport d'amour où le désir dépasse le malheur de la perte sans s'éteindre dans une fausse récupération. Car si l'amour retourne sur soi dans la jouissance, il se précipite autant dans un désir dont l'infinitude est à la mesure du désir de l'autre. Il serait cependant faux d'appeler l'amour l'aboutissement naturel du désir. Si le désir ouvre la possibilité pour l'inter-existence, encore faut-il que l'homme transforme son désir, pour qu'au-delà de la recherche du temps perdu et au-delà d'une quête indéfinie de plénitude stable, son désir puisse se coapter à un être en qui l'infinitude se donne dans la déhiscence de l'identité. C'est ce que le langage éthique a perçu dans l'exigence de fidélité, même s'il ne l'a pas toujours thématisé par un recours à l'analyse anthropologique.

Cependant, le désir de l'homme ne tend-il pas à dépasser l'être fini, même infini dans sa transcendance ? Ne recherche-t-il pas un Tout Autre qui serait infini dans son identité même, un Autre qui, n'étant plus lui-même être désirant, pourrait combler dans l'instant éternisé la quête du désir ? Pareille revendication habite sans doute le désir. Nous croyons même qu'elle sous-tend pour une part la pérégrination religieuse de l'homme. Mais le salut mystique que poursuit le désir inconditionné n'est divin qu'en apparence, n'étant pas identifiable par une parole qui le signifie. Avant le discours religieux qui sépare et manifeste, l'homme suit un chemin d'errance, à la recherche d'une plénitude imaginaire où se répètent les fantasmes de l'objet perdu et retrouvé. Dans la croyance à une plénitude qui ne serait plus clivée ni par le temps ni par l'émergence de la parole, l'homme reproduit, aux dimensions absolues, les fantasmes d'un amour arrêté dans un retour sur lui-même. La psychologie de la religion nous instruit d'ailleurs sur les aveuglements et les déceptions consécutives à une telle quête mystique.

Nul doute cependant que le désir religieux de l'homme s'origine dans cette quête impossible et contradictoire. Une recherche similaire d'absolu impossible et contradictoire dans ses conceptualisations, se fait également valoir au niveau de la connaissance. Et nous avons essayé de montrer comment elle est à l'œuvre dans la métaphysique onto-théologique. Amenée à ses conséquences, la position philosophique du désir de nature de voir Dieu est au fond l'analogue, dans le registre de la pensée, de la mystique imaginaire d'une coïncidence finale avec un être pleinement coïncidant avec lui-même. Le savoir n'y est-il pas tenu pour supérieur au vouloir pour autant que dans une assimilation intérieure il récupère l'être auquel le vouloir s'aliène ? Bien sûr, la vision de Dieu, interprétée comme contemplation, garantit l'extériorité de Dieu au sein de la participation la plus intime. Nous n'avons nullement l'idée de ramener l'onto-théologie thomiste à un panthéisme du savoir. Mais ce qui importe, c'est de comprendre que, si des corrections sauvegardent la teneur chrétienne du système, les concepts vont à l'encontre de ces corrections.

A l'essor religieux naturel de l'homme vient répondre la manifestation divine qui, plus que correspondance au désir, est interrogation et évocation. Le thème du péché a pu occulter le sens de la non coaptation entre le désir et la manifestation divine. Toutes nos analyses le démontrent : par son processus ordinaire, avant toute perversion pécheresse, la transcendance humaine, celle du désir, et le transcendant divin se rapportent l'un à l'autre selon une assymétrie constitutive. Aussi la Parole de Dieu, tout comme celle de l'autrui rencontré, et plus encore en raison de son altérité radicale, vient-elle scinder le désir humain. A vrai dire, la manifestation de Dieu ne répond pas au désir humain. Son advenue n'est réponse que rétrospectivement, une fois que l'homme a déjà laissé son désir se transformer en réponse au Réel nouveau dont son infinitude ne pouvait pas anticiper la présence. Si le surnaturel chrétien est radicalement historique, processus de manifestation divine s'accomplissant à partir d'une identité infiniment autre, il ne s'affronte pas à un désir qui, lui, serait de nature anhistorique. Nous l'avons vu : dans l'existence réelle le désir se déploie toujours au cours d'un processus historique. Déjà dans les rapports dits naturels, le désir ne se réalise qu'en s'historialisant dans une rencontre qui l'évoque à se régénérer en désir d'autrui.

Nous opposera-t-on l'ample tradition de théologie naturelle ? A vrai dire nous ne la contestons pas sans plus. Mais si cette théologie naturelle se prétend pensée autonome, en prise directe sur l'essence des choses, nous devons dénoncer son oubli des rétroréférences culturelles qu'elle porte au-devant de son élaboration réflexive. C'est en fait tout le statut de la philosophie que commande la question de la théologie naturelle. En délimitant le problème de la philosophie chrétienne au champ clos des rapports entre lumières naturelle et surnaturelle, on manque de poser la vraie question : celle de la lumière dite naturelle. En effet, que signifie la souveraineté de l'entendement dans son ordre propre ? L'oiseau de Minerve qui prend son envol au soir n'est-il pas l'emblème de toute philosophie ? Si haut que nous remontons dans l'histoire de la philosophie, force nous est de reconnaître l'inhérence de la philosophie dans les discours et les symboles qui la précèdent et lui donnent à penser la cohérence des vérités circulant dans la culture. Le réel du monde ne se présente jamais à un regard spéculatif qui serait immanent à lui-même dans une nudité naïve. Les questions que pose le philosophe lui sont imposées par les messages qui l'entourent. Et ses réponses ne reprennent qu'en formulations systématiques les signifiants dont l'investit sa culture. La théologie naturelle n'est jamais le rapport direct du notionnel au réel. Le réel lui-même n'est tel que pour autant il est déjà signifié par l'ensemble des discours et des symboles culturels. Aussi religion et philosophie ont-elles toujours été en échange, autant que les mœurs et la philosophie éthique, ou l'ordonnance effective de la communauté et

la philosophie politique. Non pas que la philosophie se résigne à enregistrer les significations prédonnées ; s'installant dans la pensée
de la transcendance humaine, qui est son lieu primitif, elle opère la
réduction des signifiants stables à leur constitution. De cette manière
elle est en mesure de les juger ; non pas d'apporter des signifiants
nouveaux, mais de mobiliser les significations, de les libérer, de les
réengendrer là où elles n'étaient que fossiles faisant figure de nécessité
naturelle.

La philosophie n'invente pas Dieu comme réponse aux questions
posées. Dès l'origine Dieu ou le divin se présente comme un des signifiants
majeurs de la culture. Ce qu'on appelle la lumière naturelle de la philosophie, c'est ce pouvoir qu'elle a, dans le christianisme comme en dehors,
de s'interroger sur les connexions vivantes que le divin entretient avec
tout le réseau des signifiants. Et l'incidence propre de la philosophie est
toujours d'investiguer la relation de l'Être transcendant avec la transcendance humaine.

La négation ou l'affirmation de Dieu ou du divin se fait également
selon cet unique critère. L'onto-théologie a cru garantir la spécificité
humaine en terminant la courbure du désir sur l'Être parfait auquel
il serait naturellement coapté. D'autres penseurs depuis se sont cru
obligés de sauvegarder la transcendance humaine en la déconnectant
d'un absolu qui l'enfermerait dans une mortelle clôture. A nous il a
semblé que ce débat était en porte-à-faux. Historique par sa transcendance, décentré de lui-même par le logos qui le devance et le requiert,
se dépassant dans la démarche sans retour qu'est l'amour ou la foi,
l'homme ne peut jamais être compris selon la circularité d'une fin naturelle. Dieu, pas plus qu'autrui, n'est jamais ni fin naturelle ni fin surajou-
tée. Non naturel par sa transcendance, Il ne clôt pas la transcendance
humaine mais l'ouvre définitivement. Cependant, si Dieu n'est pas
nécessaire comme le serait une fin naturelle, Il n'est pas non plus pour
l'homme une possibilité arbitraire. Il est le seul inconditionné en qui
le désir peut pleinement se libérer sans s'annuler. Indissociablement
ultime et gratuit, Dieu fonde et garantit la transcendance alors qu'un
Absolu nécessaire la détruirait.

Il nous resterait à examiner les trajectoires majeures que parcourt le
désir religieux, selon la diversité des héritages culturels et religieux et
selon la variété des expériences personnelles. Mais c'est là plutôt œuvre
de psychologie de la religion, d'histoire des religions et de théologie.
Il va de soi que les figures de Dieu sont diverses et que multiples sont
les cheminements religieux de l'homme. Ainsi la révélation biblique et
christique présente un discours religieux bien particulier : la Parole se
faisant chair historique, déploie tout à la fois l'immanence et la trans-
scendance d'un Dieu présent en personne. La philosophie devrait assumer

les acquisitions des sciences de la religion pour étayer une analyse constitutive de la finalité religieuse sur des variations phénoménologiques. Notre intention était plus limitée ; nous avons voulu esquisser une structure universelle de la finalité religieuse, et cela en contrepoint avec sa naturalisation dans la métaphysique onto-théologique.

Note additionnelle. Dans notre *Cultuur, religie, geloof*, Leuven, University Press, 1989, nous nous sommes expliqué sur le virage culturel vers l'athéisme que favorise, selon H. de Lubac, la distinction entre la nature et le surnaturel. Nous y relevons que le concept de nature, hérité de la philosophie aristotélicienne, pose effectivement le fondement philosophique pour le développement de la sécularisation. Mais nous y faisons également valoir que, si l'athéisme est une possibilité donnée par la culture sécularisée, celle-ci présente corrélativement la possibilité de découvrir l'originalité et les conséquences du message monothéiste.

15

PLAISIR, DÉSIR, BONHEUR

L'usage du langage soutient, par provision du moins, la distinction du plaisir et du bonheur. Nous parlons autrement des deux ; nous disons : cela me fait plaisir, je prends plaisir à... ; c'est un enfant heureux. Apparemment, le bonheur est un état plus englobant que le plaisir qui, lui, concerne une satisfaction ponctuelle. «Être heureux» évoque également une joie de vivre qui rayonne expansivement dans les initiatives, à la différence du plaisir qui semble plus clore le dynamisme que le générer. Les deux phénomènes ont cependant en commun l'idée de la satisfaction et par conséquent du manque et de la recherche à le combler. Aussi présume-t-on que malgré leur différence, plaisir et bonheur entretiennent entre eux un rapport étroit et ambivalent. De soi, la recherche des plaisirs ne rend pas heureux, mais l'homme heureux est capable de prendre plaisir à diverses activités et rencontres. C'est même le signe de l'état de bonheur de pouvoir accueillir des plaisirs, tout comme la recherche frénétique des plaisirs signale que la personne n'est pas heureuse.

L'expression «se réjouir de» laisse entendre que l'état de bonheur, même relatif, rend l'homme capable de laisser son bonheur s'intensifier par le plaisir qu'offre une expérience opportune en réponse à ses vœux pour lui-même ou pour autrui. L'envie, qu'il faut distinguer de la jalousie, tue la capacité de se réjouir, car elle est la disposition de celui (celle) qui, malheureux et sourdement revendicatif, prend seulement un plaisir malade au malheur des autres.

La différence et les liens ambivalents entre plaisir et bonheur donnent à penser que le plaisir est premier et qu'il fonde constitutivement la capacité de bonheur et de malheur. Aussi est-ce d'une analyse constitutive que nous pouvons attendre un éclairage sur les rapports entre ces deux données.

Une éthique du plaisir qui impose ses normes abstraites sans porter attention à la signification anthropologique du plaisir, risque fort de procéder à partir de préconceptions faussées par des réactions affectives inconscientes. Car le plaisir touche à ce qui est opaque dans le corps vécu. L'éthique a pour tâche de fonder ontologiquement ou théologiquement la dimension éthique qui est inhérente à l'anthropologie elle-même, du fait qu'elle ne peut porter au jour le sens du plaisir qu'en référence au bonheur.

plaisir, en tant que qualité psychologique autonome, du fonctionnement vital. On peut encore appeler ce phénomène : l'émergence
d'un plaisir qui est d'un autre ordre que la satisfaction. Bien
entendu, le philosophe ne manquera pas de conclure que cette
dérivation est possible parce que le psychisme humain dispose
d'emblée de la capacité particulière d'intérioriser dans la
mémoire l'expérience de la satisfaction vitale.

La théorie de Freud représente une analogie avec la philosophie
platonicienne du plaisir et du désir. Selon Platon, (*Philèbe,*
44 e/ss.), l'appétit (au sens de désir : *epithumia*) ne peut être
suscité que par la représentation, donc par l'image-souvenir de la
chose qui a fait plaisir. Or, dit-il, il n'y a de souvenir que dans
l'âme. Le désir n'émerge donc pas du corps, car même si le corps
souffre de la privation, c'est l'âme, comme lieu du souvenir, qui
seule est capable de se rendre présente, en se la représentant, la
chose désirée.

La théorie constitutive de Freud complète la philosophie platonicienne en lui donnant sa base génétique. Pour que le plaisir soit
tel qu'il est et tel que le décrit Platon, et pour qu'il soit le lieu du
désir et des illusions, il faut supposer qu'il se forme par l'écart
entre les satisfactions vitalement réelles et leur intériorisation
dans le souvenir par où commence la réalité psychique. La
conception freudienne n'ouvre pas d'elle-même la voie vers une
philosophie transcendantale du désir, telle que l'ont élaborée
Platon, Plotin, saint Augustin et toute la métaphysique mystique
des grands penseurs du Moyen Age. Par contre, la psychanalyse de
Freud permet de mieux comprendre la puissance de l'imaginaire
du plaisir chez l'homme et la nature problématique du bonheur
auquel il aspire.

Marqué dès l'origine par le plaisir, le psychisme humain
éprouve toute activité comme source possible de plaisir : le
manger, le regard, l'ouïe, le mouvement, la pensée... Le plaisir est
même si essentiel pour le psychisme humain, qu'au départ il est
nécessaire pour que le petit d'homme investisse le monde et les
activités qui s'y rapportent. En d'autres termes, la personne en
devenir intériorise les rapports aux choses et aux personnes en tant
qu'elle sait en faire des sources de plaisir. Sinon elle les rejette
comme des réalités hostiles. Il est même fort probable que trop de
souffrances précoces, lors des premières activités et relations que
stimulent les besoins, inscrivent dans ce psychisme des traces
mnésiques prédominantes de déplaisir et que celles-ci masquent
définitivement la perception du monde extérieur et du propre
corps, au point que plus tard ces traces peuvent rendre trop
angoissantes les fonctions et les rencontres communément

LA SIGNIFICATION ANTHROPOLOGIQUE DU PLAISIR

Le plaisir et le déplaisir sont le propre de l'être vivant doué d'un cerveau et donc d'une certaine forme de conscience, ce terme étant pris au sens élémentaire de la capacité d'éprouver psychologiquement des stimulations. La neurophysiologie a montré que la stimulation électrique de certains centres cérébraux provoque chez l'homme la sensation de plaisir. Et la psychologie animale a observé que l'animal auquel on a implanté un électrode dans une certaine région cérébrale et auquel on donne la possibilité technique de stimuler celle-ci, continue de s'auto-stimuler en oubliant sa faim, cela jusqu'à l'épuisement. Il est probable que chez l'homme la prise de certaines drogues effectue pareille auto-stimulation des centres cérébraux du plaisir ; après leur dérèglement artificiel l'absence de stimulation provoque la torture de «l'état de manque», entraînant la personne dans une dérive d'auto-destruction extrêmement difficile à arrêter.

Comme la satisfaction des besoins vitaux s'accompagne de plaisir et que leur frustration s'éprouve avec souffrance, la satisfaction et la frustration doivent stimuler les centres du plaisir. De leur côté, les observations neurophysiologiques et celles de la psychologie animale montrent que le plaisir peut devenir une sorte de satisfaction autonome et s'obtenir même au détriment du fonctionnement vital. On ne saurait donc comprendre le plaisir par la psychologie des seuls besoins. Les expériences signalées obligent déjà à abandonner les catégories trop grossières de cette psychologie. Ce qui fait encore plus énigme, c'est que l'homme est capable de prendre plaisir à des activités proprement psychologiques, comme l'est la vie imaginaire. Quel que soit l'appui qu'elle prend sur le fonctionnement vital et neurophysiologique, elle indique que le plaisir, chez l'homme, est marqué par la différence anthropologique et qu'il est la matrice signifiante du désir et du bonheur par lesquels on peut définir l'être humain.

Dans l'interprétation des rêves, Freud propose une théorie constitutive qui nous semble rendre compte de la formation du plaisir chez l'homme et de sa transformation éventuelle en désir de bonheur. La première satisfaction des besoins inscrit dans le psychisme sa trace de souvenir et lors d'une nouvelle poussée du besoin, cette trace mnésique se trouve imaginairement, «hallucinatoirement» réinvestie, de sorte qu'à ce moment un vécu proprement psychologique de plaisir a lieu, semblable à la perception des signes de la satisfaction. Cette théorie constitutive dérive donc le humaines. Le moi les rejette alors, s'en dissocie, détruisant ainsi par défense une réalité trop menaçante. La perte de réalité, caractéristique de la schizophrénie, est sans doute le refus involontaire de la réalité du corps propre aussi bien que du monde. Si le bonheur n'est pas identique au plaisir, la capacité de bonheur s'appuie sur l'expérience du plaisir et se prépare en elle. C'est là une loi psychologique que méconnaît une morale puritaine qui prône l'effort et le devoir comme les seules valeurs ayant une dignité spirituelle. Pareille morale s'établit sur la dichotomie de l'esprit et du corps, considéré comme faisceau d'instincts, alors que le corps psychique marqué par le plaisir est déjà l'esprit en genèse.

LE PLAISIR DONNÉ PAR SURCROÎT

On connaît la célèbre formule d'Aristote dans l'*Éthique à Nicomache*, chap. X : le plaisir accompagne une activité parfaite, comparable en cela à la fleur de la jeunesse. Aristote part du principe, formulé par Eudoxos, que le plaisir est par excellence un bien désirable. Il est en effet un bien en soi, dit Aristote, puisqu'il n'y a plus de sens à se poser la question en vue de quoi on jouit. Il est un bien simple et on ne peut donc pas le mettre dans un ordre de progression. Aristote s'oppose par là à Platon qui distingue le plaisir inauthentique ou apparent du vrai plaisir. Nous croyons qu'Aristote a raison contre Platon. Celui-ci juge le plaisir en rapport au Bien et introduit dès lors une gradation dans les plaisirs. Le plaisir, selon nous, est une expérience psychologique qui, en tant que telle, n'est pas susceptible de n'être qu'un semblant de plaisir. La qualification de vrai ou de faux relève de l'ordre de la vérité et appartient donc à l'homme en totalité qui juge du bien et du mal.

Tout plaisir est suffisant et complet en son ordre, ainsi que l'affirme Aristote. L'erreur, dit-il, consiste à identifier le plaisir avec les plaisirs sensuels. La bonté en soi du plaisir ne justifie cependant pas, pour Aristote, la conception qui promeut la quête du plaisir pour lui-même, puisque le plaisir est une qualité et un acte qui s'ajoutent à une activité. Tout en étant autonome, bien en soi, le plaisir est « une fin qui sur-vient » (*epigignomenon to telos*) aux activités qui sont parfaites dans leur ordre. Le plaisir est dès lors également le signe de la perfection de ces activités. Ainsi le plaisir que l'homme goûte dans une activité vertueuse en signale l'authenticité. Le jugement moral ne porte donc pas directement sur le plaisir, mais sur les actions et leurs objets. La bonté du plaisir ne justifie pas moralement les actions par lesquelles on veut se le procurer. Et il peut être moralement indigne de fuire une action en raison de la peine qu'elle entraîne. Nous ajouterions volontiers qu'on ne saurait par vertu rechercher la souffrance. L'ascèse doit être jugée d'après le principe que le plaisir vient par surcroît et qu'en conséquence, le déplaisir ne peut avoir de sens que s'il est accepté comme la condition nécessaire d'un acte bon en soi. Au « par surcroît » du plaisir correspond le « en dépit de » de la peine.

Donné par surcroît, le plaisir est donc multiple et toujours concret. Ce n'est que par abstraction qu'on parle du plaisir. Au plaisir, nous appliquons la formule par laquelle Kant caractérise le temps : c'est un singulier collectif. Aussi n'a-t-on jamais promu l'idée du plaisir à la dignité d'un concept transcendental, ainsi qu'une grande tradition philosophique l'a fait pour le bien et le vrai. Il est légitime de dire que, de sa nature, l'homme désire le plaisir, mais il serait faux de définir le désir en référence au plaisir. Le désir se porte sur le bonheur dont le plaisir, lors de son émergence, est la prémonition originaire. En effet, l'homme éprouve déjà un certain bonheur lorsque ses activités se déploient en réalisant d'autres buts que les satisfactions des besoins. Toute activité qui a sens s'accompagne d'un plaisir qui n'est pas recherché pour lui-même, mais qui rend heureux. On peut appeler jouissance le plaisir gratuit qu'on goûte pleinement dans n'importe quelle activité heureusement accomplie. Encore le mot de jouissance ne signifie-t-il pas de soi l'état de bonheur, puisqu'il indique seulement la plénitude d'une activité heureuse.

La philosophie aristotélicienne du plaisir nous permet d'articuler les expériences heureuses et de préparer ainsi une conception raisonnée de l'idée de bonheur. Le plaisir, avons-nous vu en reprenant la théorie freudienne, provient de l'intériorisation psychologique de la satisfaction des besoins. Le souvenir de celle-ci opère une déhiscence intérieure par rapport à l'activité vitale. Une dimension imaginaire se forme ainsi, caractérisée par la quête d'un premier objet définitivement perdu, parce qu'ayant été. Le sujet ne peut que le retrouver en avant de lui et dans une autre modalité. L'imaginaire qui ajoute le plaisir à la satisfaction met ainsi l'être humain sur la route de nouvelles expériences, qui se démultiplient selon la mesure des activités dont il devient capable. Adossé au passé perdu et cherchant à en retrouver la plénitude imaginaire première en avant de lui, il déploie ses activités, dans l'espoir d'un état de bonheur qui correspondrait au souvenir inconscient du premier plaisir. De la même manière qu'à la première activité satisfaite s'ajoute le plaisir par l'intériorisation qu'est le souvenir, ainsi toute activité, dans la mesure où elle est une action accomplie, s'intériorise en plaisir ou en jouissance, même si cette activité se paie d'abord du déplaisir de l'effort. Le plaisir, s'il est toujours simple et un bien en soi, prend des qualités différentes.

POUR LE PLAISIR ET PAR PLAISIR

L'homme éprouve spontanément le plaisir comme pur plaisir lorsque celui-ci accompagne des activités que ne commandent plus les nécessités vitales. Par opposition aux activités qui poursuivent un but utilitaire, on appelle gratuites des activités telles la création artistique, la contemplation d'une œuvre d'art ou l'audition musicale, la recherche scientifique ou philosophique de la vérité, les actes de générosité, les rapports d'amitié ou d'amour.

L'analyse psychologique montre à juste titre que l'homme s'y implique par un intérêt personnel et qu'au sens psychologique, il n'y a pas d'activité purement gratuite, même pas celles qu'on accomplit dans la mouvance d'une charité (*agapé*) divine. Un désir sous-tend toujours les actions humaines. Aussi est-il impossible à l'esprit de penser conceptuellement la création divine, sinon par un concept qui, en reprenant le schéma intellectuel des activités humaines gratuites, en nie la composante de désir et laisse l'idée du pur amour dialectiquement ouverte. Avant le message monothéiste et la réflexion théologique sur lui, l'idée d'une création absolument libre n'émergeait d'ailleurs pas dans la spéculation religieuse sur l'origine. Qu'elle reste un défi pour la pensée, les glissements vers une interprétation d'allure panthéiste en témoignent. La qualification de gratuites, attribuées à certaines activités humaines, se justifie néanmoins, pour autant que les intérêts qui y sont investis sont différents de ceux que motivent les besoins de maîtrise du monde et de la société. En opposition à l'utilité, toutes ces activités dites gratuites semblent avoir en commun la même caractéristique : l'aspiration à participer à une réalité qui n'est plus le réel donné et disponible, le réel sur lequel on a prise, mais un réel qui est d'ordre symbolique. L'homme le crée et il le reçoit en même temps comme survenant à son existence. Il l'invente en le trouvant, ainsi que le laisse entendre l'appellation des poètes inventeurs de l'amour au douzième siècle : les trobadors, les trouveurs. Le terme de valeur, repris au domaine de l'économie, comporte ces deux faces et celles-ci en font l'ambiguïté irrémédiable, relevée par les critiques de la philosophie des valeurs.

L'art exemplifie ce que nous venons de dire. L'artiste qui crée une œuvre a conscience d'obéir à un réel qui règne sur son faire, un réel qui n'est pourtant pas un réel disponible et désignable, un réel qui, précisément pour cette raison, requiert de se manifester dans la figure expressive que lui donne l'homme. En ce sens, l'œuvre d'art a son origine en elle-même et elle ne s'explique pas par le recours à une origine qui lui est étrangère, ainsi que le démontre avec force M. Heidegger (*L'origine de l'œuvre d'art*, dans *Les chemins qui ne mènent nulle part*). L'amour, lui non plus, ne s'explique pas, ni par un besoin ni par une pulsion. L'homme le crée, instaurant un rapport originel à autrui et qui pose l'autre en être pour soi et pour l'aimant. Ce faisant, l'aimant découvre en même temps l'unicité de l'autre et il se rend disponible pour l'accueillir. Que l'amour dépasse tout ce qui peut l'induire et l'expliquer partiellement — les sentiments, les passions, voire les besoins — l'historicité culturelle de l'amour le démontre.

Des activités gratuites, il faut dire que l'homme ne les accomplit pas pour le plaisir, mais par plaisir. Il y a, en effet, une ressemblance entre l'ordre symbolique auquel ces activités font participer et le plaisir. Rappelons que le plaisir est un bien en soi qui n'est plus le moyen recherché en vue d'un but ultérieur. La participation à l'ordre symbolique, pour sa part, est une expérience qui élargit l'existence entière, différente en cela de la satisfaction que donnent les comportements ayant pour but la survie et la maîtrise des choses. L'expérience de l'élargissement de l'existence ne renvoie pas, elle non plus, à un moment ultérieur, comme le font les activités motivées par un manque à combler. Au contraire, cette expérience est pleinement dans le temps présent de l'activité. Comme telle, elle accueille le plaisir comme une durée où le temps se trouve suspendu dans une densité d'éternité. On comprend dès lors qu'on dit de ces activités qu'elles donnent sens à la vie. Bien que comportant des peines ou des labeurs particuliers, elles constituent par excellence des expériences heureuses. Elles mettent l'homme en accord avec ce qui véritablement est, au-delà de ce qui est disponible et que l'esprit utilitaire prend pour vrai réel.

LE DÉSIR DE BONHEUR

Les activités «gratuites» se rapprochent de l'acte purement libre, celui où l'acte et le plaisir coïncideraient. Sans doute n'aime-t-on pas appeler plaisir l'acte purement gratuit, la création totalement lestée du besoin. Le mot de plaisir garde, en effet, le souvenir de son origine dans le corps besogneux sur lequel il est advenu. Et l'élément de travail qu'impliquent la création artistique, l'amour ou la recherche de la vérité, conserve d'ailleurs une analogie avec les besoins. Tout en conférant à l'existence une sur-existence, l'activité gratuite demeure en perspective sur l'acte pur dont elle ne pressent que l'avènement. La suspension du temps dans la jouissance s'éprouve bien comme une éternité, mais provisoire. Ce sont en particulier les moments heureux qui ouvrent le désir sur le bonheur, car ils en sont la germination. Le bonheur que tout homme désire se profile à l'horizon des expériences heureuses, comme un accomplissement durable et où coïncident parfaitement acte et jouissance. Le bonheur reste donc toujours au terme irreprésentable du désir. L'homme qu'on dit heureux est celui qui désire le bonheur ; seul, en effet, celui qui en savoure les présages sait le désirer. L'homme de part en part malheureux n'en a plus l'aperception présomptive.

Les conceptions ontologiques ou religieuses, qui se prononcent sur le sens dernier du réel, déterminent aussi le statut du bonheur qu'il est possible et légitime de désirer. Du désir infini de bonheur une tradition métaphysique d'inspiration chrétienne a inféré que, de par sa nature profonde, l'homme désire « la vision de Dieu ». Si Dieu est acte pur de liberté créatrice, vérité subsistante, splendeur de la beauté, amour gratuit qui suscite l'amour, le désir de bonheur, tel que nous venons de l'articuler, doit trouver sa convenance fondamentale avec l'union à Dieu, union dont le terme de vision est la métaphore spontanée.

Deux remarques s'imposent cependant. Tout d'abord, l'expression de désir naturel porte à méconnaître le caractère historique et culturellement déterminé du désir humain. En deuxième lieu, poser Dieu en tant que fin du désir, n'est une formulation valable que si on rapporte le désir à l'idée de Dieu, telle que la remplit l'innovation sémantique accomplie par le message monothéiste. Les deux remarques se conjoignent. Dieu n'est dans le prolongement infini du désir que s'Il advient lui-même à sa rencontre, se propose comme sa finalité, et donne un visage et un nom à l'idée de bonheur qui, sinon, demeure une figure abstraite ou un lieu innommable.

L'histoire de la pensée l'atteste ; il fallait le message monothéiste et la parole littéralement inouïe que Dieu est amour, pour que l'ontologie du désir se transforme en métaphysique mystique. Sur l'appui des expériences humaines de jouissance dans les activités gratuites, l'ontologie du désir en projetait l'accomplissement dans la contemplation du Beau, du Bien et du Vrai ; ou encore, à l'extrémité de la montée purifiante, on espérait atteindre l'Un au-delà de toute différence. Ou bien, conscient que le mouvement du désir porte vers une complétude impossible, et dénonçant dès lors dans le désir la souffrance de son impossible accomplissement, le Bouddha a prêché le renoncement à tout désir, en vue de se disposer à recevoir l'illumination d'une béatitude paradoxale.

Récapitulons notre parcours. Le plaisir émerge, comme qualité proprement psychologique, par dérivation et sur l'appui de la satisfaction des besoins corporels. Ainsi se forme la vie pulsionnelle, remplie de l'imaginaire qui reprend le souvenir des expériences des satisfactions et l'élabore en l'enrichissant par de nouvelles expériences. Les contacts avec le monde culturel remplissent de leur sémantique l'imagination et lui donnent à se déployer en des activités créatrices et gratuites. Le plaisir qui les accompagne prend dès lors la qualité nouvelle de pointer vers un plaisir englobant qu'on nomme le bonheur. L'idée de bonheur s'appuie donc sur le plaisir des expériences heureuses qui, elles, s'appuient sur le plaisir inscrit dans les réalisations de la vie pulsionnelle.

L'idée de bonheur représente l'accomplissement du concept de plaisir en tant que celui-ci se définit comme un bien en soi.

LE PLAISIR PERVERTI EN AVIDITÉ DU PLAISIR

Bien en soi, le plaisir dont l'homme jouit ne constitue pas le bien ultime dont la jouissance donnerait le bonheur désiré. Pour cette raison, on n'aime pas concevoir le bonheur en termes de plaisir. Les plaisirs sont multiples à la mesure des dimensions d'une existence fragmentée et vivant sur les rythmes variables du temps. Désirer le plaisir signifierait dès lors contracter imaginairement l'existence dans l'expérience d'un plaisir qui serait englobant et mettrait le bonheur à portée de main. L'identification du bonheur au plaisir supprimerait le désir en fermant son mouvement sur la donnée immédiate. Prendre le plaisir pour fin, ce serait arrêter l'existence, car celle-ci ne s'effectue que par les activités que polarise indéfiniment l'idée entre-vue d'un bonheur lointain, horizon englobant de tous les biens, et dont les expériences des plaisirs donnés par surcroît sont les prémonitions fragmentaires.

En préfigurant le bonheur, les plaisirs sont ambigus. L'écart entre plaisir et bonheur soutient le désir, mais le plaisir se prête également à prendre la signification illusoire du Bien en soi. Le plaisir, en effet, est une affection et, comme toute affection, il totalise imaginairement l'être-au-monde dans un présent non différencié. Certes, il est aussi un acte, car dans l'affection l'homme s'auto-affecte. Il n'est cependant pas une activité qui fait advenir ce qui n'était pas. La conscience s'illusionne, lorsqu'elle croit pouvoir le produire par une activité qui le vise directement, comme s'il était lui-même un acte qui refait la convenance entre les vœux personnels et l'état des choses. Seuls certains plaisirs immédiatement corporels peuvent être recherchés pour eux-mêmes. Le souvenir affectif du plaisir incline pourtant à le désirer comme but en soi. Toute expérience de plaisir entraîne la disposition à reconquérir la plénitude momentanée et imaginaire dont il inscrit la trace dans la mémoire. L'origine elle-même du plaisir, avons-nous vu, imprime au psychisme la tendance à vouloir retrouver la satisfaction gardée en souvenir et, dans l'impossibilité de récupérer le passé perdu, à combler l'écart par la jouissance de la satisfaction imaginée. Jouissance illusoire, si elle ne se convertit pas en activité qui, aiguillonnée par le souvenir, renonce à s'y engluer, pour se projeter en avant en obéissant à la finalité qui commande chaque initiative.

Les expressions « faux plaisirs » ou « les plaisirs apparents » peuvent tromper. On les oppose au bonheur et on dénonce l'illusion de celui qui cherche le bonheur dans les plaisirs. Mais ces expressions, philosophiquement fausses comme l'affirme Aristote, comportent une vérité psychologique. Elles disent que pareille recherche de plaisir détruit même le plaisir espéré. L'illustrent les quêtes avides de plaisir. On sait, par exemple, combien morne et délétère est l'apparent plaisir que des gens peuvent chercher répétitivement dans la pornographie. Ou bien comme est triste l'alcoolisme, n'aboutissant tout au plus qu'à faire oublier pour un moment le manque de bonheur, quitte à le faire sentir encore plus cruellement après.

Comment comprendre ces comportements qui poursuivent à répétition un plaisir dont on connaît d'expérience l'irréalité ? Visiblement, ces activités ont un caractère compulsif, au point qu'on finit par les reproduire fébrilement, sans même porter encore l'attention à la jouissance qu'aux yeux des autres ils sont supposés procurer. Ces comportements se comprennent à la lumière de la genèse du plaisir. Lorsque l'homme se rend captif du souvenir du plaisir, sa réminiscence règne sur lui et elle devient capable d'aspirer l'essentiel de son existence. Ce souvenir, en poussant ses racines dans les représentations inconscientes, se développe alors tel un cancer qui envahit l'imaginaire entier. Agrandie démesurément et absorbant les intérêts de l'homme, la représentation de plaisir prend l'allure de la vie réelle ; elle s'apparente ainsi à l'hallucination. L'avidité du plaisir vit sous la contrainte d'une quasi-hallucination. De là vient le caractère étonnamment compulsif de la recherche d'un plaisir sans réelle jouissance.

L'ambiguïté dangereuse du plaisir impose la vigilance ; elle ne justifie ni la méfiance ni le mépris. Une certaine ascèse soutient la vigilance. Mais l'ascèse se pervertit, elle aussi, lorsqu'elle prend pour but la suppression des plaisirs comme indignes de l'homme spirituel. Dans ce cas, en effet, la lutte contre le plaisir se centre sur l'être spirituel que l'homme veut produire pour sa propre satisfaction. Les mystiques, qui s'imposent pourtant une rude ascèse, ont toujours dénoncé le piège de l'orgueil qui réside dans l'outrance de l'ascèse pratiquée en vue d'abolir les plaisirs. En effet, l'attention polarisée sur l'ascèse des plaisirs prend inévitablement cette attention elle-même pour l'objet d'une jouissance d'auto-suffisance.

Toute activité gratuite requiert le renoncement culturel aux souvenirs du plaisir. Mais, dans ces activités, l'homme est oublieux de lui-même, attentif à l'œuvre à faire. Cette double ascèse, qui l'arrache à l'aspiration du plaisir en arrière de lui, et au plaisir de s'ériger en maître libéré des plaisirs, le rend disponible pour le plaisir non recherché mais donné par surcroît, gratuitement. Cette ascèse est une éthique du bonheur. Elle donne à l'éprouver dans les expériences heureuses et aussi dans le bonheur qu'il y a à maintenir le désir et l'espoir du bonheur, voire dans le bonheur de l'espérance du bonheur qui a nom de béatitude.

16

CHARMES DIVINS ET DÉGUISEMENTS DIABOLIQUES

Pourquoi la bipartition entre le charme et le déguisement séducteur? D'abord, tout simplement parce que le texte biblique réserve l'appellation «le séducteur» à l'antagoniste de Dieu. Et d'après le Robert la première acception du mot «séduction» est l'action de corrompre. N'y aurait-il pas une félonie du mot qui serait de nous le faire penser comme désignant quelque chose de simple, alors qu'il est pris dans un système de différences? Si le mot se repliait sur lui-même, il se dissoudrait dans une informe poisse linguistique. Bien sûr, une renardie du langage semble donner à la séduction quelque omniprésence. On peut invoquer la dispersion des signifiants, la prolifération et le déplacement des significations. On peut se laisser séduire par le plaisir stéréophonique des sons et emporter sans retenue par les traits évanescents qu'ils dessinent. Cependant, aucune dérobade ne parvient à faire oublier à la séduction qu'elle se déguise sous un masque, et cela sous peine de perdre sa magie. Enoncer le mot, n'est-ce pas déjà soulever d'un doigt le masque?

Pourquoi le séducteur se déguise-t-il? Qu'est-ce qui s'y dissimule? Question abyssale. Posons, en nous plaçant dans la tradition biblique, que la rectitude du langage est le contraire de la séduction. Ce qui se cache sous le masque du séducteur ne saurait alors être un simple dévoyement du langage par plaisir ou par intérêt. Cela doit être une subversion plus radicale du langage, celle qui appelle le nom de diabolique. Comme Dieu, le diable est de l'ordre de la parole et la perversion du langage est du diable.

Peut-être m'objectera-t-on qu'en pensant la séduction dans la différence antinomique d'avec la rectitude, je cède à l'illusion de la vérité du langage. Dans ce cas, un tour diabolique du langage ferait qu'en ajoutant foi au langage qui identifie la séduction, je serais victime de son déguisement. Je reconnais qu'au départ j'ai foi dans le langage. Et ce n'est pas d'abord une vision théologique qui commande l'opposition entre le don du sens et son simulacre. Le langage n'est-il pas le lieu d'une foi originaire et naturelle? Et s'il y a un sens à se demander quelle est l'origine de la religion, je pense qu'il faut la chercher dans la foi originaire qu'implique la pratique des signes du langage. Cela ne veut pas dire que la simple évidence du sens transparaît dans les signes. Bien au contraire, c'est précisément parce que les signes ne s'effacent pas derriere le sens que le langage sollicite une foi fondamentale, la soutient et se soutient d'elle. Cette foi porte sur une réserve de sens qui, en faisant signe, se soustrait à la clarté indiscrète et qui, dès lors, laisse place au jeu des simulacres. Comme Freud l'a noté, le langage et la paternité sont du même ordre et tous deux sont objet d'une croyance. Aussi, dans le christianisme, Celui qui, par la parole, est l'origine de ce qui est, a-t-il le nom de «Père». Il se soustrait à l'hypostase du sens. C'est pourquoi il tente l'homme, autrement dit: il le met à l'épreuve. Car il fait échec à toute saisie simple à fleur des mots. Cette contrariété de la présence-absence, de lumière obscure, provoque l'impatience du désir et le séducteur y trouve l'espace pour le jeu de ses déguisements.

L'homme religieux vit dans cette différence d'enchantement et de distance qu'exprime saint Augustin au moment de sa découverte et de sa conversion: «Qui peut donc comprendre cette merveille? Je me sens plein d'effroi et tout embrasé d'amour: effroi, dans la mesure où je suis tout différent de cet inconnu; d'amour, dans la mesure où je m'y sens pourtant semblable»[1]. Cet inconnu, ce tout différent fait éclater la clôture du signe par l'élément tiers qu'introduit sa présence insaisissable. Celle-ci ne réduit pas les signes à l'inessentialité. Bien au contraire, elle s'inscrit à leur surface. C'est pourquoi Dieu charme l'homme biblique comme il charmera les mystiques. Et l'homme lui répond par le chant de la terre. Si les textes religieux sont pour une part essentielle poétiques, c'est qu'ils s'accordent aux charmes divins et se laissent enchanter par eux, réalisant ainsi ce qu'enseigne l'étymologie qui fait dériver charme du latin *carmen* (chant). On peut donc admettre avec Rudolf Otto que le *fascinosum* est une composante essentielle du sacré.

1. *Confessions*, IV.

Le «Je suis qui je serai» introduit cependant une élision dans le charme, l'empêche de se refermer sur une captation séduite et restitue sa rectitude au signe. Par l'embrayeur linguistique (Je suis qui je serai) la présence non signifiable sollicite le croyant à accomplir la traversée référentielle du signe. Il en garantit en même temps la puissance de signifiance. Cependant, ce don de garantie n'est lui-même qu'une sollicitation à faire foi.

La présence ne se laisse donc pas capter dans la dualité du signifiant et du signifié. Elle n'est pas de l'ordre de la représentation. La symbolique religieuse n'est pas une relation binaire entre le signe et la chose[2], mais une relation ternaire où le référent, ouvrant sur la présence, soutient la production de sens justement parce qu'aucun signifié ne coïncide avec la présence. Celle-ci s'implante dans la bifacialité du signe avec l'effet à la fois fixant et dissipatif d'un *shifter* ou embrayeur.

La séduction diabolique déploie ses fastes dans l'inter-dit de la référence, ainsi qu'il le fait à l'origine en susurrant: «vous serez comme des dieux». Par là même, il décompose le langage symbolique religieux et le livre à l'anarchie de ses inversions et de ses totalisations totalitaires. L'étymologie du mot *diabolos*, celui qui désunit, signale l'opération contraire du symbole (qui unit). Notons que le mot *diabolos* évoque la puissance de mort telle que Freud la définit, dans «Au-delà du principe du plaisir», comme puissance de désunion, opposée à la libido, puissance d'union. Un deuxième trait apparente encore la séduction diabolique avec la pulsion de mort: tout comme la mort travaille silencieusement en se glissant dans les figures de l'éros, ainsi le séducteur n'apparaît jamais que par fraude. En dissimulant son art sous les attraits des biens désirés, il capte l'homme dans son filet de néant, autrement dit: de mort. L'évangile de saint Jean résume l'identité de séducteur par ces deux marques: dès l'origine il est l'homicide et le menteur, le père du mensonge.

Les récits des possessions diaboliques composent une tapisserie de déguisements séducteurs. La célèbre possédée Jeanne de Ferry (morte en 1620)[3], par exemple, raconte qu'elle a été «séduite par la suggestion du diable, se présentant à moi, comme beau jeune homme, demandant d'être mon père: me présentant quelque forme de pain blanc...». La collusion entre les désirs du sujet et le séducteur fait que le don offert devient contraignant et que le sujet séduit se soumet à la volonté du

---

2. C'est la thèse de Claude Reichler, *La diabolie*, Paris, Ed. de Minuit, 1979, p. 13.
3. Nous avons présenté et analysé ce cas dans notre *Dette et désir. Deux axes chrétiens et la dérive pathologique*, Paris, Seuil, 1978, p. 281-292.

séducteur. Ce que le déguisement diabolique cache au fond, c'est qu'en dernière instance le don est don de rien. Car le diable séducteur ne se donne pas lui-même. Il possède. Il n'entre pas dans un système d'échange, mais il ne donne que certaines choses en échange pour le don total du sujet séduit lui-même. Selon le pacte qu'il avait conclu avec le diable, le peintre Haitzmann devait lui appartenir corps et âme après neuf ans[4]. Il y a là quelque chose d'énigmatique pour la raison et que la mise en scène par les récits de possession diabolique ressaisit fort bien. Une complicité se noue entre le pur pouvoir aliénant et le désir de l'homme qui permet à ce pouvoir de se masquer dans le don de quelques nourritures terrestres.

On est tenté de comparer la ruse du démon aux stratagèmes séducteurs du renard du roman médiéval. Lui-aussi offre tous les leurres aux appétits de plaisir et il sait retourner le sens des mots pour que ses discours ravissent et rassurent. «Rejeton du diable», d'après un des textes, Renart l'est par son intelligence qui invente des attrapes pour des naïfs pas tellement innocents. Mais le lecteur se fait le complice du héros séducteur qu'est Renart. Il jouit du jeu qui dévoile l'aveuglement des autres que les appétits rendent stupides. Il se laisse également charmer par les prodiges du langage narratif, aussi riches en inventions, en retournements et en effets de semblance que Renart l'est en artifices décepteurs. Toutes les diableries de Renart et du conteur demeurent ludiques. Par contre, le jeu du vrai séducteur ne l'est pas, du moins si on tient pour sa figure paradigmatique celle que la tradition religieuse désigne de ce nom. Renart se rit de ses victimes. Ses ruses amusent comme des mots d'esprit. Par ses déguisements il lève le voile sur les failles de tout un chacun. Le langage séducteur de Renart à beau mystifier les autres; le langage du récit nous charme et nous surprend par son habileté à démystifier.

Les déguisements diaboliques se distinguent de la renardie par une étrange et radicale volonté de subversion. Le rire de Renart s'y déforme en grimace. Renart traverse le monde comme un furet et sa roublardise agit ponctuellement. L'art diabolique, par contre, est de déguiser une puissance énigmatique qui hante son objet d'élection.

La vigilance envers cette puissance occulte est l'un des traits de la quête mystique en milieu chrétien. Il faut bien voir que cette méfiance surprenante et qui irrite maint lecteur contemporain, n'exclut pas une extrême sensibilité pour la beauté de la nature et des textes. Pas de

---

4. *Ibid.*, p. 292-296.

dualisme. Ce qui est singulier chez les mystiques, c'est qu'ils sont intensément touchés par la poésie du monde et du langage et que leur Dieu les surprend en les charmant. Mais ils craignent que ces charmes ne soient piégés. La référence à l'antique figure biblique du séducteur se joint à la rigueur de la foi pour dégager, d'une part, la vérité d'une expérience-limite de Dieu et, de l'autre, les illusions du désir et de l'imaginaire. Tout en se laissant transporter et ravir, les mystiques restent constamment réservés, convaincus que la ruse du séducteur est de revêtir les reflets divins au point que la distinction entre le charme divin et le leurre diabolique est à peine décidable. Le principe de la distinction des esprits qu'énonce par exemple Thérèse d'Avila, est bien subtil. Si des idées paraissent bonnes, dit-elle, mais qu'on éprouve «une inquiétude dont on n'arrive pas à découvrir la cause..., je me demande si ce n'est pas qu'un esprit en sent un autre». Le trouble affectif donne à penser qu'on est mystifié par celui que Thérèse appelle le menteur et le ténébreux.

Toutefois, c'est dans la catégorie d'existence tenue pour la plus pure et la plus spirituelle que peut se glisser, selon le mystique, le déguisement le plus trompeur et le plus pernicieux: dans le savoir qui, possédant les noms, croit posséder le réel de Dieu. Jean de la Croix le dit joliment. L'imagination et la mémoire forment la place du marché où le démon vient brocanter, c'est-à-dire fait paraître vraies les choses fausses et fausses les vraies. Mais, tel un animal dangereux, tapi à l'ombre de la foi, il éblouit «les âmes inclines aux grandeurs» et il les capte et les perd dans la folie de leur complaisance en eux-mêmes. Interprétant cette remarque à la lumière d'une théorie du langage, je dirais que la séduction qui détourne l'homme le plus radicalement est celle qui profite de la raison et qui la rend captive d'elle-même. Elle falsifie le principe même du langage en séparant le signe de son référent. En croyant posséder Dieu dans le système qu'il déploie, l'esprit orgueilleux se laisse fasciner par lui-même. En arrière de lui, à la source de cette autofascination, se trouve, pour le mystique, celui qui, étant esprit et malin, déguise le néant sous la semblance de l'Absolu.

En ramenant au centre de leur attention la figure de l'antique père du mensonge et en le prenant pour l'appui de leur rigueur démystificatrice, les mystiques renouent avec la tradition religieuse pour laquelle le langage est à la fois un enjeu essentiel et un écueil redoutable. Cette tradition témoigne pour la vérité du langage et pour elle le mal est en son fond le mensonge. Le prince du mal est un faussaire du langage. Le cheminement religieux consiste dès lors dans une démystification poétique qui libère le langage et lui restitue sa rectitude. Cheminement austère, car, ainsi que l'écrit Dante, «toute conscience est mordue par la fraude» (Chant XI, v. 52).

Pourtant, il faut que le langage se renonce aussi lui-même, car il peut devenir le lieu de sa propre captivité et cela précisément lorsqu'il pense se délester de toute séduction imaginaire et esthétique. En accord avec le cheminement mystique, la grande tradition théologique a toujours affirmé qu'au bout du compte on ne connaît pas Dieu en ce sens qu'on ne sait pas qui Il est, mais bien plutôt ce qu'Il n'est pas. C'est là le principe de ce que, depuis la patristique, on a désigné du nom de «théologie négative». Ce principe négatif n'est pas l'expression d'un scepticisme mais le maintien de la non-coïncidence du signe et de la réalité. Dans toute affirmation, le signifié se retire, comme étant impropre, et, en manifestant son impropreté, il laisse opérer la référence à Celui qui, médiatisé par le dire, s'y soustrait cependant et ne laisse pas sa présence s'absorber dans les signes. En d'autres termes: le langage ne supprime pas la foi mais il la supporte tout en en étant lui-même l'objet.

Cette réserve impensable sur laquelle veille jalousement la théologie négative a toujours tenté et tourmenté l'esprit religieux. Des traditions ésotériques ont interprété cette lacune positive comme le signe que le langage était devenu menteur. La multiplicité des langues prouverait aussi qu'elle ne sont plus que le souvenir altéré de l'unité perdue. On va donc à la recherce du langage originaire, celui de Dieu lui-même qui a appelé le monde à l'existence en le parlant. La chute de l'homme aurait brisé le lien immédiat entre le langage, les choses et la voix créatrice. Toutefois, comme le langage conserve encore dans ses replis des substances de sa puissance nominaliste première, on pourrait retrouver l'énergie divine qui y est enfouie. Et, comme les disciples d'Hermès Trimégiste, on soumet les noms à des maniements calculateurs. La gnose pousse jusqu'à son accomplissement dans une alchimie mystique et linguistique ce qui sera la sémiologie de Pascal et d'après laquelle les noms sont inséparables des choses. Le langage religieux lui-même se transforme ainsi en la mainmise indiscrète par laquelle l'homme poursuit le rêve ancien: être comme des dieux. Du moins serait-ce là le jugement de la théologie mystique, consciente qu'elle est du charme périlleux du langage religieux.

Le séducteur a donc prise sur l'homme parce que celui-ci est l'être des désirs incomblables et que les désirs désirent dès lors être trompés. A cet égard, lorsque l'homme se fait séducteur c'est parce qu'il s'est d'abord laissé séduire lui-même. Ainsi le Don Juan que décrit Kierkegaard séduit les femmes dont il est lui-même d'abord captif. S'il trompe leur foi et s'il emblématise la rupture du contrat langagier, caractéristique du séducteur pour Kierkegaard, il le fait encore parce qu'une promesse d'infini le fascine dans la femme et que, déçu mais non pas lucide pour autant sur son désir, il déplace infiniment la recherche de l'infini promis. On pourrait dire que ce Don Juan illustre la part féminine qui, en tout humain, homme ou femme, se prête à la parade séductrice. Par quoi il est clair que l'antinomie n'est pas celle, platonicienne, entre le discours ontologiquement vrai et la représentation ambiguë, mais bien l'antinomie plus complexe entre le désir qui s'attache aux simulacres de l'infini et celui qui, dans les signes offerts, maintient leur renvoi à l'infini.

Le séducteur originaire, le seul vrai séducteur n'est pas lui-même séduit. Lui se déguise pour habiller son néant des charmes divins. Son énigme échappe à toute élucidation. Elle n'appartient pas à l'ontologie puisque aucune structure ou composition métaphysique ne rend compte du père du mensonge, principe actif de perversion radicale. La psychologie reste muette devant lui car elle n'y surprend nul désir trompé qui pourrait s'offrir les déguisements. Là où Kierkegaard demeure trop psychologique pour penser le simulacre séducteur jusqu'à sa racine, le génie de Molière l'a saisi et, dans sa comédie sur Don Juan, il l'a illustré dans sa radicalité. Sans doute seule la comédie pouvait-elle mettre sur scène cette figure impensable de la tradition religieuse, car le drame susciterait encore la pitié pour un séducteur qui serait lui-même d'abord séduit.

Je ne voudrais empêcher personne de se laisser séduire par les charmes de la vie et je ne soupçonne pas quelque chose de diabolique en ceux ou celles qui nous séduisent pas leurs charmes. Il ne s'agit pas de défaire les déplacements métaphoriques que la culture a fait subir au mot, mais de marquer la différence entre la parade sexuelle qui joue dans le registre de l'imaginaire et la séduction, au sens fort du mot, qui flatte l'imaginaire pour accomplir un meurtre symbolique. En posant la figure du séducteur, la bible a désigné une pure passion du néant qui ne peut que se déguiser sous des simulacres. De cela, le film sur Hitler ne nous a-t-il pas fait sentir l'horreur?

17

FINDING GOD: A MATTER OF RECOVERING OR DISCOVERING?

A Reflection on Augustine's Teaching

The anniversary of Augustine's conversion prompts us to raise the question: how does one come to God? Augustine has described his own experiences — from resistance, to seeking out, to conversion — in a most penetrating way in his *Confessions*, which though centuries old, is still his most widely read work. There, the psychologist, especially the psychologist of religion, and the theologian find unusually rich insights into human experience and inner conflicts. These insights include the human attraction to the "God question," the simultaneous search for and evasion of God, the surrender to a God who has been found, and the conversion which becomes the goal and joy of one's life. A radical transformation of life, such as a religious conversion, cannot be accomplished before one has first of all looked back on one's own life, taken that life up once again, and interpreted it as leading to a destination which will reveal the significance of one's past life. The past is really never completely past. One carries the past inside oneself as a still unfulfilled future. One is also what one has been. In order to be what one now is, one remembers the paths that led to what one has become, as well as the dead ends which have had to be left behind, and which one now longs to acknowledge as deceitful. Thus, the writing of *Confessions*, even though intended to be a guide to faith for others, belongs intrinsically to the process of Augustine's own conversion.

With the reflection and interpretation of his path to conversion, Augustine not only reflects on his own life's history, he also seeks to understand his past and his conversion. By considering his personal journey and choices in life, Augustine gets to the universal question of how a human being can find God. I wish to explain this as the paradox between recovering and discovering, because it seems to me that we must use this paradox to question Augustine's thinking. It appears to me that this question is always present in the philosophy of religion and a theology of faith. Basically, it concerns the capability of the human being to deal with God. Century after century this question has been raised in theology as a central theme in the discussion on the relationship between nature and grace, nature and supernature. As recently as 1946, the question again became a focus of theological discussion because of *Surnaturel*, the great work of Henri de Lubac. Although this work was originally condemned, de Lubac was later created a cardinal.

Man and God

Why do Augustine's life and thinking still fascinate us, even though sixteen centuries separate us from the man? Why does he still stir our thinking? Is it not primarily because he sought to understand who we are and who God is, and also because his way of thinking is a calculated confrontation between our quest for happiness and the quest for God? Unlike Pascal, Augustine did not explicitly raise these questions in discussion with atheism. This fact has consequences for his opinions. Yet the whole of Augustine's thinking is stimulated by the question common to Pascal and to us, how can we find God? I think that Augustine's basic idea can be worded in the remarkable, paradoxical statement which Pascal places on the lips of Jesus: "Surely, you would not search for me, had you not found me!"[1] Indeed, how can one search for God if one is not already oriented toward him? But on the other hand, how can one find God and convert to him if one does not discover him as the new and astonishing reality?

Both the experience of conversion and the confrontation with atheism forces us to raise this paradoxical question. It is the question which Augustine already formulated in his first *Dialogue*: "Eternal God, if I could come to know who I am and who you are." "God and the soul, nothing else," he writes in the *Soliloquia* (1,2,7). Let us suggest, for a moment, that here the soul means the core of the human, one's profound reality, characterized as eternal and infinite in desire. We cannot belittle the importance of these well known expressions by classifying them as merely the mystical sensitivity of a certain individual. For Augustine, these expressions are a philoso-

---

1. *Pensées*, in *L'Œuvre de Pascal* (Paris: Pleiade, 1950) 1061. Pascal is apparently dealing with a confident faith in salvation wrought by Jesus Christ.

phical and theological program. They also offer the methodology for his theology.

According to Augustine, in order to come to a "knowledge" of who the human is and who God is, one has to think in faith and believe while thinking. *Intellige ut credas*, "understand so that you are able to believe," he writes. Yet it is also faith which searches and the intellect which finds (*De Trinitate*, XV,2,2). And again, "have faith so that you are able to understand" (*Sermon* 43,7,9). Thus, there is an interaction between understanding and believing. Reason, which reflects on human existence, is led by the "God question" and arrives at faith in God. Augustine gives witness to his own intellectual quest. His surrender in faith was an undivided moral and intellectual journey. The divine truth, to which he gave his reasoned assent in faith, invites him to search for further insight: "we will thus search as those who will find, but we will always find as those who have always to search" (*De doctrina christiana*, 1,1,(4)).

Reflecting in order to believe, believing in order to understand, reflecting from within faith, and effecting this movement in the vacillation between the questions of who we are and who God is — is that not a way of thinking which fails to distinguish between anthropology and theodicy, between philosophy and theology? Should we not notice, as did Thomas Aquinas, that "Augustine speaks about human nature not by considering it according to its natural way of being but as it is oriented toward *beatitudo*" (*De spiritualibus creaturis*, a.8, ad primum)? For Aquinas, this means that Augustine does not speak as a philosopher but as a theologian.

Is this a meaningful distinction when we look at Augustine? He is undoubtedly philosophizing when he reflects on the human longing for happiness, on the enigma of time, on free will, and on freedom of choice. Yet when he finds the answer to the most essential of his questions in faith, he places himself in the hermeneutic circle in which human insight and the words of faith influence each other, anticipate each other, and rely on each other. When Augustine finds God as the answer to the questions of his life, only then, in the light of God, can he understand these intellectual questions. Yet, on the other hand, Augustine can only "think God" by re-thinking the questions of reason.

A similar hermeneutic circle is found in many of the great philosophies. Hegel understands the figures of the spirit, of which he analyzes the dialectic-constitutive process, in light of their comple-tion. He interprets them from the standpoint which he formulates by the well known expression "for us though" (i.e. for us philosophers, who have already insight into what the spirit is). Yet, in order to understand what the spirit is, the philosopher must always anew contemplate its process of becoming. Heidegger makes his analysis of the human as being to- and in-the-world by placing him on the horizon of being, because the illuminative being gives its deeper meaning to the analysis of the phenomenon of man. However, insight into the significance of being also arises from the phenomenology of human existence.

Thomas Aquinas' critical remark must first be subjected to epistemological review. Aquinas upholds an idea of a philosophy which defines human nature free from cultural-historical presuppositions. At the same time, he also posits nature as being an unhistorical reality. It is possible to challenge these opinions about philosophy and human nature. Clearly Aquinas' opinions can only be understood within the theological context which defines them. What he calls nature has its significance when placed in polarity with his theological concept of supernature. Aquinas has unwittingly developed his philosophy of the natural longing for God within the unconscious hermeneutical circle of his insight into faith. The inclusive scheme of going out (*exitus*) from God and returning (*reditus*) to God is only imaginable within the context of Christian belief in creation.

Augustine's methodology has the definite advantage that his theology does not suffer from extrinsicism. His theology undoubtedly relies as much on the authority of Scripture as on reason. *Autoritas* and *ratio* are the constantly returning arguments. Yet Augustine does not set them in opposition to each other because, for him, the mysteries of faith are not mysteries in the sense of inaccessible, incomprehensible, divine riddles. On the contrary, they are a light for reason. In this perspective, the mysteries of faith are no more or less "mysterious" than any reality which lets itself be known. Whether speaking about original sin, the Trinity, or the divine destination of man, Scripture always uses meaningful language. The condition remains that it must be brought into contact with the analysis of human existence. A double movement occurs: a descending movement of Scripture upon human reality and an ascending movement starting from insights into human existence which fill the words of Scripture with content. The interpretation of Scripture, as well as of human existence, exists in this double movement. In this two-sided interpretation, *autoritas* and *ratio* work together.

The Augustinian appeal to *autoritas* greatly differs from the way in which the expression "interpretation of human existence" is frequently perceived today. This expression is often viewed as if the data of faith were an interpretation of the "human experience." This view neglects the fact that the words of faith, in themselves, have a clarifying power which one must allow to affect actively the reality of experience. This one-sided opinion of interpretation is consistent with a rather shallow, but predominant, concept of experience.[2] The one-sided reduction of the idea of interpretation, the diminishing of the idea of .experience, and the neglect of the word's ability to give ground to meaning arose partly in answer to the extrinsicism of which some believe they can accuse (either justly or unjustly) theology. Whether Augustine's hermeneutics are still completely convincing shall be dealt with later.

Two aspects of the extrinsicism can threaten theology: foreignness or exteriority with regard to anthropology, and foreignness or exteriority with regard to the existential life of faith (i.e. spirituality as distinct from theology). So-called mystical theology has historically developed, for that matter, in the margin of academic theology. The division between academic theology and mystical theology is not yet present in Augustine's thought. One might think that the greater technical and rational exposition of the realities of faith is progress; but, it cannot be denied that the works of John of the Cross, for example, also give witness to a rigorous exposition of the realities of faith. Certainly the aim of mystical theology is to enable one to make the offer of faith one's own. Therefore, mystical theology continuously completes the two-sided interpretation which I have described as characteristic of Augustine. If one respects the distinction between mystical theology and academic theology, it should be remembered that insight exists only when the data are assimilated. Theology is a science. But to know is to understand and to understand is to appropriate. Even authentic theological knowledge is a knowing objective truth *for one's self* (*pour soi*).

Augustine's Humanism and Anti-Humanism

It is significant that the theology developed by Augustine moves between humanistic and anti-humanistic poles. Thus it stands at the origin of the two conflicting theologies which have continually divided Christianity: the theology unjustly called Semi-Pelagianism and the theology of Jansenism, or more extremely, Calvinism. The different accents which Augustine has incorporated can undoubtedly

2. I have spoken more elaborately about this concept elsewhere. *Religion, foi, incroyance: étude psychologique* (Brussels: Mardaga, 1983) 111-112.

be understood if we keep in mind the responsibility he took upon himself to fight dualism and to defend the doctrines of grace and original sin against Pelagianism. These rather conflicting positions are not limited to the context in which the polemic originated. When Augustine deals with this double denial of the doctrine of faith in such a penetrating way, it is because he himself has lived through it. He was so strongly affected by the problem of evil and suffering that for years he followed the dualism of Mani until he discovered a more satisfying way of thinking in Platonic and Neoplatonic philosophy. After his conversion, he could easily connect the Biblical doctrine of creation with his Platonic philosophy. Yet, his hard-earned conversion undoubtedly allowed him to experience personally the reality of evil as sin and made him attentive to Paul's letter to the Romans, to which he devoted one of his most important works.

Augustine's personal intellectual, moral, and religious development directed his theological thinking to the two traditional poles of tension in Christian theology, the theology of creation and the theology of salvation. The theology of creation is at the basis of humanistic Christianity. The doctrine of salvation is a theology which can be called anti-humanistic when compared to the former. A theology which confronts the dominant way of thinking about the human reality, as Augustine did in his time, can in our day, be related to and dialogue with two analogous basic currents. Humanistic theology has its representatives in the utopian thought of Marx and in many horizontal forms of Christianity. Anti-humanistic theology finds its representatives in such great thinkers as Freud and Heidegger.

For Augustine, conversion to Christian faith meant primarily the "confession" of the God Creator, the God who personally calls a human being into life in such a way that one's origin is one's vocation. This vocation is the destiny of finding in God the fulfillment of one's longing for happiness, because we are, in essence, the image and likeness of God and thus tend toward Him. Books Ten to Thirteen of the *Confessions* testify to this conversion-related notion of faith. Augustine comes to a Christian acknowledgement of creation faith only after a dramatic struggle, yet he viewed it as the lofty fulfillment of his mystical, Neoplatonic philosophy. There is tremendous distance between the divine of philosophy and the personal God. The transition from an enthusiastic religious philosophy to faith in God has ethical consequences. More importantly, it requires a leap made in confidence, about which the philosopher Augustine apparently had no previous inkling and which the converted theologian could not afterwards fully account for. Adopting Neoplatonism was nonetheless a first very important moment of conversion. For Augustine, it meant a reconciliation with suffering and privation. By freeing himself from the convulsive resistance to suffering and privation and from a materialistic conception of the divine principle, he could turn to and enjoy the divine radiance which is reflected in nature and art and which is formulated and justified in philosophical thinking. In our times, Paul Claudel's reading of the poet Rimbaud was similarly an experience of supernatural reality, a first moment of conversion. In both cases, an aesthetic-philosophical conversion became the basis for conversion to the personal God of creation faith.

Augustine's conversion to creation faith brought such a total completion to his aesthetic-philosophical mysticism that he basically speaks of the wonderful goodness of creation, of the fundamental capability to deal with God, and of the orientation towards God placed by God in the essence of the human being. In thinking back, he pre-dated his new faith, on a practical level, to his philosophical conversion of years before. For example, Augustine interpreted his reading of Platonic philosophy as follows: "There I read — though not in these words, yet it was definitely the same thought — that in the beginning was the Word and the Word was with God and the Word was God. And the soul of man — so I read further — even though it gives witness to the light, is not itself the light. But the Word, God himself, is the true light which enlightens every man who comes into the world." Augustine came to know himself, he wrote, using a beautiful expression from Plato (*The State,* 273d), as being "far removed from God in the land of dissimilarity." Following the path of Plotinus, he sought to ascend through the order of creation up to the eternal, unchanging, divine self. While drawn up to God, he simultaneously felt himself to be pulled downward.

Jesus Christ was, for Augustine, still a man who surpassed others only "by a certain powerful excellence ... and by a more complete participation in wisdom." The inability to find peace in natural religious ecstasy prompted Augustine to reread Paul's letter to the Romans. The inner conflict described in chapter seven convinced him of the necessity of grace through the mediation of Jesus Christ. When Augustine speaks about Jesus, he does not depict him as the one who reveals God. Rather, he reflects on God's self-humiliation in Jesus, which he places in opposition to his own religious-philosophical, self-righteous vanity.

Moral incapacity and sin prevent humans from finding and loving God. By their reason and longing for happiness they are directed toward God; by their nature they are already moved by a deep and hidden participation in God. Let me briefly demonstrate this. Augustine's fundamental concept is the desire for happiness. "The human will has no end other than *beatitudo*" (*De Trinitate*, XI,6,10). The will's driving force or "gravity" is love, which desires unity with that thing or person which is loved. Augustine's philosophy is eudaemonistic. The enjoyment (*delectatio*), which is anticipated in seeing the beloved, attracts, puts into motion, and is completed in a love which possesses. Thus a human desires God because he already enjoys some perception of God; he seeks Him as if he were blind while still seeing. This expression, which as such is not in Augustine, can render his idea, present in different texts (*Confessions*, XI,2,3; X,23,24; IX,4,11). By this, Augustine affirms that the object of desire is its cause. God attracts desire as its final cause. However, Augustine does not construct a metaphysics. Rather, he seeks to understand exactly how God attracts. This can only occur in an anticipating knowledge and an abiding love.

How does one know God *before* actually knowing Him? How does one love God *before* actually loving Him? Knowledge and love go together. To resolve this paradox, Augustine analyzes the desire for happiness. Longing for happiness presupposes that one has an idea/experience of happiness (*Confessions*, X,21,30ff.). This experience is preserved in the memory even when it is forgotten. Augustine proves this with a philosophy of language. We would not understand the words of a language if we did not already possess their meaning in our memory. Since everyone understands the word "happiness," humans must have had at least one previous experience of happiness. Augustine's proof is that the forgotten memory works negatively in the consciousness. In any case, one recognizes and rejects the object which is not pursued.

Memory is thus the basis of the person's identity. By joining scattered experiences and by making them present, one becomes present to oneself. Memory is also the basis of desire. When we remember enjoyment, we suffer from its lack and search for happiness. But in that attachment, we also experience ourselves as alienated from that enjoyment which is not "happiness." Therefore we are insatiable in our desire. Augustine's penetrating analysis of memory, the first in the history of philosophy, leads him to the affirmation that the mind is infinite. He describes this in superb terms. The mind is too limited to possess itself (*Confessions*, X,8,15). The infinity of the human mind makes us capable of dealing with God. For the infinite capacity of the mind implies that God is already present, though hidden, in the depth of memory.

Accepting the mind's capability to deal with God does not concretely account for how we move from a desire for happiness to searching for God as God. How does the unconscious presence of God in the mind become a perception which is not only aware of what it is *not* seeking but is also aware of this in a sufficiently positive manner? Augustine does not make the direct transition from an all-inclusive and conscious striving for happiness to God. The concepts of changelessness and timelessness mediate between them. First of all, desire strives for happiness in the constant, satisfying possession which can only be given by a steady object. This implies the conquering of time and death. Secondly, reasoned desire is also longing for truth. Reason and desiring love form a unity, as we have seen. The changeable human mind demands unchangeable truth. Only God is the unchangeable truth and the constant object of the desire for happiness.

How does Augustine move from the notion of unchangeableness to the God of Christianity? He writes that Jesus' promise of immortality is the answer to his desire for permanent happiness. Apparently, it is Augustine's reading of the creation story which led him to discover God as the unchangeable truth. Immediately after telling the story of his conversion, Augustine comments on Genesis. It is not a coincidence that at precisely this point Augustine makes his skillful analysis of time, the first such in-depth study in philosophy. God is the eternal one and to find him is to be liberated from temporality. Temporality means decay, struggle against death, exile, night. Eternity, on the other hand, means unity, life, homecoming, light.[3] When Augustine acknowledges the God Creator and has found definitive changelessness in him, then his statement that according to reason, it is evident that God created the world, surprises us: "Heaven and earth ... cry out that they have been created because they are subject to change and variation" (*Confessions*, XI,4,6).

We know that for Augustine, faith is not opposed to reason but enlightens it. Nonetheless Augustine gives the impression that reading the Scripture's story of creation was, for him, only the occasion for immediately understanding its truth. When he further relates how he

---

3. In the *Confessions*, Augustine also makes a strict philosophical analysis of subjective time and its structure. He places this in dialectic opposition to the clarification of the concept of eternity which is ascribed to God. For the existential-negative significance of the experience of time as I synthesize it and which Augustine repeatedly deals with, see: S. Borros, *Les categories de la temporalité chez Saint Augustin. Archives de Philosophie*, 1958, 323-385.

came to understanding in faith, he stresses the inner word of God: "Lord, you have already said to me with a strong voice, in my *interior* ear, that you are eternal, you alone have immortality .... You have also told me something else, Lord, with a strong voice in my *interior* ear, that you have made every nature and every substance, things that are not what you are yet exist" (*Confessions*, XII,11,11).

God's speaking within the human rouses him from the forgetfulness in which God is present though hidden. God's speaking makes one aware of what is unknowingly, yet to some extent already knowingly, sought. Thus one can love and find happiness in the God to whom one is oriented, though not explicitly. In order to explain the ambivalent yet essential orientation of human nature toward God, Augustine appeals to Plato's philosophy. Though the matter is not entirely clear, Augustine probably did not accept the doctrine of the soul's pre-existence. More importantly, he replaced this idea with his doctrine of divine illumination, concretely applied to the unchanging laws to which we refer in our judgments. In the terms of later idealistic philosophy, it is expressed thus: everyone judges all things in the light of universal, *a priori* principles. According to Augustine, one does not create the unchangeable laws of knowledge; one discovers them. Thus, these laws must have been engraved upon one's memory. After having developed a whole epistemology of science to prove this, Augustine is able to say: "How far within my memory have I travelled in search of you, Lord, and beyond it, I have not found you! Nor have I found anything concerning you except what I have kept in memory ...." (*Confessions*, X,24,35). Yet further along, Augustine questions: "Where did I find you, so that I might learn to know you? You were not in my memory before I learned to know you. Where then have I found you, if not in yourself and above me?" (*Confessions*, X,26,37). The philosopher Augustine is convinced that God is in the memory; the theologian, after his conversion, sees with the eyes of faith that God is quite the same as the God who was already present in the memory. To explain how the same God, who is now so evident, could first be so hidden in the forgetfulness of his memory, Augustine recalls his own sinfulness in Books Seven and Ten of the *Confessions*.

The line of thought which I have sketched makes it clear that Augustine is the father of Western Christian humanism, as historians claim. In his own time, Augustine contributed immensely to the attractiveness of the Christian faith by synthesizing the philosophical rationality of his culture with a mystical theology. Thus he filled the gap, which existed in the pagan culture of his time, between critical rational thinking and the many forms of vague religious irrationalism. Augustine's mystical theology reconciled the culture of thought, beauty, and love with faith in God.

In all the subsequent periods of Western Christian renaissance, it is always Augustine who is the teacher. His admission of sin in the *Confessions* does not dim his exposition of the fundamental harmony which exists between humanity and God, reason and faith, and which is also dominant in the beauty and regular order of the cosmos as well as in the rhythm and semantic universe of language. Yet Augustine's mystical creation theology does not naively reconcile God and humanity. It progresses through a dramatic conflict of faith which demands from humans a renunciation of the enormous drive for self-righteousness. After the surrender in faith, Augustine not only reconciles humanistic values and the acknowledgement of God in faith, he also finds therein the fulfillment of human desires and yearning.

Later, I will deal with the cultural differences between Augustine and us. The fact that Augustine could inspire Christian humanism in different cultures shows us that he remains a religious thinker for all times. We should acknowledge that, in Augustine's journey of faith and in his later thoughts, there are experiences and insights which can serve as reference points for us. For our contemporaries too, faith in God is the core question around which all other questions and doubts revolve and against which reasoned and affective resistance can be great. Many of us experience a conflict between human self-righteousness and surrender in faith. There is also a fear that acknowledging a personal relationship with God will diminish humanity. Further, faith in God is experienced as irreconcilable with the eudaemonism of today's culture. As Augustine did before his conversion, many of our contemporaries withdraw to a religious-philosophical interpretation of their first Christian education. The word "God," the Biblical indicator for the living God, fades into a metaphor for the radiance which surrounds the desire for love or for the secret which nature and the cosmos always retain. Perhaps many will cross the border, beginning and progressing through a confrontation in faith with the living God.

Regarding Augustine's analysis of his conversion, I believe that, in the development of faith, I can recognize a process which can be overlooked if one interprets the resistance to the monotheistic message exclusively by the category of "sin." Real sin is not primarily moral; it is the religious sin of the one who wants to remain at the border of surrender and faith without crossing. One gives an account of this sin against faith, as Augustine did, only when there has already been a reconciliation with God in the act of faith. I believe that people today can achieve such a reconciliation only when they too know how to complete the old words of the monotheistic message with a mystical creation theology, that is, a creation theology which has become a spirituality.

Anti-humanist currents in Christianity have also appealed to the authority of Augustine against Augustinian-inspired Christian humanism (Bernard against Abelard, Baius against Molina, the Reformation against the Platonic-Augustinian humanism of the Renaissance). This deep rupture — which has been continuously repeated in the history of Christianity, even up until today in Catholic theology — points to a lasting, fundamental tension in Christian faith. Ultimately, it always concerns the harmony between the role of the human and the primacy of God in the work of salvation. Combining grace and human freedom is one aspect of this theological tension.

While the problem is well known to theologians, I wish to recall it briefly because the technical-theoretical side of the problem is consistent with an existential dialectic of faith which is exactly what defines the attitude of faith. In order to preserve human freedom, Augustine starts by proposing a sequence: first good will, then the gift of grace. Kant later defended this same position, out of concern for the humanity of man and the majesty of God, in order to keep religion free from the grace-magic which he, with many of his contemporaries, felt to be the case in sacramental practice. These feelings were not always unjust!

Augustine later solved the problem differently by proposing a simultaneous but distinct activity: "... that we believe, is from us. That we do good, is from him who gives the Holy Spirit to the faithful" (*Expositio ..., propos.* 61). In his *Retractiones* Augustine finally arrives at the position: "Thus the one and the other are ours for reason of the will's freedom and yet the one and the other are given by the Spirit of faith and love" (I,23,2-3). Augustine deduces this sort of argumentation from the logic of the affirmation of God. To suggest a sequence is to deny God because it conceives the gift of grace as a debt which God owes to us. Yet Augustine affirms human freedom just as strongly. I think that Augustine's hesitations are as important as the final answer which he gave and which has become the classical theology of grace. Divine and human causality cannot be combined in the mind because, for the mind, causality implies sequence.

This has far-reaching consequences for the attitude of faith. In a survey made a few years ago, a group of educated Catholic adults, the majority of whom were still actively religious, almost unanimously rejected the notion of God's active intervention in history. The idea of God's acting in human history seems to clash with the idea of human activity. Can the fact that such a great number of those calling themselves Christian believers, who no longer participate in the Eucharist or in prayer, not be at least partly explained by the difficulty of reconciling free human responsibility and the gift of divine grace? These people reduce the praxis of faith to ethical behavior, as Kant did, hoping that later, God will bestow his gift on them. More than likely, expositions on "grace" lead to misunderstanding because, while grace and freedom may be affirmed together, they cannot be thought together. What is at stake here is the transformation of the theoretical stumbling block to the attitude of faith. This has the paradoxical character of responsible action and a mutual trusting resignation. Ignatius of Loyola formulated this attitude powerfully in his paradox: "Act as if God does everything, pray as if you yourself do everything." According to Gaston Fessard,[4] this paradox of faith is too challenging and so tradition has smoothed it out into a more simple, "Act as if you do everything, pray as if God does everything."

It is well known that the doctrine of original sin proved to be an obstacle to Augustine's affirmation of the unity of grace and freedom. This was even more problematic since Augustine explained his own natural forgetfulness of God by his sinfulness. In reaction to the Pelagians who appealed to some of his earlier writings, Augustine formulated extreme statements, on which later anti-humanistic currents in Christianity are based.

I now leave this matter aside in order to return to my original topic: the natural orientation to God: Is finding God a recovering or a discovering? This problem seems to be one of the essential questions which Augustine provides as food for thought for Christian faith in our time.

Critical Reflections

1. According to Augustine, we seek God and can acknowledge Him because God is already inscribed in our memory, even though He is forgotten. It is through original sin that the nonbeliever has forgotten God. Thus, to acknowledge God is to recognize Him in

4. I am citing an oral statement.

oneself or to recover Him in oneself. Human nature is not fundamentally corrupt. One always carries God within, even if it is in a deep and hidden way. That is why it can be said that human desire remains always, though sometimes unknowingly, oriented toward God. We might say that the original state, as Augustine conceived it, was that of man who realized in a superlative way the harmony of the Platonic philosopher and the believer who experiences the mysticism of creation completely. "To err in spite of oneself and not be able to ward off the deeds of passion because of the resistance and painful frustrations of the corporeal bonds — this is not man's primitive nature but his punishment since he was condemned" (*De Libero Arbitrio*, III,18,52). God bestowed freedom, correct judgment in the exercise of free will, immortality, and sanctifying grace on the first human. All of this belongs to human nature. To speak about the natural human being as one who is born now is to use words in an unreal and figurative way (*Retractiones*, I,10,3).

When Thomas Aquinas suggests that man in his essence is moved by the *naturale desiderium videndi Deum*, he is fundamentally holding the same concept of human nature as Augustine did, but Aquinas conceptualizes it more metaphysically. His metaphysics, however, also rely on a theological interpretation of the Neoplatonic philosophy of creation. Aquinas adds that natural finality cannot be accomplished in a natural way. From this fact, there arose a discussion concerning the distinction between nature and supernature. When considered philosophically, the foundation of this discussion seems to be particularly unstable. The idea of a natural finality which is attainable only by the supernatural intervention of God seems to be a contrived solution, a philosophical-theological hybrid which cannot be conceptualized.

At the basis of these opinions there are presuppositions which we no longer hold. The philosophy and theology of Augustine and Aquinas are dominated by a conceptual bond between the literally interpreted Bilical narrative of original sin, Platonic philosophy, and creation theology. Several sciences have led us to interpret the story of the sin in the garden as a myth. This does not mean that we deny the reality of original sin. Enlightened by the cultural-anthropological and epistemological analyses of the myths of ancient peoples, we know that such myths, without being able to take a critical distance, depict in a concrete language a beginning of the world and of humanity which is impossible to depict and inconceivable to think. Nowadays, we know how slowly the cosmos, life, and humanity have developed gradually over a period of millions of years. Our knowledge of biological laws does not allow us to perceive original humanity as immortal and invincible. With our insights into the laws of psychology, we cannot hold that primitive man was, from a psychological standpoint, completely free and that he controlled his passions according to an ethical law which was clear and completely known to him, nor that he had a right knowledge of God. The modern awareness of historicity of cultural and personal development was completely foreign to Augustine and Aquinas. They considered nature as static, while we understand "human nature" as, at least to a great extent, a cultural-historical phenomenon. The human orientation to God and the ability to deal with God cannot be excluded from the all-encompassing cultural process.

2. The lack of our historical vision of the cosmos and humanity dominates the entire theology of Augustine and Aquinas. The only historicity which they know is that of separation, caused by the fall, and of reparation, brought about by salvation. Augustine gives a thorough analysis of freedom as liberated freedom, an analysis which anticipates that of many modern philosophies. However, liberation always remains for him a matter of regaining a first natural freedom. His Platonic philosophy of memory, supported by his doctrine of original sin, makes the historically new unthinkable. I have already indicated this. Augustine sees Jesus Christ as the healer and as the one who aids in the recovery of God who lies in the hidden memory. After his conversion, when he speaks of the story of creation, it becomes evident for him that the changeability of all creatures cries out that they have been created by God. The capability of the word to found a new unknown truth and reality lies beyond the pale of Augustine's Platonic philosophy. In his work *De Magistro* he writes: "Who would be so crazy as to send his son to school so that he would learn only what his master thinks?" (XIV,45). And further: "Concerning the truths of the soul, it is in vain that he who does not see them in himself, listens to the words of his teacher" (XII,40). In his work *De Trinitate* Augustine says: "When man is able to contemplate the nature of his soul and to find truth, he will find it nowhere other than in himself" (XIV,5,7).

Augustine uses the old idea of language which Aristotle commented upon in his *Peri hermeneias*: words are only the expressions of impressions present in the soul. In this concept of language, further reinforced by the Platonic philosophy of memory, what we call the word of revelation cannot have the meaning of a historically new divine "coming into existence." When we combine the notions of man and God, *ratio* and *autoritas*, should we not integrate our historical vision and our insight into the human and even divine event of creative language with Augustine's mystical creation theology? Does not this integration somewhat change one's perspective on the problem of nature and supernature?

3. In this respect the idea of a natural desire for God cannot be preserved without a thorough revision. I have dealt with the question of man's orientation to God and his ability to deal with God from a philosophical and psychological perspective elsewhere[5] and I will not repeat this. However, reconsidering Augustine's conversion, I only wish to add that Augustine poses a problem which gets to the heart of the matter for a theology of faith and revelation: How can one acknowledge God without recognizing Him as the one with whom one is already familiar? His philosophy of language and the Platonic philosophy of memory lead Augustine to give an answer which is no longer convincing and does not take into account his own conversion process. The analysis of desire and the epistemology of the interaction between experience, feeling, and revelatory language show that the prelude to the encounter with God is a dialectic process of conversion. This makes it impossible for us to speak of a natural desire for God. Human longing is infinite. The orientation toward God can be awakened in that infinity by a process of transformation; and it can be activated by the message of faith. Jesus Christ entered into this centuries-old development of the divine project of creation as God's still unknown, new presence, who at the same time clearly reveals and heals sinfulness.

Conclusion

Much of what Augustine experienced, passed through, searched out, thought through, and came to understand is similar to what we perceive today in our search and our crises of faith. However, our cultural situation is no longer the same. This gives a different meaning to unbelief and the search for faith. We cannot merely repeat Augustine's answers of faith. The "God question" remains at the center of unbelief and of searching and doubting faith. But now, the question is raised in a fundamentally different way. Starting from an awareness of sin, Augustine could discover God as new; he could

5. *Interprétation de langage religieux* (Paris: Seuil, 1974) 135-160; *Dette et désir* (Paris: Seuil, 1978) 165-217 (The English translation will be published in 1987 by Yale University Press).

love Him as new, but yet too late. Yet God was not wholly new for him since he had already known what he called "the fire" of Neoplatonic philosophical mysticism, which moreover he had interpreted in a somewhat Christian way, because of his education.

Now, however, there no longer exists a philosophical mysticism with which the message of faith can be connected in order to bring God to attention as a familiar object of desire. No longer is there an awareness of sin which urges us to a conversion where God is recovered as both new and old. Often, religious language reflects a faded Platonism. The word "God" does not come across as a challenge demanding that we acknowledge a personal new presence, for many think that they can find God when love is given and received. They do not readily see God's new presence in Jesus, but they seem to experience God, already present in human friendship and righteousness, when they realize a more authentic friendship and righteousness following Jesus' example and celebrating his memory. This is very ambivalent. God easily becomes a metaphor for what are called Christian values.

For Augustine, to find God meant to recover Him. For our contemporaries, who attempt to find Him in themselves, He fades into *something* divine. Unlike Augustine, they can only perceive Him when they discover Him as new and as real, more real than atomic energy, friendship and love. The fading which I have just mentioned is an ambivalent attitude. It is a movement toward God but it is also a withdrawal to a familiar human ground. We should not conceal the fact that the newness of God is now harder to acknowledge than in Augustine's time because the enclosed world is no longer broken open by the philosophical-religious mysticism of Platonism. A theology, which is based on the Platonic philosophy of a natural human orientation toward God, would remain alien to the thinking of our time. For us, it is up to a theology of revelation to break through the world's enclosure. In this theology, faith is a religious understanding and a believing with reason, as for Augustine but in a different way, because we can understand that God's intervention in history and the divine occurrence of Jesus Christ are meaningful processes in the historicity of the cosmos and humanity.

18

NOM, PRÉSENCE, VISAGE

De Dieu nous savons qu'Il est; non pas ce qu'Il est; mais, si nous ignorons ce qu'Il est, nous savons ce qu'Il n'est pas. Ainsi saint Thomas d'Aquin (1). Son argumentation expose fermement les raisons de notre incapacité de savoir ce qu'est Dieu. Savoir qu'on ne sait pas et en savoir les raisons, cela signifie une ignorance déterminée par un savoir. On ignore nécessairement ce qu'est Dieu parce qu'on sait qu'Il est Dieu. La négation motivée par l'affirmation est ici à l'opposé de l'agnosticisme religieux. Par contre, si la thèse de Thomas d'Aquin est juste, alors celui qui croit savoir ce qu'est Dieu, est un athée, puisque le maintien de la différence entre « Il est » et « ce qu'Il est » représente la vraie connaissance et reconnaissance de Dieu. L'intitulé du présent volume en hommage à la mémoire de notre ami défunt serait en conséquence réellement « contestable, naïf », s'il n'était pas formulé sous forme de question. La réponse à la question qui nous est posée devra maintenir dans sa juste dialectique l'affirmation et la négation, sous peine de s'annuler.

L'interrogation à laquelle on nous invite ne nous engage décidément pas pour une vague transcendance. Proposer « Dieu » à notre questionnement nous fait quitter le *no man's land* sociologique ou psychologique du sacré. Cela demande aussi autre chose qu'une « piété de la pensée » (2) qui, dans l'horizon du monde, secoue

(1) *Summa contra Gentiles*, I, cap. 30; *Summa Theologiae*, I P., q.2, a.1; q.3; *Super Librum Boethii de Trinitate*, q.6, a.3, *De divinis nominibus*, Lec. IV; *De potentia*, q.7, a.6, ad 14.
(2) M. HEIDEGGER, *Vorträge und Aufsatze, Die Frage nach der Technik*, Pfüllingen, 1954, p. 44.

l'appareil des concepts et se voue à la question de l'être. Dieu nous
exile du «divin» neutre d'une ontologie poétique qui donne aux
dieux une demeure dans le monde. Dieu est le référent de la religion
effective. Le philosophe peut estimer que Dieu est étranger à son
domaine, s'il limite celui-ci aux concepts purs dont la raison
immanente à elle-même serait maîtresse. Il peut aussi se tourner
vers l'histoire et accepter que des vérités philosophiques se préparent dans l'ensemble de l'univers culturel et que d'autres expressions
humaines apportent leurs lumières sur la réalité. La philosophie qui
se fait ainsi pensée historique et systématique ne saurait refuser de
considérer l'apport religieux à la raison et de s'interroger sur son
référent fondamental. La célèbre opposition entre le Dieu d'Abraham..., le Dieu, enfin, de Jésus-Christ et celui des philosophes
n'autorise pas à ôter à la philosophie son droit de penser le Dieu
d'Abraham. Quant à nous, nous limitons l'opposition pascalienne
aux «philosophes» qui réinterprètent l'idée religieuse de Dieu pour
l'inclure, à titre d'ébauche conceptuelle, dans leur système du
monde. Or, plus encore que l'art, l'amour, le sens de l'histoire, le
référent divin de la religion ouvre la clôture rationnelle du monde
que la pulsion intellectuelle tend à agencer. On ne peut penser
justement Dieu qu'en acceptant de ne pas le contenir dans la
philosophie et donc en pensant la philosophie en rapport à son
dehors. Cependant, si Dieu fait sens pour l'existence, il faut aussi
que la raison puisse Le reconnaître.

Nous partons dès lors du fait historique que nous sommes les
héritiers d'une nomination religieuse de Dieu. Avant d'être une
représentation disponible, avant de susciter les efforts pour le
penser conceptuellement, «Dieu» est un nom. Il y a Dieu désigné
par ce nom et affirmé dans un énoncé en troisième personne.
Nommé de son nom singulier, Il est avant, au-dessus de, en dehors
de tout ce qui est et, pour cette raison, en tout ce qui est : présence
première. Ne pouvant se concevoir comme dissoute dans la neutralité du «il y a», Il est, en première personne, la présence du présent.
Nommé, saisi, fût-ce obscurément, comme présence, Dieu se laisse
découvrir en se dévoilant dans ce qui prend la signification d'un
visage. Parce que sujet de parole, Il est aussi l'allocutaire et parce
qu'acte de jouissance créatrice, Il est aussi l'objet du désir humain.

En analysant ces trois aspects, correspondant aux trois positions de la personne dans la topologie des pronoms personnels, nous voudrions tenter de penser la divinité de Dieu, indissociable, d'après nous, de la question, souvent faussée par une anthropologie inconsistante, du Dieu personnel.

Nom

Au-delà des représentations

De nos jours un souci d'oecuménisme religieux universel illustre paradoxalement l'énigme du nom de Dieu. Des rencontres internationales s'organisent sous le signe « Dieu ». Des représentants de différentes religions s'y rassemblent pour exposer leurs conceptions respectives et pour promouvoir le respect réciproque, voire pour s'unir dans une sorte de foi fondamentale qui engloberait toutes les provinces religieuses. Il se passe là sûrement quelque chose d'intéressant et il est sans aucun doute important de prendre conscience que ce qui est commun aux religions est appelé à être une force génératrice de valeurs humaines. L'entreprise est cependant moins innocente qu'il ne paraît. Officiellement, en développant autour du nom de Dieu une philosophie religieuse libérée des limitations religieuses, on tente de formuler le foyer où devraient se concentrer les religions. Parce que Dieu est infini, dit-on, aucune religion ne peut être son unique témoin, mais toutes représentent quelque aspect de Lui. Les religions sont donc finies comme les hommes et l'infinitude de Dieu dépasse les opinions religieuses. Pour avoir égard à la diversité des religions, on voudrait donc les dépasser de l'intérieur, tout en les conservant. Cet oecuménisme, en effet, ne se limite pas à défendre la liberté religieuse telle que l'affirme l'éthique des droits de l'homme. Il entend bien sauver les religions en justifiant leurs particularités par ce qui est fondamentalement universel en elles.

On pourrait rapprocher cette philosophie religieuse de la théologie des religions non chrétiennes telle que l'a ébauchée la tradition chrétienne. Songeons, à titre d'exemple, à la Chapelle Sixtine ou au pavement de la cathédrale de Sienne où les Sybilles de l'antiquité voisinent avec les prophètes de l'Ancien Testament. L'iconographie y exprime un certain oecuménisme théologique selon lequel l'Esprit de Dieu a également inspiré des visionnaires en dehors du peuple élu pour qu'en énigmes ils annoncent le vrai Dieu que le Christ viendra définitivement révéler. La différence essentielle entre la philosophie religieuse que nous évoquons et la tradition théologique consiste de toute évidence dans la conviction chrétienne que Dieu conduit plus loin les croyances antérieures et en fait comprendre les signes incertains. En tant que religion qui n'est plus étroitement liée aux systèmes qui composent la société à un moment de son histoire provinciale — système du droit, de la parenté et de la filiation, de l'organisation du travail... — le christianisme devait poser conjointement la question de son univer-salité et de sa vérité. Il ne pouvait et il ne peut justifier sa foi en un Dieu qui est le Dieu de toute l'humanité et de son histoire entière qu'en réinterprétant, positivement et négativement, les autres reli-gions comme des moments de sa propre vérité, sans que cela exclue pour autant la reconnaissance que d'autres religions apportent une variation culturelle d'expressions et de symbolisations religieuses. Toutes les religions n'entendent pas être destinées à devenir universelles. La question ne se pose précisément qu'en rapport au Dieu du monothéisme. Et c'est pour cette raison que pareille entreprise oecuménique, placée sous le signe de « Dieu », est fondamentalement ambiguë. On l'observe bien, d'ailleurs, dans ces rencontres. En réalité, aucun représentant des religions ne laisse incorporer ses convictions dans l'adhésion à un commun dénomina-teur qui les réduirait à des « points de vue » relatifs sur « Dieu ». On accepte bien de se rassembler sous l'enseigne de « Dieu », mais on tient à affirmer que ce mot n'a vraiment pas le même sens ici et là. Et si on respecte les autres, c'est par la conscience que les contingences historiques et locales déterminent les diverses convic-tions, non pas par l'idée que ces déterminations rendent contingen-tes les convictions. Ou bien on maintient ses propres croyances, avec l'idée qu'il est impossible, pour le moment, de porter une décision finale sur la vérité; ou bien on essaie discrètement de rendre compte des autres convictions en les interprétant à partir des siennes propres. On ne se laisse en tout cas pas diluer dans une bienveillante mais molle philosophie religieuse qui reprend le nom biblique de Dieu et en fait une idée qu'il faudrait ouvrir sans la détruire. De fait, cette philosophie oecuménique ramène le nom « Dieu » à un mot si vaguement murmuré qu'il est hors des prises de position et qu'il peut recouvrir le théisme, le polythéisme, le panthéisme, voire un athéisme spiritualiste.

D'une certaine façon cette philosophie renoue avec l'antique mouvement vers un monothéisme par inclusion. Ainsi Apulée fait-il dire à la déesse Isis que sous les noms des différents dieux, c'est toujours elle qui est vénérée. Les dieux du polythéisme et les dieux des cultes régionaux se rassemblaient dans le Panthéon des esprits philosophes ou dans celui, politique autant que religieux, que construisit l'empereur. Les noms des dieux se concentrent là pour figurer l'entre-deux entre les personnages divins que fabriquent les cultures et l'immensité surnaturelle, innommable parce que non identifiable. Comme le bâtiment de ce nom à Rome, le Panthéon contient les dieux et au sommet une trouée l'ouvre sur un infini céleste. Mais Dieu, nommé tel, ne sait ni habiter parmi les dieux, ni, comme la déesse Isis, les envelopper sous son manteau. Aussi, dans le monothéisme biblique, Dieu exclut-Il les autres dieux; leurs noms sont condamnés à disparaître. Par contre, la philosophie religieuse qui veut animer un oecuménisme universel des religions reprend le nom du monothéisme par exclusion en vue d'en faire le monogramme d'un monothéisme par inclusion.

Cette hybridation religieuse témoigne du destin culturel des religions bibliques, en particulier du christianisme. Par son expansion et, sans doute, plus encore par la puissance de sa pensée religieuse et par la force de conviction inhérente à son universalité transculturelle, la religion biblique a imposé le mot « Dieu » comme le nom propre auquel on se réfère. L'athéisme se définit par rapport à ce « Dieu » et non pas par rapport à quelque antique ou exotique polythéisme. Et les échanges des réunions oecuméniques auxquelles nous nous référons, gravitent autour de la question de ce que peut vouloir dire le mot « Dieu », au singulier, en dehors de la religion biblique. Cependant, plutôt que d'affirmer que Dieu est trop infini pour être représenté par une seule religion, tout en reprenant parfois ce terme, on reconnaît que toutes les religions n'identifient pas le mystère originel et ultime sous le nom de Dieu. Ce nom identifie le Dieu biblique: créateur, providence, salut ultime; de droit donc: le Dieu universel.

C'est en tant que Dieu nommé que Dieu est au-delà de toutes les représentations humaines et non pas parce que ce ne serait là qu'un nom pour un infini, composé, telle une mosaïque inachevée, avec les représentations des différentes religions. Une comparaison entre le Panthéon grec et le monothéisme biblique fait ressortir en toute clarté la contradiction interne du rassemblement qui place toutes les religions sous le nom « Dieu ». D'une part, les différentes divinités grecques représentent un système de classification des puissances qui constituent la trame de l'univers; d'autre part, elles renvoient à l'être mystérieux qui est derrière les apparences (3). L'organisation intellectuelle du monde que représente la société des dieux correspond également à des finalités sociales précises (4). Une puissance divine ne pourrait donc exister pour elle-même, dans sa singularité; elle n'a de signification que dans une « multiplicité nommée » (5). Par contre, nommer Dieu comme tel non seulement unifie dans un Infini tous les signes qui pointent vers l'être derrière les apparences, mais dégage Dieu des puissances de l'univers et l'affirme dans sa singularité subsistante. Comme nom propre « Dieu » détermine ainsi un vide déterminé de représentations. L'excès d'intention signifiante que ce nom soutient demande ensuite à être signifié par des expressions qu'il fait converger vers lui.

Du bon et du mauvais usage des anthropomorphismes

Le nom de Dieu appelle ainsi les anthropomorphismes. Dans le langage biblique qui impose par exclusion le nom de Dieu, ils abondent: roi, juge, seigneur, berger, vaillant combattant, guide, potier, époux, le miséricordieux, le terrible... Ces anthropomorphismes ne « personnifient » pas Dieu; ils signifient les diverses

(3) J.P. VERNANT, *Mythe et société en Grèce ancienne*, Paris, 1979, p. 106.
(4) J.P. VERNANT, *Religions, histoires, raisons*, Paris 1979, p. 8.
(5) J.P. VERNANT, *Mythe et pensée chez les Grecs*, 2ᵉ vol., Paris, 1974, p. 89.

activités du Dieu unique. En Grèce, au contraire, les noms divins donnés aux puissances, bien qu'ils semblent les personnaliser, n'ont pas l'intention de les individualiser; la figuration anthropomorphe des dieux demeure essentiellement extérieure au domaine de la personne (6). Ne disons donc pas que les anthropomorphismes sur Dieu sont mauvais parce qu'imparfaits. Ils sont parfaits s'il reste entendu qu'ils doivent être multiples et que le nom de Dieu les dépasse et les fonde. Il n'y a qu'un bon ou un mauvais usage des anthropomorphismes. Bon : si c'est le nom de Dieu qui préside à leur intention signifiante, si par son excès il relativise leur vérité et s'il laisse subsister entre eux un échange d'anticipations et de contrastes. Mauvais : quand ils prétendent livrer la chose divine en soi et la transforment en contenu représentable.

Sans aucun doute a-t-on raison aujourd'hui d'insister sur la bienveillance divine et avait-on tort, à une époque révolue, de terroriser la conscience chrétienne par la peur du péché. Nous avons nous-même suffisamment analysé « la névrose collective de culpabilité » pour ne pas ignorer ses dessous morbides et ses méfaits. Mais de là à présenter une « image » de Dieu qui se veut à tout prix rassurante... Peut-on entièrement prendre au sérieux ceux qui viennent de découvrir que le Dieu de Jésus-Christ est humble et non pas aussi impérieusement seigneurial qu'on a pu le dire ? Qu'Il est un Dieu ému par des sentiments, comme nous, et non pas l'être métaphysique superbement immuable ? Qu'Il est amour et non pas celui qu'on approche dans la crainte et le tremblement ? Il faut beaucoup de candeur pour penser qu'il était réservé à nos contemporains de concevoir la vraie « image de Dieu ». On ne se défait pas du sentiment que ces bonnes paroles s'adressent plus aux désirs humains qu'à Dieu.

Une mutation spirituelle s'accomplit certainement dans l'Evangile. Le Dieu de Jésus-Christ n'est pas le Dieu dangereusement martial de certaines époques bibliques. Il n'impose pas sur les épaules les fardeaux écrasants dont ses représentants chargeaient ses fidèles. Il veut devenir vie et allégresse pour les hommes et les femmes avec lesquels Jésus de Nazareth a vécu durant des années, ces hommes

(6) *Ibidem*, p. 86-88.

et ces femmes qui travaillent dur, dans la chaleur et dans la sueur, qui habitent à l'étroit et vivent pauvrement. Mais Jésus présente-t-il une « image » de Dieu pieusement simple pour autant ? Il y a parfois quelque chose d'imperceptiblement dérisoire dans les discours lorsqu'ils chantent l'humilité et l'amour de Jésus qui s'est donné au point de se livrer à la mort des plus atroces. Dans cette invitation divine à mourir apparaît une dramatique du mal qui dérobe Dieu aux idées élémentaires sur l'amour.

Par ailleurs, un discours décoratif sur l'amour divin ne tient jamais devant la réalité de la souffrance. Que signifie la sollicitude personnelle de Dieu pour les hommes dont les corps sont broyés par les cataclysmes, rongés précocement par le cancer, brûlés par le napalm, torturés et déchirés par une fureur sadique ? Rappelons le mot cruel de Staline : dans la famille, la mort est une tragédie; pour un stratège, morts et blessés sont affaire de statistiques. Si Dieu n'est pas un stratège cosmique, comme l'est de quelque manière l'élan vital, comment le penser en termes d'amour sans Lui faire un procès ? La catastrophe de l'holocauste a imposé à des juifs lucides l'interrogation totale sur leur croyance en un Dieu qui les aurait élus pour une destinée durable. Il est des expériences bouleversantes qui ouvrent une fissure dans les représentations apaisantes. Le miracle de sens singulier que des hommes avaient vécu dans l'intimité du face à face avec Dieu ne se produit plus sans un profond remaniement d'eux-mêmes lorsqu'ils se retrouvent douloureusement victimes des cruautés anonymes de la vie ou des félonies humaines. Comme dans le tableau d'E. Münch, le cri de souffrance leur semble rendre plus opaque le silence qu'il déchire. Le désarroi religieux devant le désordre et les terreurs du monde s'exprime dans une alternative simple : ou bien Dieu n'est pas le tout-puissant qu'on confesse ou bien il n'est pas l'amour qu'on célèbre.

On ne peut rester longtemps devant cette alternative, sans se rendre compte que les termes dans lesquels elle est posée sont imaginaires. Ou bien on la traverse par une révision des deux termes de puissance et d'amour, en les tenant en suspens au regard du nom de Dieu maintenu dans sa primauté; la foi se fait alors interrogative en tant que foi : qu'est-ce que Dieu ? que nous veut-Il ? Ou bien, ayant fait coïncider Dieu et les représentations éprouvées imaginaires, on conclut que l'idée de Dieu l'est elle aussi. Dans ce cas, aux idées de puissance et d'amour on substituera les concepts de nécessité inexorable et de hasard fondamental. Cette substitution trouvera une confirmation dans les théories critiques de la religion, telle celle de Freud, qui pensent expliquer la genèse de l'idée de Dieu par la tentative imaginaire de conjurer le hasard et la nécessité.

La question existentielle du mal prend toute sa signification dans une culture imprégnée par la rationalité scientifique. L'idée d'un Dieu qualifié par la puissance et l'amour semble étrangère à un monde tel qu'on apprend à le concevoir, à la fois rationnellement ordonné et en proie à des événements imprévisibles. C'est pour cause que dans l'Occident contemporain l'incompréhensible réel du mal soit l'objection majeure contre l'idée de Dieu. L'athéisme qui déconstruit l'idée de Dieu, en arguant de l'alternative imaginaire à laquelle s'affronte la croyance, et qui essaie ensuite de la reconstruire généalogiquement sur la base de ce même imaginaire, élude pourtant la question de l'explication de cet imaginaire lui-même. Ce qui est invoqué pour domestiquer la religion et la reconduire au réel, n'est-ce pas ce qui ébranle pareille théorie normative ? Pourquoi l'homme ne s'est-il pas plus aisément et plus tôt accommodé du « réel » ? Le fait qu'il n'efface l'idée de Dieu que par une déception critique, fait que la théorie explicative reprend pour rendre compte de la religion, donne à penser qu'une certaine idée de Dieu est première, qu'elle provoque les représentations imaginaires et qu'ensuite le heurt avec le réel du monde ouvre l'interrogation critique. Si le sens de l'Invisible ne donnait pas d'abord au visible sa profondeur mystérieuse, le mixte de positif et de négatif dans le visible ne prendrait pas la signification d'une énigme déroutante; l'homme s'y adapterait sans regarder plus outre.

La confrontation avec la question du mal a toujours été une des épreuves qui a forcé la philosophie chrétienne à mieux penser ses conceptions. Quand elle a débattu du problème de savoir si Dieu a décidé par décret des vérités qui sont nôtres ou bien si celles-ci reflètent par nécessité la vérité constitutive de l'être divin, derrière ce débat technique et apparemment gratuit s'agitait la question de savoir si Dieu aurait pu créer un autre univers plus réglé sur les

désirs humains. Une chose nous paraît sûre : ce ne pourrait être
en tout cas qu'un monde, imparfait donc parce que n'étant pas le
ciel divin, un monde qui aurait lui aussi une histoire à accomplir
en perspective sur une destinée divine. Mais l'hypothèse a-t-elle
vraiment sens ? Penser un autre monde possible, c'est toujours le
penser depuis le seul monde que nous connaissions et qui demeure
l'archè et l'horizon de tous les possibles réellement signifiants. Dire
que notre monde est le meilleur possible est en principe aussi
impossible que d'affirmer le contraire.

Parler par anthropomorphismes sur Dieu n'a de soi rien de
méprisable. En régime de langage religieux tous les mots qui font
sens en sont, car ces mots doivent garder un sens au regard de la
conscience qui vit son immanence au monde. Il en va ici comme
dans la réduction husserlienne de l'attitude naturelle : son dépassement doit conserver le monde entier de l'attitude naturelle, mais
il y fait prendre conscience d'une dimension qui la rend problématique. Les anthropomorphismes religieux deviennent surtout gênants
lorsqu'ils personnalisent Dieu trop immédiatement, trop humainement. Tout ce qui arrive semble alors résulter d'une volonté divine
contingente et dès lors arbitraire. Dieu déciderait souverainement
de répondre ou non aux demandes humaines. Il condamnerait ceux
à qui Il pourrait pardonner. Il livre le Christ à la mort alors qu'Il
aurait pu, par un mouvement de bienveillance, passer outre aux
péchés. Il ferait le don de la foi aux uns et aux autres, qui ne voient
pas de sens à la vie, il laisserait la consolation morose d'essayer,
selon les mots d'A. Camus, d'être malgré tout un Sisyphe heureux.
En mettant en avant les « bonnes représentations » de Dieu, on Le
met étroitement en correspondance avec les désirs humains.
L'épreuve du réel rend alors l'oreille sourde au langage religieux
et elle fait se taire la pensée au bord d'un abîme de silence, habité
par une puissance froide et anonyme. L'attrait qu'exercent sur des
contemporains l'hindouisme et la mystique bouddhiste se comprend
pour une part, croyons-nous, par le désir de rendre une perspective
religieuse à l'existence et par l'incapacité de penser encore un Dieu
personnel.

Le nom de Dieu

On dit parfois que la question de Dieu est d'abord celle de la
juste appréciation des qualités divines. Cela n'est vrai qu'après

coup, lorsqu'on a d'abord accepté de soustraire la pensée de Dieu à la mesure que la raison et le désir de l'homme lui appliquent. Si on ne pose pas d'abord le nom de Dieu, on ne fera toujours que prolonger le déploiement des qualités vers un point de fuite asymptotique, parce que les qualités ne pourront jamais se réunir dans la complétude d'un accord totalisant. On ne fera que reproduire le mouvement des représentations polythéistes; les qualités divines seront comme les puissances anthropomorphes, reprises, d'une part, aux représentations des désirs humains et aux principes de l'univers et de la société, et pointant, d'autre part, vers un arrière-monde indéfinissable qui s'y dévoile et leur donne leur relief. On ébauche bien une idée d'un divin anonyme sur l'appui des significations immanentes au monde; par cette démarche, on ne reconstruit pas l'idée de Dieu. Le nom de Dieu est au-delà des lignes que les qualités divines tracent vers Lui. Il se les incorpore, les délivre de leurs tâtonnements, les contracte, mais il n'est ni la somme de ces qualités, ni leur achèvement imaginé parfait, ni leur harmonie paisible. On n'additionne pas la puissance, la justice, l'amour. Présenter l'image d'un Dieu qui refuse d'être puissant, en invoquant la patience de souffrance du Christ, est peut-être une gentille hyperbole panégyrique; ce n'est en tout cas pas donner un parégorique à ceux qui, dans la souffrance, interrogent la puissance du créateur de ce monde lacuneux; c'est aussi méconnaître la puissance d'un Dieu qui par ce chemin de l'anéantissement triomphe du mal et de la mort et donne à son Fils la qualité de Seigneur.

Les qualités divines disent Dieu pour celui qui ne s'astreint pas à tirer le sens du mot « Dieu » du renvoi de ces qualités les unes aux autres, mais qui, tenant devant l'esprit le nom de Dieu, dépasse ces qualités vers Celui qu'elles signifient. Cette situation particulière du nom de Dieu affecte, selon nous, les preuves de l'existence de Dieu. Il nous paraît difficile de soutenir qu'elles font plus que de retrouver par une démarche systématique ce qu'elles présupposent. Nous ne disons pas que, pour cette raison, elles n'ont aucune valeur démonstrative. Elles fournissent des arguments de convenance, en ce sens qu'à l'intersection de plusieurs mouvements de logique ascensionnelle, elles recréent partiellement le nom de Dieu donné et reçu. C'est cette logique d'anticipation et de confirmation après

coup que, pour notre part, nous lisons dans le texte de Thomas
d'Aquin lorsqu'il conclut l'exposé des cinq voies en écrivant qu'elles
conduisent à ce que tous les hommes « appellent » Dieu. Nom,
donc, qui lui vient d'ailleurs, qui préside aux « voies » de la raison
et dont celle-ci peut retrouver les traces dans l'agencement du
monde.

Qu'il n'y a, à strictement parler, pas de constitution du nom de
Dieu, en ce sens qu'il y aurait une genèse de sens qui se totaliserait
hors du monde, c'est ce que, pour notre part, nous voyons
maladroitement affirmé par la preuve ontologique. « Ce dont l'on
ne peut rien penser de plus grand et ce qui, pour cette raison,
implique son existence », pourrait-on le penser réellement si on ne
disposait pas déjà du nom de Dieu ? La formulation pose l'antério-
rité de l'idée de l'un sur la problématisation du multiple, de
l'achèvement sur celle du mouvement, de la perfection d'être sur
l'imperfection des degrés d'être. Mais peut-on penser l'un sans le
multiple, l'achèvement sans le mouvement, la perfection sans son
contraire ? Il faudrait que la pensée puisse se libérer de la différence
qui donne leurs significations aux mots. Or, « la pensée de ce qu'il
y a de plus grand... » implique la négation des différences dans
lesquelles les mots prennent un sens pensable. Par une expérimenta-
tion mentale, on peut, bien entendu, nier le négatif qui affecte tout
énoncé sur la réalité donnée. On ne voit pas que cette opération
produise un contenu pensable dont ensuite on devrait affirmer
l'existence. Les voies que parcourent les preuves de l'existence de
Dieu montent vers cet absolu délié (*ab-solvere*) des différences qui
font sens pour l'esprit. Ce sont des chemins de l'esprit qu'un
dynamisme dirige vers ce qui transgresse le pensable. Il y a là tout
à la fois une exigence de la pensée et une impossibilité de conclure
à l'existence de ce qui ne peut pas être pensé. A ce point où la
pensée ne sait pas se boucler, elle rencontre le nom de Dieu. On
a affaire ici à un paradoxe analogue à celui de Zénon. De même
qu'on ne restitue pas le mouvement en additionnant les fragments
démultipliés de l'espace parcouru, de la même manière ne recons-
truit-on pas l'être de Dieu, ontologiquement différent du monde,
en opérant mentalement sur les données qui nous viennent du
monde.

Si Dieu n'est pas pensable comme la contraction des significations achevées indéfiniment, il ne s'ensuit pas que le nom de Dieu n'a pas de sens identifiable. Il l'a d'abord comme un nom singulier s'apparentant à la catégorie du nom propre. En tant que nom, le mot « Dieu » désigne et identifie l'être divin qui supporte les attributions des qualités déclinables de par les relations signifiantes qui lient le monde avec lui.

On peut dire que Dieu est réellement « la chose en soi » que nous savons être hors de nos représentations. Il est bien connu qu'en introduisant ce concept et en l'opposant à celui de phénomène, Kant délimitait théologiquement la connaissance possible à l'homme. Celui qui ne dispose pas de l'intuition originaire proprement divine ne peut connaître les choses que selon le mode de leur manifestation intramondaine, caractérisée par l'espace-temps. Ajoutons que leur mode d'apparaître manifeste précisément leur réalité ontologique. Dieu, identifié par son nom singulier, n'appartient en tout cas pas à la phénoménalité du monde. Sa déité ne saurait se manifester phénoménalement et elle se dérobe à la conceptualisation qui est proportionnée au monde. L'affirmation « Il est » implique celle du non savoir de ce qu'Il est.

Reconnaître Dieu dans sa déité nous met dans le voisinage de l'athéisme. Des mystiques ont d'ailleurs pu être suspectés de rendre incertaines les frontières entre théisme et athéisme. Cette suspicion ne tient cependant pas compte de ce que leur rapport à Dieu était à deux faces. A leur négation presque iconoclaste des représentations humaines sur Dieu correspondait l'intensité de leur prière, acte religieux par excellence qui reconnaît la déité de Dieu. Le véritable athéisme refuse de confesser le nom de Dieu parce qu'il ne s'impose pas par les significations immanentes au monde et que, selon les apparences, le discord entre les deux est parfois plus grand que l'accord.

Présence

Pré-être

Si la singularité du nom de Dieu se dérobe aux tentatives pour le recomposer par une genèse du sens, on se doute qu'il soit impossible d'en retracer l'origine dans l'histoire. Rien d'étonnant, dès lors, que les théories concernant l'origine des religions soient lamentablement déficitaires. Des raisons proprement scientifiques condamnent déjà ces essais. On ne reconstruit pas les origines de la religion sur la base d'échantillons toujours déjà chargés de traditions immémoriales. Toutes les théories ne sont d'ailleurs que des opérations mentales qui s'efforcent de recomposer le phénomène complexe à partir de quelques éléments prélevés et privilégiés. Plus essentiellement que les insurmontables lacunes des informations, une raison philosophique nous semble s'opposer à ces prétentions scientifiques. Si les preuves de l'existence de Dieu ne donnent aux croyants que des arguments de convenance et confirment seulement le caractère raisonnable de leur foi, si pour les autres elles signifient tout au plus l'ouverture d'une question sensée, si donc la raison est incapable de construire l'idée de Dieu, comment pourrait-on reconstruire généalogiquement les religions que sous-tend et que polarise cette idée ? Si la raison philosophique n'y réussit pas, ce n'est sûrement pas la psychologie ou la sociologie ou les deux combinées qui prendront avantageusement la relève. Si elles s'y attachent, leur statut même les force à reconduire ce qui excède le monde à des intérêts intramondains. Aussi leurs théories explicatives ne satisfont-elles que les incroyants en leur présentant une compréhension mondaine de l'étrangeté religieuse.

En raison même de son exterritorialité par rapport au monde, l'origine du nom de Dieu ne peut qu'être énigmatique. L'être originaire ne peut pas dériver son origine du monde. Pour comprendre comment ce nom a pu advenir à l'homme, il faut commencer par le penser comme indérivable à partir de ce qui n'est pas lui. En ce sens, il est indiqué de penser Dieu comme pré-être, non pas selon la signification temporelle du préfixe, mais en entendant par pré-être ce qui est au-delà et en dehors de l'être tel que nous le connaissons comme se déployant temporellement.

Rien ne donne à penser que la question de l'origine temporelle du monde ait amené les hommes au nom de Dieu. L'inverse paraît plus probable. On ne voit pas quelle raison aurait fait penser que le monde a commencé à un certain moment. Thomas d'Aquin affirmait d'ailleurs que l'idée de l'éternité du monde ne s'oppose pas à la raison. Avec Kant, on peut donner sa formulation rigoureuse à cette assertion. Pour penser le commencement du monde, il faut penser la cause première. Si on la pense selon les significations du monde, l'idée de cause première est antinomique. Mais si on la pense comme n'appartenant plus à la série longitudinale, mais comme origine en dehors du temps, elle ne contient pas de soi l'idée d'un commencement temporel du monde et, selon Kant du moins, ainsi entendue, l'idée de cause n'est plus un concept.

En vue d'éclaircir la question de l'origine, considérons encore un instant le mythe. En présentant un récit de l'origine, il use d'un langage ambigu. Le récit mythique raconte des événements originaires, qui, en tant qu'originaires, n'appartiennent pas au temps du monde constitué, caractérisé par la fugacité, l'usure, le recommencement. Le temps des événements mythiques est hors lieu, sans date et ne coïncide donc pas avec le commencement, déjà vraiment temporel, du temps intramondain. On peut appeler éternel le temps mythique, parce que des événements s'y déroulent qui ne sont pas réellement marqués par le non-être de l'avant et de l'après. Pour cette raison, les événements mythiques sont tout à la fois à une distance infinie des événements du monde et plus proches de ceux-ci que leur passé ou leur futur. Cela fait dire qu'ils sont les archétypes des phénomènes du monde, leurs formes originaires qui s'y réactualisent et qui les maintiennent dans leur articulation signifiante. Quoi qu'il en soit de la portée ontologique des mythes, ils rattachent l'ordre des choses significativement différenciées à des réalités premières qui, représentées sous les formes empruntées au monde, n'en sont pas moins présentées comme leurs principes et leurs modèles. La contradiction des expressions « temps éternel » ou « temps originel » traduit l'impossibilité qu'il y a à vraiment se représenter l'origine. Mais les mythes montrent tout autant la nécessité qu'il y a à dire l'originel. Cette nécessité est même si essentielle qu'elle donne sa forme au récit mythique. En effet, il ne se raconte pas comme un récit que l'homme fabrique pour rendre compte de la fabrication du monde. Il n'est le langage de personne. S'il se présentait comme construit par une personne, il n'aurait plus l'autorité du mythe. L'origine anonyme que sa facture linguistique conserve est solidaire de l'autorité transpersonnelle du pré-être qui y prend la voix. En tant que récit d'événements hors temps, le mythe se meut dans la zone indécise entre le monde et le hors monde. La conscience d'un pré-être hors temps s'y donne les seules représentations possibles : l'imagination d'événements temporels soustraits à la temporalité.

Je suis

Une seule donnée d'expérience permet de penser analogiquement le pré-être divin et de rendre au nom de Dieu la signifiance qui irradie dans les qualités divines : la conscience intuitive qu'à de lui-même celui qui dit « je suis ». Il ne s'agit là ni d'une catégorie de la pensée ni d'une forme de la sensibilité qui, toutes deux, informent les données du monde et se laissent informer par lui. Certes « je suis » peut n'être que l'énoncé de celui qui sent son corps vivant. Si l'accent porte sur « vivant », le prédicat remplit de sa représentation le « je suis » et l'énoncé est un constatif. On peut encore entendre dans cet énoncé le précipité des réflexions qui suggère au locuteur la vue de sa carte d'identité. L'attestation sociale de son identité datée, localisée et inscrite aux registres matrimonial et professionnel, remplit le « je suis » par les représentations que lui renvoie le miroir social. « Je » est son corps et sa personnalité sociale. Cependant, en disant « je suis vivant » et « je suis un tel », « je » se pose pour lui-même et se détache de ses qualifications, avec la certitude privée de ne pas coïncider avec elles. Parce que « sui-référentiel » (7), « je » n'est ni une représentation ni une catégorie de la pensée. La signification et la référence s'y contractent. En prenant la parole en première personne, par l'acte de l'énonciation même, « je » se pose dans son être-là, soutenu et conditionné, bien sûr, par son être vivant et social. Il n'y a ni inférence ni déduction ici, selon le modèle du « je pense donc je suis ». L'acte d'être « je » s'actualise dans l'énonciation et s'y donne à la saisie immédiate.

Nous n'ignorons pas les critiques que lèveront nos propos. On rappellera la nature formelle du sujet transcendantal de l'analyse kantienne du jugement. Surtout on nous opposera les profondes

(7) E. BENVENISTE, *Problèmes de linguistique générale*, Paris, 1966, chap. 7.

analyses que Heidegger a consacrées au subjectivisme moderne, solidaire de l'objectivisme, et qui, faisant de l'homme conscient de soi la mesure de toutes choses « représentées », a fait perdre le sens de l'être. D'autres, prenant le relais d'une philosophie anglaise sceptique envers l'idée d'un moi « substance », répéteront que le sujet n'est que le point d'intersection mobile des discours anonymes qui s'y recroisent. Il faudrait faire droit à toutes ces contestations en vue de mettre en pleine clarté ce qu'est le « je suis », libéré des malentendus. Il n'est pas l'être du phénomène dont le langage recueille et rassemble les manifestations. Le penser comme objet de l'introspection ou de la réflexion, ce serait le ramener aux phénomènes qui se donnent à distance à l'esprit percevant et jugeant. Parler de la transparence du moi à lui-même, est encore considérer le « je » d'après le modèle des choses-là. Le concept heideggerien de *Dasein*, être-là, ne le signifie pas non plus, car l'être-là, au sens de Heidegger, est le lieu et le moment présent (*Da*) où l'être accomplit son dévoilement par le langage *sur le monde*. Mais le « je » de l'acte de parole survient à lui-même par cet acte même. Comme tel, il ne se précède pas lui-même comme un objet qui se donne à la constatation. Son être advenant à lui-même n'est pas non plus celui d'un étant porté au jour de l'être. Comparé à ce qui est et qui se fait phénomène, « je » n'est rien. C'est l'expérience cruciale, crucifiante même, que font certains lorsqu'après avoir beaucoup raconté d'eux-mêmes et après avoir mis en discours les stratifications insoupçonnées de leur profondeur historique, la question s'impose, dans une soudaineté fulgurante : « mais qu'est-ce que je suis ? ». Ils étaient et ils sont les sujets, aux sens subjectif et objectif du terme, de leurs projets, de leurs pensées, des discours entendus, de leurs relations amicales, amoureuses, conflictuelles ou mimétiques, de toutes les expériences que la remémoration arrache à l'oubli. De dire tout cela différencie progressivement, d'une part, le moi que les expériences du monde et des autres ont prodigalement rempli de significations et, d'autre part, le « je » qui, bien qu'il s'y fût coulé avec plaisir ou réticence, ne s'y est pas entièrement enlisé et qui, dans la question même, se saisit dans une nudité primordiale. Le « rien » qu'est le je correspond au vide que creuse la différence. C'est le rien de ce qui semblait réellement être en ayant été; le rien aussi de ce qui sera selon les projets anticipés et qui, par leur anticipation, s'ajoutent déjà à ce qu'on est comme ayant été. Ce rien est le rien de tout cela, le rien déterminé négativement. Il est indissociablement le rien déterminé positivement du je qui, dans sa question même, se pose en tant que « je suis » et survient à son être-je. Le je de l'énonciation *est* donc bien en tant que pré-être, être actualisant son émergence à l'être. Tout en se produisant dans le monde des phénomènes, « je suis » y introduit la différence radicale. Ne se laissant pas ressaisir conceptuellement, il se soustrait également au glissement des significations du monde, car il n'appartient pas à leur empire.

On s'étonne à écouter certains discours contemporains qui mettent beaucoup de complaisance à « subvertir » l'idée philosophique de sujet. Il ne serait que la retombée des récits racontés à son sujet ou de ceux qui circulent anonymement depuis des origines infiniment reculées; un point où s'entrecroisent des discours qui remplissent le monde de leur tintamarre. Le prétendu locuteur serait un sujet parlé et l'écrivain la plume que manient les signifiants vagabonds. Il était sans aucun doute salutaire de démystifier le sujet supposé centre du monde, intimité psychologique transparente et tirant de soi ses pensées et ses oeuvres. Avons-nous pourtant à choisir entre le sujet-réceptacle qui boit le monde et le sujet romantique qui en est la source miraculeuse ? Entre celui qui n'est que l'interjeu des significations mondaines et celui qui se pose en pivot d'un système totalisant ? A la vérité, l'alternative polémique commence par enfermer la question du sujet dans le registre des représentations, dont il serait le sujet au sens génitif ou objectif, alors qu'il se détermine par la différence entre l'acte de parole « je suis » et les phénomènes qui précisément se livrent à lui et qu'il fait aussi se produire. En réduisant le sujet au vide qui se remplit ou en l'exhaussant à titre du trop plein qui s'épanche, on détourne l'attention de l'inquiétante étrangeté qu'il y a à être pour soi-même un vide de représentations et à être donné à soi-même pour se poser dans l'être.

Dieu ne peut être que celui qui, dans une différence absolue d'avec le monde, accomplit sans intermittence l'acte de l'énonciation « je suis » et qui, ce faisant, réalise la totale jouissance de l'acte d'être « Je » inconditionnellement. L'idée de Dieu ne saurait donc avoir un lieu dans une ontologie qui pense le monde selon la différence être-étant. On ne peut pas l'assimiler à l'être qui se dévoile dans les étants et il n'y pas de sens à le concevoir comme un étant tel que le détermine sa différence intramondaine d'avec l'être. Dieu n'est pas non plus le sacré émanant de l'être qui se manifeste dans les étants. Avec Heidegger on dira que le sacré « règne sur les dieux », car, pour la pensée, les dieux ne sont plus que des figures mythiques d'une mythologie démythologisée par la philosophie.

Ces remarques ne tranchent pourtant pas la question d'une possible entrée de Dieu dans l'ontologie. Si c'était le lieu de le faire et si on en avait la compétence, il faudrait reconsidérer ici le fameux problème historique et philosophique de l'onto-théologie. Bornons-nous à avancer que Dieu ne peut s'introduire dans l'ontologie que si celle-ci vient habiter le lieu divin : le langage religieux qui Lui donne son nom indéclinable. Cette ontologie ne serait plus la pensée de l'être-au-monde. Mais pourquoi serait-ce là le seul lieu où la vérité de l'être se dévoile ? Déjà l'être du je de l'énonciation constitue une déhiscence par rapport à l'être-au-monde.

Origine originante

En se posant, « je » est de quelque manière sa propre origine. Le mot de liberté le signifie, même s'il ne fait que penser négative-ment à l'absence de contrainte ou qu'il n'évoque que la liberté positive quoique conditionnée des décisions pratiques. Rien de ce qui précède, influence et motive psychologiquement ne nécessite et donc n'explique l'acte de l'autoposition. Dans le fond, « je » est sans père ni mère. L'angoisse peut être l'expérience de s'éprouver ainsi suspendu au-dessus du vide, après le forage à travers les représentations qui amarrent le sujet au monde, ainsi que nous l'avons évoqué plus haut. Cette angoisse est symétrique de celle qui affecte le sujet lorsqu'il se trouve resserré (dans l'*angustia*) dans une clôture imaginaire ou physique ; il faut refaire alors le lieu vide où « je » puisse venir à l'être. Etre ou ne pas pouvoir être « je » sont également inquiétants. « Je » veut se libérer et se libérer de sa liberté.

Origine de lui-même par lui-même, je est toujours au présent. S'il remémore son passé, il le pose actuellement comme son passé qu'il retient pour s'en différencier ou pour l'assumer et le confirmer présentement. S'il projette son avenir, il se rend présent au futur de sa présence réactualisée. Le présent du je s'enlève cependant toujours sur un monde prédonné qui a dès lors le sens d'un passé conditionnant et limitant, à quelque instance du temps que « je » se place. Aussi le je comme origine de lui-même a-t-il toujours la nature d'une génération et d'une reprise.

Dire « Dieu » implique la négation de ce qui comporte l'insertion dans le monde et oblige à penser un je inconditionnellement origine originante, sans même inclure, dans cette expression, la production d'un autre de Lui-même. Nous sommes ainsi requis à une négation redoublée : celle qui différencie le je des phénomènes et celle qui lui enlève le passé ontologique sur lequel il se trouve engrené. On ne s'étonnera pas qu'on puisse trouver difficile de penser un Dieu personnel. L'idée du Dieu impersonnel est pourtant la contradiction la plus violente. Certes, de grandes religions, tel l'hindouisme, ne confessent pas le Dieu personnel; mais pas non plus un Dieu impersonnel. L'âme universelle n'est ni Dieu, ni l'ensemble des dieux, ni l'univers; elle n'est ni personnelle ni impersonnelle. Il fallait sans doute entendre Dieu qui se déclare en s'énonçant dans les termes « Je suis » pour qu'on lève les ambiguïtés et pour que le mot « Dieu » se singularise et prenne le sens du nom. Après coup on comprend la situation ambiguë des autres religions. Etre-au-monde et cependant plus ou moins conscient de sa différence, l'homme cherchait à penser Dieu en se mouvant mentalement dans la zone intermédiaire, transitionnelle entre le monde et le hors monde. Comme nous l'avons brièvement fait pour le temps du mythe, on pourrait poursuivre, dans cette perspective, l'interprétation phénoménologique des différentes représentations du divin, des dieux, de la divinité formée par l'inclusion des dieux, ainsi que de la substitution, dans la philosophie Zen, de la « creative nothingness » (8) aux noms divins jugés constitués à partir de la positivité du monde.

_____

(8) Voir KEIJI NISHITANI, *Religion and Nothingness*, trad. par J. Van Bragt, Univ. of Calif. Press, Berkeley-London, 1982; H. WALDENFELS, *Absolute Nothingness*, trad. par J.W. Heisig, Paulist Press, New York, 1980.

La difficulté à penser le Dieu personnel reproduit aussi les malentendus sur le sujet tels que nous les avons analysés. L'idée du « personnel » évoque d'abord tout ce qui le conditionne mais ne l'est pas véritablement. L'histoire du terme de sujet favorise en outre les méprises. On sait que c'est par l'opposition à l'objet que « sujet » a pris le sens de substance pensante, oblitérant ainsi la signification fondamentale que le terme a en tant que sujet de la parole en première personne. Pour que ce sens fondamental se découvre progressivement dans sa portée ontologique, il fallait sans doute également qu'une culture s'imprègne de la référence à un Dieu qui, en s'énonçant en première personne, interpelle l'homme à répondre en première personne. Sans l'idée d'une création qui est une « vocation », sans une tradition centrée sur « la Parole », sans la confession d'un Verbe divin, on n'aurait probablement pas pensé l'être radicalement personnel du « je » et on aurait sans doute pensé un divin trop hors monde pour être impersonnel et pas assez pour être personnel.

L'origine du nom de Dieu est historique. Si l'homme est en mesure de Le reconnaître, il fallait pourtant qu'il Le connût déjà de quelque manière. Il devait être présent en l'homme, non pas à titre de principe reconnu, mais de visée anticipative. C'est ainsi que nous avons proposé d'interpréter les religions non proprement monothéistes. Dans leurs dieux ou dans leur divin, nous voyons l'incubation opérante du nom de Dieu non encore identifié dans sa singularité. D'où vient cette hantise qui ne parvient pas à achever la nomination de Dieu, mais qui, après coup, est capable de Le nommer et qui estime raisonnable de reconnaître ce qui est indémontrable ? Comment se forme cette connaissance qui parvient à reconnaître ce qu'elle cherchait ? La question rejoint celle de l'origine des religions. Nous présumons que cette origine se trouve dans la conscience d'abord obscure qu'a l'homme d'être-au-monde et d'être aussi hors monde par une différence irréductible, la conscience voilée d'être sa propre origine tout en étant, par sa dépendance, originé sans être causé par le monde. Beaucoup de métaphores religieuses et nombre de mythes fondateurs pointent vers un hors monde originel mais indécidable. Il est difficile de comprendre leur émergence si on ne les suppose pas animés par la conscience immédiate qu'a l'homme de différer du monde auquel il est. Mais il est également difficile de penser que cette visée se soit achevée par l'aveu du nom de Dieu sans le message qui l'a fait découvrir en propres termes.

Visage

Origine originante, la présence de Dieu fait comprendre le monde sans l'expliquer. Expliquer, en effet, serait le déduire de Dieu comme une destinée divine et transformer ainsi Dieu en principe intramondain. Comprendre consiste à lire dans le monde ce qui y transparaît sans être lui : une présence qui est son origine conceptuellement irrécupérable et sa destination irreprésentable. Pour celui qui sait le nom de Dieu, le monde prend un peu le sens du visage divin, au présent, en souvenir du nom donné et reçu et dans la perspective d'une destination au-delà du monde.

Qu'appelle-t-on en effet « visage » ? Réfléchissons aux rapports humains. Le visage y prend sa signification par la tension entre l'expression et le recèlement. Si on ne savait pas que ce qui s'y fait public fait signe vers ce qui demeure intimement privé, on ne regarderait pas le visage comme visage, mais uniquement comme ce qu'il est aussi : un phénomène du monde. Or ce qui métamorphose la figure du monde en visage, ce qui opère dans la tension entre expression et retrait, c'est le fait que, dans les yeux, dans la bouche, dans les traits, nous voyons les signes de paroles latentes dont nous attendons l'énonciation. Déjà le sourire d'amour ou d'amitié, la crispation de la douleur, la torsion de l'angoisse traduisent des paroles intérieures, muettes encore et cherchant à se libérer. N'a de visage que l'être qui, dans l'interlocution, peut se poser en première personne, en se disant ou en reproduisant intérieurement les paroles entendues. On parle au nouveau-né parce qu'on lui reconnaît la parole en état de naissance; on contemple le visage du mort et on lui parle parfois en souvenir des paroles passées qui continuent de résonner silencieusement.

La parole divine, de même, donne à des phénomènes du monde avec lesquels elle est en consonance, le sens d'un visage divin. Elle vient d'au-delà du visible et le visible qui, en la recevant, l'exprime, est aussi le gardien de son secret intime et inaliénable. Le monde devient ainsi la phénoménalité de Dieu. Avant que la vive voix auto-déclarative n'imprime à la phénoménalité du monde les traits du visage divin, il n'était que la manifestation d'une puissance divine sans le nom qui le singularise, sans visage.

Après la rupture opérée par le nom, après le consentement à un Dieu hors toute représentation possible, nous pouvons régénérer les significations du monde pour dire Dieu, dans la conscience que, toutes les fois que nous disons « Dieu est... », nous mettons en suspens notre énoncé par la différence entre le nom reconnu et le visage qui, en l'exprimant, en garde le secret inexpugnable, rappelé à notre souvenir, d'ailleurs, par le « Je suis ». La conscience de cette différence se vérifie par le pouvoir du langage religieux de laisser s'égrener les significations attribuées à Dieu. Du moins si ce langage ne prend pas la tournure d'un discours constatif, mais qu'il reste dans la mouvance de la parole qui s'adresse à Dieu dans l'acte religieux. Il en va du langage religieux comme de celui qui, en psychanalyse par exemple, cherche à se dire. Plus il accepte de se dire, moins son discours tend à le mettre à l'abri, plus les mots emportent les mots et lui font prendre conscience de sa singularité indicible mais qui s'actualise dans son énonciation. Loin de le dissoudre dans les récits anonymes dont on voudrait le dériver, les paroles qui s'enchaînent dans leurs signifiances différentes, rendent sensiblement présente l'origine silencieuse dont elles naissent et qu'elles font renaître au présent.

Si le nom de Dieu ne donne pas aux phénomènes leur signifiance de visage, les énoncés religieux s'inversent et font coïncider Dieu avec un sacré qui auréole les réalités du monde. « Dieu est un horizon de lumière » devient « l'horizon de lumière est pour moi ce qu'on appelle Dieu ». « Dieu est amour » se transforme en « l'amour est quelque chose de divin ». « Dieu se manifeste dans le sacré » se retourne en « le sacré est le mystère du monde que les hommes remplissent de dieux ». Les discours qui entendent définir les représentations de Dieu s'exposent à cette inversion. La théologie qui met Dieu en corrélation avec le monde se mue aisément en athéisme théologique, celui qui, croyant savoir ce qu'est Dieu, méconnaît sa déité. Plutôt que de moraliser gentiment sur l'humilité de Dieu qui se fait petit et fragile en Jésus de

Nazareth, nous préférons réfléchir sur la « kénose » de Dieu en lui. Elle est à double tranchant, car, en contenant dans le secret la gloire divine, elle l'exerce en brisant les idoles de l'histoire humaine; en la voilant, elle la fait transparaître en celui qui a parlé et agi avec une autorité que jamais un humain ne s'est donnée.

Comment un croyant peut-il donner sa foi à un Dieu qui est au-delà de toutes les significations du monde? Comment ne revient-il pas à l'agnosticisme qui prend argument de l'impossibilité de se représenter et de conceptualiser Dieu? Seul l'acte religieux répond à cette question. De même que la conscience du je se donne dans et par l'acte de l'énonciation, de même l'acte religieux, celui de la prière et de la confession du nom de Dieu, résout-il par un mouvement simple la reconnaissance que la pensée discursive ne saurait ni générer ni recomposer après coup. En confessant le nom de Dieu, en s'adressant à Lui, en rassemblant en Lui les significations de son imagination désirante, le croyant opère le quart de tour par lequel il ente son être-au-monde sur la présence divine. Par son accord et par sa rupture avec les raisons qui y conduisent, le nom de Dieu appelle cet acte et fait ainsi se conclure le temps de la pensée interrogative par le temps de la décision. Conclusion, cependant, qui ne boucle pas la pensée, car, en accueillant ce qui l'excède, elle se trouve convoquée à dire raisonnablement comment il change, sans l'abolir, la signification de l'existence et du monde.

19

L'AUTRE AU FONDEMENT DE L'EGO
ET DE L'INTERSUBJECTIVITÉ

1. *La priorité philosophique de l'ego*

Autrui a posé un problème particulier en philosophie. Ce n'est pas tant la perception de l'homme entre les hommes qui fait question, ni la co-appartenance de l'autre à l'homme universel, mais la justification devant l'esprit de l'autre unique à l'intérieur et au-delà du semblable perçu ou pensé et, par conséquent, la transition de l'être avec l'autre à l'être à lui, autrement dit: le saut de l'interrelation à l'intersubjectivité. Il nous a semblé que ce problème est révélateur de l'enjeu de la philosophie et que son examen permet de mieux comprendre le rapport malaisé que la philosophie entretient avec la foi biblique. Si déjà l'autre introduit un tourment dans la raison philosophique, combien plus l'Autre absolument autre qu'est le Dieu de la révélation ne doit-il pas demeurer l'étranger incompossible avec cette raison. Par contre, en réfléchissant sur l'intersubjectivité théologale de la foi, la philosophie se trouve amenée à prendre conscience de ce qui se dissimule à la conscience que la pensée a d'elle-même. Nous évoquerons donc, en un aperçu quelque peu téméraire, la démarche que nous semble effectuer la philosophie dans sa position critique par rapport à la reconnaissance d'autrui et de l'intersubjectivité.

Le problème est de savoir comment la pensée peut garantir l'existence de l'autre, comment elle peut le confirmer en tant que gardien de son existence unique et être assuré de tenir le secret manifesté de cet autre unique. En-dessous de la pensée, il y a bien la perception de l'autre corps, semblable au mien, la vue de ses yeux qui paraissent voir comme les miens, l'écoute de ses paroles qui semblent révéler une pensée apparentée à la mienne. Mais comment passer de ces perceptions à la pensée de l'autre conscience sans mettre dans l'autre une pensée que

je dérive de la mienne? Comment savoir que le cogito que j'attribue
à l'autre est plus et autre que mon propre cogito projeté dans les figures
perçues? La question est insolente pour l'évidence naturelle; elle ne
l'est plus pour la pensée qui s'installe dans son propre centre et qui ne
le quitte pas en se diffusant dehors.

La conscience qui construit un monde comme horizon de ses significations sait que le monde est un monde commun de perceptions et de
projets, un champ donc où les autres ont leur lieu et où ils sont avec
l'ego. Mais ne sont-ils toujours pas, dans cette perspective, des dédouble-
ments du moi? Autrui me fait bien signe et dans les différences de point
de vue qu'il fait entendre, j'éprouve mes limites. Les autres avec moi
sont-ils pour autant plus que des démultiplications du « moi », provisoires
dès lors, car anticipativement enveloppés dans le moi qui tend à dépasser
leur étrangeté dans un accord universel? Etre-avec n'est pas l'intersubjectivité, car dans celle-ci la singularité indéclinable de l'autre ne
signifie pas un moindre être pour le moi, mais l'appui pour une autre
manière d'être.

Ce qui fait le problème d'autrui pour la pensée théorique, c'est
qu'elle vise l'universel alors que l'autre se pose comme ce qui est le
plus singulier. La raison théorique veut dire l'universel qui est perceptible
dans les phénomènes et qui déborde les énoncés sur le singulier. Même
la conscience de soi qui se fait conscience réflexive se sépare de sa
particularité pour s'engager dans le mouvement transcendantal. En se
disant elle rompt l'immédiateté phénoménale où il lui semblait coïncider
avec elle-même. Elle ne se décentre pas d'elle-même pour autant, car,
dans ce mouvement, elle s'affirme comme conscience universelle.

La voie privilégiée que suit la pensée pour rendre raison des phénomènes est sans doute celle de la pensée constitutive. Elle consiste à
reprendre en elle-même les données pour les réengendrer de par ses
ressources internes. Ainsi transforme-t-elle ce qui lui advient en significations qu'elle instaure elle-même. Le donné est pour elle un appel auquel
elle répond en effectuant la donation de sens. Investie par ce qui l'affecte,
elle l'investit de sa lumière universelle. Mais comment autrui se fait-il
reconnaître dans sa singularité à une pensée qui le reconstitue sur son
propre fondement? L'autre ne demeure-t-il pas pour la pensée spéculative
un dehors en attente d'être englobé dans la pensée constitutive, une
facticité destinée à être reprise par la pensée dans sa propre naissance
à elle-même? Si la visée de la pensée est de légitimer l'existence de l'autre
en le constituant par son réseau conceptuel, comment l'autre ne serait-il
pas qualifié négativement comme l'intrusion d'une tache aveugle dans
la transparence de la raison?

L'intelligibilité philosophique qui veut rendre raison du réel à travers
le système des concepts aboutit certes à une différenciation interne. Dans
son effort pour retrouver en elle-même l'origine avec laquelle elle vou-

drait coïncider, la pensée débouche sur une origine que son analyse régressive ne ressaisit pas, une origine qui est au-delà de celle qu'elle se donne à elle-même. Elle se saisit comme habitant l'ouverture de l'être et destinée à donner une voix à l'être qui s'ouvre en elle, silencieux et cependant appelant à l'exprimer. Le mouvement de l'analyse régressive déploie finalement une différence interne incomblable. Arrêtée dans sa poursuite du solipsisme totalisant, acceptant l'empêchement dirimant de celui-ci et s'avouant toujours déjà posée dans l'être, la pensée peut admettre présomptivement que d'autres ont leur demeure dans la différence ontologique. La pensée comme pensée ne sait aller plus loin que de leur réserver un lieu de co-présence dans l'ordre de la pensée, l'ordre de la référence et de la signifiance. Si intersubjectivité il y a, elle s'établit dans ce monde commun. Il faut cependant admettre que l'intersubjectivité requiert un virage de l'intérêt pour que dans le monde dans lequel on est avec l'autre, surgisse une présence qui n'est plus seulement co-présence. Une autre instance que la pensée ou la perception des semblables doit venir instaurer cette présence.

2. La priorité de l'autre dans l'intersubjectivité

En réalité la présence originaire de l'autre ne m'est donnée que lorsqu'il me la donne dans la parole qu'il m'adresse et qui sollicite ma croyance en lui. Le corps dont je perçois les mouvements et les yeux où je présume voir des états de conscience, s'anime alors d'une présence inaliénable et d'une présence qui est présence à moi. J'émerge alors des représentations que par la pensée j'injecte en lui et dans lesquelles je l'enferme. Je ne le reprends plus dans mes projets qui le surbordonnent à la construction d'un monde commun, théorique et pratique. Tout en étant co-présent et co-signifiant dans le monde commun, il s'en sépare de par son originalité indéclinable, étant l'origine de la parole allocutive qui naît de lui et par laquelle il advient à moi.

La parole qu'il m'adresse fait appel à ma croyance en lui. Cette croyance passe par la parole entendue, mais elle va au-delà. A travers ce qu'il me dit, c'est lui-même qu'il offre comme digne de ma reconnaissance. Du même mouvement il me fait savoir qu'il me reconnaît et qu'il me constitue comme son interlocuteur. Il n'adresse pas cette parole à un animal et je ne songerais pas à croire en un animal ou en une chose. Je me fie bien à des outils dont l'expérience m'a appris l'efficacité et je peux aussi me fier à un animal dont je connais le comportement et dont je prévois les réactions. La confiance et la méfiance envers les choses et envers les animaux sont toutes deux de l'ordre de la certitude; je me fie à eux dans la mesure où je suis certain, ou bien qu'ils ont les propriétés exigées par l'usage que je veux en faire, ou bien, concernant les animaux ou les forces naturelles, que leur comportement ou leur déroulement ne me mettra pas en danger. La confiance et la méfiance, dans ces cas, marquent l'étendue que d'autres êtres permettent à ma volonté de maîtrise ou la limite qu'ils lui tracent. Ce même type de rapport caractérise de nombreux comportements envers autrui, les comportements précisément qui représentent toutes les modalités de l'être-avec dans une commune entreprise pratique ou théorique. Envisagé dans cette co-appartenance au monde de mes projets, l'autre est supposé faire valoir ses titres à ma confiance; il ne s'y pose pas comme celui qui m'invite à croire en lui. Du même coup je ne me sens pas non plus invoqué par lui à entretenir avec lui une relation autre que celle de mon savoir anticipatif. La position de compétence évaluée dans laquelle je place l'autre est corrélative de celle que, dans ce rapport, je prends vis-à-vis de moi-même en évaluant l'autre. Moi-même et les autres nous n'y sommes des sujets qu'en tant que noeuds de savoir et d'agir à l'intérieur d'un projet qui s'effectue par nous et auquel nous sommes assujettis.

Croire en l'autre est un rapport à lui qui va bien à son futur, mais qui ne le dépasse pas pour le réinsérer dans la trame du monde à construire. Croire en l'autre, c'est le reconnaître anticipativement dans son présent. Je dois librement effectuer moi-même cet acte de croyance. Il ne peut pas me l'arracher par la violence. La pression qu'il voudrait exercer sur moi détruit la source même de la croyance. Si la croyance ne peut jaillir que de moi, je n'en suis cependant pas le moment premier. Ma croyance ne peut qu'être la réponse de consentement que je donne à la parole qu'il m'adresse. L'autre est toujours premier dans le rapport réellement intersubjectif. Sa parole allocutive première rompt le cercle que je trace autour de moi et dans lequel il gravite autour de moi. Par la parole dans laquelle il se donne à moi il se pose en centre nouveau et il m'invite à me décentrer de moi-même. Paradoxalement il instaure de ce fait en moi la possibilité de devenir autre en actualisant en moi une virtualité que je ne connaissais pas, ne l'ayant pas exercée effectivement, celle d'une parole de croyance dans laquelle je me pose librement, dans le face à face devant lui, et non plus à côté et avec lui.

Une difficulté se présente naturellement: pour donner sa confiance à l'autre et pour croire en lui, ne faut-il pas qu'on le connaisse? On a confiance en son médecin parce qu'on est convaincu qu'il est compétent et honnête, mais on n'est pas sûr, d'un savoir certain, qu'il sera en mesure d'agir comme il faut ni qu'il fera ce qu'il faut. Il semble dès lors que la croyance n'est qu'une modalité du savoir. Apparemment c'en est même une forme réduite, pour autant que la croyance porte sur un futur qui, dans les rapports humains, échappe à l'absolue certitude. De cette manière la croyance paraît n'être qu'une connaissance conjecturale. C'est ainsi que, dans la philosophie, croire est généralement tenu pour un moindre savoir. Il en est de même dans le langage courant. On croit la parole de quelqu'un lorsqu'on ne sait pas soi-même ce qu'il affirme et qu'on pense qu'il dit vrai. La croyance y est le crédit provisoire donné aux énoncés ou à la promesse de quelqu'un, en attendant le jour où l'on pourra dire: maintenant je sais qu'il a dit la vérité. Les erreurs des prévisions météorologiques nous apprennent qu'il est plus sage de traduire les discours sur le temps qu'il fera en termes de croyance plutôt qu'en ceux de savoir. La croyance serait-elle alors plus que l'ombre portée du savoir? Et la reconnaissance de l'autre irait-elle plus outre que la connaissance qu'on a de lui et sur laquelle s'appuie une déduction anticipative? On pourrait naturellement invoquer la philosophie de Hume et tenir que le scepticisme ne doit pas annihiler la croyance, puisque celle-ci se justifie en vertu des instincts naturels et bien ordonnés qui la portent, avec une telle force que l'esprit se donne l'illusion du savoir. Il reste que ce scepticisme naturaliste éveille l'esprit de son sommeil et le rend d'autant plus attentif au fait que ses croyances ne sont que les substituts bâtards du savoir désiré.

Dans la croyance qui se tient dans l'expectative du mi-savoir, il y a certes l'amorce d'une entrée dans l'intersubjectivité; mais elle se retient et elle reprend d'une main la confiance qu'elle donne de l'autre. En se subordonnant à la certitude exigée du vrai savoir, au meilleur cas elle introduit un clivage entre le présent et le futur de l'autre. Comment l'autre pourrait-il se savoir reconnu par une confiance ainsi suspendue à la vérification, lorsqu'il est lui-même pour lui-même autant dans son futur que dans son passé et son présent, au point que, par rapport à l'invocation qu'il m'adresse, son futur est pour sa conscience déjà son futur antérieur? Et comment pourrais-je m'éprouver personnellement reconnu par lui, lorsque je demeure interrogatif envers sa disposition future envers moi?

Il faut donc admettre que la vraie intersubjectivité ne se fonde que sur une croyance qui ne s'appuie plus sur un savoir. Autrement dit: l'intersubjectivité au sens strict s'instaure au-delà du savoir en accueillant la parole allocutive avec toute sa force illocutionnaire qui veut créer le lien d'une croyance délestée de la recherche de garantie. Sans doute ces rapports purement intersubjectifs sont-ils plutôt rares, la plupart des relations humaines étant celles de la co-présence établie sur les intérêts communs, plus ou moins entrouverts sur une intersubjectivité gratuite.

Etant l'échange entre, d'une part, la parole allocutive par laquelle l'autre donne son futur dans son présent et, d'autre part, la parole allocutive qui l'accueille et donne la croyance au présent de l'autre comme valant son futur, l'intersubjectivité est de l'ordre de l'amour. C'est la raison pour laquelle la pensée théorique a autant de difficulté de parler sensément de l'amour que de fonder l'altérité de l'autre. Pour entrer dans l'intersubjectivité il faut émigrer de l'ego pensant. Il est même à se demander si ego il y aurait s'il ne se constituait pas d'abord en réponse à la parole de l'autre qui, en invoquant le « tu », lui donnait à répondre « je ». C'est en tout cas par l'interpellation de l'autre qu'à l'origine tout être humain s'éveille à l'ego. La psychologie de Freud reconnaît très justement la formation du moi par « une nouvelle action psychique » hors de laquelle, au moment du « narcissisme », le psychisme, diffus dans ses sensations corporelles, se centre sur lui-même pour faire advenir la nouvelle instance qu'est le moi. Mais Freud conçoit le psychisme comme un automaton pulsionnel qui fait dériver de lui-même la nouvelle figure qu'est le « moi » et qui déplace ensuite vers l'autre sa libido d'abord centrée en lui-même. En réalité, le moi est d'abord la greffe que la parole de l'autre implante dans la vie pulsionnelle du petit d'homme. Et cette parole n'a ce pouvoir que parce qu'elle exprime le voeu parental que, dans le corps sensible, s'éveille la parole qui actualise un moi présumé latent et virtuel. Dans l'intersubjectivité entre égaux, la parole allocutive de l'autre a la même priorité. Ceux qui concluent un pacte d'amour échangent cette parole. C'est dire que le pacte n'est accompli que lorsqu'après la parole entendue de reconnaissance survient non seulement la réponse d'accueil mais qu'à son tour cette réponse exprime la reconnaissance et l'invitation à y consentir. Il n'y a de réciprocité que dans l'échange de la priorité allocutive.

3. *La foi religieuse ou l'intersubjectivité théologale*

Nulle part ailleurs la différence entre le savoir et le croire est aussi sensible que par rapport à l'affirmation de Dieu. L'homme philosophant peut se poser la question si Dieu existe. Sa réponse affirmative demeurera toujours conjecturale: je crois que Dieu existe parce que... Viennent d'abord les certitudes qui appuient dans une certaine mesure l'avancée vers une affirmation qui, ne relevant plus du domaine du savoir de départ, s'exprime sur le mode du croire en tant que savoir strictement invérifiable. Aussi la pensée philosophante, avant de conclure « je crois que Dieu existe », examine les degrés possibles d'une adhésion conclusive. Ces degrés représentent des modalités de la certitude. Avec Husserl (*Ideen*, I § 104) on peut considérer que toute affirmation de vérité est fondamentalement une modalité de la croyance originaire (*Urglaube* ou *Urdoxa*) concernant le monde comme donné et concernant l'harmonie présomptive des expériences. Mais la croyance originaire est elle-même soustraite au doute (*zweifellos*). Elle est d'un autre ordre que la croyance du « je crois que Dieu existe », cette dernière n'étant qu'une modalité à l'intérieur d'assertions établies sur la base de la croyance originaire. Ainsi que le laisse entendre la formule caractéristique du langage religieux « je crois en

Dieu », la foi religieuse est encore d'un autre ordre que les formes croyantes que nous venons d'évoquer. Le langage spéculatif vise une réalité objective, que désigne le terme « existe ». La formulation religieuse s'articule paradoxalement en se référant à Dieu posé en troisième personne: « en Dieu »; elle ne vise cependant pas explicitement le fait de son existence mais elle exprime un engagement personnel qui ne peut que s'adresser à Dieu en lui-même.

A première vue la signification de cette formulation paradoxale est celle d'une attestation solennelle de foi devant les autres. Mais la formule ne perd pas sa signification d'engagement lorsque le croyant la prononce seul, prenant Dieu seul à témoin. Le témoignage devant les autres implique même l'engagement envers Dieu et devant Lui. Cette formule caractéristique doit donc avoir le sens fondamental de l'articulation de la foi elle-même.

Pour en élucider le sens, considérons le fait qu'il s'agit d'un solécisme chrétien dans l'histoire des religions. Cette formule particulière doit exprimer un nouveau rapport à Dieu chez ceux qui se réfèrent à Jésus-Christ. Aussi les termes « les chrétiens », « les croyants » et « les fidèles » désignaient-ils indifféremment ses disciples. Si Jésus de Nazareth ne s'était présenté et n'avait été reçu qu'en tant que maître de sagesse religieuse, il n'aurait pas été à l'origine de ce rapport nouveau qui s'articule dans cette formulation paradoxale « je crois en Dieu ». Il aurait éveillé chez ses disciples un sens plus aigu de Dieu et confirmé leur confiance en Lui. Ainsi que le montrent Bultmann et Weissmann,[1] avant l'initiative de Jésus « croire » avait la signification de la confiance mise en Dieu pour les signes qu'Il faisait, alors que dans le Nouveau Testament c'est précisément ce que Dieu fait qui est l'objet du croire. Un maître religieux peut se référer aux phénomènes observables qu'il interprète comme les signes que fait Dieu. Il en appelle alors à la perception et à l'interprétation que savent faire également les disciples qu'il rend attentifs aux signes. De cette manière le maître soutient leur appui confiant sur un Dieu manifesté. Jésus-Christ, par contre, se présente en tant que celui qui déclare la présence de son Dieu, effectivement advenu par lui, pour les hommes qui croient en lui, homme né d'une femme et originaire de Nazareth. En lui Dieu devient le Dieu qui adresse sa parole allocutive à tout homme, de quelque condition mondaine qu'il soit. L'originalité de la fonction religieuse de Jésus, si différent de tout maître religieux, se condense dans la formule que forge le disciple, après des dizaines d'années de remémoration: il est le Verbe de Dieu. Cette formule identifie parfaitement celui qui, plus que porte-parole prophétique de l'annonce divine, se pose en énonciateur en première personne de la parole de Dieu, qui dans son

[1] *Theologisches Wörterbuch zum Neuen Testament*, KITTEL, art. « *pisteuein* ».

énonciation actuelle, actualise sa puissance en ceux qui l'accueillent. L'actualité de cette parole est si réelle qu'elle n'est que voix et ne lègue aucun écrit. C'est par un contre-sens qu'on appelle la religion de ce fondateur une religion du texte; ses textes ne sont que la remémoration interprétative qui transmet en la rappelant la vive voix du Verbe. Et la croyance est toujours la ratification du Verbe qui s'énonce dans sa voix portée vers ceux qui l'écoutent. Cette croyance se dit d'ailleurs « foi », mot qui traduit la parole donnée dans l'acte de croire ou la disposition dans laquelle cet acte se sédimente. La formule « je crois en Dieu », désignant Dieu en troisième personne, et exprimant cependant le rapport théologalement intersubjectif, se comprend par le dédoublement médiateur du Dieu qui se fait Dieu pour l'homme par le Verbe humain en qui Il s'énonce. Le Credo qui articule le rapport théologalement intersubjectif forme d'ailleurs une séquence où le premier énoncé anticipe sur les autres et contracte en lui rétroactivement le déploiement diachronique. La circularité de l'antéréférence de Dieu sur la narration du Credo et de la rétroréférence de cette narration sur Dieu en qui on croit, constitue la foi qui s'adresse à Dieu en et pour Lui-même.

Pour la confession croyante, Dieu est ainsi un nom propre. Le même terme a pu évoquer une énigmatique puissance originaire et originante, fondement présumé de la pensée en quête de son sol premier qui toujours se soustrait à la prise régressive de cette pensée. Ce même terme « Dieu » peut ne désigner qu'une indécise figure, la plupart du temps plutôt personnalisée par symbolisation anthropomorphisante. A ce terme la pensée théorique préfère d'ailleurs donner la dignité d'une énigme silencieuse en l'appelant « le divin », voire « le sacré ». Et si un vague oecuménisme religieux le maintient pour rassembler sous son enseigne inclusif les religions les plus diverses, ce mot n'y est plus que le chiffre, plus philosophique que religieux, d'un être trop transcendant ou trop immanent pour se prêter à une relation effective, chiffre néanmoins qui aurait inspiré aux peuples la création de leurs jeux de rites et de langages religieux. La foi Le nomme parce que, pour elle, Il se déclare dans une énonciation qui conjoint sa transcendance et son immanence dans l'actualité historique.

Dans cette foi, le rapport entre savoir et croire s'inverse, ainsi que l'exprime de manière surprenante la formule de saint Paul: *Scio cui credidi*, je sais à qui j'ai donné ma foi. On ne connaît l'Autre qu'est Dieu qu'après avoir reçu et accueilli sa parole. Ce savoir ici encore, ici même par excellence, est d'un autre ordre que de celui de la certitude logocentrique et de ses modalités. Mais à l'aune de cette certitude la croyance de la foi n'est qu'un savoir présomptif, éventuellement soutenu par la confiance du désir. Aussi la pensée philosophique attentive à la puissance salutaire du sacré dira-t-elle tout au plus qu'« un dieu nous sauvera ».

Fonder l'existence sur un événement historiquement, culturellement et géographiquement factuel, contingent, est ce qu'il y a de plus étranger à la pensée théorique qui vise essentiellement l'universel et le nécessaire. Pourtant toute reconnaissance de l'autre comme tel se fonde sur le *kairos* d'une parole allocutive faisant irruption dans l'identité que la pensée spéculative cherche à mettre à jour dans les phénomènes mouvants. Sans doute la foi religieuse défie-t-elle radicalement le savoir parce que son Dieu s'y pose dans la dimension universelle que quête l'esprit et qu'Il le fait dans un acte d'énonciation le plus discrètement contingent.

4. *Conséquence éthique et portée mystique de l'intersubjectivité théologale*

La relation réellement intersubjective est plutôt exceptionnelle dans les rapports humains, avons-nous écrit. La plupart des paroles qui circulent entre les hommes transmettent des informations et des ordres ou elles établissent des franges d'amitié passagère au gré des circonstances. La disposition éthique tendra à respecter l'*alter ego* dans l'autre en attestant la commune dignité humaine qu'on ne méconnaît pas dans l'autre sans la blesser en soi-même. Mais sur quoi se fonde cette perception de la même dignité humaine de l'autre? On peut dire qu'en voyant son image, même muette, j'y attends une parole qui naîtra de lui et qui m'interpellera pour que je le reconnaisse dans son originalité qui ne coïncide pas avec ses fonctions ou avec ses appartenances sociales, de la même manière que je regarde l'*infans* comme recelant la puissance latente d'une interpellation à venir. Mais il faut une conscience éthique fort approfondie et affirmée pour que par analogie avec mon propre voeu je transfère sur l'*alter ego* l'exigence absolue d'être inconditionnellement reconnu et respecté dans sa singularité. Il faut même que j'aie dépassé les représentations culturellement circonscrites que je fais de l'être « homme » et que j'agisse en vertu d'un concept universel, fondant une loi universelle. Si la philosophie peut justifier cette loi éthique, l'histoire de l'humanité n'atteste pas qu'elle a été une lumière guidant la pratique de tout homme venant en ce monde. Ce serait une explication trop courte que de rappeler que les passions humaines l'emportent souvent sur la disposition éthique requise. Généralement les hommes ont donné à leur humanité énigmatique la signification que lui confèrent leurs solidarités humaines: d'intérêt de groupe et de communauté culturelle, d'appartenance à une religion faisant un avec la vie du groupe. La parole d'amour, fondatrice de vraie intersubjectivité, pouvait faire émerger l'homme en dehors de son être au monde dont les solidarités formaient la figure concrète. En dehors de ce rapport privilégié la « personne » se définit par la position différentielle qu'elle occupe dans la structure d'une famille étendue ou, plus largement, dans celle d'une société. Les religions qui ne sont pas universelles adhèrent à ces structures familiales et sociales et de cette façon elle exhaussent socialement la dignité de ceux qui y appartiennent et qui ne déméritent pas de cette dignité. Inhérentes aux liens humains, les religions ne soutiennent pas la disposition éthique que la philosophie peut affirmer universellement exigible.

Les rapports changent, du moins en principe, lorsque la foi religieuse reconnaît en tout homme celui qui est appelé à dire « je » en réponse à l'invocation divine. Venant d'au-delà du monde, la parole divine adressée à l'homme le pose en ego plus fondamentalement encore que ne le fait le voeu parental ou la force allocutionnaire de la parole d'amour. Déjà l'intersubjectivité humaine enlève en un certain sens l'autre reconnu à l'horizon du monde. La parole divine, en constituant l'ego humain en vocation à l'intersubjectivité théologale, ne fait pas seulement découvrir par la pensée la subjectivité fondamentale de la « personne »; elle la crée. La « personne » se définit dès lors par des références démultipliées. Le terme de personne continue de se remplir de sens par la position structuralement différenciée qu'occupe l'homme dans les réseaux sociaux. A l'intérieur des intersubjectivités humaines, l'autre et l'ego se personnalisent par une reconnaissance élective qui les détache du monde tout en s'appuyant sur des affinités naturelles. La pensée philosophique peut assumer ces définitions et les fonder sur le pouvoir propre qu'a la conscience de dire « je » et d'introduire ainsi une négativité dans les liens donnés pour les produire avec une certaine liberté. La vocation divine maintient la personne dans ses différentes relations structurantes mais elle exhausse l'ego au-dessus des contingences mondaines et humaines en le définissant par la capacité indestructible de son rapport personnalisé au Tu divin le plus radicalement personnel.

Si la pensée de l'autre consiste à le fonder dans une conscience égologique, l'autre est voué à se défaire de son altérité pour trouver sa consistance dans l'ego transcendantal. Si la pensée montre que l'homme est essentiellement ouverture à l'être, qu'il est le « là de l'être comme tel », l'autre est un autre lieu où se révèle la différence ontologique, mais sa singularité n'a rien d'original. L'altérité égologique de l'autre ne se fonde que sur les paroles croisées d'une présence qui lui advient et d'une présence qui consent à cette advenue.

Ce n'est pas un hasard que la culture et la pensée imprégnées de la religion de la révélation universelle aient conféré au mot « personne » la dignité d'une subjectivité qui transcende les contingences historiques et sociales sans les supprimer. Une incessante ambivalence caractérise dès lors l'homme de foi et elle traverse toute l'histoire de la relation du christianisme au monde. La foi est une invitation à dépasser sans cesse les liens qui nouent les hommes les uns avec les autres dans leur construc-

tion du monde. L'axe fondamental de la foi, en effet, est l'intersubjectivité théologale. Sur elle se fonde une éthique qui vise à instaurer une
intersubjectivité humaine délestée des pesanteurs terrestres. Mais cette
transvaluation de l'existence et des rapports à l'autre devait se réaliser
dans le monde composé par ses liens de socialité où l'homme est nécessairement complice des divisions. Habitant de la terre et en exode sur
elle, tel est l'homme chrétien. Sans doute cette tension a-t-elle été le ferment de l'extraordinaire créativité culturelle et des inventions humani-
taires qui ont caractérisé l'histoire occidentale. Il y a mauvaise conscience
à prendre conscience de l'écart entre, d'une part, l'intersubjectivité humaine conforme à l'intersubjectivité divine et, d'autre part, les rapports
des uns avec les autres tels qu'ils sont et tels qu'ils sont déterminés de
multiples façons. Cette mauvaise conscience est le nécessaire aiguillon
pour les percées toujours à faire. Mais si elle engendre le songe d'une
intersubjectivité accomplie sur terre, ce songe produit une réalité qui est
un cauchemar.

20

RÉCIPROCITÉ DU TEMPS ET DE L'ÉTERNITÉ

Enrico Castelli nous rappelle que l'histoire commence par la tentative de s'exhausser au-dessus du temps pour s'égaler à Dieu par le savoir. Mais, au lieu de transfigurer le temps en éternité divine, ce geste a pour effet ce que Castelli appelle le temps déchu, ou encore: la chute hors du temps. Cela ne veut pas dire pour autant que le temps de l'histoire est le temps déchu. Mais ce récit inaugural de la Bible est paradigmatique pour la question sur laquelle nous entendons réfléchir: le rapport entre l'éternité et le temps.

Le temps religieux du *kairos* fait se rejoindre temps et éternité. Il est le moment présent qui met en branle les possibilités du temps historique et qui l'ouvre à l'éternité. Mais le vrai sens du temps, de l'éternité et du *kairos* n'est pas une donnée immédiate de la conscience. Il faut le construire par une critique qui déconstruit les fausses représentations du temps et les illusions de l'éternité. Aussi nos réflexions suivront-elles d'abord les cheminements obliques du désir et de la pensée qui veulent se libérer du temps pour s'affranchir de la finitude; nous analyserons les tentatives pour réaliser l'immédiation de l'éternité. Une élucidation critique des sources de l'idée d'éternité préparera ensuite la connexion articulée du temps et de l'éternité. Mais pour l'effectuer concrètement, l'homme doit opérer une *metanoia*, un renversement de ses rapports naturels au temps et à l'éternité. Enfin, nous verrons que la religion, et particulièrement la foi chrétienne, appelle et présente la réconciliation entre le temps et l'éternité qu'une tendance naturelle oppose entre eux.

Au cours de ce cheminement, constitutif du *kairos*, les termes de temps et d'éternité changent de sens. Un esprit philosophique abstrait voudra sans doute traiter ces termes comme des entités logiques et considérer les significations que nous adoptons au départ comme viciées par des défauts conceptuels. Ce serait oublier que ces concepts ont leurs sources et leurs matrices signifiantes dans le vécu du sujet avant d'être codifiés par les théories. C'est pourquoi nous penserons d'abord la question dans le lieu du temps vécu lui-même, avec ses résonances affectives et ses représentations confuses. Si les concepts de temps, d'éternité et d'aliénation sont mouvants, polysémiques, contradictoires dans leurs différentes significations, c'est d'abord parce qu'ils originent dans un vécu qui en transforme et en inverse même le sens. Ainsi l'aliénation éprouvée n'est-elle pas nécessairement la plus réelle aliénation, et la libération désirée peut n'être qu'illusoire. La plus essentielle aliénation est celle qui est méconnue. Un traitement abstrait, purement théorique des concepts n'est pas en mesure d'éclairer une aliénation inconsciente d'elle-même.

Notre démarche nous impose de prendre notre point de départ dans le vécu presque solipsiste du sujet. Les problèmes vécus du temps dérivent précisément des constituants que les tendances naturelles désintègrent en éléments conflictuels. Résoudre ces problèmes, c'est par une reconstitution personnelle rejoindre le temps constitué par le langage et par les symboles de la culture. La pensée théorique du temps doit réeffectuer cette constitution du temps et conceptualiser ainsi la dialectique par laquelle on surmonte les conflits du temps. Notre travail théorique essaiera d'épouser le travail existentiel.

1. La souffrance du temps et le désir d'éternité.

Naturellement l'homme éprouve le temps comme un destin qu'il subit. De nombreuses locutions évoquent la figure d'un temps substantifié qui règne en maître sur l'existence et lui inflige de douloureuses blessures; tel le sinistre Chronos, il dévore ses propres produits. Soumis sans recours à cette puissance insidieuse, dont le nom évoque déjà la proximité du néant, l'homme éprouve à fond son impuissance. Il ressent le temps comme un pur fait imposé qui lui signifie sa contingence fondamentale. Mais, affecté par une puissance à laquelle il appartient, le moi s'éveille à lui-même. L'affection se retourne en auto-affection et le sentiment en ressentiment. Dans sa passivité même devant le temps, l'homme éprouve son soi-même et il tend à s'appartenir à lui-même. Ainsi, de la souffrance du temps subi naît un désir d'éternité où l'homme cherche à faire l'expérience d'une ipséité subsistante. Et comme le désir d'éternité est mis en branle par la souffrance du temps, il est également d'essence affective et, éveillé par la menace du temps, il vise à s'y soustraire par une démarche transgressive. Mais qu'est-ce que l'éternité ainsi opposée au temps? A vrai dire, au moment de la révolte contre le temps, l'éternité ne se présente que comme l'annonce d'une intensité de durée. On le pressent comme un présent qui ne s'abolit plus dans le passé. Car ce qui donne au temps sa figure de destin, c'est le passé représenté comme un abîme où tout s'engloutit. L'image la plus éloquente du temps impitoyable, c'est sans doute une ville en agonie qui s'enfonce inexorablement dans la mer.

La pathologie du temps vécu fait clairement apparaître la représentation du temps-destin. Et la référence à la psychopathologie est légitime. Car elle fait saisir les moments constitutifs de l'humain que l'homme n'a pas su assumer et articuler par une intentionalité qui les transforme. Tout en laissant dans l'ombre ses causes profondes, nous pouvons caractériser la pathologie du temps comme la souffrance aggravée jusqu'à la passivité désespérée. La pathologie du temps se comprend parce qu'il lui est propre d'être d'abord subi (pâti). Et de manière caractéristique, dans la temporalité morbide c'est le passé qui préoccupe et paralyse l'homme. Dans le vécu normal du temps, le passé s'offre pour une remémoration qui en actualise les latences et les oriente vers l'avenir. En ce sens, on peut dire avec saint Augustin que la mémoire est l'esprit lui-même: « ipsam memoriam vocantes animum ».[1] Si la négativité du temps que marque le passé, peut désaisir l'homme de lui-même, elle rend aussi possible l'émergence de la subjectivité qui n'advient à elle-même que par la distance interne. En introduisant la séparation d'avec les objets qui passent, le temps crée l'intervalle du devenir où le sujet peut venir à l'être. Ainsi l'esprit peut-il se poser comme distinct des choses et comme liberté de projets. Mais, si la séparation du passé conditionne la venue à l'être du sujet, encore faut-il qu'en abandonnant ce qui a été, il accepte de perdre ce qu'il a été. En effet, étant d'abord dans et par les objets auxquels il s'attache, en les perdant, l'homme s'éprouve comme séparé de son être substantiel. La perte des objets investis affecte l'homme d'une perte de lui-même. Pour cette raison il s'insurge contre le temps-destin qui fait passer les choses et il veut les conserver pour préserver sa propre substance. Il lui faut donc apprendre qu'il n'est qu'en venant à l'être au-delà de la perte acceptée. S'il ne parvient pas à faire ce deuil, alors, hanté par un présent aboli, il meurt en lui-même, impuissant à se donner son être présent par une ouverture à ce qui peut lui advenir.

On appelle souvent mélancolique l'existence captive du passé mort. Nous pouvons retenir ce terme, à condition de ne pas identifier ce type d'accrochage mortel au passé avec la psychose que la psychiatrie désigne du même nom. Car, dans celle-ci, un autre élément alourdit terriblement la pesanteur du passé: une culpabilité inconsciente pour le passé dévore littéralement le moi et l'enferme dans une horrible certitude d'être la source toute-puissante de tous les maléfices. Dans la mélancolie plus bénigne qui illustre la représentation du temps-destin, c'est l'irréversibilité du temps que le sujet intériorise comme sa propre mort. Le regret

---

[1] *Confessiones* X, 14.

pour les choses qui ne durent pas, le rend inapte à accueillir ce que le présent peut lui offrir. Marqué par la mort du passé, il anticipe affectivement la disparition du présent éventuel et il projette sur le futur le néant du passé. Rien n'est dès lors capable de racheter les pertes subies.

Le deuil non accepté peut se cacher sous l'apparence d'une existence toute orientée vers l'avenir. Dans ses manifestations visibles, la fuite en avant est le contraire de la première forme. En réalité, elle est un mode réactionnel, conditionné par l'accrochage aux choses passées qui est bien le pathos fondamental du temps subi. En raison de la souffrance qu'inflige la disparition du passé, on l'efface de la mémoire. Mais, coupé du passé qui en était la germination, le présent se trouve également dévalorisé. Un avenir abstrait et indéfini possède alors l'homme qui s'y projette impatiemment et qui contracte imaginairement les intervalles qui le tiennent en suspens. Paradoxalement, pour échapper au temps, il précipite le cours des choses et vit pour un futur de possibles illimités. Il ne vit que dans des projets qui enjambent le temps requis par une oeuvre en train de se faire. L'utopie, qui relève de cette pathologie du temps, situe l'avenir dans un lieu ec-topique, dans un non-lieu temporel, dans un avenir qui ne peut jamais avoir lieu, parce qu'il n'est que le reflet d'un passé regretté et refusé.

L'effet de la pathologie du temps vécu est toujours d'annuler le présent, soit par une extrême rétention qui intériorise la mort du passé, soit par une visée du futur qui est un pur *a priori* de projet, détaché du présent qui devrait en préparer l'avènement. L'homme éprouve naturellement le temps comme une aliénation, mais s'il n'y consent pas; d'affective et d'imaginaire qu'elle est en première instance, l'aliénation devient réelle.

Pour ne pas se laisser dominer par la souffrance du temps, l'homme peut essayer de le dominer en le niant, tel Epicure qui considère le temps comme « l'accident des accidents ».[2] Ne s'attacher à aucun passé, ne désirer rien de ce qui fait défaut, ne prendre en considération que le présent donné, c'est la sagesse mélancolique qui, en supprimant le négatif du temps, surmonte la souffrance et échappe à la pathologie, mais détruit également l'ouverture au possible. Epicure nomme « éternité » ce temps réduit aux présents répétitifs et détachés, car, délié de ses attaches aux coordonnées temporelles, l'instant semble se donner comme gonflé d'absolu. De cette manière Epicure peut encore dire que « l'amour de la vraie philosophie nous affranchit de tout désir ».[3]

Sans doute cette sagesse supprime-t-elle l'insatisfaction qui se creuse au sein du temps et du désir qu'il relance. Mais en refusant la mesure

---

[2] *Doctrines et maximes*, Paris, Hermann, 1940, p. 121.
[3] *Ibid.*, p. 133.

du temps, elle enlève à l'homme la possibilité de se mesurer avec lui. Elle n'entre pas dans le travail que le temps impose à l'homme pour qu'il préserve son désir et s'accomplisse par une transcendance active. Aussi j'appellerais inauthentique cette existence a-temporelle parce qu'elle est une dissipation dans la pure extériorité des instants successifs. La maladie du temps est plus riche en possibilités, car elle est au moins une révolte — fût-ce inconsciente — contre le temps subi. La sagesse résignée est une richesse pauvre qui forclôt tout espoir de dépassement.

Une autre manière de se sauver du temps-destin consiste à réaliser affectivement l'éternité par des expériences d'allure mystique.[4] Au regard de la psychologie, leur proximité avec les drogues hallucinogènes n'est pas un hasard. L'intention est largement la même: ces deux recherches visent à remplir par une extase sensible et imaginaire les brèches du temps et les écarts entre les êtres. Dans les expériences dites mystiques, on essaie d'échapper à l'incomplétude en ramassant dans un présent indifférencié ce qui s'évanouit dans le passé et les promesses que l'avenir tient en suspens. On sollicite une éternité qui comble le présent et qui le déborde au point de le dissoudre. Le mysticisme ne veut pas dominer le temps d'en haut; il descend en-dessous du temps, vers les nappes d'une existence non articulée par les différences temporelles. Les promoteurs de ces expériences le soulignent eux-mêmes:[5] dans l'expérience de la fusion « océanique » le sujet ne se situe pas en face d'un objet ou du monde; l'attention qui porte exclusivement sur un objet pour lui-même abandonne tout projet finalisé, au point que l'objet pleinement désirable représente un univers reposant en lui-même. Ayant entièrement investi un être, l'homme se trouve en retour si totalement occupé par lui, que l'expérience ne laisse rien à désirer et qu'elle abolit le temps dans une présence sans délai ni indigence. Le mysticisme entend illuminer l'existence par les instants métamorphosés en éternité immédiate. Pour absoudre le temps, il privilégie et il poursuit les expériences dont la densité affective et imaginaire irradie l'éternité et dissout les repères temporels. Comme en témoigne Maslow, l'homme s'éprouve divinement transfiguré par le bonheur d'une rencontre sans passé ni avenir.[6] Nietzsche lui aussi affirme que dans l'ivresse extatique l'homme se sent Dieu. Mais cette félicité ne peut pas durer, selon Nietzsche, précisément parce que c'est

[4] Il va de soi que nous visons les types d'expériences qui relèvent d'un mysticisme naturel; elles consistent essentiellement dans l'élargissement *sensible* de la conscience. Ce qui suit ne s'applique donc pas à une mystique qui est passée par le dur travail de la conversion intérieure, suivant en cela une voie méthodique de transformation de l'esprit.

[5] Maslow, *Toward a Psychology of Being*, New-York, Van Nostrand-Reinhold, 1968.

[6] *Ibid.*, p. 92.

en rupture avec le temps que s'ouvre un hors-temps d'éternité.[7] Le drame de Nietzsche est que, sous peine de se distendre et d'imposer l'obsession du temps à endurer, l'expérience d'éternité ne peut être que scintillement intermittent.

Le mysticisme veut donc recueillir l'éternité dans une extase qui naît au bord du temps. Cette éternité est-elle plus qu'effervescence illusoire? Une mystique qui élève à l'état quasi-divin, est-elle autre chose que vertige affectif? Si l'éternité n'est qu'une déflagration qui traverse de temps à autre le tissu temporel, peut-elle vraiment racheter le temps? Au lieu de le justifier et de le désaliéner, ne parvient-elle pas tout au plus à le faire oublier?

Au désir de vivre, le temps et l'éternité s'imposent comme deux dimensions contraires, qui empiètent l'une sur l'autre, opposées qu'elles sont sans médiation. Contre la négativité du temps dont la vie est trouée, l'éternité annonce une positivité illimitée qui inscrit son appel dans le désir de l'homme. Mais cet appel reste sans réponse réelle, si l'homme juxtapose l'éternité à ce que Péguy appelait le rythme et la vitesse propre de l'événement du monde. Pour que l'invocation de l'éternité ne devienne pas l'illusion aliénante d'une *Erlebnis* quasi-divine, il faut que le temps et l'éternité se conjoignent. L'éternité ne désaliène le temps que si le temps désillusionne l'éternité. Nous faisons nôtres les paroles de T. S. Eliot:

> « Si tout temps est éternellement présent
> Tout temps est irrémissible.
> Ce qui aurait pu être est une abstraction
> Qui ne demeure un perpétuel possible
> Que dans un monde de spéculation ».[8]

2. *Les sources de l'idée d'éternité.*

La réconciliation du temps et de l'éternité impose d'abord la tâche critique d'élucider les ressources de l'idée d'éternité et de son opposition au temps. Et puisque sa première représentation est d'essence affective, nous examinerons en premier lieu celle-ci.

Nous avons vu que la souffrance du temps fait se retourner l'affectivité sur le passé dont elle ne parvient pas à se séparer. Le passé représente une éternité de pesanteur qui attache. Même si l'idée d'éternité

---

[7] La passion de l'éternité est le thème essentiel de la fin de la IIIème partie de *Ainsi parlait Zarathoustra.*

[8] *Four Quartets, Burnt Norton,* dans: *Poésie,* trad. de Pierre Leyris, Paris, éd. du Seuil, 1969, p. 157.

n'est pas explicitement formulée dans l'accrochage au passé, celui-ci est la figure qui donne aux recherches d'expérience d'éternité son contenu représentatif. En effet, la mélancolie compose le musée imaginaire de toutes les réalités dont la vie s'est retirée. Elle totalise tout ce que le temps a engouffré. Le passé peut même hanter la nostalgie par la représentation de l'immense cimetière de tous les possibles morts-nés. Le passé figure l'être infini qui peut immensément plus que ce qu'effectuent tous les présents successifs. En ce sens, il est le cercle de tout être enfermé en lui-même et que le temps fait éclater. La figuration symbolique de l'éternité par le cercle parfaitement refermé sur lui-même, a sa première origine dans l'adhésion nostalgique au passé. La douleur de la séparation fait l'affectivité se rétracter dans le cercle d'un passé rêvé comme plénitude perdue. Le temps se représente alors par le symbole de la ligne qui fuit indéfiniment.

Nous pouvons aller plus loin dans notre analyse et nous demander ce qui, dans la constitution du sujet, donne au passé une telle puissance et ce qui nourrit le désir d'éternité si obsédant que l'homme peut s'y aliéner tout en s'imaginant d'y trouver sa subsistance.

Le passé immémorial qui obsède la mémoire, c'est l'inconscient qui est la terre natale où toutes les formes d'existence sont encore compossibles et où tout repose dans un présent diffus. En effet, nous pouvons le mieux décrire l'inconscient en lui déniant toutes les catégories que dégage la déduction transcendantale de Kant. N'étant pas articulé par les modalités, il ignore la différence entre l'existant, le possible et le non étant. Il est incapable de négation et n'a donc rien en dehors de lui dont il se trouverait séparé. Il n'est pas marqué par les rapports de causalité qui disjoignent et relient les êtres dans leur extériorité objective. L'inconscient se caractérise donc par l'absence de tout ce qui constitue le temps et, pour cette raison, il a une certaine qualité d'éternité. Nous pouvons dire de lui ce que Bergson disait de l'univers: il est une machine à faire des dieux. Et comme les ratés de cette machine font l'histoire réelle, le souvenir de l'éternité inconsciente superpose aux événements articulés l'étendue indéfinie de ses productions imaginaires.

C'est bien de cela qu'il s'agit dans l'éternité rêvée et éprouvée affectivement: la tension temporelle s'y détend en espace, infini parce qu'indéfini. En cela cette expérience suit les modalités de la représentation onirique, dont les analyses freudiennes ont montré que, se déployant essentiellement sur le mode de la figuration, elles transforment les rapports temporels en rapports spatiaux. L'imaginaire désirant se coule dans ce mode de représentation et prolonge en rêve éveillé une existence a-temporelle. L'idée d'éternité a donc ses sources premières dans une représentation d'immortalité qui n'est que la suppression onirique du temps. Que le désir d'éternité prenne son essor dans le souvenir inconscient d'immortalité, ne peut pas nous surprendre. En effet, à l'orée de la vie désirante se profile la figure maternelle dont Bertram Lewin dit très justement qu'elle « nous rendit immortels au tout début par une potion magique de nourriture apportant le sommeil ».[9] Dans nos rites funéraires on retrouve encore ces éléments d'une représentation primaire d'éternité, surgissant de l'inconscient: on confie celui qui n'est plus à la terre-mère pour qu'il dorme dans une paix éternelle. Le rite religieux assume cette représentation archaïque pour fonder sur elle son symbolisme.

L'éternité et la mort se rejoignent ainsi en arrière de l'existence, à la source inconsciente de la subjectivité. L'homme en a une obscure perception et il en propage les manifestations dans les formes sensibles de ses nostalgies. Les expériences d'allure mystique les transposent au niveau cosmique et elles donnent à l'homme de se sentir en harmonie avec le coeur originaire du monde, de communiquer avec son âme universelle. Elles transforment la présence au monde en représentation d'espaces que ne polarise plus la tension vers l'avenir. Emergeant de l'inconscient, l'imagination de l'éternité efface la ligne du temps qui trace des directions de sens à effectuer. Pour s'unir à l'être des choses elle s'enveloppe dans le cercle qui engloberait l'âme du monde.

D'une tout autre manière, la rationalité forme elle aussi le cercle de l'éternité: son éternité à elle, consiste dans la totalité des pures formes *a priori* des possibles. On peut donc dire que l'éternité de la raison prend appui sur le futur comme projet des possibles non encore advenus et dont elle anticipe la réalisation dans une contemplation *sub specie aeterni.* Par l'adhésion à cette figure de l'éternité, on estime également partager une existence semblable à celle de Dieu. Et en fait, comme Wittgenstein l'a démontré avec force dans le *Tractatus,*[10] l'affirmation de la vérité est extra-temporelle, an-historique; ou encore: la logique est a-temporelle. Même si l'affirmation porte sur des objets dont la forme est temporelle, leur énoncé reste en dehors du temps. En ce sens le monde comme totalité de ce qui se manifeste, est aussi intemporel que la logique et que la vérité énoncée. Le dire logique adopte un point de vue transcendantal et extra-temporel et, comme telle, la succession n'appartient pas à la forme logique de l'objet. Le temps n'a dès lors qu'une valeur psychologique, non pas logique. Pour que le temps logique soit possible, il faudrait que le monde change substantiellement. Or, pour la pensée logique, la substance du monde ne peut être que permanente, inchangeable, éternelle. Et Wittgenstein ne considère pas le monde comme la présence originaire du sensible, mais uniquement comme l'objet de la vérité logique. Personnellement, nous croyons

---

[9] *Phobic Symptoms and Dream Interpretation,* dans « The Psychoanalytic Quarterly », 1952, XXI, n. 3, pp. 309-310.

[10] Voir 6.3611, 6.4311 et 6.4312. Nos citations reprennent la traduction de P. Klossowski, Paris, Gallimard, 1961.

retrouver la même considération dans la réflexion husserlienne sur les essences *idealiter* données en présence originaire à tous les sujets.[11] La philosophie de l'Ego transcendantal adopte le point de vue de l'éternité logique et elle s'harmonise difficilement avec la phénoménologie du moi corporel et temporel.[12]

La pensée logique donne donc une vision totalisée du monde qui libère du temps. « Si l'on entend par éternité, non pas une durée temporelle infinie, mais l'intemporalité, alors celui-là vit éternellement qui vit dans le présent » (6.4311). Ce présent n'est donné qu'à la contemplation qui habite l'espace logique. « Contempler le monde *sub specie aeterni*, c'est le contempler en tant que totalité ». L'éternité n'est donc pas ici l'objet du sentiment mystique. Au contraire, pour Wittgenstein, l'élément mystique consiste dans le *sentiment* que le monde contemplé logiquement est limité. L'élément mystique est l'indicible expérience, échappant à la logique, qu'il y a une autre dimension de l'existence et du monde, celle qui appartient à l'éthique, à l'art et à la religion. Ce sentiment mystique sur lequel débouche le *Tractatus* n'est pas celui de l'extase affective, car il présuppose la contemplation *sub specie aeterni* du monde. Il est la transgression de la limite du monde d'abord reconnu comme totalité.

La pensée logique des possibles apporte ainsi un salut par une libération transcendantale du temps des contingences historiques. Et ici encore c'est un espace qui se substitue au temps car, selon l'expression de Wittgenstein, la totalité finie des possibles constitue l'« espace logique ». Le salut de la contemplation *sub specie aeterni* ne semble cependant que provisoire, puisqu'il ouvre la dimension proprement mystique. N'y rejoindra-t-on pas une éternité qui promeut un temps plus fondamental que le temps « psychologique »?

Nous ne voudrions pas discuter la validité du concept logique d'éternité. L'invocation du sentiment mystique qu'il prépare nous oblige cependant à nous interroger sur l'originalité du temps que la philosophie du *Tractatus* réduit au psychologique, considéré comme l'infra-logique. L'éternité de la logique n'est-elle pas une éternité abstraite, une éternité qui n'appartient plus au champ de l'être? La logique dit *comment* les choses sont, elle ne dit pas leur *être* que néanmoins elle manifeste, laisse apparaître. Et « *comment* est le monde, voilà qui est absolument indifférent pour ce qui est plus élevé (*das Höhere*). Dieu ne se révèle pas dans le monde » (6.432). L'éternité de Dieu n'est-elle dès lors pas différente de celle de la logique? Et le temps ne peut-il pas appartenir

---

[11] *Ideen* II, p. 163.
[12] Voir E. MARBACH, *Das Problem des Ich in der Phänomenologie Husserls*, Den Haag, M. Nijhoff, *Phaenomenologica*, 59, 1974.

à l'être dont la logique est impossible? S'il en est ainsi, l'éternité libératrice n'est peut-être pas irréconciliable avec le temps. Mais dans ce cas, les deux doivent changer de figure.

3. *Réciprocité du temps et de l'éternité dans l'acte.*

Les idées d'éternité que nous avons analysées ne se rapportent pas vraiment au soi du sujet existant. La première revient en-deçà, la seconde le dépasse par abstraction. Et le temps n'y est intérieur ni au sujet ni à l'être. Il est vu du dehors, comme une succession d'événements étalés sur une ligne. D'emblée objectivé comme extériorité longitudinale, ce temps porte en lui le principe de sa reconduction à l'espace qui le totalise en éternité.

Or, la subjectivité et le temps sont solidaires, dans la négation comme dans l'attestation. Si les deux idées d'éternité que nous avons rencontrées excluent le temps, c'est qu'elles méconnaissent la subjectivité ontologique qu'est l'acte. L'expérience affective d'éternité est un état pathique. Et la contemplation *sub specie aeterni* repose dans l'espace logique *a priori* du monde qui se reproduit dans l'image du langage. Ces deux données conditionnent sans doute l'acte du sentir et du dire. L'homme ne pourrait pas se poser en sujet en acte si l'acte à poser n'était pas précédé et sollicité par la sensation du monde. Et le sujet ne pourrait pas énoncer ce qui est vrai pour lui, s'il ne recevait pas le message des significations à dire. Mais l'acte du sentir et l'acte du dire opèrent une trouée dans l'espace de l'éternité. C'est pourquoi l'acte ne se retourne pas sur lui-même dans le sentir et il ne se réfléchit pas dans la contemplation de la vérité. Le Wittgenstein du *Tractatus* l'a perçu de quelque manière, puisqu'il affirme que la logique laisse en dehors d'elle la volonté qui n'est pas de l'ordre des *faits* qui seuls sont représentables. Pour cette raison, d'ailleurs, une philosophie de la volonté est toujours indirecte, et la philosophie, tout comme l'expérience sensible, tend à l'éliminer de son champ et à la supprimer dans la vision.

Dans l'éternité ressentie ou contemplée, tout est étalé et rien n'advient. Aussi l'homme l'éprouve-t-il également comme une durée insoutenable, même s'il y aspire. Les propos contradictoires de Nietzsche sur le temps et l'éternité attestent la double contrariété des deux dimensions séparées dans leur opposition. Le thème de l'éternel retour de l'origine fait alterner le cercle de l'éternité et sa nécessaire rupture par le temps. Absorbé dans l'extase affective ou dans la contemplation de l'éternel espace logique, l'homme a le sentiment de ne plus être dans le jeu. Wittgenstein n'affirme-t-il d'ailleurs pas que l'éthique et le sentiment mystique changent le monde éternel, modifient ses limites, le rendent tout autre? (6.43) Mais d'après lui, ceci ne peut plus être dit par le langage. Quoi qu'il en soit du statut du langage qui conteste ici même la possibilité de dire le monde changé par la volonté éthique et par la religion, il importe de noter que le sujet se met dans le jeu du monde par sa volonté. Et le changement du monde, qui en est corrélatif, brise l'enfermement dans l'éternité a-temporelle.

C'est que tout acte est événement, échappant dès lors à une vision qui n'assiste qu'à une présence extérieure. L'acte rend présent ce qui ne l'était pas. L'absence n'y est pas donnée antérieurement à la position; elle se creuse derrière elle. De même ce qui peut advenir ne précède pas l'acte, car c'est lui qui le projette et rend présent ce qui n'était qu'absence non encore reconnue. Le vrai temps ne s'installe qu'à l'intérieur de l'acte même. En faisant advenir l'être à la présence, il pose l'antérieur du passé et l'advenir du futur. Ce temps-là n'est plus extérieur au sujet, étalé dans la succession longitudinale, assimilé à l'espace des *partes extra partes*; il est la structure interne de la présence en acte. Et c'est parce qu'avec la présence co-naît le temps, que le présent est l'instance privilégiée du temps originaire. Le privilège que le vécu du temps peut accorder au passé ou au futur, relève de l'objectivation pathologique du temps et le fait se dégrader en espace. C'est alors que l'éternité séparée est appelée à absoudre le temps.

La fonction chronothétique de l'acte implique la référence à la double éternité, celle qui est avant et sous-jacente à l'acte présent, et celle qui est en avant et qui règne sur lui. En effet, l'avènement de l'acte n'est pas une auto-apparition absolue ni un effet produit par un enchaînement longitudinal. Il se constitue comme une différenciation interne de ce qui est appréhendé comme flux vital ou de ce qui est pensé comme l'être universel, égal à lui-même dans une éternelle simultanéité. Cette obscure perception de l'origine précessive peut donner à penser que la vraie vie est ailleurs que dans le présent, enfouie dans une éternité originaire. La différenciation interne que l'acte au présent fait surgir, se réfère également au possible qui se profile en avant du présent, à l'horizon de la forme qui s'engendre *hic et nunc*. L'émergence d'un présent qui a sens, ouvre la perspective sur le royaume des possibles. Mais après coup, par une saisie rétrospective, le sujet conçoit comme présent possible ce qui advient comme acte. Le possible est dès lors en première instance un futur antérieur: ce qui advient se conçoit également comme ce qui aura été possible. Ainsi la synthèse logique constitue un royaume universel et éternel des significations possibles et dont l'acte s'approprie les structures pour se constituer en présence pleine.

Le langage est le milieu paradigmatique dans lequel se constitue tout acte et où il prélève les formes signifiantes pour advenir au présent. L'éternité logique lui appartient en propre et elle conditionne l'acte d'une présence effective. Mais l'acte n'est pas que forme signifiante, il est aussi l'opérativité de l'être. Pour cette raison, on ne peut penser l'acte que comme le présent distinct que la vie fait naître, au bord de son flux informe et au contact des formes déposées dans les signes du langage. Les dimensions de la synchronie et de la diachronie, indissociables quoique distinguées, réalisent l'implication réciproque du temps et de l'éternité dans l'acte de l'énonciation.

Il appert dès lors que, rendue opérative par le présent effectif, l'éternité prend un sens différent. Elle se conçoit d'après l'instance paradigmatique du temps qu'est le présent. Pour l'esprit qui le regarde du dehors, le présent est insaisissable. En effet, précisément parce qu'il est le temps actuel, opératif comme temps, et non pas rabattu sur l'espace, le présent n'est pas désignable comme un objet devant l'esprit. Mais en vérité, seul le présent dure. Pour autant que nous existons, nous sommes au présent. Cependant, on peut se défaire du présent, le projeter sur tout ce qui n'est plus ou ce qui n'est pas encore; ainsi construit-on, imaginairement ou rationnellement, l'espace étendu d'un présent éternel et immuable: celui qui n'est pas mais que l'imagination rétentionnelle ou prospective habille d'un être possédé en permanence.

Il n'est pas possible d'opérer une synthèse logique du temps et de l'éternité dans leur réciprocité opérante. L'acte qui se forme et qui se différencie en se temporalisant, édifie le temps et, par sa médiation, il transforme l'idée de l'éternité: il la pense comme un présent actuel qui dure en se faisant incessamment présence opérative. De cette manière, l'éternité médiatisée par le temps est un présent plein, même si le présent secrète du dedans le néant du passé et du futur. A vouloir penser directement l'éternité en dehors du temps, on ne peut la concevoir que sur le modèle de ce qui n'est plus ou pas encore. Une dimension d'éternité est *dans* le présent actuel à l'état nécessaire. Impensable de manière absolue, l'idée d'éternité reste cependant une direction de sens qui est dans une tension dialectique avec le temps. Le présent actuel se soutient de cette contradiction intériorisée même. L'acte qui effectue le présent surgit toujours en réponse à la nécessaire invocation d'une éternité en suspens. Et nous pouvons nous demander si le halo de ferveur qui entoure l'idée d'utopie ne vient pas se substituer à la tension féconde que la visée d'éternité inscrit dans le temps. L'utopie, en effet, est appelée à restituer au présent la force qui le mobilise. Mais, nous l'avons dit, située dans l'histoire comme le modèle de son achèvement, en rupture néanmoins avec ce qui s'y réalise, l'utopie nous paraît trop extérieure au présent pour le sauver de sa fragmentation et de son indigence.

L'oeuvre de l'homme naît de la contradiction entre temps et éternité. Elle la met en branle et elle s'y surmonte, toujours provisoirement, par l'acte créateur, qu'il soit d'ordre éthique, artistique ou scientifique. Par une visée d'éternité, toute oeuvre effectue le présent en réalisant un avenir qui s'annonce dans les latences du passé. Rappelons l'oeuvre de Proust, toute ébranlée et traversée par la privation du temps et les promesses d'éternité. Opérant une démarche régressive vers le temps perdu, elle le retrouve et le réconcilie avec l'éternité désirée par la construction d'une oeuvre qui a le temps et le désir mêmes pour objets.[13]

4. *Temps et éternité dans la religion.*

La religion se présente sous le signe de l'éternité. Mais la désigner seulement par ce concept séparé, c'est en méconnaître l'essence. En effet, si elle apporte un message de salut, c'est pour autant que, dans la plupart des ses figures concrètes, elle est par excellence l'institution culturelle qui offre une réconciliation entre le temps et l'éternité. Pour cette raison, la naissance et la mort sont les moments forts où la religion inscrit rituellement le temps dans l'éternité et incarne l'éternité dans une destinée temporelle.

Eliade insiste exclusivement sur l'usure du temps, et il voit dans les rites essentiellement des moyens de régénérer le temps: « pour se guérir de l'oeuvre du Temps, il faut revenir en arrière et rejoindre le commencement du Monde ».[14] Le temps tue et souille. « Comme il fallait s'y attendre, c'est toujours la même lutte contre le Temps, le même espoir de se délivrer du poids du " Temps mort ", du Temps qui écrase et qui tue ».[15] Mais « le " primitif ", en conférant au temps une dimension cyclique, annule son irréversibilité. Tout recommence à son début à chaque instant. Le passé n'est que la préfiguration du futur. Aucun événement n'est irréversible et aucune transformation n'est définitive ».[16]

Présente dans l'imagination religieuse, la nostalgie du « Cosmos a-temporel et inaltérable dans lequel vivaient les Immortels »,[17] ne nous paraît pas être la seule dimension du mythe et de la religion. Sans doute Eliade est-il particulièrement attentif à cet aspect, parce que pour lui la religion n'est finalement qu'une propédeuse en symboles-images pour l'expérience « panontique », au regard de laquelle le temps est décadence et l'histoire: illusion. Au temps et à l'histoire Eliade n'accorde d'autre réalité que d'être le lieu où se manifeste la seule réalité ontologique: celle de l'origine archétypale. Et il convie l'Occident à assimiler la sagesse indienne sur l'ignorance et les illusions humaines qui idolâtrent le temps et l'histoire.[18] L'opposition entre l'origine et le temps est le

---

[13] Voir la très belle étude de GH. FLORIVAL, *Le désir chez Proust. A la recherche du sens*, Louvain-Paris, éd. Nauwelaert, 1971.

[14] *Aspects du Mythe*, Paris, Gallimard, 1969, p. 110.

[15] *Ibid.*, p. 232.

[16] *Le mythe de l'éternel retour*, Paris, Gallimard, 1966, p. 134.

[17] *Aspects du mythe*, p. 61.

[18] *Mythes, rêves et mystères*, Paris, Gallimard, 1957, pp. 60-79

principe qui gouverne toutes ses interprétations du mythe et des symboles religieux.

On peut lui opposer la fonction chronothétique des mythes comme langage premier qui, en différenciant le temps humain et la quatrième dimension, celle de l'éternité, manifeste et soutient le monde et le temps dans sa signification positive.[19] L'opposition théorique du temps et de l'éternité, comme le négatif et le positif, nous paraît plutôt tardive, et, dans la pensée occidentale, il semble bien que l'influence de saint Augustin fut décisive pour cette disjonction. Dans les mythes, dans la pensée grecque et dans les textes bibliques anciens, l'éternité est la plénitude qualitative qui se manifeste dans le temps. Selon la belle formule de Philon d'Alexandrie: l'éternité est le paradigme et l'archétype du temps.[20] La durée infinie, l'immutabilité, et, par conséquent, l'immortalité, ne sont que des caractéristiques éventuelles et secondaires d'une éternité conçue comme paradigme de l'être temporel.

Nous pouvons nous accorder avec l'expression d'Eliade que dans les religions l'éternité régénère le temps. Mais Eliade semble localiser l'éternité dans une origine pensée comme commencement, et il objective le temps comme l'éloignement qui sépare de l'origine et va vers l'épuisement. Nous dirions que le rite religieux exprime et réalise l'avènement renouvelé de l'éternité dans le temps. Il le constitue ainsi dans sa plénitude et lui assure son vrai sens: d'être le déploiement et la manifestation de l'éternité qui l'habite. Si la perte du sens religieux convertit le temps en fatalité, pour la conscience religieuse il n'est de vrai temps que rempli de la densité d'éternité.

En introduisant l'idée d'une finalité qui comporte un appel historique, la religion biblique a pu donner lieu à l'exaspération de la différence entre temps et éternité. Pour leur part, la prise de conscience subjective du temps vécu et l'objectivation scientifique du temps ont contribué à ramener le temps à la fugacité insaisissable et déficitaire. Dans le christianisme cependant, le clivage, même radicalisé, entre le siècle qui passe et l'éternité à venir, n'est pas essentiellement une succession de deux réalités. L'on sait que le message du Christ annonce l'irruption de l'éternité dans le temps. Le royaume de Dieu est à la fois à venir et présent, se manifestant avec éclat par les signes et par les paroles du messager. Et comme le Royaume est une destinée qu'un appel inscrit dans le temps, le présent acquiert la valeur éminente d'être toujours le moment favorable, le *kairos*. Le terme même de *kairos* implique que le présent n'est ouverture à l'éternel que par la détermination de la

---

[19] Nous avons développé ce thème dans: *Interprétation du langage religieux*, Paris, éd. du Seuil, 1974, pp. 73-93.

[20] *De mutatione nominum*, 267.

libre volonté. L'inhabitation de l'éternel dans le temps se réalise par la foi qui est acte de parole en réponse à la Parole. Dans la foi, la structure authentique du temps se vérifie et s'actualise ainsi pleinement.

L'éternité de Dieu ne peut donc pas être conçue par une référence privilégiée au passé, comme semblent le penser nombre de contemporains qui identifient Dieu à un principe abstrait d'immutabilité et à un fondement métaphysique pour les lois conservatrices des sociétés. Et la promesse d'éternité ne déplace pas vers l'avenir post-temporel la densité substantielle du temps, comme l'expression de vie immortelle le suggère si souvent. Le passé de Dieu comme origine et l'avenir de la vie éternelle ne se comprennent en vérité qu'à partir du don actuel d'une éternité qui dissout le négatif du temps. Ici encore c'est la nature extatique du présent qui restitue leur sens aux « extases » du temps chrétien. Une analyse de l'acte de foi le démontre. En effet, la foi est essentiellement assentiment à la Parole et non pas contemplation d'une manifestation visuelle qu'on a devant soi, dans l'espace. Elle est d'abord un entendre et non pas un voir. Au premier abord, l'écoute de la Parole suit la voie discursive propre au langage, et se développe dans la figure du temps historique qui est diachronique. Mais l'acte de foi rassemble les discours remémorés et dépasse leur extériorité temporelle pour accéder à l'acte divin de l'énonciation que ces discours manifestent et déploient dans le temps historique. C'est alors seulement que ces discours regagnent la force opérative qui les soutient dans leur signification. Inobjectivable pour l'entendement raisonnant, l'acte d'énonciation de la Parole rend Dieu présent dans le présent du temps. En ce sens on peut dire avec Kierkegaard que nous sommes contemporains du Christ par la foi. Et c'est depuis la présence ainsi actualisée de Dieu que le passé prend son sens. Il est l'avant de l'éternité qui advient à l'homme par un don gratuit et non pas le passé dépassé du temps linéaire. Mais le sens de cet avant n'est scellé que par le présent qui assume la diachronie de l'histoire dans la synchronie de la présence. La foi et la charité s'imbriquent par la scansion temporelle de l'éternité actualisée dans l'histoire. Si le terme de foi dit plutôt l'écoute de la parole qui est donnée et qui précède donc, et si la charité dit le lien actuel, leur implication nécessaire correspond à la temporalisation de l'éternité dans l'articulation réciproque du passé et du présent. De même, le futur de la foi, consigné dans l'espérance, n'est-il que l'extension de ce qui advient dans le présent. Parce que l'éternel advient *hic et nunc,* le présent est une présence qui dure et qui répète, non pas le passé, mais l'éternité qui est présence opérante.

Certes, la mort biologique nous signifie que le négatif du temps de l'usure n'est pas supprimé. Et avec notre mort disparaît le monde tel qu'il est nôtre. C'est même pourquoi notre mort n'est pas pensable directement. Et les phantasmes des suicidaires nous montrent d'ailleurs

que l'homme n'a qu'une représentation illusoire de sa mort: au fond, il
se la représente imaginairement comme le repos qui libère des actes de
présence au monde. Or, si la mort n'est pas vraiment pensable, l'immortalité, même celle de la résurrection, ne l'est pas non plus. Mais l'idée
d'une subsistance éternelle se dessine dans le futur anticipé, depuis le
centre rayonnant du présent de la présence éternelle. C'est dire qu'elle
est espérance: adhésion au présent qui, parce qu'extatique, contient
hic et nunc le gage de sa durée. L'éternité sur laquelle porte l'espérance
ne peut donc pas être pensée comme située en dehors du temps, même
si elle promet de supprimer l'usure du temps biologique. Le souci d'une
éternité extra-temporelle relève encore d'une pathologie du temps qui,
pour être authentique, doit être vécu comme le *kairos*: l'incidence de
l'éternité divine dans le temps.

Sans doute y a-t-il une logique dans la déperdition de l'espérance.
Perdu le lien avec l'éternité, l'homme est attentif au temps qui retombe
sur lui-même et s'affaisse dans l'extériorité de l'espace. La question de
l'éternité opposée à la dissolution du temps devient sa hantise. Mais,
retirée en dehors de l'éternel présent, l'éternité perd elle aussi sa consistance. Elle se vide alors de présence, tout comme le temps se dissout
en présents toujours perdus.

21

POUR UNE LOGIQUE DU TEMPS CHRÉTIEN

Il y avait un mystère de l'histoire pour Enrico Castelli, voire une sorte de scandale. Humaniste par sa culture et par son respect des oeuvres humaines, il ne l'était pas si par humanisme on entend l'optimisme bienséant qui voit l'histoire comme la montée obstinée de l'humanité vers un accomplissement lumineux. Devant son regard pénétrant l'histoire ne pouvait cacher ses contradictions mais elle se déployait comme une fresque séculaire où se croisent et se heurtent les lueurs du bien et les abîmes opaques du mal, les signes divins qui prennent corps et les formes qui se dissolvent dans le chaos, les percées mystiques et les horreurs diaboliques. Au contact de cet esprit vigilant autant que généreux, on ne pouvait rester insensible à ses interrogations sur les paradoxes qu'occultent les pensées érigées en système bouclé, surtout celles qui croient arrêter le sens de l'histoire. On n'en estimait que d'autant plus la fermeté avec laquelle Enrico Castelli maintenait l'histoire humaine en perspective sur le temps de Dieu, dans une foi d'espérance qui n'a pas la vision en avance sur la pacification. Sollicité par son message et pour honorer sa mémoire, nous voudrions présenter ici quelques réflexions sur le temps chrétien.

1. *Le temps neutralisé par la raison.*

Est-ce un hasard qu'avec Parménide la philosophie comme pensée systématique commence par l'abrupte négation du changement et donc du temps? Ou n'est-ce pas plutôt par une nécessité interne qu'au-dessus du foisonnement des choses sensibles et temporellement situées, la raison pose ses formes constantes? On ne voit pas la raison émerger à la possession d'elle-même sans qu'elle fasse rayonner sur l'univers mouvant ses concepts éternels. Elle ne s'affirme qu'en lisant dans les choses changeantes les signes du langage par lesquels elle dispose d'elle-même.

Comprendre, *intelligere*, c'est recueillir à l'intérieur de ce qui se forme, se transforme et se déforme, la stabilité des principes que le logos y donne à lire. Dans ce qui devient autre, la raison cherche à repérer ce qui dure, l'identique en deçà du mouvement. Sa spontanéité porte la raison à définir les êtres, à tracer les limites, internes et externes, qui en constituent les formes constantes. L'in-défini égale la dissolution des formes et l'immersion des êtres dans le chaos d'où elles sont nées et dont la raison se donne pour tâche de les sauver.

Le langage lui-même détermine le destin de la raison. Et la philosophie n'est que l'effort exemplaire de concevoir les choses selon la rigueur du langage. Or le langage assume les choses dans des mots qui les répètent au-delà des sensations évanescentes qu'elles produisent sur nous. En se réfléchissant dans la raison, le langage appelle de la sorte les choses à être dans leurs formes stables et dans leur transparence lisible. Pour ce faire, il accomplit un croisement paradoxal entre la vue et l'ouïe. Alors que l'ouïe nous plonge dans les vibrations transitoires et que la vue organise le monde sensible en des formes, les mots entendus donnent à la raison de lire les formes fermées et de saisir (com-prendre) les principes constants des données sensitives. Comme le laisse entendre l'étymologie du mot, les idées sont des formes vues; mais ce sont les mots entendus qui les donnent à voir. L'oeil écoute, écrit Claudel; la philosophie nous apprend que l'écoute fait voir.

Où que la raison ouvre le chemin de la vérité, elle s'empresse de survoler le temps et elle relègue celui-ci parmi ce qui est inessentiel. Si elle reconnaît que le temps lui pose une énigme, c'est encore parce qu'elle tend à appréhender les données *sub specie aeterni*. Née du mythe, la raison philosophique en poursuit la visée qui est de placer tout ce qui est marqué par le temps, dans le jour des principes a-temporels. On se demande si la philosophie de l'histoire n'entend pas elle aussi relever le défi du temps par l'édification des formes intelligibles qui règnent sur le flux temporel, rachètent le temps perdu et accomplissent ce qui devient en le transportant vers une perfection surélevée au-dessus du temps supprimé.

Comment, s'il en est ainsi, la raison spéculative aurait-elle pu s'accommoder sans résistance de l'affirmation insolite de la religion biblique? Rien ne défie autant l'esprit philosophique ou scientifique que de faire entrer Dieu dans le temps du monde. Déjà l'idée religieuse d'une transcendance divine déborde la raison, comme l'attestent les insuffisances des essais métaphysiques pour conduire l'intelligence jusqu'à l'affirmation assurée de l'existence de Dieu. Encore qu'elle soit hantée par l'idée directrice de l'Un originaire et de l'absolu immuable, la raison livrée à elle-même se voit plutôt obligée de différer Dieu. Quand la foi chrétienne pose l'avènement temporel de Dieu, au mystère de Dieu elle ajoute celui d'un temps divin et elle redouble l'énigme du temps humain en le transvaluant par une valeur d'éternité. C'est là un retournement radical de la perspective que la raison développe en vertu de sa visée native. De façon plus précise, ce qui la heurte au départ, c'est l'attribution, par la foi, d'une portée décisive et universelle à un événement temporel. Il est étranger à la raison de concevoir une vérité intégrale qui ne soit pas en principe la vérité obligée de tous et depuis toujours. Par rapport à la foi, les questions proprement épistémologiques des critères de vérité ne prennent leur poids, nous semble-t-il, qu'à l'intérieur d'une question plus fondamentale, celle du sens d'une vérité qui se propose tout à la fois comme historique et comme universelle. Par rapport à la foi, les exigences critiques se soutiennent d'une présomption négative envers une affirmation dont la raison ne peut pas recueillir le sens dans le système qu'elle constitue et par lequel elle se constitue elle-même.

Le problème que pose le temps chrétien se manifeste en pleine clarté lorsqu'on considère la manière dont la raison soumet le fait chrétien à ses propres exigences. Car, si la raison est ce qu'elle prétend être, il faut qu'au-delà de ses critiques proprement épistémologiques de vérification, elle rencontre également le sens du phénomène chrétien. Elle ne s'est effectivement pas dérobée, mais, pour maintenir sa visée universelle et unifiante, elle s'est efforcée de placer le fait chrétien dans le jour qui est le sien. Par diverses voies, elle a tenté d'intégrer l'affirmation chrétienne dans sa perspective englobante en l'interprétant comme une variation de l'esprit universel.

Parmi ces reprises du christianisme par une raison qui garde la maîtrise du sens, il y en a que nous considérons comme paradigmatiques, précisément parce que des types d'intelligibilité caractéristiques commandent l'interprétation qu'elles développent. Freud prétend récupérer le sens du christianisme dans sa science psychologique, Eliade, dans l'expérience religieuse de nature ontologique, Hegel, dans le savoir spéculatif, Heidegger, dans une pensée de l'être qui, sous la modalité du sacré, règne sur les dieux. Nous nous attacherons plus particulièrement à commenter Freud et Eliade et nous nous bornerons à rappeler sommairement les philosophies de Hegel et de Heidegger, au seul titre d'ouvrir un questionnement sur le temps dans la tradition philosophique et dans la religion chrétienne. On n'évoque pas sans quelques scrupules des oeuvres d'une telle envergure. Nos esquisses un peu rapides n'ont d'autre but que d'introduire à une réflexion sur ce que la raison méconnaît lorsqu'elle prétend reconduire le temps chrétien à la stabilité d'une trame immuable. Après avoir suivi la raison qui soumet la foi chrétienne à son épreuve, nous voudrions voir si, dans le temps chrétien, il n'y a pas une logique qui est universelle et à laquelle la raison donne cependant difficilement place. Dans un deuxième moment, la positivité historique dont la foi se réclame nous servira ainsi de critère pour interroger la raison sur ses préjugés conaturels.

2. *La foi comme produit imaginaire du psychisme.*

Toute interprétation réductrice de la foi comporte une part de psychologie explicative. La critique qui s'attache à démontrer l'erreur et/ou l'inutilité théorique des affirmations de foi, ne rend pas encore compte des raisons pour lesquelles les hommes maintiennent obstinément leurs croyances. Une critique vraiment scientifique ne se débarasse pas de la religion en la déclarant un mythe ou une superstition. Il faut qu'elle aille jusqu'à l'expliquer en la replaçant dans le mouvement des processus qui lui donnent naissance.

Pour ce faire, on commence par ramener la foi à la généralité de la croyance comme forme mineure de l'esprit. En cela, on suit la voie que la raison philosophique a tracée depuis le moment où elle est venue à elle-même précisément en opérant la bipartition entre savoir et croyance. Ainsi lit-on dans le *Gorgias* (454 c.d.) que ces deux modalités de l'esprit ne sont pas la même chose, puisque la croyance (*pistis*) peut être vraie ou fausse, alors que la science (*epistèmè*) n'est pas susceptible d'erreur. La philosophie se donne pour tâche de promouvoir le savoir en amenant l'esprit à la transparence de lui-même par la rigueur des concepts. Les croyances, quand bien même elles pourraient être vraies, portent toujours un halo de doute, voire de duperie. Pour le savoir devenu conscient de son statut, l'idéal sera dès lors de se conquérir sur les croyances qui l'enveloppent. Certes, le savoir s'accommode de la nature conjecturale de nombreuses idées qui guident les décisions humaines. De nos jours, la raison affirme même la nécessité d'une croyance qui soutient la pragmatique du langage et du comportement. Si la croyance se pose dans l'ordre des principes comme irrémédiablement séparée du savoir, si elle se prétend d'une essence irréductible au savoir, dans ce cas, elle paraît se substituer à lui au lieu de le prendre pour référence idéale. Or, la foi chrétienne défie précisément la raison par sa prétention à s'y soustraire en raison de son hétérogénéité. La foi elle-même est convaincue de ne pas être réductible à la croyance telle que la voit la raison. Aussi n'entend-elle pas démentir la raison, puisqu'elle est d'un autre ordre et qu'elle se fonde sur ses raisons propres, dont l'articulation est bien plus rigoureuse que ne l'est celle de la croyance générale. Mais le savoir, explorateur et dominateur par nature, accepte difficilement de se déprendre de lui-même et, pour maintenir son empire universel, il couvre présomptivement la foi en l'assimilant à une croyance dont il doit assurer par avance la maîtrise.

Née de la volonté conquérante du savoir, la psychologie s'attachera à arracher à la « croyance religieuse » ses secrets ignorés d'elle-même. Freud est sans conteste allé le plus loin dans l'effort de reconstituer la croyance religieuse à partir des éléments naturels qui expliqueraient non seulement son contenu mais son propre statut psychologique. Car le défi que représente la religion oblige la raison de rendre compte de la croyance comme d'un phénomène qui est naturel aussi longtemps que la science n'a pas élucidé les raison inconscientes qui la nécessitent.

Evoquons les deux théories explicatives de Freud, dans le seul but de voir si elles correspondent au statut réel d'une religion qui proclame se centrer sur un temps historique de Dieu.

D'après *L'avenir d'une illusion* la « croyance » en Dieu est l'effet des désirs qui ne savent pas s'accorder au réel tel que seule la science est en mesure de le reconnaître. Projetée par le souvenir nostalgique d'un père idéalisé lors de la prématuration infantile, l'idée de Dieu ne reproduit que l'image archaïque que la mémoire inconsciente conserve depuis toujours: celle d'un être tout-puissant qui vient au secours d'un homme en détresse. La foi n'est pas un acte libre mais un mouvement aussi compulsif que l'est le désir vital non encore soumis à la vigilance de la raison éclairée. Inutile d'insister sur la présentation caricaturalement populaire qui est ici faite du Dieu de la foi.

Tout autre est la théorie que développe *Totem et tabou* et qu'achève *Moïse et le monothéisme*. Freud y dérive la croyance religieuse de la culpabilité qui résulte du conflit meurtrier avec le père. L'on connaît la construction du « mythe scientifique » sur lequel conclut *Totem et tabou*. Suite au parricide commis sur le père primitif, les hommes, travaillés par la culpabilité, auraient agrandi après coup l'image du père et, regrettant en outre d'être privés d'un puissant protecteur, ils auraient fini par produire l'idée d'un Dieu père. Peu importent ici les détails du cheminement souterrain de l'image paternelle que Freud pense pouvoir reconstituer en interprétant des données ethnologiques et bibliques de la même manière qu'il analyse les rêves. Ce qui compte pour notre propos, c'est le parti pris freudien d'expliquer la croyance et son contenu religieux par la violence que l'inconscient exerce sur la conscience. La culpabilité ne pouvait causer la croyance religieuse que parce qu'elle était inconsciente et qu'elle occultait le souvenir du parricide en déplaçant le souvenir du père sur l'idée de Dieu. De cette manière l'homme est nécessairement religieux, par la force de son inconscient, jusqu'au jour où la science psychologique met en lumière les ressorts cachés de sa croyance.

Nous avons analysé ailleurs les paralogismes psychanalytiques qui mènent la construction freudienne.[1] Nous nous bornerons ici à examiner le concept de croyance que Freud prétend dériver, d'une part, des désirs non éclairés et, d'autre part, de la culpabilité inconsciente. La proposition supposée empirique et qui décrit l'état initial — détresse ou culpabilité inconsciente — conduit-elle à la description de l'état à expliquer, la foi qu'attestent les croyants? Faisons encore abstraction des chaînons discu-

---

[1] Voir notre article *La psychanalyse devant la religion*, à paraître dans le recueil édité par GH. FLORIVAL: *Etudes Anthropologiques*, à paraître dans les « Editions de l'Institut Supérieur de Philosophie », Louvain-la-Neuve, 1980.

tables de la dérivation et interrogeons seulement la nature compulsive de la croyance qu'elle propose. C'est là l'élément essentiel si l'explication de Freud est valable. Aussi Freud essaye-t-il de renforcer la correspondance entre ce qu'il dérive et la foi religieuse, en disant que les croyants refusent, par aveuglement pulsionnel, toute considération qui met en doute leur croyance. Or, pour peu que l'on écoute la majeure part des témoins, il appert que la foi même affirmée, assurée, s'interroge sur ses raisons. Le croyant s'interroge précisément parce qu'il s'étonne de ce qui lui advient, du dehors, par des signes et par un message sur lesquels sa raison n'a pas d'emprise. Par contre, le savoir qui intègre la foi dans son système, résiste à se remettre en question parce que d'avance il dénie la possibilité d'un événement qui l'excède. Pour lui, l'événement auquel se rapporte la foi, est *a priori* l'incroyable.

Une croyance déterminée anime donc la reconstitution psychologique de la foi, la même qui, en tout domaine, soutient la raison scientifique dans un effort obstiné pour déchiffrer les signes observables de la réalité en vue de réinventer celle-ci. L'hypothèse que Freud poursuit avec ténacité est que la foi, comme croyance, appartient au savoir et que, dans sa modalité d'un savoir qui en refuse les critères, elle ne peut être qu'un savoir qui s'ignore par déni et qui, par conséquent, déplace et déforme son contenu. L'analogie avec le savoir inconscient de la névrose apporte le modèle prospectif et interprétatif pour la réduction de la foi au savoir méconnu.

La croyance anticipative qui conduit l'impérialisme du savoir, implique une précompréhension d'après laquelle tout contenu de représentation dérive de l'invariable nature humaine. L'idée de Dieu doit être l'effet d'un déplacement imaginaire d'une réalité première, placée en dehors du réel par suite de vicissitudes repérables. Dieu est une *Nachbild*, une copie après coup, qui reproduit en l'agrandissant par nostalgie et par culpabilité rétroactives, la figure antique du père d'avant l'oedipe préhistorique. Le naturalisme freudien ne se limite d'ailleurs pas à l'interprétation de la religion. Au fond, d'après Freud, toutes les créations humaines reproduisent le réel désavoué; même l'art n'est qu'une illusion bienfaisante. La science ne conçoit que ce qui est là depuis toujours. Aussi la sublimation, dont Freud reconnaît l'effectivité, est-elle un processus que, de son propre aveu, il ne sait pas vraiment articuler à l'intérieur de sa théorie. La création autant que la donation d'un sens nouveau représentent pour le savoir scientifique une dérive irrécupérable.

Lorsque la psychanalyse de Freud quitte le domaine du pathologique et qu'elle s'applique à expliquer la culture, elle ramène l'homme à la nature. Mais pour comprendre le pathologique, la psychanalyse doit le situer dans les références culturelles qui président au destin de l'homme. L'inconscient est l'effet du refoulement que produit l'entrée dans le langage. Comment dès lors le langage, par lequel s'instaure l'ordre de la culture, pourrait-il s'expliquer par ce qui se passe dans l'inconscient? Or, aucune religion ne peut se concevoir qui ne soit pas essentiellement instituée et structurée par le langage, celui d'un récit mythique ou celui d'une révélation. Pourtant, Freud la reconduit jusqu'à l'événement primordial qui aurait fait surgir la culture de la nature. L'explication de la religion par les lois de l'inconscient a donc pour visée de la faire rentrer dans la nature. De cette manière son histoire n'est qu'un enchaînement de faits naturels. Toutes ses significations particulières et apparentes viennent de la nature éternelle et indestructible qui règne sur elles.

Puisqu'une théorie se falsifie par l'observation des phénomènes qui sont à expliquer, il reste à voir si la religion effectivement attestée ne met pas en échec l'épreuve interprétative à laquelle la soumet la psychanalyse freudienne. Nous ne nous attarderons pas à ce travail critique, maintes fois fait et dont seule une psychanalyse occultiste méconnaît encore la pertinence. Notre approche de l'explication analytique de la religion veut seulement donner la parole à la raison qui retranscrit de la manière la plus radicale le langage religieux dans le langage privilégié de la science. En obéissant, dans un premier temps, à la requête de la raison, qui est la même dans l'homme croyant et dans l'incroyant, nous prenons ainsi une conscience plus vive de l'altérité de la foi et nous préparons une réflexion critique sur la raison elle-même. Car, en travestissant le phénomène sur lequel elle étend son hégémonie, la raison trahit un défaut dans ses idées conductrices. Notre aperçu laisse déjà voir quelle est la réalité que la raison devenue science tend à occulter: celle du temps et de l'histoire comme effectuation d'une signification et d'une réalité nouvelles. La reconduction psychanalytique de l'histoire à la nature immuable, exemplaire dans son explication de la religion, renoue avec l'affirmation initiale de Parménide. On se rappellera d'ailleurs que les recherches de Freud trouvent leur origine dans l'enthousiasme philosophique qu'avait suscité en lui la lecture de l'hymme à la nature, composée par le théologien Tobler, et que sa fausse attribution à Goethe revêtait d'un grand prestige:[2] « Nature! Nous sommes entourés par elle, absorbés en elle, incapables de sortir hors d'elle, mais incapables de pénétrer plus profondément en elle... Elle crée des formes éternellement neuves; ... tout est nouveau, et pourtant l'ancienne force n'a pas changé...». Grandeur mythique qui fait en nous ses expériences, telle restera la nature pour Freud; mais étudiée par les instruments scientifiques dont ne dispose pas la philosophie, la nature prendra encore plus nettement l'aspect d'une « ancienne force » intemporelle qui réintègre ce qui paraît en rupture avec elle.

[2] Autobiographie de Freud dans G W, XIV, 34.

3. *La religion comme métaphore.*

La philosophie qui a élevé la raison à son identité affirmée, se donne pour tâche de dévoiler la nature de tout ce qui est. Mais, en philosophie, « nature » a le sens ontico-ontologique de l'essence ou de l'être intime de ce qui est. Face à la foi religieuse, la philosophie ne cherchera donc pas à l'expliquer par des forces naturelles, psychologiques ou sociales, qui la produiraient causalement. Elle la considère comme un phénomène qui pro-duit au jour la nature ontologique de l'homme. L'interprétation philosophique de la religion se fait herméneutique: lecture qui recueille et rassemble les signes révélateurs par lesquels le phénomène entre dans l'ouverture de l'être.

L'intitulé classique « philosophie de la religion » atteste que, pour la philosophie, la religion est elle aussi un phénomène. Plus près des variations historiques de la religion, l'herméneutique s'appelle même « phénoménologie des religions ». Phénomène, comme tout ce qui est, la religion l'est cependant à un second degré, puisqu'elle-même présente déjà une interprétation de l'existence et du monde. L'herméneutique philosophique peut dès lors se laisser enseigner par la religion, de même que l'oeuvre d'art peut lui donner à penser. Mais la philosophie peut-elle laisser la foi lui assigner ses limites? Est-il pensable, pour la philosophie, qu'elle n'aurait pas accès à l'être profond et que seule la foi en prendrait conscience? Il faudrait pour cela que la philosophie accepte de ne pas se boucler et, surtout, qu'elle se laisse instruire par la foi sur la nature propre de la foi. Ne serait-ce pas révoquer sa visée qui est d'élever tout ce qui est à son être révélé? Par sa nature, la philosophie ne renonce que provisoirement à son immanence. Mais si elle renonce à prendre d'autres formations de la pensée pour des anticipations brouillées d'elle-même, elle se met radicalement en question, comme ce fut tardivement le cas de Husserl lorsque, confronté avec d'autres cultures, il se demandait si la pensée philosophique n'est pas un spécimen anthropologique parmi d'autres.[3]

La phénoménologie des religions de Mircea Eliade exemplifie la manière dont la pensée philosophique réintègre la foi dans l'universalité de l'expérience ontologique. L'histoire des religions n'est pas historiale pour Eliade. La religion n'exprime et ne fonde pas une temporalité propre. Elle est, au contraire, historique pour autant qu'elle subit les transformations propres aux cultures successives.[4] Il ne pourrait y avoir d'autre historicité, puisque la nature même de la religion consiste à

---

[3] *Die Krisis der europäischen Wissenschaften und die transzendentale Phäno-menologie*, Haag, Mentinus Nijhoff, 1954, p. 14.

[4] *Traité de l'histoire des religions*, Paris, Payot, 1949, p. 16, 394.

supprimer l'illusion du temps et à renouer avec les origines pleines.[5] La religion, en effet, présente les symboles, variables d'après des choix culturels, par lesquels l'homme fait l'expérience du sacré. Etre religieux consiste à reconnaître les « hiérophanies », les formes visibles par lesquelles le sacré se manifeste. Le sacré, en effet, adhère aux choses du monde et il les revêt de figures dans lesquelles il transparaît.[6] Les mythes présentent la même structure que les symboles: les dieux sont les figures symboliques d'un sacré qui est immanent au cosmos.[7] En ce sens, sous la forme d'un langage sur les origines, les mythes révèlent le temps fondamental qui n'est plus le temps, mais la permanence intemporelle du sacré. Le sacré est donc la réalité absolue, la densité originaire de l'être, la puissance éternelle; mais il se manifeste en des formes limitées. Le dévoilement hiérophanique qu'opèrent les religions n'est qu'une émanation visible de la qualité intérieure de l'être. L'altérité du sacré par rapport au profane, qui définit la religion, est donc provisoire. Seule véritable réalité, le sacré fait disparaître dans l'inessentialité ce qui se différencie de lui. Cette puissance impérieuse du sacré se manifeste même dans l'évolution des symboles hiérophaniques; en effet, les symboles tendent tous à coïncider avec la totalité dont, au départ, ils se différenciaient en vue d'exercer leur pouvoir de manifestation.[8]

Les religions ne sont donc que les réseaux symboliques qui éveillent une expérience dont la phénoménologie interprète le statut ontologique. La phénoménologie qui recueille et compare les expériences symboliques des religions sait que, sous les apparences du temps et du monde, elles font toutes apparaître la vie éternelle présente en toute réalité. Médiatisée par les hiérophanies religieuses, la pensée prend ainsi conscience du sens caché de l'être.

Le chapitre conclusif du *Traité de l'histoire des religions* ressaisit la signification des religions dans une formule éloquente: par mille visages symboliques, les religions déploient et stimulent la même expérience fondamentale, celle du sacré comme d'un pan-ontisme.[9] Le mystère que dévoilent les religions, c'est donc le sens mystique de l'être. Pour le phénoménologue des religions, celles-ci sont une propédeutique vers l'expérience ontologique.

Bien entendu, les religions elles-mêmes ne parlent pas le langage

[5] *Aspects du mythe*, Paris, Gallimard, 1966, p. 61, 110, 232; *Le mythe de l'éternel retour*, Paris, Gallimard, 1966, p. 134; *Mythes, rêves et mystères*, Paris, Gallimard, 1957, p. 60-79.

[6] *La nostalgie des origines. Méthodologie et histoire des religions*, Paris, Gallimard, 1971, p. 9. *Traité...*, p. 16, 24-25.

[7] *Traité...*, p. 351, 355-356; 429-430.

[8] *Traité...*, p. 381, 384-385, 392, 447.

[9] P. 392-394.

ontologique. Apparemment leur intention n'est pas non plus de promouvoir l'expérience du sacré. Leurs discours concernent les rapports réciproques entre les hommes et Dieu ou les dieux. Leurs symboles s'intègrent dans leurs rites qui sont conjointement des actions humaines et divines. Par contre, selon l'interprétation d'Eliade, les actions rituelles sont essentiellement des symboles gestuels; le sacré s'approprie une démarche humaine pour s'y rendre visible et, en s'exprimant en gestes symboliques, l'homme fait l'expérience de la puissance omnitemporelle du sacré. A l'instar des symboles, les langages sur Dieu ou sur les dieux font également apparaître la transcendance immanente du sacré. En commentant la théophanie de Jahwé dans le buisson ardent, Eliade ne relève pas non plus l'énoncé à portée prophétique: « Je suis qui je serai »; il demeure auprès de l'expérience symbolique du feu, car c'est le feu hiérophanique qui révèle le sens de la parole de Jahwé et non pas l'inverse.

Nous pouvons maintenant définir le statut de la phénoménologie de la religion telle que la pratique Eliade. Bien entendu, il ne manque pas de textes qui ne soutiennent pas aussi univoquement les principes que nous formulerons en nous référant à la démarche phénoménologique que nous venons d'évoquer. En tant que manifestation d'une expérience humaine, la religion se comprend si, par la phénoménologie, on remonte à l'intentionnalité de l'expérience qui engendre les symboles religieux. En déchiffrant la phénoménalité des religions, la phénoménologie découvre ainsi une expérience originale, celle du sacré. Toute la phénoménologie d'Eliade entend illustrer la théorie de R. Otto (*Le sacré*) et en montrer la fécondité. Toutefois, dans la conception d'Eliade, l'expérience qui porte les religions ne s'épuise pas dans son sens subjectif. Régulièrement, il inverse le rapport entre l'expérience et les symboles, en affirmant que c'est le sacré lui-même qui vient habiter les symboles et les rendre hiérophaniques en vue de susciter l'expérience du sacré. Quoi qu'il en soit de cette oscillation, la phénoménologie désimplique la signification des religions en faisant apparaître ce que cache leur vie de sens phénoménale. Ayant ainsi élevé le sacré au statut de phénomène signifiant, la phénoménologie met à jour sa signification ultime. En-deçà de la différence entre le sacré et le quotidien profane, la phénoménologie s'intériorise l'expérience ontologique de la puissance originaire de l'être. C'est donc la phénoménologie qui révèle le sens des religions. Elle accomplit éminemment la révélation religieuse qui met déjà à découvert ce que dissimule le temps déchu des soucis profanes. Ayant recueilli le surgissement voilé du pur sacré dans les symboles épars et fragmentaires des religions, elle expose finalement les signes religieux à la vérité de l'être.

La religion conserve-t-elle encore une singularité irréductible? Tout donne à penser que cette phénoménologie la dépasse et qu'elle laisse derrière elle la religion comme le chemin qui l'a conduite vers une pensée mystique de la puissance manifestatrice de l'être. Disons que la religion n'est qu'une métaphore du sacré qui, lui-même, est une métaphore de l'être. L'autodifférenciation qu'institue le sacré en produisant ses symboles, n'est qu'un premier moment. Il s'efface finalement lorsque le mouvement second de l'interprétation laisse déchoir dans le non-être tout ce qui n'est pas saisi sous la lumière du pan-ontisme.

Concernant l'interprétation phénoménologique de la religion nous devons poser la même question que nous avons adressée à son explication psychanalytique: rencontre-t-elle vraiment le phénomène qu'elle entend mieux comprendre qu'il ne se comprend lui-même? Il paraît bien difficile de concilier, d'une part, l'intention religieuse d'instaurer le temps, en particulier dans le christianisme et, d'autre part, sa suppression par la phénoménologie à visée pan-ontologique. Eliade a raison de dire que les religions renouent avec les premières origines. Encore faudrait-il y distinguer des modalités différentes. Mais n'est-il pas propre aux religions de maintenir ouverte la différence entre le temps humain et l'origine divine qui est supratemporelle? Le rite comme action n'opère-t-il pas précisément le lien dans la différence reconnue? En ramenant la religion à l'expérience du sacré, Eliade lui fait abolir le temps et l'histoire. Pour l'expérience mystique de l'être dont les hiérophanies symboliques ne sont que les occasions il n'est qu'un temps absolu, le non-temps de l'indifférenciation plénière. Plus particulièrement, n'est-ce pas voler son âme au christianisme en le subsumant dans une mystique pan-ontique, au-delà de l'illusion temporelle, alors que la foi proclame la venue historique de Dieu à l'homme?

Nous avons choisi de réfléchir sur la phénoménologie des religions d'Eliade parce qu'elle présente tout à la fois une exploration très poussée des religions et un essai systématique d'interprétation philosophique. Nous pourrions encore illustrer notre propos par la philosophie de la religion de Hegel. On le sait, pour Hegel la religion fait partie du mouvement que la conscience accomplit et par lequel elle s'achemine vers la vérité à laquelle, dès le départ, elle s'ordonne: son propre savoir dévoilé comme absolu. La religion y est dépassée et le temps du cheminement historique racheté. Pour la pensée philosophique, la religion n'est que phénomène. Le concept comprend la religion en la transportant dans la généralité et en élevant ses représentations au concept. Du coup, l'histoire, dont le christianisme propose les moments, tenus par lui pour des événements objectifs, s'éclaire comme l'aventure que parcourt la raison pour se trouver dans sa véritable objectivité, l'unité de la conscience de soi. Arrivé à ce point de possession de soi, le savoir ferme l'histoire et la laisse derrière lui, contractant ses moments diffractés dans l'unité d'une pensée hors temps.

Si nous nous reportons vers Heidegger, nous y trouvons une ontologie qui, sans doute pour la première fois, pense le temps non pas comme une extension et un relâchement de l'être, mais comme sa condition originaire. Etant phénomène au sens fort de manifestation qui se pro-duit dans l'ouvert, l'être se temporalise dans l'unité des trois ex-tases du temps. La question reste cependant de savoir si, dans cette ontologie, l'historicité effective n'est pas finalement dissoute dans une pensée de l'être. Car, selon la *Lettre sur l'humanisme*, le temps est le possible en tant que tel de l'être. Celui-ci fonde l'historialité originaire comme horizon ontologique de l'histoire qu'étudie l'historiographie. L'histoire rencontrée à l'intérieur du monde demeure secondairement historique. Elle n'est que phénoménale et la pensée qui la transporte dans la clairière de l'être, la comprend comme un effet obscurci du mystérieux destin historial de l'être qui se dévoile ou s'occulte. On se demande dès lors si l'histoire dont témoigne la foi chrétienne n'est, elle-aussi, qu'une des figures « mondaines » de l'être et si le temps chrétien n'est que la temporalité secondaire des étants. Bien entendu, cette reprise ontologique du langage chrétien ne se lit pas telle quelle dans les textes heideggériens. Mais les concepts fondateurs y mènent, des textes cryptiques la suggèrent et l'un ou l'autre énoncé en impose l'inférence. Le sacré règne sur les dieux. Car Dieu ou les dieux sont des étants. Entendons: la vérité de la religion est dans le recueillement du sacré qui se manifeste par les dieux. L'homme du sacré est le frère poète du penseur de l'être. Les dieux s'offrent à la récollection intériorisante dont la pensée de l'être est l'ultime réponse interrogative. « Le questionnement est la piété de la pensée ».[10] Comprise dans sa vérité, la religion s'élève à la pensée qui, dans les figures des dieux, tout comme dans un tesson ou dans un arbre, guette l'éclairement ombragé de l'être.

4. *La singularité du temps chrétien.*

Notre exploration rapide laisse voir avec quelle persistance la raison, dans ses différentes modalités, tente de placer le fait chrétien dans la perspective d'une commune intelligibilité où disparaît sa singularité. La raison a pour horizon de vérité le monde et tout ce qui s'y produit, elle l'englobe comme un moment particulier dans « la prose du monde ».[11] Par nature la raison résiste à concevoir un événement qui soit absolument origine originante. C'est pourtant ce qu'entend attester la foi. « Je crois », le terme-clé dans lequel elle s'exprime et s'effectue, dénote déjà, par son solécisme dans le langage religieux, la position singulière de l'attitude chrétienne. Il n'est aucune autre religion, en effet, dans laquelle

---

[10] M. Heidegger, *Die Frage nach der Technik*, in *Vorträge und Aufsätze*, Pfullingen, G. Neske, 1962, p. 44.
[11] Expression de Merleau-Ponty.

le verbe « croire » prenne le statut d'énoncer et de réaliser la modalité essentielle du rapport à Dieu. Aussi travestit-on le « croire » chrétien en le ramenant à une croyance, à une expérience ou à une saisie ontologique. Car, « je crois », en tant que verbe performatif, prend son sens dans le contexte du discours narratif qu'est le *Credo* et où se croisent les énoncés constatifs sur des événements et l'expression du consentement confiant à leur portée relationnelle, définitive et universelle.

La raison dans le croyant constate elle aussi l'opposition entre sa visée connaturelle et l'adhésion croyante. C'est là l'épreuve intellectuelle la plus redoutable pour le croyant. De nos jours, l'insertion événementielle du temps divin dans le temps du monde paraît d'autant plus étrange que l'homme a pris connaissance de l'étendue de l'histoire humaine et de l'immensité du temps cosmique. Il faut cependant que le croyant surmonte une abrupte opposition entre sa foi et la raison universelle à laquelle il participe, sinon la singularité de sa position le condamne à une exclusion sectaire en contradiction avec son intention universelle. Une théologie qui exalte seulement la gratuité de la grâce divine peut flatter des émotions obscures; elle livre la raison aux coups de dés d'un arbitraire divin. Thomas d'Aquin refusait déjà de concevoir l'initiative divine comme déraisonnablement gratuite, tout autant qu'il évitait de la justifier devant la raison en l'expliquant par une logique contraignante. En la situant dans une histoire de péché et de rédemption, il avançait, pour en rendre compte, un argument « de convenance ». D'après lui, il ne convient pas que Dieu, étant ce qu'Il est, abandonne sa création à ses malheurs. Cet argument ne satisfait plus guère. Outre qu'il fait corps avec toute une théologie de la rédemption qui heurte les idées contemporaines, il nous semble inclure la présupposition exorbitante qu'une histoire humaine sans péché appartient au domaine du possible. Plus grave, sans doute, est la réduction de la nouveauté chrétienne à la restitution d'un ordre originel. On ne peut pas s'empêcher d'y voir encore une soumission de la foi aux exigences de l'empire métaphysique.

Ce que confesse la foi, c'est que le « Verbe s'est fait chair ». A ce moment, dans les significations parlantes du langage humain, une signification toute neuve s'est introduite par une allocution venant d'un ailleurs du monde. En parlant à l'homme, celui qui a parlé en sa qualité de Verbe de Dieu a ouvert un vide dans la clôture du monde, un manque pour la raison englobante, mais un vide et un manque où une parole pleine est disponible pour un assentiment d'une autre nature que le consentement à l'être ou le souci de construire un système théorique qui corresponde au domaine phénoménal.

Est-ce à dire que l'assentiment de foi ne participe à aucune intelligibilité qui nous soit universellement familière? Le vrai problème épistémologique qu'il pose réside dans son affirmation d'une vérité qui concerne le monde comme tel alors que la pensée du monde s'est développée en celle du monde en tant que manifestation. Pourtant, dans l'enchaînement réglé de la prose du monde, nous introduisons des discontinuités qui réservent des vérités infrangibles mais que nous tenons à l'écart de notre conception de la vérité, du monde et de l'être. Nous empruntons notre idée du vrai aux discours sur ce qu'il y a et qui en réeffectuent l'apparition; mais nous effectuons notre être et la vérité de notre existence dans nos paroles en interlocution. Dire « tu » à quelqu'un, n'est-ce pas toujours le reconnaître, du moins implicitement, comme celui qui sort de l'universalité anonyme et se pose dans l'originalité d'un « je », irréductible à ce qui l'enveloppe et d'où il émerge pour son inaliénable unicité. A tout bien considérer, le plus grand mystère n'est pas que le monde soit compréhensible, ainsi que le disait Einstein, mais que sa rationalité soit le lieu d'où se conquiert l'activité signifiante d'une parole en première personne. Par là s'opère la déhiscence du temps, car le temps s'instaure par la mise en présence du sujet qui prend la parole au présent. L'historicité du temps de la parole est première dans la conscience du temps, même si la conscience le projette sur le monde, l'accroche aux astres ou le lit sur le mouvement des aiguilles. Dès lors, si Dieu il y a, comment ne pas penser qu'il Lui est essentiel de se faire effectivement Dieu pour l'homme dans l'acte historique de son Verbe prenant un corps parlant? Après coup, on se dit que Dieu ne serait pas vraiment Dieu s'Il n'entrait pas dans l'histoire humaine pour ouvrir le temps divin de sa présence allocutive et agissante. Cependant, pour percevoir la cohérence entre l'idée encore indéterminée d'un Dieu qui anime le questionnement de la raison et l'affirmation chrétienne du Dieu en acte divin, il faut recentrer la raison. D'un côté, elle doit se laisser solliciter par le Verbe et lui donner un assentiment presomptif. De l'autre côté, il faut que la raison donne toute sa signification à la « déformation cohérente »[12] qu'elle exerce elle-même lorsque l'existence s'engage dans une parole pleine en première personne ou lorsqu'après la lecture d'un visage mystérieusement expressif, elle écoute la voix qui en déchire l'énigme pour dire son existence singulière.

La logique du temps chrétien nous invite à reconsidérer celle de la raison qui tente avec une ténacité impérieuse de reprendre l'intention croyante dans les significations qu'elle peut elle-même fonder. Nous en tenant à la pensée philosophique, nous devons nous demander pourquoi elle veut envelopper Dieu dans la pensée de l'être. Quel est le ressort de son obstination à faire du Dieu se révélant la métaphore d'un sacré anonyme ou la représentation imaginaire que porte, comme son ombre, le savoir? Depuis toujours la raison tend à identifier l'être et le penser, la théorie et l'existence. N'est-ce pas parce que la pensée se rapporte toujours au jugement attributif? Structurée par le langage, elle se déporte vers les contenus objectifs des énoncés. Même la pensée de l'être dérive

---

[12] Expression d'A. Malraux.

d'une réflexion sur la copule qui évoque l'être universel et diffracté dans ce qui est. Par la spontanéité de sa saisie articulante (com-prendre), la raison est oublieuse de la parole parlante qu'elle exerce tacitement. Bien qu'elle fasse la critique de la représentation, depuis la première dérivation philosophique de l'idée à partir de la chose vue, jusqu'à la conception de la vérité comme dévoilement, la pensée demeure dans le domaine du regard qui domine.

Du sujet en acte d'énonciation, on ne peut pas dire qu'il est, mais qu'il vient à l'être. En ce sens, il est l'être originaire, l'être s'originant de lui-même, comme un vide dans l'être toujours là et comme un trop-plein qui saillit dans l'ensemble que la raison s'efforce de posséder en le réengendrant conceptuellement. Aucune programmation dans la nature non plus ne laisse anticiper le moment où le bipède franchira le pas décisif et rompra le silence pour faire advenir le temps en énonçant sa présence. La raison repose sur le langage et elle opère par lui. Le Logos universel qu'il fait rayonner sur le monde offre son domaine à l'interprétation philosophique et à l'explication scientifique. Aussi la raison n'est-elle pas allocutive mais communicative. L'existence s'y décentre pour entrer dans les correspondances universelles et immuables qu'à son aurore la raison a déjà consignées dans le mot « être ». Le je de l'énonciation ne s'offre pas à la pensée de l'être. Pourtant, celui qui parle la parole opérante sait obliquement qu'il est vraiment d'un être qui est origine de l'être. Au-delà de l'être de la raison, il pose l'être de l'existence. L'affirmation croyante que « Dieu existe » en tant qu'Il est le Dieu du Verbe opérant, est fondamentalement en consonnance avec la conscience d'être que l'homme garde au plus profond de lui-même. La parole pleine que l'homme sait dire rencontre la Parole universelle qui instaure un temps nouveau.

En guise de conclusion nous pouvons reformuler l'antinomie entre la foi et la raison. La raison refait l'origine de ce qu'elle veut comprendre et elle est dès lors portée à nier toute origine originante. La foi adhère à l'événement d'une parole originante qui, origine absolue et irrécupérable, vient à l'homme dans la ponctualité de son énonciation. Cette antinomie séculaire n'est pas indépassable cependant. Celui qui se laisse solliciter par l'attestation croyante se retourne sur lui-même et prend conscience du véritable oubli de l'être, celui qui advient à l'être lorsque l'être qui a le langage se fait sujet parlant.

22

LA MORT: PHÉNOMÈNE NATUREL
ADVERSITÉ IMPENSABLE
ET NOUVELLE NAISSANCE

Maintenant comme toujours la raison critique s'étonne devant les croyances et elle les interroge. Pour notre part, nous sommes autant intrigué par l'attitude réfractaire à la foi en la résurrection. Ce message affirme la dignité du corps, la vérité du désir et le sens ultime de l'histoire. Nombreux sont pourtant ceux qui éprouveraient de la gêne d'y accorder leur foi et qui le refusent avec mépris. On comprend aisément que l'homme soit sceptique. Le scepticisme a ses raisons intellectuelles; pour se défaire des doutes concernant une transformation du corps dont on n'a aucune idée, il faut que la foi ressaisisse la cohérence du message à partir de son centre originel, la confession que le Verbe s'est fait chair. On ne voudrait même pas que l'homme croie trop vite à la résurrection, car le temps de l'indécision lui ménage l'espace de liberté pour une revision et un retour aux sources. Si on estime que l'hésitation est naturelle, on a cependant plus de peine à s'expliquer le refus affectif, passionnel même. Pour être bien connu, il n'en est pas moins étonnant au regard de celui qui, n'entrant pas dans le jeu des complaisances, essaie de comprendre. On conçoit que les redondances rhétoriques d'un certain langage chrétien donnent à son message le son d'une fausse monnaie. Est-ce suffisant? Au-delà de ce qui appartient au vaudeville humain et religieux n'y a-t-il pas des raisons plus essentielles et qui ont précisément trait à notre rapport à la mort? C'est ce que nous croyons et ce que nous voudrions examiner. Il nous est apparu, en effet, que, dans l'idée de la résurrection, c'est d'abord la mort qui est l'objet central de contestations contradictoires.

1. *La mort, phénomène naturel.*

Une manière de prendre son parti de la mort est de la déclarer naturelle. On sait que le corps s'use et que tout vivant n'est que la délegation de la puissance vitale. Un regard objectif peut même estimer indigne de ne pas abandonner la vie au flux vital qui se reproduit et se régénère à travers les individus éphémères. Depuis l'antiquité cette conception biologique de la mort a inspiré une sagesse résignée. La hargne et la peur seraient à mettre au compte d'une volonté illusoire d'occuper une place privilégiée dans l'ordre de la vie.

La conception biologique de la mort n'est cependant pas sans évoquer le contraire d'une simple acceptation. En même temps qu'on subordonne le vivant à la gloire de la vie qui se poursuit triomphalement, on s'émerveille devant l'extraordinaire machinerie avec laquelle le vivant se défend contre la mort. Partout où la vie produit le vivant et s'y attache, celui-ci s'accroche à la vie et il met en oeuvre toutes les ressources qu'elle lui offre pour s'y maintenir. Ainsi que l'écrit V.E. von Gebsattel, pour le vivant la mort est le radicalement autre, la frontière contre laquelle il bute, la mort de part en part mortelle.[1] Tout se passe comme si le vivant auquel s'adresse le flux vital était son but et son sens, mais également comme s'il n'était que l'appui occasionnel pour un autre avenir de la vie. Immanente à la vie et son agresseur finalement victorieux, telle est la mort dans la conception biologique. Une rivalité y oppose le vivant et la vie sans que l'on puisse décider quel point de vue doit l'emporter sur l'autre.

En tant que vivant l'homme participe à la dualité de vie et de mort qui est inhérente au règne vital. Tout en investissant ses plus grands efforts pour se maintenir en vie, il sait que sa mort est inéluctable: *mors certa, hora incerta.* Il le sait par un savoir objectif, celui qui concerne le corps qu'il a et non pas le corps qu'il est, selon la juste distinction de Gabriel Marcel.[2] Aussi la mort est-elle l'objet d'un savoir certain et non pas d'une expérience. Là-dessus nous sommes d'accord avec K. Jaspers. La mort ne se donne pas dans « l'immédiateté dans laquelle s'atteste irrésistiblement la présence de ce dont on fait l'expérience ».[3] « L'impossibilité de faire l'expérience de la mort ne peut pas être levée; en mourant, je souffre la mort, mais je n'en fais jamais l'expérience ».[4] L'homme qui éprouve les étapes préliminaires de la mort sait vers où elles le conduisent; encore l'événement de la mort lui-même demeure-t-il un fait brut et une limite asymptotique dont l'expérience s'approche sans la rejoindre vraiment. C'est pour autant qu'il anticipe la mort qui l'attend que l'homme peut interpréter comme un mourir les blessures que lui infligent la

[1] *Prolegomena zu einer medizinischen Anthropologie*, Berlin, Springerverlag, 1954, p. 400.
[2] *Etre et avoir*, Paris, Aubier, 1933, p. 12.
[3] *Kleines philosophisches Wörterbuch*, édité par M. Müller et A. Halder, Freiburg, Herder, 1971, p. 75.
[4] *Ibid.*, p. 222.

maladie, la vieillesse et la perte de liens affectifs. De cette manière, il essaie de remplir l'idée de la mort d'un certain contenu d'expérience. Mais cette interprétation des signes de la mort demeure invinciblement ambiguë. Ce dont on fait réellement l'expérience, ce n'est que des failles de la vie, comme l'attestent la souffrance et la déception d'être blessé dans son pouvoir et dans ses jouissances.

La réflexion sur la certitude objective de la mort peut livrer une conception biologique de celle-ci et fonder une sagesse aux accents d'une mystique naturelle. On entend dédramatiser la mort en consentant à son immanence à la vie comme cycle biologique. Tout en maintenant la mort extérieure à l'expérience de l'existence, la conception biologique l'y réintègre donc conceptuellement. Ainsi que le note très justement L. Binswanger, dans l'idée que la mort est immanente à la vie « les conceptions objective et subjective, biologique et existentielle de la mort et du temps se mélangent de multiples manières ».[5] La sagesse fondée sur la conception biologique de la mort veut libérer l'homme en accordant l'attitude subjective à la conception objective. L. Klages construit sur elle une mystique vitaliste qui refuse de s'assujettir au point de vue subjectif et exalte l'appartenance paisible à la largeur de la vie cosmique. Il s'indigne même du désir d'une immortalité personnelle. Elle n'est qu' « une intervention (*Eingriff*) criminelle dans le droit de la nature qui exige le renoncement à la conservation précisément en raison de l'éternité de la vie ».[6] Représentant et dépositaire où se concentre un moment l'âme infinie de la vie, l'homme qui veut retenir la vie la rétrécit et perd le lien avec ce qui, en lui, est infiniment plus que lui. D'après Klages, l'idée d'une survie personnelle émane d'un égocentrisme jaloux et revendicatif.

Sans doute l'idée est-elle fort répandue de nos jours que la conception d'une immortalité personnelle représente le retournement crispé sur la personne propre de l'immensité de la vie. Si la mort est un phénomène naturel, le désir d'immortalité serait une passion contre nature. Même sans pousser le consentement à la mort jusqu'au sentiment quasi-mystique d'avoir part à l'infini de la vie, l'homme a souvent le sentiment de s'agrandir en acceptant de n'être qu'une lumière qui clignote un instant lorsque passe par lui le courant de la vie. La conscience de l'étendue de l'espace et du temps cosmiques et l'observation de la durée évolutive de la chaîne vitale contribuent à disqualifier l'idée d'immortalité. Un retournement de l'attitude se fait. On tient le désir d'immortalité pour une passion morose et étriquée. En contraste avec cette poursuite d'une chimère, on s'estime éclairé et libéré par le consentement lucide à une mort « naturelle ». Et comme l'idée chrétienne de résurrection semble ne

[5] *Grundformen und Erkenntnis menschlichen Daseins*, München, Reinhardt, 1973, p. 180.

[6] *Der Geist als Widersacher der Seele*, Leipzig, Barth, 1932, vol. III, p. 1358.

représenter qu'un cas particulier de l'illusion de l'immortalité, on l'enferme dans le même mépris.

En tant que phénomène naturel et objet du savoir, la mort de l'homme se prête effectivement à une conception biologique. On lui donne un sens en décentrant l'intérêt de la personne propre et en le centrant sur la puissance de la vie, pensée comme infinie et immortelle. En pensée, on participe à l'infinitude de la vie. Mais la vie elle-même rend difficile de vivre cet état de la pensée. Le montre la prodigieuse énergie et l'immense somme de science que l'homme investit pour reculer la mort, faute de pouvoir en triompher. Et l'on voit même ceux qui se flattent de renoncer à une destinée surnaturelle, se consoler de la mort par l'idée que l'énergie vitale de leur corps décomposé demeure un noyau vivace dans le milieu cosmique. On va jusqu'à garantir cette consolation par des observations qui se veulent scientifiques. Ainsi se réconcilie-t-on avec la mort de l'existence personnelle en ramenant celle-ci à un certain centre solide et durable d'être biologique. C'est à se demander si la conception biologique de la mort ne constitue pas le moyen le plus efficace pour ruser avec la mort. On se doute que le calme réalisme qui élimine souverainement la question d'une immortalité personnelle ne soit qu'une manière de ne rien vouloir savoir de la mort pour soi. L'observation psychanalytique apprend en tout cas quels fantasmes d'invulnérabilité et d'immortalité habitent également ceux qui affirment sereinement le caractère naturel de la mort.

La dualité non réconciliée du vivant et de la vie se répète donc de multiples manières dans la conception biologique de la mort. L'homme qui, au contraire de l'animal, se sait mortel, ne peut pas simplement déloger la mort de son existence en en faisant un phénomène naturel immanent au cycle de la vie.

2.   La mort: *adversité impensable.*

Pour le vivant qui a conscience de lui-même, la mort est plus radicalement extérieure à la vie que dans l'ordre biologique. En effet, celui qui se sait mortel, ne sait cependant pas penser sa mort; car pour qu'il puisse la penser, il faudrait qu'elle soit immanente, non pas au cycle de la vie, mais dans l'expérience de la vie. Or, dans sa réalité de fin de l'existence, elle est la limite absolue de toute expérience. Le savoir de la mort est la conscience d'une impossible expérience, la conscience de buter contre une limite de la pensée. Ce que pense réellement la conception biologique de la mort, c'est encore la durée de la vie avec laquelle l'esprit essaie de se rendre solidaire. Absente de l'expérience, réfractaire à la pensée, tout en étant l'objet d'une certitude objective, la mort est naturelle pour l'homme en tant qu'il se sait un vivant, mais elle n'est pas naturelle pour lui en tant qu'existence. Donnons la parole à Sartre qui démystifie avec force l'idée de la mort immanente et celle d'expérience de la mort:

« ... elle est un *fait contingent* qui, en tant que tel, m'échappe par principe et ressortit originellement à ma facticité. Je ne saurais ni découvrir ma mort, ni l'attendre, ni prendre une attitude envers elle, car elle est ce qui se révèle comme indécouvrable, ce qui désarme toutes les attentes... La mort est un pur fait, comme la naissance; elle vient à nous de dehors et elle nous transforme en dehors ».[7]

L'opposition à l'idée que la mort est naturelle pour l'homme ne relève pas nécessairement d'une philosophie dualiste qui sépare idéellement la conscience et le corps auquel elle est inhérente. La mort n'est pas naturelle pour l'homme parce que son corps est une réalité transitionnelle et double: psychique et biologique. G. Marcel le dit très justement, comme nous l'avons déjà rappelé: l'homme est son corps et il a son corps. La mort réelle, celle du corps qu'il a et dont il sait qu'un jour il va se défalquer, cette mort est étrangère et antagoniste à l'homme qui est existentiellement son corps. Car, étant son corps dans sa vie symbolique, l'homme se détache du flux vital. S'il transforme ainsi la vie en une histoire symbolique, comment ne nierait-il pas la naturalité de la mort et ne chercherait-il pas à lui assigner une fonction dans un ordre symbolique? Mais comment le faire sans méconnaître la mort réelle, celle du vivant que l'homme est également, celle du corps dont il sait qu'il doit l'avoir pour qu'il puisse l'être? C'est la question cruciale avec laquelle toutes les cultures se sont confrontées. Les rites qui entourent partout la mort attestent ce refus universellement culturel d'assimiler la mort d'un homme à un phénomène simplement naturel. Aussi haut dans le temps que portent les observations, elles rencontrent les signes symboliques qui expriment la conscience que le mort ne coïncide pas avec le corps sans vie. Dans le monument funéraire, la vie symbolique proteste contre l'assimilation de la mort humaine à un phénomène naturel. L'homme qui se reconnaît mortel, avoue son appartenance au cycle naturel de la naissance, de la vie et de la mort; en marquant la mort par un monument, il signifie sa déhiscence par rapport à cet ordre naturel. Les interrogations sur la survie prennent leur naissance dans cette conscience d'appartenir à un autre ordre. Le désir d'immortalité ne crée pas cette conscience; c'est l'inverse qui est vrai.

Le sceau divin qui marque la vie humaine rend la mort encore plus adverse et impensable. Les statues pharaoniques du Haut Empire figurent dans leur immobilité hiératique l'immortalité du divin dont elles sont la délégation terrestre. La mort naturelle n'y est qu'une vicissitude d'une vie qui est immortelle parce que divine. Dans la religion créationniste de la Bible, par contre, la mort devient l'énigme majeure. N'étant pas une divinité sur terre, l'homme ne s'attribue aucune immortalité de nature

---

[7] *L'être et le néant*, Paris, Gallimard, p. 630.

divine. Mais qualifié par sa ressemblance à son créateur immortel, l'homme éprouve sa soumission à la condition mortelle de la vie naturelle comme contraire à l'origine et à la nature surnaturelles de son existence. Saint Paul donne sa voix puissante à l'étonnement et à la protestation envers la mort. Au regard de la destinée que son origine prescrit à l'homme, la mort ne peut être qu'une puissance négative qui agresse l'oeuvre divine. Elle est le dernier ennemi de Dieu sur lequel le Christ emportera la victoire. Alors que le vitalisme mythifie la vie naturelle et dissout en elle la mort, saint Paul parle de la mort en termes mythiques, précisément parce que, dans sa réalité incontournable, elle constitue une adversité impensable pour celui qui pense la vie humaine selon sa qualité divine.

Un renversement radical de perspective oppose donc les conceptions biologique et biblique de la mort. La conception biologique de la mort naturalise la vie humaine. De l'affirmation de la surnaturalité de l'existence humaine, la Bible infère la non-naturalité de la mort. La limite impensable contre laquelle bute l'existence devient une contradiction avec ce qu'on pense du rapport entre la vie et Dieu. La logique religieuse veut que cette contradiction soit levée. Autant que la vie, la mort doit avoir un sens religieux. Elle ne peut qu'être un événement religieux. Si la vie vient d'une source divine, la mort doit être l'effet d'une rupture par laquelle l'homme a perdu le lien vivifiant. Par une révolte sacrilège contre son origine divine, il a dû donner prise sur lui à la puissance antagoniste du Dieu de la vie.

On pourrait interpréter cette conception religieuse de la mort selon le schéma fonctionnaliste et croire qu'elle est un moyen pour résoudre l'énigme de la mort que l'homme ne parvient pas à accepter. Ce serait inverser la logique religieuse et la prendre pour une tentative de combler le trou que laisse la mort dans le désir et dans l'intelligence. Mais, tout d'abord, n'est-ce pas parce que l'homme est conscient de ne pas être un simple vivant naturel que la mort lui pose une énigme? Pour éliminer celle-ci, il faut l'effort d'une pensée seconde qui nie la conscience première et qui impose, contre la conscience de l'homme, la conception biologique de la mort. Ensuite, ce n'est pas l'énigme de la mort qui conduit à la foi en une destinée divine; c'est en vertu de la conception créationniste que la mort devient un scandale religieux et qu'elle suscite les protestations contre le créateur. Il faut finalement que s'intériorise le rapport à Dieu et le sens du péché pour que le croyant fasse la connexion entre le péché et la mort. Saint Paul condense en une puissante antithèse l'interprétation biblique de la mort: l'homme qui se dresse en simulacre de Dieu s'effondre en poussière, mais Dieu ressuscite le Christ qui lui demeure fidèle jusque dans l'épreuve de la mort.

On peut appeler mythique ce langage qui ne considère même pas la nécessité biologique de la mort. Le propre du langage mythique, en effet, est d'unifier étroitement les ordres que nous distinguons, celui de la nature biologique du corps et celui de la destinée divine de l'homme corporel. L'esprit rationnel sera dès lors tenté d'attribuer l'interprétation biblique de la mort au caractère mythique de sa pensée, comme si l'absence d'une référence à l'ordre naturel de vie et de mort faisait surgir une signification transnaturelle. La logique interne de la vision religieuse et sa cohérence nous font prendre le contrepied de l'explication rationaliste: la pensée de la mort comme événement religieux et non-naturel ne pouvait se concevoir et se dire que dans un langage mythique. Lui seul était apte à articuler sur un phénomène naturel sa signification surnaturelle. On peut accorder une prééminence à la rationalité du langage philosophique sur l'immortalité; mais cette rationalité ne se maintient que par un certain dualisme naturaliste: en posant qu'une substance immortelle appartient à la composition naturelle de l'homme, cette philosophie nie finalement la mort de l'homme en la limitant à son revêtement corporel. On sait que la conception biblique voit le corps comme l'ensemble des relations qualifiées qui constituent la vie de l'homme. L'idée d'une substance spirituelle et séparable du corps est aussi étrangère à la conception biblique que la réduction du corps humain au régime de la vie naturellement mortelle.

Nous devons donc conclure que la mort a deux faces, tout comme le corps que l'homme a et qu'il est. Pour la raison objective, celle qui regarde le corps biologique, la cessation irréversible de la vie est un phénomène naturel. Pour l'existence consciente, elle est contraire à son appartenance à l'ordre symbolique et à sa chronothèse. L'homme se vit au présent en ouvrant ses possibles à venir. La mort lui est dès lors adverse et impossible à penser. En exhaussant la conscience qu'il a de son humanité, la religion accentue encore l'adversité absurde de la mort.

L'angoisse de la mort, loin d'être pathologique, représente la conscience aiguë de l'adversité impensable qu'est la mort. Le mot « angoisse », dérivé d'*angustia* (lieu resserré), évoque le sentiment de celui qui se trouve coincé et exposé sans défense à une force hostile. Or, la mort est éminemment une agression imparable contre le moi corporel. C'est parce que la propre mort est impensable qu'elle suscite ce sentiment qui, à la différence de la peur, ne porte sur aucun objet. Sentiment sans représentation, l'angoisse est la protestation du corps affectif contre l'irreprésentable destruction dont il se sent menacé. Dans l'angoisse éclate donc l'altérité impensable de la mort, et le moi corporel s'y manifeste existentiellement concerné. L'angoisse qui fait irruption en dépit du savoir objectif oppose le désir du corps subjectif aux objectivations biologiques du corps et de la mort. Aussi est-ce toujours la proximité menaçante de la mort impensable qui déclenche l'angoisse. Là où la référence à la mort paraît absente de l'angoisse, la psychanalyse la décèle dans l'inconscient. Derrière l'angoisse de culpabilité se dresse la représentation inconsciente de la peine capitale. Et l'agression castratrice équivaut à une mise à mort.

C'est parce que l'homme sait son existence enracinée dans la vie biologique, fugitive et fragile, que la mort est toujours présente à sa conscience. Mais c'est parce qu'il ne coïncide pas avec cette vie dont il jouit, que la mort n'est pas le terme d'un temps naturel mais une limite externe de son temps existentiel. *Mors certa, hora incerta*: l'incertitude dans le savoir certain et le savoir que l'incertitude est invincible rendent la mort présente comme l'autre qui surprendra, puissance intruse et irreprésentable. L'animal peut éprouver le danger réel qui menace sa vie; il peut même se laisser mourir par attachement vital à un objet disparu. Il n'a pas la conscience de la mort, car « pour qu'il comprît la mort, force serait à l'organisme de s'en détacher par l'imagination, de la penser au lieu de la jouer, de la transposer sur un plan symbolique ».[8] Seul l'homme sait qu'il est mortel; c'est pourquoi l'angoisse de la mort peut le surprendre en dehors de tout danger actuel. La conscience humaine rend la mort imminente dans l'existence, mais pour l'existence la mort n'est pas son terme naturellement immanent.

3. *La mort métaphorisée et la mort symbolisée.*

La conscience de la mort bute contre un signifiant vide. L'imminence de la mort ne se signale à l'expérience que dans une expérience affective sans représentation. La mort propre demeure radicalement extérieure à l'expérience dicible, non pas par son excès, mais par le manque radical qu'elle signifie et dont elle barre l'expérience. Objet du savoir, la mort se soustrait à l'intériorisation de la pensée. Elle est éminemment le réel brut. Son imminence ne permet cependant pas qu'on la rejette dans l'inactuel.

Une manière d'intégrer la mort à l'existence consiste à la métaphoriser. R.M. Rilke s'est appliqué avec ferveur à produire la mort comme le fruit mûr qui accomplit la vie.[9] « L'heure de la mort n'est qu'une de nos heures et non pas exceptionnelle. Notre être va toujours de transformation en transformation, et celles-ci ne sont peut-être pas moins intenses que ce que la mort apporte de nouveau, de proche, de ce qui vient ensuite. Et comme nous nous laissons l'un l'autre sans plus à un certain lieu de ce changement le plus marquant, nous devons, en toute rigueur, renoncer l'un à

---

[8] J. Vuillemin, *Essai sur la signification de la mort*, Paris, P.U.F. 1948, p. 10.

[9] « La grande mort, que tout un chacun porte en lui, c'est là le fruit autour duquel tout tourne ». *Das Stunden-Buch*, Leipzig, Insel-Verlag, 1922, p. 86. Notre traduction.

l'autre à chaque instant et ne pas retenir ».[10] Mourir à l'instant fugace, entrer dans l'instant qui advient, est-ce réellement produire sa propre mort? Le texte de Rilke avoue lui-même que la volonté de se rendre complice de la mort, la dénie en fait. La mort y est transvaluée en métaphore du temps qui emporte avec lui un fragment de notre existence. Ne pas vouloir le retenir, c'est se produire à l'être au présent et conserver le passé comme ce qu'on a été. Or la mort est le lieu vide, l'absence de présence et l'instant manquant sur lequel ne porte aucun projet. L'heure de la mort est bien exceptionnelle; elle nous signifie qu'en dernière instance s'abîmera la transformation par laquelle l'homme advient à l'être au présent.

De nos jours on ruse volontiers avec la mort en confondant la métaphore et la réalité de la mort. On voudrait la déloger de son terme infranchissable en la plaçant en arrière du présent, dans le passé que nous ne sommes plus. La prolifération presque cancéreuse du mot « deuil » dans la psychanalyse contemporaine enveloppe le savoir de la mort dans un sommeil de jouissances. On fait le deuil de l'attachement à la mère, des excréments, de la nostalgie du père, du savoir, de Dieu... Ces détachements sont le prix du désir. Les assimiler à l'acquiescement à la mort est une illusion divertissante mais aussi une inversion sinistre. On y fait jouer sur la scène imaginaire le manque radical en l'affublant des vêtements irisés du désir.

La métaphore de la mort ne conserve sa vérité que si la raison se maintient en perspective sur l'imminence de la mort réelle, celle que nous ne produisons pas mais qui nous adviendra du dehors. Dans ce cas, c'est la conscience de la mort qui donne sa signification à la fugacité de l'instant, au sommeil et à la souffrance. La métaphorisation de la mort en dissout la réalité en l'assimilant aux failles et aux pertes de notre existence, alors que nous y consentons en vue de notre être à venir. Les métaphores de la mort ne sont vraies que lorsque le signifiant de la mort réelle détermine nos expériences douloureuses et en fait des signes de notre finitude. Toutefois, on peut douter s'il s'agit bien de véritables métaphores, car normalement la métaphore produit un sens nouveau. Ce qu'on appelle les métaphores de la mort ne sont que les rappels diffractés de la mort réelle dont on sait qu'elle est toujours l'au-delà irreprésentable des expériences qui l'annoncent.

Dans la philosophie de Heidegger la différence entre la mort et le temps nous semble également s'absorber dans une dialectique de la pensée. Nous pouvons nous accorder avec lui lorsqu'il écrit que, dans l'angoisse, « l'être-là se trouve devant le néant de la possible non possibilité de son existence. L'angoisse s'angoisse pour le pouvoir-être de l'être ainsi déter-

---

[10] Extrait d'une lettre citée par V.E. von GEBSATTEL, *Aspekte des Todes*, dans *Prolegomena einer medizinischen Anthropologie*, Berlin, Springer, 1954, p. 402.

miné et elle révèle aussi l'ultime possibilité ».[11] Nous ne pouvons plus le suivre lorsqu'il pense que « L'angoisse manifeste en l'être-là son être-à-l'égard du savoir-être-inaliénable, c'est-à-dire son être libre pour la liberté de se choisir soi-même et de se saisir soi-même ».[12] Se choisir soi-même est un projet d'existence. Dans l'angoisse effective toute représentation s'effondre et le néant qu'elle ouvre enferme dans son abîme la liberté de se choisir. L'angoisse révèle la possibilité imminente de la mort. Elle aiguise la conscience qu'a l'homme d'être mortel. En ce sens elle le rejette sur sa liberté de mettre son existence en perspective de la mort ou bien de l'occulter. Mais Heidegger assigne à la liberté le même objet absent qu'à l'angoisse: l'existence comme possibilité d'une non possibilité. Pour Heidegger « la certitude de la mort ne dérive aucunement de l'observation dans l'ordre de l'être subsistant ».[13] Car il veut rendre la mort immanente à l'expérience de l'existence. Mais en écartant comme non pertinente la certitude objective qui nous vient du dehors, il métaphorise la mort réelle et il confère à l'angoisse la liberté suprême dont en elle-même elle est entièrement privée.

La vraie liberté pour se choisir requiert la clôture de l'existence que donne la certitude objective de la mort. Tout projet est une ouverture que détermine une fermeture. La mort constitue la fermeture limite qui rend possible d'assumer l'existence dans un projet englobant et dans une liberté qui ne se leurre pas. La conscience de la mort libère ainsi la liberté pour le choix de l'existence comme possible délimité. Contre Heidegger [14] et avec Sartre nous tenons que la mort ne peut pas être le but de l'existence; car tout but se forme entre deux limites, la naissance irrécupérable et la mort inéluctable. La possibilité du non-être est inscrite dans notre existence, mais c'est une possibilité à laquelle l'existence se sait exposée, non pas une possibilité que le *Dasein* ouvre lui-même en temporalisant l'avenir. La mort advient comme limite à la temporalisation et elle demeure en dehors du temps existential. Dans son projet d'existence, on choisit d'accepter ou d'éliminer cette limite ultime; on n'en fait pas un but ultime, pas plus qu'on ne fait de la naissance un but originaire. Il semble bien y avoir une confusion sémantique dans la pensée de Heidegger lorsque de la mort comme terme (*Ende*) il passe à l'idée de la mort comme but (*Ziel*). Le but est le terme immanent d'un projet, de sorte que, dans le choix, le but et le terme coïncident. Mais la fin n'est pas nécessairement une finalité interne à l'agir. Heidegger lui-même compare

[11] *Sein und Zeit*, p. 266.

[12] P. 181. (*L'être et le temps*, trad. R. Boehm et A. De Waelhens, Paris, Gallimard, 1964, p. 230).

[13] *Sein und Zeit*, p. 264-265.

[14] « Seul l'être-libre *pour* la mort donne absolument au Dasein son but (*sein Ziel*) et accule l'existence à sa finitude ». *Sein und Zeit*, p. 384.

d'ailleurs la mort en tant que limite (*Ende*) à la naissance et il pose cette dernière en dehors du libre choix. Certes, la *Befindlichkeit* (sentiment d'être situé) révèle la situation originaire de l'homme, être fini. Cependant, pour déterminer la finitude, il faut se référer à la naissance et à la mort qui dé-finissent la finitude. La finitude de l'homme est telle que, pour la concevoir en vérité, il doit sortir de l'immanence de l'existence et recevoir des autres le savoir de ses deux limites absolues.

Pour la foi chrétienne, les deux limites de la finitude humaine signifient la dépendance de l'origine originante. C'est pourquoi à l'engendrement divin de la naissance correspond le réengendrement de la résurrection. En ce sens, et en ce sens seulement, l'homme, par sa décision relativement à l'ordre de la foi, choisit son être ou son non-être ultime, par une liberté radicale qui porte sur son existence même, ainsi que le relève Hegel.[15] Si le désir d'immortalité est aussi naturel pour l'homme que la mort n'est pas naturelle pour lui, l'interprétation de la mort comme passage périlleux vers une nouvelle naissance contredit ce désir autant qu'elle lui correspond. Du réengendrement pour une vie immortelle, en effet, l'homme ne peut se faire aucune représentation. Elle passe par la limite réelle et non métaphorisable de la destruction du moi corporel. Par contre, l'idée philosophique d'une âme immortelle, en s'attachant à un soi représenté durable, comporte encore la négation de la limite mortelle. La conviction religieuse de la résurrection demeure suspendue à la promesse de Celui qui, origine des origines, est également au-delà de la mort. Accepter la mort comme la possibilité d'une nouvelle naissance, c'est du coup affirmer que la mort clôt définitivement l'existence et que la vie au-delà de la clôture ne peut venir que d'un Autre. La foi n'intériorise dès lors pas la mort en des métaphores qui l'assimilent au mouvement de la pensée et de l'existence. Toutefois, la religion chrétienne symbolise la mort, dans ses rites et dans sa disposition croyante. En se référant à la mort réelle du Verbe fait chair, elle la remémore en symboles pour signifier sa victoire sur elle. Et en anticipant symboliquement la mort réelle du croyant, elle annonce la nouvelle naissance qu'il ne peut pas chercher mais seulement attendre, tout comme il ne peut pas produire sa mort mais seulement se disposer à accueillir cet étranger qui l'enlèvera à lui-même.

4. *La liberté pour la mort et pour la nouvelle naissance.*

L'être libre pour la mort, selon la lumineuse expression de Heidegger, c'est le mouvement en direction de l'existence authentique, consciente de sa finitude, et l'éloignement du mode déchu selon lequel vit son exis-

---

[15] *Philosophie du droit*, § 124.

tence celui qui, oublieux de la naissance et de la mort, s'est rendu étranger au sens de son existence et à la vérité de l'être. Une parole de Freud, frappée comme une devise de sagesse, appelle l'homme à la même liberté: *si vis vitam, para mortem.* En rappelant à l'homme sa fin, le langage et le rite chrétien l'invitent également à se réveiller de son oubli et à reconquérir son identité. Quelle que soit leur visée, la concordance de ces langages laisse entendre que, s'il n'y a rien que l'homme sache d'une certitude plus absolue, il n'y a rien qu'il désire autant mé-connaître et refouler. Il en résulte un langage sur la mort dont la double entente est telle que l'inversion entre reconnaissance et mécon-naissance menace sans cesse de se reproduire.

Il en est pour qui la liberté pour la mort se réalise lucidement dans la liberté pour se donner la mort. Ne considérons pas les cas proprement pathologiques de suicide compulsif, mélancolique ou délirant, mais le suicide par lequel on veut raisonnablement accomplir la vie en l'achevant. Est-ce un acte de suprême liberté pour la mort? L'acte violent de l'auto-agression se substituant à l'agression extérieure de la mort, montre l'im-possibilité de rendre la mort immanente à l'existence. Personne ne niera que le suicide entend prévenir l'agression de la mort. On ne contestera pas non plus que le suicide se motive par l'attachement au passé regretté ou par le désir déçu d'une existence plus pleine. On comprend pareille volonté d'emprise sur la vie et sur la mort. On ne saurait y voir la vraie liberté pour la mort. C'est en l'accueillant librement comme la limite dont on ne dispose pas, mais à laquelle s'expose le corps poreux, que l'on consent en vérité à l'existence signée par la contingence. Dans l'opti-que croyante, l'abandon de soi-même à l'altérité de la mort est l'acte ultime de l'abandon irréversible à l'altérité de Dieu. C'est pourquoi, dans la religion, la mort est sacrée, inviolable, et le suicide un interdit sacré.

Le désir d'occulter la mort et la conscience de ce désir s'enchevêtrent et se trompent mutuellement et ils se retournent soupçonneusement contre le langage religieux. Nos méditations critiques sur la mort nous permettent sans doute de mieux comprendre les réticences envers l'idée chrétienne de la résurrection, mais aussi de nous en libérer en vue d'une liberté pour la nouvelle naissance. En réalité, le message de la résur-rection répond au désir d'immortalité en le subvertissant bien plus radi-calement que toute philosophie dialectique. Alors que par la mort trans-formée en concept dialectique on entend encore la mutation interne qui conduit l'esprit à son *telos* immanent, l'idée de résurrection décentre l'accomplissement de l'existence et le suspend au temps divin. La foi en la résurrection requiert la liberté de laisser l'advenue de Dieu être l'avenir de l'homme.

On peut s'indigner ou se révolter parce que cette foi décentre l'exis-tence du monde. Mais qu'on la suspecte avec mépris de méconnaître la mort, ne peut être que l'effet d'un débat ambigu avec la mort, voire le déplacement d'une contestation affective de celle-ci. Car, s'il n'est pas nécessaire de croire à la résurrection pour clarifier son rapport à la mort, la foi en la résurrection suppose la liberté pour la mort.

Dans la foi en la résurrection on soupçonne une nostalgie imaginaire d'immortalité. Des observations psychologiques viennent apparemment appuyer cette interprétation. Piaget a mis en évidence que l'enfant ne parvient que vers sept-huit ans à reconnaître que la mort est irréversible et qu'elle est le terme naturellement immanent à la vie, entendons: à la vie biologique. Avant cet âge, une conception intentionnaliste et finaliste empêche de percevoir la mort comme une nécessité biologique et comme une réelle cessation de la vie. Plusieurs recherches ont confirmé ces observations tout en les nuançant.[16] On pose dès lors la question si le langage religieux sur la mort et sur la résurrection ne prolonge pas la conception archaïque de l'enfant. La psychanalyse renforce ce soupçon en révélant la permanence, dans l'inconscient, des représentations infantiles.

Nous ne voudrions pas nier la résurgence de la représentation archaïque dans le désir d'immortalité. Nous ne pouvons cependant pas accepter que la protestation contre la mort soit réductible à l'imaginaire toute-puissance du désir; ce serait nier la différence entre l'existence et la vie biologique. Rappelons également que c'est la foi progressivement acquise en la création divine qui a rendu plus incompréhensible la mort effectivement reconnue comme irréversible. L'incapacité infantile de se représenter réellement la mort procède d'une imaginaire toute-puissance du moi. La protestation biblique contre la mort dérive de la foi en la toute-puissance créatrice du Dieu qui éveille la vie pour qu'elle Le manifeste.

Une considération quelque peu attentive du message de la résurrection met en trop vive lumière l'inanité du soupçon pour qu'on n'y suspecte pas les noeuds clandestins que tisse la mort. De fait, l'annonce de la résurrection démystifie la volonté la plus subtile de méconnaître la mort réelle, celle qui entend en triompher en la métaphorisant ou en la dialectisant à l'intérieur de la vie. En ramenant la mort à celle que « les mortels meurent durant la vie »,[17] on se pose en maître de sa mort et on exorcise sa finitude radicale. Le message de la résurrection ne dérange-t-il pas fondamentalement parce qu'il vient troubler la pensée qui veut étendre son empire sur la mort?

---

[16] Voir A. PORTZ, *Le sens de la mort chez l'enfant. Etapes dans l'organisation affective et le développement notionnel*, dans *Mort et présence*, Cahiers de psychologie religieuse, vol. 5, éd. Lumen Vitae, Bruxelles, 1971, p. 143-160.

[17] M. HEIDEGGER, *Erläuterungen zur Hölderlins Dichtung*, Frankfurt, Klostermann, 1971⁴, p. 165.

Note additionnelle. La foi dans la résurrection implique une conception du corps propre à l'anthropologie biblique. À travers tout un parcours philosophique et scientifique la pensée moderne la retrouve de manière plus différenciée. Voir la contribution *Le corps* (n° 27) que nous avons placée dans la troisième partie, parce qu'elle donne son fondement au langage et à la pratique symboliques. Ce texte peut aussi aider à donner sa base anthropologique à ce que saint Paul dit du corps dans Rom. VII.

III

L'EXISTENCE SYMBOLIQUE

DIMENSIONS ANTHROPOLOGIQUES
DE L'EUCHARISTIE

Introduction

RÔLE DE L'ÉTUDE ANTHROPOLOGIQUE DANS LA THÉOLOGIE

Une recherche anthropologique sur l'eucharistie fait partie de son approche théologique même. Elle apporte une contribution irremplaçable à la compréhension de l'eucharistie, en éclairant le sens humain du geste rituel. D'ailleurs, l'enseignement de la foi chrétienne n'implique-t-il pas toujours une anthropologie? En effet, tout en visant des choses invisibles, la foi passe par les sens. Si nous croyons en Christ, c'est parce que nous *percevons* la manifestation de la gloire divine sur la figure humaine de Jésus tel que les Écrits nous le présentent, et parce que dans les paroles humaines nous *entendons* le Verbe divin qui s'adresse à nous. Dieu ne peut se rendre manifeste qu'en des signes visibles et en des paroles audibles. Ainsi s'explique que l'homme Jésus soit figure centrale et parole substantielle de Dieu.

Mais l'on sait la difficulté pour l'homme contemporain d'accepter que Dieu nous parle et qu'il se manifeste dans une figure historique. De nombreux croyants sont tentés de ramener les données chrétiennes à une sorte de religion dans les limites d'une raison élargie. Par un renversement paradoxal, ils infléchissent même l'opposition foi-religion dans le sens d'une antithèse entre attitude religieuse et culte sacramentel. De la foi ils retiennent l'éthique évangélique marquée d'une référence au

Dieu dont le Christ est le modèle ou le prophète. Par religion ils entendent toute l'économie de la grâce de la théologie classique, et en particulier le culte sacramentel comme participation à la divinité du Christ. Cette «religion» leur paraît être la modalité chrétienne de la religion en général, avec ses croyances mythologiques et ses pratiques magiques. D'autres croyants qui ne se laissent pas enfermer dans cette dichotomie n'en éprouvent pas moins le même malaise. Ils ne savent pas comment accorder les deux séries de catégories d'interprétation qu'ils tiennent pour simultanément vraies: celles qui expriment une perception humaine des données chrétiennes et particulièrement des rites, et celles qu'enseigne la tradition théologique. Et comme les catégories humaines, c'est-à-dire symboliques-religieuses, sont proches de leurs expériences et de leurs désirs, les catégories théologiques, soudain isolées, leur paraissent inintelligibles et comme irréelles. Lorsqu'on leur enseigne que les sacrements sont les «instruments de la grâce», ils se demandent ce que Dieu peut ajouter à leur propre disposition de foi, laquelle s'exprime dans le geste symbolique du baptême ou de l'eucharistie. Il y a plus: quand le culte n'exprime plus la foi au Christ telle qu'ils peuvent la vivre, ils doutent que les gestes et les signes sacramentels soient encore indispensables au chrétien: leur fonction ne se borne-t-elle pas à exprimer la foi?

Deux tâches s'imposent dès lors à la théologie et à la catéchèse des sacrements: celle de mieux concevoir et de mieux présenter l'aspect humain, la dimension anthropologique des sacrements; et celle de repenser le lien entre la figure humaine du culte et la théologie de l'action christique. C'est la première qui retiendra surtout notre attention.

La désaffection actuelle pour la pratique des sacrements appelle une adaptation ou un renouveau du langage théologique, que demandent par ailleurs les responsables de la pastorale. Nous ne doutons pas de l'utilité de ces recherches. Mais que veut-on signifier par là? Le langage de l'homme contemporain est-il donc univoque, explicite dans ses visées, justifié dans ses présupposés implicites? Il nous semble qu'une tâche plus urgente et première est d'observer et de penser les données anthropologique impliquées dans les réalités chrétiennes. Une recherche d'adaptation est vouée à l'échec ou menacée d'aliénation si elle n'a pas considéré d'abord les structures fondamentales de l'humain. Souvent, la plus grande illusion anthropologique de certains théologiens ou catéchètes est de vouloir saisir la réalité de l'homme dans les manifestations apparentes de ses «expériences vécues» ou de ses désirs. Tout véritable anthropologue sait combien il est ardu de pousser l'interprétation de ces manifestations jusqu'à leur vérité humaine. Elles la cachent autant qu'elles la révèlent. De l'expérience vécue et des désirs manifestes, la vérité de l'humain ne se dégage pas immédiatement. Seule une analyse systématique peut mettre en lumière ses structures essentielles. Il faut donc patiemment approfondir les dimensions anthropologiques de la foi et de la praxis chrétienne, pour pouvoir les relier ensuite aux données de la révélation.

Même si notre contribution anthropologique n'est pas proprement théologique, elle n'en a pas moins une visée théologique présomptive. Jouons carte sur table: si nous attachons une telle importance aux dimensions anthropologiques de l'eucharistie, c'est que, dans notre conviction théologique, les faces humaine et divine des sacrements constituent une œuvre indivise. Certes, seules deux lectures distinctes permettent de déchiffrer la réalité eucharistique, et notre interprétation anthropologique doit trouver son complément dans les exposés théologiques. Seulement, la complémentarité des optiques ne signifie pas une juxtaposition des éléments. La grâce divine, selon nous, agit à l'intérieur même du sens humain de l'eucharistie; dans l'œuvre eucharistique, l'humain et le divin sont aussi indissolublement liés que les deux faces d'une même feuille. Aussi, nous avons égard à la réticence des chrétiens contemporains qui ne se disent plus convaincus par toute la théologie de la grâce sacramentelle, et qui demandent que le sens humain des sacrements soit éclairé et mieux effectué dans la liturgie. En effet, si elle n'est pas inscrite dans une réalité humaine significative, la grâce sacramentelle prend l'aspect d'une efficacité magique. Et nul doute que la doctrine de l'efficacité *ex opere operato* s'est souvent prêtée à une perception et une praxis quasi magiques. On ne conçoit pas que Dieu lie sa grâce à des *signes in-signifiants*.

Mais comprenons bien la face humaine du sacrement, et gardons-nous d'aplatir la dimension anthropologique de l'eucharistie sur quelque idée abstraite de «la vie» ou de «l'expérience». Pour rénover la liturgie, il ne suffit pas d'inventer de nouvelles formes esthétiques, si indispensables qu'elles soient. Et pour replacer dans l'existence les emblèmes sacramentels, on ne peut se contenter de rassembler, par une observation sociologique, les expressions des désirs humains ou les modes de perception contemporains. Il nous faut autant repenser les structures de l'humain et les raisons d'être des rites chrétiens, car jamais enquête sociologique ne nous apprend la vérité de l'homme et du croyant, qui demeure toujours une œuvre à faire. Sinon, comment s'orienter dans les multiples «données» de la vie humaine, que toute observation nous manifeste

comme traversées de désirs et de langages divers et même contradictoires? Qu'est-ce qu'il y a à vivre et à exprimer? Quel est le sens qu'il faut
donner aux choses ou qu'il faut délivrer dans le monde? Aucune attitude
purement positive ne peut en décider, et pour cette raison le thème
dominant actuellement, celui de «l'adaptation», reste flou aussi longtemps qu'on ne s'est pas interrogé, non pas sur «l'expérience humaine»,
mais sur le sens interne du symbole sacramentel.

Une donnée d'observation actuelle nous fera toucher du doigt l'ambiguïté d'une optique purement positive ou d'une volonté d'adaptation.
Certains croyants craignent de séparer culte chrétien et vie humaine. Et
comme nous l'avons signalé, l'opposition abstraite et mal interprétée
entre foi et religion vient soutenir leur méfiance envers la participation
sacramentelle. Le rite, geste spécifique et «moment privilégié» de la
foi, répété comme ponctuation de l'existence humaine, leur paraît introduire une coupure dans l'unité de la foi et de l'existence humaine, alors
qu'ils la voudraient intégrale, rassemblée dans une simultanéité sans
césure. Désir légitime? Ou nostalgie illusoire? Aucune anthropologie
sérieuse ne prendra d'emblée une telle demande sous sa face apparente;
elle l'interprétera, en ce qu'elle manifeste et recèle, pour y démêler
vérité et illusion, par une critique qui s'appuie sur les données structura-
les de l'humain.

D'ailleurs, si la vérité de l'existence était là, prête à être recueillie par
un enregistrement sociologique, on ne voit pas comment dépasser le
degré zéro de la sensibilité symbolique, qui en éloigne certains de la
pratique eucharistique. Car l'impression d'ésotérisme et de jeu peut
laisser la liturgie du baptême ou du repas quasi immatériel de l'eucharistie, ne tient pas exclusivement aux formes souvent squelettiques de la
liturgie. La nature extrêmement fonctionnalisée de certaines formes
d'existence, dans une aire de civilisation pragmatique et rationnelle, fait
de l'homme un spectateur qui ne parvient plus à communiquer avec les
symboles sacramentels. Cet homme-là peut nous demander une reformu-
lation plus adaptée de la liturgie. Mais sait-il ce qu'il cherche? Seul un
regard interprétatif, appuyé sur une anthropologie critique, peut déceler
les vérités humaines qu'il porte en germe, et que le langage et le symbolisme des rites chrétien devraient libérer.

C'est dire que les symboles sacramentels présentent, en grande mesure,
un sens qui n'existe pas encore pour les croyants qui y participent. Être
libre, c'est-à-dire, être de possibilités nouvelles, l'homme doit se laisser
éveiller à la dimension symbolique des sacrements, avant de pouvoir en
«comprendre le sens». A l'instar des créations artistiques, les signes

sacramentels ont le pouvoir de s'enseigner eux-mêmes, par leur présence initiatrice. Voilà ce que nous voudrions montrer par notre étude anthropologique.

Notre exposé se situera à trois plans, conformément au tissu même du symbole sacramentel. Il nous faut d'abord voir comment, dans tout signe symbolique, la réalité du monde cesse d'être un simple fait pour devenir le lieu d'une forme nouvelle d'existence. Il nous faut ensuite indiquer que l'attitude religieuse s'inscrit nécessairement dans le pouvoir symbolique de l'existence. Puis, nous avons à montrer que la foi assume le symbolisme religieux dans un lien historique avec le Christ, signe et parole de Dieu. Au regard de notre analyse du symbolisme, l'opposition foi-religion s'avérera caduque.

Nous ne voudrions pas récuser une attitude de foi qui croit pouvoir se réaliser uniquement par l'écoute de la Parole et par une vie évangélique. Nous sommes même convaincu que la foi vraie ne se déploie qu'au cours de la vie, dans la praxis et avec les hommes. Mais justement, la participation sacramentelle, loin de se juxtaposer à cette vie, l'exige, et ses signes s'en remplissent, tout en l'insérant dans le projet du Christ. En raison de leur nature symbolique, les sacrements assument la vie et contribuent de manière spécifique à instaurer une œuvre de foi qui est toujours encore à faire.

De cette manière, nous prenons une option théologique nette sur l'efficacité de la grâce, ce qui relève d'un quatrième niveau dans l'étude du symbolisme sacramentel, et que nous indiquons simplement ici, pour faciliter chez les lecteurs le joint avec les exposés proprement théologiques. D'après nous, le don de la grâce est indissolublement lié à l'effectuation symbolique des sacrements, et la face anthropologique de l'eucharistie n'est pas accessoire par rapport à sa réalité théologale. Si la grâce nous contraignait de l'extérieur, comment le Christ aurait-il choisi des signes symboliques pour s'y associer? Dans sa vérité humaine, l'eucharistie est aussi authentique que l'humanité du Christ en qui Dieu nous advient. D'ailleurs les théologiens n'ont-ils pas toujours enseigné qu'en son humanité le Christ est le sacrement de notre salut? C'est dire que les sacrements prolongent avec le même réalisme sa présence dans les réalités terrestres que sont les signes sacramentels.

Si la liturgie a pu se dégrader et s'éloigner de l'existence dans un ésotérisme archéologique, c'est que trop souvent on a traité ces signes comme les supports matériels et arbitraires de la grâce. La foi n'est vive et réaliste que lorsqu'elle assume la réalité humaine. Elle le fait, non seulement dans la préoccupation éthique, mais également dans l'expression et dans la pratique symboliques que sont les sacrements. Et c'est dans cette réalisation humaine de la foi que s'inscrit l'action salvifique du Christ.

Le but que nous nous proposons dans notre étude ne consiste pas à dialoguer avec certaines tendances théologiques, comme celle qui s'appuie sur une opposition entre foi et religion, ou celle qui prolonge le projet bultmannien de démythologisation. Nous tenons cependant à affirmer que d'après nous, toutes ces questions s'éclaircissent du moment qu'on a compris la nature et l'efficacité du symbole. Une anthropologie du symbolisme est indispensable pour une théologie de la grâce et des sacrements. C'est là, d'après nous, la plate-forme nécessaire où doivent se situer ces discussions théologiques.

Cette optique, clairement définie, nous prescrit la division de notre étude. Nous avons d'abord à reconnaître la réalité et l'efficacité du symbole. Nous verrons comment la dimension religieuse s'y inscrit et comment dans l'ordre chrétien le symbole devient porteur d'un nouveau projet d'existence qui assume et achève son efficacité. Ensuite, nous montrerons que l'offrande-sacrifice constitue l'effectuation du symbolisme religieux, et offre dès lors une médiation significative à la présence active du Christ.

LE SYMBOLE COMME ÉLÉMENT CONSTITUTIF DE L'EXISTENCE ET DE LA FOI

Le symbole est, au sens propre, «méta-physique». Présent dans la nature même de notre existence corporelle et dans le monde des choses, il produit une signification qui dépasse les phénomènes physiques. Et cette forme d'existence méta-physique, nous ne la faisons pas, dans un acte impératif, par une décision volontaire et dans un geste de maîtrise. L'homme peut résoudre des problèmes et accomplir des projets. Mais, les symboles, il ne peut pas, à vrai dire et en toute rigueur, les faire, les fabriquer. Ce sont eux qui sont premiers, et qui constituent l'homme, dans son existence et dans son attitude religieuse.

Il faut donc renverser une manière de penser habituelle aujourd'hui. A lire et à entendre des remarques courantes parmi les pédagogues religieux, comme chez l'homme cultivé, il semblerait qu'on invente les symboles pour signifier et exprimer certaines expériences et certaines attitudes. En fait, de même que l'homme ne crée pas le langage, mais assimile sa puissance parlante, ainsi doit-il reconnaître et s'approprier la puissance symbolique. Certes, nous n'excluons pas toute inventivité. Il en va du symbolisme comme du langage: l'invention des formes est le mouvement second qui restitue aux symboles leur efficacité originaire.

Parce qu'il contredit l'inclination critique et volontariste de notre esprit, le symbole est souvent méconnu dans son essence. Avant de déterminer les conditions psychologiques et culturelles de son apparition ou de sa disparition, de ses variations ou de sa permanence, il faut considérer ce qu'il est en lui-même. Et par hygiène de pensée et de langage, nous commencerons par nous affranchir de certaines ambiguïtés du langage à propos du symbolisme.

Les équivoques de notre langage

Les usages ambigus du terme «symbolique» nous instruisent sur la difficulté qu'il y a à saisir la réalité et l' efficacité du symbole. Sur la foi de certaines expressions, rien ne semble plus éloigné du «réel» que le symbolique. Le franc «symbolique» de dommages et intérêts évoque un échange qui n'a pas de valeur en soi, mais seulement une valeur de signe. Et le «geste symbolique» éclate comme une bulle; ses apparences vibrent selon les rêves de l'individu, mais il est dépourvu d'efficacité réelle. Selon le Robert, il s'agit là d'une extension du terme «symbolique» et d'un néologisme. Seulement, le sens nouveau n'agit-il pas comme un corrosif sur le sens ancien et fondamental? Suivant la pente naturaliste de l'esprit, le «symbolique» finit souvent par suggérer une peinture en trompe-l'œil qui convertit un réel saturé en image inessentielle. De cette manière également, la «présence symbolique» dans l'eucharistie se trouve souvent opposée à la «présence réelle». Et, contraints par cette alternative, que nous jugerons fausse, les croyants que heurte un réalisme non symbolique, en arrivent à réduire la présence eucharistique à la valeur expressive d'un geste humain.

Parallèlement, un glissement analogue de sens vide le terme de «représentation» de ses vertus anciennes. Dans son usage actuel, le mot évoque souvent le pur spectacle. Volontiers, on sépare et on oppose le réel et la représentation. Tout comme le théâtre, celle-ci ne serait qu'un reflet indigne de la réalité. A vouloir trouver du réel dans la représentation, on agirait comme l'enfant qui veut saisir le monde dans le miroir même. Le spectacle peut d'ailleurs être intérieur; ainsi dans la terminologie de nombreux philosophes ou psychologues, la représentation signifie *l'image* intérieure, simple reflet substitutif de la chose réelle.

Les termes essentiels de notre univers mental ont leur vie, marquée par toute l'évolution de la civilisation. Certains souhaitent qu'on évite les malentendus et les réticences en remplaçant les mots appauvris ou déchus de leur sens premier, par des expressions qui ne souffrent plus des mêmes ambiguïtés. Un thème obstiné de la nostalgie religieuse actuelle est d'arriver à «inventer» ou à «fabriquer» un nouveau langage, qui exprime les vérités de la foi dans une langue univoque, embrayée directement sur la sensibilité contemporaine et reliant directement l'homme d'aujourd'hui avec une foi sans mystères. Il y aurait une étude fort intéressante à faire de ces aspirations, tant du point de vue sociologique que psychologique et linguistique. Quelque légitimes que soient certaines requêtes, jamais on ne créera un langage religieux tout-puissant et pur de toute ambiguïté. Les mots ne sont pas des pièces isolées qu'on change ou qu'on déplace au gré de sa volonté. Et dans la doctrine des sacrements, tout comme dans les sciences de l'homme, les termes de signe, de symbole et de représentation, demeurent des termes-pivots irremplaçables. La création de la pensée doit consister à restituer aux termes leur valence originaire. Il faut remonter la pente naturaliste de l'esprit, au-delà de l'opposition symbolique-réel (ou représentation-réalité). Opposé à «symbolique», le terme de «réel» signifie la présence physique, et il nous conduit à toute une conception physiciste de la présence eucharistique. De même, dans cette alternative, le terme de «symbolique» désigne la présence qui n'a d'autre réalité que d'être imaginée et invoquée par le souvenir de l'homme. Dans cette opposition, le symbolisme originaire s'est fragmenté en un réel naturel et un symbolique qu'il vaut mieux qualifier d'imaginaire.

Notre effort résolu visera donc à esquisser une phénoménologie du symbole qui restitue au mot sa plénitude de sens en même temps qu'elle met à jour la nature et l'efficacité spécifiques de ce réel qu'on appelle symbolique.

Le signe

Pour comprendre le signe symbolique, nous pouvons nous appuyer sur la théorie linguistique du signe. Quelque peu technique, l'analyse qui suit est indispensable à l'intelligence du symbolisme sacramentel et à l'élucidation des malentendus dont il souffre.

Tout signe comporte un élément (A) qui en représente un autre (B). Le lien qui unit A et B peut être fort varié, et, pour le spécifier, on parlera d'icône, de symbole, d'indice, etc. Par le terme de «signe» on peut désigner uniquement l'élément représentant (A); c'est là l'usage du terme dans les logiques et les psychologies classiques. Actuellement, sous l'influence de Cassirer et de Saussure, on entend par «signe» le lien A-B (représentant-représenté). Pour de Saussure, le signe linguistique n'unit pas la chose et le nom, mais le concept (le signifié ou s) et l'image acoustique (le signifiant ou S)[1]. Entre les deux, le lien est indissoluble. «La langue est comparable à une feuille de papier: la pensée est le recto et le son est le verso...»[2]. Le signe, comme unité linguistique, peut ainsi être figuré par le graphe:

$$\frac{s}{S} = \frac{\text{concept}}{\text{image acoustique}}$$

Le symbole, lui aussi, est une unité à deux faces. Seulement il unit, non pas un signifiant et un signifié, mais deux signifiants[3].

Ainsi le drapeau, symbole de la patrie, unit les deux signifiants que sont le drapeau et la patrie. Dans sa réalité physique, le drapeau est déjà double: un tissu coloré désigné par le vocable. Quand nous le percevons comme symbole, nous prenons le drapeau réel pour premier signifiant, auquel se trouve uni, dans la visée significative, l'autre signifiant qu'est la patrie. Il faut noter que, dans cet usage, le terme de «signifiant» n'a plus le sens qu'on lui confère en linguistique, puisqu'il désigne le réel signifié par le signifiant linguistique. Cependant nous adoptons le terme linguistique de «signifiant» pour désigner aussi bien le drapeau que la patrie, parce que ces deux réalités sont susceptibles de diverses significations (en termes linguistiques: de divers signifiés).

Nous pouvons représenter graphiquement la réalité complexe du signe symbolique, en prenant modèle sur le graphe linguistique:

s'	signifiés divers	(patrie défendue par l'armée,
S'	patrie	représentée par le roi, etc.).
s	signifiés divers	(p. ex.: étendard, drapeau qui
S	drapeau	flotte sur le palais royal, etc.)

---

1. Voir G. MOUNIN, *Ferdinand de Saussure*, Paris, 1968, p. 49 ss.
2. *Cours de linguistique générale*, Paris et Lausanne, 1960, p. 137.
3. Dans notre exposé, nous faisons abstraction de l'extrême complexité des différents systèmes sémiologiques, qui différencient de diverses manières les termes voisins et dissemblables que sont: signal, indice, icône, symbole, allégorie, signe, signifiant. Nous nous en tenons aux éléments qui entrent dans la composition du symbolisme liturgique. Pour un aperçu sur les systèmes sémiologiques, voir R. BARTHES, *Éléments de Sémiologie*, dans *Communications*, 4, Paris, 1964, p. 91-135.

Appliquons notre analyse du signe au pain eucharistique. L'eucharistie elle aussi est une entité à deux faces, joignant deux signifiants: le pain et le Christ. A ces deux signifiants les hommes peuvent donner des significations (signifiés) diverses: le pain mangé peut signifier la force de la nourriture, et le pain partagé: le repas fraternel...; de même le signifiant Christ sera perçu de diverses manières. Notre analyse du signe symbolique nous avertit tout de suite des ambiguïtés auxquelles nous seront confrontés. Le Christ est activement présent par le pain qui le représente. Il ne s'y substitue pas, de même qu'il ne s'y résorbe pas, car ces deux signifiants sont distincts bien que liés. Dès lors, la présence visée du signifiant second — le Christ —, passe par la signification (s, le signifié) que le croyant donne au signifiant premier[4].

Signe qui représente

Il faut se départir d'une mentalité psychologiste qui réduit la représentation à l'image intérieure, enfermée dans une conscience close, pur miroir où jouent des choses extérieures. L'on peut utilement relire ici la critique que Sartre a faite de cette conception, héritée de D. Hume, et qui en philosophie a reçu le nom de *représentationisme*. Reprenons un des exemples analysés par Sartre: celui de la perception d'une photo. Quand nous regardons la photo de quelqu'un, nous ne percevons pas la personne elle-même mais un signe qui la représente. Et cependant il serait faux de croire que la conscience s'arrête à la photo, et que celle-ci ne serait que le reflet de la personne. Si nous brisons le lien de présence qui unit la photo à la personne, la photo se réduit à sa matérialité insignifiante: nous ne voyons qu'un morceau de papier, d'une certaine qualité et d'une grandeur déterminée, et couvert de plans de clarté et d'obscurité. La chose n'acquiert la qualité de photo que lorsque nous accomplissons intentionnellement sa signification de signe. Il faut que l'intention de notre esprit traverse la chose pour rejoindre la personne elle-même. Représentée par la photo, la personne est alors rendue présente à notre conscience, et par la médiation du signe nous communi-

4. Nous considérons uniquement la fonction du symbolisme, et nous faisons abstraction de toute élaboration ultérieure par des énoncés ontico-théologiques, tels ceux de la transsubstantiation ou de l'impanation. Faut-il même aller plus loin dans l'interprétation théorique? Il nous semble qu'il importe plus à la foi, et même à la théologie, de saisir la fonction du symbolisme eucharistique et de la relier à la personne médiatrice du Christ. On peut même se demander si la notion de substance et celle de son dérivé, la transsubstantiation, peuvent s'accorder avec la pensée du symbole. Peut-être ces différents concepts appartiennent-ils à des régimes de pensée irréductibles.

quons réellement avec elle. La personne est-elle dès lors réellement présente? L'ambiguïté de l'expression saute aux yeux: elle est présente, mais dans une absence physique. Le signe nous met réellement en sa présence, dans une relation effective, mais médiatisée par un signe. Une telle présence, réelle quoique non physique, nous l'appelons symbolique.

Les deux termes («signe» qui «représente») disent donc tout à la fois l'absence et la présence. Le terme de «représentation» reçoit le sens plénier de rendre présent, de présentifier, comme s'exprime un langage philosophique contemporain.

Il faut donc penser tout à la fois la présence réelle et l'absence physique. Dans l'eucharistie, il est évident que seul ce type de présence est adéquat à la situation historique de l'Église. Si le Christ était physiquement présent, il ne faudrait pas d'eucharistie. Dans le temps intermédiaire entre sa mort et son retour, sa présence, quoique réelle, ne peut être physique, mais doit être symbolique, médiatisée par les signes qui le re-présentent.

Une phénoménologie de la relation intentionnelle qui relie signe et présence représentée doit préparer tout exposé sur la présence réelle de l'eucharistie. Non pas que cette dernière se réduise à la présence symbolique d'un quelconque signe représentatif. Le Christ est plus présent dans le pain eucharistique que dans l'icône qui le re-présente: nous verrons, en effet, tout de suite que sa présence est de l'ordre de l'alliance symbolique. Mais, la présence réelle est, en tout cas, d'ordre symbolique, et ne peut se concevoir qu'à l'intérieur de cette catégorie fondamentale.

Toute «réelle» qu'elle soit, la présence symbolique ne se laisse pas saisir dans un contact direct et sensible. La manière dont cette présence se donne, suppose une rupture avec l'immédiat qu'on s'obstine souvent à confondre avec le réel. Tout en se présentant dans une forme corporelle, le signe symbolique donne ce qui n'est plus de l'ordre du sentir, et ce qui peut dès lors paraître irréel.

Dans les écrits religieux contemporains, certains courants de pensée, aux sources encore mal analysées, rendent particulièrement difficile l'ordre symbolique, parce qu'ils valorisent outre mesure l'immédiateté de l'expérience et de la vie. Sans doute réagissent-ils, maladroitement, contre la crainte d'une aliénation religieuse, contre la peur de se perdre dans des constructions irréelles; ou bien cherchent-ils à relier la foi chrétienne aussi étroitement que possible à ce qu'ils estiment être le réel de la vie humaine; ou encore veulent-ils solidement ancrer la foi dans les données immédiates, pour garantir les «choses invisibles» contre le risque d'illusion... Étrange gauchissement de la pensée! Sous prétexte de ramener la foi chrétienne à sa réalité humaine, on méconnaît ce que toute l'anthropologie donne à entendre: que homme n'existe (sens existential) que par son pouvoir de décrocher de l'immédiat et de le symboliser. Toutes les sciences humaines, que se soit la phénoménologie, la psychanalyse ou la linguistique, mettent dans une position centrale la rupture entre expérience immédiate et signification. C'est dire combien est ambigu le thème de l'expérience religieuse dans lequel se complaisent certains contemporains. Nous aurons d'ailleurs à noter plus loin les déviations imaginaires et quasi magiques auxquelles ce thème donne lieu dans la perception de l'eucharistie.

Ce qui est vraiment humain ou chrétien, le pouvoir des symboles le fonde, au-delà de toute l'immédiateté de l'expérience ou du sentir. Qu'on relise l'autobiographie d'Hélène Keller, et l'on saisira la puissance humanisante du signe qui rompt avec l'immédiat. Enfant aveugle et sourde-muette, H. Keller restait engluée dans la proximité des choses, jusqu'au jour où, assoiffée, elle cherche à boire et se trouve frustrée dans sa demande non articulée. Alors, courant vers la fontaine du jardin, elle s'arrête, et dans le renoncement à la gratification immédiate, elle saisit d'un coup que le signe des mains qu'on lui a appris, signifie l'eau. Dans la distance opérée par le renoncement, et rendue possible par l'ouvert des signes, surgit pour elle une réalité autre, celle de l'univers symbolique, lieu où l'homme habite et se fait. Cet univers est-il moins réel que celui de l'eau qui désaltère le besoin? Il est réel d'une autre manière, que nous pouvons seulement désigner du terme de «symbolique». Il est le réel de l'humain qui dépasse l' immédiat de l'animal ou de la confusion phychotique. Si par les signes s'opère le passage à l'ordre humain, culturel, on comprend qu'eux seuls donnent accès à l'ordre divin, et que le Dieu vivant ne se rend présent qu'en des signes qui le représentent.

Dans la recherche de l'expérience religieuse nous pouvons cependant reconnaître quelques vérités partielles. Pour notre propos il en est une qui importe: le fait que les signes symboliques sont motivés.

Signe motivé

Nous avons vu que le signe linguistique est arbitraire, en ce que le lien entre le signifiant et le signifié n'est pas motivé. Rien de nécessaire, en effet, dans le lien entre l'image acoustique ou écrite de l'eau, et le concept de la chose. D'autres langues utilisent d'ailleurs d'autres images acoustiques ou écrites (water, Wasser, aqua...). De même les signes mathématiques, que dans un certain langage on appelle également «symboles», ne présentent aucune nécessité par rapport à leur signification. Les symboles religieux, par contre, comme probablement tous les symboles existentiaux, sont motivés, en ce que les signes (les signifiants premiers) portent en eux-mêmes une puissance de symbolisation et présentent une analogie avec leur sens (les signifiants seconds). Notons cependant qu'analogie ou ressemblance disent également l'inadéquation ou encore la non-immédiateté du lien.

Par sa présence corporelle même, l'eau comme signifiant premier (la réalité de l'eau désignée et médiatisée par le signe linguistique) peut évoquer ce qui n'est pas une donnée humaine: Dieu comme réponse à une soif de bonheur et de vie; ou encore: la seconde naissance pour une vie invisible. Le lien entre, d'une part, eau-boisson, et de l'autre, eau-bonheur ou eau-apaisement, n'est pas arbitraire. Ce que Dieu signifie pour la «soif» de vie et de bonheur absolus, s'exprime par le symbole de l'eau, et non par celui du pain-nourriture et du pain-force. De même l'eau d'où surgit la vie pourra représenter la naissance religieuse, ce que jamais le repas ne pourra signifier.

Le caractère non arbitraire du lien dans les symboles religieux se comprend par le fait qu'il est constitué par une relation, non pas entre signifiant et signifié, comme pour le signe linguistique, mais entre un signifiant qui est réalité visible (esthétique, expériencielle) et un signifiant-réalité qui se trouve associé à lui. En théologie on peut approfondir le lien spécifique du symbole religieux en développant l'idée de la manifestation divine par la création. Dieu s'est révélé tacitement dans les choses visibles, préparant ainsi la révélation personnelle qui interprète et accomplit la première manifestation.

Si le symbole religieux n'est pas arbitraire, on ne peut cependant pas sans abus du langage le nommer naturel. Que voudrait dire, en effet, la proposition: «l'eau représente naturellement Dieu»? L'eau porte un pouvoir multiforme de symbolisation. Elle est ce qui désaltère; elle est la source; elle est aussi l'eau qui inonde et détruit. Élément de vie ou de mort, elle est encore indéterminée dans son symbolisme aussi longtemps que le discours humain ne l'interprète pas en actualisant l'une ou l'autre de ses virtualités symboliques.

A plus forte raison le symbolisme chrétien n'est-il pas «naturel», puisque la parole qui l'interprète est une parole déclarative par laquelle Dieu fait irruption dans le règne symbolique de l'homme pour y introduire la référence à une présence nouvelle.

Dans l'acte liturgique, il importe dès lors de respecter et d'actualiser tous les éléments qui composent le symbole chrétien: la donnée visible qui, par sa proximité expériencielle, met en mouvement les désirs profonds de l'homme; et le langage interprétatif et déclaratif qui introduit la référence intentionnelle à la présence divine, saisie au-delà de l'expérience, dans une présence-absence ouverte par les signes[5].

Signe médiateur d'un pacte

Signe qui re-présente, le symbole, au sens propre du terme, relie les sujets dans un pacte. Dans l'ordre chrétien, il porte et médiatise le pacte qui se noue entre Dieu et l'homme, et qui est le cœur même de la foi.

Partons de l'exemple banal du signe de circulation. Il n'est vraiment signe, porteur d'un message, qu'à deux conditions. D'abord il doit être distinctif; le signe qui indique la priorité n'a de sens qu'en opposition avec son contraire, et par sa distinction d'avec tous les autres signes. C'est dire que tout signe est en référence à tous les autres signes; ensemble, ils constituent un univers articulé. Deuxième condition: l'ensemble des signes n'est un système vraiment significatif que parce qu'il est reconnu et agréé par la communauté. Ils expriment et réalisent donc un pacte entre les membres de cette communauté.

Un autre exemple, plus «naturel», nous permet encore mieux de saisir l'être du symbole: l'anneau appelé «alliance». Dans le geste de passer l'alliance au doigt, psychanalystes et ethnologues ont reconnu un symbole de l'union charnelle. Celle-ci, de par l'intention sexuelle même[6], s'accomplit dans le pacte, dans l'alliance entre l'homme et la femme, signifiée par le don de l'alliance. Symbole qui re-présente le pacte, l'alliance se distingue de tout autre anneau ou joyau qu'homme ou femme peuvent porter.

Par son étymologie même le terme de symbole (sun-bolon) dit la double réalité qu'il exprime et effectue: il est signe, et il réalise un pacte. En tant que signe, il est la transcription d'une réalité expériencielle, et il nous réfère aux tendances psychologiques et aux images du corps ou de la nature. En tant que signe d'un pacte institué, il dépasse l'expérience, l'affect et le désir, et il introduit l'homme dans un statut nouveau. Signifié par l'alliance, le mariage, en effet, reprend la symbolique sexuelle;

---

5. Nous avons développé l'aspect pastoral de cette question dans l'article auquel nous nous permettons de renvoyer: *Regards du psychologue sur le symbolisme liturgique*, dans *La Maison-Dieu*, n° 91, 1967, p. 129-151.

6. Voir H. Van Lier, *L'intention sexuelle*, Paris-Tournai, 1968.

il l'assume dans une intuition déclarative qui instaure un lien institutionnel et qui confère aux amants le statut de conjoints.

Certes, on peut limiter le symbole à ses analogies corporelles ou
naturelles. En fait, il n'est de symbolisme achevé que dans le signe représentatif qui introduit dans une communication et un échange. Or, toute
communication est institutionnelle, au sens fondamental du terme.
L'homme l'institue, dépassant sans l'abolir l'expérience perceptive ou
affective. La réciprocité n'est pas une donnée naturelle; par une reconnaissance d'autrui dans son altérité, l'homme l'instaure. Ainsi l'échange
des alliances institue-t-elle la relation hétérosexuelle comme union conjugale. Assumant et transcendant les virtualités érotiques et le désir de
procréation, il fonde une communauté d'échange; et ce qu'il y a de
nature en lui, par la parole donnée et par le geste symbolique, il le fait
entrer dans une œuvre culturelle.

Justement parce qu'il signifie ce que l'homme institue, le symbole a
toujours un caractère conventionnel. Il signifie que des sujets con-vien-
nent pour fonder librement une communauté d'échanges.

Dans une catéchèse, il importe de mettre en valeur la nature institutionnelle et conventionnelle des symboles sacramentels. Trop souvent,
on insiste exclusivement sur leur caractère naturel, motivé. On voudrait
les sauver par l'illustration de leur naturalité. A cette entreprise, la
psychologie de Jung, avec sa doctrine des archétypes innés, paraît prêter
les appuis scientifiques désirés. Malheureusement, elle incline ses adeptes
à vouloir rejoindre la réalité du symbolisme dans une expérience intérieure. Et devant cette insistance sur le caractère naturel des symboles
chrétiens, les croyants se sentent d'autant plus gênés par l'évidence de
leurs aspects institutionnels. Si l'on ne peut pas y consentir comme à des
médiateurs d'un pacte instauré, leur caractère conventionnel fait figure
d'artifice, et leur nature institutionnelle prend la signification de décrets
autoritaires et séparés de la vie intérieure. En vérité, il est de l'essence
du symbole de se démarquer par rapport à ce qui est purement naturel
ou intérieur, et d'instaurer une réalité nouvelle, celle de l'échange noué
entre deux sujets libres. En instituant l'eucharistie, le Christ a pris un
signe naturel, le pain, pour représenter la vie qu'il est lui-même à l'intérieur de l'Église; et ce signe, il l'a posé comme symbole médiateur de
son alliance nouvelle avec l'homme.

La nature institutionnelle des symboles sacramentels ne nous autorise
évidemment pas à rendre artificiel l'élément naturel qui entre dans leur
composition. Il y a un seuil en dessous duquel le symbole n'est plus
perçu comme tel. Aboli dans ses virtualités figuratives et affectives, le

symbole ne correspond plus à l'être humain qu'il entend introduire dans l'alliance. Et comme nous l'avons montré ailleurs, défiguré dans sa substance humaine, le symbole sacramentel incline vers une perception quasi magique[7].

SACRIFICE ET COMMUNION COMME EFFECTUATION
DE L'ORDRE SYMBOLIQUE

Poursuivant notre étude anthropologique nous voudrions montrer que le sacrifice-communion est l'acte qui réalise éminemment la présence symbolique de Dieu dans un pacte. Il est l'effectuation de l'ordre symbolique sur le plan de la relation homme-Dieu.

Comme dans le premier chapitre, nous nous limiterons aux informations recueillies dans l'histoire des religions et dans les analyses psychologiques, laissant aux théologiens la tâche d'illustrer le caractère spécifiquement chrétien de l'eucharistie.

Avons-nous le droit d'inscrire l'eucharistie dans le symbolisme religieux de l'acte sacrificiel? Nous ne voudrions pas justifier anticipativement notre démarche par une thèse théologique. Notre projet est heuristique. Ayant reconnu dans la structure du symbole le lieu humain pour l'insertion du signe sacramentel, nous interrogerons la réalité humaine et généralement religieuse du sacrifice-repas, et chemin faisant nous dégagerons les correspondances éventuelles qui éclairent le sens de l'eucharistie. Cependant, à titre d'hypothèse de travail nous prenons la doctrine de l'incarnation comme idée directrice: si, dans le Christ, Dieu s'est associé aussi étroitement à la réalité humaine, sa présence continuée par l'eucharistie ne s'inscrirait-elle pas également dans le symbole religieux effectué qu'est le sacrifice?

Les formes, les origines et les significations du sacrifice sont multiples et il serait vain de tenter ici une esquisse de sa morphologie. Nous pouvons cependant présumer qu'une même direction de sens sous-tend ces diverses figures, et qu'au même vocable correspond une intention formelle qui fait le sens du sacrifice. Ici, comme dans le premier chapitre, notre approche sera phénoménologique: nous essayerons de dégager ce qui est essentiel dans le sacrifice d'une religion monothéiste. Latérale-

---

7. Voir notre article cité: *Regards du psychologue sur le symbolisme liturgique.*

ment, le recours à l'analyse psychologique nous fera mieux comprendre la structure du sacrifice, ainsi que les distorsions que des processus psychiques lui font subir.

La structure même de la célébration eucharistique, se déroulant selon le rythme ternaire d'oblation, de consécration ou «sacrifice» et de communion, nous prescrit l'ordre de nos recherches. L'ordonnance en trois temps constitue la structure de nombre de sacrifices religieux. Et déjà cette convergence laisse supposer une réelle convenance entre eucharistie et sacrifice religieux en général.

La structure diachronique du sacrifice le pose comme un cheminement à accomplir. Nous trouvons là un indice que le repas (la communion) participe au geste de l'oblation qui l'inaugure. On en fausse dès lors le sens en l'isolant du cheminement sacrificiel. Aussi nous traiterons d'abord de l'oblation, puisque dans la structure diachronique, elle doit avoir une priorité non seulement temporelle mais constitutive.

L'oblation ou le don

On se ferait une idée aberrante du sacrifice religieux si on en jugeait d'après la connotation contemporaine du terme de «sacrifice». N'évoque-t-il pas en premier lieu l'idée négative de renoncement et de privation? On sacrifie sa volonté, ses intérêts; on fait le sacrifice de ses jouissances. Le mot est comme l'emblème d'une attitude négative envers la vie. A peine garde-t-il le souvenir du sacré qui entre dans son étymologie.

Sa lourde charge de valeur négative vient probablement de son association avec l'idée de péché et d'expiation. Il semble parfois qu'une omniprésence du péché et de l'expiation ait envahi la pensée chrétienne, et que la doctrine du péché donne leur contenu à tous les concepts et à tous les actes religieux. Certes, le péché marque tous nos rapport à Dieu et aux hommes, mais il n'est pas premier. Et concevoir toute l'action du Christ et l'essence du sacrifice en référence au péché relève d'un complexe qui déforme l'intelligence des choses de Dieu.

Le sacrifice est d'abord oblation, don, offrande; par le geste, il effectue le symbole religieux. Dans l'écart qu'il opère au cœur du monde humain, l'oblation réalise la présence divine.

A certains auteurs, tel Robertson Smith[8], le rituel de l'offrande à

---

8. *Lectures on the religion of the Semites*, Edimbourg, 1889, *Lecture XI*.

Dieu paraît un geste absurde. Par une curieuse aberration, l'homme prétendrait nourrir son Dieu, alors qu'il appartient à Dieu de nourrir les hommes. Que cette théorie puisse avoir son fondement dans la pratique religieuse, la condamnation proférée par la bible en est témoin:

Écoute, mon peuple, et je te parlerai,
Israël, et je témoignerai contre toi:
que je t'incrimine et te charge en face,
moi, Yahvé, ton Dieu!

Ce n'est pas tes sacrifices que j'incrimine,
tes holocaustes constamment devant moi;
Je ne prendrai pas de ta maison un taureau,
ni de boucs dans tes bergeries.

Car j'ai tous les fauves des forêts,
les animaux des montagnes par milliers;
Je connais tous les oiseaux des cieux,
la bête des champs m'appartient.

Si j'ai faim, je n'irai pas te le dire,
car le monde est à moi et son contenu.
Est-ce que je mange la chair des taureaux,
le sang des boucs, est-ce que je le bois?

Offre à Dieu un sacrifice d'action de grâces,
tu acquitteras tes vœux envers le Très-Haut.

(Ps. 50,7-14)

Ce refus prophétique nous avertit que le sacrifice religieux demeure chargé du péril de confondre réel et don symbolique. On a d'ailleurs pu le comparer avec d'anciennes coutumes qui consistaient à mettre de la nourriture et des boissons dans les tombes. D'après certaines croyances, les morts dans leur survie connaîtraient les mêmes besoins que les mortels. Des religions mystériques concevaient l'oblation comme un don réel qui renforce une puissance divine menacée de déclin. Un mythe des indiens de Terre de Feu illustre ces pratiques mystérieuses[9]. Et de leur côté les Aztèques du Mexique offraient le cœur sanglant de leur victimes humaines vivantes, pour intensifier la vie du dieu-soleil entré dans la phase descendante de son cycle; l'oblation était censée retarder son affaissement et le cataclysme cosmique qui s'ensuivrait.

Le rappel de ces pratiques réalistes et magiques nous fait mieux saisir par contraste la portée proprement symbolique de l'oblation religieuse dans le monothéisme. Elle est un don qui ne transfère rien effectivement.

L'opposition entre don réel et don symbolique ne vide-t-elle pas ce

9. Voir J. GOETZ, *Tabou et péché chez les primitifs*, dans *Théologie du péché*, Paris-Tournai, 1960, p. 163-164.

dernier de toute substance? Ne rejoignons-nous pas le néologisme pour lequel le symbolique n'a pas d'efficacité réelle? On trouve certes, des esprits d'humeur fort rationaliste, pour qui l'opposition entre réel et symbolique enlève à l'offrande religieuse toute signification. D'après eux, une double contradiction vicie l'offrande: l'homme donne ce qu'il a reçu, et ce don, n'étant pas réel, ne profite en rien à l'Autre. Ne serait-il pas plus simple et plus vrai de remercier par une parole de reconnaissance?

Dans la théologie du sacrifice de la messe, on croit parfois éviter de telles interrogations, en centrant toute la compréhension sur le sacrifice du Christ, unique oblation, victime, hostie et sacrificateur. Nous craignons qu'il n'y ait là un court-circuit de la pensée. Comment comprendre, dans cette optique, que par un geste humain l'homme participe activement au «sacrifice» du Christ? Et comment relier l'eucharistie à la vie terrestre? Pour échapper au malaise que crée la conception transcendentaliste de la messe, on est tenté aujourd'hui de réduire l'eucharistie au thème de la nourriture spirituelle et à celui du repas fraternel. Mais, isolé du cheminement sacrificiel, le thème de la nourriture spirituelle devient à son tour suspect de magie, et celui du seul repas fraternel glisse vers un symbolisme purement horizontal. Il y a dans ces mouvements de la pensée théologique une logique interne qu'il serait bon d'éclairer afin de mieux présenter l'architectonique de l'eucharistie et d'éviter bien des méprises.

Notre brève digression théologique confirme en tout cas la nécessité d'élucider le sens du geste humain de l'offrande. Moment premier de la structure sacrificielle, il doit fonder l'intellection du repas. Qu'en lui-même il contienne déjà le sens du sacrifice religieux, l'histoire des religions l'atteste. En effet, il y a des sacrifices qui consistent uniquement dans l'oblation et dans la destruction (sacrifice au sens fort du terme), et même dans la seule oblation. Le repas est donc un achèvement qui n'est pas nécessaire. L'usage de l'Église, qui rend obligatoire l'assistance à la célébration de la messe, mais non pas la communion, répond bien à la logique du sacrifice. Seul un obscurcissement de la réalité symbolique a pu faire méconnaître l'importance des deux premiers moments de la structure eucharistique.

L'offrande n'est pas un don réel qui profite à l'Autre, et elle donne ce qu'on a reçu soi-même. Ces contradictions qui heurtent l'esprit rationnel ou réaliste, se résolvent pour l'homme religieux, justement parce que l'offrande est un rite négatif. Non pas que ce soit un rite d'évitement, comme ceux qu'on observe par rapport à certains tabous qu'on évite de toucher. Offrir, c'est mettre à part de l'usage commun et utilitaire. La négativité du rite est déterminée: elle concerne l'usage profane. Elle n'est dès lors pas abolie par l'idée d'un véritable échange entre l'homme et Dieu. Et le renoncement n'a pas la connotation d'une dévalorisation. Bien au contraire, parce qu'il valorise les biens qu'il abandonne, l'homme peut leur reconnaître un surplus de valeur.

Quand à certains jours les «chasseurs» (au sens culturel du terme) renoncent à tuer l'animal capturé, ils l'offrent, par un pur geste négatif. Ils signifient par là que tous les animaux leur sont donnés, mais qu'à l'origine ils ne leur appartiennent pas de droit. De même chez les «cueilleurs», les prémices qu'ils mettent à part attestent le droit reconnu du Créateur, propriétaire originaire de toutes choses.

En soi l'offrande n'est donc pas un don-transfert, auquel doit succéder un don particulier en retour. Certes, l'idée d'échange n'est pas absente, comme nous le verrons. Et parfois elle est conçue d'une manière si réaliste, qu'elle détruit le moment de l'offrande symbolique. L'échange peut prendre une allure mercantile qui ramène l'offrande au principe du *do ut des*: je donne pour que tu me donnes en retour. Un rite védique exprime sans ambages l'esprit de calcul; on dit au dieu: «Voici le beurre, où sont tes dons?» Mais l'intention fondamentale de l'offrande religieuse est de signifier (de faire par un signe) le lien avec la divinité[10].

Dans la religion monothéiste purifiée, l'offrande-don reçoit certainement sa pure signification symbolique: refusant de prendre à soi ce qu'il possède comme son bien, l'homme signifie que lui-même autant que ses possessions ont leur source dans l'Autre: le Dieu Père.

Le symbole, avons-nous vu, est toujours re-présentation, mise en présence dans l'absence. Le moment négatif lui est essentiel, parce qu'il transforme l'immédiat de la vie et de la donnée expériencielle en signifiant du représenté. C'est aussi l'efficacité de l'offrande: le moment négatif de la mise à part fait de la terre et de la vie le symbole de Dieu être Dieu, source de toute existence. Aussi n'y a-t-il pas de religion sans le sacrifice qui laisse Dieu être Dieu, et qui Le manifeste comme tel. Ni spectacle ni transfert réel, mais symbole religieux effectué, l'offrande est le signe où le sens divin de l'existence advient à l'homme, dans la présence signifiée de l'Autre.

Comme pour tout symbole, le discours interprétatif informe la signifiance de l'offrande. Le discours premier qui a lieu dans l'offrande, c'est

---

10. Voir G. Van der Leeuw, *La religion dans son essence et ses manifestations*, Paris, 1948, p. 343.

la parole de Dieu qui investit le signifiant matériel. Le discours religieux vient toujours de l'ailleurs du monde, fût-ce par la médiation des ancêtres. Dans l'eucharistie c'est la parole du Christ médiateur qui investit et informe le pain offert et en fait le signifiant du Christ présentifié.

Acte indivis par lequel a lieu la présence divine et la reconnaissance humaine, l'offrande symbolique est également informée par la parole de l'assentiment humain. Aussi la formule fondamentale de toute offrande est-elle: «Nous t'offrons de tes dons...» Le chiasme des mouvements descendant et ascendant constitue le symbole religieux de l'offrande. Les deux mouvements sont simultanés dans l'objet et dans le geste. Mais puisque le langage est linéaire, dans le discours le croisement s'énonce par l'alternance de l'écoute et du consentement.

Don symbolique, l'offrande, par son moment négatif, ouvre le monde humain, et, dans l'absence opérée, laisse advenir la présence divine. Par ce croisement de l'humain et du divin, elle renouvelle le pacte entre Dieu et l'homme. Par son efficacité propre, tout symbole sacrificiel est déjà opérant par lui-même (*ex opere operato*). La forme du discours religieux l'atteste d'ailleurs, puisqu'il est toujours de l'ordre du langage performatif, celui qui opère ce qu'il signifie[11].

Il est manifeste que la première fonction de l'offrande est de rendre Dieu présent dans le visible. Des significations secondaires, plus accessibles aussi aux motivations humaines, peuvent s'ajouter au sens fondamental: celle de la demande ou celle de l'expiation. Comme tout don, l'offrande est un symbole polyvalent, et elle peut exprimer les diverses relations que des personnes entretiennent entre elles. Cependant, les sens secondaires se greffent sur l'effectuation de la présence et du pacte; ils la présupposent, encore que souvent ils l'obscurcissent.

Quel que soit le surplus de sens et d'efficacité dans l'eucharistie, le sens premier nous paraît être le même: l'offrande du pain et du vin constitue par elle-même le lien symbolique d'échange entre homme et Dieu. Seulement, en vertu de l'Incarnation, Dieu pour le chrétien est le Dieu de Jésus-Christ, Celui qui achève sa présence dans une personne

---

11. Voir l'admirable étude de D. EVANS, *The Logic of Self-involvement. A philosophical study of everyday language with social reference to the christian use of language about God as creator*, Londres, 1963. Il nous semble que la théologie sacramentaire gagnerait beaucoup à réinsérer sa doctrine de l'efficacité sacramentelle dans un exposé anthropologique de l'efficacité symbolique et dans une étude linguistique de l'efficacité du langage performatif. A montrer que l'*ex operato* s'inscrit dans la structure du symbole et du langage, on élimine l'impression d'arbitraire et de croyance magique. Nous sommes convaincu que seule cette anthropologie fournit les instruments de pensée pour une discussion avec les critiques démythologisantes des sacrements.

historique qui récapitule toute la terre et toute l'humanité. Et si les
gestes et les textes liturgiques ne déploient pas le symbolisme constitutif
de l'offrande, l'eucharistie perdra son lien avec le monde humain qu'elle
a cependant pour fonction de relier à la présence divine. Nous y reviendrons.

Le sacrifice

Selon l'acception limitée du terme, le sacrifice se distingue de l'offrande par la destruction ou la mise à mort de ce qui est offert. Sans
nécessité et superflu par rapport à l'offrande, le sacrifice manifeste le
caractère radical de la mise à part: désormais les objets détruits, les
animaux ou même les hommes mis à mort sont définitivement soustraits
à l'usage et aux relations profanes.

La néantisation, et donc l'idée de mort, sont constitutives de tout
ordre symbolique. Le concept est le meurtre de la chose, disait déjà
Hegel. Et cette expression n'a rien d'ésotérique: le pouvoir de nommer
une chose implique que l'on se décroche de son utilisation vitale et que
l'on s'y rapporte à distance. L'expérience déjà citée d'Hélène Keller peut
nous rendre plus familier avec cette vérité philosophique. Que l'homme
adhère aux choses pour sa satisfaction immédiate, sans renoncement et
mise à distance, et elles resteront pour lui choses opaques. S'il y a liberté
vraie et pouvoir de délivrer dans les choses leur sens, ce ne peut être
que dans le dépassement des choses telles qu'elles se donnent à l'immédiat de notre vie. N'est-ce pas aussi le propre de la peinture de nous
présenter le monde et les objets dans leur vérité et leur splendeur intimes, au-delà de leur ustensilité? Dans le règne des besoins vitaux l'art
crée un espace de néant, et dans cet ouvert il laisse les choses se dévoiler
dans leur être manifeste et nommable. L'art est manifestation, et son
efficacité est de poser la réalité symbolique.

Pour accéder au symbolique l'homme doit renoncer à l'immédiat, à
ses besoins et à son goût pour la domination et la possession. Or tout
renoncement est de quelque manière une mort. L'homme ne dépasse ce
qu'il y a de nature en lui que par une mort assumée. La psychanalyse
a d'ailleurs montré que l'homme ne s'humanise, et même qu'il ne peut
assumer sa sexualité comme humaine, qu'à condition d'accepter une mort
à tout moment crucial de son devenir. N'est-ce pas là le sens essentiel
de la nécessaire «castration symbolique»? Si l'homme veut gagner sa vie,
il doit consentir à la perdre. L'adage exprime une vérité universelle,
effective en anthropologie non moins que dans le christianisme. Et rien

dans ce principe ne recèle un mépris ou une haine de la vie; l'acceptation de la mort symbolique n'équivaut pas à un complexe masochiste, puisqu'elle détermine le passage du besoin au désir, et de la pulsion à la parole.

La destruction sacrificielle est donc une offrande seconde qui radicalise l'acte symbolique de l'alliance religieuse. Pour en éclaircir le sens, nous pouvons encore évoquer l'étrange rite que pratiquent les Indiens du nord-ouest de l'Amérique, et qui a le nom de *potlach*. Les chefs des deux tribus qui se rencontrent s'offrent les objets les plus précieux, puis les détruisent, signifiant par là qu'ils sont puissants et riches, et peuvent se passer de ces objets, mais aussi que le destinataire du don n'a pas besoin du don des cadeaux offerts. Le don soustrait à toute consommation ou utilisation manifeste à l'évidence que seul compte le geste qui instaure la relation de solidarité, c'est-à-dire l'échange ou le pacte.

«En général, l'homme, par le sacrifice, pose l'existence d'une réalité supérieure, transcendante, en montrant qu'il ne s'enferme pas dans le donné»[12]. Le véritable bénéfice que l'homme retire de l'offrande-sacrifice, est de se relier à Dieu, et non pas d'obtenir un don particulier en échange pour la chose offerte. Relié à la source et à la garantie de son existence, mis en présence de Dieu dans le lieu ouvert du symbole, l'être humain se dilate et se surpasse. Son désir se pacifie, et par surcroît son sentiment de sécurité se renforce; car, fondé en Dieu, il se rattache à un principe de stabilité supérieure. L'échange est donc réel et bénéfique par l'effectuation même du pacte, avant toute manifestation d'une bienveillance divine particulière.

La nature sanglante de certains sacrifices manifeste leur efficacité par une double valence symbolique. L'animal ou l'homme mis à mort représentent l'humanité elle-même. Car dans tout sacrifice on se sacrifie soimême. On pourrait dire que tout sacrifice est suicidaire. Le vrai suicide sacrificiel manquerait cependant son but; il détruirait ce qui doit être signifié: que l'existence est un bien, un don reçu pour le bonheur de l'homme, et que ce don offert dans le symbole réalise le bien d'un échange suprême. Le suicide symbolique, métaphorisé par un objet ou un animal substitutif, maintient le don de l'existence, et le dépasse dans un lien avec Dieu qui comble sans supprimer, qui infinitise tout en sauvegardant le statut de l'existence finie. Dans ce paradoxe du pacte sacrificiel, nous tenons le principe qui nous permettra d'éclaircir le

---

12. J. CAZENEUVE, *Les rites et la condition humaine*, Paris, 1958, p. 409.

rapport dialectique entre sacré et profane.

La plupart du temps, le sang du sacrifice reçoit en outre la deuxième signification symbolique de nous faire communiquer avec le principe de vie. Le sang, en effet, représente le fluide vital. Et l'aspersion avec le sang ou la communion au sang unissent dans un pacte pour la vie et la mort. Quel lien plus fort que celui de la consanguinité? Et par quel symbole l'homme peut-il donner plus de poids à son engagement sinon en écrivant sa promesse avec son propre sang? Communiquant par le sang de la victime sacrificielle, Dieu et l'homme s'unissent dans un pacte de parenté: de cette manière, le sacrifice de l'oblation nous conduit à la communion où l'échange se signifie concrètement par le geste de la prise à soi.

La communion ou la participation réalisée

Dans la plupart des religions, le sacrifice s'achève par une participation à la victime sacrifiée. «Ce qui caractérise et définit la communion à travers toutes ses formes, c'est que ceux qui y participent s'unissent en se rattachant à un même principe sacré»[13].

La communion réalise la participation sur deux plans: vertical et horizontal. Elle est d'abord participation avec Dieu, re-présenté dans ce qui a été offert. En communiant l'homme ne fait qu'achever l'instauration du lien avec Dieu déjà signifiée et opérée par l'offrande. Que l'absorption accomplisse le geste oblatif et sacrificiel, cela est bien naturel. Manger et boire, en effet, demeurent les gestes symboliques fondamentaux de l'appropriation et de l'intériorisation. Être corporel, l'homme exprime ou pense la prise à soi d'après ce modèle archaïque. Le lien d'amour reprend lui aussi le même schème corporel: le baiser n'est-il pas une forme dérivée, sublimée, de la manducation? Celui-ci accompagne d'ailleurs souvent l'étreinte, autre geste corporel qui exprime, lui aussi, par la prise à soi, l'union étroite de deux êtres. Le repas symbolique du sacrifice signifie en outre que la participation à Dieu se réalise à l'intérieur du monde humain. Dans l'oblation et dans la communion, l'homme célèbre tout à la fois la jouissance des biens terrestres et leur pouvoir de le relier à la source de tout bien.

L'eucharistie, pour sa part, reprend ces significations premières du repas sacrificiel. Instituant la dernière Cène dans le cadre d'une bénédic-

---

13. J. CAZENEUVE, *op. cit,* p. 415.

tion du repas, le Christ a loué le Seigneur pour les bienfaits de la terre. Il faisait écho à l'admirable texte du psaume: «Interroge la terre, dit le Seigneur, et elle te répondra par du blé et du vin». Verbe Créateur, le Christ vient non pas d'abord racheter le monde, mais l'accomplir par sa présence humaine qui manifeste et déclare Dieu. Dès lors, le monde avec ses richesses et ses jouissances peut être investi de la puissance symbolique qui nous signifie Dieu en Christ. L'eucharistie effectue ce pouvoir symbolique: les choses de la terre, sans perdre leur consistance et leur autonomie, y deviennent le signe de sa présence permanente.

Des psychanalystes ont cru voir dans la communion un résidu de cannibalisme humain. Et pourquoi pas? Les schèmes corporels demeurent les formes archaïques et les matrices symboliques de nos relations au monde et à autrui. Seulement, à réduire la signification au schème archaïque («cannibale»), on méconnaîtrait la vertu symbolique de ce dernier. Le boire et le manger expriment en des formes permanentes l'acte de l'identification et de la participation. S'unissant à l'autre, on devient de quelque manière cet autre, et on vit de sa vie. Cependant cette union se fait aussi dans le face à face d'une alliance; l'identification par assimilation ne supprime pas la relation à l'Autre, mais la nourrit de l'intérieur.

En plus du lien vertical, la communion fonde aussi une nouvelle communauté entre les hommes. Aujourd'hui, certains chrétiens ne voient dans la communion-repas que l'expression symbolique de la communauté fraternelle, prenant modèle sur le Christ, être-pour-autrui. Et il est vrai que l'être-chrétien n'existe pas hors des hommes engagés dans un mode chrétien d'inter-subjectivité concrète. Mais limiter le sacrifice à la dimension horizontale de l'être avec et pour autrui, c'est oublier que la communauté n'existe pas d'abord par une commune volonté de vivre en frères, mais en raison d'un fondement commun: le principe divin qui relie les hommes entre eux du moment qu'ils se trouvent reliés à Dieu. Enracinés en Dieu, unis par le sang auquel ils participent, les membres de la communauté sacrificielle sont de la famille divine, et leur volonté de fraternité exprime et met en œuvre leur nouveau statut qui est d'être affiliés à Dieu. Parce que fils de Dieu, ils sont frères humains.

Comme tout geste religieux la communion est exposée au danger d'une déviation plus ou moins magique. Du moment que Dieu se rend présent dans un signifiant perceptif, matériel, humain, l'homme peut vouloir s'approprier la puissance divine par une parole ou un geste conjuratoires et dominateurs. Cl. Lévi-Strauss pense qu'il n'existe pas de religion sans magie, les deux phénomènes étant en continuité. Et M. Mauss croyait que les hommes éprouvent le sacrifice comme un geste blasphématoire, conscients qu'ils sont de s'approprier le divin qui, en droit, est radicalement séparé du profane. Le sacrifice serait un acte de transgression par lequel l'homme chercherait à se déculpabiliser en même temps qu'il l'accomplit. En ce qui nous concerne, nous ne pouvons admettre l'opposition radicale que Mauss établie entre sacré et profane. Puisqu'il est de la nature du symbole religieux d'unir sacré et profane et de rendre le Dieu absent présent dans le monde humain, il n'y a aucune transgression: l'homme se relie à Dieu qui se donne présent. Loin d'être blasphématoire, la communion est l'aveu de la filiation dont Dieu est reconnu l'acteur premier.

Il reste cependant que la communion glisse aisément vers une appropriation magique. Van der Leeuw interprète même le sacrifice essentiellement dans l'optique de la magie[14].

Le propre de la magie est de méconnaître la rupture qui existe entre le monde ou l'homme, et le surnaturel. Elle conçoit ce dernier comme une force qui, certes, dépasse la nature, mais que l'homme est en mesure de capter et de dominer. Émanant, selon Freud, de la toute-puissance du désir, la tendance à la magie est latente dans la psychologie de tout homme. Il la dépasse par une connaissance du réel et par une reconnaissance en vérité de Dieu. Mais dans un état d'incertitude sur l'être divin, l'homme le conçoit facilement comme une surpuissance plutôt anonyme, impersonnelle, qu'il s'agit de s'approprier.

La communion, signifiant concret de la présence divine, offre évidemment un objet de choix pour une perception et pour une pratique magiques. Seuls les textes qui l'accompagnent et l'interprètent peuvent la sauver de l'emprise magique. L'Église antique manifestait d'ailleurs beaucoup de prudence quand elle introduisait la *disciplina arcani*, la discipline des mystères: elle réservait le sacrifice et la communion aux chrétiens formés, capables de discerner dans l'eucharistie le symbole de la nouvelle alliance.

Entre la véritable magie et la communion dans la filiation, il existe nombre d'états intermédiaires. Il est instructif à cet égard d'observer comment les populations chrétiennes perçoivent l'eucharistie et de quelles manières elles signifient le symbole de la nourriture[15].

---

14. *La religion dans son essence et ses manifestations*, p. 341-352.
15. Voir notre rapport et notre commentaire sur certaines recherches, dans l'article déjà mentionné: *Regards du psychologue sur le symbolisme liturgique*, p. 137-140.

Dialectique du profane et du sacré

La destruction ou la mise à mort expriment avec une intensité solennelle que l'homme s'efface pour que Dieu advienne. Au premier regard il nous semble placé devant une alternative impossible: ou bien l'homme se dressera dans l'affirmation de son autonomie et dans la possession de la terre ou bien il s'anéantira devant Dieu. Nous avons déjà dénoncé cette fausse opposition, lors de notre analyse du symbole. Nous avons à y revenir cependant, pour clarifier la tension sacré-profane qui travaille toute l'attitude religieuse et atteint dans le sacrifice son intensité paradigmatique.

On peut limiter le sacrifice à l'expression du respect dû à Dieu. Mais, dans son juridisme anthropomorphique, cette formule trahit l'intention religieuse, et elle ne permet plus de comprendre la tension qui l'habite et dont témoignent les croyants. Dieu n'est pas le propriétaire auquel l'homme paie régulièrement ses redevances! A concevoir le sacrifice en ces termes, on réduit la relation religieuse à une dette localisée. Au regard de la psychopathologie il s'agit là d'un stratagème de défense contre une dette fondamentale et illimitée. Le véritable sacrifice est l'assomption de cette dette fondamentale, et pour cette raison il représente une attitude d'équilibre dans la tension qui joint et sépare sacré et profane. Quand l'équilibre se rompt, l'homme refuse la religion pour sauvegarder le profane contre la menace du sacré.

Pour éclairer le rapport fragile entre sacré et profane, nous partirons d'une réflexion sur l'objet sacrificiel: la victime. Est-elle en elle-même profane ou sacrée? L'ethnologue déjà cité, M. Mauss[16], croit que la victime est d'abord profane, et qu'elle ne devient le support de présence divine qu'une fois sacralisée par le rite. Mais comment l'homme pourrait-il de lui-même rendre présent le sacré là où il est absent? Jamais l'homme ne peut donner le surplus de pouvoir divin à un objet profane. C'est pourquoi Loisy[17], mieux inspiré, s'oppose à pareille interprétation et tient que le rite, loin de créer la présence divine, l'accueille. Le divin et l'humain *sont* en contact permanent, et l'opposition entre sacré et profane n'est pas absolue. La victime, et plus largement la chose offerte, constituent l'élément médiateur par lequel Dieu est présent dans le profane. Non pas qu'il y ait confusion, mais le profane même, mis à part symboliquement, manifeste et communique la présence divine. Et même

---

16. H. HUBERT, M. MAUSS, *Mélanges d'histoire des religions,* Paris, 1929, p. 41 ss.
17. A. LOISY, *Essai historique sur le sacrifice,* Paris, 1920, p. 7 ss.

si, dans l'eucharistie, la présence réelle dépasse l'efficacité d'un autre sacrifice, l'offrande du pain et du vin relève encore des lois universelles du sacrifice religieux. Ici également le Christ n'est pas venu abolir mais accomplir.

A ce point, la question posée rebondit: pourquoi l'homme doit-il chercher le contact rituel avec Dieu quand Celui-ci est déjà présent? Ne croyons pas que la question ne se pose plus dans le christianisme; de nos jours, nombre de chrétiens, rejetant une conception trop transcendentaliste, se demandent s'il ne suffit pas de croire intérieurement à la présence divine, telle que l'on peut la découvrir dans la vie réelle de tous les jours. Et si on insiste sur la valeur unique de la rencontre eucharistique avec Dieu, ils ont le sentiment que le profane s'en trouve dévalorisé, voire méprisé.

Le thème du mépris du monde n'est d'ailleurs pas un accident de route du christianisme, et il ne résulte pas de quelque malencontreuse influence historique. La tension entre sacré et profane est inhérente à toute religion, et facilement l'équilibre se trouve rompu en faveur de l'un des deux pôles. Cependant, la vérité de la religion est, d'une part, de maintenir l'homme dans son statut humain d'être-au-monde, investi d'autonomie et doté d'une tâche de civilisation, et, d'autre part, de relier cet homme à Dieu, fondement de son humanité et sens ultime de son existence. Par la religion, le profane se trouve consolidé et reconnu dans sa valeur spécifique, et ouvert à la présence divine. Parce que symbolique, le sacrifice fait se rejoindre sans les confondre les dimensions verticale et horizontale. En fait, il illustre le paradoxe qui est celui de la création elle-même.

La polarité des deux dimensions, verticale et horizontale, trouve son articulation diachronique dans la scansion temporelle qui caractérise le rite. La vie profane et sa reprise dans le rite sacrificiel alternent pour mettre en œuvre tout à la fois la différence et l'union de Dieu et du monde. Ce que le symbole rassemble, la ponctuation rituelle de la vie le déploie selon l'ordre diachronique du temps.

La même tension est à l'origine de la coutume quasi universelle en religion d'offrir le sacrifice dans un lieu sacré, temple ou église. Ainsi non seulement l'ordonnance du temps, mais aussi la distribution spatiale se trouvent informées par cette polarité. En général, le lieu sacré est considéré comme le centre du monde, non pas nécessairement au sens géographique, mais sûrement au sens symbolique. Il est le lieu où le profane se concentre pour se relier à Dieu. Tout naturellement les chrétiens eux aussi ont construit leurs églises au milieu de la cité: en plein cœur du monde humain, elles sont cependant de quelque manière mises à part comme lieux symboliques de la présence divine dans le monde.

La volonté de ne plus construire d'églises, mais de célébrer l'eucharistie dans un lieu profane, maison, usine, stade..., manifeste la recherche d'un nouvel équilibre entre sacré et profane. Certains chrétiens ont l'impression qu'en séparant le lieu cultuel des lieux profanes, on détruit la fonction médiatrice du sacrifice et que l'on juxtapose monde humain et culte de Dieu. Sans doute fallait-il réagir contre l'oubli de la médiation qu'opère le sacrifice, et manifester sa signification en l'insérant dans l'espace profane.

Sacrifice et culpabilité

L'expression «*devoir* d'assister à l'eucharistie dominicale» est surdéterminée et peut recevoir diverses significations. On peut n'y voir qu'une règle de l'Église. Plus profondément, il s'agit d'une obligation envers le Seigneur. Ce mot a la vertu d'irriter beaucoup de gens, sans doute parce que le thème a été tellement accentué qu'il a paru exclure toute gratuité, alors que par lui-même le thème de la célébration évoque la joie et la fête. Il y a cependant un sens profond au terme «devoir» : il dit notre dette envers Dieu. Mais ce terme encore est très ambigu, comme nous l'avons relevé plus haut. Il faut le manier avec prudence, si l'on ne veut pas donner raison à ceux qui pensent que, dans le christianisme, tout est devoir, même ce qui est permis.

Nous avons déjà écarté le sens limité et quasi mercantile de la dette. Il reste qu'en raison de notre dépendance d'êtres créés, nous sommes redevables à Dieu de notre gratitude et de notre culte. En son moment négatif, le sacrifice signifie notre assentiment au Créateur, source de tous nos biens. Il est reconnaissance de notre dette fondamentale.

Par-là même, et avant tout péché effectif, il nous libère d'une culpabilité religieuse toujours menaçante: celle de nous ériger dans la superbe de notre autonomie et de nous retrancher dans l'oubli du Créateur. La tentation est inhérente à la nature humaine; la tendance foncière de l'homme, en effet, est d'effacer Dieu et de se substituer à Lui, tout comme le fils humain est de nature un être révolté qui désire se substituer au père. D'après la psychanalyse, ce conflit n'est ni accidentel ni accessoire, mais il constitue une dynamique au cœur même du devenir humain. La religion est toujours un dépassement de cette révolte structurante, tout comme l'humanisation du petit d'homme passe par le conflit avec le père. En ce sens premier, le sacrifice, mort symbolique à la toute-puissance du désir, est le rachat qui prévient la révolte effective et l'oubli délibéré.

Des mythes illustrent bien ce rapport entre sacrifice et dette. Citons celui de la découverte du tabac chez les Indiens[18], et la légende, bien connue, de Polycrate.

Ce n'est pas ici le lieu d'approfondir la donnée extrêmement complexe qu'est la culpabilité. Nous tenons cependant à souligner qu'en deçà de toute conscience claire de culpabilité pour des fautes déterminées, l'homme se sait obscurément travaillé par le désir de transgresser et de briser les liens avec autrui et avec l'Autre. Divers comportements symboliques et rituels lui permettent de maintenir et de restaurer le lien menacé par ses désirs. Ni cette culpabilité ni ces rites ne sont pathologiques; bien au contraire, la méconnaissance de leur signification peut engendrer la précipitation dans un sentiment de faute morbide.

Certaines occasions privilégiées laissent plus clairement observer les mêmes processus chez les chrétiens. A tort, des esprits trop rationnels et moralisateurs en dénigrent la portée profondément humaine et religieuse. Prenons le cas des chrétiens non pratiquants qui désirent se marier à l'Église. Certes, leur démarche est surdéterminée. Faisons abstraction de motifs trop humains qui les mènent: désir de se conformer au modèle habituel, ou de donner quelque lustre esthétique à la cérémonie; et ne considérons que l'intention religieuse, quelque fruste qu'elle soit. Au niveau clair de leur conscience, ils demandent la protection et la bénédiction divines sur leur mariage. Mais profondément, et partiellement soustraite à la prise de conscience, nous pouvons déceler chez eux la volonté de s'absoudre d'une culpabilité imminente émergeant de la jouissance sexuelle. La pulsion sexuelle, en effet, produit éminemment le glissement intérieur vers l'autofascination oublieuse de l'origine divine. Dans la jouissance violente, l'homme peut croire qu'il se suffit et se fonde en lui-même, et au moment d'intense dilatation de tout son être, Dieu lui fait parfois figure d'étranger hostile, de tiers intrus. Travaillé au fond obscur de son être par le désir prométhéen de conquérir la pleine autonomie et d'effacer son origine, l'homme a toujours cherché à restituer le lien religieux par un sacrifice symbolique. Avant d'être expiation pour une faute définie, le sacrifice est le moment sacral qui prévient la faute et rétablit le fragile équilibre entre domination désirée

18. J. GOETZ, *Tabou et péché*, p. 160.

et dépendance reconnue, entre jouissance suffisante et ouverture au salut qui vient de l'Autre. Rendant à l'expression son sens juste, nous devons dire que le sacrifice déculpabilise, en restituant l'innocence menacée par le désir de transgresser la finitude et de se substituer à Dieu. Le sacrifice est reconnaissance de la dette originaire. Le sentiment de «payer» une dette n'est qu'une forme dégradée de l'acte religieux. Offrir le sacrifice signifie célébrer les dons dont on jouit, et célébrer Celui qui en est la source et l'achèvement.

La psychologie rattache la fonction équilibrante du sacrifice au processus de compensation. Il a sa dignité et on aurait tort de le rabaisser à quelque stratégie de mauvaise foi. Pour que l'homme atteigne sa juste mesure, à l'intérieur de ses mouvements contradictoires, il faut que la tendance à la domination soit compensée par l'acte de soumission, et celle de la jouissance par le geste du renoncement. Le rite de la circoncision n'est-il pas lui aussi le geste qui, à l'instar d'un sacrifice, opère le renoncement symbolique tout en affirmant le désir de jouissance et d'autonomie adulte? Ce n'est pas par hasard que la bible en fait le signe du pacte qui relie Dieu et son peuple. Tout comme la «castration symbolique» que la psychanalyse juge nécessaire pour l'exercice de la sexualité, la circoncision signifie le renoncement à l'absolu imaginaire de la puissance et de la jouissance sexuelles. Positivement, elle exprime le droit donné à la jouissance et à la fécondité, et la reconnaissance que celles-ci se fondent en Celui de qui émane toute paternité.

En raison des correspondances ambiguës et polyvalentes qui l'insèrent dans tout un réseau de contenus inconscients, le sacrifice dévie facilement vers un culpabilisme morbide; disons le mot: vers une interprétation masochiste. Déjà nos réflexions sur la tension sacré-profane l'ont signalé. Parce qu'il est toujours en reste envers Dieu, l'homme peut projeter des complexes inconscients sur la dette originaire et culpabiliser toute jouissance. Corrélativement, il se fait alors de Dieu l'idée d'un maître jaloux et tyrannique qui ne tolère aucune joie terrestre. Et dans ce régime affectif, la fonction d'expiation tire à soi toute l'intention sacrificielle. Trop imprégnés de culpabilisme universel, nos textes liturgiques renforcent malheureusement la distorsion pathologique. Ce culpabilisme menace d'autant plus les croyants que souvent ils ne sont pas fort avancés dans leur cheminement envers Dieu, et qu'ils se trouvent encore pris dans l'alternative imaginaire qui oppose Dieu et l'homme. Le visage de Dieu leur est encore incertain, et l'ambiguïté de leur prise de conscience leur rend difficile de reconnaître dans le sacrifice le symbole d'une réciprocité nouvelle entre Dieu et l'homme. Les textes devraient les aider à se placer à l'intersection de l'humain et de Dieu, là où le sacrifice constitue une rencontre pacifiante.

Il va sans dire que nous ne dénions pas pour autant au sacrifice sa fonction d'expiation. Trop bien connue et trop présente dans les textes, cette signification ne demande pas à être développée ici. Émettons seulement le vœu que la fonction expiatrice de la destruction ou de la mise à mort ne soit pas interprétée comme une punition voulue par Dieu. La doctrine de la satisfaction vicaire est par trop entachée de juridisme, et elle risque en outre de suggérer l'image d'un Dieu d'une barbarie sanglante.

Conclusion

En guise de conclusion, nous voudrions rassembler nos analyses anthropologiques, et les prolonger en jetant un pont vers la théologie de l'eucharistie. Dans la religion en général, le symbole est le signe efficace de la présence symbolique de Dieu dans le monde, lieu de l'intersubjectivité. Par l'institution de la dernière Cène, le pain devient le signe de sa présence nouvelle en Christ. Dans toute religion, le discours qui interprète le symbole rend Dieu présent par le langage performatif auquel l'homme donne son assentiment. Dans l'eucharistie, les paroles prophétiques et évangéliques actualisent la présence effective du Verbe fait chair. Ainsi le pacte avec Dieu, que tout symbole religieux instaure, devient l'alliance nouvelle et plus personnalisée. Toute offrande vraiment religieuse est tout à la fois célébration du monde et de l'existence, et mise à part qui signifie que ce monde trouve sa source dans le Créateur, donateur de l'existence; en restant être-au-monde, l'homme se trouve ainsi relié à Dieu. Dans l'eucharistie, le monde est reconnu comme l'œuvre et le symbole du Christ, vraie vie, pain de vie éternelle et vigne par excellence. Toujours le sacrifice exprime la mort symbolique qui donne accès à la vie nouvelle sans détruire l'existence humaine. Dans l'eucharistie, le sacrifice est assumé par la mort réelle du Christ, qui transvalue notre existence au monde sans l'abolir. La communion, geste corporel fondamental qui exprime l'identification et l'union, est une intériorisation du pacte avec Dieu. Dans l'eucharistie, ce geste symbolique nous fait participer à la vie même du Christ, source et accomplissement des dons terrestres. La communion, enfin, fonde toujours une solidarité nouvelle entre les hommes unis par la participation au divin. De même la communion de l'eucharistie, en réalisant la filiation directe avec le

Père, fonde la nouvelle famille des chrétiens, et lui donne son expression visible. En d'autres termes, elle constitue l'Église comme rassemblement de la terre et des hommes.

Note additionelle. En raison de son axe spécifique, notre étude semble se situer en marge des grands débats théologiques sur «le sacrifice de la messe». Il nous paraît cependant que la considération de la réalité anthropologique du sacrifice permet de lever des obscurités qui entourent ces débats. Rappelons d'abord les termes dans lesquels le problème théologique a été posé depuis le conflit qui a opposé M. Luther et la théologie catholique. Luther rejette la thèse de la nature sacrificielle de l'eucharistie («*Beneficium, nicht* (non pas) *sacrificium*»). Selon lui, elle implique l'idée d'un Juge divin impitoyable et la conviction que l'homme peut quand même obtenir la réconciliation par son rite sacrificiel, conçu comme une œuvre humaine méritoire et précédant le don de la grâce divine. A raison, Luther dénonce dans cette conception la méconnaissance de l'essence même de la foi chrétienne, puisque celle-ci a toujours confessé que, dans la mort et la résurrection de Jésus-Christ, Dieu s'est réconcilié l'humanité pécheresse. Les pères du Concile de Trente ont jugé fausses les présuppositions que Luther impute à la théologie catholique et ils ont déclaré que l'eucharistie est un véritable sacrifice en tant que représentification, mémorial et application de l'unique sacrifice de la croix.

Le souci légitime de sauvegarder l'initiative grâcieuse de Dieu a par la suite fait la théologie porter son attention sur le lien entre l'eucharistie et l'œuvre salvifique de Jésus, pensée en termes de sacrifice. Or, il nous semble que les thèses opposées de Luther et du Concile de Trente reposent sur des préalables qui appellent des éclaircissements. L'identification de la mort rédemptrice de Jésus au «véritable et unique sacrifice», qui se serait substitué aux sacrifices humains inefficaces, grève la théologie d'ambiguïtés insurmontables et empêche de penser l'articulation du sacrifice eucharistique avec l'avènement du salut en Jesus-Christ. Nous croyons avoir montré ci-dessus (dans le texte du n° 3) les difficultés que cette théologie comporte et qui correspondent exactement aux objections que Luther adresse à la théologie catholique de l'eucharistie. Cette théologie de la croix entraîne par la suite l'idée que le rite eucharistique ne doit sa nature sacrificielle qu'en référence au seul vrai «sacrifice» qu'est la mort de Jésus, alors que celle-ci ne peut s'appeler sacrifice que par un déplacement métaphorique du concept. Si, par contre, on restitue au concept son sens originaire de rite sacrificiel, bien des difficultés tombent. L'eucharistie comme sacrifice n'en conserve pas moins la signification d'être le mémorial de la mort et de la résurrection de Jésus et de tirer son efficace de cet événement salvifique. Il appartient précisément au croyant de se relier au mystère de Jésus-Christ par le signe du rite sacrificiel. L'analyse anthropologique du rite sacrificiel montre d'ailleurs qu'il articule l'action humaine et le don de la grâce divine l'un sur l'autre. Mettant en œuvre leur compénétration, il exclut l'idée d'une séquence temporelle. Dans le rite Dieu agit dans l'action humaine.

Cerclées dans la théologie tridentine du «sacrifice de la messe», la liturgie et la catéchèse de l'eucharistie ont beaucoup perdu leur pouvoir d'initier de manière vécue aux mystères chrétiens; le renouveau récent ne commence qu'à produire ses effets. Perdu le sens du rite sacrificiel et de son articulation avec le mystère de la mort et de la résurrection de Jésus-Christ, des croyants cherchent à donner à l'eucharistie le sens qu'ils savent encore s'approprier: celui du partage symbolique autour de la mémoire de l'homme Jésus.

24

LE SACRIFICE

Dans l'aire chrétienne, on identifie habituellement le rite du sacrifice à l'immolation pour le rachat des fautes. Se référant au rite chrétien de l'eucharistie, on pense aussi volontiers que le repas sacré fait normalement suite à l'immolation et que c'est par lui que se réalise la communion avec Dieu (les dieux). La particularité de la théologie chrétienne du sacrifice interdit cependant aussi bien de s'orienter sur elle pour interpréter les autres sacrifices que de l'assimiler simplement à quelque schème sacrificiel repéré ailleurs. Le transfert de la notion de sacrifice à la mort de Jésus n'a été qu'une des voies par laquelle la théologie a cherché à en dire le sens. Ce faisant, elle a transformé la notion de sacrifice, puisque Jésus n'a pas été rituellement sacrifié et qu'il ne s'est pas non plus suicidairement sacrifié. La théologie du sacrifice eucharistique ensuite — repas sacré qui est aussi la remémoration et la réactualisation symboliques de cette mort et de la résurrection — imprime un nouveau déplacement à la notion de sacrifice.

RITE RELIGIEUX, CENTRAL ET PLURIEL

Les études approfondies des sacrifices dans différentes religions ou déjà dans la seule Bible ont fait apparaître une diversité de formes et de motivations qui défie tout essai de théorie synthétique. Les auteurs informés continuent néanmoins de reprendre ces comportements religieux variés sous la rubrique «le sacrifice». Apparemment ils savent distinguer «le sacrifice» d'autres rites religieux, plus particuliers comme les ex-voto, ou plus englobants, tels les rites de l'initiation. On semble bien d'accord sur quelques traits fondamentaux qui permettent d'identifier le sacrifice. Il est le rite religieux central; il représente une démarche symbolique complexe, comportant plusieurs moments; il se compose de paroles, de gestes et d'éléments offerts et il met en œuvre les conceptions religieuses essentielles.

Les théories du sacrifice

Devant la complexité du processus rituel et des motivations qui l'animent, différents auteurs privilégient ou bien l'un ou l'autre élément, ou bien l'une ou l'autre motivation, ou encore l'un ou l'autre modèle fourni par les multiples observations dans diverses religions. Dans les théories ainsi formées, nous distinguons quelques types majeurs. Edward B. Tylor inaugure la théorie du don sacrificiel, théorie reprise et élaborée par l'analyse de ses possibilités virtuelles par Gerard van der Leeuw (je donne pour que tu donnes-puisses donner-me laisses en paix), Georges Gusdorf (don symbolique de soi-même en vue d'un contact plus étroit), J. Van Baal (don opposé à magie), William B. Kristensen (don mystique et consécration par la mort aux dépens de l'existence finie), Edmund Leach (don symbolique exprimant la réciprocité).

Selon William Robertson Smith, le repas totémique dans lequel on mange le dieu est à l'origine du sacrifice; cette communion opère aussi la solidarité de la communauté sacrificielle. Peu après on a interprété la communion comme l'assimilation du mana, puissance sacrale contenue dans la victime. Sigmund Freud reprend la thèse de William Robertson Smith et il voit dans le totem sacrifié le succédané symbolique (par déplacement refoulant) du père primitif assassiné et mangé par les fils (cannibalisme). Cette théorie a été la plus critiquée, notamment en raison de sa conception du totémisme (Claude Lévi-Strauss), encore que des anthropologues pensent pouvoir citer des exemples de repas totémique (G. Lienhardt, H. Sawyerr, E. Leach, M. Griaule). Cette théorie ne s'accorde surtout pas avec l'observation probablement universelle de l'identification (symbolique) du sacrificateur avec la victime (identification fortement soulignée dans la théorie «sacramentelle» de Henri Hubert et Marcel Mauss).

James G. Frazer a proposé la célèbre théorie de la «renaissance magique»: en prenant modèle sur le cycle de la nature, l'homme religieux met en œuvre le principe que le don de la vie promeut et conserve la vie. Ramenant la référence au surnaturel à une imagination prélogique, Frazer voit dans le sacrifice la technique symbolique-magique pour opérer la renaissance de la vie de la nature et de la collectivité humaine. Plusieurs anthropologues reprennent la conception du sacrifice comme renaissance par la mort, tout en la purifiant de son concept rationaliste de magie: M. Griaule et G. Dieterlen, J. Chelhod, M. Leenhardt, J. Awolula, J. Pemberton.

Pour H. Hubert et M. Mauss, le sacrifice est essentiellement un moyen de communication avec les êtres surnaturels (théorie «sacramentelle»). E. Evans-Pritchard, J. Middleton et bien d'autres auteurs accordent une importance décisive à cette fonction de communion sacrificielle (avec ou sans repas sacré, comme nous le montrerons). Deux perspectives sont ici plus ou moins solidaires, selon les cas: d'une part, la communication avec le monde surnaturel; d'autre part, la socialisation et la régulation de la communauté qui s'unifie dans et par la démarche sacrificielle. E. Westermark met en avant la fonction expiatoire et apotropaïque (qui vise à détourner les influences maléfiques) du sacrifice, fonction qui, selon H. Hubert et M. Mauss, accompagne bien des sacrifices mais qui n'en détermine pas essentiellement le sens; fonction, en outre, à laquelle ne se ramènent pas les rites de purification et de propitiation (recherche du pardon). Sawyerr lui non plus n'observe pas la prévalence de cette fonction dans les rites de l'Afrique de l'Ouest. V. Turner souligne néanmoins l'importance donnée à la purification et à la restauration de la communauté par le sacrifice. Récemment, René Girard a cru découvrir que le sacrifice représente la projection du mal (la violence) sur le bouc émissaire, purifiant ainsi la communauté prise dans la «crise sacrificielle».

Trois exemples de système sacrificiel

Il est intéressant de voir si les thèmes que privilégient plusieurs théories ne prélèvent pas un aspect ou une motivation sur le schème dynamique du processus sacrificiel. Il est une action symbolique qui implique le sacrificateur, la plupart du temps la communauté humaine, et des instances surnaturelles. C'est le nouement dynamique d'un rapport asymétrique qui doit nous livrer le sens du sacrifice et éclairer sa capacité de porter plusieurs intentions.

Il prend en tout cas chaque fois son sens à l'intérieur du système religieux qui, la plupart du temps, se trouve étroitement imbriqué dans les conceptions et les valeurs d'une culture particulière et lui emprunte ses symboles. L'élément le plus important dans la compréhension du sacrifice reste cependant la conception religieuse qu'il exprime et qu'il actualise. Illustrons cela par *le sacrifice védique de l'hindouisme*, qui consiste à offrir au feu des éléments comme le lait, mais de préférence le bélier. C'est donc un holocauste tel qu'il se retrouve dans la Bible. Semblable dans sa forme, il reçoit pourtant une signification fondamentalement différente ici et là. L'holocauste qu'accomplissent les brahmanes, la caste préposée à cette fonction, reproduit le sacrifice primordial que raconte le mythe cosmogonique du géant Prajapati. Selon ce mythe, l'ensemble de ce qui existe — dieux, hommes, bêtes, ciel et terre — est né de cet homme cosmique et primordial lorsque son démembrement sacrificiel a produit l'ordre universel. En reproduisant cette cosmogenèse, les sacrifices assurent la permanence et le fonctionnement régulier de l'univers. Ils se substituent au vrai sacrifice, celui de la propre personne, sacrificateur et victime sacrificielle, en identification avec Prajapati. La mort rend finalement possible le sacrifice idéal en rendant le corps disponible pour la crémation.

Le même procédé rituel a naturellement une signification toute différente dans une religion monothéiste ou polythéiste; parce que Dieu (les dieux) préside aux événements humains, voire naturels, et intervient dans le monde, les hommes désirent entrer en communion avec Lui (avec les dieux) et se sentent aussi requis à Lui (à leur) manifester la reconnaissance, la gratitude, l'hommage, la demande de pardon... Dans ce qui suit, nous ne nous attacherons qu'au sacrifice de ces religions.

Considérons *le sacrifice collectif des Nuers* (Afrique centrale). Il consiste à tuer un bœuf en invoquant la présence de Dieu («l'Esprit»). En tuant le boeuf on consacre sa vie, qui est sacrée parce que appartenant à Dieu. On la lui restitue, mais sans l'idée qu'il consomme ce qui lui est offert, car il est au-dessus des nécessités vitales de l'homme. La viande qui reste et qui, elle, n'a pas été rendue sacrée, est ensuite mangée dans un repas festif, suite profane, non «sacramentelle» de l'offrande. Nous avons ici une des séquences rituelles les plus communes et à laquelle on a tendance à assimiler le sacrifice: offrande, invocation, consécration, immolation, repas. Mais la communion avec Dieu s'établit, non pas par la manducation (le fait de manger), mais par l'offrande de la vie et par l'invocation de la présence divine. Cette communion mystique s'effectue rituellement, mais sans repas. Le symbolisme prend toute sa force parce que, dans cette culture, la victime sacrificielle représente l'homme et que, dans l'offrande de la vie du bœuf, le sacrificateur montre par des rites précis qu'il s'identifie à lui.

A cet axe significatif central s'ajoutent, selon les circonstances, plusieurs autres significations. Comme l'Esprit est une puissance dangereuse aussi bien que bénéfique, la mort de la victime éloigne le mal menaçant, parfois déjà rampant dans la communauté; elle l'expulse même en le faisant entrer dans la terre avec le sang. Selon une intention plus spirituelle, le sacrifice est aussi censé protéger contre le mal en ce qu'il signifie la reconnaissance, non le paiement, de la dette que l'homme a envers l'Esprit; le sacrifice permet ainsi à l'homme de se tenir dans la proximité de l'Esprit et lui donne le droit au repas carné et festif. Le sacrifice est déjà expiatoire en ce sens déterminé. Des paroles expriment également l'hommage rendu à Dieu par le rite. L'identification symbolique du sacrificateur à la victime peut aussi se surcharger du rite du bouc émissaire, lorsque l'homme transfère sur la victime sa mauvaise part, induisant ainsi Dieu à éloigner de son peuple le mal appelé par le mal humain. Intégré dans le rite de communion mystique, le transfert du mal sur l'animal prend cependant le sens d'une mort et d'une renaissance mystiques: la part mauvaise de l'homme meurt avec l'animal et l'homme renaît en communion avec Dieu.

Pour détourner de l'idée fruste de magie, soulignons que ce sacrifice profite à l'homme et non pas à l'Esprit et qu'il ne contraint pas celui-ci mais établit avec lui un accord auquel il convient qu'il se tienne. La rectitude de la disposition est aussi d'une importance décisive. Le sacrifice offert «pour le mort» lors des funérailles correspond à ce sacrifice majeur et collectif: on offre la vie de la victime à l'Esprit et non pas à l'esprit du défunt. Fort différent est le sacrifice personnel que les Nuers offrent aux esprits, car avec eux ils sont en lutte. Les sacrifices qu'ils leur offrent ont pour but de protéger les humains contre leur intrusion dangereuse et d'éliminer leur invasion maléfique; ces sacrifices sont donc prophylactiques et apotropaïques.

Le schème sacrificiel du rite central et collectif des Nuers, en instaurant une communion avec Dieu, organise donc une forme et une intention susceptibles d'attirer différentes intentions qui s'agglutinent à la principale. Ce phénomène présente une analogie indéniable avec le sacrifice eucharistique des chrétiens.

Selon la Bible, en revanche, *les formes sacrificielles des juifs* se diversifient selon l'intention; mais on y observe également une tendance vers une synthèse des motivations. Ainsi le Lévitique atteste: 1) l'offrande végétale sans levain où une partie de la farine, de l'huile et de l'encens est réservée à Dieu en tant que mémorial de ses bienfaits; 2) l'offrande de l'animal que le fidèle immole et dont le prêtre répand le sang (l'élément de vie) sur l'autel et brûle la graisse pour Yahvé, laissant au fidèle la chair pour la consommation; 3) ce même sacrifice auquel s'ajoute une offrande végétale; il prend alors la signification de confesser, de procla-

mer dans la joie les actions divines pour son peuple; 4) le sacrifice
expiatoire pour les péchés qui consiste dans le paiement de «la réparation» par l'offrande d'un animal ou le don de l'argent; 5) l'holocauste
qui n'avait probablement pas une valeur expiatoire à l'origine; il est
particulièrement apprécié en raison des abus auxquels se prêtaient les
repas sacrificiels, sous l'influence de l'environnement païen. Par la suite,
aux IVe-IIIe siècles avant Jésus-Christ, on revalorise le sacrifice de communion du repas accompagné de la proclamation des actions merveilleu-
ses de Yahvé pour son peuple.

LE SACRIFICE: OPÉRATEUR SYMBOLIQUE DE LA COMMUNION

Notre échantillon montre que le don de l'offrande est l'élément essentiel et universel du sacrifice. Les cas particuliers signalés exceptés, le
sacrifice est toujours une communication avec Dieu (les dieux) et c'est
sur cette communication que peuvent jouer des motivations diverses, les
intérêts de réconciliation de la communauté sociale aussi bien que diverses intentions religieuses. Le sacrifice peut être une communion mystique
avec Dieu (les dieux) sans que celle-ci s'exprime et se réalise par l'absorption de la nourriture ou de la boisson d'abord offertes et rendues
sacrées. A l'autre extrémité, le sacrifice se réduit au repas sacré, ainsi
que le pratiquait au temps de Jésus la communauté juive ascétique et
mystique des Esséniens. Ces repas étaient tenus dans un lieu sacré; seuls
y assistaient, en vêtements liturgiques, ceux qui avaient subi deux ans de
probation et de purification. Ces repas étaient préparés par des hommes
parfaits et des prêtres; les prêtres les bénissaient d'abord et un prêtre
les présidait. Dans ce repas sacré, rendu communion mystique et offrande
par son ordonnance entière, Dieu était présent tout comme il l'est dans
le sacrifice des Nuers par l'offrande, l'immolation et l'invocation.

La structure essentielle du sacrifice consiste dans la conjonction don-
communion. Cette conjonction prend des formes différentes sur un axe
qui s'étend entre deux extrémités: la communion dans le don offert, le
repas-communion qui représente entièrement le don des nourritures et
des hommes. Entre les deux se situe l'offrande suivie d'un repas sacré.
Le sacrifice s'accompagne toujours de l'invocation de la présence divine
et de la consécration qui rend sacré (sacri-fie) le don pour qu'il appartienne à l'être divin. Celui-ci accepte d'être l'hôte invité de l'homme et,
dans les repas sacrés, l'homme est aussi l'hôte invité de son Dieu.

L'homme offre toujours un élément terrestre, une part métonymique et symbolique de lui-même; explicitement ou implicitement, il s'identifie à la victime ou à la chose offerte. Le sacrifice est donc ce rite paradoxal par lequel l'homme s'offre lui-même à Dieu par un symbole substitutif de lui-même. De cette manière, il entre en communion avec Dieu et il se réserve en même temps pour sa vie terrestre. Par le sacrifice, les religions relient l'homme à Dieu (aux dieux) et elles confirment aussi la condition humaine, car il appartient à l'homme de se nourrir pour vivre et de jouir des richesses terrestres. La religion grecque considérait comme une présomption sacrilège le désir de certains de s'identifier à la divinité par une frénésie collective de mystique fusionnelle. Mais ne pas accomplir le sacrifice serait une présomption contraire tout en étant similaire; ce serait se poser en maître absolu de la vie et de la terre, de quelque manière à l'égal des dieux. Le sacrifice différencie l'homme et Dieu et il les unit. La communion mystique s'opère dans le don sacrificiel par lequel l'homme exprime symboliquement que la vie et la terre sont à lui et appartiennent également à Dieu, qu'elles sont ses richesses et sa nourriture, mais que la présence et la faveur divines lui sont aussi indispensables. Par ses sacrifices, le peuple juif proclame aussi, comme un hommage rendu, les bienfaits historiques de Dieu dont il est le bénéficiaire et dont l'accomplissement est promis. Le terme d'eucharistie évoque pour beaucoup de chrétiens l'action de grâce; mais il signifie autant la proclamation, l'attestation solennelle des bienfaits divins.

Dépendance et gratitude

Des psychologues, des psychanalystes surtout, ont essayé d'interpréter le sacrifice en y décelant les dynamismes inconscients dont il serait l'expression dérivée ou simplement déplacée: parricide, infanticide, cannibalisme, ressourcement par les puissances numineuses du subconscient. Nous croyons qu'il y a une dialectique psychologique, plus ou moins inconsciente, qui double la dialectique du procès rituel: la tendance à méconnaître et à refuser la dépendance, le sentiment consécutif de culpabilité, puis la reconnaissance proclamée de Dieu et la gratitude pour sa présence et pour les bienfaits dont Il autorise l'homme à jouir. Dans les sacrifices expiatoires, l'accent porte explicitement sur la réparation du lien religieux.

Pour quelle raison les religions ont-elles cherché à effectuer le rapport religieux par ce rite? Laissons de côté la religiosité vaguement déiste qui fait souvent se poser la question; pour elle «Dieu» n'est qu'une puissance abstraite, non pas une présence avec laquelle il y a un lien effectif. Mais la vraie offrande à Dieu, n'est-elle pas la sainteté de la vie, ainsi que le proclamaient des prophètes d'Israël, attentifs aux détournements hypocrites? Apparemment, sans en faire la théorie, l'homme religieux exprime et effectue la relation religieuse complexe tel qu'il est: être-au-monde et corps animé autant qu'être de parole et de disposition intérieure. Il y met en œuvre ses perceptions et ses gestes symboliques: le sang comme élément de vie; la fumée agréable comme hommage à l'hôte; la commensalité comme intimité heureuse (et comme réconciliation) avec l'étranger qui accepte les dons et fait le don de sa présence; le don comme paiement réparateur.

BIBLIOGRAPHIE

AWOLALU, J. Omosade, *Yoruba Sacrificial Practice*. *Journal of Religion in Africa*, V:2 (1973), 81-93.

VAN BAAL, Jan. *Offering, Sacrifice and Gift*. *Numen*, XXIII:3 (December, 1976), 161-178.

CHELHOD, Joseph, *Le sacrifice chez les Arabes: Recherches sur l'évolution, la nature, et la fonction des rites sacrificiels en Arabie occidentale*. Préface par Marcel Griaule. Bibliothèque de Sociologie Contemporaine. Paris: Presses Universitaires de France, 1955.

DIETERLEN, Germaine, *Essai sur la religion Bambara*, Préface par Marcel Griaule. Bibliothèque de Sociologie Contemporaine. Paris: Presses Universitaires de France, 1951.

DURAND J.-L., *Sacrifice et labour en Grèce ancienne*, Paris/Rome, La Découverte/-École française de Rome, 1986.

EVANS-PRITCHARD, E[dward] E[von], *Nuer Religion*. Oxford: Clarendon Press, 1956.

—. *Theories of Primitive Religion*. Oxford: Clarendon Press, 1965.

FRAZER, James George, Sir, *The Golden Bough: A Study in Magic and Religion*. Seven parts in twelve volumes. 3rd ed. London: Macmillan and Co., Limited, 1911-1915.

FREUD, Sigmund, *Totem und Tabu* (1912-1913) Gesammelte Werke IX.

GIRARD, René, *La violence et le sacré*. Paris: Bernard Grasset, 1972.

—, *Des choses cachées depuis la fondation du monde*. Recherches avec Jean-Michel Oughourlian et Guy Lefort. Paris: Bernard Grasset, 1978.

GRIAULE Marcel, *Remarques sur le mécanisme du sacrifice Dogon (Soudan français)*. *Journal de la Société des Africanistes*, X (1940), 127-130.

GUSDORF, Georges, *L'expérience humaine du sacrifice*. Paris: Presses Universitaires de France, 1948.

HUBERT, Henri and MAUSS, Marcel, *Essai sur la nature et la fonction du sacrifice*, *L'Année Sociologique*, II (1898), 29-138.

KRISTENSEN, W. BREDE, *The Meaning of Religion: Lectures in the Phenomenology of Religion*. Translated by John B. Carman, with an Introduction by Henrik Kraemer. The Hague: Martinus Nijhof, 1971.

LEACH, Edmund R., *The Structure of Symbolism. The Interpretation of Ritual: Essays in Honour of A.I. Richards*. Edited by J.S. LaFontaine. London: Tavistock Publications, 1972; pp. 239-275, 283-284.

LEENHARDT, Maurice, *Quelques éléments communs aux formes inférieurs de la religion. Histoire des religions*, vol. I. 5 vols. Ed. par Maurice Brillant et Rene Airgrain. Paris: Bloud et Gay, 1953; pp. 83-110.

VAN DER LEEUW, Gerardus, *Die do-ut-des Formel in der Opfertheorie*, *Archiv für Religionswissenschaft*, XX (1921), 241-253.

LÉVI-STRAUSS, Claude, *Le totémisme aujourd'hui*. Paris: PUF, 1966.

LIENHARDT, Godfrey, *Divinity and Experience: The Religion of the Dinka*. Oxford: Clarendon Press, 1966.

MAUSS M., *Sociologie et anthropologie*, Paris, PUF, 1960.

MIDDLETON, John, *Lugbara Religion: Ritual and Authority among an East African People*. London: Oxford University Press for the International African Institute, 1960.

PEMBERTON, J., *A Cluster of Sacred Symbols: Orisa Worship among the Igbomina Yoruba of Ila-Orangun. History of Religions*, XVII: 1 (August, 1977), 1-28.

SAWYERR, Harry, *Sacrifice. Biblical Revelation and African Beliefs*. Edited by Kwesi A. Dickson and Paul Ellingworth. Maryknoll, New York: Orbis Books, 1969; pp. 57-82.

SMITH, William Robertson, *Lectures on the Religion of the Semites: First Series — The Fundamental Institutions*. Burnett Lectures, 1888-1889. Edinburgh: Adam and Charles Black, 1889.

TURNER, Victor W., *The Forest of Symbols: Aspects of Ndembu Ritual*. Ithaca, London: Cornell University Press, 1967.

—. *Sacrifice as Quintessential Process: Prophylaxis or Abandonment? History of Religion* XVI:3 (February, 1977), 189-215.

TYLOR, Edward Burnett, Sir, *Religion in Primitive Culture*. Harper Torchbooks. New York: Harper & Row, Publishers, 1958.

DE VAUX, Roland, O.P., *Les sacrifices de l'Ancien Testament. Paris: J. Gabalda et Cie, 1964.*

VERNANT, Jean-Pierre, *Religion grecque, religions antiques*. Paris: François Maspero, 1976.

WESTERMARCK, Edward A., *The Origin and Development of the Moral Ideas*. 2 vols. London: Macmillan and Co., Limited, 1924-1926.

25

THE CHIASM OF SUBJECTIVE
AND OBJECTIVE FUNCTIONS
IN THE SYMBOL

As with every cultural phenomenon, one can put into doubt the legitimacy of the notion of symbol and judge every theory to be arbitrary. Anthropological studies illustrate the cultural particularities, sociology and psychology elicit the differences between the mental representations and the practices among the initiates of the very same religion in the same cultural space. Is it possible, therefore, to make reference to an entity that is fundamentally one?

My study presupposes the legitimacy of the concept of symbol. I think that the symbol has a structural identity and I will try to analyze its properties and functions. By structural identity I mean the outcome of the unity of its own functions and constitutive elements. Even if relying upon description, such a concept of symbol is normative. It designates that which is fully realized as a symbol. Without reference to that which a symbol is in its own right, no evaluation of the symbolic praxis would be possible. The concept of symbol is not, however, a regulatory idea which presides over the creation of symbols. The cultural spontaneity of this creation inclines us to think that there is in man a symbolic competence comparable to the linguistic competence. So, as with language, it is the domain of scientific inquiry to formulate a description of the functions and components which the symbolic competence spontaneously performs.

1. PSYCHOLOGY IN A THEORY OF RELIGIOUS SYMBOLISM

A theory of religious symbolism requires the elaboration of a complete anthropology. Actually, the religious symbol brings together man and God (or the divine), the individual and the community, the subject and the objective spirit of the culture, body and language, and man and nature. Some remarks of a general order impose themselves, then, which situate the contribution of psychology.

Let us start with the term "symbolism" which is the general area of our study. By this abstract term we denote the ensemble of concrete symbols. In gathering together the immense variety of symbolic figures in one englobing term, we presuppose that there is a single, universal symbolic function which is exercised in multiple ways. This presupposition is ambiguous in that it can let us think that symbols are explained in terms of the subject who accomplishes the symbolic function. According to this presupposition, pre-eminence would be given to psychology to disclose the sources and the meaning of the symbolism. Yet in each culture and in each religion, the different symbols have reference, each to the others, so that together they form a system. This is what the structural analyses of symbols have shown us. In this respect, symbols have a priority over the subject. Far from being explained by psychology, they present an objective cultural reality which marks with its own seal the psychic life of those who belong to the symbolic universe of a culture.[1]

It would not be any more proper, however, to reduce the symbolic system to the social dimension of the culture such as sociology studies it. The alternative of either a psychological or a sociological theory of symbolism is false in that it fails to recognize, in the symbols which transcend the subject as well as society, the symbolic order to which both of these pertain. By symbolic order, I mean the universe of signs that emerges with man but which is not explained in terms of him. In man there occurs language, which has its own laws which are as irreducible to psychic processes as to social realities, laws rightly named symbolic because they compose a reality other than that of subjectivity and of society: a third reality which presides over the development of the subject and the formation of society. The symbolic order truly constitutes what the philosopher K. Popper[2] calls the Third World, distinguished from the physical world and the psychological and sociological world.

The symbolic order is more comprehensive than symbolism since it encompasses language, the familial system, ethical frames of reference (religious or philosophical), and theoretical concepts about the world and the place which man occupies in it. Symbols are concrete figures — actions and things — in which the symbolic order takes a body and in which man expresses himself and realizes the symbolic order.

Let us briefly illustrate, through the example of Christian Baptism, the relationship among the symbolic order, the symbol, and the subject which psychology studies. The baptismal symbolism provides for an action which is a twofold movement, that of the one who enters into the water and the one who baptizes him. These intersubjective movements act upon a natural element, water, and in so doing confer upon it a symbolic value. The language which accompanies the action metaphorizes the natural element and effects in performative words that which the deed signifies and realizes. But this symbolic action only draws its signification through its insertion in the vast ensemble of Christian beliefs which remember the divine events and reactualize them in various symbolic practices, in view of a fulfillment promised and anticipated in each symbolic action. What makes baptism a symbolic action is that it figures in a bodily deed, with a natural element, an action which arises from a symbolic order and which derives its efficacy from that order.

Thus, there is in every symbol a double excess. On the one hand, the symbolic order in which the symbol is inscribed constitutes a vast series of realities and events, the significations of which language never ceases to unfold. On the other hand, in taking a human and a natural body, the symbol condenses the multiple virtualities of significance; yet the lived body and the world of its life exceed what reason can grasp and master. It is the virtue of the symbol to gather together, in a sign at once natural and cultural, the symbolic order and subjective life. In this manner, all symbolism is found at the intersection of several disciplines. Psychology does not explain symbolism as such. The failure of the psychological theories of Freud and of Jung lies precisely in that they presuppose the symbolic order, the origins of which they would like to explain by the laws of psychology.[3]

Accordingly, in the study I make here, I will be attentive to the influence that the symbols can exercise over the subject as much as the subjective conditions of the full appropriation of the symbolic function.

2. METAPHORICAL LANGUAGE
IN THE FORMATION OF THE SYMBOL

There is no simply natural symbol since natural reality only takes on a symbolic value when it is signified by metaphorical language. On the other hand, language can only render natural givens symbolically when they admit of sub-metaphorical schemes. In other words, a symbol is motivated. In the strict sense of the term, a symbol is a concrete sign, an object or a person which represents a signification and completes a function other than its usual signification and function. Language can be said to be symbolic when it evokes a symbolic reality. In order to avoid any confusion, I prefer to call this language metaphorical. When the psalm is addressed to God with the words, "My shepherd," this is an instance of a metaphor. This distinction is important. The shepherd is not in himself a symbol for God; he becomes one only when he is signified by a metaphor, and only in a particular context does a real person represent what the metaphor signifies. We have three moments in the constitution of the religious symbol: the real, the metaphor, a reality in which the metaphorical meaning is embodied. It is necessary, then, to consider the formation of the metaphor and the conditions of its investment in a concrete given.

2.1. THE PERMANENCE OF SYMBOLIC FIGURES

It is regularly affirmed that a reality can only have symbolic value at the interior of the lived world or the cultural milieu to which it belongs. Today, in most modern cultures, some biblical figures such as that of King or shepherd may have become insignificant. Likewise, many of the parables borrowed from an artisan or agricultural way of life may have lost their meaning for people who dwell in a large city. We have examined this idea with respect to two symbolic figures which appear very frequently in the biblical language about God: the shepherd and the fortress.[4]

Yet research has shown us that, in a population formed in the Christian tradition, where tradition has kept these figures alive they retain their full symbolic power. Education in the metaphorical language renders the symbolic signification of the shepherd real for those who may never see a real shepherd with his flock any more and who no longer know his behavior from experience or perception. Similarly, it is the literary tradition which keeps alive the symbolic significations of the figure of the fortress. One could be tempted to invoke the Jungian conception according to which we would be dealing with an archetype. In order to prove that, it would be necessary to make a similar study, drawing a comparison with some populations where this tradition of language does not exist. However, these symbolic figures seem to me to be so tightly bound to cultural history that I think it is possible to affirm that it is the cultural language which has the power to create a reality that signifies and to conserve it after the disappearance of the functional reality which has been the support of the metaphorical language. For this reason also, bread remains a highly symbolic reality if the tradition of the cult continues to establish it as such, even if, in a further developed society, bread is no longer as important a food as it once was.

We have likewise examined whether visual representation, by means of photography, exercises a greater power of metaphorical evocation than the word, or whether, inversely, the realism of visual support diminishes or even destroys the metaphorical signification of the figure. Indeed the hypothesis is often set forth that the visual figure is a richer stimulus than language alone. Yet we haven't observed any significant difference between the two stimuli. We can therefore conclude that, when language has created the metaphorical meaning of a reality and when that signification plays its part in a cultural tradition, then the visual representation maintains its symbolic signification, even after the disappearance from culture of the original reality.

One must not prematurely deduce from our observation that the symbol, in the strict sense of the term, enjoys the same autonomy in relation to the natural and cultural environment. The metaphor of the shepherd is extended in certain terms that have become customary: pastor, pastoral theology. But it is no longer embodied in concrete symbols and rituals. This is so for two convergent reasons. On the one hand, according to our research, the metaphor of shepherd or pastor evokes more specifically maternal qualities: the person with whom one feels secure and in whom one places confidence. The "pastor," on the contrary, exercise a paternal function as much as, if not more than, a maternal one. Thus, in the Christian language, he is called "father." On the other hand, and perhaps more essentially, the concrete and ritual symbolism of the shepherd may propose signs that are too far removed from our universe to be still expressive. By their realism, the symbolic signs of shepherd could allow the metaphor to de-symbolize itself and seesaw it into a cultural anachronism. When Pope Pius XII had himself photographed in the midst of decades of sheep and lambs, the "symbolic" effect produced was an as-similation of the faithful to a flock of sheep.

The metaphor, "you are the salt of the earth" conserves its signification. But the act of putting some salt on the tongue of the one who is baptized has largely lost its symbolic power. The metaphor lies uneasily upon a reality which, in our milieu, has lost the practical signification it once had. The metaphor no longer has sufficient anchorage in the actual deed to be capable of rendering that act as a symbolic and ritual one. It has beyond doubt been right to suppress this part of the baptismal ritual in some countries.

Thus, there are some misunderstandings to clear up. The permanence of expressions and symbolic figures does not necessarily preserve the significance of their symbols. The former can die along with the world by which they were supported. Ritual symbolism is even much more fragile than metaphor. This last is necessary for the symbol but not sufficient to keep it alive. It is significant in this regard how numerous of our contemporaries remain sensitive to the symbolic figures of Christianity as well as to those of ancient cultures and religions, although the symbolic practice has become foreign to them.

2.2. The Metaphorical Interaction Among Symbolic Figures

It arises from the research already cited that metaphorical expressions and symbolic figures, even if borrowed from a world that has disappeared, are the occasion of as many significant associations in the area of the profane as in the religious context. Their religious meaning assumes human connotations. To put it another way, if these figures can express a religious meaning, it is because they are first of all metaphors of human experiences and desires. When they are attributed to God, however, they lose the negative values which can affect them in the profane sphere. Thus, in the domain of the profane, the connotation of power, which enters into the metaphor of fortress, partakes of the negative value of the master-slave relationship. Transferred onto God, this metaphor has a double connotation as positively valued of, on the one hand, refuge and nearness, and, on the other hand, of distance and transcendence.

At first sight, this looks like a purification of the symbolic figure, similar to the operation that negative theology works in assigning a negative cipher to the concepts applied to God so as to remove their limited aspects. This rational conception of religious symbolization is the most convenient but it misunderstands its own power and effect.

Numerous linguistic studies[5] have shown that the metaphor is not an abridged comparison. To call God "shepherd" or "fortress" does not consist in an appropriation of some qualities of these images, similar to the divine attributes, and, afterwards, in virtue of a rapid comparison, to replace certain abstract concepts with some more eloquent images. It is not even correct to call this operation a transfer onto God of a figure which is first of all symbolic on the human plane. What really happens is that two verbal chains have been placed into interaction: that which unfolds the qualities of earthy reality and that which tries to say who God is for man. What God is cannot be directly said; one could speak of it as a knowing in a void. The metaphor arises through this interaction, where the figure of the shepherd is transformed into a divine being and where God takes a figure that is recognizable and can be spoken about. Contrary to the suggestion of the theory that reduces the symbolic figure to a simple poetic comparison, the metaphor reveals, in the strong sense of an unveiling, certain qualities of God; not of God as though in himself, as in metaphysics, but of God as he is towards man.

Thus the metaphor produces new significations. Taken literally, as the lexicons define them, there is nothing in common between the shepherd and God. The metaphor is an operation which, by putting into spontaneous interaction the speech about the shepherd and the speech about God, transforms the meaning of the metaphorical word. It is only afterwards, after the metaphoric creation, that reason can retrieve in part the production of new significations by establishing and detailing the comparison between the two terms.

In the symbolization worked by the metaphor, there is not, then, a development through successive moments. One does not first describe the shepherd in order to subsequently extract from this certain qualities which are more universal and transferable onto human relations so as to, in a final moment, "transfer" this already spiritualized image of God, purifying, through all this, the knowledge one already has about God. The virtue of metaphorization is precisely to gather together some significations which are more or less conscious and, to an extent, not conceptualized, and, by focalization and interaction, to allow a new figure to emerge.

In a theory of symbolism, it is of the utmost importance to recognize this metaphorical operation. It sustains every symbol. On that account, the symbol is surely more than an illustration, than a collective description, or than a decorative or exemplary representation. The religious symbol which incarnates a metaphorization presents and reveals a unique relation between God and man. If such is the case, it is equally evident that the religious symbol conceals that which it reveals. To have access to it, man must carry out again the metaphorical process which gives rise to the symbolic figure. This process is an interaction: it puts in a focalized relationship the network of the prose of the world and the network of the language of faith. Further on, we will analyze what this implies.

2.3. THE OVERDETERMINATION OF SYMBOLIC FIGURES

Symbols are a particular instance of the symbolic figure. In order for an object or an action to be symbolic, it is necessary that a metaphorical language signify it, that is to say, confer upon it a signification which transcends its own meaning and its immediate usage. Clearly, this language must be implicit in the intention which animates the thing which is symbolized and which symbolizes. It has also been possible to show[6] that the taboos of the Bible are comprehensible within the classificatory thought of the Jewish people and within the englobing context of the creationist faith. The observance of taboos is consequently a symbolic and liturgical comportment toward the Creator. It would be wrong, however, to oppose symbolic deeds or things to language, and to believe that it is the poverty of language which necessitates expression in symbols. If the symbol remains a fundamental sign in human expression and communication, it is precisely because it participates in metaphoric language which over-signifies the real. Since it produces its signification through the interaction between two chains of language (the world and God), it does not merely produce a new signification that could be added to a lexicographical list; it constitutes a significance for multiple signification to the point that it is impossible to enclose its meaning in a closed definition. We recall the multiple, even paradoxical significations through which Christ actualizes some virtualities of the metaphor of shepherd. And, as J. Jeremias[7] has shown, the divergencies among the different gospel texts of the parables disclose the different circumstantial actualizations of their metaphors.

It follows that, in wanting to explain a symbol, one risks destroying it. It seems then as if the symbolic sense existed in itself, as a thing, and the language came afterwards to describe it. Explaining it in this way, one establishes a bi-univocal correspondence between the symbol and what it symbolizes. Accordingly, the symbol is rendered superfluous since a definite meaning can be substituted for it. A symbol which has been explained is doubly dead: it is set aside as something that is available and, by the delimitation of its signification, it finds itself reduced to a decorative image.

Of course, one explains the symbols of unknown cultures. But the explication which does justice to the symbol consists in placing them back in the ensemble of their cultural universe, participating mentally in them in a way which is in a position to intuitively reaccomplish the metaphorical processes which symbolically transform the enigmatic thing or action. At any rate, even the symbol that is so explained will not yet be fully a part of my own universe. I symbolically adhere to a symbol only when I assume the universe of exchanges which it expresses and actualizes. I can mentally realize the symbolization which the Greek temple figures; I do not thereby actualize it with my existence. I will return to this when I analyze the difference between symbol and symbolic figure.

It follows from the above that communication by symbols is limited. To be exact, it is even quite necessary to say that what symbols are can only be conveyed to a certain extent. Symbols already form, among themselves, an ensemble of signs which incites us. But their full communication does not take place unless they are put back in their place in the networks which metaphorically signify the real and create as well the symbolic bond between the thing and that which is symbolized. The expression, "communication by symbols" risks inducing the conception of natural symbol. Even if there is a natural foundation to symbolism, as we see it, that foundation does not impose symbolic meaning but only gives direction to that meaning. If there is any similarity between the rite of the Hindu who bathes himself in the Ganges and Christian baptism by immersion, the symbolic meaning of the same actual deed is radically different. The natural element, water, is metaphorized differently from the one to the other because its metaphorization results from the interaction between the manifold language about water and the ensemble of religious signifiers.

3. THE SYMBOL

As I have said, by symbol I mean an object or act whose meaning transcends its immediate signification. The crucifix is a symbolic object because it does more than simply represent an historical event. Even if nearly every symbol realizes a production of metaphoric meaning in a concrete and visible reality, meta-phorization is, nevertheless, not sufficient for a symbol to be constituted. Symbolization entails some specific elements and re-quires certain special conditions, of which the symbolic order is one. It likewise produces some effects which are proper to it.

3.1. The Symbol Is Motivated

An insignificant thing can be considered as a symbol, such as a potsherd, a staff, a coin, when that thing has been adopted as a conventional sign which has the recognition of the individuals who belong to the same community. The symbol, insignificant in itself, has, in this instance, the value of a pass-word. Although it is exceptional, a symbol like this points out to us a characteristic of the symbol to which I will return: it is a sign of a pact. Generally, the symbol contains an immanent meaning which corresponds to the meaning that is symbolized. It is in this sense that the symbol is motivated. This connection with motivation is likewise found in some measure in metaphor. It is this aspect which always entails an element of comparison; this could lead us to the incomplete theory that metaphor is a comparison. However, the motivation is more insistent in the symbol and it remains more persistent than in metaphor. The symbol is bound to the gestalt and to the experience of the body and of natural things more than the metaphor is, since it takes root in a stratification of natural signification. One need only imagine how the sacred meal or the anointing with oil symbolize the birth to new life, the Christian life. Life is born out of water, not out of bread. And what other symbol than one of nourishment could have symbolized the assimilation of the very life of Christ. As Freud has underlined, the first form of identification is oral introjection and this form remains the basis of every identification, even if this archaic form is deeply buried in unconscious representations and only appears in dreams or in a form derived from the embrace of this archaic one. The sacred meal, certainly the Eucharist, reactivates the originary symbol of oral introjection. Thus the corporal schema sustains the symbol of the Eucharist.

For the symbol to retain its value of symbolization, it is necessary for it from then on to be situated between two thresholds: a minimum and a maximum of natural motivation. If the sacred meal comes too close to being a real meal, the symbolization in the real is abolished. Also, I was able to observe how a Eucharist for young people on a pilgrimage, celebrated with rolls that were passed around, lost all its symbolic power and turned into a sacrilegious party. On the other hand, short of a minimum of

symbolizing reality, the symbol likewise disappears and, lacking
a sufficient accord between the symbol and symbolized, the sacred
meal shifts into a quasi-magical manipulation. When the liturgy
reintroduced the action of taking in the hand a real piece of
consecrated bread and actually chewing it, the rite was placed
beyond the minimal threshold necessary in order to have a truly
symbolizing reality. At this time, the real presence has become
a problem for some; but now it is situated in its true place, which
is that of symbolization.

The determination of these thresholds which condition symbolization depends upon the context, precisely because the symbol
must, at the same time, inscribe itself in human experience and
express it, and must be able to write there a meaning which
surpasses it. Let us illustrate this by an example of the celebration
of the Eucharist. For most believers, the sacred meal is carried
out symbolically in a time and place separated from the profane
world and at the same time bound up with it. This difference in
similitude conditions the symbolic status. But the divergence
which, with some, contributes to the symbolic function can, with
others, hinder the operation of symbolization because, eliminating
the affective imagination, it reduces the symbol to a formal code.
We have also observed some young people who won't enter a
church, but who willingly participate in a Eucharist celebrated
in a house. For them, this profane place comes closer to the eucharist of their real life. The eucharistic meal should, according to
them, take first of all the signification of a truly fraternal act
and, by appeal to that first symbolization, symbolize the presence
of Christ.[8]

3.2. THE SYMBOL AS EXPRESSION OF THE SENSE OF THE SACRED

I would not like to support the thesis of R. Otto and M.
Eliade that the experience of the sacred is the source of religion.
I do think, however, that symbols express and awaken the sense
of the sacred and that it is an indispensable element for the ac-
complishment of their properly religious function.

Let us first of all delimit the signification of this term, "the
sacred." Some inquiries have shown us that this term has a precise
meaning and that it is necessary to distinguish it from God.[9] All

is called sacred which pertains to God and, by association, to religion. But the experience of the sacred bears upon a zone that is intermediate between God and the profane in the everyday sense. The sacred is that which man experiences as being that which is in the depths of his own existence, that to which he has access when he enters again into himself. It is also a divine quality that he perceives in the world, that which is the deep source of all that lives, the veiled mystery of his own existence and of the world. By a projective test, we have likewise explored which are the existential situations in which man has this experience of the sacred.[10] It is neither sexual love between man and woman, nor death, nor solitude. For some, birth is the occasion for an experience like this. But the symbolic situations privileged with the experience of the sacred are: nature and the love of mother for child. There are situations where the desire for union is experienced as accomplished in a bond which enlarges existence, which appeases it and confirms it by rejoining it to the sources of life.

In this dimension, God is situated at the very same time in the depths and in the heights. He is conjointly, as P. Claudel says, God within us and God beyond us. He is intimately present in the sacred and He is wholly-other, lord of glory and majesty. In other terms, one has access to God through the sense of the sacred and passes through it toward a recognition of his otherness. The sense of the sacred is a mediation toward the God who summons man and by whom man is addressed in an allocutive word.

Let us draw the consequences of this brief analysis for a psychology of symbolism. Our studies bring us to understand that the figure of the virgin with child can be highly symbolic of the sacred and can manifest an element of God as well. In Christian theology, the virgin certainly represents more than the sense of the sacred. But if she has had the immense symbolic bearing that iconography attests, this is also insofar as she is a paradigm of the unconditional love to which desire addresses itself. In the representation of the virgin and child, maternal love, already felt in itself as a sacred reality, takes a value still more religiously symbolic through the significative difference that virginity introduces. This symbol is at once expressive and hierophanic. It gives form to an experience and it awakens the sense of the sacred in manifesting it. The sacred which the virgin with child pre-sentifies reveals a dimension of God. Other studies[11] in fact, prove that, if God is named "Father," the maternal characteristics in the relation to God determine the representation of God as much as the paternal characteristics. The more men are convinced believers, the more they attribute to God himself not only the affective availability and unconditional love of the maternal figure, but equally the paternal authority and exigence. This is so at least in the Christian milieu. The Hindu group among whom we pursued our research, on the contrary, almost exclusively attributes to God the paternal qualities of authority and law.

The sacred as zone of crossing between the profane and the God of religion (in any case, the God of the Christian faith), seems to me so important for symbolism that I would like to illustrate it further with two examples, those of Baptism and of the Eucharist. It would be necessary to examine to what degree this phenomenon is universal to religion. I ask myself if some African religions are not characterized by a cleavage between God and the sacred. According to my inquiries, there are some who address a cult not to their monotheistic God but to ancestors and spirits. It would be necessary to see whether, in these cases, the religious symbolism is referred to God. In Judaism, on the contrary, the symbolism seems to me to have become somewhat reduced, successively, to the affirmation of the absolute and unique tran-scendence of God. Without doubt it is proper to Christianity, as religion of incarnation, to have multiplied the symbols and to have referred them at the same time to the God of the monotheistic message and of salvation. According to the outlook of Christianity, the symbols are then called upon to effect in expressive forms the meeting of natural humanity and the transcendent God. These are precisely the experiences of divine qualities at the very heart of the world, the experiences of the sacred, therefore, which give man entrance into the ascending movement through which he goes to meet anew this God who comes to him.

The connotations of the sacred, such as we have referred to them, represent more the maternal qualities of bond, source of life, and of peace. It is no accident that nature and maternal love are privileged situations of religious experience which is, after all, not of God but of the divine or the sacred. Thus we can expect that this element is an essential part of the symbols and that its perception conditions their Christian appropriation.

When the baptismal water is perceived symbolically, it seems that it symbolizes equally well the maternal element of source of life. In this way, it evokes the experience of the sacred in the sense of the presence, immanent to the thing, of a quasi-divine quality. The baptismal act can then rely upon this symbolic perception to lead man, beyond the sense of the sacred, toward the God who reveals himself and who acts in Jesus Christ and in whom one places his faith.

This sense of the sacred enters equally into the highly complex symbolism of the Eucharist. This happens in two ways. First of all, the substances offered represent, in their symbolic difference, the being in the world of man such as he finds himself vitally rooted in the earth. The bread represents the nourishing fecundity of the earth, and the wine the gratuitous and festive element of existence. This latter is a least a symbolic virtuality which the psalms often celebrate but which texts and usage in liturgical form actualize far too little. By this symbolism, man can express an essential dimension of his existence, open himself to the sacred as it dwells in the world and in life and bind these to the God who comes to him in these symbols. For there is no true symbol which does not also express the experience of the world and of life.

Symbols are never merely individual expressions. They are signs in which individuals recognize that they belong to a community. Even more, the community is formed by the symbolic signs which present it with shared values. In this sense, the symbol, as the etymology of the word says, gathers together. It realizes and manifests a pact. So these essential communities have a sacred character. This is also generally true of the family and the nation. Man participates here in that which is the source of his existence and which represents values which surpass him. Likewise in the Eucharistic celebration, the symbols only fulfill their function if they become signs of a pact. This happens first of all through the constitution of the celebrating community. The study of the Mass for young people, already cited, attests to this. They first spend more than an hour exchanging their human experiences, discussing social situations, preparing some common initiatives, singing and listening to some texts, biblical as well as others. In this way they first of all imbue themselves with the sacred in life and in each person and so, by actively forming it, they develop the experience of a living, fraternal community. The bread and wine fulfill a second symbolic value as well. We witness there an ascending movement. It is necessary first for the participants to express their experiences of life in its depths and for them to form a fraternal bond among themselves. Doing this, they already render sacred the meal that will take place and confer on it its symbolic character. One can say that they re-institute the religious symbol of meal. It is only after the personal formation of the symbol that they arrange the space for the Eucharist and invite the priest to come to celebrate it. The descent of God in the symbol can then have meaning for them.

For there to be a religious symbol, it is necessary, then, that there be a concentration there of that which has life in nature, and that human desire express itself there. The religious symbol lets the sacred appear as immanent in the world; it can do so as opened to the God who surpasses it and who comes and renders himself present in it. The symbol incarnates a metaphor produced by man and becomes disposed to symbolize God in his active relation with man.

3.3. THE SYMBOL AS PRESENCE AND AS DIVINE ACTION

The descending movement by which God dwells in the symbol does not correspond to the processes of metaphorization. Language which expresses and effects divine presence in symbols belongs to performative language.[12] The formulas of consecration or of benediction attest to this. In order to elucidate the difference between the two functions, which are joined together in very many religious symbols, let us start with an expression which contrasts with the metaphor in a way which is striking and, at first glance, enigmatic. In the religious language of certain African peoples, one comes across some expressions such as: "the light is God."[13] The monotheism of these peoples forbids interpreting them in a pantheistic sense. They express, in a shortened form, the idea of a divine causality and manifestation. I propose to call them metonyms, because they condense a syntagmatic development: God produces light and He manifests through it his inbreaking which illuminates. As a stylistic figure, the metonym relies more on a continuity of contact ("thirty sails" for "thirty boats"). In its linguistic form and in its intentional movement, a metonymic expression like this is the contrary of the metaphor "God is a light."

The comportment toward the symbols and the language in which it is expressed show clearly that they are accomplishing the metonymic process. The liturgy calls the paschal candle "light of Christ" and the believers honor it as such. Similarly, the altar is venerated in the same way as the body of Christ. It is said of the statue of the Virgin that it is the Virgin, and her presence is venerated in her symbol. In fact, the fundamental function of numerous religious symbols is that of the icon in the Eastern Church: to render present that which is represented. Perhaps every religious symbol tends toward being hierophanic and theurgic. For the one who takes part in the symbolic system of the religion, God manifests himself visibly in the symbol and He acts through it. The universally popular custom of touching the religious symbol expresses and effects, in corporal spontaneity, the contact through which a link is formed with the being that is present. The symbolized presence is given through visibility and contact. The symbol also brings together the two forms of communication that Frazer distinguished in magic: by imitation and by contact. Occasional magical aberrations of symbolism should not make us misunderstand its essential nature.

Without failing to recognize the diversity of sacrifices and the difficulty there is to present a universally valid definition of them, I would like nevertheless to risk the hypothesis that sacrifice is the religious symbol par excellence. Whatever the intentions that determine or overdetermine it maybe, it truly seems to be the symbolic act of exchange where ascending and descending movements unfold in the time of an action. Other symbols condense this chiasm into a durable sign.

The Christian theology which affirms the efficaciousness of the sacraments *ex opere operato* extends, therefore, by virtue of special divine institution, the performative function of religious symbolism.

The conjunction in the religious symbol of the double move-ment, ascending and descending, metaphorical and metonymical, has as a consequence that it has its full intelligibility and its entire effectiveness only at the interior of its own symbolic system. Christian Baptism can be compared to some related religious rites. But to reduce symbolism to the material figure of an action and some objects, or even to some generally religious intention which animates some similar practices, is to make of the symbol an abstraction. That Christian Baptism is a unique rite which is not repeated as are the baths of purification among the Essenes or Hindus, is only comprehensible at the interior of the Christian referential system. Like the words of a language, the symbol always plays a part in a structural ensemble which gives it its full symbolic meaning. The comparative phenomenologies of symbols suspend their references to the ensemble of the symbolic system thereby privileging the immanent meaning. Personally, I have tried to show that it is necessary to effectively liberate this power of the symbol to signify. But to center it exclusively on itself is to enclose it within the imaginary. Only if it is signified by the symbolic system does it become truly symbolizing.

The reductionist tendency is so much more encroaching with regard to the religion symbol since, at present, there is more resistance to the idea of a divine action. The anthropocentrism which permeates the modern mentality pushes for a reinterpretation of the religious symbol that sees it as really the expression of the religious imagination, or as really a more ecumenical form of communication than languages, or even as a sacred foundation of the community (E. Durkheim).

4. CRITICAL NOTE ON VARIOUS PARTIAL THEORIES

The symbol is an extremely complex unity. Like the tunic without a seam, various theories tear it into shreds and so destroy its full efficaciousness. These theories formulate and try to justify contemporary points of view on symbols which have been most facilely assumed. In conjuring them up, let us sketch a picture of the significations and references unfolded by the symbol. What these theories lack is the articulation that the concept of symbol gives us when thought of as a tensional unity of all its dimensions.

An aesthetic conception reduces the symbol to a figure of the creative imagination. Symbols then come to furnish what Malraux calls the museum of the imagination. They are detached from the cultural and religious system in order to function as forms in which imagination and sensibility express themselves.

"Depth psychology" can come to the assistance of the aesthetic conception. The symbolic forms of different cultures are compared, abstracting them from the function which overdetermines their signification, and the features of the matrix of their gestalt are sifted out. Based on these resemblances, some innate forms of psychic life are then postulated, some archetypal matrices which make up the "psyche."

The functionalist theories are fond of rendering an account of symbols in terms of the psychological or social functions which they serve. For Freud, symbols serve as masks for some representations which have been repressed. Some sociologists see in them the means to surmount social conflicts, to master the anxiety over death, to maintain the power of authority, or to communicate among individuals or groups.

Christian theology itself often also adopts a functionalist language to designate a supernatural efficacy. It calls the sacramental signs instruments of grace and, as a consequence of an instrumentalist conception, lets the rite dispossess itself of its own symbolic expressivity. Reacting against such a desymbolization of rite, other theologians seek to regenerate in some way its symbolism by recourse to the psychology or phenomenology of archetypes. At the limit, this interpretation reduces the symbolic efficaciousness of the sacraments to the expression of a religious experience and to the formation of an attitude which takes Jesus Christ as model. Accordingly, the Eucharist becomes a fraternal meal which acts out the disposition of Jesus and his apostles.

The aesthetic and functionalist interpretations are the two theoretical poles which elucidate symbolism. The opposed interpretations suffer the constraint of two types of thought, anthropological and religious. A subjectivist philosophy bends symbolism in the direction of its capacity to express the affective imagination. An objectivist way of thinking sees the functions that symbolism accomplishes on a field of forces which traverse and go beyond the subject. As Heidegger has shown, there is a solidarity of subjectivism and objectivism in the history of thought,[14] and it is no accident that, in modern times, they dispute with each other over the domain of symbolism.

What the different theories have uncovered in symbolism enters, in varying degrees, into the composition and function of religious symbols: the subjective imagination; some universal forms which are archetypes to the extent that they give form to the language of the body or to the common perception of the world; some intentions of the group which are not transparent to individual consciousness. According to the cultural and religious contexts, one of these elements can dominate symbolic practice. A theory of symbolism must situate the partial elements in the ensemble of processes which, in principle, structure the religious symbol. In its human face, it is at once a subjective and objective reality: metaphoric production and signification, expression of an experience and instituted form which summons the subjective recovery through which it is realized in a personal way. In its divine face, it is manifestation, presence and, in the ritual context, divine action. In this function which is both theophanic and theurgic, the religious symbol calls and arouses the subjective disposition, since it is in modeling itself upon the symbolic figure that the believer puts himself in the attitude which is the condition of the reception of divine efficaciousness. In this manner, religious symbolism strives to effect a coincidence of the human demeanor and the efficacious presence of God. These two faces are as inseparable as the front and the back of a sheet of paper or as the chiasm of the hand offered and the hand received.

5. DESYMBOLIZATION

The symbol is not a stable entity. Not only can its different components and functions be merely more or less actualized; it can also lose its power of expression and communication. I will limit myself to indicating two cases.

An ideology of progress places the accent on historical discontinuity. One seeks to win his own identity by breaking off from the cultural heritage. The myth of creative spontaneity which is allied with this ideology opposes itself to established forms. Religious symbols are accordingly declared to be stereotypes and the dictatorship of the tradition which wants to maintain them is rejected. Certainly, the idea of symbolism is not eliminated after all. But "the creation of new symbols" is called for as if the symbolic function would proceed out of a deliberate intention and a systematic project.

Religious power that manages symbols contributes to this ideological disaffection when it formalizes them to the extreme. Several motives are behind this: theological solicitude to mark the specificity of Christian ritual signs and to defend them against assimilation to other religious symbols draws the Church toward an exclusive accentuation of divine action and toward a reduction of the symbols to their supernatural instrumentality. In a more insidious manner, doctrinal concentration on sin and redemption nourishes a profound mistrust of all expressive spontaneity and actually presents faith as a condition exterior to the symbolic function.[15]

The subjective dispositions of those using the symbols equally leads to their desymbolization. We have further observed that a too exclusively technical culture and an impoverished language make symbols into a contrivance which comes near to the practice of magic. Baptism is perceived, for example, as a quasi-automatic purification from a substantial evil.[16] Or the effect is attributed to the Eucharist of a divine power which comes to make up for human failings. The realist conception of the divine only stirs up anxieties of the order of the taboo,[17] and it nurtures as well representations of a divine power through which man can seek to satisfy imaginatively desires issuing from what psychoanalysis calls its "divine complex" of omnipotence.

These deviations in symbolic practice show us that communication by symbols remains as ambiguous as communication in language where each addressee decodes the message according to his own dispositions, both intentional and unconscious. Nevertheless, symbols remain a universe of signs which is presumptively universal. Principles which induce significations, they are capable of guiding the discovery of new reality. But for them to be full in accordance with their design, man must animate them with his own experiences and allow them to mediate the symbolic order which they figure.

NOTES

[1] C. GEERTZ marks very accurately this effect of symbols upon the subject when he defines religion as: (1) a system of symbols which act to (2) establish powerful, pervasive, and long-lasting moods and motivations in men by (3) formulating conceptions of a general order of existence and (4) clothing these conceptions with such an aura of factuality that (5) the moods and motivations seem uniquely realistic. "Religion as a cultural system," in *The Interpretation of Cultures,* Hutchinson and Co., London, 1975, p. 90.

[2] *Objective Knowledge. An Evolutionary Approach,* Oxford, University Press, 1979, pp. 153-190.

[3] I have explained the above in: "La psychanalyse devant la religion," in *Études d'anthropologie philosophique,* Éditions de l'Institut Supérieur de Philosophie, Louvain-la-Neuve, 1980, pp. 74-96.

[4] Unpublished research made by J. CORVELEYN in 1974 in the Center for Psychology of Religion, the Catholic University of Louvain.

[5] M. BLACK, *Models and Metaphors. Studies in Language and Philosophy.* New York, University Press, 1968; P. RICOEUR, *La métaphore vive,* Paris, Seuil, 1975; A. ORTONY, ed., *Metaphor and Thought,* London-New York, Cambridge University Press, 1979.

[6] Mary DOUGLAS, *Purity and Danger,* London, Routledge and Kegan, 1967, chap. 3.

[7] *Die Gleichnisse Jesu,* Göttingen, Vandenhoeck and Ruprecht, 1947.

[8] See H. LOMBAERTS, "Reciprocal relationships between moral commitment and faith profession in worship," in *Toward Moral and Religious Maturity,* The first international conference on Moral and Religious Development, Senanque, 1980, pp. 251-276. Silver Burdett Company, Morristown, New Jersey. I will return to this example.

[9] Unpublished research, made at the Center of Psychology of Religion at Louvain, by R. RICHARD in 1973. I have developed at greater length the lived meaning of the term "sacred": "Équivoques et articulation du sacré," in CASTELLI, E., (ed.), *Le Sacré. Études et recherches,* pp. 471-492, Paris, Aubier, 1974.

[10] P. DE NEUTER, "Amour, sexualité et religion: enquête par questionnaire et par images d'aperception auprès d'un groupe de collégiens," in *Social Compass,* XIX (3), 1972, pp. 365-387; J. BACHS, *Mediacio simbolica de la natura en la religiositat de l'home d'avui,* unpublished doctoral thesis, Barcelona, 1976.

[11] A. Vergote and A. Tamayo, *The Parental Figures And The Representation of God. A Psychological And Cross-Cultural Study*, Leuven University Press, Mouton, 1980.

[12] J. L. Austin has analyzed the characteristics of this language in *How To Do Things With Words*, Oxford, Clarendon Press, 1962.

[13] We draw our inspiration from the study of E. E. Evans-Pritchard, "A Problem of Nuer Religious Thought," in *Myth and Cosmos*, ed. J. Middleton, Austin and London, University of Texas Press, 1967, pp. 127-148.

[14] "Die Zeit des Weltbildes," in *Holzwege*, Frankfurt a. M., V. Klostermann, 1967, pp. 63-104.

[15] I permit myself to cite my analysis of this phenomenon in *Dette et désir. Deux axes chrétiens et la dérive pathologique*. Éditions du Seuil, 1978, pp. 134-139.

[16] See my study "Regard du psychologue sur le symbolisme liturgique," *La maison-Dieu*, Rev. past. liturg., 1967, 91, pp. 129-151.

[17] A. Dumoulin and J.-M. Jaspard have explored these representations and anxieties which exist in the child even before it has arrived at a perception which is really symbolic. See, *Les médiations religieuses dans l'univers de l'enfant*, Éditions Lumen Vitæ, Bruxelles and Presses Universitaires de Louvain, 1973.

As psychoanalysis has shown that all the stages of psychic formation subsist in the underlying strata of the psyche, it is not surprising to see how some adults, under the effect of certain conflicts, regress to a pre-symbolic perception and then desymbolize religious signs.

[18] Cf. E. Jones, "Der Gottmensch-Komplex," in *Zur Psychoanalyse der christlichen Religion*, Leipzig-Wien, Int. Ps. A. Verlag, 1928, pp. 14-33.

26

GESTES ET ACTIONS SYMBOLIQUES
EN LITURGIE

Tout geste qui n'est pas manipulation d'outils peut être dit symbolique. Un geste technique poursuit une fin déterminée; conduire une auto *pour* aller quelque part, manger *pour* apaiser sa faim, tourner l'interrupteur *pour* éclairer...: ces gestes n'expriment rien, mais agissent. Mais offrir un cadeau, donner la main, incliner la tête, embrasser... sont des gestes qui expriment une intention et qui la réalisent en même temps. On les appelle symboliques, par analogie avec les mots et les objets symboliques, parce qu'ils unissent une attitude corporelle et un sens intentionnel. Ils se font signes symboliques, dont le langage rationnel n'achèvera jamais la richesse de communication. Dans la religion, comme dans la vie intersubjective ou dans l'œuvre d'art, le sens est indissociable des signes.

C'est que le geste ne met pas de coupure entre l'ordre humain des sens et celui des idées. Il unifie l'homme et le monde spatial dans lequel il se déploie. Il ne sépare pas non plus l'expression, la communication et l'action; il est rapport concret institué avec autrui, et dans ce rapport il donne un sens au monde visible.

Étudier le sens symbolique des gestes implique donc de multiples références. Et notre contribution vise à montrer comment le geste liturgique est le rassemblement qui unit l'homme, le monde et Dieu.

Car ceci entraîne de sérieuses conséquences pour le liturgiste. Le geste liturgique ne peut pas être pensé selon les concepts finalistes (exprimant un *but* de l'action) qui ont trop envahi notre théologie des actes sacramentels. Il doit respecter la vérité du corps vécu (le corps comme *expression* de nos relations avec autrui, le monde et Dieu) qui est source de notre pouvoir symbolisant. Enfin, on ne peut pas légitimement le séparer de la signification culturelle de l'espace-temps. Nous avons préféré élaborer ces trois données plutôt que de présenter un tableau descriptif des gestes symboliques, puisque le lecteur pourra facilement trouver celui-ci ailleurs.

LE GESTE LITURGIQUE EST EXPRESSION ET ACTE

En premier lieu nous voulons réfléchir sur le statut et la fonction du geste liturgique. Les croyants s'interrogent souvent sur le sens de la participation liturgique: ne suffit-il pas d'avoir la foi? pourquoi encore l'«exprimer»? On était accoutumé de concevoir la «pratique» comme un devoir, mais le sens d'une obligation externe et légale est en train de disparaître. De même l'idée d'une grâce accordée par le «moyen» d'un rite ne convainc plus autant. Ce changement de mentalité n'est pas si malheureux: la phase critique ouvre l'espace pour une redécouverte du rite comme étant significatif et opératoire en lui-même, puisqu'il est la foi qui s'actualise.

Personne ne doute que le geste soit de l'ordre du signe: il est expressif. Cependant, par sa nature corporelle il se distingue du langage. Il n'en a pas l'autonomie. Il demeure inhérent à notre subjectivité charnelle, même s'il nous oriente vers le monde et vers le regard d'autrui. Son caractère subjectif et corporel ne constitue pas une infériorité pour autant; il lui confère le pourvoir unique d'être expressif d'une manière immédiate. Langage et geste entretiennent entre eux un rapport de complémentarité. Aussi la liturgie n'acquiert la vérité de sa fonction religieuse que si elle met en œuvre la complémentarité du geste et du discours religieux.

En raison de sa nature corporelle, le geste est étroitement lié à l'action. L'on distingue communément les gestes purement expressifs et ceux qui expriment, tout en la réalisant, l'intention d'un acte[1]. Dans la liturgie, nous pourrions également envisager séparément les gestes sacramentaux qui accomplissent une action sur les objets (eau, pain...), et ceux qui expriment simplement nos attitudes devant Dieu (génuflexion, inclination,

---

1. Voir F.J.J. BUYTENDIJK, *Attitudes et mouvements. Étude fonctionnelle du mouvement humain*, Paris-Bruges, Desclée de Brouwer, 1957, 285 ss. traduction de; *Algemene theorie der menselijke houding en beweging* (Universitaire bibliotheek voor Psychologie), Anvers, 1948.

geste de l'orant...). Nous croyons cette distinction sans importance, car en liturgie tout geste, même dit purement expressif, est en fait un comportement. S'incliner devant Dieu est en lui-même un acte religieux. Et c'est précisément la fonction du geste liturgique: il unifie sentiment et acte. Il exprime et réalise.

Le geste liturgique présente donc une parenté fort poussée d'une part avec le langage, et de l'autre, avec l'action. Et ce n'est pas un hasard si l'étroite connexion avec les deux autres registres de l'humain ne se rencontrent que dans les gestes de la rencontre, tels ceux de l'amour. Que l'on nous permette de relever l'expression hautement significative, même si l'usage l'a parfois dévalorisée: *«faire* l'amour», c'est l'accomplir par des gestes qui l'expriment. En dehors des gestes qui l'effectuent, l'amour n'existe pas. C'est dire que le sentiment tend à se réaliser par gestes pour devenir sentiment effectif. Mais la parole qui précède et suit le geste l'exprime tout autant, et sans elle le geste n'atteint ni sa pleine valeur expressive ni son effectuation assumée en première personne. De la même manière la foi s'exprime et se réalise dans la parole et dans le geste, précisément parce qu'elle aussi est rencontre effectuée avec l'autre qui est Dieu.

Le geste liturgique et le langage de la célébration présentent donc la particularité essentielle qui leur est commune: d'être signe qui exprime et effectue. Cette similarité nous permet d'assister activement à une liturgie en langue étrangère, de même qu'elle donne lieu à l'alternance de gestes muets, de paroles sans geste, et de moments où les deux modes d'actions expressives s'accompagnent. Une juste appréciation du geste liturgique comme expression et acte de foi permet de mieux concevoir les sacrements et leur efficacité, et libère les croyants réticents de l'impression de «recevoir» des sacrements comme des moyens arbitraires de grâce coupés de leur attitude de foi personnelle. Nous ne contestons pas la vérité de la doctrine de l'*ex opere operato*. Mais si l'on comprend ce principe en dehors de la référence à l'efficacité du langage religieux et du geste symbolique, l'on est pratiquement amené à concevoir les sacrements comme un ritualisme magique. La foi n'est pas qu'une «condition» pour l'efficacité des sacrements; elle se réalise dans le geste et dans la parole qui, de ce fait, sont opératoires dans le rapport à Dieu[2].

Le geste liturgique est donc la foi en acte. Dire qu'il exprime la foi

---

2. Voir notre étude: *Dimensions anthropologiques de l'Eucharistie*, cf. n° 23 dans ce recueil.

est une locution trompeuse. Elle donne à penser que la foi est un état d'âme intérieur qui se projette dans une manifestation extérieure, tout comme on exprime des sentiments, tels la joie, la peur ou la haine qui se manifestent sur le visage, dans le mouvement des mains, et dans toute la pose du corps. Mais en eux-mêmes les sentiments ne sont pas des actes. Ils sont une perception des qualités du monde et d'autrui, un ébranlement intérieur, et comme tels ils disposent à l'action. La foi, par contre, est une disposition envers Dieu qui ne s'actualise que dans l'expression. L'exprimer c'est donc l'effectuer. Aussi n'existe-t-il pas de foi qui ne s'actualise dans un rite qui est indissolublement geste et parole efficaces.

Revenons un instant sur la confusion qu'il y a à concevoir le geste liturgique comme une action qui transforme un objet (le pain, l'huile...) en moyen de grâce. A observer la praxis liturgique et à lire les études théologiques qui lui sont consacrées, on a parfois l'impression que le geste s'y réduit à la manipulation des «objets» sacramentels. Il semble souvent que le souci prédominant soit de respecter la validité des sacrements: il faut dire exactement des mots imposés et «utiliser» les matières prescrites. Les formulations théologiques concernant la «matière» et la «forme» sont largement responsables de cette détérioration du geste. La désaffection actuelle envers le rite en est la conséquence. A une époque où les arts plastiques, le cinéma, le théâtre, le ballet expriment et réalisent intensément et en vérité les dimensions de l'existence humaine, une liturgie transformée en action technique de grâce ne peut manquer de susciter un profond malaise: elle n'est plus un acte humainement vrai. La fascination qu'exerce sur certains la liturgie orthodoxe se comprend par le mystère sacral qui imprègne toute sa démarche. Et certaines tendances actuelles qui visent à rendre la liturgie plus simplement humaine relèvent sans doute autant d'une recherche de vérité que d'une théologie sécularisée. Ceux qui interprètent l'eucharistie comme la célébration de la fraternité humaine redécouvrent l'adéquation entre les gestes et actes et les intentions qu'ils cherchent à mettre en œuvre. N'est-ce pas le signe que la théologie des sacrements a laissé se perdre la substance du geste qui est cependant le support symbolique humain de l'action surnaturelle? Quand le geste n'est plus un véritable acte humain, la référence à la grâce et à l'action divine prend le sens d'une réalité arbitrairement ajoutée du dehors, d'en haut, à un acte humain insignifiant. Une anthropologie défectueuse du geste et de la parole vide la théologie de la signification aussi bien surnaturelle qu'humaine.

Les gestes liturgiques sont donc le rapport avec Dieu effectué concrètement. Ils constituent un système symbolique: un ensemble qui exprime et effectue le lien de toute la vie humaine avec Dieu. La marche vers l'autel, l'offrande, le baptême sont des actions symboliques parce que ces gestes portent et réalisent les significations qu'ils donnent à voir. Comme tout vrai symbole, ils ne renvoient pas à autre chose, mais ils réalisent par eux-mêmes un pacte avec l'Autre reconnu pour lui-même.

LE CORPS SYMBOLISANT

Sans le geste le langage perd son pouvoir d'assumer notre existence; mais le geste, coupé du discours n'a plus sa signification. Ensemble ils réalisent la relation symbolique qui est constitutive de la religion et de la foi. Nous avons d'abord souligné que les gestes composent un système symbolique, en accentuant la parenté entre geste et langage. Nous devons maintenant montrer que les gestes sont symboliques parce que le corps porte le pouvoir de condenser en des signes surdéterminés tout l'humain dans ses rapports vécus avec Dieu.

Une juste perception de la fonction gestuelle et de sa complémentarité avec le langage religieux nous permettra de répondre à diverses questions et de juger avec intelligence certaines requêtes. Pourquoi faut-ils garder les mêmes rites, comme le baptême et l'eucharistie? Sont-ils tellement universels que le Christ a voulu les maintenir identiques à travers les diverses cultures et époques de civilisation? D'autre part, si l'on affirme la valeur et la fonction du geste universel, que penser des diverses mises en formes?

Une réponse à ces questions exigerait une étude approfondie du corps, du mouvement, de l'imaginaire et du symbolique; et pour se faire en connaissance de cause une telle étude devrait s'appuyer sur la phénoménologie du corps, sur la psychologie du schéma corporel, sur les recherches d'esthétique qui examinent les rapports entre corps, espace et temps dans différents types de civilisation. Sans doute peut-on espérer que dans l'avenir, les liturgistes se laissent davantage instruire par les informations anthropologiques qui nous apprennent autant sinon plus sur le rite que les études patristiques. Ce n'est pas seulement en revalorisant les exigences éthiques de la foi chrétienne que l'on va remédier à la séparation entre rite et vie, mais en assumant dans le rite tout l'humain qui se déploie dans la civilisation.

Il ne faudrait pas croire le sens du rite entièrement disparu, quelles que soient parfois les réticences envers les rites de l'Église. N'est-il pas significatif que les films présentent très souvent un mariage sous la forme d'une «cérémonie» religieuse? Que l'on ne juge pas à la légère cette coutume comme un relent de christianisme sociologique! A ce moment décisif de l'existence vécue dans le corps en rapport à autrui, l'homme veut la symboliser. Il y perçoit une dimension sacrée qui l'inscrit dans un rapport supérieur à toute fonction sociale et même sexuelle. Il sent qu'en se privant du rite il réduit sa sexualité à n'être que fonction de plaisir ou de rationalité sociale. La nostalgie du rite qu'éprouvent maints incroyants relève de la perception commune à toute l'humanité qu'être humain c'est symboliser l'existence[3]. Il est d'ailleurs impressionnant d'observer comment les mouvements hippies privilégient des rites symboliques, et y expriment leur sens d'une existence que se libère de la réduction à la fonction technicienne. La ferveur quasi religieuse que rencontrent des ballets modernes n'émane-t-elle pas également d'une même exigence de symbolisation rituelle?

Nous ne réduisons pas le rite chrétien à la célébration symbolique des dimensions essentielles de l'existence: naissance, initiation à la société adulte, amour sexuel, fraternité humaine, maladie et mort[4]. Mais nous voulons désigner les lieux et la fonction du geste rituel: il s'inscrit dans l'existence corporelle qui est un champ ouvert sur la symbolisation. Et n'est-il pas significatif que tous les sacrements (à part l'ordre sacerdotal qui est au service du rite eucharistique) concernent précisément les dimensions essentielles de notre être corporel?

Le geste rituel révèle et déploie les intentions du corps vécu. Il s'insère dans l'espace du monde humanisé, joint concrètement le sujet à la communauté humaine, et le relie à l'Autre qui est la source et le sens ultime de l'existence. Certes, le langage opère les mêmes fonctions de lien. Mais si le langage nous propose les signifiants fondamentaux qui permettent de symboliser l'existence et de la relier à l'ultime (ce qui est la «religion»), il n'opère la symbolisation que lorsque par le rite il descend dans notre être concret, dans notre attitude qui est corps vécu. En dehors du rite le langage symbolique demeure vide, comme l'est le langage du fou qui traite les mots comme s'ils étaient les choses réelles. Il faut que les

---

3. Nombre d'auteurs contemporains ont relevé la dimension de symbolisation. Citons entre autres CL. LÉVI-STRAUSS, *Anthropologie structurale*, Paris, 1958; J. LACAN, *Écrits*, Paris, 1966; E. ORTIGUES, *Discours et symbole*, Paris, Aubier, 1962.

4. Pour éviter tout malentendu, nous nous permettons de renvoyer le lecteur à notre étude déjà citée sur l'eucharistie; là, nous nous sommes expliqué sur la dimension institutionnelle qui fait partie du symbole accompli, et que le Christ a reprise dans la relation de foi ecclésiale.

discours se remplissent de la densité existentielle du corps.

Par sa structure même, le corps est tout à la fois la nature en nous, l'intériorité vécue, et l'intention subjective ouverte sur le monde et sur autrui. Naturel et culturel, subjectif et intentionnel, intérieur et lieu d'échanges, il constitue notre être concret. La foi qui n'en assume pas les actes intentionnels et la résonance affective demeure une foi étrangère à l'existence. Mais parce que le corps est le lieu de la symbolisation, il faut que le rite l'assume tel qu'il se symbolise effectivement, c'est-à-dire dans les formes expressives de sa propre culture. Union de la nature en l'homme et de la culture, le corps est le lieu même des mystères sacrés. En effet, selon des deux aspects qui le constituent, le corps réfère l'homme à l'au-delà symbolique. Nature en l'homme, il est la dimension de la profondeur où nous rejoignons la source de l'existence. Et comme projet qui nous ouvre sur le lointain, il nous oriente, du plus profond de nous-même, vers l'ultime de notre désir.

Par sa nature même, le corps tend à s'exprimer et à se réaliser symboliquement dans les arts, dans l'amour et dans le rite religieux[5]. Sujet corporel, l'homme est à la fois un être naturel et culturel, et pour cette raison, ses expressions présentent des caractères universels et culturellement diversifiés. D'où la permanence et l'universalité des gestes rituels, et leurs mises en formes diversifiées.

Vérifions cette analyse sur l'exemple des deux rites chrétiens fondamentaux: le baptême et l'eucharistie. L'immersion dans l'eau et l'émergence est un geste inscrit dans l'imaginaire le plus profond du corps. Mythes, rêves, cosmogenèses, rites religieux divers et même les lieux rêvés des loisirs en témoignent: dans la symbolique corporelle, l'homme se représente la naissance à la vie comme l'émergence hors de l'eau. Malheureusement trop marquée par une théologie du péché qui a tout aspiré à elle, la pratique baptismale en vient à réduire le rite de l'eau à une purification par lavage[6].

L'eucharistie est un rite plus complexe. Dans le geste élémentaire du repas il rassemble et les jouissances terrestres et l'être-avec-autrui. Au plan humain, les trois donnée qui composent le repas sont déjà haute-

5. Sur le corps symbolique on peut lire les études de M. MERLEAU-PONTY, F.J.J. BUYTENDIJK, A. DE WAELHENS, L. BINSWANGER, E. STRAUSS, H. VAN LIER, E. DE KEYSER...
6. Sur les effets de fausse interprétation auxquels concourt le spectacle du baptême, on peut lire: A. VERGOTE: *Regard du psychologue sur le symbolisme liturgique*, dans *la Maison-Dieu*, Paris, 1967, n° 91, p. 129-151; G. FOURNIER, G. DECHAMBRE, *Signification de gestes et d'objets pour des enfants et des adolescents*, dans *la Maison-Dieu*, Paris, 1967, n° 91, p. 163-172.

ment symboliques: ils expriment et réalisent la permanence de la vie qui se nourrit de la terre donnée, la fête qui se célèbre et la famille réunie dans le partage. Dans l'offrande-sacrifice religieux, qui supporte la présence active du Christ, le geste de l'élévation joint l'humain et le divin par l'articulation symbolique des dimensions horizontale et verticale. Toutes les références symboliques de notre présence corporelle au monde et à autrui contribuent donc à faire de l'eucharistie l'insertion du Christ dans notre être concret.

Divers rites peuvent entourer les gestes rituels essentiels. Comme nous verrons, leur mise en forme dépend de la manière spécifique dont certains milieux culturels vivent et interprètent l'espace-temps du monde. Mais il faut toujours que les rites qui entourent les gestes essentiels déploient le sens de ces derniers. C'est dire que la liturgie doit s'imprégner de leur sens à la fois existentiel et chrétien. Sinon il surchargera inutilement le rite chrétien de toutes espèces de rites secondaires, insignifiants pour les contemporains. L'histoire de la liturgie, comme celle de toutes les religions, nous montre que l'invasion de rites secondaires, qui recouvrent et obscurcissent les rites essentiels, survient à des époques où la théologie s'est coupée de la culture vivante aussi bien que des sources chrétiennes. Incertaine de l'efficacité de ses actes, et insensible au sens humain des gestes, la liturgie a tendance alors à renforcer faussement ses rites par des gestes accessoires et insignifiants, perçus sinon vécus comme un ritualisme quasi magique. Songeons aux redoublements multiples qui ont surchargé autrefois le rite latin de l'eucharistie: plusieurs rites d'entrée, d'offrande et de bénédiction des espèces... N'est-il pas significatif que les croyants qui, avec raison, demandaient une simplification de notre rite eucharistique, admiraient en même temps le rite orthodoxe tellement redondant? C'est que ce dernier se présente comme un déploiement organique tout à la fois du mystère chrétien et de la culture humaine. Encore faut-il remarquer que le rite orthodoxe est conçu d'après des normes symboliques qui appartiennent à une autre aire culturelle et religieuse que la nôtre; la diversité culturelle des peuples et époques nous interdit d'adopter sans plus un style liturgique qui ne nous appartient pas.

DIVERSITÉS CULTURELLES DANS LA SYMBOLISATION UNIVERSELLE

Quand on prend conscience de la diversité des formes culturelles, on est stupéfait par l'incroyable naïveté rationaliste de ceux qui ont voulu maintenir et imposer à travers les temps et les espaces culturels les mêmes formes rituelles. Tout se passait comme si les gestes, les chants, les oraisons n'affectaient pas notre être subjectif; l'homme croyant, par une espèce de survol absolu, serait de la même manière présent à de purs concepts théologiques!

Nous croyons que la liturgie doit se situer à l'intersection de trois axes de pensée. Comme nous l'avons proposé précédemment, le corps existentiel est universellement structuré selon des dimensions symboliques qui permettent à tous les humains de se retrouver dans les mêmes gestes fondamentaux (la marche, l'offrande, l'immersion dans l'eau et l'émergence, l'inclination...). Deuxièmement, la croyance chrétienne informe et transforme l'espace-temps vécu et oriente de manière spécifique la perception du monde[7]. Enfin, l'évolution de la civilisation modifie considérablement notre perception propre de l'espace et des objets[8].

Parce qu'il est le corps vécu en acte, le geste rituel doit s'inscrire dans l'espace-temps d'un milieu culturel déterminé, sous peine de faire figure de ritualisme magique et désuet. Le rite orthodoxe du baptême peut nous impressionner par ses gestes redondants d'embaumement et d'immersion. Mais l'observation qu'un sociologue catholique nous a communiquée est instructive. Il avait invité un ami marxiste, membre de l'Académie des sciences de Moscou, incroyant sans hostilité à l'égard du christianisme, à assister à un baptême dans une église russe. Celui-ci fut déconcerté par tant de ritualisme, dont la redondance et la complexité lui laissaient l'impression d'incroyable magie. Pour notre part, nous avons plus d'une fois recueilli les mêmes aveux d'incroyants qui assistaient autrefois à nos messes de funérailles. Réduits à une simplicité expressive, ces rites n'auraient-ils pas été plus éloquents par un symbolisme natif et direct? Plusieurs expériences le prouvent. Cependant, dans une aire culturelle déterminée, les mêmes rites orthodoxes ont pu avoir et ont toujours leur pouvoir d'évocation symbolique.

Le temple grec et la caverne obscure des religions orientales symbolisent différemment la lumière, et pourtant chaque fois la lumière évoque le rapport à la divinité. Mais dans les deux types de religion l'homme se situe tout autrement par rapport au monde et au divin[9]. De même,

---

7. Le lecteur trouvera cette idée admirablement exposée et illustrée dans E. DE KEYSER, *Art et mesure de l'espace* (Psychologie et sciences humaines), Bruxelles, 1970; voir spécialement p. 93 ss.; p. 151 ss.

8. Voir par exemple *Les objets*, dans *Communications*, Paris, 1969, n° 13.

9. Voir R. BULTMANN, *Zur Geschichte der Lichtsymbolik im Altertum*, dans *Philologus*, Berlin, 1948, p. 1-36.

le rite orthodoxe de l'eucharistie ne se célèbre correctement que dans l'espace architectonique d'une église byzantine qui donne forme à son appréhension à la fois culturelle et chrétienne de l'espace-temps[10]. L'office d'une église byzantine est d'être l'espace architectural où peut se célébrer la lumière du soleil levant, symbole de la nativité et de la résurrection. Dans ce réceptacle de lumière, où les icônes figurent la procession de l'éternité spirituelle à travers le temps, les gestes rituels des processions répétées, du voilement et du dévoilement du sacré, prennent leur véritable sens chrétien et incarnent la foi dans une vision culturelle spécifique de l'espace et de la lumière.

Il serait contre nature de vouloir transposer ces rites dans une chapelle moderne dépouillée, aux murs de béton raide et lisse, où la lumière n'est pas infuse mais omniprésente comme dans le monde ouvert aux objets techniques. De même on ne se représente pas un office oriental dans l'église qu'a construite prés de Mexico l'architecte marxiste Candela: une immense coquille ouverte, fermée derrière l'autel par une baie vitrée qui surplombe les usines et les habitations d'une cité ouvrière. Les mêmes gestes essentiels de notre liturgie peuvent et doivent inspirer des mises en forme scéniques qui assument organiquement les multiples formes d'existence humaine.

Il nous semble que la liturgie actuelle devrait s'exercer selon diverses modalités, répondant par ses styles adaptés aux différentes exigences de l'homme contemporain. Nous en voyons surtout trois.

L'homme partage son existence entre plusieurs appartenances, dont les deux essentielles sont la famille et la vaste communauté sociale et politique. Il veut préserver son intimité et cela d'autant plus que la société urbaine est multiforme et anonyme. Mais il veut également ouvrir la famille sur la société dans laquelle il désire être activement présent, comme homme social et comme chrétien. Il est dès lors normal que le contemporain découvre la signification d'une liturgie en groupes restreints, familiaux et amicaux, et qu'en même temps il désire insérer la liturgie dans le milieu social réel (professionnel par exemple). Il va de soi que le style liturgique devrait s'adapter à ces deux fonctions différenciées. On célèbre autrement lorsqu'on se trouve assis autour d'une table (comme au temps des apôtres!), ou rassemblés dans une usine, dans un stade, ou dans une église paroissiale. Si le vêtement laïc du célébrant convient à un «living» familial, il détonne étrangement dans une église

---

10. G. DUTHUIT, *Le feu des signes*, Genève, 1962, p. 80-81.

gothique ou baroque. On imagine fort bien un ballet sacré dans une cathédrale ou dans un stade, mais non pas dans une chapelle romane. Et la position assise durant toute la célébration eucharistique ne prend-elle pas un sens tout différent dans un groupe familial et dans un vaste édifice? Certains liturgistes qui rêvent de proximité et d'une intimité familiale ne semblent pas s'apercevoir que l'homme désire également vivre à certains moments un mystère sacral aux dimensions de l'univers. Et d'autres sont tellement sensibles au sacré byzantin qu'ils ne conçoivent pas une liturgie enracinée dans la vie simple, quotidienne de la famille. Il faudrait se souvenir que la célébration liturgique participe à la fête qui symbolise les multiples dimensions de l'existence.

La civilisation occidentale contemporaine se trouve distendue par la diversité illimitée des styles culturels dont elle rassemble les témoignages dans ses musées, ses études d'histoire et d'esthétique, ses théâtres et ses ballets ambulants... La multiplicité des inventions qui cherchent un style nouveau après la destruction de toute tradition, atteste que l'homme contemporain n'envisage plus un espace unique où prennent forme les rapports de son corps aux choses. Sans doute est-ce là une raison pour laquelle les hommes plus éduqués recherchent à s'unifier par un retour aux formes dépouillées, proches de l'être naturel. Le style liturgique pourrait s'inspirer de ces recherches multiples et, pour s'incarner dans les styles divers de la sensibilité contemporaine, laisser se faire des expériences élaborées par divers groupes.

Un troisième principe du style liturgique semble à première vue contredire l'énoncé précédent. Le rite, en effet, pour qu'il soit langage reconnu, exige une certaine stabilité des formes. D'ailleurs, pour incarner la vie, il en adopte la loi des gestes récurrents. Tout ce qui est proche de la vie (le repas, l'amour) présente un caractère cyclique et se pratique dans des formes répétées. Aussi croyons-nous inopportun d'imposer à toute occasion des expériences novatrices en liturgie. Les exigences contraires de la vie qui se répète et de l'invention créatrice, de l'uniformité et de la diversité, demandent que la liturgie offre diverses modalités, selon l'alternance rythmée qui marque la vie et la culture mouvantes des contemporains en Occident. Pour trouver la juste mesure et sauver la liturgie de la répétition mortelle aussi bien que d'un éclatement inorganique, il faudra aux liturgistes une remarquable sensibilité psychologique et une bonne information sur les styles de vie des divers groupes culturels.

L'on peut de toute façon regretter qu'actuellement la simplification du rite ait entraîné souvent la suppression des gestes rituels élémentaires du côté des fidèles. Préoccupé de leur participation au chant, on a trop négligé de les faire participer par quelques attitudes corporelles qui expriment naturellement les divers moments de rapport à Dieu: inclination profonde, station debout ou assise, marche (fût-ce par délégation) vers l'offrande.

Les gestes liturgiques sont des mouvements qui expriment et réalisent les divers rapports de l'homme concret avec son Dieu. Ils ont le pouvoir de le faire, parce que le corps vécu porte toujours en lui-même un sens humain. Actualiser et exprimer corporellement notre relation à Dieu, c'est assumer notre humanité dans une foi en acte. Porter vers le haut les objets que l'on offre, c'est prendre toute la dimension horizontale qui définit l'être-au-monde et le joindre avec l'Autre qui en est la source et le sens ultime.

Parce que le corps vécu est toujours intentionnel (en relation à) et donc symbolique, ses gestes constituent un système, apparenté au langage. L'émergence de l'eau comme entrée dans la vie nouvelle ne s'accomplit qu'une fois. Mais le repas sacrificiel et communautaire se répète, suivant en cela le rythme cyclique de la vie qui se nourrit et jouit corporellement des richesses terrestres.

Dire que les gestes liturgiques sont un système symbolique implique aussi qu'ils réalisent par eux-mêmes la vie avec Dieu. Ils sont la vie avec Dieu, l'acte de foi qui s'accomplit. Ils n'ont pas de finalité en dehors de ce qu'ils réalisent. Et leur prescrire une finalité, c'est détruire leur efficacité symbolique.

En raison de leur insertion symbolique dans l'espace-temps, les gestes élémentaires et universellement symboliques qui composent le noyau de la liturgie, s'entourent de gestes expressifs qui doivent être incarnés dans l'espace-temps réel du milieu humain concret. La liturgie doit donc laisser la liberté pour des mises en formes culturellement et socialement adaptées. Sinon les gestes essentiels du rite n'assument pas l'humain réel dans la foi en acte.

27

LE CORPS

Pensée contemporaine et catégories bibliques *

Le corps est par excellence l'objet d'étude et de réflexion sur lequel convergent différentes disciplines: Nombre de facultés universitaires, toutes peut-être, examinent le corps sous un certain aspect. C'est dire que le langage sur le corps est pluriel parce que le corps est le réel multiforme et inépuisable. Les sciences se sont diversifiées et il peut paraître que seules les sciences exactes s'occupent du corps. En réalité, la compréhension du corps humain requiert également les sciences que l'héritage philosophique faisait appeler sciences de l'esprit, et qu'aujourd'hui on appelle mieux sciences symboliques : la psychologie, la linguistique, la sociologie. L'un des faits les plus marquants de la culture contemporaine, en effet, est la progressive découverte de l'unité de l'homme, unité dont le corps est le lieu, l'objet et l'agent. Cette unité ne supprime pas l'autonomie des sciences et la diversité des langages sur le corps. Selon moi, on ne peut pas penser comme telle cette unité, pas même en philosophie; mais elle doit être présente comme point de fuite de notre pensée.

Une réflexion interdisciplinaire sur le statut du corps s'impose donc, et cela d'autant plus que le corps a une place centrale dans le christianisme. Rappelons le texte qui exprime l'essence de notre foi : le Verbe s'est fait chair. Et si nous sommes attentifs aux textes de saint Paul, nous remarquerons que les termes qui désignent le corps (σάρξ-chair et σῶμα-corps) constituent le pivot de sa pensée théologique. Les signes efficaces de la divinisation de l'homme concernent d'ailleurs le corps, ses gestes et son monde naturel : par le baptême, par l'eucharistie, l'homme se fait corps chrétien et il prépare la résurrection du corps. Aucune religion n'a aussi fortement placé au centre de l'intérêt la destinée religieuse du corps. Mais il reste à examiner quelle est la signification de ce terme dans le langage chrétien, qui d'ailleurs n'est pas univoque.

---

* Cet article reproduit, tel quel, un exposé présenté aux membres du «Groupe de Synthèses» qu'anime depuis de longues années le professeur L. Morren.

L'unité de l'être humain est une découverte qu'a faite une culture qui a d'abord connu la fragmentation de l'humain par les sciences diversifiées. La conception du corps est une idée historique qui se construit sur des siècles d'observations et de pensées. Aussi me semble-t-il nécessaire d'évoquer quelques grands tournants de cette conception. La remémoration de l'origine et de l'histoire de nos idées situe les concepts dont nous sommes les héritiers et qui sous-tendent notre pensée. Pour ouvrir nos concepts sédimentés et pour nous donner une distance critique envers nos préjugés, j'esquisserai rapidement comment l'homme occidental s'est rapporté au corps.

I. Le corps dans la composition âme-corps

Une longue tradition de pensée, qui va de Platon jusqu'après Descartes, conçoit le corps essentiellement dans son rapport au principe spirituel qui spécifie l'homme parmi les êtres vivants. Ce principe c'est l'âme spirituelle. Depuis, le terme d'âme a presque disparu de la littérature philosophique. Le problème du rapport entre l'esprit et le corps n'est pas éliminé pour autant; même le matérialisme s'efforce de lui donner une solution en considérant l'esprit comme un épiphénomène ou comme une superstructure. Mais on ne pense plus dans le schéma d'une composition métaphysique parce qu'on répugne à toute entification de ce qui est spirituel en l'homme, de la même manière qu'on n'invoque pas la vie comme principe d'explication du vivant.

Platon élabore la première pensée systématique du corps dans son rapport à l'âme. Comme il l'énonce lui-même (*Phédon*, 70c), il reprend une antique tradition religieuse, dans laquelle on rangera l'orphisme et le pythagorisme, qui aboutissait à une mystique dualiste. Pour ces religions d'initiation mystérique, l'homme corporel porte en lui un principe divin, l'âme, qu'il doit libérer du corps en réduisant celui-ci par une purification ascétique et rituelle. Platon systématise cette conception dans une doctrine qui représente la première psychologie scientifique. Et parce qu'il était philosophe – celui qui veut penser les choses en des concepts – il donne au dualisme mystique une orientation intellectualiste et idéaliste qui influencera pour des siècles la pensée sur le corps. Un bref rappel de quelques idées essentielles de Platon nous permettra de voir comment la première philosophie du corps se forme. La vie intellectuelle s'impose comme caractéristique fondamentale et distinctive de l'homme. Elle ne s'explique pas par la matière. Elle est le fait de l'âme qui doit être de la même nature que les Idées qu'elle connaît. L'âme doit donc être simple, immatérielle, divine et immortelle. Immortelle, l'âme a préexisté et l'homme est l'être duel chez lequel l'âme s'in-carne dans le corps. Il résulte de cette philosophie que «l'âme est dans le corps comme dans une prison» (*Phédon*, 33c) ou même que le corps (*sôma*) est une tombe (*sèma*) pour l'âme (*Gorgias*, 443a). L'union de l'âme avec le corps a pour conséquence que l'âme se divise en plusieurs «parties». Celles-ci constituent son activité partagée selon sa liaison avec les éléments du corps qui sont sa condition et dont elle est le principe de mouvement (c.-à-d. de l'activité). Ainsi la *République*, IV, structure l'âme en trois parties qui sont l'intellect, le désir et la passion. Seul l'intellect (*nous*), qui est la partie supérieure et qui est de la même famille que l'Idée divine, est immortelle.

Réfléchissons un moment sur cette philosophie. Elle présente la première pensée systématique sur l'être de l'homme et elle pose les catégories essentielles qui, durant des siècles, ont orienté la conception de l'homme et, par conséquent, du corps. Le christianisme s'est développé dans cette tradition de pensée; il lui a apporté ses éléments propres, mais il lui a surtout emprunté ses catégories de pensée systématique.

1) La philosophie platonicienne, tout d'abord, identifie «le corps» comme tel. Autrement dit : le corps devient un concept qui désigne une réalité qui a son identité propre. Le dualisme de Platon a permis de constituer le concept de corps et d'ouvrir ainsi un champ pour l'observation et la réflexion.

2) Dans la ligne de la tradition mystérique qu'elle reprend, cette philosophie pense la structure de l'être humain du point de vue de ce qu'il y a de divin en l'homme. Le corps, comme la condition actuelle et passagère dans laquelle se trouve l'élément divin qu'est l'âme, se présente comme l'élément limitatif, impur. Un beau texte du *Timée* (90a) énonce distinctement cette manière de pensée qui situe le corps dans la ligne descendante et qui motive le mouvement ascendant de la purification : «Au sujet de l'espèce d'âme qui est la principale en nous, il convient d'observer que c'est Dieu qui la donne à chacun comme un «daimôn»... Or, en vertu de son affinité avec le ciel, cette âme... nous tire loin de la terre, car nous sommes une plante non pas terrestre mais céleste. En effet, c'est du côté où... notre âme a pris naissance, que la divinité a suspendu notre tête, qui est ainsi la

racine de tout le corps». Le corps se comprend donc à partir de la tête, c'est-à-dire à partir de ce qui n'est pas corporel. Il se trouve pris dans une structure hiérarchisée dont la clef est l'âme incorporelle. Le renversement qu'opéreront les temps modernes consistera à poser le corps non pas comme la condition extérieure de l'esprit, mais comme le lieu de sa formation et comme sa permanente condition intrinsèque. Déjà Aristote amorcera ce retournement.

3) La reprise philosophique de la tradition religieuse a pour effet d'identifier l'âme supérieure avec la connaissance théorique et d'assimiler le divin au noétique. Ainsi est né le courant de pensée idéaliste qui aura son influence jusque sur l'interprétation intellectualiste que saint Thomas fait de la vie psychologique et même de la vision béatifique. La supériorité accordée à la vie théorique relègue le corps à la condition instrumentale au service du principe spirituel dont il reçoit la vie en même temps qu'il inhibe celle-ci. Cette psychologie intellectualiste qui déprécie le corps est solidaire d'une conception du divin dont l'activité consiste uniquement à attirer vers soi, comme objet de désir, le mouvement théorique ascensionnel. Ce divin qui n'a de consistance que théorique, ce Dieu qu'Aristote qualifiera comme pensée de la pensée, celui qui n'est vivant que comme possession réflexive de sa substance intellectuelle, n'est sûrement pas le Dieu vivant de la Bible. Ce Dieu, que j'appellerais la pensée pensante, Nietzsche le rejettera comme le chiffre de la mort, et, avec lui, il refusera le binôme âme-corps comme étant la théorétisation mortifère de la vie du corps.

Aristote a corrigé la philosophie de Platon en introduisant la célèbre doctrine de l'hylémorphisme, terme qui dit bien que l'unité de l'âme et du corps est comme celle de la forme ou de l'acte qui donne la vie à la matière. Ayant ainsi surmonté le dualisme, Aristote maintient cependant que la partie supérieure de l'âme, l'intellect (*nous*), survit à la mort parce qu'elle est divine (*Métaphysica*, XII 3, 1070a 24.26). En raison de cette parenté divine de l'âme intellectuelle, l'homme «doit, autant qu'il peut, vivre une vie divine» (*Éthique à Nicomaque*, X, 7, 1177b, 31), celle de la sagesse théorique. Notons encore que l'affirmation de l'unité de l'âme et du corps rend Aristote attentif à l'apport positif du corps; ainsi affirme-t-il que l'intellect reçoit son contenu des sens à mesure qu'ils sont perfectionnés.

Résumons l'apport positif de cette philosophie à la conception du corps. L'idée du corps prend forme précisément en vertu du binôme matière-forme. Le corps, comme matière informée, est vu comme une totalité, en contraste, d'une part, avec les parties matérielles qui le composent (la chair et les os...) et, d'autre part, avec ses organes qui ont leurs fonctions particulières. Ainsi se prépare l'idée du corps comme structure ou comme *Gestalt*. Cette idée revient dans les temps récents comme l'idée directrice qui contrebalance la mécanisation scientifique du corps.

Deuxièmement, le concept de corps comme totalité animée représente le principe d'individuation. Le corps (*sôma*), différencié de la chair (σάρξ) marque les frontières entre le soi-même de l'homme et les autres êtres, humains ou choses. Car le corps est défini; il se présente comme une totalité circonscrite («horismos»).

Cependant, le corps n'est pas le noyau le plus intime de la personnalité, puisque la part supérieure de l'homme est incorporelle, divine et immortelle.

Le contraste est grand entre cette conception du corps et celle de la Bible. Je laisse aux spécialistes la tâche d'approfondir l'idée biblique et chrétienne du corps et je me limite à relever quelques éléments essentiels. D'abord, dans la Bible, il n'existe pas d'équivalent sémantique pour le terme grec de corps (*sôma*). On n'y conçoit pas le corps comme une totalité circonscrite, car les organes – le cœur, les reins, le ventre, les pieds – représentent métaphoriquement sous un aspect relationnel l'ensemble des rapports que l'homme entretient avec les autres, avec le monde et avec Dieu. On ne pense pas l'homme comme une entité individualisée dans son corps, mais comme un ensemble de relations diversement qualifiées. De cette manière l'homme n'a pas un corps; il est corporel. Ou encore, d'après l'expression de Wheeles Robinson : «il est un corps animé et non pas une âme incarnée»[1]. Aussi la Bible ne conçoit-elle pas l'âme comme la composante immortelle de l'homme. A la mort, l'âme (*nephesh*) se retire de la chair mortelle et ne lui survit pas comme principe subsistant. L'annonce de la résurrection n'implique d'ailleurs pas la thèse d'une âme immortelle; par contre, elle comporte l'idée que le corps est l'homme entier, solidaire des êtres avec lesquels il est en relation. Corporellement solidaire avec le Christ, l'homme corporel sera transformé entièrement. Car à l'idée biblique de l'homme corporel correspond une idée de Dieu

---

[1] *Hebrew Psychology*, dans *The people and the Book*, éd. A.A. PEAKE, 1925, p. 362.

radicalement différente du divin grec qui fut pensé d'après le modèle
de la connaissance théorique.

L'idée biblique et le concept grec du corps diffèrent donc profondément. Mais la pensée contemporaine du corps me semble retrouver
l'essentiel de l'idée biblique, après un long cheminement qui a développé scientifiquement le concept grec.

II. LA DÉCOUVERTE MODERNE DU CORPS

La doctrine métaphysique de la composition de l'âme et du corps
a préparé l'étude du corps, mais celle-ci n'a pris son essor que grâce à
la coupure épistémologique opérée par le XVIIᵉ siècle et qui fait poser
l'énigme du corps comme l'union ou le croisement de la nature et de
l'esprit. Nature et esprit, ce sont deux termes qui désignent maintenant
deux domaines promus à leur autonomie par une double transformation de la pensée. De cette transformation Descartes est un agent et
un témoin important. Et sa pensée du corps a si profondément marqué
les temps modernes que, de nos jours, la psychologie et la philosophie
populaires du corps sont encore celles de ce que Sartre appelle un
cartésianisme balladeur.

Explicitons ces deux transformations de la pensée. Elles s'effectuent
conjointement et par interaction. L'esprit critique, à la recherche de
la certitude, se retourne sur lui-même, sur son propre acte de pensée
et il s'affirme abruptement comme autonome par rapport à sa condition corporelle. On se souvient de la philosophie du *cogito* : le je qui
pense et qui juge se donne immédiatement à lui-même, dans une
transparence directe. Il a le pouvoir de se libérer de la gangue senso-
rielle. Le vrai moi est celui qui juge et qui, par ce retour sur soi-même,
peut se désaliéner des sensations et des passions qui le trompent. Les
volontés «sont absolument en notre pouvoir et ne peuvent qu'indirectement être changées par le corps» (*Les passions de l'âme*, art. 41).
Le corps n'est donc pas immédiatement moi. Cette mise à distance
objective du corps se trouve d'autre part renforcée par l'intérêt proprement scientifique pour l'exploration. L'on sait qu'à cette époque se
développent les expérimentations sur les réflexes musculaires et les
stimulations des nerfs. Sur l'appui de ces recherches Descartes énonce
alors la thèse que le corps est une machine. Et le battement du cœur
qui règle la circulation du sang, qu'on vient de découvrir, lui inspire
une comparaison très significative : «Le corps de l'homme diffère

autant de celui d'un homme mort, que fait une montre lorsqu'elle est montée... et la même montre lorsqu'elle est rompue»[2]. On se passionne également à cette époque pour la construction des petits automates, qui devraient présenter le modèle du corps machinique, humain ou animal. Comment, dans ce contexte, penser l'âme comme un principe d'unité qui préside aux mouvements du corps? Alors que pendant des siècles l'homme avait l'impression de commander à son corps, Descartes fait observer que de multiples mouvements peuvent s'accomplir sans que nous y soyons nous-mêmes impliqués (*Quatrièmes réponses* des *Méditations*). Le corps est une machine qui fonctionne sans le moi. L'âme doit donc se localiser dans cette partie du corps qui est le siège de la pensée et de la liberté. La coupure entre la pensée transparente à elle-même, incorporelle dès lors, et la machinerie automatique du corps, conduit à durcir l'ancienne identification de l'âme avec la composante spirituelle. D'autre part, la découverte de la régulation physique du corps fait éliminer l'âme comme principe pour l'intellection du corps.

L'on critiquera ce dualisme. Mais on ne reprendra plus pour autant le concept d'âme comme principe explicatif. En effet, l'idée de l'âme vient d'une autre problématique, proprement religieuse. Dorénavant, la question sera de concevoir l'unité de l'homme à partir du corps, et non plus, comme à l'origine, à partir d'une substance spirituelle. Dans cette nouvelle problématique, invoquer l'âme, ce serait fermer la question par un mot sans intelligibilité, un mot du même ordre que celui de vie dans le vitalisme. On dira certes encore que le corps vivant est animé. Ainsi Merleau-Ponty écrira-t-il : «Le XXe siècle a restauré et approfondi la notion de la chair, c'est-à-dire du corps animé»[3]. Cette expression n'a cependant de valeur que descriptive; elle n'implique pas l'appel à une âme unie au corps.

Dans les milieux bien pensants aujourd'hui – j'entends les phénoménologues et certains psychanalystes, pour ne pas évoquer quelques thomistes – on parle avec condescendance ou avec indignation du dualisme cartésien qui a découpé l'unité de l'homme et assimilé le corps à une machine. La machine n'est pourtant pas quelque chose de si méprisable, car elle représente un circuit systématique d'énergie. Son fonctionnement obéit à des lois mathématiques. Cela est d'autant

[2] *Les passions de l'âme : Œuvres et Lettres*, Paris, Gallimard, 1952, p. 679.
[3] *Signes*, Paris, Gallimard, 1960, p. 287.

plus manifeste si elle est une montre, une machine qui a affaire au temps objectif. On voit quelles perspectives de recherches ouvre cette conception. Le corps se propose dès ce moment à plusieurs disciplines proprement scientifiques. Si les hommes savent toujours de manière intuitive qu'ils sont plus ou moins leur corps, dans leur pensée ils s'interrogent maintenant sur le corps qu'ils ont. Et la médecine a radicalement changé depuis qu'elle a pu penser le corps comme une horloge qu'on peut démonter. De même la biologie n'est-elle devenue scientifique qu'à partir du moment où elle accepte de ne plus savoir ce qu'est la vie, mais qu'elle la démonte et étudie la structure de ce que l'expérience naturelle désigne comme l'être énigmatique qu'est le vivant, celui qu'on qualifie ainsi parce qu'il se maintient dans son unité individuelle et qu'il se reproduit. Avec l'avancement mathématique, le modèle machinique du corps va se perfectionner et devenir cybernétique. Le principe reste celui d'une autorégulation, enrichie par les mécanismes qui répondent adaptivement, par feed-back, aux besoins d'énergie et aux agressions du milieu.

En quel sens ce corps-objet, ce corps que nous avons, est-il humain ? Dorénavant cette question n'est plus purement philosophique, si par philosophie on entend seulement la réflexion sur le vécu, sur les expériences naturelles. Mais la tâche de la philosophie consistera aussi, d'après moi, à assumer et à interpréter les observations objectives que font les sciences.

Par elle-même, la réponse dualiste de Descartes ne donnait aucune possibilité d'éclaircir cette question. C'est cependant par l'objectivation même du corps que la pensée a progressé et ce sont les sciences du corps qui ont conduit vers une nouvelle pensée du corps subjectif, le corps comme intégré dans ce que, pour faire bref, j'appelle la vie de l'esprit.

Songeons par exemple à l'anthropologie comme science de l'originalité fonctionnelle du corps humain. Après que l'on ait inscrit l'homme dans la lignée évolutive des organismes naturels, l'étude de la descendance naturelle de l'homme appelait la question de la spécificité corporelle qui a rendu possible et qui a motivé même l'hominisation comme instauration de l'ordre culturel. Il fallait poser une nouvelle question, celle que le physiologiste L. Bolk formulait ainsi : «Quelle est l'essence de l'homme en tant qu'organisme?»[4]. Laissant aux spé-

---

[4] *La Genèse de l'homme*, dans *Arguments*, 1960, n° 18.

cialistes le soin de développer la contribution de l'anthropologie scientifique, je voudrais cependant signaler une des œuvres importantes,
celle de A. Gehlen[5]. Ce qui caractérise l'homme, d'après Gehlen,
c'est, négativement, le manque d'une adaptation naturelle à son environnement spécifique – les instincts spécifiques, les armes agressives
naturelles, les moyens de protection – et corrélativement et positivement, la plus grande plasticité au sens d'une capacité d'être formé
(*Formungsfähigkeit*). Ainsi, par son organisme même, l'homme se
trouve forcé à conduire sa vie (à la *Lebensführung*). Peut-on invoquer
la nécessité *vitale* dans laquelle se trouve un organisme naturellement
inadapté comme explication suffisante de l'hominisation ? On pourrait
en appeler à une secrète capacité d'invention mentale. Encore faut-il
que le corps la rende possible. En effet, si l'on prend au sérieux la
nature corporelle de l'homme, on ne peut pas introduire une entité
spirituelle comme explication de l'hominisation de l'organisme. Ce
que l'on observe cependant, c'est que l'homme fabrique des outils qui,
selon Cl. Lévi-Strauss, présentent une si frappante régularité qu'il faut
en conclure que le langage préside à leur façonnement. On peut alors
essayer de fonder le langage sur les structures cérébrales, dire de lui
ce qu'affirmait le psychologue W. Koeler de la fabrication des outils :
«Il (l'Australanthrope) semble les avoir acquis non par une sorte
d'éclair génial qui lui aurait fait un jour saisir un caillou coupant
pour armer son poing (hypothèse puérile, mais favorite des ouvrages
de vulgarisation), mais comme si son cerveau et son corps les exsu-
daient progressivement»[6]. N'empêche qu'avec l'avènement énigmatique du langage, un réalité transitionnelle advient qui, d'après le
linguiste R. Jacobson, est à la fois naturelle, corporelle et culturelle.
Elle opère à la fois l'unité du corps et de l'esprit et elle constitue une
division interne dans l'homme.

Le même type d'intérêt pour le corps se retrouve dans l'éthologie
comparée, qui étudie par exemple la territorialité ou la sexualité. Rien
que l'importance de l'organisation humaine de l'espace propre, en
une certaine mesure comparable à ce qu'on observe dans le règne
animal, démontre l'inhérence de tout l'humain dans le corps en union
avec son milieu naturel[7]. Ce n'est pas sans raison que le langage

[5] *Der Mensch, seine Natur und seine Stellung in der Welt*, 1960.
[6] *L'intelligence des signes supérieurs*, Paris, Alcan, 1932, p. 151.
[7] Voir, par exemple, BAKKER, *No trespassing*, San Francisco, 1973.

biblique a fait de «la terre promise» la métaphore pour l'existence ressuscitée.

Les études anthropologiques, me semble-t-il, convergent vers une même conception. L'homme n'est pas, au dire de A. Leroi-Gourhan, le «couronnement majestueux de l'édifice biologique»[8]. Par son corps l'homme adhère entièrement à la nature biologique. D'autre part, «le corps humain est 'disponible', et cela en vertu d'une absence de déterminations qui l'inséreraient de façon rigide dans un environnement spécifique». «... par la même occasion, la fermeture du système qui unit en un même réseau circulaire équipement génétique et environnement spécifique se défait, de par la nécessité de médiations échappant aux régulations propres à l'ordre biologique... La dislocation des ajustements immédiats qui caractérisent la forme naturelle insérée dans son environnement naturel ouvre sur des modalités nouvelles dans la production de formes intégrant en les excédant les organisations biologiques»[9]. Comparé à celui de l'animal, le corps humain est lacunaire et il doit répondre à un défi biologique. En raison de ce caractère lacunaire, l'homme n'est pas comme un organisme arrêté, mais son corps est disponible pour relever le défi biologique en créant des moyens qui ne sont plus biologiques mais qui, reprenant l'organisation naturelle, constituent un ordre nouveau, culturel et symbolique, c.à.d., articulé d'après les lois du langage. Ces deux caractéristiques indissociables de l'organisme humain, d'être lacunaire et disponible, conditionnent mais n'expliquent pas l'instauration de l'ordre nouveau, si par explication on entend un enchaînement causal nécessitant. Le terme d'émergence ne me semble pas non plus avoir de valeur explicative, car il suggère une évolution progressive où la noosphère viendrait couronner un achèvement de perfection biologique.

Pour autant que l'humain intègre l'organisation biologique, nous parlons de l'unité de l'homme; pour autant qu'il l'excède, nous réintroduisons une dualité. Avec Claudel je dirais que même la connaissance, tout le savoir cumulatif, est une co-naissance avec le milieu naturel; j'ajoute cependant que la connaissance est aussi en rupture avec le milieu vital, rupture à laquelle l'adaptation vitale lacunaire prédispose, rupture aussi que le système symbolique du langage vient

---

[8] *Le geste et la parole*, Paris, A. Michel, 1965, t. I, p. 166.
[9] Fr. Tinland, *La différence anthropologique. Essai sur les rapports de la nature et de l'artifice*, Paris, Aubier, 1977, p. 122.

accentuer. L'unité fait que l'homme doit dire «je suis mon corps»; la différence interne fait qu'il doit autant affirmer «je ne suis pas mon corps, j'ai un corps». Pour reprendre la formulation de G. Marcel : «de ce corps je ne puis dire ni qu'il est moi ni qu'il n'est pas moi»[10]. Il est «la zone frontière entre l'être et l'avoir» (p. 119). Comme zone frontière il pénètre de part en part le je personnel, et cependant il ne coïncide pas avec lui, car, comme le démontre le linguiste Benveniste, il n'est de je personnel qu'en vertu du langage qui donne à l'homme de se poser comme je dans un acte de parole, et cela dans une structure de langage qui, dans toutes les langues, est celle de l'interlocution, c.à.d. du rapport à un autre d'emblée reconnu comme étant le «tu», ce qui revient à dire : lui aussi un je personnel.

Ce que les très belles et très justes analyses de G. Marcel ne pouvaient pas élucider plus avant, du point de vue phénoménologique qui était le sien, c'est que le corps comme frontière entre l'être et l'avoir, est une réalité fort complexe dont on peut étudier la logique. Il s'agit précisément du corps psychique, objet de la psychologie, que la psychanalyse surtout a découvert et exploré. Ainsi faut-il tenir trois langages sur le corps : le langage du corps objectif (de la machinerie corporelle), le langage psychologique (sur le corps vécu), et le langage ontologique (le corps comme «chair» au sens de la dernière philosophie de Merleau-Ponty). A ces trois langages sur le corps, il faut encore ajouter celui que tient le message chrétien. Car l'eucharistie comme assimilation du corps du Christ et l'annonce de la résurrection comportent l'idée tout à fait originale d'un corps transfiguré par la gloire divine. La tâche du théologien pourrait consister à voir en quel sens les divers langages humains sur le corps préparent une certaine intellection du langage chrétien. Et si j'utilise la formule prudente «une certaine intellection», ce n'est pas pour contraster la théologie comme langage obscur et mystérieux avec les trois autres langages. Plus on approfondit la réalité du corps, de la vie ou de la conscience, plus on se convainc de leur nature définitivement énigmatique et plus on trouve risible le rationalisme étroit qui croit savoir et qui estime absurde l'idée de la résurrection.

Etant invité à présenter plus spécifiquement la psychologie du corps, je développerai encore un peu cet aspect.

---

[10] *Être et savoir*, Paris, Aubier, 1933, p. 12.

III. Le corps dans la psychanalyse

De même que le défi que représentent les maladies stimule pour une part essentielle la recherche fondamentale en biochimie, ainsi c'est la pathologie qui a le plus sollicité les observations et les formulations théoriques du corps en tant que réalité psychique. Il a fallu attendre le XXᵉ siècle pour qu'un Freud, héritier de tout un développement culturel et de toute une tradition scientifique, applique au corps malade l'esprit d'observation systématique et de construction théorique, découvre l'inhérence mutuelle du corps et du psychisme, et construise les concepts théoriques qui rendent compte du corps psychique. Mais cette découverte est si déroutante que sur elle beaucoup de nouvelles psychologies sont encore en retard d'un demi-siècle et que souvent elle paraît encore absurde à l'esprit médical divulgué dans notre culture.

Pour introduire la question, je prendrai également mon point de départ dans la pathologie. Réfléchissons sur un exemple cité par J. Lacan[11]. Un homme souffre d'une crampe d'écrivain. Sa psychanalyse révèle le lien entre ce symptôme corporel et la loi islamique dans laquelle il fut élevé, et d'après laquelle le voleur doit avoir la main tranchée. Il n'avait jamais pu accepter cette loi, parce que son père avait été accusé d'être un voleur. Même sans voir les mécanismes psychologiques complexes par lesquels le refus de la loi en relation avec son rapport au père produit le symptôme corporel, on aperçoit néanmoins qu'ici la crampe d'écrivain est un retranchement inconsciemment symbolique de la main. Elle est un langage par le corps qui réalise somatiquement la pensée refoulée. Précisons : le corps effectue inconsciemment et par substitution au père la sanction de la loi refusée.

Bien d'autres exemples pourraient illustrer ce phénomène énigmatique du corps qui exprime et qui réalise des pensées fort complexes dont le sujet ne sait consciemment rien; je pense à la stigmatisation; j'en ai fait l'analyse dans un ouvrage qui vient de paraître au Seuil[12]; au regard de la psychanalyse, son interprétation surnaturelle paraît drôle. Je ne prétends pas comprendre vraiment comment des messages d'ordre symbolique, ceux qui sont de l'ordre de la loi et du désir et qui circulent dans l'inconscient, se convertissent en de troubles phéno-

---

[11] *Séminaire II/1952-1955*, Paris, Seuil, 1978, p. 38.
[12] *Dette et Désir. Deux axes chrétiens et la dérive pathologique*, Paris, Seuil, 1978.

mènes somatiques. Du moins ces observations nous imposent-elles l'évidence que le corps n'est pas réglé uniquement par des structures biologiques, mais qu'il est susceptible d'incarner, au sens fort du terme, l'ordre du langage. Qui plus est, même si nous ne comprendrons jamais exactement comment les deux ordres s'articulent l'un avec l'autre, nous pouvons cependant voir que, dans son lien avec la machine corporelle, le psychisme obéit lui aussi à des lois, et que le terme «mécanismes psychologiques» est dès lors une métaphore significative et proprement scientifique.

Du moment que l'on établit des lois du fonctionnement psychologique, on dépasse la pathologie et on dégage des structures universelles. C'est bien ce que fait la psychanalyse. Mais ces structures sont complexes; ce que la plupart des hommes cultivés n'aiment pas entendre, car cela leur donne le sentiment désagréable de ne pas être aussi maître dans leur propre maison qu'ils le pensaient.

La complexité du corps psychique tient précisément à l'imbrication entre deux ordres : celui de la vie et celui du langage, imbrication qui n'est pas une compénétration harmonieuse, comme en rêvent maints philosophes, tels Merleau-Ponty, mais qui est tensionnelle, voire conflictuelle; imbrication qui, cependant, ne permet pas de découper les pôles conflictuels entre, d'une part, le corps, et d'autre part, le sujet : le moi, la volonté ou de quelque nom qu'on appelle le pôle plus «spirituel». Car le corps humain est pulsionnel et non pas instinctuel. L'agressivité et la sexualité de l'homme ne sont pas des instincts, réglés par un scénario dont le code est génétiquement inscrit, même si ces deux pulsions reçoivent du corps biologique leurs incitations énergétiques et leurs modèles gestaltistes. La psychanalyse nous apprend que le rapport entre pulsion et instinct est le même que celui que l'anthropologie observe entre l'organisme animal bloqué dans son circuit avec le milieu vital et l'organisme humain, à la fois lacunaire et disponible. Aussi la sexualité et l'agressivité humaines sont-elles de part en part vitales et psychiques. Et les explications purement biologisantes de l'agressivité, telles que les présente l'éthologiste K. Lorenz, sont d'un simplisme ridicule pour qui a quelque peu observé l'agressivité humaine dans ses formes multiples et étonnamment surdéterminées. On peut s'en convaincre en lisant l'ouvrage que J. Van Rillaer a consacré à la matière [13].

[13] J. VAN RILLAER, *L'agressivité humaine*, Bruxelles, Dessart, 1976.

Si nous parlons cependant de mécanismes psychologiques, c'est parce que le psychisme pulsionnel obéit lui aussi à une régulation automatique, qui reproduit l'adaptation gestaltiste de l'organisme vital lié à son milieu. Ainsi Freud peut-il énoncer comme une des lois fondamentales le fameux principe de plaisir. Cela n'a rien à voir avec l'hédonisme! Il s'agit d'une régulation inconsciente, spontanée, du psychisme qui évite automatiquement le déplaisir et préfère s'automutiler pour diminuer la souffrance au sens le plus large du terme. On pourrait montrer par quels circuits celui qui retranche sa main par la crampe d'écrivain est inconsciemment sujet à cette auto-régulation. Ainsi la pathologie est-elle encore pour une part une réaction de santé psychique.

Cependant, le psychisme n'est pas simplement la reproduction dans le corps psychique d'une organisation similaire à la coaptation vitale au milieu. Le psychisme est également traversé par des messages symboliques qui viennent l'informer et le déséquilibrer et qui lui imposent un défi et un travail. Ainsi de nombreuses paroles que nous avons entendues et des modèles d'identification qui nous ont sollicités circulent-ils dans le psychisme, comme des bandes lumineuses, largement hors de notre conscience, et ils pénètrent dans notre vie pulsionnelle et affective. Celle-ci les répète dans l'exercice de notre corps vécu.

Il résulte de tout cela que le corps psychique est essentiellement relationnel et, inversement, que les relations à autrui sont de part en part corporelles tout en excédant leur organisation corporelle-psychique. Songeons à tout l'imaginaire qui fait le tissu des rapports amoureux. Ce que l'on appelle la vie affective, qu'est-ce sinon le corps relationnel? En lui se conjoignent et se heurtent des perceptions qui sont de la nature de la Gestalt, chère aux éthologistes, et des représentations qui nous viennent d'un univers symbolique de désirs et d'interdits, collectifs et familiaux, et d'un langage que nous énonçons dans le clair-obscur d'une pensée consciente. Les styles différents des rapports entre l'homme et la femme, variables d'après les milieux culturels et familiaux, par exemple, sont commandés par des perceptions différentes de l'autre. Ces perceptions résultent de certaines structures innées que viennent informer et différencier tout un imaginaire culturel qui s'inscrit directement dans les relations que j'appellerais de corps à corps. En outre, ce qui est de l'ordre de la loi vient recroiser le corps à corps biopsychique et y introduit des tensions

qui demandent un travail psychique pour réaliser une certaine harmonie, laquelle, loin d'être pré-établie, demeure toujours un idéal a-
symptotique. La vue du sexe opposé n'est plus chez l'homme un
simple signal qui déclenche un scénario codifié dans le but de préparer la reproduction; le signal s'y transforme en des emblèmes où
des significations symboliques, langagières donc, se déposent dans les
Gestalts, les assument, les transforment et les excèdent.

On peut encore illustrer de multiples manières la nature complexe
du corps psychique relationnel. J'évoque seulement deux exemples. Il
est avéré qu'un milieu qui est positif envers la sexualité et qui favorise
les fréquentations affectives entre garçons et filles dès l'enfance, a
pour effet que la maturation sexuelle physiologique est plus précoce
que dans les milieux répressifs. L'environnement culturel influence
donc le corps somatique par le corps psychique. Le corps pulsionnel
et relationnel fait le pont et opère l'échange entre la culture et la
biologie. Et voici un deuxième exemple, que certains trouveront peut-
être plus discutable. Une analyse des styles fort différents de perception
du monde et d'autrui pourrait également illustrer le fait que le corps
est pénétré par les messages culturels. L'activité qui consiste à organiser le milieu par l'organe de l'œil, est autre chez les primitifs, autre
chez l'homme d'avant et d'après l'introduction de la perspective géo-
métrique, autre avant et après la peinture impressioniste, et elle est
différente d'après les représentations inconscientes, comme le démontre le test de Rorschach. Ce que dit Claudel est bien vrai : l'œil
écoute.

CONCLUSION

L'homme est à la jonction de deux ordres : celui du corps vivant
et celui du langage. Il est la jointure même des deux ordres. Pour
cette raison il n'est pas un composé de corps et d'esprit, mais un
composé de corps organique, de corps psychique et d'esprit. Je n'utilise pas les termes de couches qui évoque la ligne évolutive des sédimentations successives. Je ne donne d'ailleurs pas au mot «esprit» la
signification d'une supériorité hiérarchique et je ne voudrais nullement
entifier l'esprit. Mais je ne vois pas comment appeler autrement cet
ordre qui est celui du système symbolique que constitue le langage.
Composé, l'homme trouve une certaine unité dans le corps psychique,
celui précisément où se rejoignent et se compénètrent le corps orga-

nique et le système symbolique. On peut le plus directement éprouver cette unité de l'homme dans la «vie affective». Intuitivement nous savons que nous sommes le plus intimement nous-même dans notre vie affective. Là nous sommes auprès de nous-même, à la fois dans l'immanence de notre intériorité, à l'intérieur de notre corps rassemblé, et cependant toujours aussi en relation avec le monde et avec autrui. C'est d'ailleurs de la vie affective que le dualisme de Descartes ne savait pas trop que faire. En effet, elle n'est ni la pensée jugeante, ni le corps-machine. Aussi peut-on bien construire des machines qui font des opérations symboliques; déjà Pascal en a fabriqué une petite. Jamais on ne construit une machine affective. Même si on lui apprend à dire : «je», elle ne mettra pas dans ce je l'immanence de l'intériorité affective en relation avec un autre je.

Le corps intérieurement et relationnellement affectif, c'est ce que le terme hébraïque de chair (*bašar*) connote. Sans doute Merleau-Ponty reprend-il, délibérément ou non, ce terme lorsque, dans sa dernière philosophie, il développe le concept de chair comme une unité primordiale, d'avant l'opposition sujet-objet, moi-monde. On peut en effet inférer de la jonction entre le corps organique et le système symbolique qu'une réalité primordiale rend cette unité possible et que les réalités différenciées se forment donc à partir d'un être originaire. Il y aurait cependant un leurre à considérer préférentiellement l'unité de l'homme.

La vie affective, ou le corps comme chair, est précisément la jonction de deux ordres entre lesquels il n'y a pas d'harmonie pré-établie. C'est même pour cela qu'elle pose à l'homme ses problèmes spécifiques, et qui lui sont bien plus propres que la satisfaction de ses besoins ou la solution des énigmes intellectuelles. Dans l'affectivité confluent, d'une part, les schémas innés du corps qui orientent les énergies vitales, et, d'autre part, les messages oraculaires du langage. Pour cette raison, les rapports affectifs transforment le corps et peuvent même s'y inscrire en des symptômes mutilants; pour cette raison aussi les paroles libèrent l'affectivité en la conduisant vers des relations subjectivement assumées; du même coup, la parole vive restaure le corps et l'accomplit dans ses directions relationelles.

L'unité de l'homme n'est donc pas, comme celui des organismes, un système des systèmes. L'évolution des organismes nous présente une histoire où des systèmes se différencient et produisent une intégration systématique de sous-systèmes emboîtés les uns dans les autres, comme des poupées russes. Dans l'homme, la rencontre des schèmes organiques et énergétiques avec le système symbolique produit une unité tensionnelle. Elle a pour conséquence que l'homme individuel aussi bien que collectif, est l'agent d'une histoire et non pas le résultat d'un processus vital, caractérisé par la complexification systématique.

Il faut donc comprendre l'homme par un dédoublement de dualités :
– corps organique et corps psychique
– corps psychique et système symbolique.

Le corps est à la fois organique et psychique et comme psychique il est le lieu subjectif d'un travail qu'imposent les deux ordres systématiques : celui de l'organisme structuré et énergétique et celui du système symbolique avec ses créations de significations culturelles.

Suis-je mon corps ? Ai-je un corps ? Les deux. Sans le système symbolique du langage je ne pourrais pas dire «je». Mais sans le corps organique, je ne pourrais pas non plus dire «je». Non pas que le corps organique soit simplement l'instrument extrinsèque de ma position en première personne. C'est de l'intérieur du corps organique transformé en corps psychique par le système symbolique, que je dis «je». Dans Pascal nous lisons : «Je puis bien concevoir un homme sans mains, pieds ni tête, car ce n'est que l'expérience qui nous apprend que la tête est plus nécessaire que les pieds. Mais je ne puis concevoir l'homme sans pensée : ce serait une pierre ou une brute»[14]. Je répondrais à Pascal que sans corps psychique il n'y aurait pas d'homme mais un automate pensant, dans lequel l'énergie s'écoule d'après des combinatoires formelles. Un dieu calculateur pourrait le programmer pour qu'il dise : je t'aime, je crois, je me réjouis, je suis triste, et pour qu'il s'arrête de temps à autre. Mais il ne saurait ni aimer ni croire ni se réjouir et il ne serait jamais triste; il ne saurait ni dormir ni rêver.

Les mains, les pieds, la tête, tout le corps, c'est aussi la chair. La chair est fragile comme la fleur des champs, dit Isaïe (40,6). Mais elle a sa vie propre, celle qui n'est ni réglée par les lois du système vital ni par les lois formelles du système symbolique. Au regard de ce corps humain, il paraît plus plausible que le Verbe s'est fait chair et qu'il a manifesté un Dieu qui, tout en étant vivant et tout en ayant des pensées, n'est ni une divinité diffuse dans les lois des systèmes ni une pensée de la pensée.

---

[14] *Pensées*, éd. L. Brunschwicg, section 6, n° 339.

28

VERTICALITÉ ET HORIZONTALITÉ
DANS LE LANGAGE SYMBOLIQUE SUR DIEU

I. CRITIQUE DE LA CATÉGORIE DE LA VERTICALITÉ

1. *Ontologie et philosophie de la religion.*

La langue religieuse est une langue apophatique. Son pouvoir d'évocation saute aux yeux dans les textes sacrés. En comparaison, la langue rationnelle, quand elle parle de Dieu, a une apparence fort grossière. Traiter Dieu, en effet, comme un objet n'est-ce pas vouloir quelque peu le dominer, l'insérer dans notre ordonnance de l'univers, l'enclore dans notre schème sujet-objet, le réduire à une représentation conceptuelle proportionnée à la saisie de l'intelligence humaine ? La Bible, elle, interdit tout emploi du nom divin ; elle met nettement Dieu à l'écart ; nul homme ne peut l'atteindre par sa propre puissance. Ce trait au travers de son nom empêche tout passage de sa représentation à l'affirmation de son identité personnelle. Dans son discours, l'homme tente de l'identifier. De fait, il ne disserte souvent que sur des idoles — ces ombres fugitives du divin qui le cachent autant qu'elles le révèlent — à moins qu'il ne surélève son affirmation en une négation, suivant le mot de Jean Scot Erigène : « Deus propter excellentiam non immerito nihil vocatur ». Mais quand l'homme parle à Dieu, il a bien l'intention de poursuivre son chemin au-delà de ses représentations jusqu'à la réalité, non à une réalité semblable à celle qui parviendrait à assouvir son projet, comme l'objet rassasie le concept par sa présence. Le dialogue avec Dieu subit la loi de tout dialogue avec autrui. Quand l'intention s'accomplit, s'y creuse aussi un vide. Car elle vise précisément un point asymptotique qui s'éloigne toujours davantage par-delà tout accomplissement. Elle y est emportée en un mouvement qui ne se recourbe plus dans la possession du sujet qui se pose.

La raison est une instance réductrice égologique. L'autre est l'étranger, celui qui est radicalement autre. Comme tel, l'homme ne le reconnaît pas par le discours de la raison. Il lui faut, à cet effet, sortir du cercle égologique du cogito et plonger d'un bond dans la relation dialogale de l'interpellation. La troisième personne, dont on parle, appartient elle aussi à l'horizon de l'égologie. Par contre la deuxième personne, qu'on interpelle, brise cet horizon clos et se pose dans la nouveauté d'un être radicalement étranger. Impossible de la récupérer par « réciprocité » dans le cercle magique du sujet qui s'approprie toujours ce qui l'entoure. La langue de la relation dialogale est donc d'une structure nettement différente, comme Evans l'a remarquablement exposé [1].

C'est pourquoi, quand on parle de Dieu, nous devons distinguer deux moments. Ils sont séparés l'un de l'autre par la coupure épistémologique entre le discours et le dialogue. Notre conviction est ferme à ce sujet. Souvent, ce qu'on nomme le discours sur Dieu n'est au fond qu'un discours sur le divin et le sacré. On ne parle de Dieu que lorsqu'on réfléchit sur l'acte religieux et qu'on analyse les lois propres du dialogue avec Dieu. De plus, à notre avis, la philosophie, en tant que système de pensée qui se justifie dans le cadre du problème de la vérité, ne nous conduit pas à l'affirmation de Dieu. Elle nous mène bien, par contre, à reconnaître le divin comme l'environnement de l'horizon humain et comme l'horizon du monde en tant que monde. Toutefois, la reconnaissance du divin est la médiation nécessaire pour s'adresser à Dieu dans l'acte religieux qui manifeste Dieu en tant que Dieu.

La philosophie peut analyser réflexivement la structure rationnelle du moment de dépassement de l'acte religieux et parler ainsi significativement de Dieu. L'ontologie ne peut cependant pas pousser son interprétation de l'Être des êtres jusqu'à évoquer Dieu en tant que Dieu. La coupure entre la phénoménologie et l'affirmation de Dieu ne coïncide pas avec la ligne de démarcation entre la phénoménologie et l'ontologie. Le dépassement méthodologique suit le retournement du penseur qui, dans l'horizon de la manifestation

---

1. Evans, Donald D. *The Logic of Self-involvement.* A philosophical study of every day language with special reference to the christian use of language about God as creator. London, 1963. Voir aussi l'étude de Ladrière : « Langage auto-implicatif et langage biblique selon Evans », dans *Tijdschrift voor Philosophie*, XXVIII, 3, 1966, pp. 441-494.

phénoménale de l'être, se tourne vers l'Autre qui se dévoile personnellement.

C'est pourquoi nous devons progresser pas à pas sur le chemin de l'analyse de la symbolique de notre langage sur Dieu. Il nous faut d'abord décrire la structure du discours symbolique sur le divin, avant de retrouver dans le dialogue l'achèvement du sens du symbole religieux. Dans cette étude, notre attention se portera surtout sur l'articulation polaire du symbole religieux, qui consiste dans la tension entre l'horizontalité et la verticalité. Cette polarité, en effet, est la structure ultime de tout discours sur Dieu et de tout dialogue avec Lui.

2. La verticalité dans le processus de démythologisation.

A s'engager sur le chemin du paradoxe de l'affirmation de Dieu et à suivre les lignes antithétiques de recherche où se meuvent critique et revalorisation, on débouche chaque fois à nouveau sur le point de recoupement de la verticalité et de l'horizontalité. Selon toute apparence, nous nous trouvons ici comme en présence de la situation fondamentale, du *Sitz im Leben*, de tout discours sur Dieu et de toute discussion sur le problème de Dieu. Tout le processus de démythologisation, institué par Bultmann, n'a qu'un objectif : éliminer la symbolique religieuse de la verticalité. Elle appartiendrait à une vision préscientifique du monde et elle contiendrait un mode de pensée non-existential.

D'après Bultmann, la verticalité est sans conteste une dimension constituante du langage mythique. La définition du mythe, qu'il donne, dérive d'une notion courante en histoire et en philosophie des religions. « C'est le récit d'un événement où s'exerce l'activité de personnes ou de forces surhumaines et surnaturelles »[1]. Dans le langage mythique, Bultmann distingue l'intention et la représentation conceptuelle. L'intention du mythe est de nous entretenir du mystère qui imprègne le monde et l'existence. L'homme y dit sa conviction de n'être le maître ni de la vie, ni de l'univers. La notion de dépendance ne s'y énonce pas en termes d'existence mais en termes puisés à une vision cosmologique du monde. On y parle de forces supraterrestres. L'homme en mendie les faveurs, en craint les interventions et s'évertue à les influencer. Dans cette vision spatio-cosmique, aucune trace de différences qualitatives entre les puissances supraterrestres et les causes naturelles. Leur distinction est uniquement

---

1. « Zum Problem der Entmythologisierung », in *Kerygma und Mythos*, II. Hamburg, 1952, p. 180.

quantitative. Aussi le mythe religieux s'oppose-t-il, dans sa vision cosmique, à la science moderne. Celle-ci voit le monde comme un tout fermé sur lui-même de causes et d'effets. Impossible, en outre, de réconcilier le mythe avec l'anthropologie contemporaine. Selon la doctrine de cette dernière, l'homme est, d'une part, un microcosme, un être naturel, indépendant et clos sur lui-même et d'autre part, un *ipse*, un sujet responsable, qu'aucune puissance extramondaine ne peut influencer.

Le schème vertical domine toute la vision cosmique du mythe religieux et son dualisme trouve à se répéter à divers moments : dualisme apocalyptique du terrestre et du supraterrestre ; dualisme anthropologique de la matière et de l'esprit, du corps et de l'âme, du bien et du mal (ce dernier dans la Gnose) ; dualisme historique du temps et de « l'eschaton ». C'est dans le cadre de ce schème que le christianisme s'est développé : doctrine de l'incarnation (descente-montée), sotériologie (victoire de la puissance de Dieu sur celle du démon), eschatologie (catastrophe cosmique qui supprime et surélève le temps terrestre dans le temps surnaturel), doctrine sacramentaire (réception d'une force divine, c'est-à-dire d'une force supraterrestre, qui mène à la résurrection).

Les thèses de Bultmann étant suffisamment connues, nous pouvons nous contenter ici de l'essentiel. Pour notre propos, nous n'avons pas à discuter l'herméneutique bultmannienne de démythologisation existentiale. Seul nous importe le dilemme central qu'il pose : mythologique ou existential. Le schème vertical est constitutif de la pensée mythique. Si le dilemme est valablement posé, la langue religieuse existentiale doit catégoriquement exclure le schème vertical. C'est, dans la perspective bultmannienne, un langage physique qui pose nécessairement le divin comme une réalité terrestre, même s'il le localise au-delà de l'univers. Et, concomitamment, le schème vertical anéantit le caractère propre du terrestre en le privant de son autonomie essentielle par le dédoublement de la verticalité en terrestre et supraterrestre.

Par l'exclusion du schème vertical et de sa dualité, Bultmann, comme on sait, refuse également tout contenu au discours sur Dieu, car on ne peut le conserver que dans l'opposition verticale. Son herméneutique réduit radicalement la théologie à une interpellation, où Dieu comme Dieu ne devient pas de soi manifeste à la pensée de l'homme. Le schème mythologique du ciel et de la terre, en raison de son langage pseudo-scientifique, et donc terrestre, concernant Dieu, s'avère, lui aussi, un langage inadapté à l'énonciation adéquate de l'acte de foi. La foi est, en effet, la réponse aux exigences d'une parole qui m'interpelle ici et maintenant dans ma liberté existentiale.

Elle n'est ni une pensée au sujet de l'activité de la puissance divine qui anime le monde en dehors de ma liberté, ni une prise de position à l'égard d'un ensemble de faits historiques soi-disant objectifs.

En plus de bien d'autres mérites, Bultmann s'est acquis celui d'avoir puissamment éclairé le schème religieux vertical dans toute sa compréhension et d'avoir ainsi tenté d'en délivrer la pensée religieuse. Car sa démythologisation est radicale dans son intention. Bultmann reconnaît qu'il est provisoirement nécessaire d'user d'un langage mythologique pour parler adéquatement de Dieu et de son action. Mais maintenant, estime-t-il, le moment est venu de former une langue adéquate de la foi. Il faut abandonner aux sciences objectives tout langage non-religieux concernant l'univers [1].

Notre propos est d'examiner l'opposition entre schème vertical et herméneutique existentiale. Elle est fondamentale pour tout le processus de démythologisation dans l'application radicale que Bultmann en fait. L'intention du mythe n'est pas de fournir une image objective du monde. Il requiert une interprétation existentiale [2]. Mais alors voici notre problème : est-il possible d'énoncer en d'autres mots ce que le mythe dévoile ? Certaines locutions mythologiques appartiennent de toute évidence à une culture préscientifique et préphilosophique. C'est pourquoi elles ne sont pas répétables. Mais le schème vertical, tellement essentiel à ce langage, lui aussi ne serait-il plus pertinent ? En d'autres termes, s'oppose-t-il au langage existential ? Avant l'application radicale de la démythologisation en matière religieuse, il faut poser ce problème de philosophie existentiale. Toute la problématique bultmannienne tourne, en effet, autour de ce point.

3. Le Dieu de la métaphysique et le Dieu de l'expérience religieuse.

Le schème vertical a subi d'autres critiques. Il serait fondamentalement areligieux. Il relègue Dieu hors de l'univers. Schème faussement religieux, écrivait Bultmann ; schème responsable de la mise à l'écart de la religion dans la vie de l'homme contemporain, proclame J.A.T. Robinson [3]. L'homme en arrive à se trouver hors de toute religion. La faute en est à la fausse religion : celle-ci pose Dieu au-dessus de l'univers, en dehors, donc, du monde de l'homme. Tout cela serait la conséquence du théisme, une vieille métaphysique

1. *Ibid.*, p. 186.
2. « Neues Testament und Mythologie », dans *Kerygma und Mythos*. Hamburg, 1942, p. 23.
3. Voir : *Exploration into God*, London, 1967².

héritée des grecs et des scolastiques. Sa doctrine de la transcendance a opéré ce *displacement effect* (effet de déplacement).

Schématiquement, déclare Robinson, nous voyons trois grandes lignes de pensée nous offrir une solution du problème de Dieu : le déisme, le panthéisme et le théisme. Le déisme mettrait très fortement l'accent sur la transcendance de Dieu, le bannissant ainsi de toute réalité. Il n'y intervient plus sauf en cas d'extrême urgence. Le panthéisme supprime l'altérité de Dieu, en l'insérant entièrement dans la réalité du monde. Ces oppositions semblent caractériser exactement, sous la plume de Robinson, deux attitudes religieuses fort divergentes, même s'il ne faut pas confondre ces attitudes religieuses avec les systèmes philosophiques concernés. Les spéculations ouraniennes des peuples-pasteurs reléguaient en effet la divinité dans les profondeurs incommensurables des cieux. Les religions agrariennes, par contre, immergeaient la divinité dans les forces de croissance de la nature. Le théisme, dans l'esprit de Robinson, tente la réconciliation de ces deux pôles. C'est un essai d'harmonisation entre nos relations vitales avec Dieu et la reconnaissance de son altérité. Mais, au fil de l'évolution culturelle, il s'est parachevé en une cosmographie mythologique et est allé s'appuyer sur l'antinomie du haut et du bas. De la sorte, il a trahi sa visée première et s'est métamorphosé en un déisme tant théorique que pratique. Dans l'entre-temps, en effet, la vision scientifique du monde a été totalement bouleversée, et ce bouleversement a consacré l'autonomie de l'ici-bas. Jadis, l'espace constituait un lieu servant à exprimer notre relation vitale avec Dieu. Aujourd'hui, il marque une séparation radicale d'avec lui. Féru de son autonomie, l'univers vit hors Dieu et sans Dieu. Est réel pour l'homme contemporain uniquement ce qui est fonctionnel. Les croyants qui prennent au sérieux le Dieu théiste ont le sentiment de se couper des autres et s'emmurer dans un ghetto religieux.

La Bible et les grandes traditions religieuses nous apprennent pourtant un langage rempli d'expressions existentielles et relationnelles, qui ne provoque pas le *displacement effect* du discours théiste [1]. Car l'expérience religieuse existentielle dénote Dieu dans les phénomènes (par ex. *Gen.*, *28*, 16). La métaphysique, au contraire, pense Dieu derrière les phénomènes, ce qui le pose au-dessus d'eux [2]. La métaphysique et la théologie qui s'en inspire définissent Dieu comme un Être objectif, auto-existant, dont on expose l'essence, les attributs et les activités [3]. Le langage chrétien, — et tout langage

1. *O. c.*, p. 59.
2. *O. c.*, p. 12.
3. *O. c.*, p. 60.

religieux, en général, — ne nous parle pas du mode d'être de Dieu
en soi mais du mode d'être de Dieu à l'égard de l'homme qui contemple le monde et l'histoire sous un certain angle. Il traite d'une
relation à Dieu qui vient vers l'homme dans les phénomènes. La
profondeur de l'expérience religieuse manifeste cependant une relation dialogale et personnelle de caractère absolu, excluant donc tout
immanentisme pur. Robinson affirme, contre Van Buren, que c'est
le Tu divin, en venant à l'homme, qui fonde, en premier lieu, la
relation à Dieu et non pas le moi humain ; celui-ci ne fait que vivre
la situation où Dieu se révèle (*disclosure-situation*) [1]. Dieu n'est point
à notre disposition. Il advient inconditionnellement à notre existence.
Le caractériser comme une personne n'a toutefois aux yeux de
Robinson qu'une signification secondaire. Car cette caractérisation
est une conclusion objectivante tirée de la relation d'engagement
(*commitment*) originelle. En fait, elle écarte Dieu de la relation
religieuse Je-Tu.

Les objections de Robinson contre toute réflexion métaphysique
sur la notion de Dieu sont d'ordre théologique et linguistique. De
Dieu en soi, impossible de rien dire de significatif. Mais il y a surtout ceci : parler de lui en termes métaphysiques, c'est le poser en
dehors de la relation religieuse, en laquelle il est Dieu, c'est-à-dire,
en laquelle son nom est significatif pour l'homme. Le théisme com-
mettrait une faute capitale : pour penser Dieu tel qu'il est en soi,
il l'identifie à un être supra-essentiel. Tout l'effort de Robinson tend
à penser relationnellement Dieu en rapport avec des expériences
existentielles dans le monde même. Dans le dessein, d'une part, de ne
point le poser à l'écart du monde, il l'y situe. Il l'y voit présent et
s'avançant vers l'homme. Dans la crainte, d'autre part, de l'y laisser
se dissoudre, il le montre sortant des profondeurs incommensurables
de l'existence.

Dans cet article, nous négligeons volontairement les problèmes
d'analyse linguistique et la critique des catégories métaphysiques
qui ont trait à notre sujet. Nous préférons examiner directement la
signification de la topographie symbolique dont use Robinson, à
l'imitation de P. Tillich. Robinson l'oppose à la topographie que
contiennent implicitement les notions de transcendance de la métaphysique. En fait, la catégorie de la profondeur est, elle-même,
marquée au coin de la symbolique topologique. Elle appartient, tout
comme la transcendance, à la symbolique de la verticalité. Elle nous
indique en toute clarté le moment de dépassement qui est également
présent dans le théisme que l'on récuse. Nous avons l'impression
que Robinson, à la suite de Bultmann dont il s'inspire, a négligé la

1. *O. c.*, p. 65.

signification des inévitables catégories de dépassement. Toutes, faut-il le signaler, se situent exactement, sans aucune exception, dans le plan de la dimension verticale.

En soi, les catégories métaphysiques ne prennent pas en considération les catégories relationnelles du Je-Tu. Elles mettent Dieu, par rapport au monde, dans la polarité de l'extériorité objective ou de l'intériorité originelle. Car, de fait, le théisme n'affirme pas seulement la transcendance mais aussi l'immanence de Dieu. Les deux termes, en effet, se rapportent l'un à l'autre et s'interprètent l'un par l'autre. En déplaçant le théisme métaphysique vers le surnaturalisme, Robinson n'a donc pas formulé correctement le problème. Ses remarques touchent davantage certaines représentations théologiques, qu'à la suite de Bultmann il qualifie de mythologisantes. Toutefois sa critique des formules métaphysiques du théisme nous met devant un problème : comment harmoniser catégories métaphysiques et catégories existentielles et relationnelles ? La métaphysique nous offre-t-elle un système utile, voire nécessaire, pour penser et pour énoncer le Dieu de la religion ?

Après Bultmann et Tillich, Robinson repose le problème éternel de la philosophie et de la théologie occidentales. Il le fait à partir des catégories de la topographie dans lesquelles s'exprime la transcendance métaphysique. Tillich et Robinson ont contribué à remplacer la catégorie de hauteur par celle de profondeur. Tous deux voulaient par là garder, en théodicée, « l'expérience » existentielle de la religion comme point de départ et donnée fondamentale.

Ce renversement offre-t-il à la pensée de meilleures possibilités ? Une chose est frappante. Robinson lui aussi s'est finalement saisi d'une vague topographie symbolique. Il fallait sauver le Dieu de la profondeur et ne point le laisser se diluer en un panthéisme immanentiste. C'est pourquoi, il le situe *beyond in the midst*. Cette expression rappelle un fameux adage topographique : Dieu est un cercle dont le centre est partout et la circonférence, nulle part. Et voici une autre question : ce *beyond in the midst*, faut-il le penser horizontalement ou verticalement ? Et uniquement en profondeur ou en hauteur, ou en cette double direction à la fois ? Et pourquoi ? Seule une enquête anthropologique sur le sens symbolique du symbole de l'espace peut nous permettre ici de conclure.

4. *La philosophie personnaliste.*

Le paradoxe de l'affirmation de Dieu a toujours été un paradoxe de distance et de proximité, d'immanence et de transcendance. Mais la problématique classique a gagné en densité critique par l'anthropocentrisme de la pensée moderne et par la sensibilité contemporaine.

Parfois, de nos jours, on cherche à échapper au paradoxe par une fuite en avant dans la pensée dite personnaliste, sans avoir conscience de mener ainsi la pensée jusqu'à un point où, malgré tout, l'affirmation doit à nouveau s'inverser en son contraire. Nous ne parlons pas ici de cette pieuse bonne volonté des gens, qui croient vider le procès en affirmant qu'on peut et qu'on doit trouver Dieu uniquement dans les yeux du bien-aimé. On a consenti des efforts sérieux pour éliminer toutes les catégories cosmiques et les remplacer par les catégories existentielles de la liberté, de la rencontre, de l'amour... Mais les difficultés ne reviennent-elles pas dès qu'on réfléchit à fond sur cette union intime, « en tête à tête », avec Dieu ? Ne faut-il pas alors situer Dieu à une distance qui pose clairement son altérité par l'affirmation de son élévation, de sa transcendance ? Une réduction égologique de la rencontre, de la relation personnelle, de l'amour, ne ferait que souligner à l'évidence l'insuffisance de ces catégories existentielles et anthropologiques. Elle nous mènerait rapidement à un tournant qui dépasse le point de vue prétendûment personnaliste.

A l'endroit de cette philosophie de la religion, exclusivement personnaliste, nous pourrions reprendre ici toutes les remarques critiques qu'Husserl adressa à la théorie de l'empathie dans laquelle s'est enlisée la première phénoménologie intersubjective. Le personnalisme religieux imagine, en effet, la rencontre avec autrui sur le modèle de l'empathie. Les analyses phénoménologiques ont suffisamment montré que le sujet est projet d'un monde, et que c'est dans l'expérience du monde objectif que l'on reconnaît la personnalité propre, l'altérité de l'autre [1]. La transcendantalité tant du Je que de l'autre, de l'étranger (du non-moi), s'appuie sur la constitution du monde. Le monde primordial de l'autre me fait connaître l'autre en tant qu'autre. Il n'y a pas d'accès direct ni à la propre subjectivité, ni à celle d'autrui. L'intersubjectivité se fonde sur cet « entre-deux » entre le Moi et l'autre, et cet « inter » consiste dans le monde commun, constitué dans cet intermédiaire. A ce monde appartient également le langage qui l'articule.

Or le monde intermédiaire est un monde ordonné spatio-temporellement. Ses coordonnées spatio-temporelles forment les sens fondamentaux de l'être-avec et de l'être-à-l'autre. Dans la relation à Dieu, le monde est, lui aussi, un entre-deux. Et le problème revient inéluctablement : quelle est la structure spatio-temporelle propre de cet entre-deux, intermédiaire entre le Moi et l'Autre qui est Dieu.

1. Voir M. THEUNISSEN, *Der Andere. Studien zur Sozialontologie der Gegenwart*, Berlin, 1965, pp. 71 ss.

Malgré sa provenance d'un tout autre horizon de pensée, le mouvement personnaliste montre une ressemblance étonnante avec les autres tendances que nous avons analysées précédemment. Chez toutes, nous retrouvons le même souci : rapprocher aussi près que possible l'affirmation de Dieu des données immédiates de la vie. Les mots-clefs des deux tendances sont aussi fortement apparentés : expérience et empathie. L'un et l'autre cherchent à gagner en vérité et en plénitude par un contact direct entre l'homme et Dieu par-dessus « l'entre-deux » intermédiaire. Nous ne méconnaissons pas la légitimité de la critique portant sur l'objectivation cosmologique qui menace constamment la métaphysique, ni celle sur le glissement possible vers le déisme de toute interprétation métaphysique du théisme. Mais les catégories de l'expérience et de l'empathie, ce nous semble, n'offrent aucune garantie contre leurs propres illusions subjectivistes. Précisément parce qu'elles ne tiennent pas compte de l'altérité de l'autre. Cet autre est autre qu'un moi-autre, qu'un moi-miroir, objet de la critique et de la phénoménologie et de la psychanalyse. Il vaut d'ailleurs la peine d'en faire la remarque : ces deux tendances philosophiques en arrivent, dans la plupart des cas, à réduire la religion à une relation éthique et à ne pouvoir garantir que difficilement leur caractère propre.

Il importe donc de penser cet « entre-deux » suivant sa structure essentielle : l'horizontalité et la verticalité. La topographie symbolique est bien l'axe autour duquel sans cesse gravitent, de nos jours, bien des considérations sur le problème de Dieu. Le verticalisme abrupt isole Dieu de l'existence. L'horizontalisme familier l'immerge dans les profondeurs diffuses de l'expérience. Il faut donc repenser, dans leur jeu d'ensemble, les coordonnées classiques de l'immanence et de la transcendance, en partant de leur point de recoupement dans l'existence même. Avant de les penser métaphysiquement, il est important d'en dégager la teneur symbolique.

II. LA TOPOGRAPHIE SYMBOLIQUE

1. *La signification ontologique.*

Pour comprendre le contenu de la symbolique de l'espace, nous devrons nous fier à la langue et prendre notre point de départ dans le langage mythique. C'est lui, en effet, qui le premier, a exprimé le monde et l'existence dans son ordination religieuse. Le mythe apporte dans le monde et dans l'existence une séparation verticale, qui permet de penser le divin et le terrestre en un tout englobant, suivant leur distinction et leur interaction. Le langage mythique est préscientifique et préphilosophique. Faut-il, pour cette raison, le récuser comme pseudoscientifique et comme pseudoreligieux en vertu de son alliage de religion et de science imaginaire ? N'est-il pas la matrice de tout langage sur le monde en tant que monde, différencié du divin, de ce qui n'est pas le monde ?

Il est impossible d'analyser ici les multiples implications du langage mythique, que l'interprétation a mises en lumière, que les écoles successives ont dégagées et dont elles ont fait l'examen critique. Le mythe est une totalité de langage à laquelle il nous faut également appliquer les grilles herméneutiques de la pensée contemporaine pour en dégager le sens. Nous devons en expliciter l'« épistêmê » propre.

Pour énoncer philosophiquement ce que le mythe réalise de soi, on peut le résumer, me semble-t-il, en ces mots : la manifestation par la différenciation. Et cette différenciation s'opère suivant les deux axes spécifiques du monde : le temps et l'espace. Le mythe est un récit des origines : cosmogénèse, origine d'un peuple, d'un rituel, d'un phénomène de la nature. Son caractère imaginaire ne doit pas nous cacher l'essentiel de ce qu'il veut nous dire. Son langage imaginaire est précisément sa manière à lui de signifier l'unité primordiale du langage et de la réalité. En un récit imaginaire des origines, il nous dit la genèse des choses à partir d'une indifférenciation où n'existent encore ni réalité ni signification. Dans le livre de la Genèse, par exemple, la réalité advient par le surgissement soudain du couple antithétique lumière-ténèbres. C'est le premier devenir qui rend possible la manifestation et la réalité des choses par leur différenciation. La lumière met les choses en évidence sur l'arrière-fond de leur mystère caché. Seule l'antithèse lumière-ténèbres rend possible l'être, entendu comme ce qui a valeur d'acte et de vérité. Cette séparation en opposition, dans laquelle la manifestation est à l'œuvre activement, est un événement temporalisant, ou, mieux encore, elle est l'événement qui institue le temps comme dimension essentielle de toute réalité manifestée. Dans le mythe il n'y a pas encore de véritable histoire. Dumézil l'a clairement mis en relief : ou bien le mythe décrit les événements qui se reproduisent périodiquement et qui sont, dans le temps, les répétitions de l'événement primordial ; ou bien il nous expose l'influence permanente, à travers le temps, de l'unique événement des origines et sa réactualisation dans le rite. La fonction propre du mythe est de mettre en paroles l'événement primordial : la procession du monde à partir de l'autre monde. Cette procession rend possible l'existence du temps et est la condition pour penser genèse et histoire à l'intérieur du monde. Aussi le mythe de la cosmogénèse est-il, suivant J. Ladrière, le modèle de pensée permanent dans les théories scientifiques [1].

Car, en définitive, toute théorie scientifique tend à penser le monde comme un Tout. Ce faisant, elle maintient des liens intimes avec la pensée des origines, c'est-à-dire ce qui est advenu à l'origine. Toute spéculation scientifique est « une forme de réeffectuation du monde ». Elle pose à nouveau les choses dans leurs modes d'existence différenciés. Le schème mythique demeure donc activement présent même dans les théories scientifiques. Quand il nous raconte le passage de l'originel au visible, le mythe est un langage primordial et irremplaçable qui nous permet de penser la constitution du monde. Il faut ici se garder d'une illusion d'optique. Elle provient de positions trop strictement anthropocentriques. En opérant sur un ensemble de faits, on ne remonte pas nécessairement à leur origine. Mais exprimer le réel, en étalant la gamme des sens différents qu'il contient, n'est possible que parce que le langage mythique précède tout langage anthropocentrique et objectif, et permet à l'homme d'exprimer la réalité comme telle à l'intérieur des significations qui sont données avec le langage. Désigner une réalité ne se fait qu'à l'intérieur d'un système de référence grâce auquel le tout est donné et exprimé comme tout. Ceci par une différenciation processuelle d'avec l'origine qui le précède. Rappelons ici la thèse n° 6.41 du *Tractatus Logico-Philosophicus* de Wittgenstein qui postule une dimension mystique. Ce langage mystique qui ne désigne pas le monde est, en effet, nécessaire pour pouvoir penser le monde comme tel : « Le sens du monde doit se trouver en dehors du monde. Dans le monde toutes les choses sont comme elles sont et se produisent comme elles se produisent : il n'y a pas *en lui* de valeur et s'il y en avait une, elle n'aurait pas de valeur. S'il existe une valeur qui ait de la valeur, il faut qu'elle soit hors de tout événement et de tout être-tel (*so-sein*). Car tout événement et tout être-tel ne sont qu'accidentels. Ce qui les rend non-accidentels ne peut se trouver dans le monde, car autrement cela aussi serait accidentel. Il faut que cela réside hors du monde » et le n° 6.522 : « Il y a assurément de l'inexprimable. Celui-ci se *montre*, il est l'élément mystique » [2].

Ce que nous avons désigné comme origine dans la dimension du temps, vaut aussi pour la dimension de l'espace. L'opposition verticale entre le haut et le bas, le terrestre et le supra-terrestre, est incluse dans l'élément mystique qui permet de penser le monde comme tel. Et cette différenciation spatiale est une donnée aussi

1. Voir « Foi et Cosmologie », dans *Mythe et Foi*. Paris, Aubier, 1966.
2. Trad. franç., Paris, Gallimard, 1961.

primitive que la différenciation temporelle comprise dans la notion d'origine.

Le monde est la totalité des êtres que l'homme rencontre. Et qui parle de totalité ne nomme pas la somme des choses mais plus précisément l'englobant référentiel qui constitue l'environnement de tout donné et les possibilités d'être de tout projet. En ce sens, le monde n'est pas lui-même le donné, mais il est donné avec ce qui est donné. Il le précède, mais non thématiquement. Il est l'ouverture où peut paraître le donné. Il est l'horizon du donné toujours prêt à se dévoiler. Comme horizon du donné et comme possibilité ouverte au projet humain, il est cependant ce qui cerne et ce qui limite. On ne peut le penser thématiquement sinon en le différenciant de ce qui n'est pas le monde. Il s'oppose, comme tel, à l'autre qui le limite, et qui en est *totalement* séparé en sa qualité de « non-monde ». Cet autre n'appartient plus au fondement des possibles pour l'homme. De par son altérité, précisément, cet autre n'est plus le monde environnant (Umwelt). C'est cet autre que vise le schème mythique dans l'opposition du haut et du bas. Le bas est le milieu non thématique précédant les choses présentes ; le haut est l'absent donné avec l'horizon qui englobe toute existence.

Que la limitation et la différenciation se fassent suivant la dimension verticale, on en trouvera la raison dans la nécessité de briser le glissement horizontal par un saut qui pose l'Autre. Celui qui pense horizontalement ne fait qu'élargir le monde environnant. Il continue de penser suivant un schème horizontal. Or, l'horizon, comme mondanité des choses, reste toujours le monde, aussi loin qu'on en recule les limites.

L'introduction de la dimension de la hauteur permet de penser et de nommer l'horizon du monde en le différenciant de l'autre, de ce qui est l'opposé de l'horizon mondain. Et comme nous le verrons, cette différenciation fondamentale, qui rend possible un discours sur le monde, a sa source dans la distinction anthropologique de l'horizontalité et de la verticalité. La différenciation mythique donne forme au vécu existentiel en un langage fondamental et unique. L'expérience de l'existence la remplit aussi de significations existentielles.

Finissons-en d'abord avec notre interprétation de la verticalité dans le schème mythique. Contre Bultmann, nous ne pouvons pas y reconnaître une mondanisation du *Jenseits* ou un discours sur le divin en un langage du monde. Le statut du mythe n'est pas définitif. Ses différents champs de significations sont encore trop entremêlés (philosophie-théologie-science) et leur langage n'est pas suffisamment distinct. Le mythe est souvent tenté de s'évader spontanément dans l'imaginaire. La pensée scientifique et la pensée théologique sont l'instance critique qui dénonce l'imaginaire dans lequel le mythe risque sans cesse de glisser. Confus dans sa manière de signifier, le mythe traite les métaphores comme réalités cosmo-théologiques. L'opposition entre le haut et le bas dégénère en langage du monde sur le divin ; s'il veut lui donner des contenus, ce langage transfère au divin les puissances actives du monde. C'est ce qui se passe dans les interprétations étiologiques, pour qui les événements d'ici-bas sont causés par l'intervention locale et temporelle du divin *dans* le monde. Le divin est une force agissant à côté et parmi les choses du monde. Le langage imagé du parler mythique mène presque de soi à pareille confusion. N'en est-il pas de même à propos de l'action rituelle ? Le mémorial de l'événement originaire dévie facilement en une action magique cherchant à se soumettre le supraterrestre.

D'après nous, le schème mythique de la césure verticale énonce l'altérité du supra-terrestre, sa séparation radicale et qualitative. Il signifie la coupure épistémologique entre le monde et le non-monde, et cela selon le schème vertical parce que le monde est pour l'homme le milieu : l'horizon de tout le manifesté et de tout projet.

Il est difficile, voire impossible, de se représenter l'Autre du monde. On pourrait en récuser toute interprétation comme arbitraire, illusoire ou dangereuse, tant pour le monde que pour la pensée. Il n'en demeure pas moins vrai que cette récusation ouvre un vide, qui est plein de sens et positif, précisément parce qu'il désigne l'Autre, distinct épistémologiquement et ontologiquement de toutes représentations, qui d'ailleurs sont toutes puisées dans le monde.

C'est une loi fondamentale de l'esprit et du langage de parler en oppositions polaires. Nous pensons la liberté en l'opposant au déterminé, la chose en l'opposant à l'homme, l'homme en l'opposant à son environnement, la nature en l'opposant à la culture. Dénommer une chose, c'est l'identifier dans sa nature propre selon son rapport à la chose opposée qui lui est polairement reliée. Ainsi ne pouvons-nous nommer le monde en tant que monde qu'en l'opposant au non-monde, à l'au-dessus et à l'originel, à l'in-déterminé qui, comme principe, précède et dépasse l'horizon des choses manifestées. La rupture verticale entre le monde et l'Autre est comprise dans tout discours sur le monde.

La polarité verticale-horizontale n'est pas uniquement un principe formel de pensée et de langage. L'Autre y est, en effet, désigné suivant la double dimension du temps et de l'espace. C'est pourquoi, il n'est pas l'Autre inactif qui, dans son altérité bien distincte, est tenu à l'écart de toute réalité active. Il est ce qui se manifeste dans ce qui apparaît et qui, en même temps, se révèle comme mystère qui se cache ; ce qui se manifeste dans sa différenciation. La double structure d'origine et de temps, d'en-haut et d'en-bas, sont à penser ensemble, car c'est ensemble qu'elles forment le schème mythique. Cette unité indissociable des deux dimensions ne s'ancre pas seulement dans l'espace-temps de l'homme et du monde. Dans son unité, elle exprime fondamentalement l'activité durable de l'originel, la présence continue d'un transcendant dans l'histoire.

C'est au schème mythique, fondement et articulation première de toute pensée sur le monde et de toute théorie scientifique constitutive, qu'il faut aussi ramener l'opposition du sacré et du profane. C'est là une opposition fondamentale dans toutes les religions. Le profane est le domaine qui s'étend devant le seuil de l'Autre (profanum). C'est l'espace de l'homme : ce qui s'étend devant sa maison, le monde qu'il peut fouler. Le sacré est ôté et interdit à la puissance de l'homme, sauf lorsque, à des moments fixés, il transgresse les limites de l'humain et pénètre dans le domaine du sacré pour y participer un instant à l'Autre. Car le monde n'est monde que parce que le divin n'appartient pas à l'humain. Dans la confusion du monde et du sacré, le monde perdrait son identité ontologique.

La séparation spatiale du sacré et du profane se retrouve par excellence dans l'opposition du ciel et de la terre. C'est pourquoi, comme Mircéa Éliade le démontre, la connexion entre le ciel et la divinité est une des constantes de l'histoire des religions [1].

La différenciation ontologique ne mène cependant pas à une séparation radicale. La séparation, en effet, va toujours de pair avec le symbole du centre du monde, où le monde se concentre et se relie à l'activité divine. Ainsi donc l'origine est toujours présente au point de condensation permanente où elle se fixe. Je renvoie ici à l'étude d'Éliade sur la symbolique du centre [2].

2. Signification anthropologique.

La différenciation ontologique de l'origine et du temps, du monde ambiant et du séparé vertical, constitue aussi l'homme dans sa structure existentielle. L'homme ne peut se penser et se vivre que selon le système de référence de l'horizontalité et de la verticalité. Ce système constitue son être-au-monde. Sans aucun doute, il n'est guère possible de disjoindre le sens anthropologique et le sens ontologique de la symbolique de l'espace. Ce dernier, en effet, contribue

1. *Traité d'Histoire et des religions.* Paris, 1949, p. 47.
2. *Ibid.*, p. 315.

lui aussi à constituer l'être-au-monde de l'homme. Nous sommes
partis, dans notre étude, du schème mythique, car il est la source
de nombreux malentendus pour une critique trop hâtive. Les considérations anthropologiques nous ramènent, en fin de compte, à
la structure ontologique de la polarité verticale-horizontale. Elles
manifestent combien cette structure ontologique définit fondamentalement l'homme comme un être excentrique. Pour être lui-
même, non seulement il sort de lui-même dans le monde mais,
depuis ce monde dont il fait son monde ambiant, il cherche à se
dépasser selon la dimension hyper-bolique de la verticalité. Mais selon
cette coordonnée, *l'être-soi-même* et le *devenir-autre* se situent tout
autrement : la rupture ontologique y place l'homme devant un but
qui est, en même temps, étranger à son existence et suprêmement
réel. C'est le paradoxe de la relation à Dieu.

    A. *L'horizontalité ou la sortie dans le monde.* — Être au monde
c'est le percevoir et l'explorer. Et même lorsque l'homme met le
pied sur un satellite ou une autre planète, il les foule pas à pas.
Satellites et planètes sont l'extension du monde autour de lui.
L'homme est corporellement lié au monde qui le porte. Mais il en
est le centre mouvant. Toutes les directions de sens, en avant et en
arrière, au loin et auprès, à droite et à gauche, sont relatives à la
totalité de son moi corporel. Centre contingent et absolu, il rapporte
tout à lui et, tout en regardant, en saisissant, ou en marchant simplement, il se meut dans l'espace ambiant. La dimension horizontale
lui offre ce domaine qui s'étend devant lui. Il y déploie sa puissance, il l'ordonne et lui apporte un sens. L'horizontalité est le terrain de ses possibilités et de ses réalisations. Il y déploie sa propre
vie dans l'immédiat. Il s'y meut inlassablement, il se saisit de ce qui
l'entoure, il y donne forme à ses désirs et à ses idées.

    L'horizontal est aussi le domaine de ses relations avec autrui.
Celui-ci est l'étranger, le non-moi, dans ce monde son égal cependant;
il est celui dont l'homme peut faire son proche et son égal, son
prochain. Ensemble, avec lui, il habite la terre, vivant d'une même
humanité dans une habitation commune.

    Le langage même, reconnaît G. Bachelard, présente cette hori-
zontalité comme le niveau de la réalité et de la rencontre : « les
mots — je l'imagine souvent — sont de petites maisons, avec cave
et grenier. Le sens commun séjourne au rez-de-chaussée, toujours
prêt au commerce extérieur, de plain-pied avec autrui, ce passant
qui n'est jamais un rêveur. Monter l'escalier dans la maison du
mot, c'est, de degré en degré, abstraire. Descendre à la cave, c'est
rêver, c'est se perdre dans les lointains couloirs d'une étymologie

incertaine, c'est chercher dans les mots des trésors introuvables. Monter et descendre, dans les mots mêmes, c'est la vie du poète. Monter trop haut, descendre trop bas est permis au poète qui joint le terrestre à l'aérien. Seul le philosophe sera-t-il condamné par ses pairs à vivre toujours au rez-de-chaussée ? » [1].

Est-ce le poète seul qui descend jusqu'aux sources profondes ou qui monte au-dessus du commun et de l'ordinaire ? L'homme cohabite avec les choses en ce monde [2].

Mais son désir, sa pensée et son langage s'élancent sans cesse au-delà du monde des objets ou se tournent vers leur origine, vers la source originaire d'où ils sourdent. La fente verticale creuse sa présence dans les hommes et les choses, même au moment où l'homme veut se récupérer par un retour à l'horizontal. Et c'est précisément la présence intérieure d'une déhiscence verticale de libération qui crée dans les choses une ouverture, les sauvegardant de toute réification. C'est elle aussi qui garantit au monde ambiant sa clôture et son autonomie propre, dans les limites définitives d'un horizon du monde en perpétuelle extension.

B. *La verticalité comme liberté de dépassement.* — Dans la structure du corps humain sont inscrits la tâche et le paradoxe de l'existence humaine [3]. Sa station-debout sur la terre est moins un point d'aboutissement de l'évolution qu'un nœud de tensions par lequel la verticalité et l'horizontalité l'insèrent dans la texture du monde, tout en l'orientant vers son dépassement. La station-debout appartient à la structure même de l'existence. Elle ne lui est cependant pas donnée naturellement. Elle lui est offerte comme une possibilité qu'il doit conquérir personnellement. Se mettre debout signifie se dresser activement et vaincre partiellement l'attraction de la pesanteur. Cette position est le début d'une libération de l'emprise des forces de la nature. Aussi, la hauteur est-elle une dimension symbolique de victoire et d'autodépassement. Le corps humain est le symbole primordial de l'univers des significations, tant par la démarche horizontale et l'effectuation des pro-jets, que par le redressement vertical vers le dépassement de la pesanteur. Tout comme la polarité entre le redressement et la position couchée introduit une tension dans la vie du corps, ainsi l'homme vit-il aussi son existence

1. BACHELARD G., *La poétique de l'espace.* 5ᵉ éd. Paris, 1967.
2. HEIDEGGER M., « Bauen Wohnen Denken », dans *Vorträge und Aufsätze.* Püllingen, pp. 145-162.
3. Voir Erwin STRAUSS, « Die aufrechte Haltung. Eine anthropologische Studie », dans *Psychologie der menschliche Welt. Gesammelte Schriften.* Berlin, 1960, pp. 224-235,

tout entière comme un accomplissement inachevé de sa tâche, toujours menacée de déchéance. L'homme debout se dresse sur la terre et sous le ciel [1]. Sur terre, l'homme se dresse et s'élève partiellement. Et pourtant le ciel, vers lequel tendent ses désirs et son espérance, le limite.

On peut examiner sous différents aspects l'œuvre existentielle de la déhiscence verticale. Nous nous limiterons uniquement au sens anthropologique de la verticalité. Les quelques considérations, que nous lui consacrerons, illustreront clairement la légèreté de jugement de ceux qui veulent élaguer la théodicée de la dimension verticale, par le recours à une anthropologie prétendûment neuve. Dans cet écimage, nous semble-t-il, on se contente en général de faire appel aux seuls modèles sociologiques. De par sa nature même, la sociologie pense l'existence et le développement suivant la dimension horizontale : celui de l'être-avec-au-monde. Toutefois, remarquons-le, même en politique, la verticalité est fréquemment le symbole de la créativité et de la rénovation.

Le psychiatre-philosophe Binwanger, fondateur de la *Daseins-analyse*, a interprété, comme on sait, la hauteur comme une dimension existentiale et donc comme une catégorie fondamentale de la psychologie et de la psychiatrie [2]. S'élever et tomber sont deux possibilités existentielles qui déterminent le *Dasein*, l'être en tant qu'impliqué dans le monde et ouvert au mystère voilé de la réalité. Appartenant à la structure de notre existence, ces deux termes ne sont pas des simples analogies remplaçables : le contenu et la forme n'y sont pas séparés. Les mots fondamentaux sont de vraies métaphores qui n'ont pas de signification secondaire, associée au mouvement physique. Dans la mobilité corporelle, ils expriment les modes originels mêmes d'exister. Leur direction de sens existentiel est premier ; l'élévation ou la chute corporelles sont des expressions matérielles et objectives de ce changement d'être qu'est le mouvement existentiel. S'élever est une expansion de la vie qui se surpasse ; et la chute est un repliement sur soi de l'existence, un rétrécissement du contenu de l'expérience vitale. « Dépression » est l'image clinique de l'existence accablée, incapable de se dégager des forces qui l'aspirent vers le bas. C'est dans le déploiement et le dépassement de soi-même ou dans la précipitation et l'oppression d'une vie amoindrie que le sujet même existe et se réalise comme sujet dans son projet, ou s'affaisse et s'enlise.

1. MALDINEY, « Comprendre », dans *Revue de Métaphysique et de Morale*. Paris, 1961, n° 1-2, pp. 35 et ss.
2. Cfr « Traum und Existenz », dans *Ausgewählte Vorträge und Aufsätze*, Band I. Bern, 1947, pp. 74-97.

Rien d'étonnant alors que, malgré les coups portés par la critique au dualisme platonicien, l'homme ne puisse se penser dans son être éthique que selon la dimension de la hauteur. Spontanément il juge ses actions d'après une échelle de valeurs et place à des degrés plus élevés certaines de ses actions et certaines de ses intentions. Et même, tout en récusant l'opposition cartésienne entre l'âme et le corps, il pense encore l'homme suivant le modèle symbolique du plus haut et du plus bas. La vision centaurique de l'homme garde toute son irremplaçable valeur, même si on n'identifie pas le plus bas, la nature dans l'homme, avec le moralement bas. Le fondateur de la psychologie des profondeurs n'a-t-il pas placé son interprétation des rêves sous l'adage virgilien : « Flectere si nequeo superos, acheronta movebo » ?

Toute libération politique ou nationale s'opère, elle aussi, en une levée des masses opprimées. La hauteur est constamment le symbole de la puissance. Les tours et les pyramides donnent forme à la puissance de l'homme qui se lève et veut s'affirmer par-delà la fugacité et l'oppression de l'ordinaire. Et, comme Bachelard l'a montré, le prophète de l'Uebermensch est un poète de la hauteur et du dépassement. L'homme échappe à la limitation de la condition humaine par la révolte verticale contre le destin dé-primant.

Ce n'est point seulement la révolte qui meut l'homme selon la coordonnée verticale. Dans la contemplation religieuse aussi il lève les yeux pour chercher la communion avec le mystère caché de l'Autre. La symbolique de la hauteur structure souvent les articulations de l'élan religieux, parce qu'en plus Dieu ou le divin offre une plénitude qui surélève l'homme.

En se dépassant, l'homme se perd-il dans l'irréel ? S'aliène-t-il du monde, son domaine propre ? La question regarde tous les projets, et pas uniquement les projets religieux. La révolte politique aussi est une irruption en un monde de rêves et d'illusions, si l'insurrection n'aboutit pas à l'instauration d'un ordre nouveau. Et même la pensée qui se fait de plus en plus abstraite, à mesure qu'elle élargit et universalise ses concepts, n'est que pure construction verbale, si ses projets n'ont aucune prise sur les données quotidiennes de la vie. Le survol est menacé de vide ; mais l'empirique retombe sur des données d'où ne surgit aucune compréhension. Dans l'une et l'autre dimension, il existe, de toute évidence, une aliénation, exactement comme la manie et la dépression sont, l'une autant que l'autre, un état pathologique. La vérité de l'homme réside dans le mouvement qui s'oriente selon les deux pôles de son être : l'horizontalité et la verticalité. On ne peut disjoindre ces dimensions polaires sous peine d'aliénation. Hauteur et horizon sont deux formes a priori de l'être de l'homme. C'est aussi cette symbolique polaire de l'espace qui, seule, permet à l'homme de parler sensément de Dieu.

L'appel à la dimension de profondeur n'est pas la solution univoque du paradoxe de la topographie symbolique. Car, comme le souligne le texte cité de Bachelard, la profondeur signifie également l'autre en tant qu'il se différencie de l'horizontalité, monde environnant qui s'offre à la prise humaine. La profondeur signifie l'origine cachée où hommes et choses, dans leur essence condensée, sont plus pleins que dans leur apparition perceptible. Sur le chemin de la profondeur, nous pénétrons d'abord jusqu'à la nature : fondement vital où s'enracine toute vie. Elle est cette nature intacte, toujours efficiente, qui se fait valoir activement dans l'homme et dans le monde. On la pense comme la terre végétale toujours productrice. Ses symboles sont la grotte, les couches terrestres et la racine. Dans la grotte se cache la force de germination des formes fluctuantes. Dans les couches sédimentaires, la poussée productive de la terre a pris une forme solide. La racine assure l'implantation de formes de vie dans la nature. Aussi parle-t-on, dans toute pensée conceptuelle, de pénétrer jusqu'à la racine. Et tout déracinement signifie une rupture d'équilibre entre la fixité et la liberté, entre l'attachement au réel et la créativité sans attaches.

La profondeur de l'homme n'est toutefois pas seulement son enracinement dans la nature active. Elle est aussi la dimension de son passé caché, enfoui dans sa mémoire, qui ne reparaît qu'en partie à la surface claire de la conscience actuelle. La personne n'est pas concentrée dans son *cogito*. Elle garde en soi un espace rempli d'une longue histoire qui, oubliée, est cependant présente comme mémoire inconsciente ou préconsciente. La psychologie des profondeurs situe le centre de gravité de l'homme en son enracinement pulsionnel dans la nature et dans son archéologie personnelle. Et chez l'homme, ces deux profondeurs cohabitent.

La profondeur de la personne a aussi une teneur métaphysique. Elle est en lui l'ultime, son unique valeur, dépassant son caractère et ses prestations de travail. On ne la trouve exprimée ni dans la langue de l'information, ni dans celle de la politique. L'amour la manifeste à l'amant. En la parole d'amour, qui est performative, elle se fait valoir, donne expression au désir et à la reconnaissance et les promeut dans leur infinitude.

En cette parole précisément qui dévoile la profondeur, l'homme se dépasse et se manifeste dans sa transcendantalité. Par le retour à l'archéologie humaine, cette parole opère le dépassement vers les possibilités les plus hautes.

Impossible de penser en soi ni de vivre cette profondeur. Il faudrait réduire l'homme à ce qu'il y a de nature en lui. Ce qu'il y a de plus intime en lui, ne se déploie que dans le mouvement dialectique entre la hauteur et la profondeur. En pénétrant au cœur même de son être, l'homme y libère un désir qui l'élève au-dessus de sa mobilité horizontale. Il en va de même dans le langage : en remontant jusqu'à ses sources, l'homme y trouve des richesses d'inspiration et de significations qui font surgir de nouvelles créations.

III. LA SYMBOLIQUE RELIGIEUSE DE L'ESPACE

Revenant en soi-même l'homme peut faire l'expérience du divin. Dans l'étincelle de l'âme le mystique se fait proche de Dieu. Et, dans la contemplation de la nature, l'homme religieux reconnaît une source d'être plus profonde que la nature productrice. D'autre part, dans l'attitude éthique et dans l'amour, l'homme peut apercevoir, dans celui qui l'interpelle, une profondeur qu'il éprouve comme une manifestation du divin. Pénétrant jusqu'au cœur de l'existence, il a conscience que son origine divine se soustrait à l'emprise de son expérience. Le voilà entraîné dans un mouvement dialectique, le même dont nous avons perçu l'activité dans la structure anthropologique de l'homme et du langage. Présence immanente aux choses et à l'homme, transcendance supraterrestre, tel lui semble Dieu, tel il le désigne : *Abyssus abyssum invocat*. Les profondeurs abyssales renvoient à des hauteurs inaccessibles.

La topographie religieuse du schème mythique correspond à la topographie anthropologique. Et par topographie nous n'entendons pas une description imagée, une comparaison extrinsèque et accidentelle, qu'une expression rationnelle peut remplacer. Cette topographie n'est pas externe ; elle est existentiale et, par nature, constitutive de la structure interne de l'être humain. Se déployant dans le monde, l'homme ne peut dire son existence que dans la symbolique spatiale.

La symbolique spatiale traduit la déhiscence interne de l'homme. La coupure qui sépare le monde de l'Autre, passe à travers son être. Il ne coïncide pas avec lui-même. Et quelque intense que soit son désir d'être identique à soi-même, il résiste avec une intensité égale à toute fermeture sur lui-même. Pour qu'il soit lui-même comme ex-istant, il faut que son intériorité soit traversée d'extériorité. Il se veut distant de soi, ouverture, libération, mais il se veut pareillement hébergé et enveloppé.

L'extériorité radicale et la possibilité de dépassement ne se trouvent que dans la dimension mystique, qui pose le monde comme limité. Certes, le monde lui-même est pour l'homme une possibilité ouverte à ses projets. Mais le monde appartient précisément à son être propre comme sa possibilité et n'est donc pas l'extériorité radicale où il se dépasserait vraiment. L'opposition ciel-terre a pour l'homme une double signification. Elle constitue d'abord la limitation de son être propre. Ainsi peut-il être lui-même dans son identité de l'être-au-monde. C'est pourquoi la religion n'est pas la suppression d'une finitude qui doit confirmer l'homme en lui-même. Au contraire, c'est en reconnaissant dans la verticalité la séparation du monde et du divin, que l'homme, dépouillé de ses illusions religieuses, se trouve posé dans l'espace et le temps. Ainsi investi, il doit déployer sa destinée suivant ses propres lois dans la fragilité d'un présent qu'un avenir élimine constamment et dans les limites d'un ici-maintenant. La dimension mystique, si elle trace les limites de l'être-au-monde, ouvre cependant l'identité close de l'homme en introduisant une altérité radicale. Vide qui demeure, néant qui travaille, cette altérité distend sans cesse son désir et son vouloir. La présence de l'autre au monde, qui scinde l'homme dans son intimité et l'ouvre verticalement, rend impossible la retombée de l'homme sur lui-même dans l'autosuffisance de sa puissance propre. Cette ouverture préserve en lui la possibilité active de maintenir en soi, toujours dégagé, l'espace qui en fait un sujet. Et même si la dimension verticale s'obscurcit, il voudra toujours briser les entraves du terrestre qui l'enserre. N'est-ce pas la fonction du nihilisme d'anéantir toutes les données et de rétablir chaque fois cette possibilité d'ouverture ?

La littérature de la mort de Dieu a souvent le dessein de rendre à l'homme son identité, en supprimant l'Illimité qui limite. Foucault écrit dans son étude sur Bataille : « Peut-être l'importance de la sexualité dans notre culture, le fait que depuis Sade elle ait été liée si souvent aux décisions les plus profondes de notre langage, tiennent-ils justement à cette attache qui la lie à la mort de Dieu. Mort qu'il ne faut point entendre comme la fin de son règne historique, ni le constat enfin délivré de son inexistence, mais comme l'espace désormais constant de notre expérience. La mort de Dieu, en ôtant à notre existence la limite de l'illimité, la reconduit à une expérience où rien ne peut plus annoncer l'extériorité de l'être, à une expérience par conséquent intérieure et souveraine » [1]. En face de cette aspiration à une intimité souveraine, rappelons ce qu'écrit Bataille dans sa Somme athéologique II : « Niant les êtres limités, l'amour les rend à l'infini du vide, il les borne à l'attente de ce qu'ils ne sont

1. *Critique*, Paris, n° 195-196 (Hommage à Georges Bataille), 1963, p. 753.

pas » [1]. Ou bien encore cette autre citation, qui situe admirablement la dimension religieuse d'un «radicalement autre» requis par l'homme : « Dieu lui-même est l'exaspération du vide, si nous nous engageons dans les voies du désir » [2]. Ce nihilisme n'exprime-t-il pas la nécessité d'une hétéronomie radicale ? Cette hétéronomie religieuse, beaucoup la rejettent parce qu'ils la comprennent mal. A leurs yeux, en effet, elle est un accomplissement enfermant l'homme dans une limitation inerte.

Revenons un instant, avant de conclure, à notre question : la symbolique verticale n'exclut-elle pas Dieu de la réalité de la vie ? Le schème mythique vertical n'implique-t-il pas une forme de dualisme ? La conséquence de cette séparation de la réalité en deux domaines n'est-elle pas de les mêler dans notre pensée et dans notre langage mondains sur Dieu ? Pour maintenir le problème dans toute sa pureté, il faut rappeler que par elle-même la symbolique verticale différencie bien l'Autre de l'humain et du terrestre, mais le considère uniquement comme le sacré et le divin. Nous l'avons dit dans l'introduction : de Dieu au sens plein du mot, il n'est question que dans un langage dialogal où l'homme répond à la Parole qui l'a interpellé. L'interpellation se caractérise par une nouvelle rupture épistémologique qu'analyse la logique de l'auto-implication [3].

A la crainte de voir la verticalité exclure Dieu de la réalité de la vie, nous devons répondre que l'efficacité propre du symbole est justement de distinguer et d'unir. Le symbole, au sens plein du mot, est en effet toujours manifestation et pacte. Au plan religieux, la symbolique de la verticalité exerce la même fonction : distinguer et unir. Cette fonction s'exerce dans le langage, qui interprète le monde comme une manifestation de l'Autre, du divin. Le langage est nécessaire pour que le symbole se fasse valoir. Il y a, en effet, une inadéquation entre le signe symbolique et sa signification : le contenu des significations surpasse en possibilité les données du signe. Le discours développe les sens du symbole. Pour cette raison, dans la révélation, le signe et la parole sont nécessairement unis. C'est en opposition à l'Autre, que le monde s'appelle monde. Le langage religieux l'interprète cependant comme la manifestation voilée du divin. Ainsi donc le monde devient l'entre-deux de Dieu et de l'homme, tout comme il est l'entre-deux de l'homme et de l'homme.

1. *Le coupable*, Paris, 1944, p. 218.
2. *Ibid.*, p. 207.
3. On trouvera un développement détaillé de cette idée dans notre article : «Le Nom du Père et l'écart de la topographie symbolique», dans *L'analyse du langage théologique. Le Nom de Dieu*. Paris, Aubier, 1969, pp. 257-269.

548   L'EXISTENCE SYMBOLIQUE

L'homme rencontre l'Autre dans cet entre-deux, et cet entre-deux les sépare et les unit. Cet entre-deux est indissociablement langage et monde. Exclure la verticalité revient à évacuer l'entre-deux nécessaire. Grâce à lui, parce qu'il scinde et médiatise tout à la fois, Dieu demeure l'Autre. Sinon, l'altérité autonome de l'Autre se trouve supprimée. L'affirmation de l'hétéronomie de l'Autre va cependant de pair avec la position d'un ordre symbolique qui délivre l'homme des représentations imaginaires, représentations qui rendent impossible toute distance et dissolvent toute identité en une indifférenciation diffuse.

L'exigence d'une démythologisation de la verticalité ne peut porter que sur l'identification imaginaire du ciel et du divin. L'homme imagine Dieu comme appartenant à une certaine région du réel, comme identique à cette région. La recherche d'une expérience de présence immédiate, par abrogation de l'entre-deux, ne dérive pas seulement de la difficulté d'échapper au dualisme imaginaire. Elle a sa source la plus profonde, nous l'avons vu, dans cette aspiration humaine à combler tout vide, toute faille, en une identité close. Nous avons souligné l'ambiguïté de cette tendance.

En maintenant l'altérité et la différenciation, la pensée symbolique instaure en même temps les conditions de la communication. Le monde est une médiation de la relation intersubjective. En religion celle-ci s'accomplit, entre autres, dans le rite. Celui-ci reprend l'entre-deux du monde en un échange interpersonnel. Le rite manifeste simultanément le monde comme monde, interprète le monde comme manifestation du divin, et fonde l'union entre Dieu et l'homme.

IV

LE CHRISTIANISME
DANS LES MUTATIONS CULTURELLES

29

RELIGION ET SÉCULARISATION
EN EUROPE OCCIDENTALE

Tendances et prospectives*

Il sera utile de présenter d'abord une définition de la sécularisation qui pourra nous guider. Le mot indique qu'il s'agit d'un processus, actif ou passif, par lequel une réalité qui était étroitement liée à Dieu et à la religion, retourne au *saeculum*, au monde profane. Le mot a son origine dans les lois de l'Église catholique, où il signifie le passage, d'un homme ou d'une femme, de la vie religieuse consacrée à la vie laïque. Ce terme ecclésiastique a ensuite été repris par des historiens et des sociologues pour désigner le passage de la civilisation occidentale et chrétienne à une civilisation où la pensée, l'éthique et le pouvoir se sont soustraits à l'autorité de la religion pour se fonder sur des principes inhérents au monde.

Le mot de sécularisation signifie donc tout d'abord une interprétation de l'histoire de la civilisation occidentale qui, dans les temps modernes, se serait sécularisée. Modernité et sécularisation seraient liées. Et comme l'idée de modernité comporte un jugement de valeur positif, on a tendance à considérer la civilisation sécularisée comme supérieure à celles qui ne le sont pas. Il nous faudra donc examiner avec précision en quoi a consisté en Europe le passage conjoint à la modernité et à la sécularisation et voir pourquoi on a considéré ce passage comme l'accès à une civilisation supérieure.

---

* Ce texte présente la conférence que l'auteur était invité à faire, au nom des participants européens au *Symposium euro-arabe* de Hambourg (11-15 avril 1983), sur les rapports entre la religion et la civilisation en Europe. Comme ce texte devait introduire un échange de vue sur les spécificités des deux univers culturels et sur les difficultés de leur rencontre, et qu'il s'adressait à des auditeurs, arabes ou même européens, peu familiers du christianisme, l'auteur a estimé utile d'évoquer d'abord quelques données fondamentales de la religion chrétienne. Sur le problème de la sécularisation, le lecteur pourra consulter, en plus des études citées: E. CASTELLI (éd.), *Herméneutique de la sécularisation*, Paris-Rome, Aubier, 1976, 503 p.; J. DELUMEAU, *Déchristianisation ou nouveau modèle de christianisme?* dans *Archives de sciences sociales des religions*, t. 40, 1975, p. 3-20; R. CIPRIANI, *Sécularisation ou retour du sacré?* dans *Archives de sciences sociales des religions*, t. 52,2, 1981, p. 141-150.

La sécularisation s'est produite dans l'Europe chrétienne. De ce fait, la sécularisation prend parfois le sens de la déchristianisation et, puisque la religion de l'Europe est essentiellement chrétienne, on incline à voir dans la sécularisation la disparition , en Europe, de la religion. Il faudra voir si ce glissement terminologique de la sécularisation vers la déchristianisation ne représente pas une confusion des idées. L'Europe sécularisée a-t-elle vraiment créé une civilisation a-religieuse? Y a-t-il réellement incompatibilité entre, d'une part, la religion chrétienne et, d'autre part, la modernité et la sécularisation? C'est là une question historique et sociologique à laquelle on ne peut répondre qu'en se référant aux réalités empiriques.

Un jugement objectif sur la signification et sur l'influence de la sécularisation est d'autant plus difficile que beaucoup parmi ceux qui ont lutté pour une civilisation moderne et sécularisée ont développé le grand mythe d'une civilisation heureuse, parfaite et libre, parce que affranchie de Dieu et des misères humaines. Le terme de sécularisation a donc aussi porté une grande charge idéologique qu'il faut distinguer de la signification historique et sociologique de la sécularisation. C'est par rapport à cette idéologie – celle du progrès – qu'on parle parfois de l'époque post-moderne.

Tout laisse penser que ce n'est pas un hasard de l'histoire que la sécularisation et le passage à la modernité se soient réalisés en Europe chrétienne. Ces phénomènes se sont produits en partie contre la civilisation chrétienne antérieure, mais aussi en s'appuyant sur les forces et sur les conceptions de cette civilisation. On ne peut comprendre la sécularisation, ainsi que les valeurs et l'idéologie de la modernité, si on n'a pas une idée de ce qui est propre à la religion chrétienne. Une des questions importantes qui se posent à d'autres civilisations, lorsqu'elles reprennent des éléments à l'Europe sécularisée, sera dès lors de voir comment elles pourront intégrer ces éléments dans leur système culturel et religieux différent. C'est sur cette question que je terminerai mes réflexions.

La spécificité du christianisme

Pour comprendre la sécularisation comme phénomène de la civilisation occidentale et pour préparer un jugement de valeur, il faut d'abord bien se rendre compte de l'originalité religieuse du christianisme. En insistant sur cet élément essentiel, je m'abstiens de toute comparaison explicite avec l'islam, pour ne considérer que les principes mêmes de la foi chrétienne.

On ne saurait méconnaître l'élément révolutionnaire dans les rapports du christianisme avec la civilisation. Lorsque Jésus-Christ dit qu'il faut «rendre à César ce qui est à César» (Mc 12, 17) et que son royaume «n'est pas de ce monde» (Jn 18, 36), il ne donne pas seulement des réponses de circonstance. Ces paroles sont cohérentes avec son action et avec son message essentiels tels que les ont compris les premiers disciples et, par la suite, le christianisme. Selon la foi chrétienne, en effet, Jésus est plus qu'un prophète; il est celui qui, par ses paroles, par sa présence, par sa mort, par sa résurrection et par sa présence continuée, apporte la révélation et la présence nouvelle et définitive de Dieu. Parce que Dieu advient au monde dans l'humanité de Jésus et, après sa résurrection, dans les signes et les paroles qui la rappellent, il y a maintenant deux temps ou deux histoires qui se distinguent et se compénètrent: l'histoire du monde et l'histoire de Dieu, l'histoire naturelle et l'histoire surnaturelle. Je mets entre parenthèses la question de savoir en quelle mesure ces représentations étaient celles de Jésus de Nazareth lui-même ou plutôt le résultat de toute une interprétation faite par la nouvelle religion. Ce qui importe, c'est que le premier christianisme a été convaincu que le royaume de Dieu et le don de l'Esprit divin, promis pour la fin des temps, commencent déjà à se réaliser sur terre, dans l'histoire terrestre, par la personne de Jésus-Christ et par la participation à son humanité ressuscitée et glorifiée. Le chrétien appartient donc à la fois à l'ordre profane du monde et au règne de Dieu. Saint Paul énonce clairement les conséquences de cette distinction entre les deux ordres, celui du monde et celui du règne de Dieu, lorsqu'il enseigne aux chrétiens d'obéir à l'empereur, quel qu'il soit, sauf lorsque celui-ci demande de rendre un culte religieux à l'Empire romain et à ses dieux. Ou encore lorsqu'il écrit que, dans les rapports à Dieu et dans la communauté religieuse comme telle, les distinctions humaines n'ont plus de signification: celles entre homme et femme, entre esclave et maître, entre Juif et non-Juif.

Ce n'est pas ici le lieu de s'étendre plus sur la spécificité chrétienne, mais il fallait la souligner, car, en parlant en termes généraux de religion, comme on le fait parfois par volonté de neutralité, on méconnaît que le christianisme introduit un rapport nouveau à la civilisation. Pour s'en rendre compte, il suffit de comparer le christianisme à la théocratie judaïque qui le précède ou, plus généralement, aux religions non-bibliques. Dans toutes les civilisations anciennes, l'éthique et le droit étaient indissolublement liés à la religion. Dire qu'ils étaient fondés sur la religion ne cerne même pas la réalité; ils étaient sacrés. La religion, en effet, y est un système symbolique qui englobe de part en part le monde et l'existence et en éclaire le sens; de ce fait, elle donne aussi les principes qui doivent régler les rapports à la nature, l'organisation sociale et la vie morale. L'intégration de la religion, de l'éthique et du droit est à l'origine si totale qu'au départ il n'existe même pas de termes pour désigner l'éthique et le droit. Dans les cités grecques et romaines, la voie sacrée est au centre géographique parce que la vie politique et sociale y est étroitement solidaire de la religion. Le conflit entre les chrétiens et l'État romain était dès lors aussi inévitable que celui entre Jésus-Christ et la théocratie nationale du judaïsme.

Nonobstant cette séparation de principe entre le royaume de Dieu et l'ordre profane, le christianisme est cependant devenu un des fondements de la civilisation occidentale. Rarement une culture a même été aussi inventive et en même temps aussi fondamentalement programmée par les textes sacrés que celle du moyen âge. Dans sa *Divine comédie*, Dante dit bien comment la Bible organise tout l'espace culturel de son temps: le livre divin «est l'Alpha et l'Oméga de toute écriture» (*Paradis*, 26, 18). Au problème théologique et pratique que pose la relation entre la foi chrétienne et le monde de la civilisation profane, le moyen âge a donné une réponse qui a cherché à harmoniser la séparation et l'union. Je crois qu'en dépit de tous les conflits, il a trouvé un équilibre, subtil et variable, entre l'autorité morale de l'évêque de Rome et la liberté politique des États et des princes locaux, entre l'empire de la doctrine chrétienne et la liberté de pensée, entre la spiritualité surnaturelle et l'amour des valeurs terrestres, entre le pacifisme des non-violents et les vertus guerrières, entre la voie mystique et la charité active, entre la foi et les formes populaires de religiosité reprises aux cultes païens. Cette forme d'équilibre ne pouvait pas durer, car l'affirmation de l'indépendance réciproque du monde profane et de la foi chrétienne contient en germe la future sécularisation.

La sécularisation

Au XVIIe siècle, l'Occident commence ce que nous appelons aujourd'hui la sécularisation. Comme pour toute transformation de la civilisation, on peut insister soit sur la rupture avec le passé, soit sur la continuité évolutive. De toutes manières, une mutation a lieu qui donne naissance à une Europe telle qu'elle est devenue la première civilisation sécularisée.

Il faut d'abord brièvement évoquer les données négatives de l'arrière-plan historique qui fait que la sécularisation se tourne en partie contre l'héritage chrétien. Par son abus du pouvoir et par son luxe, la papauté avait perdu son autorité morale. Les effroyables guerres de religion avaient suscité une révolte morale. Les disputes hargneuses entre les écoles de théologie faisaient perdre aux théologiens leur crédit intellectuel. L'intolérance religieuse était devenue un scandale et on stigmatisait la violence des chefs religieux comme étant en contradiction flagrante avec la mission de Jésus-Christ.

Indépendamment du déclin de la civilisation chrétienne, mais comme résultat du progrès de la pensée, favorisée en plus par un nouveau retour à l'antiquité, une mutation de la pensée s'accomplit. La science expérimentale s'introduit et avec elle la recherche technologique. Les meilleurs esprits s'y consacrent. L'effet de ce tournant a été immense. D'une part, on est amené à rejeter toute autorité intellectuelle, à lui substituer l'observation de la nature, l'expérience, la raison naturelle; d'autre part, on se détourne d'une religion dont l'obsession doctrinaire et le fanatisme ont causé tant de désastres, pour se vouer avec la même ardeur à la technologie, convaincu d'améliorer ainsi les conditions de vie et même de perfectionner l'homme. On observe que la volonté d'imposer le royaume de Dieu sur terre engendre la violence et la haine, et on découvre que l'esprit scientifique unit et pacifie les hommes. Plutôt que de se consacrer à préparer l'au-delà, on veut créer un paradis terrestre par la science. Un extrait du rapport de Sprat Thomas sur *The History of the Royal Society for the Improving of Natural Knowledge* (Londres, 1667) témoigne de ce nouvel esprit: «Ce n'est pas le moindre éloge que la *Royal Society* mérite que, destinée à unir les talents et la raison des hommes, elle soit allée jusqu'à unir leurs affections. Car nous jouissons ici d'un spectacle rare dans la nation anglaise: des hommes de partis opposés, aux styles de vie différents, ont oublié de se haïr et se sont réunis pour faire progresser ensemble les mêmes travaux. Ici le soldat, le négociant, le marchand, l'humaniste, le gentilhomme, le courtisan, l'ecclésiastique, le presbytérien, le papiste, l'indépendant et les représentants de l'opinion conformiste ont déposé leurs titres de distinction et agissent paisiblement de concert, dans un accord mutuel de travaux et de recherches – une grâce qui semble même avoir dépassé la promesse évangélique: le lion et l'agneau reposeront à côté l'un de l'autre; car ici ils n'endurent pas seulement leur présence mutuelle sans violence ni peur, mais ils travaillent et méditent de compagnie et se prêtent aide pour leurs inventions» (p. 427). Ce texte du premier secrétaire de la *Royal Society* exprime admirablement la nouvelle ferveur quasi-religieuse et l'espoir prophétique de la nouvelle civilisation sécularisée. Alors que la religion chrétienne aurait dû unifier les hommes, les convictions doctrinales sans partage ont dressé les hommes les uns contre les autres en des affrontements sanglants. L'esprit de recherche scientifique, par contre, implique la conscience de l'ignorance et, en se donnant l'immense tâche de déchiffrer les énigmes du monde, les hommes apprennent à mettre la collaboration au-dessus des dissensions. Après que les divisions de la chrétienté occidentale eurent invinciblement brisé l'institution ecclésiale et les principes qui rassemblaient dans une unité supérieure les peuples, les cultures et les différentes fonctions sociales, un nouveau langage commun s'offre maintenant sur lequel fonder l'entente entre les hommes, celui de la raison naturelle qui, par principe, est universelle. On s'affranchit des autorités qui asservissent les hommes à leurs convictions partisanes ou à leur passion du pouvoir, pour se soumettre, dans une égalité affirmée, à la seule autorité qui transcende l'arbitraire des princes et des instances doctrinales : celle de la Nature et de la Raison. En 1620, Francis Bacon avait déjà parfaitement formulé le but et le principe qui allaient dominer la civilisation sécularisée : «L'empire de l'Homme sur les choses se fonde sur les arts et sur les sciences, car la Nature ne peut être dirigée que lorsqu'on lui obéit» (*Novum Organum*, aphorisme 129). L'esprit scientifique non seulement se lance avec ardeur à la conquête de la nature, il se donne également pour mission de perfectionner l'ordre éthique et politique. Ainsi le XVIIe siècle accomplit la révolution culturelle à laquelle on donnera ensuite le nom de sécularisation. Cette révolution est le fait de certains intellectuels éclairés. Leurs principes vont progressivement conquérir l'Occident et d'autres aires culturelles qui entrent en contact avec l'Europe.

La sécularisation comme principe de philosophie de l'histoire

Mon évocation rapide de la sécularisation comme rupture historique, à l'époque moderne, avec la civilisation chrétienne précédente, a pour but d'introduire quatre questions essentielles pour le dialogue euro-arabe. 1) La sécularisation n'a-t-elle été qu'un accident de l'histoire occidentale ou peut-on lui donner la signification d'un processus de maturation ?

2) La sécularisation conduit-elle à la mort de la religion? 3) Une civilisation complètement séculière peut-elle se maintenir? 4) Est-ce que toutes les civilisations doivent nécessairement accomplir cette révolution culturelle? Abordons la première question. Elle aura sa répercussion dans les réponses aux trois autres.

Il est significatif que le terme de sécularisation soit récent. Le mot est dérivé du terme «sécularisme» fabriqué en 1854 par l'Anglais George Jacob Holyoake qui, par ce néologisme, voulait promouvoir «la philosophie pratique du peuple», c'est-à-dire une conception de la société humaine déconnectée de la religion. Puis, deux sociologues allemands de la religion, Max Weber et, à sa suite, Ernst Troeltsch, ont forgé le terme de sécularisation. Sous ce vocable, ils rassemblent des faits historiques et des données sociologiques en vue de montrer que la civilisation occidentale s'est progressivement et par une nécessité interne déconnectée de la religion.

Je veux m'inspirer de cette conception et essayer de montrer qu'en Occident il y a eu de fait une sécularisation caractéristique et qu'elle est irréversible. Et je voudrais défendre la thèse qu'elle a été non seulement inévitable, mais bienfaisante pour la culture et pour la religion chrétienne, quels que soient les échecs qui font parler aujourd'hui d'époque postmoderne. Il est cependant clair que je ne partage pas le mépris militant de certains pour les cultures non sécularisées. J'ai dit ma haute estime pour la culture remarquable du moyen âge. Je pense d'ailleurs que seuls des obscurantistes anti-religieux parlent encore du moyen âge comme des sombres temps de l'Europe.

L'essentiel de la sécularisation consiste dans la conviction qu'une interprétation non religieuse des réalités sociales, politiques et morales est possible et justifiée, qu'elle est partagée par un grand nombre de contemporains et qu'elle est valorisée comme une émancipation culturelle de l'homme. L'idée que l'homme atteint sa maturité est un thème dominant dans l'idéologie de la sécularisation[1]. Dans cette conviction, il faut distinguer deux plans, tout en soulignant qu'ils sont solidaires. En premier lieu, il y a l'avènement de l'esprit scientifique orienté vers la maîtrise du monde. La raison ne se consacre plus de manière prévalente à la contemplation spéculative du monde, comme dans l'antiquité et au moyen âge. Maintenant on valorise préférentiellement la raison comme capacité d'explorer les lois internes de la nature physique et vivante. De

---

[1] Voir David L. EDWARDS, *Religion and Change*, New York, 1969, p. 20 ss.

ce fait, la raison devient l'élément essentiel d'une action sur le monde. Elle est la capacité de résoudre des problèmes. L'accent se déplace du sentiment de vivre en harmonie avec le monde vers le sentiment de maîtrise et, par conséquence, de sécurité.

En deuxième lieu, cette transformation de la raison renforce le mouvement de libération envers la religion. Les domaines de la société qui étaient autrefois intimement liés à la religion sont considérés comme étant également des problèmes pratiques que la raison doit résoudre par sa propre capacité d'analyse rationnelle. On ne conçoit plus l'univers social à l'image du cosmos, comme un grand corps réglé par une autorité sacrée que couronnait et déléguait l'autorité divine. L'éthique elle-même doit pouvoir se justifier par une analyse de la nature humaine et par les nécessités de l'ordre social. Cette rationalisation des relations entre les hommes représentait une reconquête de l'homme par lui-même, en opposition avec l'attitude antérieure où l'obéissance aux lois divines commandait les principes moraux.

Après ce que j'ai dit de la séparation qu'a introduite le christianisme entre l'ordre surnaturel et celui de la nature, on pourrait s'étonner du fait qu'aux temps modernes la sécularisation a été triomphalement vécue comme un affranchissement de la religion chrétienne. Un des plus grands esprits du moyen âge chrétien, saint Thomas d'Aquin, n'avait-il pas lui-même écrit que l'homme doit d'abord obéir à sa conscience et seulement en deuxième lieu à l'autorité? D'une certaine manière le christianisme avait posé les fondements de la sécularisation en affirmant la consistance propre et l'autonomie du *saeculum*, le monde qui est l'habitat de l'homme et l'objet de ses projets proprement humains. C'est d'ailleurs pour cette raison que les Églises chrétiennes ont pu s'adapter à la sécularisation de l'Occident; j'y reviendrai.

Certes, le fanatisme et l'autoritarisme religieux avaient fait violence à l'autonomie humaine. Cela ne suffit pas pour expliquer le tournant du XVIIe siècle. L'élément le plus important et nouveau consiste bien dans la nouvelle conception de la raison. Cette transformation s'est accomplie dans la conviction que le monde et l'humanité sont un projet historique. C'est cette idée qui a forgé l'Europe telle qu'elle est aujourd'hui et c'est cette idée qui a pleinement développé la sécularisation. La conviction de l'affranchissement et de la maturité de l'homme se renforce donc par le thème d'une humanité qui, par la conquête du monde et par son perfectionnement continu, conduit sa propre histoire.

Il faut ici distinguer deux éléments: l'idéologie du progrès et l'idéologie

anti-chrétienne. Considérons d'abord l'idéologie du progrès. Le moyen
âge chrétien a été une époque d'inventions techniques et d'organisations
sociales et politiques, tout comme l'était l'antiquité grecque et romaine.
Mais on n'avait pas une conception historique de la civilisation. Certes,
on écrivait des livres d'histoire; on n'avait cependant pas encore le
concept de l'histoire comme devenir progressif de l'humanité à travers les
transformations de la civilisation. La foi chrétienne avait son concept
religieux de l'historicité. D'une part, elle avait réinterprété les événements racontés par la Bible comme une lente préparation à l'avènement
de Jésus-Christ. D'autre part, la foi chrétienne avait interprété le temps
après Jésus-Christ comme la préparation à l'achèvement du temps du
siècle (du *saeculum*) par la transfiguration finale du monde. Ainsi le
christianisme a élaboré le concept d'une finalité du temps. Seulement
cette finalité du temps chrétien est surnaturelle, instaurée par les
initiatives divines à l'intérieur du temps du monde. Ce n'est qu'au
XVIIIe siècle que se forme le concept de l'historicité du monde comme
tel. Le concept d'historicité ne signifie pas seulement la conscience des
changements, de la relativité des institutions ou du caractère périssable
des civilisations. Au XVIIIe siècle, le concept d'historicité contient l'idée
du temps plus ou moins linéaire, orienté vers un perfectionnement
progressif de l'homme comme tel. En un mot : les changements paraissent
réglés par une loi interne qui est celle du progrès. Il s'agit donc d'une
philosophie de l'histoire. L'humanité se vit comme un être en marche
vers un meilleur futur. La théorie évolutionniste, loin de diminuer l'estime
que l'homme a de lui-même, le convainc qu'il est l'aboutissement
supérieur des mutations du règne vital. Toute la vie du cosmos est
orientée vers la production de l'homme et les civilisations sont orientées
vers la production de l'homme libre et parfait. L'homme, qui découvre
alors son propre passé primitif, regarde avec fierté tout ce qu'il a déjà
accompli. Souvenons-nous du mépris des premiers anthropologues culturels pour ceux que Freud, le fondateur de la psychanalyse, appellera
encore les primitifs «cannibales, pauvres, nus et ignorants». On considère alors les primitifs comme des enfants et on a la conscience assurée
d'être arrivé à la maturité de l'humanité. Toute l'histoire de l'humanité se
pense comme la vie d'un individu. L'Occident y est présenté comme
arrivé à l'âge adulte, alors qu'ailleurs on serait encore dans l'enfance ou
dans l'adolescence culturelle.

Tout en maintenant sa perspective sur la finalité surnaturelle du temps,
la civilisation chrétienne avait éduqué les peuples. Elle avait fondé des

écoles et elle avait même créé les universités. Elle avait aidé à organiser l'agriculture, elle avait modéré les ardeurs guerrières et elle avait transmis le droit romain. En faisant œuvre de civilisation, la religion chrétienne considérait néanmoins le monde comme le lieu où se réalise l'histoire divine. Au XVIIIᵉ siècle, le nouveau concept de l'historicité du cosmos et de l'humanité s'allie à la sécularisation et donne naissance à une sécularisation idéologique et combative. Non seulement on déconnecte les réalités sociales, politiques et éthiques de la religion ; les réalités humaines deviennent explicitement une finalité que l'homme se donne à lui-même. L'homme s'éprouve et se définit comme l'agent d'une humanité en devenir. Il a la conscience d'une destinée proprement humaine à réaliser. On reprend donc au christianisme l'idée d'une histoire, d'un temps finalisé vers la perfection, et on la sécularise.

Avant de considérer les rapports de la sécularisation avec la religion, arrêtons-nous un moment pour réfléchir sur la signification de la sécularisation pour les rapports entre l'Occident et les autres civilisations. Il va sans dire que l'idée même de l'histoire comme maturation de l'humanité donne encore souvent à l'homme occidental une conscience de supériorité. En quoi consiste, en effet, le progrès de l'humanité dont le mouvement de sécularisation fait de l'homme occidental la flèche la plus avancée ? Non pas essentiellement dans les arts ; on peut admirer les arts des autres et se croire pourtant l'élite de l'humanité. Non pas non plus dans la richesse ; un intellectuel occidental peut regarder avec condescendance les princes d'un autre continent infiniment plus riches et puissants que lui. C'est la conviction, caractéristique de l'idéologie de la sécularisation, que l'homme a atteint la maturité par le développement de la raison scientifique, qui peut enorgueillir l'homme occidental et le faire mépriser les autres cultures. A ce sentiment de la supériorité que donne l'émancipation par le savoir, s'ajoute la conscience de la puissance technologique qu'engendre la science. L'esprit de domination sur les autres peut en être la conséquence, comme cela a été le cas dans les colonisations. Le désir de conquête n'a cependant pas été propre aux occidents sécularisés et il serait erroné d'y voir la manifestation caractéristique de la conscience occidentale de supériorité.

L'idée du progrès de l'humanité par le savoir scientifique et par le pouvoir technologique est évidemment une idéologie. J'entends par idéologie une conception du monde et de l'homme qui contient une part de vérité et une part d'illusion. L'illusion est une représentation qui dérive sa force des désirs et qui, obscurcie par les désirs et les sentiments, méconnaît en partie la réalité. On ne contestera pas que les progrès scientifique et technologique réalisent effectivement une plus grande maturité de l'esprit humain. Mais l'idée du progrès est idéologique en ce qu'elle assimile l'épanouissement et la dignité de l'homme avec cet élément considéré comme l'essentiel.

Je n'oserais pas dire que cette idéologie est morte. Elle est en tout cas fortement contestée. S'il y a un sens à parler de l'époque post-moderne, il faut la définir comme le désenchantement de l'illusion progressiste. Certes, l'Occident reste tout occupé par l'exploitation la plus efficace des ressources de la nature; il consacre d'immenses efforts à connaître les organismes vivants en vue de contenter ses besoins et de vaincre la maladie. La passion du savoir scientifique continue d'animer une part importante des meilleurs esprits. Mais l'Occident ne s'enivre plus autant de l'idéologie du progrès. Le seul intérêt pour les autres civilisations le montre. Au XIXᵉ siècle et au début du XXᵉ siècle, l'anthropologie culturelle, qui étudiait ceux auxquels elle a donné le nom de primitifs, le faisait dans l'esprit d'un évolutionnisme généralisé. Tout comme on s'intéressait aux fossiles de la préhistoire pour voir comment la vie s'est lentement perfectionnée, de la même manière on décrivait les primitifs pour connaître sa propre enfance dépassée. De nos jours, on explore les cultures étrangères et scientifiquement et techniquement moins avancées pour s'enrichir par la connaissance de modèles de vie différents. Déçu par les échecs et les pertes en humanité de la civilisation hautement technologique, on idéalise même souvent les primitifs, tout comme le romantisme européen avait, en réaction contre les étroitesses de la sécularisation, idéalisé le moyen âge chrétien. Il reste que le nouvel esprit de l'anthropologie culturelle atteste qu'une part importante de l'idéologie de la sécularisation appartient maintenant au passé. Il fallait sans doute passer par l'orgueil de l'idéologie du progrès pour atteindre une nouvelle maturité de l'esprit.

Sécularisation et religion

Voyons maintenant comment l'idéologie du progrès a pris la tournure d'une idéologie anti-chrétienne. D'après la religion chrétienne, la sécularisation, en tant qu'elle déconnecte l'ordre profane de celui de la religion, n'implique aucune position anti-religieuse. Même la conception idéologique de l'histoire en tant que progression vers une maturité de l'esprit et vers une puissance accrue de l'homme sur la nature n'est pas de soi en opposition avec la religion. Bien des chrétiens ont d'ailleurs participé à cette idéologie. Pourtant, le terme de sécularisation évoque pour beaucoup de contemporains l'idée d'une civilisation qui élimine progressivement et inéluctablement la religion. Cette interprétation repose sur des malentendus, difficiles à dissiper, car le terme même de sécularisation charrie toutes les ambiguïtés d'un concept idéologique et il continue de les entretenir. Pour clarifier le rapport extrêmement complexe entre sécularisation et religion, je procéderai par étapes. Je considérerai d'abord la sécularisation en tant qu'idéologie anti-religieuse; puis j'examinerai les effets de la sécularisation sur la situation religieuse et je réfléchirai sur la nouvelle modalité de la présence de la religion.

Des esprits religieux ont activement et consciemment coopéré au mouvement de sécularisation, mais une grande part de ceux qui ont avec ardeur lutté pour elle, surtout en France, ont âprement combattu la religion. Pourquoi ce combat pour le progrès de l'homme a-t-il été si souvent une guerre enthousiaste contre la religion? Les circonstances historiques expliquent en partie ce phénomène. Outre celles que j'ai déjà évoquées, on peut encore citer l'incompréhension des Églises. Trop enfermées en elles-mêmes, trop coupées de la nouvelle culture scientifique et philosophique, elles n'ont pas su distinguer ce qui était légitime dans les nouvelles idées et elles ont porté beaucoup de condamnations qu'elles ont par la suite rétractées. On peut stigmatiser leur attachement autoritaire aux anciennes formes de pouvoir. Il faut bien reconnaître que la tâche n'était pas facile pour la religion en Occident. Tant d'idées nouvelles bouleversaient si profondément les manières de penser que les responsables religieux ne parvenaient pas à les mettre en accord avec les données de la foi. Pour la conception chrétienne classique, toute autorité émane de Dieu; la conception démocratique affirme que le pouvoir émane du peuple. La Bible raconte la création particulière de l'homme par Dieu; l'évolutionnisme défend la conviction que l'homme est un produit de l'évolution créatrice de la vie. La nouvelle critique historique s'applique aux textes sacrés tout comme aux documents profanes de l'antiquité, et elle montre que ces textes abondent en représentations mythologiques, que leurs prescriptions et leurs interprétations sont étroitement dépendantes de leur milieu culturel; comment alors maintenir que ces textes sont divinement inspirés? Il est inutile d'allonger la liste des problèmes que les nouvelles sciences et les nouvelles philosophies sociales ont posés à la chrétienté, précisément à l'époque de la sécularisation. Je voulais simplement illustrer l'immensité de la tâche intellectuelle qui se posait aux chrétiens. Ils n'ont pas été en mesure de répondre adéquatement au défi de la nouvelle civilisation. Beaucoup de ceux qui sont restés religieux se sont trop repliés sur eux-mêmes, dans une attitude de défense. Par cette hostilité contre les nouvelles sciences et contre les nouveaux mouvements politiques et sociaux, le fanatisme et l'obscurantisme religieux se sont encore renforcés, au point que l'Église a souvent condamné les esprits chrétiens les plus lucides.

Les nouvelles sciences et les nouvelles conceptions philosophiques mettaient la religion en une situation périlleuse et la religion a répondu au défi par une méfiance et par un raidissement défensif qui donnaient de nouveaux arguments à l'hostilité contre elle. Un temps de contestation réciproque était inévitable lors de la rencontre du christianisme avec le nouvel esprit. Et on peut prévoir que toutes les civilisations non sécularisées connaîtront un jour la même crise. D'avance on est également sûr qu'elles seront tentées d'ériger des «murailles chinoises» contre l'esprit moderne. En vain, car aucun pouvoir ne contraint longtemps les esprits qui ont pris connaissance des nouvelles manières de penser.

Si on avait seulement revendiqué les droits des sciences et celui d'établir une organisation sociale et politique sur des bases purement humaines, la sécularisation n'aurait pas bouleversé si âprement l'Europe moderne et la crise religieuse n'aurait sans doute pas été aussi profonde ni aussi longue. Mais dans ce débat venait en question la religion elle-même. L'affranchissement que nombre d'esprits poursuivaient avec une ténacité militante ne concernait pas seulement les domaines que la civilisation avait associés à la religion ou ceux que les institutions religieuses avaient occupés; on projetait d'affranchir l'homme dans ses convictions personnelles en le libérant de l'idée de Dieu. Le grand mythe rationaliste qui promettait l'explication du monde sans Dieu exaltait le sentiment de ne plus dépendre que de soi-même. On voulait restituer à l'homme la gloire et l'honneur que, pendant des siècles, il avait donnés à celui qu'il avait reconnu comme son Seigneur. Dans cet athéisme idéologique, il y a une condescendance, voire un mépris pour la religion, qui en manifestent les sources profondément irrationnelles. Pourquoi, peut se dire un esprit religieux, l'homme serait-il plus grand s'il ne reconnaît pas un Dieu qui l'a créé pour son bonheur et qui le prédestine à un au-delà glorieux? La réponse ne peut être qu'à la mesure de cette question: l'homme se sent agrandi en se libérant de Dieu précisément lorsqu'il se substitue à lui, en se posant comme son propre créateur et comme le réalisateur de sa propre gloire future. De là cette sorte d'effervescence mystique qui caractérisait l'athéisme militant et qui explique que certains lui donnent le nom de religion.

Le désir de restituer à l'homme ce que la religion avait donné à Dieu n'est pas nouveau. D'après la Bible, qu'on peut aussi lire comme un document humain, ce désir est aussi ancien que l'humanité elle-même. Dans un récit symbolique, en effet, le premier livre de la Bible raconte que le grand trompeur a pu séduire l'homme par ces paroles qui interpellaient son désir le plus profond : «Vous ne mourrez pas; mais Dieu sait que le jour où vous mangerez des fruits interdits, vos yeux se dessilleront et vous serez comme des dieux...» (Gn 3, 5). L'homme transgressif veut conquérir un savoir qui le rende égal à Dieu. On peut dire que la religion inverse le désir d'auto-divinisation en reconnaissance de Dieu. Mais la nouvelle conquête du savoir scientifique et du pouvoir technologique retourne la religion en une mystique de l'homme. Pour la première fois dans l'histoire de l'humanité, l'homme a la conviction, d'une part, d'obtenir la vraie connaissance qui lui donne la clef des choses et, d'autre part, de disposer d'une puissance quasi-divine par la science, par le travail industriel et par le contrôle rationnel de l'action politique.

Pour se rassurer dans son privilège d'être devenu l'instaurateur de lui-même, l'homme refait mentalement le chemin qui l'a conduit vers l'achèvement de son savoir. Ce chemin est une sorte de pédagogie vers la maturité, avons-nous vu. Les nouvelles sciences de la religion occupent une place importante dans cette «historisation» du devenir humain, car on ne se libère de la religion que par son explication rationnelle. Aussi la mystique athée a-t-elle été un puissant ferment des sciences de la religion. La psychologie de Freud y détecte les illusions des désirs et les rejetons d'une antique culpabilité. La sociologie de Durkheim y voit la projection, en des symboles, de l'exaltation et de l'énergie transindividuelles dont les groupes primitifs auraient pris conscience. Des historiens cherchent à trouver le noyau originaire de la religion dans des croyances infantilement magiques. L'assurance intrépide de toutes ces théories explicatives se fonde sur la conviction que l'homme-enfant, ignorant et frustré, ne pouvait qu'être leurré dans ses représentations religieuses. Pour la raison qui croit pouvoir tout mettre dans une lumière sans ombre, ces représentations ne gardent pas de secrets. C'est l'homme qui produit les religions pour donner une forme à un univers dont il ne connaît pas les lois et pour se donner l'impression d'avoir un recours contre ses angoisses. Inutile d'insister sur la naïveté scientifique de toutes ces théories concernant les origines des religions.

Si les religions ne sont qu'une préparation à la raison maîtresse d'elle-même et efficace dans son emprise sur le monde, l'homme était appelé à investir ses espoirs et ses enthousiasmes religieux dans l'édification de la société humaine. J.J. Rousseau propose d'établir ce que, le premier, il nomme la «religion civile» (*Le Contrat social*, XI, 8), celle dont il appartient au souverain de fixer les dogmes et les prescriptions, et dont il doit sanctionner le respect par la peine de mort. De fait, les sociétés sécularisées ont eu tendance à reprendre à la religion bien de ses caractéristiques fonctionnelles. Elles organisent un culte liturgique pour l'homme et, avec un dévouement missionnaire, elles propagent leur croyance dans le progrès. Le reflux du religieux sur le temporel peut donner aux convictions idéologiques un caractère si absolu que leur logique conduit des réformistes ou des révolutionnaires à une intransigeance doctrinale rarement observée dans les religions. C'est pourquoi la civilisation sécularisée qui a donné naissance à la démocratie a également engendré les dictatures qui sont les plus féroces qui aient jamais existé, précisément parce qu'elles veulent incarner l'idéologie du progrès. Gramsci, le grand penseur marxiste italien, a très bien analysé ce transit du christianisme sur le marxisme. Celui-ci représente, dit-il, une théologie sécularisée qui a voulu déplacer vers l'histoire humaine l'espérance, le salut, l'accomplissement de l'humanité et du monde. C'est pourquoi «sa volonté réelle se travestit en un acte de foi en une certaine rationalité de l'histoire, en une forme empirique de finalisme passionné qui apparaît comme un substitut de la Prédestination (divine), de la Providence et des religions confessionnelles...».

Le marxisme a sans aucun doute été le produit théorique et pratique le plus total de la sécularisation. Il entend présenter une vision englobante de l'histoire et intégrer toutes les sciences dans le mouvement en avant vers l'eschatologie terrestre. C'est pourquoi il a fasciné tant d'intellectuels qui aspiraient à une synthèse englobante, capable d'allier l'interprétation scientifique, l'efficacité technologique et l'enthousiasme mystique. Écoutons comment un historien français décrit son adhésion de 1949 au Parti communiste, dont il s'est depuis détourné : «C'était une conversion... Toutes proportions gardées j'étais saint Paul sur son chemin de Damas, ou Claudel derrière son pilier de Notre-Dame... Sentiment très intense de participation aux destins d'une humanité ascendante et collective. Je ne puis comparer cela qu'à l'extase ou semi-extase que je connus lors de ma première communion...»[2].

[2] E. LE ROY-LADURIE, *Paris-Montpellier, P.C.-P.S.U., 1945-1963*, Paris, 1982.

Il y a donc une grande ambiguïté dans l'idée de la sécularisation. Elle signifie d'abord l'accès à l'autonomie des entités culturelles qui composent le monde profane. En deuxième lieu, elle implique, pour certains, l'exclusion de toute relation à Dieu. La variété des rapports des différents États européens à la religion reflète les différentes modalités de la sécularisation. Dans certains États démocratiques, la religion protestante reste la religion de l'État, cependant que tout le domaine social, politique, culturel et scientifique y est en réalité complètement autonome par rapport à la religion. D'autres États sont athées, en ce sens qu'en droit ils sont neutres par rapport à la religion. Certains soutiennent différents cultes religieux reconnus par la loi et financent également les «écoles libres» basées sur des principes religieux et dont les communautés religieuses sont le pouvoir organisateur. En France, par contre, de puissants groupes politiques voient dans l'«école libre» une atteinte à la sécularisation de l'État. Tous ces États démocratiques reconnaissent en tout cas la liberté de religion ainsi que de la propagande athée. Seuls les États marxistes ont officiellement adopté l'idéologie englobante de la sécularisation et essayent de l'imposer par l'enseignement et par la force.

La foi religieuse à l'intérieur d'un monde sécularisé

L'ambiguïté du terme de sécularisation est telle qu'elle fait aussi méconnaître la réalité de la présence religieuse. Cette ambiguïté se projette dans la lecture historique et sociologique des faits. En vertu de leur nostalgie du passé religieux, certains pensent que l'Europe, parce qu'elle est sécularisée, s'est en fait déchristianisée. D'autres prennent leur idéologie pour une réalité et croient que les hommes, arrivés à la maturité et appartenant à une culture scientifique, abandonnent nécessairement la religion. On comprend que des sociologues de la religion nous mettent en garde en montrant que la sécularisation prend des formes tellement diverses que ce concept n'est, à y regarder avec soin, qu'un vague indice pour désigner des modalités très diverses des rapports entre religion et société[3].

On peut s'accorder sur l'observation d'une large déconnection actuelle entre la vie publique et la religion. Même là où la religion est la religion d'État, les références religieuses sont plus symboliques qu'effectives. La

---

[3] Ainsi D. MARTIN, *The Religions and the Secular. Studies in Secularisation*, Londres, 1969; de même Ch. Y. CLOCK et R. STARK, *Religion and Society in Tension*, Chicago, 1969.

religion y est comme le roi qui règne mais ne gouverne pas. Généralement la religion y est bien plus invisible que jadis. Mais cela signifie-t-il une déchristianisation? Et la religion n'a-t-elle plus d'influence sur la civilisation? La neutralité religieuse de la vie publique peut donner cette impression à ceux qui viennent de civilisations non-occidentales. Ce serait pourtant une interprétation erronée de la réalité européenne.

Laissons d'abord parler les faits. Je les prends dans les études sociologiques. Presque deux tiers de la population s'affirment religieux, environ un quart disent qu'ils ne le sont pas, et assez peu, 5% peut-être, se déclarent sans plus athées. Dans leur majorité, les Européens disent que Dieu est important pour eux. D'après leurs propres déclarations, la morale que proposent les dix commandements de la Bible demeure le fondement des conceptions sinon des comportements éthiques pour la majorité. Dans son ensemble, la civilisation européenne reste donc fortement attachée à l'orientation religieuse et morale de la civilisation chrétienne. A croire les sujets des enquêtes, 60% prient au moins quelques instants chaque jour. Il faut cependant noter que, particulièrement dans la jeunesse, la foi en Dieu et en l'au-delà a baissé depuis 20 ans et que la pratique religieuse a diminué. Je n'oserais pas en tirer une conclusion, car trop de facteurs variables déterminent la situation religieuse pour qu'on puisse baser une prédiction sur le déclin religieux de quelques années ou d'une génération. Ce qui frappe aussi les enquêteurs, c'est que généralement les Européens sous-estiment les convictions religieuses et morales de leur société; en d'autres termes, les enquêtes montrent que les Européens sont plus religieux et plus attachés à la morale chrétienne que ne le pensent ceux qu'on interroge à propos des autres.

Cette dernière observation invite à une réflexion critique qui concerne précisément la sécularisation. J'ai exposé, plus haut, le caractère idéologique qui surdétermine le terme de sécularisation. Les discours et les écrits de ceux pour qui la sécularisation signifie l'affranchissement de l'homme de toute religion ont imprégné la mentalité et ont déposé dans bien des milieux une conviction que la religion subit un déclin progressif.

La situation du christianisme en Occident peut donner l'apparence de justifier cette impression. Plusieurs éléments de la sécularisation, en effet, ont enlevé à la religion certains domaines de la vie, de sorte que son influence s'est visiblement réduite. Il y a tout d'abord l'immense terrain des besoins, des misères ou des angoisses où la religion représentait autrefois pour de nombreux hommes un moyen de se défendre contre les dangers par le recours à la providence divine ou à la protection d'une autre puissance surnaturelle. On faisait des pèlerinages ou des offrandes pour la guérison des malades. Des processions avaient lieu pour la réussite de la moisson. On faisait appel à Dieu pour qu'il allège la pauvreté. Il suffit de voir les pratiques religieuses dans d'autres régions pour se rendre compte de l'importance qu'y ont encore les besoins humains. De nos jours la médecine, la science agronomique, la lutte sociale ont remplacé ces fonctions religieuses. L'homme éclairé et fort de sa technologie prend lui-même en main son destin terrestre et regarde facilement avec un certain mépris les anciennes formes populaires de la religion. Il n'en manque même pas qui assimilent la religion à ces fonctions et qui se demandent à quoi la religion peut encore servir dans une société technologique.

Dans le domaine de la vie publique également, la religion a pour une large part perdu ses fonctions de jadis. Très rares sont les cérémonies officielles qui ont encore un caractère religieux. Or ces cérémonies sont des rites symboliques où la société se manifeste et atteste ses valeurs officiellement reconnues. Les lois qui expriment et fixent les conceptions éthiques des sociétés ne font plus référence à un fondement divin, mais aux droits de l'homme. La séparation des domaines, religieux et public, n'est pas nécessairement un divorce. Cette séparation n'en a pas moins retiré à la religion une fonction qui était autrefois très importante.

Même les valeurs éthiques pour lesquelles les hommes peuvent s'engager, celles de la justice, du respect de la vie, de la qualité de la vie, sont reconnues comme des valeurs proprement humaines. Certes, elles sont en grande partie héritées de la tradition chrétienne, mais l'humanité civilisée les a reprises.

Toutes ces caractéristiques de la sécularisation mettent la foi religieuse à l'épreuve, car le croyant se demande si la religion est encore nécessaire ou efficace. En outre, il se trouve exposé à la critique que fait de la religion un athéisme militant qui est parfois, ou souvent, méprisant pour la religion. Mais le croyant peut aussi découvrir que toutes les fonctions que la religion a perdues ne lui sont pas essentielles. Le croyant, qui reconnaît l'autonomie propre de l'ordre du monde, peut adhérer plus personnellement et plus pleinement à la nouveauté de Dieu qui vient à lui par sa religion et qui donne, à son existence, une paix, une joie et une profondeur que rien d'autre ne peut lui procurer. La sécularisation peut donc libérer dans la religion ce qu'elle est essentiellement. Celle-ci sera par conséquence plus privée, parce que plus personnelle. Ce serait cependant à nouveau une représentation trompeuse que de voir ici une privatisation de la religion. En effet, si elle est personnelle, la religion anime aussi la vie humaine, soutient l'effort pour maintenir dans la société les valeurs éthiques et inspire des engagements sociaux et politiques. La présence de la religion dans une société sécularisée est moins visible, plus discrète, mais elle n'est pas pour autant moins effective.

L'invisibilité de la religion n'est d'ailleurs que relative. Il n'est qu'à entrer dans les librairies pour voir la présence de la religion dans les publications de livres et de revues. En rapportant le dernier festival du cinéma à Cannes, le journaliste du quotidien *Le Monde* s'est dit impressionné par la présence de Dieu dans de nombreux films. Et quel leader attire plus d'hommes sur les places publiques et dans les stades que l'évêque de Rome et quel homme est reçu avec plus d'honneurs officiels, par les intellectuels aussi bien que par les gouvernements? Il reste que d'une certaine manière la religion est devenue à ce point l'affaire de la vie personnelle qu'on peut fréquenter très longtemps des personnes sans savoir si elles sont religieuses ou non. Comme exemple de la reconnaissance explicite du caractère privé de la foi, nous pouvons citer le fait que les universités catholiques elles-mêmes n'exigent plus une profession de foi de leurs professeurs ou de leurs étudiants. N'est-ce pas également le signe qu'elles ne voient aucune incompatibilité entre l'esprit scientifique et la religion? Curieusement, certains incroyants continuent néanmoins de répéter que la foi religieuse s'oppose à l'autonomie du scientifique. Comment ne pas penser que d'obscures raisons irrationnelles expliquent cette attitude, celles-là, précisément, qui ont fait partie de l'idéologie de la sécularisation?

La société post-moderne

Par ce terme on désigne généralement la civilisation européenne contemporaine qui a largement perdu la foi dans les promesses des temps modernes. L'époque moderne avait mis ses espoirs enthousiastes dans la maîtrise de la nature et de la société. Pendant plus de deux siècles, l'homme a cru que le perfectionnement continu de la rationalité aurait pour effet l'augmentation incessante de sa puissance et, par voie de conséquence, un accroissement de bien-être et de bonheur, de liberté et d'égalité entre les hommes. Or, non seulement il a fait l'expérience des limites de son pouvoir, mais il découvre que la civilisation rationnelle et technologique crée de nouveaux problèmes et qu'elle met en danger l'équilibre entre l'homme et la nature, entre l'individu et la société. La déception est d'autant plus douloureuse que la perspective progressiste avait exalté les désirs et la confiance.

La crise de civilisation de l'époque post-moderne consiste dans la prise de conscience critique que les déconvenues ne résultent pas de hasards et d'imprévus, mais que la civilisation produite par la sécularisation moderne est génératrice de ces désordres. Cette civilisation se caractérise, en effet, par la constitution de systèmes supra-individuels qui, forgés pour être les instruments du pouvoir de l'homme, fonctionnent par eux-mêmes et échappent dès lors pour une grande part à la maîtrise humaine. Ainsi l'économie est-elle une organisation comparable à une machine infiniment complexe dont le fonctionnement ne se laisse pas maîtriser par les manipulations calculatrices et qui évolue indépendamment des projets et des motivations des hommes. Ceux-ci en éprouvent le sentiment de jouer plus le rôle de supports au service du système en marche que d'en disposer selon leur volonté. Les crises économiques sont les moments de désarroi où se manifeste le plus clairement la vérité du rapport ambigu de maîtrise réciproque entre l'individu et l'économie comme système autonome.

Dans tous les domaines de la vie, le projet de les maîtriser par une organisation rationnelle a ainsi créé ce que le philosophe Karl Popper appelle des milieux exosomatiques. Ce sont des organismes au moyen desquels l'homme assure son emprise sur son milieu en augmentant le pouvoir-faire dont il dispose par son corps. La machine en est le premier exemple. L'homme y dépose déjà sa rationalité instrumentale pour transformer plus efficacement son milieu. A partir du moment où l'homme se voue à l'exploration expérimentale de la nature, il se trouve entraîné dans un processus dont la logique propre exige l'organisation de systèmes de pouvoir qui évoluent au-dessus des individus. L'immense coût de la recherche scientifique requiert une économie de type capitalis-te, que ce soit un capitalisme plus ou moins libéral, un capitalisme d'État ou une combinaison des deux. La distribution des produits de ces recherches requiert elle aussi une organisation complexe. De cette façon se constituent des milieux exosomatiques interdépendants et qui, comme des machines, deviennent des réalités autonomes. On en étudie le fonctionnement, mais celui-ci défie le contrôle scientifique que l'homme essaie d'en avoir. Ainsi le progrès de la médecine provoque l'explosion démographique et celle-ci crée un appel à l'assistance médicale qui menace de ruiner les sociétés modernes.

L'effet le plus déroutant de la constitution des organismes exosomatiques est sans doute qu'ils détruisent en partie les valeurs que la civilisation du progrès avait rêvé de réaliser par leur moyen. Les vicissitudes de l'idéal et du sentiment de liberté illustrent les paradoxes de la civilisation technologique. Fondamentalement la liberté consiste dans la capacité de se déterminer soi-même. C'est aussi ce que signifie, selon son étymologie, le terme d'autonomie : est auto-nome celui qui a le pouvoir de se donner à lui-même les lois d'après lesquelles il entend régler son existence. La liberté suppose donc, négativement, qu'on s'est affranchi d'une puissance hétéronome. L'idéal qui animait la sécularisation comportait ces deux aspects de la liberté. L'homme se posait comme l'auteur de sa propre destinée en transformant sa dépendance envers la nature en une intervention volontaire et en assumant lui-même le pouvoir des décisions politiques et sociales au lieu de rester soumis à l'autorité que les hasards et les traditions historiques avaient fait régner sur lui. La liberté recevait son contenu positif d'auto-détermination par le contrôle rationnel sur toutes les puissances, naturelles et sociales. Or la mise en œuvre de cette souveraineté de l'homme conduit à la création d'organismes aux ramifications si complexes qu'ils se constituent en une sorte de deuxième nature et que, affranchis de leur souverain, ils se mettent à le dominer. La bureaucratisation des États modernes en est une manifestation et le sociologue R. Merton estime à raison qu'elle est un phénomène typique du «procès de la sécularisation»[4]. L'éducation, le mode de travail, les soins de santé, même les loisirs deviennent des éléments d'une vaste planification, presque anonyme, qui coordonne la vie dans une prospective rationnelle. Les institutions politiques, que les hommes se sont données pour contrôler les décisions qui les concernent, se transforment en instruments que les tâches de gestion technique éloignent de plus en plus de ceux que ces instances politiques sont supposées représenter. De toutes les contraintes que cette société diversifiée et complexifiée impose aux individus, il résulte un sentiment de perte de liberté. La fameuse dialectique hégélienne du maître et de l'esclave se reproduit. Celui qui a forgé les appareillages exosomatiques pour maîtriser son existence se trouve dominé par leur évolution qu'il ne contrôle pas ; mais il ne peut plus s'en affranchir sans renoncer aux multiples bénéfices auxquels il reste malgré tout attaché. On proteste contre la société, éprouvée comme répressive, mais on attend d'elle qu'elle soit la providence qui assure le bien-être et les soins de santé. On voudrait que les

---

[4] Cfr *Social Theory and Social Structure*, New York - London, 1968, p. 256.

individus puissent se réaliser selon leur spontanéité créatrice, mais on exige de pouvoir jouir des productions d'une société industrialisée. On s'indigne des confrontations des opinions et des intérêts que provoque la démocratie, mais on ne voudrait pas vivre dans un système de dictature. Un satiriste pourrait écrire un nouvel «éloge de la folie» en dressant le tableau des contradictions qui déchirent le monde post-moderne.

Ces contradictions manifestent combien vives sont les aspirations utopiques que la civilisation sécularisée a éveillées et combien amer est le désenchantement devant l'état des choses qu'elle a engendré. Le mythe d'un progrès aux possibilités infinies est mort. Certes, il y a toujours la volonté de réaliser de nouveaux progrès ; mais on sait qu'ils sont partiels et régionaux et on n'identifie plus la libération de l'homme avec les conquêtes d'une action rationnellement dirigée. On observe même des signes d'un désillusionnement dangereux qui porte à se retirer de l'engagement responsable et à accuser la mentalité scientifique de tous les maux. La nostalgie d'une existence plus naturelle fait se tourner vers des civilisations archaïques dont on admire la proximité avec la nature et le style direct des relations humaines ; mais on détourne le regard des souffrances et des angoisses qui enveloppent ces existences.

Il y a donc crise de civilisation parce que les problèmes que celle-ci a créés ont dissipé les croyances qui l'ont animée. En dépit des nostalgies de certains, on ne reviendra cependant pas simplement en arrière. La grande question qui se pose est de savoir si la civilisation post-moderne trouvera les principes communs sur lesquels les individus pourront établir leur entente et leur collaboration. Avant la sécularisation, la religion chrétienne avait présenté une vision du monde et de l'existence qui pouvait rassembler les individus et les instances sociales en les reliant à un centre divin et en mettant le monde en perspective sur un sens ultime qui dépasse l'histoire humaine. D'éminents sociologues continuent d'insister sur cette fonction sociale de la religion. Ainsi, pour Talcot Parsons, la contribution de la religion à la société consiste à «régler l'équilibre entre l'engagement motivationnel de l'individu en faveur des valeurs de sa société et son engagement, par la médiation de ces valeurs, pour son rôle dans cette société»[5]. Et Robert Bellah estime que «la religion représente le mécanisme le plus général pour l'intégration du sens et de la motivation en des systèmes d'action»[6]. La «religion de

---

[5] *Structure and Process in Modern Society*, Chicago, 1960, p. 302.
[6] *Beyond Belief*, New York, 1970, p. 12.

l'homme» peut-elle se substituer à cette fonction? Comment la civilisation retrouvera-t-elle les principes communs qui puissent unifier et motiver les hommes? La sécularisation est un processus irréversible, mais on ne croît plus à la construction d'un paradis de liberté et de bonheur par le progrès.

On peut penser que l'Occident dispose d'assez de ressources culturelles et éthiques pour unifier les hommes dans la recherche d'un nouvel équilibre entre une civilisation à la fois hautement technique et une existence plus en harmonie avec la nature, entre le maintien de puissants organismes socio-politiques et une décentralisation qui restitue un certain pouvoir aux individus, entre les contraintes du travail planifié et la liberté d'initiative des individus. Bien des signes manifestent pareille recherche d'une nouvelle éthique et d'un nouvel humanisme. Personnellement, je suis convaincu que la foi chrétienne, partagée par la majorité, peut être un puissant dynamisme dans la genèse d'une nouvelle civilisation. La religion n'a pas à apporter des solutions spécifiques, car elle reconnaît que la réalité du monde a sa cohérence propre. Mais, d'une part, en ne plaçant pas l'achèvement de l'homme dans son histoire terrestre, elle préserve de la déception fataliste à laquelle expose l'idéologie du progrès; d'autre part, en donnant un supplément de sens aux réalisations humaines, elle incite à vaincre la maladie, l'ignorance, l'injustice et le désespoir.

Conséquences pour le dialogue avec les autres civilisations

Les contacts avec l'Occident ne peuvent jamais laisser indemnes les autres civilisations. L'histoire de l'Europe montre que les civilisations forment un ensemble où les différents éléments sont nécessairement en interaction. L'adoption du principe de la science expérimentale transforme toute la société. Il n'y a pas de recherches scientifiques sans une puissante industrie pour la financer et sans un État moderne capable de gérer l'économie. L'esprit scientifique et l'organisation d'un État moderne requièrent une formation rationnelle qui pénètre toute l'éducation. La liberté de pensée en est la conséquence inévitable. A moins d'imposer une dictature athée ou religieuse, le progrès technologique, parce qu'il est solidaire de l'esprit scientifique, fait inévitablement se briser l'unité des convictions religieuses ou idéologiques. Cette rupture est d'autant plus inévitable que l'esprit scientifique s'étend nécessairement aux réalités culturelles et aux croyances religieuses. Les sciences humaines se dévelop-

pent en même temps que les sciences de la nature. Non seulement se
perdent ainsi des motivations très humaines qui avaient soutenu la
religion ; la croyance religieuse elle-même se trouve mise en question par
les études de l'histoire, par la psychologie et par la sociologie. Certes, un
esprit éclairé peut démythologiser certaines conceptions religieuses et
abandonner certaines pratiques, sans perdre pour autant la foi. Mais on
n'imagine pas une société éduquée à l'esprit scientifique qui ne produirait
pas des athées. Toute civilisation qui reprend à l'Occident son esprit
scientifique deviendra inévitablement pluraliste. Même la société qui
refuse de se proclamer officiellement a-religieuse met pratiquement la foi
religieuse en liberté lorsqu'elle accueille l'esprit scientifique. Et si la
société veut maintenir ses valeurs et ses croyances religieuses par la
contrainte, elle suscitera un athéisme de combat qui prendra le contrepied de l'héritage religieux.

Voilà les réflexions que sa propre histoire impose à l'Européen. Elles ne
nourrissent pas nécessairement un sentiment de supériorité, car, instruit
par la crise post-moderne de sa propre civilisation, l'Européen n'a plus
l'orgueil qui identifie la dignité humaine et la valeur éthique avec la
rationalité et avec la puissance technologique. Bien au contraire, peut-
être plus que d'autres, il est conscient que, sans la sagesse du cœur et sans
la force de l'âme que donne la vie intérieure, les entreprises audacieuses
du monde moderne ne sont que le décor prestigieux qui cache un vide
d'humanité. Il reste que, sur le plan de la rationalité, l'Occident a
accompli un progrès démiurgique. Il se demande comment les autres
préserveront leur style de vie, leurs conceptions politiques et leur mode
de vie et de pensée religieuses tout en empruntant les chemins de la
planification rationnelle. On comprend et on estime la volonté de
sauvegarder l'héritage culturel propre ; mais on ne voit pas comment la
reprise à l'Occident des valeurs qu'il a créées n'entraînerait pas une
modification profonde de la civilisation.

De toute manière, nous sommes en un moment de l'histoire où les
dépendances réciproques qu'entraînent les projets industriels peuvent
être des facteurs d'unification sous l'égide de l'esprit scientifique. Il est
heureux qu'à ce même moment on repère aussi les signes d'un mouvement vers une unité spirituelle et culturelle sans que celle-ci fasse redouter
l'effacement des particularités dans un universalisme abstrait. La recherche en Europe d'un nouvel équilibre entre l'unification et la promotion
des cultures locales favorise la même disposition envers les autres
civilisations. Les centres d'études arabes et islamiques qu'ont organisés

de nombreuses universités témoignent du désir de maintenir ensemble l'humanisme, les échanges commerciaux et les intérêts de nature technologique. L'Occident a également dépassé l'intolérance religieuse qui caractérise souvent les civilisations fermées sur elles-mêmes. En affranchissant la société de ses liens étroits avec la religion, la sécularisation a également libéré la religion pour elle-même et, ayant reconquis son authenticité spirituelle, le christianisme se retrouve aussi dans une communauté spirituelle avec les autres grandes religions.

Il fut un temps où, pour maints chrétiens, l'islam était le premier ennemi et où, pour maints musulmans, c'était le christianisme. Ce n'est sans doute pas un rêve déraisonnable de penser, d'une part, que l'avance obstinée de la rationalité scientifique assurera une unité d'esprit plus forte que les oppositions des intérêts et, d'autre part, que la recherche d'un supplément de sens, d'ordre culturel et spirituel, fera se rapprocher les hommes dans un commun effort pour que la civilisation technologique n'étouffe pas l'esprit.

30

PSYCHANALYSE ET RELIGION

Psychanalyse appliquée?

D'où parler pour traiter du rapport entre psychanalyse et religion? Du lieu de la psychanalyse, placée en première position dans le titre qui m'a été proposé? Cela supposerait que la psychanalyse se suffit. Dans cette perspective, la religion ne serait qu'une obscurité relative que la lumière de l'analyse rendrait à sa transparence, occultée par ses représentations. Ou bien faut-il également inverser les positions respectives et confronter la psychanalyse avec la religion? Ce va-et-vient interrogatif serait plus conforme à la psychanalyse en acte où la parole de l'analysant constitue la seule vérification des constructions interprétatives. Or, il faut bien le dire, Freud n'a pas écouté la religion de la façon dont il a écouté les récits et les associations des ses analysants. Dans ses écrits, ni le pratiquant de l'anthropologie culturelle, ni le croyant ne retrouvent la religion dont ils connaissent les intentions, les structures, et les discontinuités historiques et psychologiques.

L'expérience analytique ne montre pas non plus que la cure amène généralement les croyants à conclure à «la bêtise»[1] de leur conviction religieuse. Il en est, bien sûr, qui le font, en particulier ceux que la cure aide à régler leurs comptes avec une religion obsessionnelle contre laquelle ils se révoltaient sans pouvoir se l'avouer. Il en est aussi qui s'affranchissent de leur ambivalence pour découvrir autrement la religion. Il en est encore qui accueillent le message religieux comme l'achèvement

---

1. Qualificatif donnée par la rédaction de *Topique*, n° 26, p. 127 en note.

de leur parcours thérapeutique. Tout comme il en est que l'analyse confirme dans leur fin de non recevoir. De ces expériences diverses, on ne sait pratiquement rien, car la discrétion des uns et le respect des autres en censurent, heureusement, la divulgation. Et pourtant ces expériences donnent à penser.

L'idée théorique et programmatique d'une «psychanalyse appliquée» révèle toute son ambiguïté lorsqu'elle est mise à l'épreuve ou bien de l'expérience analytique, ou bien de la pratique d'une science, que ce soit la linguistique, l'anthropologie culturelle ou celle des religions. Prise à la lettre de sa formulation, l'application de la psychanalyse n'a d'intérêt que de confirmer l'analyste dans l'assurance massive de ses présupposés théoriques non interrogés. Elle favorise cette littérature, exécrable par sa prétention correctionnaire, qui quadrille les œuvres littéraires ou plastiques et les explique par les fixations orale, anale, masochiste... Aussi n'est-ce pas ce schème de la psychanalyse appliquée qui régira mes propos sur la psychanalyse et la religion, mais la question de l'écart entre les deux motivera l'interrogation sur la tension interne au sein des concepts analytiques, tension que l'«application» réduit en donnant à la psychanalyse la position d'instance initiale par rapport aux domaines qu'elle investit.

Avouons que le génie de Freud ne l'a pas prémuni contres les vices insidieux d'une psychanalyse appliquée. Son intérêt pour les religions est significatif à cet égard. Il inclut leur étude dans un programme idéal de la formation analytique. En réalité, ce qui l'y intéresse, c'est le symbolisme des langages et des rituels religieux. Mais il ne leur accorde d'attention qu'en les réduisant à des confirmations de son propre système interprétatif. Depuis la rédaction du chapitre sur les symboles oniriques, qui a conclu les années de discussion avec Silberer et Jung, il en possède a priori le secret: tout comme ceux du rêve, les symbolismes religieux sont les survivances collectives d'un archaïsme culturel, transmis par hérédité et conservé dans l'inconscient. Sous les déguisements fabuleux et célestes, la psychanalyse met à nu le langage originaire du sexe, de ses fantasmes, de ses pratiques hérétiques, de ses crimes. Tout cet univers d'intérêts primaires aurait donné naissance au premier langage. La répression en aurait occulté l'identité transparente avec les choses du sexe, mais l'analyse la redécouvre sous les déplacements religieux. Freud a moins innové ici qu'il n'y paraît; il s'inscrit dans tout un courant de la *Sprach-*

wissenschaft et de la *Völkerpsychologie* de l'époque[2] auquel il entend donner son assise dans une théorie qui combine son concept de l'inconscient et le néo-darwinisme de Haeckel. L'étude des religions ne représente dès lors pour l'analyste en formation qu'un exercice de décodage stratégique pour la confirmation de la thèse freudienne sur le symbolisme. Sans doute favorise-t-elle aussi la perception des nœuds archaïques disséminés dans les discours venant du divan. On ne regrette pourtant pas la disparition de ces exercices dans la formation analytique s'ils ne sont que la reproduction des rouages simples de la psychanalyse appliquée. Ce style d'interprétation bouche l'oreille aussi bien pour ce que signifie le sexe que la religion. Si le sexe incite à parler et s'il éprouve la nécessité de se signifier en s'accordant à d'autres champs de sens, est-ce pour abriter son secret sous des emprunts, ou n'est-ce pas plutôt parce qu'il ne se laisse pas rabattre sur ses fonctions immédiates?

La linguistique et la sémiologie contemporaines disqualifient la lecture que Freud fait des mythes et des symboles religieux. Elles enlèvent son titre de créance à une psychanalyse appliquée selon laquelle «la comparaison de l'enfance de l'individu avec la préhistoire des peuples s'est déjà montrée féconde dans plusieurs directions»[3].

En s'opposant à Freud, Jung ne reste pas moins enfermé dans le psychologisme qui affecte la psychanalyse appliquée. La religion qui se love dans les limbes de l'âme jungienne n'est toujours qu'un produit psychique et les sortilèges mystagogiques que dirige la psychologie analytique ne font pas sortir l'égo d'un face à face avec lui-même, fût-il engorgé de ses images souterraines. Le confirme avec éclat la réponse de Jung à la question de savoir s'il croyait en Dieu: «Je ne crois pas, je sais»[4]. Quel est ce Dieu que le psychologue observe dans les «profondeurs» de l'âme?

CONDITIONNEMENT CULTUREL DE LA PSYCHANALYSE

Pour comprendre le rapport entre la psychanalyse et la religion, il faut aussi que les principes analytiques se mesurent à leur objet mesuré. Or, la première observation à faire est que l'approche historique interdit de

2. Voir John FORRESTER, *Le langage aux origines de la psychanalyse* (traduit de l'anglais), Paris, 1980, p. 254 ss.
3. S. FREUD, *L'intérêt de la psychanalyse*, Paris, 1980, p. 86.
4. Interview de 1959 devant la télévision B.B.C.

simplement parler de «la religion». L'histoire des religions conditionne même la constitution de la psychanalyse comme un nouveau type de pensée et de pratique. Elle se trouve elle-même prise dans une histoire qui la déborde et dont il faut prendre conscience pour mieux la comprendre du dedans.

Avant l'analyse, les religions de possession étaient thérapeutiquement efficaces et elles le sont toujours en dehors de notre aire culturelle. Elles opèrent cet effet en vertu de la croyance de la communauté dans l'univers des esprits qui détermine l'identité personnelle et préside aux rapports sociaux. Ces références symboliques donnent le dispositif pour l'interprétation des dérèglements mentaux et elles régissent rigoureusement l'ordonnance rituelle des possessions par lesquelles le sujet perturbé reconquiert son identité personnelle et rétablit ses liens sociaux. Quelle explication la psychanalyse peut-elle fournir de ce phénomène? Le concept de projection auquel on fait appel rend tout au plus compte de l'attribution aux esprits de leur intentions électives ou punitives. Elle n'éclaire en rien la croyance elle-même à l'univers symboliquement articulé et signifiant des esprits. Et lorsque projection il y a, elle est sollicitée par la croyance de la communauté. Mettre la projection à l'origine de cette croyance, ce serait comme faire naître du jacassement des sorcières l'arbre sur lequel elles jacassent.

Si la psychanalyse n'inclut pas la croyance aux esprits dans sa théorie explicative, sa possibilité s'en trouve exclue. Pour la conscience circonscrite et polarisée par le règne des esprits, seule est possible une thérapie religieusement initiatique. La psychanalyse suppose l'avènement d'un autre type d'homme, celui dont la subjectivité se définit par son pouvoir d'être l'actant de sa propre histoire. L'affirmation freudieme que l'homme n'est pas le maître dans sa propre maison n'a de sens que comme l'envers de cette subjectivation destinale, tout comme le mensonge n'a de lieu que dans le registre de la vérité. Il fallait que l'espace psychique soit promu à son autonomie, négativement par l'éloignement des puissances surnaturelles déterminantes, positivement par un langage qui fait exister le sujet comme s'autorisant de lui-même et requis par la vérité, assumant dès lors sa propre existence en tant que cheminement historique à accomplir. Le christianisme a sans conteste immensément contribué à créer cet espace psychique qui a été la condition de possibilité pour la naissance de la psychanalyse. Merleau-Ponty le rappelle à juste titre: «Comment ôter au christianisme, pour les attribuer à une raison universelle et sans lieu natal, des idées telles que celles d'histoire, de subjectivité, d'incarnation, de finitude positive...»?[5] Freud lui aussi refuse d'attribuer à une raison universelle les déterminations anthropologiques de la culture en transformation; à la raison il substitue le mouvement des productions inconscientes. Mais il paraît bien impossible de faire émerger d'un fond inconscient la subjectivité moderne qui est un préalable pour la psychanalyse. Par contre, sans prendre parti sur les convictions de la religion chrétienne, on peut reconnaître leurs effets dans la transformation anthropologique. Souvenons-nous de ses idées essentielles. Le message monothéiste, associé au concept de création, pose l'homme dans son autonomie humaine, face au seul Dieu qui n'est plus le déterminant de son identité particulière ni des structures sociales. L'interpellation par la parole personnelle que Dieu lui adresse lui signifie sa liberté radicale pour la réponse personnelle par laquelle il engage son existence la plus intime, indépendamment des contingences locales et historiques. Ainsi l'homme se trouve-t-il défini en tant que sujet de sa parole et de son histoire.

Perdus ou contestés ces noyaux signifiants de la conception de l'homme, l'espace psychique n'existe plus où la psychanalyse peut avoir son lieu. Témoin l'idéologie marxiste qui fait de la conscience le reflet d'une dialectique historique contraignante. Et que reste-t-il de la psychanalyse dans la conviction qu'elle subvertit l'idée de la subjectivité au point d'en faire l'interface de discours balladeurs et anonymes? Ainsi entendue, l'analyse annonce que son soir s'achève sur la reprise de certains fragments de sa théorie par une critique littéraire ou par une sophistique philosophique renouvelée. Les processus primaires y trouvent assurément la complicité pour libérer leurs rondes primitives. De la psychanalyse il ne reste que des retombées hors clinique.

On se demande si l'histoire qui chemine préservera les présuppositions qui n'entrent sans doute pas directement dans la théorie analytique, mais qui la fondent. Leur lieu de naissance historique et culturel ne les destine pas nécessairement à durer. Le philosophe peut penser que la mutation accomplie, en Occident, dans le rapport de l'homme à lui-même a valeur universelle parce que produisant au jour ce qui était latent partout. Paradoxalement, ceux que l'arsenal analytique condamnait à la disparition, les croyants juifs et chrétiens, auront toujours des raisons pour croire que les mêmes idées directrices concernant l'homme se maintiendront à travers les flux et reflux des mouvements de pensée.

5. *Signes*, Paris, 1960, p. 179.

La neutralité analytique et sa confrontation avec la religion

L'apparition de la psychanalyse sur le sol culturel pénétré d'idées chrétiennes a déterminé son rapport à la religion. C'est essentiellement à la religion biblique qu'elle s'est confrontée et c'est à celle-ci qu'elle continuera sans doute de se rapporter, soit pour accepter une entente dans un écart critique, soit pour en recueillir les constructions symboliques tout en montrant comment l'irréel imaginaire s'y fait passer pour réel. Les autres religions ne sont plus, pour elle, que les ébauches révolues par lesquelles s'est préparée la religion qui est sa véritable interlocutrice, celle du Père. Pour remettre les polythéismes au présent, il faut vraiment qu'une psychologie jungienne les fasse monter des profondeurs oniriques de la grande Nature qui habite l'âme. Encore ne voit-on pas les adeptes initiés prier la déesse Athena ou lui offrir des sacrifices.

On connaît les prises de position divergentes de Freud sur les rapports entre la psychanalyse et la religion. Par principe, la psychanalyse est neutre envers la religion[6]. Elle n'est pas «une vision du monde», en effet. Elle n'est même pas une anthropologie complète, affirme Freud en opposition, entre autres, à Adler[7]. Alors, a-t-il dérogé à ses propres principes lorsqu'il s'est attaché à démystifier la religion en expliquant ses ressorts cachés et fort naturels? Les motifs personnels de son hostilité passionnelle envers la religion importent moins que ses idées, encore que l'analyste soit le dernier à méconnaître la pression que les souvenirs et les fantasmes, vivaces ou enfouis, exercent sur les idées. Même les argumentations explicites des écrits freudiens présentent de nos jours plutôt un intérêt historique, pour autant qu'ils illustrent les points aveugles de certains esprits «éclairés» ou la tranquille superbe de leurs jugements sur les cultures pré-scientifiques. Ce n'est pas la peine de présenter ici les livres de Freud sur la religion, connus de tous, d'en discuter les arguments, d'y relever les paralogismes ou les thèses d'une anthropologie culturelle fantaisiste, ni de s'attarder aux interprétations insoutenables de la bible. On peut supposer que les analystes ne prennent plus Freud pour une autorité scientifique en ce domaine. L'intérêt qu'il y aurait à faire de ces textes une exégèse critique, informée par l'état actuel des

---

6. Lettre à Oskar Pfister du 9 février 1909.
7. *G.W.*, X, p. 96.

études, serait de voir comment une explication généalogique présuppose régulièrement ce qu'elle veut générer par un processus psycho-historique[8]. C'est entre autres parce qu'il a vu le leurre de pareille démarche que Lacan a élaboré sa théorie sur «le trésor des signifiants» qui gouverne l'humanité et qui fait l'homme et non pas que l'homme fait.

La question sur laquelle je voudrais me concentrer ici est de comprendre les énoncés apparemment contradictoires de Freud sur les rapports entre la psychanalyse et la religion. Cette question ne me paraît pas accessoire. Elle ne concerne pas la biographie de Freud, ni ses tendances stratégiques en opposition avec ses convictions intimes. Il s'y agit d'une dissonance interne à ce que la psychanalyse est en vérité dans le chef de son fondateur. A de rares exceptions près[9], les analystes post-freudiens ne se sont pas appliqués à interroger ces écrits freudiens et n'ont pas examiné leur rapport à la religion. Passons sur les épigones mineurs qui revêtent les écrits freudiens d'une autorité canonique et pour qui la question posée est aussitôt résolue par la voix du maître reproduite en écho. Les autres? Est-ce par le principe du respect pour la loi de neutralité analytique? Attention! La question posée n'invite d'aucune manière à tourner l'interdit qui commande l'éthique analytique. Mais la réflexion sur ce qu'il en est de la religion, dans le contexte analytique, fait entrer plus prodondément dans ce que la théorie freudienne a en propre, dans ce qui l'anime, et dont l'élucidation l'empêche de se figer dans ce qu'elle énonce. Deux thèmes s'imposent ici comme essentiels: la question du désir et le sens de la fonction paternelle.

LE DÉSIR EN QUESTION

L'avenir d'une illusion aborde le problème de la religion comme un cas particulier du rapport entre le désir et la vérité. La conclusion de l'enquête est simple: «...les doctrines religieuses sont toutes des illusions, on ne peut les prouver, et personne ne peut être contraint à les tenir pour vraies, à y croire» (p. 45); «elles sont... la réalisation des désirs les plus anciens, les plus forts, les plus pressants de l'humanité; le secret de leur force est la force de ces désirs» (p. 43); une illusion «renonce à

8. Je me suis attaché à cette analyse critique dans *La psychanalyse devant la religion. Études d'anthropologie philosophique*, Louvain-Paris, 1980, p. 74-96.
9. En des sens profondément différents J. LACAN, J. KRISTEVA (*Histoires d'amour*).

être confirmée par le réel» (p. 45). En effet, le discours religieux et la
conscience confessante ne cherchent pas cette confirmation par «le réel».
Le statut de vérité de la religion chrétienne est bien particulier. Au
contraire des mythes qui n'invitent pas à les croire[10], le discours chrétien
affirme une réalité et sollicite l'assentiment à des propositions qui ont
l'intention de dire vrai. Mais il ne prouve rien, ni sur le mode de la
démonstration philosophique, ni sur celui de la vérification historique.
Il proclame «un message» en s'autorisant de celui qui envoie ses messa-
gers. Bien sûr, une énorme littérature scientifique étaie autant que faire
se peut l'historicité des paroles et des actes du fondateur et élabore le
sens et la cohérence interne des contenus de cette religion. Elle ne
prétend cependant pas prouver la vérité de ce qui fait l'essentiel du
message; bien au contraire, elle s'attache aussi à montrer pour quelles
raisons l'adhésion ne peut s'accomplir que par un «acte de foi», raisonnable, certes, mais jamais certifié par la raison. En voulant expliquer
ce genre d'énoncés dans le cadre de son épistémologie scientiste et en
recourant à son binôme principiel du principe du plaisir et de celui de
la réalité («le réel»), Freud ne pouvait leur assigner d'autre lieu épisté-
mique que dans le désir. Ne nous arrêtons pas à la description plutôt
pauvre des désirs qui conduiraient à créer l'idée de Dieu. En opposant
désir et vérité, l'explication de Freud s'apparente à celle par laquelle
Marx entend résoudre la contradiction logique entre la base matérielle
de la Grèce antique et la floraison de ses mythes: «Toute mythologie
domine et forme les puissances de la nature en imagination et par
l'imagination; dès que l'homme domine réellement la nature, la mythologie disparaît»[11]. Freud pousse seulement plus loin l'explication en ajoutant que ce sont les désirs formés dans les expériences archaïques qui
produisent l'imagination (*das Phantasieren*). Au marxisme, il fait en plus
remarquer que la perspective d'une domination réelle de la nature est
également une illusion du désir.

La thèse de l'autoproduction de l'idée de Dieu requiert notre attention
en raison du privilège qu'elle accorde à la vérité comme adéquation au
«réel». Toute conviction qui excède les bornes ce de réel se juge dans
cette optique et est supposée tirer son origine de l'immanence psychique.
Les croyants assument pourtant consciemment la différence entre croire

10. Cf. R. NEEDHAM, *Belief, Language and Experience*, Oxford, 1972; P. VEYNE, *Les gens ont-ils cru à leurs mythes?*, Paris, 1983.
11. *Contribution à la critique de l'économie politique* (trad. par P. LAFARGUE), Paris, 1909, p. 302-303.

et savoir de certitude vérifiée, sans qu'ils aient le sentiment de croire parce qu'ils désirent croire. Leur expérience est qu'il leur faut convertir leurs désirs pour qu'ils s'accordent à leur foi et que c'est l'endurance de leur foi qui doit soutenir leur désir transformé. Au regard de l'analyse du rapport, chez les croyants, entre le désir et le croire, Freud sacrifie au psychologisme en inversant l'ordre entre les deux. Citons à titre d'exemple l'émergence, dans la religion biblique, de la croyance en une vie au-delà de la mort. Loin d'être une des sources de l'idée de Dieu, cette croyance ne s'est formée que tardivement, après des siècles de protestation contre la mort qui paraissait d'autant plus absurde qu'on croyait précisément en un Dieu qui a fait l'homme «à son image et à sa ressemblance». La croyance en une vie heureuse au-delà de la mort est une dérivation de la foi monothéiste dégagée dans sa transcendance et libérée, par les expériences historiques et par les prophètes, du sens que lui donnaient les désirs plus immédiats. Rappelons-nous également le scandale que provoquait chez les grecs, comme chez nombre de chrétiens, le message inouï de la résurrection. Si désir il y a, il est suscité par un discours que n'anticipaient ni la pensée ni le désir, un discours qui déssaisit les destinataires de leur monde familier. Seule les prédispose de manière fort ambiguë leur révolte pour l'inadéquation entre leurs désirs et le réel.

Allons au fond des choses. Ce que le christianisme propose au désir est tellement étranger aux désirs humains, que Freud n'a même pas entrevu ce qu'est la visée même de cette religion: susciter le désir de Dieu. Ce désir ne pouvait se former que séduit par un message inouï dans l'histoire des religions, un message qui risque toujours de perdre son tranchant par une répétition qui l'affadit: celui d'un Dieu qui est amour. Un peu d'expérience des hommes apprend l'immense écart qu'il y a entre leurs désirs et l'éventuelle et douloureuse transformation de ceux-ci en désir de Dieu. Mais les mystiques témoignent aussi de l'extraordinaire jouissance, traversée de souffrance, comme tout amour, qu'ils éprouvent dans la jonction de leur désir avec le Dieu de leur foi.

L'emblème le plus frappant de la religion — chrétienne en tout cas — est donc effectivement le privilège accordé au désir qui est amour et à l'amour qui est désir. Pour cette raison précisément, le désir y est une œuvre à réaliser, à travers des mutations fondamentales qui accomplissent sa visée, ignorée d'abord de lui-même. Impliquant la liquidation du privilège donnée au savoir, la religion opère un tel retournement de la disposition humaine qu'elle prend la figure de «la folie aux yeux du monde».

En dépit de ce qu'on pouvait attendre d'une théorie qui prend en considération la violence de la libido, la psychanalyse freudienne accorde en définitive son privilège au savoir. Héritière d'une tradition qui remonte à Platon et qui s'affirme puissamment dans la pensée des Lumières, elle enferme l'espace psychique dans les clairs contours de l'égo maître de lui-même par sa raison. Au désir religieux Freud oppose sa confiance que l'homme parvenu à maturité ne prêtera plus l'oreille qu'à la voix du dieu *Logos*[12].

Le dieu *Logos* fait couple avec celui qui a nom d'*Anankè*. Écoutons Freud: «Lorsque le poète hollandais Multatuli remplace la *Moïra* des Grecs par le couple des dieux *Logos* et *Anankè*, il y a peu à objecter»[13]. L'Anankè n'est pas un Destin écrit dans les cieux, mais le réel de la nature sur lequel la raison parvient à exercer une certaine maîtrise, le réel surtout auquel la raison consent pour se sauvegarder en tant que raison par l'acception douloureuse de ses limites. «De ces désirs, notre dieu *Logos* réalisera ce que la nature extérieure nous permettra...»[14]. Certes, là où la raison scientifique n'a pas encore de prise sur la réalité, Freud donne à l'imagination la liberté d'inventer et de construire[15]. Mais ce n'est qu'à l'intérieur d'une recherche scientifique. Non pas pour explorer «les choses dernières, les grands problèmes de la science et de la vie», «les énigmes du monde»; concernant ces questions, la seule attitude digne de la raison est d'accepter l'ignorance définitive. Remarquons-le: les questions de sens ultime sont formulées dans les termes de la raison scientifique.

Pour Freud, l'éthique de l'homme analytique réside décidément dans l'obédience à la raison scientifique libérée des infléchissements qu'exercent les désirs et rendue adéquate à la réalité naturelle. Cette visée se poursuit dans la raison qui s'affranchit des désirs en les prenant pour l'objet d'un nouveau savoir. L'homme analytique accueille bien les conso-

12. *L'avenir*, p. 77: «La voix de l'intellect est basse, mais elle ne s'arrête point qu'on ne l'ait entendue».
13. *G.W.*, XIII, p. 381.
14. *G.W.*, XIV, p. 378.
15. *G.W.*, XVI, p. 69.

lations illusoires de l'art, avec la conscience éclairée qu'elles ne sont que les produits ennoblis de l'imagination, sans la prétention de manifester une réalité autre, contrairement à la religion.

Le geste inaugural qui a fondé la psychanalyse s'inscrit dans la grande tradition pour laquelle la raison théorique constitue l'essence et la dignité de l'homme. On admire le courage éthique avec lequel Freud se soumet si radicalement au couple des dieux *Logos* et *Anankè*, lui qui est si tragiquement conscient de l'abîme creusé entre les désirs humains et «le réel». Il est à l'opposé du naturalisme pansexualiste qui lui a été imputé. Plus que personne, il estime l'esprit (le *Geist*). Plus que personne, il a néanmoins montré aux hommes leur nature pulsionnelle. Tel est le paradoxe. En réalité, en dépit des apparences, l'entreprise freudienne est animée par la volonté de guérir l'esprit que rongent les pulsions. Les hommes savent trop bien qu'ils ont de l'esprit, répond-t-il à L. Binswanger qui lui objecte amicalement son «naturalisme». Il faut leur apprendre qu'il y a aussi des pulsions[16]. En ne voulant pas le savoir, ils font insidieusement passer les pulsions et leurs rejetons de désir dans l'esprit.

LE PÈRE ET LES FILS

La deuxième pièce maîtresse de l'analyse freudienne de la religion concerne l'idée religieuse du Père. Dénoncée, méprisée même en tant que sur elle se reportent les illusions du désir, dans la figure sévère qu'elle prend chez les prophètes d'Israël, elle a droit à la haute estime de Freud pour ses effets de «spiritualisation»[17]. Proche ainsi de l'idée biblique de Dieu, sa conception s'en écarte de manière surprenante et révélatrice par l'absence de ce qui la caractérise le plus essentiellement. Pour comprendre la lecture que fait Freud, considérons rapidement comment il y arrive. Le père hautement spiritualisé et spiritualisant est un avatar lointain de la brute primitive, sans foi ni loi, que les frères de la première horde ont tué. Leur culpabilité aurait fait surgir dans leur conscience l'idée du père qui représente et donne la loi; et l'exaltation de la représentation du père, consécutive à la culpabilité, aurait été l'origine de l'idée de Dieu. On reste perplexe devant ce procès reconstitutif: comment un acte qui n'a transgressé aucun ordre symbolique préalable

---

16. L. BINSWANGER, *Erinnerungen an Sigmund Freud*, Bern, 1956, p. 98.
17. *Moïse*, p. 150 ss.

peut-il engendrer la culpabilité? Ce père de *Totem et tabou* ne fonde pas
la loi et la paternité n'y est pas non plus définie par le vœu paternel.
Si, dans la filiation des figures paternelles, Freud reprend le père de la
loi, produit rétroactivement par les fils, il ne songe pas à compléter la
figure du père en lui reconnaissant le vœu de filiation. Le Père de la
religion biblique n'est jamais celui qui, le premier, instaure un rapport
de reconnaissance; il est toujours celui qui exige d'être reconnu par les
fils. L'idée biblique de l'élection n'est qu'un fantasme narcissique; Freud
ne semble pas voir qu'elle est intrinsèquement associée au concept de
l'alliance où l'initiative prise par le père marque essentiellement sa
fonction. L'interprétation du christianisme demeure dans le droit fil de
cette conception: en substituant le fils au père, dans son culte, il répète
le parricide originel. Étrange lecture des textes fondateurs du christianisme! Manifestement, Freud leur impose de force le schème de la
névrose obsessionnelle pour laquelle il n'y a pas place pour deux, le père
et le fils. Freud aurait-il révélé les secrets souterrains d'un texte rendu
lacuneux et travesti par la censure? On n'oserait pas prendre pareille
liberté de constructions interprétatives avec ce qu'on entend du côté du
divan.

Quel que soit l'arbitraire des (hypo)thèses, l'application du schème
de la névrose obsessionnelle met en vive lumière la fonction de la loi
paternelle dans la spiritualisation de la culture. Le père de la religion
prolonge celui qui, dans le complexe nodal, fait sortir, par son exigence
de renoncement, de la confusion animale dans laquelle prolongerait
l'inceste. Le père commande l'accès à l'ordre spirituel du langage[18]. Dans
ce contexte, le mot «croire» prend un sens positif. N'étant pas l'objet
d'une expérience, l'origine par l'acte paternel ne peut être que l'objet
de la croyance. Renoncement pulsionnel, entrée dans le langage, croire
à défaut d'expérience: ce sont déjà des éléments de la spiritualisation que
les prophètes exhaussent à la dimension de leur Dieu libéré de toute
représentation, dont même la nomination sera interdite. Dans la ferveur
de Freud, ce Dieu préfigure visiblement son dieu *Logos*.

Ce père et ce dieu sont à l'opposé du père sur lequel se fonde le désir.
Mais cette spiritualisation logicisante se paie d'une étonnante réduction
de la fonction paternelle. Même l'objet de la croyance se ramène, chez
Freud, à l'origine biologique de l'individu, énoncé dans un langage
constatif, alors que la croyance se rapporte essentiellement à la parole

---

18. *Cinq psychanalyses*, p. 250-251; *Moïse*, p. 165, 170-171; *G.W.*, XVI, p. 215-216.

du père qui, dans sa relation à l'enfant, actualise sa paternité et établit la relation de filiation. Freud considère le rapport du point de vue du fils, et encore comme s'il n'y avait pas le préalable d'un amour paternel. La tentative freudieme de reconstituer généalogiquement la fonction paternelle entraîne nécessairement sa réduction. Dans ce procès de dérivation, la lutte à mort est aussi inscrite d'avance. L'explication psychologique de l'idée de Dieu n'est pas seule à souffrir de cette réduction de la fonction paternelle. Présentée dans cette même perspective, la résolution du complexe d'Œdipe s'accomplit, selon Freud, par la peur de l'angoisse de castration, donc exclusivement par la concession que, dans la pure rivalité, le fils fait au père. Dans cette optique, on aurait pu s'attendre à ce que Freud donne sa préférence au christianisme qui, selon lui, fait triompher le Fils sur le Père. Sa ferveur va néanmoins au Père de la religion juive, dans lequel il relève la figure terrible qui ne cède en rien ses prérogatives. Cette inconséquence peut se comprendre par l'identification de Freud, iconoclaste de l'idole religieuse, au dieu de la loi et de l'esprit, prémonition de son Logos, la raison éclairée.

La tentative de retracer la genèse de la fonction paternelle et l'explication conséquente de son contenu religieux ne sont pas un élément isolé dans la théorie freudienne. Nous retrouvons cette ambition en tout domaine: dans son interprétation du symbolisme, dans sa théorie de l'origine du langage, dans sa dérivation de la sexualité à partir du psychisme comme monade, forcé seulement de s'ouvrir par l'urgence des besoins vitaux.

Relevons, pour finir ces considérations critiques, la portée qu'elles peuvent avoir sur des aspects qui sont pertinents pour l'interprétation clinique. Il arrive qu'une part essentielle d'un conflit névrotique se rapporte à la représentation de Dieu, déterminée, par exemple, par la rivalité imaginaire pour la toute-puissance. Si l'analyste ne perçoit pas le caractère fantasmatique de cette représentation, il peut difficilement intervenir à bon escient. L'analyste convaincu que de toutes façons l'idée de Dieu n'est qu'un fantasme ou une imagination sans consistance se dira peut-être que cette idée s'évanouira avec la névrose. S'il le dit, il enfreint la loi de neutralité, essentielle dans l'éthique de l'analyste. S'il s'abstient sans plus, il néglige une occasion importante d'analyser le nœud névrotique. Il ne revient évidemment pas à l'analyste ni d'enseigner une doctrine religieuse ni d'assumer la tâche d'un guide spirituel. Mais s'il a lui-même une information un peu correcte de ce que propose la religion à laquelle son analysant se réfère, il me semble indiqué qu'il analyse les fantasmes religieux tout aussi bien que ceux qui ont trait au père, en soulevant précisément la similitude qui existe le cas échéant entre les deux rapports et en relevant le désir narcissique de toute-puissance qui les anime. N'oublions pas le «complexe divin»[19] qui habite l'inconscient.

LA PSYCHANALYSE N'EST PAS UNE *WELTANSCHAUUNG*

Il pourrait sembler qu'en déniant à la psychanalyse la prétention d'établir une «vision du monde», Freud délimite sa possibilité de connaissance et qu'en principe elle pourrait donc se concilier avec la religion. Peut-être a-t-il d'abord pensé lui-même qu'en raison de ses exigences épistémologiques et de son domaine spécifique la psychanalyse est religieusement neutre, ainsi qu'il l'a écrit à O. Pfister en 1908. Son projet de rendre compte par la métapsychologie de toute pensée d'allure métaphysique pouvait n'être, au départ, qu'une exploration aventureuse en des régions indécises où il savait que vacillent les repères sûrs. Ainsi qu'en témoigne sa correspondance, il se permettait des interprétations analytiques des cultures à la fois si totalisantes et si sauvages qu'on pourrait y lire la signature d'un délire paranoïaque[20]. A mesure que l'édifice métapsychologique se construit et s'affermit, la réserve qu'inspirait la prudence épistémologique et sans doute aussi tactique fait place à l'utilisation intrépide des principes analytiques pour la critique de toute pensée qui croit en dépasser les limites internes. La dernière des *Nouvelles Conférences* l'atteste, celle qui fait précisément l'analyse des *Weltanschauungen*. Attardons-nous y un instant, car la vigueur et la clarté des arguments ne laissent plus de doute sur les conceptions anthropologiques qui sont en jeu dans l'antagonisme qui oppose Freud à la religion.

La critique de la religion procède en quatre temps. 1. Comme toute vision du monde, elle est «une construction intellectuelle, capable de résoudre d'après un unique principe tous les problèmes que pose notre existence»[21]. 2. «En tant que science spécialisée, rameau de la psychologie... l'analyse n'est nullement capable de créer une conception particulière du monde...» 3. Cette délimitation de la psychanalyse qui, pour un

19. E. JONES, *Zur Psychoanalyse der christlichen Religion*, Leipzig-Vienne, Int. Psychoanal. Verlag, 1928, p. 14-33.
20. Par exemple, la lettre à Ferenczi du 12 juillet 1915, citée par S. JONES, S. *Freud, Life and Work*, London, 1957, vol. III, p. 353-354.
21. *Nouvelles Conférences*, p. 213.

regard de surface, la confine à l'étude de l'inconscient, n'est qu'un pré-
lude pour justifier l'extension de sa juridiction au domaine des visions
du monde. Puisque celles-ci dépassent les frontières du savoir scientifique,
«le besoin de se forger une conception du monde a une cause affective»
(p. 217) que la science du psychisme humain observe. La psychanalyse
reconnaît la puissance de l'affectivité et des désirs; mais elle ne peut
admettre «qu'on transférât ces besoins sur le terrain de la connaissance
scientifique. Si l'on agissait de la sorte, on ouvrirait les voies qui mènent
à la psychose — individuelle ou collective...» (p. 218). La religion est donc
psychologiquement dangereuse précisément parce qu'elle «prétend
pouvoir se substituer à la science et affirme qu'étant bienfaisante et
consolante elle doit aussi... être vraie...» (p. 233). À la réflexion, cet
«empiétement inadmissible» sur la science remplit d'angoisse, car c'est
comme inviter l'humanité «à monter dans une automobile dont le chauf-
feur déclarerait ne pas vouloir être gêné par les édits réglant la circulation et n'obéir qu'aux élans exaltants de sa fantaisie» (p. 233). 4. Reste
une énigme: «Nous ne pouvons concevoir avec clarté la nature du lien
qui rattache entre elles ces trois fonctions» (p. 220) de la religion, «l'é-
trange assemblage... d'enseignements [la prétention de répondre aux
questions de l'origine et de la fin], de consolations et de préceptes» (p.
221). Et Freud de répéter alors sa théorie de la genèse de la culture et
de la religion. À sa lumière, la religion est «le pendant de la névrose
par laquelle l'homme doit inévitablement passer sur la voie qui le mène
de l'enfance à la maturité» (p. 229). La conclusion du psychanalyste s'exprime sous la forme d'un vœu: «Puisse un jour l'intellect — l'esprit
scientifique, la raison — accéder à la dictature dans la vie psychique des
humains!» (p. 234).

Ce texte qui, d'une part, marque la proximité de la religion avec une
psychose collective et qui, d'autre part, l'identifie avec une névrose de
l'humanité dans l'état d'immaturité, fait penser aux deux caractéristiques
de la normalité psychique: «... la névrose ne dénie pas la réalité, elle veut
seulement ne rien savoir d'elle; la psychose la dénie et cherche à la
remplacer. Nous appelons normal ou «sain» un comportement qui réunit
certains traits des deux réactions, qui, comme la névrose, ne dénie pas
la réalité, mais s'efforce ensuite, comme la psychose, de la modifier»[22].
Freud n'accepte le décalage entre les désirs et la réalité du monde qu'en

---

22. *La perte de la réalité dans la névrose et dans la psychose*, dans *Névrose, psychose et
perversion*, Paris, 1973, p. 301.

tant que moment transitoire de liberté que se donne l'imagination en vue d'établir une emprise plus rationnelle sur le «réel». C'est en ce sens également qu'il donne une place à la religion dans l'esprit en marche vers sa maturité.

LA SUJET DE LA PAROLE ET LE CLIVAGE ENTRE RAISON ET DÉSIR

L'énigme des «trois fonctions» de la religion force Freud à reconnaître qu'elle n'est pas simplement une vision intellectuelle du monde à l'instar des «philosophies». C'est pourtant sous cet aspect qu'il la juge et c'est pour être en mesure de l'expliquer comme vision du monde qu'ici à nouveau il en esquisse la genèse à partir des besoins frustrés. Ce qui nous importe, dans cette réduction, c'est l'ambiguïté du concept de désir. Mesurant toute pensée à la jauge du savoir scientifique, Freud se trouve obligé d'abord d'assimiler la religion à une «construction intellectuelle» rivale de la raison scientifique, pour la lui opposer ensuite en tant que production des désirs qui précèdent et infléchissent la raison. Le désir n'a ni de lieu ni de consistance propre. Il n'a qu'à se soumettre à la dictature de la raison. Bien que la servante du désir, la raison en est la maîtresse.

Le clivage entre religion et psychanalyse reproduit celui, fondamental et interne à l'homme, entre sa raison et son désir. Ce clivage se manifeste dans celui qui oppose l'homme et la nature; la raison commande ici l'inclination devant l'*Anankè*. Ce clivage se fait aussi valoir dans le désaccord entre l'homme et l'homme; ici la raison doit imposer la modération des désirs et l'acceptation des règles de cohabitation au service d'un travail commun et utile.

Si nous considérons maintenant la religion telle qu'elle se présente elle-même, il est certain qu'elle ne se laisse pas enfermer dans la catégorie *Weltanschauung*, pas plus que ne s'y laisse ramener l'amour humain. En cela son opposition à Freud est en réalité plus radicale qu'il ne se le représente lui-même. Elle subvertit le propriocentrisme de la raison. Dire qu'elle «envahit la sphère de la pensée scientifique» (p. 232) n'a de sens que du point de vue d'une raison scientifique qui impose son hégémonie à toute pensée concernant l'homme. Or, la religion signifie à l'homme un clivage interne plus radical que celui qui peut opposer la raison et les désirs nés des besoins. Elle dessaisit l'homme précisément de la maîtrise rationnelle de lui-même, non pas en faisant triompher les désirs sur la raison, mais en reconnaissant à l'homme une identité de non-coïncidence avec lui-même. En acceptant les énigmes du monde et le destin douloureux de la vie, le sujet du savoir scientifique se pose encore en souverain de lui-même. Et la psychanalyse qui loge l'origine du désir dans l'inconscient archaïque et qui combat l'illusion de l'homme apparemment maître dans sa propre maison n'en est que plus convaincue que la raison, consubstantielle à l'être humain, est destinée à supprimer toute division interne. Or déjà les religions des rites de possession brisent cette clôture en suspendant l'identité même de l'homme à des instances qui règnent sur lui et qui l'appellent à trouver sa coïncidence avec lui-même par la médiation de l'être avec lequel il se trouve relié au plus profond de lui-même. Le désir lui-même de se lier à cet être a son origine dans une non-coïncidence avec lui-même. Dans le christianisme également, le désir religieux ne vient pas de l'homme mais il a été greffé sur lui par une parole qui le scinde en lui-même et qui le déporte du centre de coïncidence que par la raison il entend établir en lui-même. De ce désir greffé sur l'homme, les désirs archaïques que Freud traque ne sont que la prémonition, ambiguë en ce qu'ils sont animés par la quête de maîtrise. L'interpellation dont la religion se fait la messagère s'adresse précisément à un désir qui, par définition, doit renoncer à la maîtrise, ne trouvant de complétude, traversée de manque, qu'en avant de lui et hors de lui, dans l'Autre toujours premier et définitivement autre par sa présence même. Loin de nier les clivages, ce rapport entend les surélever dans un accord, symbolique et ayant valeur de préfiguration, entre la raison et le désir, entre l'homme et l'homme, entre l'homme et la nature. Ce rapport s'appelle amour en ce qu'il engage «le moi en totalité»[23] et veut accomplir l'Eros, pulsion qui tend à l'union. L'intrication d'Eros et de la pulsion de mort y demeure à l'œuvre dans la négativité sans laquelle l'Eros se dissoudrait dans la nuée du mysticisme et se retournerait en mort par une satisfaction homéostatique sans désir et sans jouissance.

Le génie de Freud a été de donner la parole à l'homme, sujet aux représentations enfouies, pour qu'en se disant dans un rapport d'interlocution, il s'instaure en sujet de sa propre parole. Le sens et l'intention de cette parole ne sont plus à charge de l'analyste. En poursuivant sa tâche d'analyste en celle de psychopompe qui conduit vers une «psychosynthèse», le thérapeute exerce une violence qui va à l'encontre de son

---

23. «*Das Gesamt-Ich*»: Les pulsions et leurs vicissitudes, dans *Métapsychologie*, p. 40.

interpellation interprétative, ainsi que Freud l'a soutenu contre Jung. Mais à ce moment où le praticien se réserve en silence, la théorie analytique peut-elle dessaisir le sujet de sa subjectivité au profit du sujet neutre et impersonnel du logos scientifique? Quand bien même cette question excède sa fonction d'interprète, l'analyste se la pose néanmoins pour lui-même et sa réponse personnelle ne peut pas être sans incidence sur la manière dont il intervient tout en voulant se tenir à l'éthique de l'analyse. Nous l'observons dans les formulations qui définissent la visée de l'analyse et les critères de sa fin: le moi fort, éventuellement le moi rendu fort par l'identification à l'analyste; l'adaptation au réel; le consentement au dés-être du sujet...

Point n'est besoin de la religion pour maintenir ouvert l'espace psychique dans lequel œuvre la psychanalyse et que son procédé lui-même a pour but de réinstaurer. L'intérêt d'une confrontation entre la psychanalyse et la religion est d'être un révélateur non seulement de ce qui est le propre de la religion, mais aussi des conceptions théoriques dernières sur lesquelles s'oriente la pratique analytique. Dans la mouvance de l'optimisme logique des Lumières, Freud a finalement identifié le sujet libéré de la névrose au sujet du savoir. La psychanalyse réussie devrait-elle alors amener l'analysant à convertir son désir en la passion froide d'observer les désirs des autres? Serait-ce le *télos* freudien de l'homme théorique qui, dans certains groupes, fait si souvent aboutir la thérapie dans le passage à «l'acte analytique»?

Mon parcours critique n'invite pas au rejet des concepts freudiens qui règlent la pratique. Il ne reste pas moins périlleux de trop dissocier les concepts opératoires et leur fondation théorique. Freud n'a avancé dans sa pratique que par le va-et-vient entre l'expérience clinique et la conceptualisation théorique. Le pragmatisme clinique seul entraîne la dégradation de la pratique. Ceux qui ont retrouvé l'inspiration originaire de la pratique, telle qu'elle est axée sur la parole interlocutive, sont aussi ceux qui ont relancé le débat avec les concepts théoriques et qui ont mis en question la suprématie accordée au savoir sur l'imagination symbolique et sur le désir: Mélanie Klein, Winnicott, Lacan. Pour ce qui est de Lacan, on se demande néanmoins si en fin de compte il n'a pas lui aussi sacrifié l'axe du désir à celui du savoir. Comment comprendre autrement un désir qui court entre des signifiants purement différentiels? Ou des textes comme ceux-ci: «De même le subjectif n'est-il pas la valeur de sentiment avec quoi on le confond: les lois de l'intersubjectivité sont mathématiques»[24].

Lacan a écrit que la psychanalyse n'est pas, comme la religion, une question de sens mais de structure[25]. D'accord, si sa conception de la structure permet au sens d'avoir sens. Mais si sa «structure» ne permet pas à la théorie de soutenir la sublimation, comme c'est le cas chez Freud, alors que selon lui-même la sublimation est obligatoirement l'issue de la névrose? N'est-ce pas le signe que l'homme y est pensé selon le modèle de la névrose?[26] En expliquant la religion comme une névrose ou une psychose — individuelle ou collective —, la théorie analytique s'enferme dans la perspective de la névrose ou de la psychose.

La religion n'est pas seule à offrir au désir un champ où il puisse se maintenir en se libérant de la dictature que veut lui imposer le logos théorique. Mais quelle que soit la sublimation qui relaie la névrose — l'art, l'amour, l'engagement éthique... —, elle ne peut se concevoir, après la psychanalyse, que si par la psychanalyse la subjectivité se reconnaît confirmée en vertu de sa co-appartenance à un ordre que son ego ne produit pas sous l'emprise des désirs estimés archaïques, un ordre qui lui est préalable, qui a sens et qui sollicite la spontanéité expressive et réceptive du désir. La légitimation théorique de cet ordre requiert la révision fondamentale de maints concepts théoriques de Freud, ceux là précisément dont la confrontation avec la religion révèle l'indigence: la théorie du symbolisme, de la fonction paternelle, de la formation de l'idéal, de l'imagination et du désir.

24. *Écrits*, p. 472; formulation analogue: p. 806.
25. Lettre publiée dans le journal *Le Monde*, Paris, 11 janvier 1980, p. 19.
26. Critique qu'à plusieurs reprises A. Juranville adresse à Lacan, dans *Lacan et la philosophie*, Paris, 1984, p. 226: «En raison du point de vue névrotique souvent dénoncé ici...»; critique que personnellement j'adresse également à bien des aspects de la théorie freudienne, comme il ressort de tout mon texte.

31

VISIONS SURNATURELLES
ET APPARITIONS[1]

L'histoire biblique et la tradition chrétienne rapportent nombre de visions. On avait coutume de leur accorder le crédit d'une origine surnaturelle lorsque le contenu communiqué s'accordait avec les doctrines religieuses, édifiait le visionnaire et son milieu, ou influençait favorablement les décisions des autorités. Qu'il y ait des contradictions entre des «révélations particulières» n'ébranlait pas cette croyance. Le déni du sceau surnaturel aux visions manifestement déviantes par rapport aux convictions religieuses ne faisait pas douter des autres. La foi dans le caractère transcendant de ce qui était tenu pour révélé portait à croire sans problème dans la possibilité et dans la probabilité de visitations surnaturelles particulières. L'horizon d'attente de nos contemporains, par contre, n'est plus le même. Largement informés, ils se demandent s'il y a plus de raisons de tenir pour surnaturelles les visions bibliques et chrétiennes que celles des autres religions; car, cohérentes avec leurs croyances, ces visions ne sont évidemment pas produites par des esprits dérangés. Une certaine connaissance de la psychologie répandue dans notre culture n'incline pas non plus à donner le primat à l'explication religieuse des visions.

Faut-il alors tirer l'interprétation des visions dans un sens diamétralement opposé à son ancienne réception religieuse? Au regard de la vie

---

1. Ce texte reprend, en y apportant d'importantes modifications et élaborations, l'étude publiée sous le titre *Psychologische interpretatie van visioenen*, dans R.E.V. STUIP en C. VELLEKOOP, *Visioenen*, Utrecht, Hes Uitgevers, 1986, p. 226-239.

de maints visionnaires et de leur influence bénéfique, attestant la santé fondamentale de leur engagement religieux, il serait incongru d'y subodorer une aberration psychologique à la limite du délire. L'alternative ne peut plus être, soit de déclarer simplement surnaturelles, voire miraculeuses, toutes ces visions, soit d'adopter la thèse rationaliste de ceux qui relèguent les visionnaires dans les asiles psychiatriques. Mais si on leur reconnaît une valeur religieuse, comment alors concevoir l'intervention divine qui semble gratifier aussi bien les païens que le peuple de la vraie religion?

Quand il s'agit des visions de révélation des prophètes et des apparitions du Christ ressuscité, la question soulevée devient pressante. On sent qu'elle ne peut se conclure par une réponse simple, mais il serait insensé d'excepter ces textes de nos interrogations sur l'étrange phénomène que représentent les visions en général. Les auteurs qui les scrutent en exégètes s'appuient sur d'autres arguments que les théories psychologiques pour interpréter les récits des apparitions du Ressuscité dans un langage qui ne les prend pas à la lettre. Écoutons X. Léon-Dufour, une autorité en la matière. La citation que voici nous semble bien conclure son débat avec les textes et avec leurs interprétations. «Pour les disciples, le Ressuscité a été expérimenté dans leur histoire. Pour parler de cette expérience, il faut se garder d'un double excès. L'excès du type «spiritualiste» consiste à la ramener à une expérience purement subjective, dérivant d'une source purement terrestre. Le témoignage de Paul et la description des évangélistes vont à l'encontre de cette interprétation: l'expérience, pourrait-on dire, fut une vision «objective» dans sa source (un autre que moi) avec effet subjectif (en moi). L'excès de type «littéraliste» tend à assimiler l'expérience à un événement ordinaire, non intérieur, mais extérieur. L'appellation de «corps spirituel» par Paul, la liberté d'allure du Ressuscité selon les évangélistes, montrent que, en fait, le Ressuscité ne peut être dit «extérieur» aux disciples dans son être nouveau». Un peu plus loin: «*L'expérience spirituelle des disciples, non purement subjective, répétée, partagée entre eux, a été communiquée par la médiation du langage ambiant et de la tradition religieuse, en particulier à l'aide de leur foi en la résurrection collective à la fin des temps*»[2]. Pour l'auteur cité, les «apparitions» du Ressuscité sont donc des visions christophaniques. La psychologie («une source purement terrestre») des

---

2. X. LÉON-DUFOUR, *Résurrection de Jésus et message pascal*, Paris, Seuil, 1971, p. 274-275.

visionnaires ne produit pas les «visions», car le contexte, le contenu et les effets montrent qu'elles sont causées dans l'expérience subjective par le Christ vivant et exalté divinement. En illuminant ainsi l'esprit de ses témoins, le Christ s'aide des idées et des croyances héritées de leur tradition. Il n'est pas clair si l'auteur attribue à ces influences l'impression de vision, voire sa présentation sous forme d'apparition, ou seulement la conceptualisation du Christ vivant avec le terme de «résurrection». De cette exégèse il faut en tout cas déduire qu'en traduisant les visions en termes d'apparition, les récits ont recouru à «la médiation du langage ambiant». On se demande pourtant pourquoi les disciples ne se sont pas contentés du terme de «vision», alors que celui-ci faisait autorité dans la tradition prophétique. Nous y reviendrons. Pour un esprit qui s'interroge sur la consistance des visions, la question importante est de toute manière celle de la pregnance visionnaire que prenait, selon l'herméneutique de l'auteur cité, l'expérience spirituelle. Sans préjuger de la particularité de ces visions-apparitions, on peut espérer contribuer à leur compréhension par l'élucidation du phénomène de la vision religieuse en général.

DÉFINITIONS ET TYPOLOGIE

Caractérisons d'abord la vision et l'apparition en décrivant la conscience qu'en ont ceux qui en font l'expérience. Ceci est un préalable à la proposition d'une théorie. Nous essayerons ensuite de comprendre ces phénomènes dans leur réalité psychologique. La question théologique ne trouvera une réponse légitime qu'après l'examen de leur caractère psychologique. Dans ce parcours, notre investigation s'attachera de préférence aux visions; leur examen éclairera, croyons-nous, les «apparitions».

Les visions sont un mode de perception d'images, parfois accompagnées de paroles entendues, dont le visionnaire sait qu'en raison de leur contenu elles n'appartiennent pas au monde commun de la perception, mais dont il a aussi conscience de ne pas se les imaginer, mais de les recevoir comme données à sa perception intérieure. Trois facteurs déterminent donc les visions religieuses. Premièrement, leur contenu: des scènes apocalyptiques, des événements de l'histoire religieuse (par exemple: la passion du Christ), des informations sur des réalités inconnues comme la maison où la Vierge aurait vécu, des êtres de la sphère surnaturelle tels les saints ou les démons. Deuxièmement: la conscience de recevoir ces données perçues. Troisièmement: la conscience immédiate de ne pas pouvoir les explorer en prenant sur elles des profils successifs, ainsi qu'on peut le faire pour ce qui se manifeste en se détachant sur l'horizon du monde extérieur et qui invite à l'observation et à la vérification.

Dans les apparitions, la donnée surnaturelle se présente perceptiblement dans l'extériorité. Le terme d'apparition signale cependant que le bénéficiaire a la conscience que là non plus il ne s'agit pas de l'habituelle perception. Le fait de savoir que l'apparaissant appartient au monde surnaturel, détermine en premier lieu la conscience d'assister à une apparition. Comme pour la vision, le mode de la donation détermine également la conscience vécue lors de l'apparition; l'apparaissant ne s'inscrit pas dans le tissu qui, dans la perception normale, noue l'intention anticipatrice de la conscience et la réalité qui se manifeste.

Commençons par une enquête sur les visions dans la tradition chrétienne. A ce qui nous semble, on peut y distinguer cinq types importants.

1. Les visions de tentation sont particulièrement fréquentes chez les pères du désert. Si ces visions sont devenues un thème littéraire et iconographique, elles ont certainement été une expérience réelle chez certains. Ainsi, dans son autobiographie, saint Ignace de Loyola raconte avec précision comment, peu après sa conversion, il tombe sous le charme d'une vision-apparition diabolique qui s'est reproduite plusieurs fois[3]. Pour autant que nous soyons informé, après l'époque des pères du désert ces visions se font rares. Sans doute, dans un autre climat culturel et chrétien, ont elles été remplacées par les «possessions diaboliques». Les visions de tentation que les évangiles synoptiques placent au début de la vie publique de Jésus sont très vraisemblablement un procédé littéraire pour désigner les trois grandes puissances maléfiques que Jésus aura à combattre et auxquelles s'affronte le Royaume de Dieu. Nous croyons pouvoir les interpréter comme suit: l'avidité de satisfaction immédiate, le désir passionnel de puissance dominatrice et la main-mise autoritaire et magique sur le pouvoir de Dieu. Ces textes ont certainement servi de paradigme pour les récits, voire l'expérience des visions de tentation. Ils ont établi la croyance que le démon a le pouvoir d'inciter l'ermite, par des visions séductrices, à renoncer à sa vie ascétique.

3. Nous avons étudié cette vision dans *Dette et désir. Deux axes chrétiens et la dérive pathologique*, Paris, Seuil, 1978, p. 233-238.

2. A partir du haut moyen âge et jusqu'au treizième siècle les visions se font surtout apocalyptiques. En des tableaux contrastés, elles mettent en scène les «fins dernières»: l'enfer, éventuellement le purgatoire, et le ciel[4]. Ce sont des visions alarmantes qui foncent sur les sujets, bien plus souvent sur des hommes que sur des femmes. Elles déclenchent souvent la conversion au christianisme. Pour ces raisons nous les appelons visions de conversion. Leurs récits posent également la question de la réalité expériencielle ou du genre littéraire. Il nous paraît probable que certains ont réellement fait l'expérience de pareille vision, mais aussi que leur thème est devenu un genre littéraire dans les exhortations à la conversion. D'après Dinzelbacher, ces apparitions, fictives ou réelles, sont surtout mentionnées dans les régions franques et dans l'aire anglo-saxonne et irlandaise. Apparemment elles sont propres au milieu et à l'époque où les missionnaires s'employaient à convertir les païens. On conçoit bien qu'en vue de provoquer la décision pour une vie chrétienne, ces missionnaires évoquaient avec force dramatique la perspective eschatologique et en confirmaient la terrible réalité en citant les avertissements célestes donnés en vision. Plus sobre, saint Benoît lui aussi, en s'adressant à ses moines comme à des convertis, accentue fortement la conscience du péché et la nécessité de la reconversion de la vie.

3. La tradition chrétienne nous rapporte moins de visions de mission et elle n'en a pas fait un genre littéraire. Les missions qui sont ainsi surnaturellement confiées concernent des initiatives particulières dans un contexte politico-religieux déterminé. Le cas de Jeanne d'Arc est exemplaire à cet égard. Nous pensons avoir montré[5] que ses visions prenaient leur origine dans la voix de sa conscience qui lui assignait sa tâche politique et religieuse.

4. A partir du douzième siècle fleurissent les visions mystiques, particulièrement, d'après Dinzelbacher, dans l'Allemagne du Nord et du Sud et en Italie. Ces visions privilégient les femmes. Qu'elles s'y prêtent plus que les hommes trouve sa confirmation dans l'observation que, dans la mystique ultérieure, Thérèse d'Avila jouit bien plus souvent de pareilles visions que Jean de la Croix. Contrairement aux visions des deux premières catégories, les visions mystiques n'agressent pas les visionnaires. Elles font l'objet de leurs désirs et ils les reçoivent comme

4. Cfr P. DINZELBACHER, *Vision und Visionsliteratur im Mittelalter*, Stuttgart, *Monographien zur Geschichte des Mittelalters* 23, 1981.
5. *Dette et désir*, p. 246-249.

un don gracieux. Les personnes surnaturelles - des saints, des anges, la Vierge Marie, Jésus-Christ - s'y entretiennent affectueusement avec les visionnaires. Aussi ces visions sont, dans les deux sens du mot, des ravissements. Certes, pour désirées qu'elles soient, elles surprennent les mystiques, sinon elles ne se présenteraient pas avec les caractéristiques de la vision. Mais leur correspondance avec les imaginations de la foi désirante est si étroite, que les grands mystiques sentent la nécessité de différencier, selon des critères soigneusement établis, les visions qui viennent de Dieu et celles qu'inspire le menteur diabolique.

Il est clair que l'ambiance culturelle prédispose également à ce type de visions et les favorise. À cette époque, en effet, la littérature en langue «vulgaire» déploie lyriquement le culte de l'amour, «cette invention du XIIe siècle», écrit l'historien H.I. Marrou[6]. Le contexte religieux, lui aussi, est nouveau. Le christianisme a converti les peuples de l'Europe occidentale. Mais la discordance entre la religion confessée et bien des éléments de la civilisation exubérante et tumultueuse, entre autre son culte de l'amour courtois, pousse vers de nouvelles spiritualités qui résolvent le schisme intérieur. La mystique de l'amour religieux est un important ferment de conciliation entre la foi et la culture. Inspirés par l'amour humain qui s'affine et déploie ses ressources affectives et symboliques, certains spirituels s'appliquent à parfaire la foi en expérience intérieure et à accomplir la trajectoire personnelle que détermine le commandement d'aimer Dieu. Cette mystique se vit et elle s'exprime la plupart du temps dans la langue de la culture vivante, mieux proportionnée aux expériences intimes que ne l'est le latin.

Concernant les visions mystiques, la question de la distinction entre l'expérience réelle et le genre littéraire nous semble se poser autrement que pour les deux premières catégories de visions. Leurs récits ne se motivent plus par des intentions parénétiques ou apologétiques. En outre, les exemples des expériences mystiques devaient certainement induire le désir d'éprouver la jouissance qu'elles procurent. A son tour le désir prédisposait à les recevoir. La littérature mystique formait l'humus favorable à leur éclosion. Elle sollicitait le désir et marquait la voie à suivre pour être capable de les recevoir. Par contre, dans les deux premières catégories de visions, celle-ci vient précisément heurter le désir du visionnaire. Que toute mystique de l'expérience et de l'amour

---

6. *Les troubadours*, Paris, Seuil, 1961, p. 96. Marrou a publié cette étude sous le pseudonyme Henri Davenson.

dans la foi ne se cristallisait pas en visions, suggère l'effet inducteur que devait avoir le désir. Bernard de Clairvaux n'était pas un visionnaire, alors qu'il était l'initiateur du thème de l'expérience de la foi et un des plus grands représentants de la mystique d'amour. Retenons cela pour notre analyse psychologique.

5. Les visions qui donnent à voir des événements de la passion du Christ et à y participer avec intensité affective représentent une catégorie particulière dans la classe des visions mystiques. Ce sont les visions qui s'accompagnent éventuellement de la stigmatisation[7]. Elles se donnent avec un tel réalisme que leurs bénéficiaires croient y recevoir des informations ignorées des récits évangéliques. Ce type de vision naît évidemment dans la tradition spirituelle qui met en avant la participation à l'œuvre salvatrice du Christ souffrant.

LA RÉALITÉ PSYCHOLOGIQUE DE LA VISION

Le jugement sur l'origine surnaturelle des visions ne peut plus prendre pour seule base la conscience des visionnaires d'être divinement gratifiés. Leur légitimation par la communauté ecclésiale ne suffit pas non plus; celle-ci ne peut que garantir leur conformité avec les vérités chrétiennes et affirmer la possibilité de leur caractère surnaturel. La foi que la tradition leur a accordée n'entraîne pas pour le croyant l'exigence de les tenir pour réellement produites par l'intervention spéciale de Dieu. Après tout, cette croyance faisait partie des conceptions communes dans l'humanité religieuse. Il faut donc d'abord mettre à l'épreuve l'explication psychologique, sans rien préjuger, et tout en maintenant le principe que les théories psychologiques doivent toujours être mises en question devant ce qu'elles entendent expliquer.

La parenté et la différence entre le rêve et la vision nous indiquent la voie à suivre. Cette parenté nous est déjà suggérée par la croyance, répandue dans l'antiquité et dans bien des cultures non-occidentales, que le rêve est souvent une sorte de vision surnaturellement inspirée, prédisant un événement ou comportant un avertissement ou une mission. La similitude entre le rêve et la vision fait comprendre cette interprétation religieuse. Celui qui rêve assiste apparemment de manière toute

7. Nous avons analysé le cas célèbre de Thérèse Neumann, dans *Dette et désir*, p. 250-251.

passive à ce qui se déroule devant son esprit. Il est donc convaincu de ne pas produire lui-même ce qu'il voit et entend, ni par la perception actuelle, ni par la raison, ni par la volonté. Pour énigmatique que soit la vision en rêve, elle lui semble avoir un sens, puisqu'elle est faite de signes. D'où ces signes peuvent-ils tirer leur substance, sinon d'autres êtres qui pensent, parlent, donnent à voir des images et éveillent des sentiments? Et puisque ces êtres ne suivent pas les voies naturelles de la communication, ils doivent appartenir à la sphère surnaturelle, de par leur nature propre ou parce qu'ils y sont entrés. Dans le rêve, des êtres surnaturels font donc signe à l'homme au moment où sa conscience en état de latence le rend disponible pour des messages venant d'ailleurs. Ceux-ci concernent l'avenir que seuls connaissent les êtres surnaturels, ou bien ils expriment leur volonté ou leur avertissement. Ce raisonnement psychologique, sous-jacent à l'interprétation religieuse, va de soi pour l'homme qui identifie l'activité psychique avec la vie consciente et qui appartient à une culture pénétrée par la conviction que les êtres surnaturels interviennent constamment dans le monde humain aussi bien que dans la nature.

Quand on a compris la structure et le fonctionnement du psychisme et que l'on sait que la vie psychologique déborde la conscience, on passe de l'interprétation religieuse du rêve à son interprétation psychologique. Freud a été le premier à élaborer une théorie systématique du rêve. Nous en acceptons l'essentiel, parce que la méthode par laquelle il y est arrivé en garantit l'objectivité. Cette théorie s'appuie, en effet, sur les associations libres auxquelles Freud invitait ses consultants à procéder et que lui-même laissait se dérouler à propos de ses propres rêves. Renouant avec l'ancienne tradition religieuse, par delà les explications étroitement physiologiques des temps modernes, Freud démontre que les rêves ont un sens et qu'ils ne sont pas les produits négatifs du système neurologique perturbé ou diminué dans son fonctionnement. Ils surgissent de représentations qui demeurent actives dans l'inconscient de l'homme endormi. La théorie du rêve a ensuite servi de paradigme pour l'explication interprétative des phénomènes que Freud estimait apparentés au rêve: les hallucinations pathologiques et les visions.

Voyons donc si et en quelle mesure nous pouvons intégrer la compréhension psychologique de la vision dans la théorie freudienne du rêve. Nous allons d'abord présenter celle-ci en résumant les trois éléments qu'elle comporte.

1. Dans le rêve s'expriment des représentations à forte charge affective

que la conscience vigile repousse hors de son champ, parce qu'elle les éprouve comme dangereuses. Ce sont des représentations de désir censurées ou des représentations angoissantes qui rappellent des expériences traumatiques. Repoussées, ces représentations n'en restent pas moins inscrites dans la mémoire profonde et elles y demeurent actives. Elles profitent de l'état de sommeil pour franchir la barrière des résistances. En effet, lorsque la conscience intentionnelle est endormie, ces représentations peuvent se présenter comme étrangères à la personne, imposées ou inspirées du dehors ou causées par le corps organique.

2. Dans le rêve, ces représentations prennent la forme d'images; autrement dit, elles sont mises en perception. A cet effet, elles revêtent les formes de perceptions diurnes conservées dans la mémoire récente, auxquelles le sujet n'avait peut-être guère prêté attention. Parmi elles, l'inconscient choisit celles qui présentent une similitude avec ses représentations et il ranime ces souvenirs appropriés. L'aspect figural de la similitude peut être de divers ordres, mais le souvenir diurne doit naturellement être en mesure de porter la charge affective des représentations inconscientes.

Dans le rêve, on assiste donc, comme au théâtre, à des tableaux qui mettent en scène des désirs sexuels, de la jalousie, une blessure affective... Ces idées, liées à des expériences «oubliées», prennent des formes figurées et la plupart du temps méconnaissables pour celui qui s'en souvient par après. Celui qui rêve n'est pas toujours présent dans la scène du rêve, mais le personnage qui s'y produit ou à qui quelque chose arrive représente une part de lui-même. Dans les rêves sans personnages, les événements ou les tableaux d'objets figurent également certaines de ses idées inconscientes. Les mots entendus, éventuellement prononcés par le rêveur lui-même présent sur la scène du rêve, doivent être interprétés de la même manière que les images. Ces mots, en effet, n'y sont pas prononcés par un sujet conscient qui les énonce avec la force d'un acte de parole.

Signalons encore que la mise en perception, caractéristique de la psychologie onirique, s'explique par la nature régressive aussi bien du psychisme en état de sommeil que des représentations inconscientes. L'abaissement de la tension psychique dans le sommeil fait retourner le psychisme à son mode premier de fonctionnement, celui de la perception. Seule la raison un peu développée, en effet, est capable de penser des abstractions comme le désir, la jalousie, la blessure affective. Et puisque la vue est la source principale du contact perceptif avec le monde, le rêve se passe essentiellement dans la vision d'images. La régressivité caractérise également les représentations inconscientes, car leurs racines plongent dans les souvenirs des phases précoces de la vie psychique.

3. La mise en perception des représentations inconscientes a pour fonction essentielle la satisfaction des désirs qu'elles véhiculent. C'est précisément en tant qu'idées-forces qu'elles tendent toujours à faire irruption dans la conscience et d'atteindre à la satisfaction qui reste leur but poursuivi. En s'exprimant dans les habits que prêtent les souvenirs diurnes, les désirs trouvent à se réaliser imaginairement, ainsi qu'ils le font aussi dans les rêveries diurnes. Dans les rêves elles avancent plus masquées, car elles doivent également contourner la censure de la conscience vigile.

Freud s'est demandé à plusieurs reprises comment donner sens au rêve d'angoisse, dont la scène ne répond visiblement pas à un désir. Après bien des recherches cliniques, il a proposé une explication que nous estimons d'une justesse psychologique remarquable et dont nous présentons l'essentiel. L'angoisse reproduit l'expérience d'un grave traumatisme que le sujet a éprouvé comme la destruction de sa personne. L'angoisse qui ressurgit par la suite reproduit la même expérience subjective de déstructuration du sujet. Si elle restait à l'état pur, elle entraînerait son annihilation. Mais, dans le rêve, elle ne s'impose pas à l'état brut. Elle s'y trouve liée, assez maîtrisée donc, précisément parce qu'enchaînée à des figures identifiables. Par conséquent, ce rêve accomplit encore un désir, même le plus essentiel des désirs, celui de se maintenir comme un sujet sauf, lié en lui-même. La comparaison avec un phénomène plus accessible à l'intuition peut faire saisir la pertinence de la loi psychologique que nous venons d'énoncer. La conscience d'une culpabilité générale, en d'autres termes, d'indignité fondamentale devant Dieu, peut être difficile à soutenir. Spontanément on cherchera à s'en soulager en la focalisant sur des actes précis dont on peut se confesser. Ou bien on tiendra à lier le sentiment et à s'en libérer par l'observation rigoureuse de prescriptions parfois fort contingentes.

Ensemble, les trois facteurs que nous avons analysés constituent le rêve. Il est la satisfaction de désirs anciens qui ont pris corps en des représentations inconscientes et qui font retour en se glissant, pour se donner des figures perceptibles, dans les souvenirs de perceptions récentes et plus innocentes. Ces trois éléments font que la scène du rêve prend la valeur d'une réalité vécue. Cette impression peut même persister lors de l'éveil, au point de faire douter un moment s'il s'agissait d'une expérience réelle ou d'un rêve. Freud a donc bien raison de dire que, psychologiquement, le rêve est une sorte d'hallucination. A bon droit il en tire la conclusion que la théorie du rêve contient des éléments essentiels pour l'explication des hallucinations caractéristiques de certaines graves pathologies mentales. Est hallucinatoire la mise en perception de représentations intérieures qui ne résultent pas de perceptions actuelles. Cette définition psychologique de l'hallucination a pour conséquence que celle-ci déborde la classe des phénomènes pathologiques.

Pouvons-nous étendre le paradigme de l'interprétation du rêve, non seulement aux hallucinations pathologiques, mais aussi aux visions religieuses? Dans leur qualité d'expérience vécue, elles présentent de toutes façons les caractéristiques de l'hallucination, entendue comme catégorie psychologique générale. On y perçoit comme présent à la perception cela que, au moins après coup, on sait ne pas appartenir au monde commun de la perception. C'est le cas de toute vision religieuse, qu'on y reconnaisse les effets d'une perturbation pathologique ou que, en se référant aux critères signalés, on l'attribue à l'intervention divine. La communauté religieuse reconnaît d'ailleurs implicitement la nature psychologiquement hallucinatoire des visions, puisque de nos jours elle interprète généralement comme hallucinations psychopathologiques les mêmes visions de la possession diabolique qu'autrefois elle imputait aux agissements observables du démon. Il ne faut donc pas nous laisser égarer par le mot d'hallucination qu'une psychiatrie popularisée assimile au délire. Appeler hallucinations les visions n'est pas encore céder à la méfiance d'une psychiatrie étroitement rationaliste qui range rapidement les visions mystiques dans «la psychose mystique». Si donc la vision se présente comme une hallucination, peut-on expliquer sa formation d'après le modèle du rêve?

Nous introduirons notre réponse par la considération d'une expérience banale et non suspecte de pathologie. Il arrive qu'en train de faire le deuil d'une personne aimée l'on entende ou l'on sente inopinément sa présence. Les souvenirs de bruits ou de sensations, autrefois signes perceptibles de sa présence, sont restés vivaces dans la mémoire et le désir intense de retrouver la présence de l'aimé(e) ranime ces souvenirs au point de les faire accéder un moment à l'état de réelles perceptions. Après s'être absentée un instant de son espace-temps actuel, la personne en deuil se dit que ce n'est qu'une impression. Cela ne veut-il pas dire qu'au moment même elle percevait de quelque manière «l'impression» comme étant du réel? Si le contenu avait été religieux, elle aurait eu le sentiment d'avoir une vision.

Considérons maintenant une expérience qui se rapproche de la vision religieuse classique. La personne l'aurait probablement qualifiée de ce terme, n'était son esprit critique. Au moment d'une intense expérience religieuse, qui inaugure sa conversion, une femme voit vaguement en face d'elle deux figures humaines, une grande et une petite. Elle n'y prête pas attention, toute absorbée qu'elle est dans la brusque expérience de la réalité de Dieu; car après un temps d'interrogation intéressée et réticente, elle Le sent réellement présent, *hic et nunc*, avec et pour elle. Mais en y réfléchissant après coup, elle se souvient qu'elle «savait» que la petite figure «devait» être sa grand-mère, car elle éprouvait envers cette figure les mêmes sentiments d'affection chaleureuse et de confiance qu'autrefois elle avait sentis en sa présence. Son savoir de l'identité de cette figure n'était pas une reconnaissance par la vue, mais une certitude intérieure, liée à des sentiments spécifiques. Notons la similitude avec les rêves où l'on sait qui est le personnage de la scène rêvée, alors que l'image vue ne permet pas de l'identifier. Quant à la grande figure, elle a eu le sentiment imprécis que c'était Jésus-Christ. Cette petite expérience hallucinatoire prend sa signification dans le contexte de son expérience religieuse, qui a d'ailleurs elle aussi un caractère hallucinatoire, car Dieu s'y donne si sensiblement présent qu'à ce moment, elle perçoit sa présence localisée dans la pièce où elle se trouve, sans toutefois le voir ni l'entendre. La grand-mère est visiblement la figure médiatrice entre cette femme et Dieu. Dans la famille fort perturbée de la convertie, la grand-mère avait été la seule personne auprès de laquelle elle se sentait accueillie avec confiance et tendresse. L'état d'extrême tension affective entre l'hostilité et le désir de consentir avec confiance à Dieu, objet de sa vive préoccupation juste avant qu'elle ne dise «oui», revivifie son souvenir de la grand-mère. Ce souvenir intensifie en elle la disposition à surmonter la crainte et l'hostilité qui contrarient son désir de donner son assentissement à Dieu. La vivacité du souvenir intensément investi à ce moment supprime la distance entre le passé et le présent, entre le ressouvenir et la perception de la présence actuelle. L'image-souvenir que la femme porte en elle prend corps devant sa quasi-perception.

La profonde affinité entre la composante de vision de cette expérience religieuse et les visions religieuses nous invite à assigner le même rôle aux souvenirs et aux désirs, éventuellement à l'angoisse, dans la mise en perception de la majorité des visions surnaturelles. Les variations thématiques que nous avons distinguées montrent bien que les visions empruntent leur contenu aux idées prévalentes dans leur contexte culturel et religieux. Ces idées mobilisent différemment l'affectivité: les charmes que fait miroiter le démon, la peur de la damnation et le désir d'être parmi les élus, le désir d'une communion intime avec Dieu. Les figures vues dans les visions sont évidemment involontairement choisies pour leur affinité avec la motivation affective. Elles font d'ailleurs partie de l'imaginaire dont se sert le langage religieux et auquel l'iconographie donne des formes lisibles. On ne doute pas, par exemple, que les anges et les saints que Jeanne d'Arc voit dans les visions qui accompagnent ses voix, reproduisent les représentations qu'elle a regardées avec ferveur sur les retables.

Dans le cadre de notre interprétation psychologique des visions, il paraît plutôt vain de se demander à propos de nombre de leurs récits s'il s'agit d'une véritable vision ou bien d'une fiction littéraire. La coupure doit être élusive entre l'évocation en images suggestives, la vision qu'elle induit parfois, les récits ultérieurs et la contagion imaginaire et affective qu'ils propagent à leur tour. Sans doute les rédacteurs manquaient-ils aussi de l'esprit critique qui les aurait portés à se soucier de ce qui était réellement arrivé. Croyant eux-mêmes à la probabilité des interventions divines dans ces prodiges, de leur probabilité ils devaient inférer leur réalité. De leur côté, les destinataires de ces récits n'exigeaient pas d'entendre raconter les choses tel que cela fut.

A tout bien considérer et sauf quelques modifications, la théorie freudienne du rêve offre un excellent modèle pour l'explication de la vision comme quasi-perception hallucinatoire. Toutes nos notations convergent vers l'affirmation du parallélisme entre les deux phénomènes. De part et d'autre nous décelons les mêmes éléments constitutifs: la mise en perception d'idées, la figuration des idées par la refiguration d'images perceptuelles conservées dans la mémoire et empruntées au monde ambiant, et l'intensité de l'investissement affectif de ces idées et de l'imaginaire qui leur est associé.

Bien sûr, une vision n'est pas un rêve; la vision s'impose à la conscience éveillée et la plupart du temps le tableau qu'elle donne à voir est simple, cohérent et directement lisible. Ces différences notoires d'avec la majorité des rêves tiennent au contenu spécifique de la vision religieuse. Celle-ci ne met pas en scène des représentations refoulées dans l'inconscient, mais celles qui habitent l'imagination du sujet. Les représentations véritablement inconscientes ne peuvent se reproduire devant le regard semi-conscient que lorsque le sommeil élimine les résistances que leur oppose la conscience vigile. Et lorsqu'elles se poussent sur la scène du rêve, elles mettent des masques qui les rendent illisibles. Dans les visions réjouissantes, l'imagination désirante peut certainement produire ses prodiges devant le regard de la conscience éveillée. Quant aux visions des tentations diaboliques, le récit de saint Ignace de Loyola nous fait former l'hypothèse de la nécessité de distinguer le contenu de la vision et l'interprétation qui identifie son origine diabolique. Il ne laisse aucun doute sur la fascination que sa vision exerce sur les désirs que le récent converti ne refoule pas mais réprime. C'est seulement devant la croix que plus tard «il comprit très clairement, et en pleine connaissance de volonté, que c'était le démon»[8]. Ici encore la vision accomplit le désir qui hante l'imagination sur les bords de la vie consciente. La vision diabolique ne devient inquiétante qu'après l'identification de sa source infernale.

Je ne voudrais pas terminer mon interprétation sans rencontrer brièvement l'objection à laquelle elle pourrait fournir un nouvel argument. On pourrait alléguer le fait que la vision ressemble très fort à l'hallucination délirante, puisque les deux se produisent dans la conscience éveillée, et conclure que le processus psychologique est le même dans les deux cas, ce qui supprimerait finalement la différence. En réalité, ce qui fait irruption dans les délires, ce ne sont pas des représentations simplement refoulées dans l'inconscient. L'analyse poussée des délires, associée à celle du comportement et du langage des psychotiques, fait conclure que les représentations hallucinées sont, par un effort spontané et soutenu, si radicalement exclues de la conscience qu'avec violence elles font retour, comme du dehors, sur le sujet éveillé, au point de l'aliéner à lui-même. Ce qu'il y a de commun dans les trois phénomènes hallucinatoires — le rêve, la vision, l'hallucination délirante — ne doit pas nous faire renier ce qui différencie le processus psychologique dans les trois cas.

Visions surnaturelles?

Les visions peuvent être appelées surnaturelles pour autant que leur contenu, leurs représentations imagées et leurs motivations affectives sont portés par la religion à laquelle elles appartiennent. En ce sens déjà, elles ne tirent pas leur prodiges «d'une source purement terrestre»[9]. La conviction que les êtres surnaturels ont le pouvoir et la volonté

---

8. *Le récit du pèlerin. Autobiographie de saint Ignace de Loyola* (trad. fr.), Paris, Desclée de Brouwer, 1956, p. 75.
9. Nous reprenons l'expression de Léon-Dufour déjà cité.

d'entrer par ces moyens en communication directe avec l'homme favorise sans aucun doute le processus visionnaire. Nous sommes même convaincu que cette croyance non seulement stimule le désir, mais contribue aussi à donner aux visions leur caractère d'un vrai voir et d'un véritable entendre en dehors des communes perceptions. Ainsi que nous l'avons signalé, malgré sa ferveur affective et son application à faire de la foi une expérience, Bernard de Clairvaux n'était pas un visionnaire; apparemment il était trop conscient que la véritable expérience de la foi ne s'accomplit pas dans la fulguration d'une vision. Il est également significatif que les changements dans les intérêts mettent fin à un type de visions et ouvrent l'espace pour un nouveau type. Ensuite l'entrée de la civilisation dans l'ère critique des sciences humaines clôt pratiquement l'époque des visions. Visiblement, elles dépendent de la croyance en leur probabilité. De leur rareté dans l'Occident contemporain, on n'est donc pas fondé de conclure qu'en d'autres époques et en d'autres aires culturelles elles ne sont que des fictions.

Pouvons-nous aller plus loin dans l'affirmation de leur caractère surnaturel? Ce qui nous paraît en tout cas indéniable, c'est que, si une intervention divine particulière a lieu, elle s'intègre dans le processus psychologique que nous avons analysé. En tant que mise en perception hallucinatoire, la vision est de part en part un fait psychologique, au point qu'on ne saurait toucher du doigt l'action manifeste d'un doigt surnaturel qui interviendrait. Cela n'implique pas la négation de cette intervention, mais bien celle de son évidence empirique. Il reste donc toujours légitime au croyant de *croire* que Dieu fait bénéficier certains fidèles de ces grâces exceptionnelles. A cet égard, foi et raison coexistent sans peine.

A partir de ces prémisses, une distinction importante s'impose néanmoins, celle entre visions assimilatrices et fondatrices. Pour l'esprit qui analyse objectivement les visions, l'enjeu du surnaturel n'est pas le même de part et d'autre.

Nous appelons *assimilatrices* les visions qui, au contraire des visions prophétiques, ne communiquent pas un message religieux nouveau. Les cinq types que nous avons distingués dans la tradition chrétienne ressortissent à cette catégorie. La correspondance entre leur contenu et les conceptions et les intérêts de l'époque est si étroite, que ces visions ne sont visiblement que leur refiguration. Elles résultent de l'assimilation par le visionnaire des thèmes religieux prédominants. Il faut évidemment une disposition psychologique particulière, en plus de la foi, pour que l'assimilation de ces thèmes prenne le tour d'une expérience si réaliste.

Nous appelons *fondatrices* des visions prophétiques dans lesquelles Dieu fait irruption, révèle d'abord une réalité littéralement inouïe, non encore entendue ou pensée, confie ensuite la mission de communiquer cette révélation à la communauté et garantit la mission par un signe paradoxal, qui ne s'accomplira que dans l'avenir. Ces visions ne sont plus le tissu de significations prédonnées, assimilées et reproduites dans une quasi-perception. La communauté biblique a reconnu la singularité de ces visionnaires, puisque parmi les prophètes qui formaient groupes et écoles, elle a retenu ceux qui ont réellement apporté un message nouveau. L'important n'est donc pas que les prophètes ont été des visionnaires, mais qu'ils ont eu la conscience de parler au nom de Dieu pour révéler ce qu'Il leur a dévoilé.

La particularité des visions prophétiques prend toute sa signification pour celui qui reconnaît leur accomplissement dans le message de Jésus. Par anticipation, la révélation en visions qui charge les prophètes de parler au nom de Dieu, prédispose à accepter que Jésus, qui n'était pas un visionnaire, parle de lui-même et en première personne au nom de son Dieu[10]. Par rétroaction, la singularité prophétique de Jésus contribue à donner toute sa signification au caractère fondateur des visions prophétiques.

Si les visions prophétiques ne sont plus de simples refigurations réalistes d'un héritage religieux commun, on ne les explique pas, croyons-nous, par l'intensité du désir ou de la crainte qui ranime des souvenirs et les fait passer à l'état de quasi-perception. On ne conteste pas qu'après l'advenue des messages monothéistes il y ait des reprises et des réinterprétations et que, dans cette histoire prophétique, de nouveaux contextes culturels et politiques livrent leurs figures symboliques aux visions des prophètes. Reste que leurs messages opèrent une transcroissance du message monothéiste, fondement de la nouvelle religion. Cette singularité de la vision prophétique légitime la foi en l'inspiration divine particulière. Mais celle-ci opère par la médiation d'un processus psychologique et elle ne se manifeste donc que voilée. Nous ne voyons pas que nous puissions leur appliquer la même explication psychologique que pour les visions assimilatrices. Et vouloir en rendre compte par le terme d'expérience religieuse n'est qu'une tautologie facile. Mais leur caractère psychologique est suffisant pour que leur surnaturalité ne soit pas évidente.

10. Dans le texte repris plus haut sur Jésus de Nazareth, nous avons mis en lumière cette spécificité de Jésus-prophète.

La comparaison détaillée avec les visions «prophétiques» de Mahomet serait instructive. Fait-il plus que répéter le message monothéiste, en s'inspirant du modèle biblique qu'il avait appris à connaître lors de ses pérégrinations de bédouin commerçant et polythéiste? Ses visions ne s'inscrivent même pas dans l'histoire prophétique qui révélait progressivement la venue du Messie. Pour Mahomet les anciennes prophéties ne sont que des reprises ponctuelles du même message monothéiste. Ce qu'il y a également de particulier dans son cas, c'est qu'en des visions paroxismalement extatiques il recevait non pas la parole, mais la dictée divine. Si ces remarques sont justes, nous dirions qu'il s'agit de visions assimilatrices, produites par une psychologie particulièrement encline à des expériences de nature shamanique et induites par les souvenirs bibliques.

LES APPARITIONS DU RESSUSCITÉ

Nous voudrions simplement et à titre d'hypothèse prolonger un moment nos analyses et voir si elles apportent quelque éclairage aux récits des apparitions du Ressuscité. Les conclusions auxquelles aboutissent les recherches exégétiques rigoureuses constituent évidemment le préalable de nos considérations. Ainsi que l'affirme X. Léon-Dufour déjà cité, les textes de ces récits laissent encore transparaître la stratification de leur formation: expérience spirituelle, médiatisée également par le langage ambiant et par celui de la tradition religieuse, mediatisée par la foi en la résurrection collective à la fin des temps; puis la communication de cette expérience par le recours à ces mêmes médiatisations. La teneur de l'expérience et le contenu des messages les plus anciens, affirmant que Jésus est vivant et dans la gloire de Dieu, motivent pour notre auteur la conviction que l'expérience subjective est également objective dans la source, autrement dit, que le Ressuscité lui-même la produit dans la subjectivité des humains.

Le terme d'expérience spirituelle, pour juste qu'il soit, nous paraît un peu court, en ce qu'il désigne par une catégorie fort générale l'aboutissement de tout un processus psychologique et religieux. Les apôtres ont certainement dû faire tout un travail intérieur pour réinterpréter l'histoire et les messages de Jésus, corrélativement avec la remémoration réinterprétative des écrits prophétiques. Dans l'interaction complexe de ces représentations, les apôtres traversent une longue distance entre leurs idées lors de leur compagnonnage avec Jésus et leur nouvelle compréhension croyante. Pour parvenir à leur foi dans le Ressuscité, ils ont dû opérer un important déplacement dialectique dans leur position par rapport à Jésus. La foi qu'ils proclament ensuite, est réellement fonda-trice de la nouvelle religion. Il est légitime d'inférer de ces observations que l'Esprit de Dieu leur a fait comprendre le destin et la destination de Jésus. Pas plus que pour la révélation monothéiste, nous ne croyons que la psychologie explique la nouveauté de «l'expérience spirituelle», même si on peut présumer que le désir et la réflexion ont pour une part motivé leur transformation intérieure, car l'expérience spirituelle ne s'accomplit pas en des automates spirituels.

Les récits des visions sont-ils alors simplement la traduction dans le langage religieux ambiant d'une expérience intérieure? L'expérience qu'a faite saint Paul sur le chemin de Damas paraît bien être une véritable vision, déterminée par les lois psychologiques que nous avons analysées. On ne peut pas penser qu'elle soit tombée d'en haut sans que l'incuba-tion dans l'âme de Paul ne l'ait préparé à cette révélation. Si celle-ci a pris la forme d'une vision fulgurante, il est plus que probable qu'une intense préoccupation par ce Jésus dont il persécutait les fidèles faisait que, l'Esprit aidant, l'idée du Jésus vivant et divinement glorifié s'est imposée avec une telle puissance de réalité, que Paul l'a vu et entendu dans «une vision surnaturelle intérieure», selon l'expression de Jean de la Croix.

On imagine fort bien que d'autres, se trouvant dans une tension psychologique analogue et impressionnés par le témoignage de Paul, ont eu le même type de visions. Or, la différence psychologique n'est pas nette entre l'expérience de la vision et l'impression d'une apparition. Avec beaucoup de perspicacité Jean de la Croix appelle «visions corporel-les extérieures» ce que d'autres, croyons-nous, appellent, avec un réalisme moins critique, des apparitions. Personnellement, nous estimons probable que certains qui voyaient le Ressuscité en vision, avaient l'impression de le voir dans la réalité extérieure. Au départ, nous nous sommes posé la question pourquoi ces visionnaires ne reprenaient pas simplement le langage prophétique de la vision. Mais il y a une différence importante entre les visions prophétiques et celles qui se rapportent au Ressuscité. Les visions prophétiques concernent l'avenir, qu'on annonce en oracles. Que le Christ soit ressuscité, est pour la foi des apôtres une réalité actuelle. Le fait de croire qu'il est vivant et à nouveau avec eux, favorise le passage psychologique de l'expérience de la vision à celle de la percep-tion d'une apparition.

En introduisant cette note psychologique dans le dossier de l'exégèse de ces textes, on peut accorder à certains récits plus de vérité historique que ne le fait l'interprétation qui n'y voit qu'un procédé littéraire. La réalité de ces visions racontées est d'autant plus probable que le souvenir des visions prophétiques, peut-être également celui de la vision de la transfiguration sur le Mont Thabor, nourrissait la croyance dans la possibilité de telles visions et les favorisait donc.

Les récits qui affirment la distance temporelle entre les apparitions du Ressuscité et la reconnaissance de son identité par les apôtres font sans doute également écho à une expérience réelle. En effet, cette distance temporelle est psychologiquement très normale. Nous en avons vu un exemple net dans la vision de tentation d'Ignace de Loyola. Une intention apologétique inspire apparemment les textes; mais celui-ci adopte le schème des visions elles-mêmes où les moments du voir en vision et celui de conclure ne coïncident pas.

Le bénéfice de notre commentaire est qu'il donne droit à la réalité psychologique, qu'il prend au sérieux les textes essentiels et qu'il n'assimile pas la foi des apôtres en Christ ressuscité à la croyance que Dieu a ranimé le corps d'un mort et le montre pour garantir expérimentalement la foi. Par ailleurs on conçoit bien que les récits originaires de ces visions ont eux aussi créé un genre littéraire, de saveur populaire et d'intention apologétique, dont les textes sacrés conservent également les souvenirs.

LA FORMATION DE LA FOI DANS
UNE ÉDUCATION RENOUVELÉE

Tâche de l'école chrétienne.

Ce titre a été soigneusement choisi et à dessein.

1. Il indique tout d'abord qu'une école chrétienne prend en charge la tâche humaniste de l'éducation, c'est-à-dire — selon le vrai sens de ce terme dans l'histoire de notre culture chrétienne — la promotion des jeunes à plus d'humanité. Elle dispose pour cela de moyens multiples: formation intellectuelle, transmission des connaissances, formation du caractère, enrichissement du sentiment, éducation au sens social et éthique; avec les aménagements requis par la nature propre de l'école et la formation professionnelle proposée. Non qu'il faille absolument une école chrétienne pour mener à bien cette tâche humaniste; mais une communauté croyante voit dans cette collaboration à l'humanisation de l'homme un engagement hautement significatif. Notre Dieu est un Dieu de l'homme vivant; plus l'homme devient homme, plus l'œuvre créatrice de Dieu s'accomplit.

2. L'expression «éducation renouvelée» signifie qu'une école chrétienne, précisément par son souci humaniste, n'est pas une forteresse fermée sur le conservatisme et l'auto-défense. Au contraire, elle se veut créatrice dans son éducation pour la renouveler; elle se laisse interpeller par les nouvelles créations culturelles qui sont «dignes de l'homme» et prétend s'ouvrir, dans son éducation même, aux changements culturels et sociaux.

3. «Former à la foi» est une des tâches spécifiques de l'école chrétienne, une tâche qui ne peut être séparée de son projet éducatif global. La formation de la foi et l'éducation forment un tout. La première ne peut être une fonction isolée. La foi et l'incroyance font en effet partie de la culture; c'est ce qu'attestent l'histoire, la littérature et l'esprit scientifique. La foi est également intrinsèquement liée à l'éthique et aux valeurs de la vie. Enfin, la foi et la formation du caractère et du sentiment sont en interaction constante.

Mais, si étroitement que puissent être tissées l'une dans l'autre la formation de la foi et l'éducation humaniste, une école chrétienne ne peut pas et ne doit pas se fixer la formation de la foi comme un objectif auquel elle subordonnerait son projet éducatif global. Pareil calcul signifierait un mépris de l'humain, et par conséquent une attitude de foi non authentique. Si une école chrétienne ne donne pas une formation humaniste et professionnelle au moins aussi bonne que d'autres écoles, elle ferait mieux de disparaître.

Par ailleurs, une école chrétienne ne peut pas non plus envisager la formation de la foi comme un moyen et une garantie pour une meilleure éducation. Telle est pourtant l'attitude utilitaire de nombreux parents qui ne voient dans l'éducation religieuse qu'un moyen au service de la formation du caractère et des bonnes mœurs. Les jeunes le sentent très vite, non sans de graves difficultés pour la croissance de leur foi. Pour une école chrétienne, la formation humaniste et la formation religieuse sont des objectifs en soi. Or ce souci pour la formation de la foi peut faire défaut même dans des écoles catholiques; on connaît des exemples troublants. L'éducation de la foi y est traitée plus d'une fois avec une insouciance effarante. Ainsi, il arrive que le cours de religion soit programmé au moment le moins favorable, par exemple, à la 7e ou 8e heure de la journée, lorsque les élèves sont fatigués et nerveux. Ou bien on réunit deux classes, ce qui a pour effet de compromettre la capacité d'écoute. Ou encore, dans le seul but de leur procurer un horaire complet, on confie le cours de religion à des professeurs qui déclarent eux-mêmes n'avoir plus la foi chrétienne.

4. Enfin, l'idée même de «la formation de la foi dans une éducation renouvelée» laisse entendre que l'éducation actuelle met la formation de la foi à l'épreuve, la rend problématique. Il nous faut donc réfléchir au but que nous visons, aux possibilités nouvelles mais aussi aux difficultés qu'engendre cette situation.

L'éducation à la foi.

La foi est une attitude religieuse typiquement chrétienne. Elle est la reconnaissance et la confession de Dieu tel qu'il s'est manifesté et s'est rendu présent dans la parole et dans l'histoire vécue de Jésus-Christ, et tel qu'il continue à agir dans l'annonce chrétienne du Seigneur et dans les signes institués par lui. Cette foi doit être formée. Personne ne devient croyant sans une formation de sa foi. Il faut d'abord apprendre qui est Dieu, qui est Jésus-Christ et ce qui constitue l'événement de sa vie, avant d'être à même de croire. La foi est une réponse donnée; elle est comme une parole d'amour qui s'engage à accepter l'autre et à se donner à lui, pour le meilleur et pour le pire, pour la vie et pour la mort. De même que toute parole d'amour suppose toute une formation et une connaissance réciproque et résulte d'une longue éducation à laquelle tout peut contribuer, ainsi en va-t-il de la réponse croyante à Dieu.

Partons d'une comparaison plus simple. L'homme ne devient un être parlant que parce que ses parents lui apprennent à parler et que ses éducateurs continuent à affiner et enrichir son aptitude au langage. L'enfant possède la capacité innée du langage. Néanmoins, il ne peut la développer que grâce à la transmission de la langue. Celle-ci suppose une collaboration constante entre la réception de la langue et l'activité linguistique de l'enfant et du jeune. Ce modèle vaut pour l'éducation dans son ensemble, mais aussi pour la formation de la foi. Chaque être humain possède la capacité innée de croire: son intelligence et son affectivité sont réceptives à Dieu. Il n'arrive pourtant pas à la foi par lui-même, mais uniquement grâce à l'interaction entre, d'une part, la réception des signes et des témoignages de la foi et, d'autre part, le vécu religieux personnel et l'engagement de la foi. On n'attend pas que l'homme soit devenu adulte pour développer en lui, par une formation adéquate, la capacité de la langue, de l'amour, de l'art ou de la connaissance; ainsi ce serait un non-sens de retarder la formation de la capacité de la foi jusqu'à ce qu'il soit censé pouvoir choisir librement. Le libre choix suppose une capacité développée. Lorsqu'une aptitude fondamentale dans l'homme n'est pas d'abord développée ou est restée sous-développée, sa liberté s'en trouve précisément diminuée.

La formation de la foi est aussi complexe que la foi elle-même. C'est pourquoi je traiterai essentiellement de la formation à cette capacité de croire, et non pas explicitement de l'enseignement de la religion au sens strict. Si je fais allusion à la catéchèse, je le ferai toujours sur l'horizon du développement de la capacité de la foi. S'il existe dans l'homme une disposition naturelle pour la foi, il n'existe par contre pas de disposition religieuse innée. Le développement du sens religieux n'est pas non plus aussi simple que celui de l'aptitude au langage, et certainement pas dans notre culture. Aussi exige-t-il beaucoup de la part des éducateurs de la foi. Reprenons la comparaison avec la transmission de la langue. Les parents peuvent transmettre la langue à l'enfant parce qu'ils mettent tout leur soin, tout leur amour et tout leur plaisir à lui apprendre à parler.

Pensez à la joie et à l'art avec lesquels ils accompagnent l'enfant dans son apprentissage de la parole. L'enfant ressent cette joie et cet amour; il y répond par une maîtrise croissante de la langue. Plus tard, l'affinement et l'enrichissement du langage deviendront sans doute une entreprise plus laborieuse; mais si l'éducateur lui-même n'aime pas sa langue, il ne sera pas en mesure de transmettre suffisamment cet amour pour que le jeune accepte les peines de la formation au langage. Ainsi, la formation de la foi exige-t-elle aussi de l'éducateur qu'il croie lui-même amoureusement dans la formation de la foi. C'est le premier point sur lequel je voudrais attirer votre attention. Avez-vous foi dans la formation de la foi?

I. AVOIR FOI DANS L'ÉDUCATION A LA FOI

«Il existe trois arts impossibles: l'éducation, la politique et la psycho-thérapie», disait S. Freud. Cela ne l'a pas empêché d'être le père et l'éducateur de six enfants et un psychothérapeute remarquable. Si Freud avait été croyant, il aurait sans doute vu dans l'éducation à la foi l'art le plus difficile de tous. Jésus-Christ lui-même n'a-t-il pas fait l'expérience de cette difficulté? Existe-t-il un drame de vie plus intense que celui que nous commémorons dans la Semaine Sainte, débutant en triomphe et s'achevant en insultes et en trahison? Avez-vous déjà songé aux difficultés que Dieu a rencontrées au cours de ces siècles que nous nommons l'histoire biblique pour éduquer son peuple à la foi? Et puisque nous vénérons saint Benoît comme père de l'Europe — cette Europe qui a engendré une culture chrétienne —, rappelons-nous avec quelle lenteur, mais aussi quelle vigueur les noyaux de foi qu'étaient les abbayes bénédictines ont imprégné et fait lever cette pâte énorme qu'étaient les peuples païens conquérants. Mais ce ne fut pas une entreprise de tout repos. Les premiers compagnons de Benoît commencèrent par tenter de l'empoisonner.

Le chemin de la foi.

Une réflexion sur l'éducation à la foi réveille nos propres attentes, nos incertitudes, nos déceptions, nos angoisses. A ce moment, il est bon de nous rappeler que nous ne sommes pas seuls. Nous sommes solidaires de ces innombrables éducateurs de la foi, célèbres et inconnus, qui, depuis Abraham, notre père dans la foi, ont au cours des âges libéré l'homme et la culture pour Dieu, et amené Dieu vers l'homme et la culture. Beaucoup d'entre eux se sont réjouis de récolter ce que d'autres avaient semé; beaucoup ont, comme Jésus-Christ lui-même, semé en confiance, ne sachant pas s'ils verraient la récolte de leur labeur éducatif. Mais ils l'ont fait dans la joie paradoxale du Sermon sur la montagne.

Pour éduquer à la foi, il faut croire en l'éducation à la foi. Elle exige une grande dose de confiance dans la possibilité même de celle-ci ; elle demande une foi en Dieu au carré. Rien peut-être ne met davantage la foi à l'épreuve. Beaucoup de ceux ou de celles qui y ont consacré leur vie, en tout ou en partie, amoureusement, traversent à un moment donné cette nuit de la foi où ils sont tentés de tout laisser tomber et où leur prière devient un écho de celle du Christ : «Mon Dieu, mon Dieu, pourquoi m'as-tu abandonné ? ». Dès lors, n'attendez pas que je vous libère d'une épreuve de la foi que chacun doit traverser. Les schémas et méthodes catéchétiques, les manuels et les guides du professeur sont choses bonnes et utiles. Mais après s'en être servi, on arrive bien souvent à la conclusion qu'au fond, on n'a pas encore trouvé de méthode réellement satisfaisante. Il faut donc continuer à chercher. Mais il faut savoir aussi que la méthode «efficace», dont on rêve vaguement, n'existe pas et n'existera jamais. L'étymologie du mot le dit, une méthode est un chemin que l'on suit pour aller vers un but. Ce chemin doit être adapté au but que l'on veut atteindre. Or, la foi est elle-même un chemin, en direction de Dieu, un chemin qui, au dire du Christ lui-même, n'est ni large ni facile. Comment alors voudriez-vous qu'il existe une méthode facile d'éducation à la foi ?

L'attitude personnelle de l'éducateur.

C'est de ce chemin de la foi que je voudrais traiter. Non pas celui de la didactique catéchétique : d'autres que moi sont en cela plus compétents. Pour ma part, j'essaierai de clarifier la situation croyante à l'intérieur de l'éducation à la foi. A ceux qui estimeraient qu'une telle réflexion est trop théorique, trop peu pratique, je répondrai que les vrais éducateurs de la foi ont d'abord pris le temps nécessaire pour arriver à plus de clarté en eux-mêmes, dans leur relation à Dieu et à leur tâche. Même s'il fut un homme divin, Jésus de Nazareth a attendu jusqu'à sa trentième année pour se manifester en public. Et même alors, il a passé d'abord un temps dans la solitude du désert, seul avec Dieu. Paul aussi s'est retiré dans le désert après sa conversion, avant de commencer son travail missionnaire. De même, saint Benoît.

Je voudrais donc demander aux éducateurs à la foi : êtes-vous personnellement capables de vous libérer de temps à autre pour réfléchir au sujet des jeunes dont vous vous occupez, à leur capacité de croire, à leurs allergies à l'annonce de la foi ? A leurs critiques, à leur résistance affective, ou à ce meilleur d'eux-mêmes qui les rend dans une certaine mesure réceptifs ? A leur situation en famille, à l'école, aux opinions contradictoires auxquelles ils ont à faire face dans le monde actuel ? A leurs illusions et à leurs déceptions? Et êtes-vous prêts à prendre le temps qu'il faut pour prendre conscience de vos propres réactions personnelles face à ces phénomènes? Le temps pour vous exprimer à vous-mêmes et devant Dieu vos propres désirs, déceptions, impatiences, vos propres attitudes et souhaits bien trop humains, afin d'arriver ainsi à plus de clarté et de liberté intérieure? Lorsque nous disons que le Christ nous a libérés, cela signifie qu'il peut et doit continuer à nous libérer, nous éducateurs à la foi, dans notre activité même d'éducation à la foi. Nous libérer de ces obstacles qui nous menacent : une attitude autoritaire, plus soucieuse de notre pouvoir et de celui de l'institution dans laquelle nous travaillons que de la croissance de ceux et celles qui nous sont confiés ; une démagogie qui cherche le succès et qui opprime la vérité lorsqu'elle rencontre une résistance ; l'exaltation qui pousse à jouer la comédie au lieu d'aider les autres à développer une juste intelligence de la foi ; le ressentiment qui démolit par vengeance au lieu d'édifier.

Dans l'éducation, et plus spécialement dans celle de la foi, nous sommes profondément impliqués avec toute notre personnalité. Notre vie intérieure profonde, notre histoire personnelle, notre attitude à l'égard des jeunes, de la communauté, de l'autorité, de la sexualité, de la nature et de Dieu transparaissent dans le processus communicatif qu'est l'éducation, beaucoup plus que nous ne nous en rendons compte. Rappelons-nous, ne fût-ce qu'un instant, l'influence durable qu'ont eue nos éducateurs sur notre foi. Même si nous ne pouvons plus nous remodeler de fond en comble, même si nous n'avons pas la personnalité que nous souhaiterions avoir, nous pouvons néanmoins jeter un peu de lumière sur notre propre attitude et sur nos réactions. Ceci est sans doute aussi important que le souci de la méthode.

L'aptitude à l'éducation de la foi n'est donc certainement pas transmissible sans plus. Elle est également, en grande partie, le fruit de notre attitude de foi, de notre vision croyante, et de l'aptitude personnelle à comprendre et à sentir ce qui se passe chez les jeunes que nous interpellons. Cette intuition est aussi une question d'intelligence raisonnée. J'espère pouvoir contribuer quelque peu à cette intelligence.

Je parle dans l'hypothèse où la situation de la classe permet de proposer la foi. Je sais que ce n'est pas toujours le cas. Il y a des classes où un si grand nombre d'élèves s'y opposent systématiquement que seul un éducateur exceptionnellement doué et respecté est capable de remplir sa tâche dans de telles circonstances. C'est le cas dans certaines écoles de l'État où les parents, pour des raisons ambiguës, obligent leurs enfants récalcitrants à suivre le cours de religion. Cela peut d'ailleurs être aussi le cas dans des écoles catholiques. Des éducateurs désespérés ont alors recours à des problèmes actuels soi-disant captivants et passent des mois entiers sur la question de l'avortement ou de l'euthanasie. Sans même jamais parler de la position de l'Église à ce sujet, encore moins l'expliquer. Ne peut-on vraiment pas assainir pareille pratique hypocrite? Remplir les cours de religion des mois durant avec cette matière constitue un grave contre-témoignage qui porte atteinte au sens religieux; on donne à penser qu'il n'y a plus rien d'important à dire au sujet de la foi.

II. LA FAUSSE ALTERNATIVE: ÉDUCATION AUTORITAIRE OU ÉDUCATION NON DIRECTIVE?

Nous pouvons mieux encore cerner le problème de l'éducation à la foi en décrivant l'alternative dans laquelle on s'est souvent enfermé: l'ancienne attitude autoritaire ou la nouvelle pédagogie non directive. Cette dernière était une réaction contre l'attitude autoritaire. Aujourd'hui on réagit contre l'attitude non directive. Mais l'éducation à la foi, de type autoritaire, même renouvelée, mène à une explosion de révolte chez les grands adolescents.

La formation religieuse autrefois.

Les aînés parmi nous se souviennent avec étonnement de la manière dont ils ont été éduqués dans la religion. Le catéchisme appris par cœur, les cours de religion proposant une dogmatique ample et systématique; la vie chrétienne professée chaque jour dans les actes de foi, d'espérance, de charité et de contrition; la messe quotidienne, la plupart du temps obligatoire; les fêtes célébrées à l'école par une grand-messe solennelle et les vêpres l'après-midi, etc. Si on songe en outre aux formes de l'ancienne liturgie, on se serait cru transplanté dans une autre culture. Mais l'ancienne formation religieuse avait sa valeur propre, parce qu'elle faisait réellement partie d'un ensemble culturel qui lui donnait son sens et sa fonction. Il faut pourtant reconnaître que beaucoup sont restés fidèles et se sont engagés avec courage et générosité dans de multiples œuvres. Ce n'est pas parmi les générations formées précédemment que la pratique de la foi a connu la grande régression. Songeons aussi au nombre de missionnaires, de sœurs infirmières et de laïcs engagés que cette vie chrétienne a suscités. Il est tout aussi insensé de juger avec mépris l'ancienne formation religieuse, que de la considérer comme idéale et de regretter sa disparition. Elle disparut non pas en premier lieu à cause de son inauthenticité, de son manque de psychologie, de son intolérance — qui furent l'objet de justes critiques — mais surtout parce qu'elle faisait partie d'un ensemble culturel qui aujourd'hui appartient au passé.

La société tout entière acceptait l'autorité. On vivait dans la conviction première que l'homme avait à apprendre des principes et des vérités transmis et qu'il pouvait et devait recevoir de la tradition sa dignité et le sens de la vie. Le jeune d'alors se savait lié à une histoire. Il connaissait et admirait les grandes personnalités qui l'avaient précédé; il acceptait l'autorité, comme interprète et médiatrice de cette histoire. Le christianisme faisait partie de cette histoire qui transcendait l'individu; et déjà, pour cette seule raison, il avait autorité sur lui. Comme dans d'autres cultures traditionnelles, la religion était fortement rituelle; à tel point que le rite était vécu de manière assez ritualiste, c'est-à-dire comme une obligation, même lorsque des formes fixes et étrangères à la vie laissaient peu de place à l'expression de soi-même. Comme il arrive souvent dans des communautés qui respectent fortement l'autorité, il y régnait une méfiance à l'égard du plaisir, surtout de la sexualité; précisément parce que, dans la jouissance, l'individu est centré sur lui-même et, dans une certaine mesure, oppose agressivement sa liberté individuelle aux exigences de la tradition et de la communauté.

Une situation nouvelle.

Les circonstances d'après-guerre ont profondément modifié cette situation. En très peu de temps, notre société a atteint un luxe jamais connu. Les films, la TV, les voyages ont fait pénétrer partout l'image idéalisée d'une culture du plaisir et ont ouvert la communauté chrétienne, auparavant plutôt fermée, à de nouvelles formes et conceptions de vie. En les diffusant massivement, l'information a très vite ôté à l'autorité chrétienne traditionnelle son caractère d'évidence. Son impact fut d'autant plus fort que l'on oppose, comme toujours, le neuf à l'ancien comme un progrès. Un indice de la force de ce changement: la disparition brusque des candidats au sacerdoce et à la mission dans les diocèses qui ont connu la grande révolution que constituait le passage d'un bien-être limité au luxe, d'une soumission à la tradition à la libre mobilité.

La non-directivité.

A ce moment de rupture historique, précisément lorsqu'ils se rendaient compte que l'ancienne formation de la foi ne passait plus, les éducateurs découvraient une théorie psychologique nouvelle, préconisant une conception de l'homme radicalement différente de celle qui éduque à la dignité humaine par le biais d'une tradition basée sur l'autorité: à savoir, la théorie de la non-directivité. D'après cette théorie, l'homme est fondamentalement bon et dispose de dons et de désirs propres; la tâche de l'éducation consiste à favoriser le vécu et l'expression des expériences et des souhaits personnels. Dans un torrent d'écrits, des mots fascinants reviennent: expérience du moi, épanouissement personnel, créativité, réalisation de soi-même ..., des mots dont on sent qu'ils contiennent quelque chose d'authentique, mais qui, dans leur généralité non expliquée et dans leur présentation non critique, forment tout de même une idéologie.

Je me limite ici à l'impact de cette idéologie sur la manière de concevoir la formation de la foi. Sous l'influence aussi de certaines tendances théologiques (telles que la démythologisation et la phénoménologie de l'expérience religieuse), on a cru que l'éducation à la foi devait partir de l'expérience spontanée de l'homme. Derrière cette idée se trouve le présupposé psychologique et philosophique — selon moi, non fondé — que l'homme est par nature religieux; en d'autres termes, qu'il possède des besoins et des désirs religieux innés. Il y a là un grave nivellement de l'idée que saint Augustin exprimait très justement: l'homme est «capax Dei», il est capable de connaître et aimer Dieu. Je m'attarde un peu sur ce point, car une compréhension correcte de l'aptitude de l'homme à connaître et à aimer Dieu doit nous fournir les idées directrices pour l'éducation à la foi. Une théorie pédagogique qui présente comme axe central la spontanéité, la créativité et l'épanouissement personnel est naturellement très optimiste et elle devient, par conséquent, très vite populaire. De même, une théorie pédagogique religieuse qui préconise qu'il faut partir de l'homme lui-même et ne l'aider qu'à interpréter son expérience religieuse, flatte trompeusement. On occupe alors la position confortable de l'éducateur qui ne doit user d'aucun argument d'autorité et peut prendre ses distances par rapport à l'institution ecclésiastique si fortement contestée. On se donne ainsi la certitude apparente que croire n'est pas une affaire si problématique et traversée par des doutes; on postule que l'aptitude religieuse est déjà présente dans l'expérience humaine en général, comme le fruit est déjà dans la fleur ou l'épi dans le grain.

Mais qu'enseigne l'expérience? La catéchèse qui prend son point de départ dans l'homme, ses intérêts et ses expériences, sa vie affective et sa souffrance, ses créations artistiques et sa technique, son désir de fonder une meilleure communauté, et qui ainsi, à partir de l'homme, chemine vers le Christ, pour découvrir la Loi de l'évangile et son rapport à Dieu, cette catéchèse aboutit à ce constat: les élèves ne suivent plus l'explicitation soi-disant chrétienne de l'homme et du monde, ils ne lui manifestent plus d'intérêt, souvent même ils s'y opposent et ironisent: «nous connaissons vos trucs, nous savons où vous voulez en venir». Ils ont l'impression qu'on veut les mener par le bout du nez; mais ils ne veulent pas être si naïfs. Le résultat est parfois le contraire de l'épanouissement spontané de la foi: la méthode de l'explication chrétienne d'expériences humaines donne l'impression d'une stratégie cousue de fil blanc et d'une nouvelle mais fallacieuse forme d'endoctrinement.

Un nouveau climat culturel.

Je me rends très bien compte que cette méthode est également inspirée par une volonté généreuse d'aller à la rencontre de la psychologie des jeunes, telle qu'elle est façonnée par le nouveau climat culturel. En voici quelques traits.

1. Elle se caractérise tout d'abord par le subjectivisme : n'est vrai que ce qu'on peut comprendre soi-même, et n'a de valeur que ce qui suscite de l'intérêt.

2. Les jeunes sont assaillis par une culture qui privilégie la jouissance, y compris sur le plan sexuel, et qui la considère comme un droit, jusqu'à en faire un absolu. Cela signifie qu'on détache la jouissance de sa relation avec d'autres valeurs.

3. A notre époque, on affirme l'identité propre en accentuant la différence avec les générations antérieures. Cette recherche d'une identité par opposition a toujours été le propre de la jeunesse — heureusement d'ailleurs, car c'est elle qui engendre du renouveau, et sans renouveau, la vie meurt peu à peu —. Toutefois, en mettant fortement l'accent sur l'«être soi-même», comme «être autre», on a rendu extrêmement difficile la transmission des valeurs qui transcendent l'individu.

4. Enfin il faut noter le rejet anxieux du fardeau que constituent des siècles de culture. On craint de ne pas pouvoir se trouver ni être soi-même, d'être incapable de réaliser quelque chose de neuf, si on ne prend pas ses distances par rapport aux produits culturels antérieurs tant vénérés par les anciens. Auparavant le souvenir constituait une dimension importante de l'expérience du temps. Aujourd'hui, le souci du présent, du «hic et nunc» est devenu la dimension principale.

Incidence sur l'éducation de la foi.

La nouvelle éducation est un produit de son époque; mais, à son tour, elle développe et installe un nouvel esprit. Comme toujours, il y a interaction. Dans ce renouveau de l'éducation, il entre sans doute une bonne part d'adaptation valable à une culture changeante, ainsi que l'élaboration de nouvelles perspectives durables. Il en va de même dans le renouveau de l'éducation religieuse. En ce qui concerne la formation de la foi, l'expérience montre cependant que la méthode qui vient d'être esquissée, celle qui part de l'homme, n'a pas tenu ses promesses. Il est dès lors urgent de scruter les présupposés de cette méthode non directive explicitant l'expérience. Ces présupposés sont de nature anthropologique et théologique. A la racine, cette méthode repose sur une conception déformée de l'homme et sur une méconnaissance de Dieu. Puisqu'une interprétation correcte de la capacité humaine à connaître et aimer Dieu est capitale, j'expliquerai ma vision des choses à ce sujet. Elle s'appuie sur l'expérience, sur l'étude de l'homme tel qu'il se manifeste dans l'histoire culturelle et religieuse, et sur la recherche théologique. Quel que soit le soin que je mette à fonder et à justifier mon idée, je suis bien conscient qu'en cette matière, une affirmation n'est jamais une vérité dogmatique, ni, par conséquent, le dernier et l'unique mot. J'espère pourtant, même si vous n'êtes pas entièrement d'accord avec moi, pouvoir vous convaincre du danger et de la légèreté que comporte une acceptation non critique d'idées qui prévalent à un certain moment, par suite d'influences multiples.

III. CONDUIRE DIEU A L'HOMME ET L'HOMME A DIEU

Lorsqu'on apprend qui est Dieu pour l'homme, et ce qu'est l'homme pour Dieu, la conclusion s'impose que, dans le christianisme et certainement dans la situation culturelle qui est la nôtre, la formation de la foi est tenue d'accomplir un double mouvement: conduire Dieu à l'homme et l'homme à Dieu.

La ligne descendante de l'ancienne éducation autoritaire et la ligne ascendante de l'éducation par l'explicitation de l'expérience doivent se rejoindre: elles ne trouvent leur vérité respective que dans la conjonction des deux mouvements. La vérité propre de Dieu et la situation culturelle de l'homme contemporain l'exigent.

Je centre d'emblée la problématique sur la foi en Dieu. En effet, ce dont il s'agit essentiellement dans l'Évangile, c'est du message du Sermon sur la montagne: quoi qu'il vous arrive, réjouissez-vous, car Dieu vient à vous. Or ce qui fait le plus problème à notre époque, c'est précisément la foi en Dieu.

1. La foi en Dieu devenue problématique.

La dernière enquête réalisée aux Pays-Bas révèle, surtout chez les jeunes, une baisse frappante de la foi en un Dieu personnel, une grande incertitude à ce sujet et surtout une hausse sensible du nombre de ceux qui n'acceptent plus qu'une puissance supérieure impersonnelle[1]. Même si la situation religieuse diffère d'un pays à l'autre, des tendances identiques se font jour partout en Europe occidentale. L'expérience et les

[1] W. GODDIJN, H. SMEETS en G. VAN TILLO, Opnieuw: God in Nederland. Onderzoek naar godsdienst en kerkelijkheid. Amsterdam, De Tijd, 1979.

recherches montrent que beaucoup de gens, tout en retenant le terme
«Dieu», le vident de sa signification religieuse, et certainement de son
contenu chrétien, pour n'y voir que le symbole d'une mystérieuse force
cosmique. Les enquêtes hollandaises indiquent une baisse comparable en
ce qui concerne l'affirmation de la foi que «le Christ est le Fils de Dieu»,
bien que cette foi recueille encore 7 % de plus d'adhésion que la foi en un
Dieu personnel. Cet étonnant décalage révèle chez une partie des répon-
dants un malentendu ou une inconséquence. Sans disposer de chiffres à
l'appui, nous savons tous qu'aussi bien la foi en Dieu que celle en Jésus-
Christ ont diminué également en Belgique, et que cette tendance est plus
marquée chez les jeunes. Il est important pour l'éducation à la foi de
savoir si la foi en Dieu dépend de la foi en Jésus-Christ, ou à l'inverse, si la
foi en Jésus-Christ est conditionnée par la foi en Dieu. Une enquête
sociologique ne peut guère donner de réponse à cette question. Ce n'est
pourtant pas là une question spéculative, car la réponse à cette question
commande l'orientation à donner à l'éducation à la foi. Certains
éducateurs estiment que la foi en Dieu doit s'appuyer sur le témoignage
de Jésus-Christ. Par conséquent, ils centrent leur catéchèse sur la vie et la
personne de Jésus. En tant que croyants, vous pouvez évidemment
affirmer que vous ne reconnaissez Dieu que parce qu'il s'est manifesté en
plénitude en Jésus-Christ. Certains se sont convertis au christianisme par
la lecture de l'Évangile. J'ai tout de même quelques objections à cette
forme de catéchèse, certainement lorsque c'est la seule voie utilisée. Il ne
faut pas oublier que Jésus vivait et parlait dans un milieu imprégné de
culture biblique, c'est-à-dire totalement axé sur le message monothéiste.
Si vous n'arrivez pas, dans votre éducation religieuse, à créer aussi une foi
en attente de Dieu, la personne et le message de Jésus risquent de rester
étrangers à la vie, et de ne représenter qu'une histoire d'une autre époque
et d'une autre culture.

Au fond, c'est ce que sentent un grand nombre de catéchètes. Ils
parlent alors de Jésus comme de l'homme dont on ne peut perdre le
souvenir, dont toute la vie a été pour les hommes. Ils parlent de son
amitié, de sa bonté, de sa lutte courageuse pour la justice .... Certains ne
vont pratiquement pas plus loin, ce qui est peu courageux et peu honnête.
Car, ce faisant, ils trahissent le témoignage de Jésus, qui ne fut pas
seulement celui qui existe pour l'homme, mais fondamentalement pour
son Dieu. D'autres, partant de la personnalité humaine de Jésus, essaient
de conduire les élèves plus loin, vers son rapport à Dieu, et si possible plus
loin encore, jusqu'à la reconnaissance de sa divinité et de sa divinisation.
Mais, à ce moment, ils rencontrent une nouvelle fois le point de rupture
que nous avons déjà mentionné. Vouloir passer sans plus de Jésus-homme
au Dieu de Jésus reproduit en fin de compte la stratégie fallacieuse et

incrédible qui consiste à passer des expériences humaines à Dieu. Vous ne pouvez passer de Jésus à Dieu qu'en vous appuyant sur son message concernant Dieu et le Royaume de Dieu. Mais comment expliciter ce que Jésus entend par le Royaume de Dieu? Et ce qu'il entend par le don de l'Esprit de Dieu? Un sondage rapide nous fait soupçonner que beaucoup d'élèves n'ont jamais rien appris au sujet de cette annonce centrale de Jésus. Ne serait-ce pas parce qu'on évite trop de parler de Dieu? Nous rejoignons ainsi l'autre option: aller de Dieu vers Jésus. Et, bien sûr, aussi de Jésus vers Dieu, mais d'une façon nouvelle. Sans me prononcer sur une priorité chronologique qui serait la plus apte, je souligne une fois de plus la nécessité de joindre ces deux mouvements.

2. Comment dire Dieu?

Remarquons d'abord que dire Dieu peut se faire dans deux contextes: d'une part, dans celui de la prière ou de la célébration — avec ses propres conséquences éthiques — et, d'autre part, dans celui de l'instruction religieuse.

Une prière bien construite, dans laquelle on laisse s'exprimer le meilleur de soi-même en s'adressant à Dieu et une célébration où l'homme se dit tout entier et se rend présent à Dieu à travers sa symbolique signifiante, sont sans aucun doute les principaux lieux de la formation de la foi.

Le deuxième contexte, celui de l'instruction religieuse, comme réflexion sur la religion et sur Dieu, remplit deux fonctions irremplaçables: favoriser l'intelligence de la foi et rendre compte de l'attitude croyante. L'enseignement religieux — à la fois apprentissage et justification de la foi — s'adresse à l'homme comme à quelqu'un qui continue à chercher, à questionner et même à douter. Il s'adresse à l'intelligence au sens large, à savoir à l'homme qui se tourne vers ses propres questions vitales et les confronte au message de la foi. C'est ce qui fera principalement l'objet de la suite de cet article. Je répète que je ne proposerai pas un modèle pratique de catéchèse; ce n'est pas ce qu'on attend de moi et ce n'est d'ailleurs pas ma spécialité.

Parler de Dieu n'a de sens que si on tient compte du fait que la foi en Dieu n'est pas évidente à notre époque, mais qu'elle est problématique. En d'autres termes, parler de Dieu n'a de sens que si on laisse entendre dans son discours sur Dieu que l'incroyance, le scepticisme, la méfiance et la résistance à la foi sont écoutés, pris au sérieux, et tolérés précisément parce qu'on les a traversés personnellement tout en restant un croyant convaincu, capable de communiquer sa conviction et d'en rendre compte comme d'une invitation justifiée. Parler de Dieu consiste aussi à présenter ses raisons de croire, les siennes propres et celles d'autres croyants.

A ce propos, je distinguerai trois moments. Une motivation objective, une motivation subjective, et une considération critique des raisons de douter et de ne pas croire.

1. *La motivation objective de la foi.*

La motivation objective pour croire en Dieu est importante. Dieu a fait à l'homme le don de la raison et il s'adresse aussi à elle. Non qu'il faille donner les preuves classiques de l'existence de Dieu. A mon avis, l'existence de Dieu ne peut pas être prouvée. Il importe néanmoins de montrer que la foi en Dieu est raisonnable, que croire a du sens pour l'homme qui réfléchit sur le monde et sur l'existence humaine; car si l'on se contente de faire appel à des expériences et à des désirs subjectifs — ce à quoi tend la catéchèse partant de l'expérience — on ne crée pas seulement l'impression d'un trucage, mais on ne répond pas non plus au scepticisme le plus profond de notre temps: à savoir que Dieu n'est autre chose qu'un rêve du désir ou une projection de besoins humains. Le souci d'éviter le langage abstrait rend difficile un discours sur Dieu qui soit plein de sens; en particulier parce que le cinéma, la TV et les bandes dessinées ont développé la sensibilité visuelle de la jeunesse actuelle bien plus que sa capacité de langage. Prétendre prouver l'existence de Dieu ne fait qu'aggraver la difficulté: on manie des concepts très abstraits, soi-disant d'ordre métaphysique. Et puisqu'il n'existe à mon avis aucune «preuve» convaincante, les preuves apparentes ne font que renforcer la méfiance.

Dès lors, comment conduire l'homme vers Dieu? Pas de manière directe. Mais en éveillant en lui l'étonnement devant ce qui est divin dans le monde. En situant la question de Dieu dans un contexte qui a du sens: le message biblique et évangélique à propos de Dieu pourra alors être écouté à partir d'une attention religieuse. A plusieurs reprises, des enquêtes ont montré que la nature est aujourd'hui le lieu privilégié de l'expérience du divin. C'est là que l'homme contemporain trouve la paix et s'ouvre à l'émerveillement. Un tel étonnement admiratif ne signifie pas encore qu'il y ait foi en Dieu; il fonde, par contre, une attitude religieuse. Première sensibilisation au mystère, cet étonnement est une interrogation — déjà empreinte de piété — sur le mystère de l'existence. Il importe donc d'apprendre à regarder la réalité avec respect et admiration. Bien présentées, les sciences de la nature et de la vie, loin d'encourager la présomption que donne le savoir, sensibilisent l'homme à une profondeur jusqu'alors insoupçonnée du mystère de l'existence. L'intérêt de la jeunesse actuelle pour l'écologie est une attitude d'esprit apte à susciter ce sens du divin dans le monde; apte aussi à faire la critique d'une attitude non religieuse d'auto-suffisance agressive qui n'arrive plus à jouir avec respect et admiration.

Dans les milieux catholiques, on parle souvent de l'expérience de Dieu. Lorsqu'on réfléchit à cette manière de parler, il faut bien reconnaître qu'il s'agit là d'un langage léger et trompeur. Les mystiques le qualifieraient de prétention naïve, car ils connaissent le prix à payer et la purification pénible qu'il faut traverser pour recevoir la grâce d'une certaine expérience de Dieu. Par contre, l'homme peut faire l'expérience du divin. Il suffit pour cela d'apprendre à «voir». Dans la nature, l'homme peut, par ses sens et ses sentiments, éprouver le divin. Dans les sciences de la nature, l'intelligence peut appréhender la matière, la vie et l'univers de telle manière qu'ils nous apparaissent comme le côté visible d'une réalité divine cachée et invisible. La composition de la matière, la formation de l'univers, l'organisation de la vie ne sont-elles pas toutes des phénomènes étonnants, mystérieux? Le développement de l'homme à partir des cellules primitives, n'est-ce pas là quelque chose de fantastique?

Pourtant, rien de tout cela ne prouve l'existence d'un Dieu personnel. Mais celui qui parvient à cette expérience religieuse, à la perception d'une sorte de profondeur divine dans les choses, sera en mesure d'écouter, dans la juste attitude de questionnement, la parole de la religion qui parle de Dieu.

Je dis à dessein: de la religion. Car sur le fond de cette expérience de la nature, l'éducation à la foi devrait aussi montrer que les hommes ont toujours eu le sens de la dimension divine invisible et qu'ils ont essayé de l'exprimer dans de nombreux symboles et concepts. Pourquoi parler avec mépris des vaches sacrées de l'ancienne Égypte ou de l'Inde, du dieu sous forme d'éléphant, ou des dessins de chasse soi-disant magiques des grottes préhistoriques? Ne ferait-on pas mieux de consacrer quelques cours de religion à montrer que des êtres humains ont exprimé dans ces symboles leur conscience d'une réalité invisible et divine? Ce serait un premier pas vers la reconnaissance de la foi en Dieu comme raisonnable et sensée. De même, faire découvrir par les élèves la symbolique du récit biblique de la création constituerait déjà un passage instructif de l'expérience du divin à l'écoute du message sur Dieu. Pourquoi, après l'avoir interprété de la sorte, n'écouterait-on pas ce texte comme une confession priante de Dieu? Ne pourrait-on faire de même avec un psaume glorifiant Dieu dans sa création, ou avec le cantique des créatures de saint François d'Assise, et même — pourquoi pas? — avec une prière d'une religion non biblique? Un «cours de religion» n'est pas d'abord une célébration ou une prière. Il invite à la foi en Dieu en montrant le caractère raisonnable de cette démarche. Mais lorsque l'atmosphère de la classe s'y prête et que l'enseignant peut y apporter son adhésion personnelle, il est normal que la démarche qui éveille l'intention de croire et explicite l'intelligence de la foi se conclue par une prière appropriée.

En apprenant ainsi à valoriser ce qui est religieux dans les autres religions, on fait déjà un premier pas pour mettre en lumière ce qui est si difficile à faire saisir : la doctrine sur le Saint-Esprit. En effet, l'Esprit de Dieu est à l'œuvre dans cette recherche et dans ce discours sur le divin. Ne présentons pas l'Esprit Saint comme celui qui accomplit des signes étranges, tel que le parler en langues, mais comme Dieu à l'œuvre *dans* l'humanité. Comme celui qui inspire l'homme, comme le Dieu qui n'est pas seulement au-dessus de nous mais qui est aussi en nous ; comme celui qui a conduit et éclairé des hommes merveilleux tels que Bouddha, Socrate, Akhenaton ou Marc Aurèle .... Dans la chapelle Sixtine ou dans la cathédrale de Sienne, certaines figures prophétiques païennes, en compagnie des prophètes de la Bible, sont présentées à la vénération de l'Église.

2. *Les motivations subjectives de la foi.*

Les motivations subjectives peuvent se joindre à ce cheminement objectif vers Dieu. J'entends par là les questions concernant notre existence : le désir du bonheur, le désir d'être aimé, le désir de trouver la confiance en soi et la paix dans l'assurance de se savoir aimé, l'interrogation concernant la jouissance, la question de la mort et de l'impuissance face au mal et à la souffrance, la question des défauts personnels et du péché. L'homme ne vient jamais à bout de ces questions et de ces désirs, sauf au moment de sa mort. Il serait donc insensé d'amener Dieu comme une réponse qui obture les failles. Pourtant, j'appelle ces questions des «motivations subjectives», car à leur tour, elles peuvent conduire vers Dieu. Prenons à titre d'exemple, le désir d'amour. Ce désir, par lui-même, ne mène pas à Dieu. Mais le message de Jésus est l'annonce que Dieu est proche de l'homme, qu'il veille sur lui, qu'il est concerné par son bonheur et son malheur. La vie et la personnalité de Jésus illustrent avec force l'assurance et la paix inhabituelles de celui qui se sait aimé de Dieu. Aussi, tout dans la nature et dans l'existence humaine lui parle de Dieu. Inutile ici de développer davantage ; ces allusions suffisent pour indiquer de quelle manière Dieu répond au désir de l'homme. Celui qui ose croire trouve dans la foi une réponse à ses désirs les plus profonds. La meilleure illustration est l'exemple et le témoignage des grands croyants : ils montrent comment on peut trouver un bonheur et une force dans la foi en Dieu, même au milieu de la misère et dans la persécution. Pensons à la paix rayonnante d'une Mother Teresa de Calcutta, à la sérénité d'un martyr tel que Thomas More, à la joie de vivre d'un François d'Assise.

On voit mieux dans quel sens Dieu est une réponse aux questions existentielles de l'homme.

Tout d'abord, Dieu n'est pas une réponse qui s'accorde directement au désir et au questionnement; on doit écouter le message et risquer le saut de la confiance de la foi pour comprendre que la foi a un sens, que croire vaut la peine et apporte un enrichissement. Des témoignages peuvent y contribuer. Ces exemples parlent à l'imagination et au sentiment.

Ensuite, la réponse de Dieu n'éteint pas nos propres désirs humains. Dieu ne remplace pas l'amour humain ni les moments de plaisir dont l'homme a aussi besoin. Au contraire, l'action de Jésus montre clairement que Dieu accorde volontiers à l'homme son bonheur humain, son plaisir, son amour et sa santé.

Enfin, la réponse de Dieu ne ferme pas toutes les questions posées par la raison: celles de la souffrance, du mal, des catastrophes naturelles, de la cruauté dans le règne animal, mais surtout dans l'histoire des hommes. Ne doit-on pas honnêtement affirmer que Dieu est une lumière pour l'existence, mais non pas une lumière qui élimine toute obscurité?

Les motivations subjectives tracent le chemin qui conduit à l'écoute de la révélation de Jésus concernant Dieu. Elles constituent un pas de plus vers la reconnaissance de Dieu. Mais, lorsque cette étape n'est pas préparée et soutenue par la reconnaissance objective de ce qui est divin dans le monde et du sens religieux dans l'humanité, la motivation subjective est facilement ressentie comme la projection d'un rêve du désir. C'est certainement le cas chez les grands adolescents qui sont portés à l'exploration visuelle du monde mais craignent d'être dupes de leurs désirs. Cette méfiance est d'autant plus grande que la jeunesse actuelle est sceptique envers les idéologies et se défend contre toutes les formes d'endoctrinement.

La théologie a toujours enseigné que la foi doit être un acte libre et que le chemin de la foi ne peut qu'être indiqué et justifié. Conscients de cette vérité, les éducateurs demandent souvent si la religion doit être présentée comme une obligation ou comme une «plus-value» à prendre ou à laisser en toute liberté. Mon exposé offre assez de données pour esquisser une brève réponse à cette question.

La liberté ne signifie en aucun cas l'abandon à un caprice paresseux et superficiel. Dans son rapport à la religion, l'homme n'est pas non plus aussi libre qu'il ne l'est à l'égard des valeurs toutes relatives que sont, par exemple, le choix d'une profession ou l'usage de ses loisirs. Il s'agit, en effet, d'un sens de la vie englobant. Le respect d'autrui est un devoir absolu; de la même manière, tout homme a des obligations à l'égard de la vérité concernant le sens et la destination de sa vie, tels du moins qu'il peut les saisir. La liberté de la foi consiste à se libérer pour être prêt à tirer les conséquences de cette vérité reconnue. En d'autres termes, elle consiste à suivre les signes pressants du divin et de Dieu, tels qu'on les perçoit. Or, ces signes font apparaître Dieu comme une plus-value. C'est précisément en cela que consiste le caractère raisonnable de la foi. Dans la mesure où l'on perçoit la plus-value, on se rend compte qu'on n'est pas seulement invité mais que la saisie de cette invitation réclame une réponse, oblige. L'attitude éducative correcte n'est donc pas de présenter comme obligatoire la religion elle-même mais bien l'honnêteté de la recherche et la volonté d'écoute. Si on insiste trop sur l'obligation, celui qui doute y percevra une contrainte; il sera porté à penser que cette insistance est le résultat de méfiances, d'impatiences, d'angoisses personnelles, propres à une attitude autoritaire qui ne comprend rien aux difficultés de la foi et aux résistances affectives. Chez certains éducateurs, cette insistance sur l'obligation ne provient-elle pas en fait de pareilles motivations affectives? Le sens du devoir envers Dieu se transmet, non pas en parlant d'obligation, mais par le respect pour ce qui est vrai et beau, par le respect pour l'homme et pour Dieu; respect dont on témoigne à travers ce qu'on dit et par son attitude envers la vie.

3. Élucider les difficultés de croire.

Il faut aussi tenir compte des difficultés inhérentes à la foi, si l'on veut que le discours sur Dieu soit crédible.

Une attitude correcte, en ce domaine, est délicate. Elle dépend beaucoup de la formation personnelle de l'éducateur, de sa liberté intérieure et de son cheminement dans la foi. Il doit faire preuve de compréhension des autres, mais aussi porter le témoignage de sa manière de voir et de ses convictions personnelles.

1. *Difficultés sans réponse.*

L'acte de foi présente d'abord des difficultés pour lesquelles il n'existe pas de réponse. Ce point a déjà été traité. Croire c'est, entre autres, reconnaître les signes de Dieu malgré l'obscurité que laissent d'importantes questions non résolues. Jésus et Marie, par exemple, sont pour nous des modèles de cette fidélité confiante. Méfions-nous d'une certaine naïveté catholique qui voudrait faire croire que la foi en Dieu doit fournir une réponse à toutes les difficultés, comme celles que soulèvent le mal et la souffrance. Sur ce point, Job avait déjà fait plus de chemin! Par ailleurs, ne donnons pas non plus l'impression que seule la foi en Dieu se heurterait à des questions non résolues. Des pédants présomptueux, imbus d'un vernis de formation scientifique ou de quelques vagues notions de philosophie marxiste, s'imaginent que seuls les croyants rencontrent de sérieux problèmes. Un vrai scientifique se rend très bien compte que la réalité terrestre et cosmique tout entière est pleine d'énigmes et de mystères: l'évolution de la vie, le fonctionnement du cerveau, la composition de la matière, l'instinct animal, l'origine et le fonctionnement du langage .... Mais ce n'est pas parce qu'il y a plus d'énigmes que de réponses qu'il faudrait rejeter le peu que l'on puisse comprendre. Ceci montre aussi que l'éducation à la foi se fait également de manière indirecte, à travers les branches profanes et le style général de l'éducation. Sans verser dans le sermon moralisateur, on y apprend à ouvrir les yeux, à être attentif à la vérité, à développer le respect et l'admiration pour ce qui est merveilleux, ainsi que l'humilité et la modestie face aux énigmes qui nous entourent de toutes parts.

2. *Difficultés inhérentes à notre culture.*

Ensuite, certaines difficultés de croire sont inhérentes à notre culture. J'en discuterai deux, très brièvement, car on pourrait consacrer tout un exposé à chacune d'elles. Le développement culturel qu'on appelle la sécularisation, a eu un grand impact sur la religion et son influence s'est étendue partout où pénètre la civilisation occidentale. Un exemple montrera de quoi il s'agit. Beaucoup de gens ne peuvent plus s'imaginer que l'on fasse encore chez nous des processions à travers champs afin de prier pour que le temps soit propice à une bonne récolte ; ou que l'on aille en pèlerinage à tel sanctuaire pour la guérison de telle maladie ; ou que l'Église enseigne une doctrine sociale bien définie, apte à résoudre nos problèmes de société ; ou qu'elle se prononce au sujet de la théorie de l'évolution ou de la psychanalyse.

Que signifie la sécularisation ? Fondamentalement ceci : que la religion se retire de tous les domaines où l'homme acquiert la connaissance, et donc aussi la maîtrise, dans les réalités et les problèmes proprement terrestres et humains. Il en résulte non seulement que l'homme se demande à quoi peut encore servir Dieu, mais qu'il craint que la religion s'oppose à son droit à l'autonomie humaine. Le conflit entre autonomie et foi en Dieu est souvent d'autant plus aigu chez des adolescents que ceux-ci se trouvent précisément dans la période de lutte interne qui leur est indispensable pour acquérir leur propre autonomie psychologique. Dans notre culture, ce conflit est normal et général. La formation de la foi doit aider à le traverser grâce à une analyse à la fois compréhensive et critique des formes de religion qui n'ont pas connu ce processus de sécularisation, et grâce à une élucidation de la foi dans la création. Contrairement à la vision qui a longtemps centré tout le christianisme sur la rédemption du péché, il est extrêmement important de faire comprendre l'œuvre rédemptrice de Jésus comme un accomplissement de la première alliance de Dieu avec l'homme, à savoir le don de la création. Accomplir signifie aussi délivrer et libérer, exactement comme un éducateur libère le jeune, le rend plus libre d'une manière positive en développant son intelligence du monde et en lui communiquant des valeurs pour la vie. Ce faisant, on ne méconnaît pas la réalité du mal et l'initiative libératrice de Dieu par rapport au péché, mais on insère celle-ci d'une manière équilibrée dans la foi biblique.

A ce propos, le danger n'est pas fictif que le mouvement charismatique conduise certains à un mysticisme affectif exalté qui méconnaît la vérité de la sécularisation. Dieu est le Dieu de l'homme tout entier, tel qu'il l'a créé, avec sa responsabilité autonome dans les affaires humaines et terrestres. Le mysticisme exalté peut pendant un certain temps interpeller les jeunes dans leurs demandes affectives, mais l'expérience apprend que, lorsqu'ils acquièrent leur autonomie et leur assurance affectives — plus tard que d'autres —, ils se détournent de la foi avec honte et amertume comme d'une illusion et d'une superstition.

De même, un certain moralisme catholique constitue lui aussi une méconnaissance subtile et, de fait, arrogante de la sécularisation normale. Que de fois n'entend-on pas dire dans les célébrations pénitentielles ou dans des sermons que s'il y a de la famine dans le monde, de la pauvreté, des conflits sociaux ou des problèmes démographiques, c'est parce que les hommes ne sont pas réellement généreux, pacifiques ou charitables. Et on se lance dans de beaux effets oratoires, comme s'il ne s'agissait pas là, aussi et surtout, de problèmes techniques qu'on ne peut résoudre que partiellement, par une connaissance appropriée et des efforts constants, en sachant très bien que ces problèmes reviendront toujours sous d'autres formes.

3. Difficultés d'ordre psychologique.

A côté de cette problématique plus objective de la foi face à la sécularisation, il y a aussi les conflits de foi qui sont inhérents à la psychologie de l'homme et ceux qui sont propres à la croissance psychologique des jeunes. On a déjà beaucoup écrit sur ce sujet et je ne peux pas résumer ces études en quelques lignes. Qu'il suffise d'évoquer un exemple.

L'interprétation quelque peu magique de l'efficacité sacramentelle et de la prière par des enfants et des jeunes est un phénomène psychologique normal. Tout comme il est normal qu'ils s'opposent à cette interprétation au cours de leur évolution ultérieure, même si des termes comme ceux de «grâce» ou de «force de Dieu» restent investis chez eux d'une signification magique. Et comme notre culture est si fortement axée sur l'homme, sur ses expériences et ses expressions subjectives, on se libère ensuite des représentations magiques en interprétant le culte comme une expression de soi-même. Ainsi, l'eucharistie est réduite à une célébration purement humaine, celle qui commémore Jésus en tant qu'homme existant pour les autres ou en tant qu'homme particulièrement religieux. La présence du Christ se réduit alors à la présence de son esprit, c'est-à-dire de son exemple.

Dans ce contexte, deux facteurs rendent difficile l'accès à la foi. Il va sans dire qu'il y a toujours du chemin à faire, même par les adultes, pour croire en la présence permanente et agissante du Seigneur ressuscité. Le souvenir, sans doute inconscient, de la manière antérieure, quelque peu magique, de vivre sa foi vient perturber l'adhésion à la foi, également chez pas mal d'adultes. C'est cela même qu'il faudrait pouvoir discuter en profondeur. Il faudrait montrer comment Dieu, ou le Christ, n'agit pas à côté et en dehors de l'homme de façon magique, mais dans et à travers l'activité humaine symbolique. Un culte qui est authentique dans ses textes et dans sa symbolique reste néanmoins le moyen éducatif principal, en raison de sa pratique active elle-même. Car l'homme, en particulier le jeune, est divisé en lui-même par des attitudes contradictoires. Il peut s'affirmer sincèrement comme croyant minimal, tout en participant, à certains moments privilégiés et dans des circonstances spéciales, avec une foi et une conviction réelles, à une célébration bien faite.

4. *Le relativisme religieux.*

Quelques mots encore à propos d'une dernière difficulté contemporaine: le relativisme religieux. Au fond, toutes les religions ne se valent-elles pas? Ce relativisme s'exprime clairement dans l'attitude négative envers l'œuvre missionnaire. Certes, l'ancienne évangélisation avait souvent des relents de colonialisme et se montrait parfois quelque peu méprisante, voire même intolérante à l'égard des autres religions. La réaction contre cette façon de faire empêche encore de porter un jugement serein sur la place du christianisme parmi les autres religions. Mais si on n'y parvient pas, la relativisation du christianisme aboutira à un tel relativisme que tout le contenu de la foi se réduira à une sorte de mythologie juive ou occidentale, comme le pensent la plupart des incroyants. Aussi, une information sérieuse et bienveillante sur les autres religions est-elle une condition nécessaire pour arriver à la foi chrétienne. Elle ne suffit évidemment pas. Pour trouver l'attitude correcte mais difficile qui consiste à concilier le respect pour d'autres religions et la conviction que le christianisme contient une plus-value religieuse, il faut procéder par comparaison, s'engager dans une recherche exploratrice, comme le ferait un incroyant sur le chemin de la conversion. Volontiers je cite ici J.-P. Vernant, un spécialiste de la civilisation et de la religion de la Grèce ancienne, qui est lui-même incroyant. Selon Vernant, les Grecs ne vivaient pas une relation personnelle avec leur dieu ou leurs dieux ; c'est là le propre de la religion biblique[1]. Une telle comparaison avec d'autres formes de religiosité peut donc faire apparaître le caractère raisonnable

---

[1] J.-P. VERNANT, *Chercher la vérité.* «Recherches et Débats», n° 55, Paris, 1969, p. 158.

de l'adhésion à la religion chrétienne. Cette adhésion ne s'accomplit que lorsqu'on fait un pas de plus en reconnaissant qu'une telle relation personnelle à Dieu fut engendrée par Dieu lui-même, par son insertion active dans l'histoire humaine. Il s'agit de susciter à cet égard une attention interrogative, au lieu de parler de la révélation comme d'une évidence. Sinon, on provoque la résistance à ce qui apparaît comme une mythologie ou un dogmatisme irraisonné. Il faut ouvrir les élèves à la question de savoir si Dieu serait de fait pleinement Dieu s'il n'avait pas pris l'initiative de se faire proche de l'homme, de se faire connaître de façon plus personnelle et de fonder une relation réellement réciproque. Croire en Dieu ne se réduit pas à dire oui ou non. Il faut faire voir qu'à l'égal de l'homme, Dieu ne peut être reconnu comme être personnel que lorsqu'il interpelle l'homme personnellement. La question de savoir pourquoi cet événement a eu lieu à un moment déterminé de l'histoire, est un mystère de la liberté.

L'homme contemporain est impressionné lorsqu'il est mieux informé de l'insignifiance de notre planète dans l'ensemble fantastique qu'est l'univers, et lorsqu'il prend la mesure des millénaires qui ont précédé le Christ. Il se demande à juste titre si ce n'est pas une illusion naïve que de penser qu'un Dieu s'occupe personnellement de lui et s'est révélé précisément à cet instant particulier. Un tel étonnement est salutaire. Il constitue le point de départ pour la redécouverte personnelle de la signification de ce message, devenu tellement banal, que Dieu s'est révélé. Cet étonnement permet à l'homme de se rendre un peu mieux compte de ce que cela signifie que de dire à Dieu : Notre Père. Tout jeune se demande souvent si son père ou sa mère l'aiment et l'apprécient vraiment. Dans le prolongement de cette question, Dieu lui parle, à travers Jésus, et lui demande : peux-tu croire que moi, Dieu, le créateur de ces mondes, je te connais et je t'aime personnellement, plus encore que ton père, ta mère, ton ami(e), ton fiancé ou ta fiancée ? Des expressions exaltées ou trop affectives concernant l'amour de Dieu apparaissent comme de la sentimentalité religieuse et rien ne semble plus faux. Il faut expliquer clairement que la foi dans l'amour de Dieu n'est pas si évidente. Y croire exige du courage. Même si l'homme ne signifie pas grand-chose dans le vaste ensemble du monde et dans l'étendue inimaginable de l'univers, il désire au plus profond de lui-même être reconnu, valorisé et aimé. A peine ose-t-il croire que ce soit possible. La révélation de Dieu est une invitation à oser y croire. Quand on est en mesure de faire ce pas, on découvre la signification propre de la religion judéo-chrétienne parmi les autres religions. Alors on peut vaincre le relativisme qui est, dans notre culture, un des obstacles majeurs à la foi.

Dans cette formation à l'intelligence de la foi, il faut aussi avoir présente à l'esprit une critique souvent rencontrée. Les jeunes — et ils ne sont pas les seuls — interprètent aisément cette conviction qui reconnaît la plus-value de la religion chrétienne comme une prétention typiquement occidentale. Ils savent d'ailleurs pertinemment bien que c'était en grande partie le cas dans un passé récent. En outre, les problèmes et les déceptions de notre monde occidental favorisent une présentation idéalisée des autres religions; on écoute volontiers les récits évoquant, non sans quelque romantisme, des cultures plus anciennes ou tout simplement différentes. Il convient donc d'éduquer à la conscience que nous ne valons pas plus humainement, mais que nous avons part à une richesse qui nous vient de Dieu à travers Jésus-Christ. Celui qui croit au bonheur auquel il a part trouve tout normal de pouvoir le communiquer, exactement comme nous «aidons» des pays en développement, comme nous initions à nos sciences des étudiants étrangers, tandis que nous apprenons d'eux ce qui fait leur richesse culturelle ou les valeurs propres à leur manière de vivre. Pour être capable de la foi, il faut pouvoir croire dans la dignité spécifique du christianisme, en tant qu'offre gratuite de la part de Dieu.

Ce faisant, celui qui éduque à la foi peut sereinement reconnaître qu'au cours de l'histoire, les chrétiens se sont souvent rendus coupables de soif de pouvoir, d'égoïsme et d'intolérance; ce sont là des attitudes tout humaines. Mais je dis bien: les chrétiens, et non pas: l'Église. Dans l'éducation à la foi, il faut, en effet, critiquer une certaine façon de parler, commode et prétentieuse, en usage chez un grand nombre de jeunes, tout comme chez des gens plus âgés, lorsqu'ils désignent «l'Église». L'Église, c'est nous tous ... et eux également. Le message du Christ a été confié à tous, tel un trésor précieux. Et tous, nous sommes enclins à l'intolérance, au racisme et à la domination. Les fautes des chrétiens au cours de l'histoire doivent être abordées, précisément pour montrer que nous sommes tous enclins à nous leurrer et que l'évangile nous invite tous à la vigilance et à l'auto-critique.

Le plus grand scandale du christianisme ne réside pas tant dans ses fautes que dans le langage dont usent certains éducateurs pour en parler. Mus par une sorte de masochisme chrétien ou par un sentiment de vengeance personnelle, ils se font un malin plaisir de mettre triomphalement en vedette les moments obscurs du passé chrétien. Je connais aussi bien qu'eux les aspects sordides et les époques sombres de l'histoire du christianisme et même beaucoup mieux que nos grands-inquisiteurs modernes, à l'affût de toutes les occasions pour rallumer les bûchers. Je leur conseillerais de méditer le récit sur Jésus et la femme adultère et de ne pas oublier que, dans ce cas-ci, ce sont eux les pharisiens hautains. Pas les autres.

En conclusion de ce chapitre sur le chemin vers la foi chrétienne en Dieu, je voudrais vous poser la question suivante : ne serait-il pas indiqué que ceux et celles qui ont la tâche spécifique d'éduquer à la foi reprennent par eux-mêmes et pour eux-mêmes les réflexions que je viens de vous proposer et les travaillent en petits groupes ?

On organise beaucoup de conférences et de sessions. On se réunit souvent pour échanger informations et méthodes. Pressé par les exigences du travail, on cherche surtout les renseignements pratiques. Mais que fait-on pour élucider sa propre attitude croyante ainsi que ses propres réactions face aux difficultés de croire des autres ? Après une session sur la symbolique de l'eucharistie et sur la psychologie de la pratique eucharistique, une dame, engagée depuis des années dans la catéchèse, me confiait que, pour la première fois, elle avait pu réfléchir et parler librement au sujet de ses propres résistances et difficultés concernant l'eucharistie ; elle se rendait maintenant compte qu'il lui fallait repenser radicalement ses idées et ses sentiments. Pour combien ne serait-ce pas le cas ? La formation de la foi n'y gagnerait-elle pas beaucoup, si les éducateurs méditaient plus en groupe sur leurs propres questions, attitudes et réactions ? Là où deux, ou trois, ou un groupe, se réunissent dans cet esprit, là le Seigneur lui-même, selon sa propre promesse, est parmi eux et avec eux.

IV. ÉDUQUER A UNE ATTITUDE DE VIE ÉVANGÉLIQUE

L'Évangile : une option de vie.

Les jeunes sont normalement centrés sur eux-mêmes. Lorsqu'ils se détachent peu à peu de leur famille, ils cherchent une intimité chaleureuse dans les petits groupes. C'est un phénomène compréhensible : n'ayant pas encore fondé eux-mêmes une nouvelle famille, ils se trouvent en quelque sorte dans un vide affectif. Dans cette situation, ils peuvent être attirés par une pratique religieuse en groupes intimes. Ils sont aussi préoccupés d'un projet de vie. Quoi de plus naturel ? S'ils sentent que la religion les soutient et les aide à tracer une orientation de vie, ils lui accorderont une certaine importance. Pourquoi dès lors ne leur parlerait-on pas en termes de projet ou d'option de vie ? Dans le pluralisme des attitudes et des valeurs vitales qu'offre notre société, on a intérêt à proposer la foi comme une option de vie de grand prix. Les cours de littérature et d'histoire offriront des modèles illustrant la force et la valeur de cette option de vie. Le fait qu'un professeur de religion donne aussi avec compétence l'un ou l'autre cours profane, sera pour les élèves une garantie que l'option chrétienne ne diminue pas l'homme et qu'il n'existe pas de contradiction entre, d'une part, les valeurs humaines et la vérité et, de l'autre, la foi. Quand l'approche éducative globale d'une école catholique est bonne, quand l'enseignement y est d'un haut niveau technique et culturel et promeut un épanouissement humain intégral par le sport, l'art et des initiatives de tout genre, une force incomparable se joint au témoignage de la foi; car alors la foi n'occupe plus une place isolée et étrangère à la vie.

Pourtant, on ne peut pas le nier, le message évangélique se heurte aux attentes et aux inclinations spontanées, spécialement chez les jeunes, qui sont normalement centrés sur eux-mêmes. Bien sûr, certains élèves se préoccupent de ce qui se passe en Amérique latine, et — ce qui est typique — ils s'en soucient plus que de l'oppression, des camps de concentration, des tortures et des persécutions en U.R.S.S., en Roumanie ou en Tchécoslovaquie, car l'Amérique latine est connue comme un continent chrétien. Ils sont très sensibles à l'injustice, comme ils ont montré un grand intérêt pour le tiers monde. Sans mépriser tout ceci et sans méconnaître la générosité des jeunes qui s'emballent pour manifester et protester, et qui militent pour un partage fraternel, il nous faut tout de même constater que ces mêmes jeunes ont de la peine à se réconcilier avec pas mal d'exigences de la vie évangélique. Certains manifesteront en groupe contre l'oppression dans un pays lointain et trouveront normal de chaparder un livre dans une librairie ou une cassette dans un magasin de disques, et même de détrousser un camarade de classe. Il est important de susciter de l'intérêt pour le tiers monde. Il est beaucoup plus difficile d'éduquer à la solidarité honnête et responsable envers ses proches. Il est, en effet, plus facile de se révolter contre l'injustice que d'exiger de soi-même l'honnêteté dans le comportement quotidien. Car on se heurte alors à la cupidité immédiate.

Les conséquences pratiques de l'Évangile.

Souligne-t-on assez le choc que produit la rencontre entre les conséquences pratiques de la vie évangélique et les penchants naturels? On entend dire qu'aujourd'hui la foi est proposée d'une manière trop horizontale et qu'elle est vidée de son contenu. Mais je pose la question: est-elle, au contraire, suffisamment présentée dans toutes ses conséquences horizontales? Tout le monde connaît et écoute avec sympathie la parabole du bon samaritain. Des enquêtes ont cependant prouvé que 95 % des chauffeurs passent à côté d'un accident de voiture, en le contournant, sans s'arrêter pour porter secours. De même, nous pouvons faire un beau commentaire du récit biblique d'Abraham sous le chêne de Mambré (Gn 18). Se reposant à midi devant sa tente, il voit passer trois étrangers. Dans son hospitalité cordiale, il les invite à se rafraîchir et à prendre un repas. Et la Bible précise : c'était Dieu lui-même qui lui rendait visite. Il est évident que Dieu ne se promenait pas ainsi dans la steppe. Mais Abraham reconnaissait Dieu dans l'étranger. N'est-ce pas cela la conséquence horizontale de la foi : voir en chaque homme une étincelle divine et exprimer dans son comportement que chaque être humain a une valeur irremplaçable aux yeux de Dieu ? C'est ce qu'on lit aussi dans la parabole de Jésus concernant le jugement dernier (Mt 25). Éduquer à la foi c'est faire comprendre que la foi en Dieu et la foi en l'homme ne font qu'un. A cette démarche, le jeune est à la fois réceptif, parce qu'il se sent rehaussé dans sa propre dignité, et rebelle, parce qu'il lui en coûte beaucoup, comme à nous tous, d'en assumer les conséquences.

Nous avons fait des enquêtes à grande échelle à Louvain, auprès de jeunes de toutes sortes. Elles montrent qu'ils acceptent volontiers les déclarations et les comportements de Jésus quand ils se sentent personnellement favorisés, mais qu'ils les rejettent lorsqu'il propose une exigence qui va à l'encontre de l'intérêt personnel ou des passions humaines. On regarde Jésus avec sympathie lorsqu'il pardonne généreusement à la femme adultère, parce qu'on s'identifie naturellement un peu avec elle. Mais on est très gêné lorsque Jésus nous demande de pardonner l'injustice qui nous a été faite. On ne s'oppose pas à ce qu'il insulte les riches endurcis, mais on n'accepte pas ce qu'il demande au jeune homme riche. D'autres jeunes sont scandalisés parce que Jésus a peur devant sa mort et qu'il prie son Dieu pour qu'il lui épargne cette épreuve ; la Passion laisse voir trop clairement les exigences extrêmes de la foi.

Le scandale de la foi et la prière.

Les exigences évangéliques sont pour les jeunes un scandale de la foi. Elles le sont pour tous les hommes en général. Ce scandale doit être exprimé et discuté à fond. Il s'oppose à l'idéologie de l'épanouissement de l'homme par lui-même et à l'utopie d'une foi qui découlerait de l'expérience. En prenant conscience de ce scandale, le jeune n'est pas encore converti pour autant. Mais il peut soupçonner ou même comprendre que l'orientation évangélique lui offre une joie de vivre plus haute, une forme plus élevée d'humanité et une communion plus grande avec Dieu — même si quelque chose en lui se révolte contre cette orientation. Cette invitation évangélique peut, après discussion, être reprise dans une prière. Ainsi on apprend à prier, non seulement à partir de l'expérience du divin, mais aussi à partir d'un projet de vie chrétien. La prière attribuée à saint François d'Assise, «Seigneur, fais de moi un instrument de ta paix ...» paraphrase admirablement les conséquences pratiques d'une vie selon l'Évangile. Apprendre à prier, voilà une tâche très négligée de la formation de la foi. Sans doute parce que nous n'avons pas appris nous-mêmes à prier à partir d'une situation de vie réelle. La prière peut s'apprendre à l'aide d'exemples : dire tout à Dieu avec confiance, comme des amis se parlent entre eux, ou comme des époux qui s'aiment se disent tout l'un à l'autre, leur dépit et leurs attentes aussi bien que leurs joies et leur amour.

C'est ce qu'ont fait les psalmistes et Job. La prière de saint François est une forme pure d'une telle prière qui part d'un projet de vie chrétien ; elle exprime en effet que l'attitude évangélique ne va pas de soi mais qu'on peut l'assumer en projet de vie, avec la force de Dieu. Avec les aînés, on peut commenter la prière de Newman. Il s'était converti au catholicisme au terme d'une longue lutte intérieure ; mais il se heurta au manque de jugement et à la mesquinerie de ses nouveaux coreligionnaires. Newman demande alors à Dieu : «Conduis-moi, ô très douce Lumière, dans les ombres qui m'environnent ... Je ne demande pas à voir les horizons lointains ; un seul pas à la fois, c'est assez pour moi, conduismoi ... ». C'est finalement à cette attitude de foi que nous devons arriver et à laquelle nous devons amener les jeunes. La foi en Dieu est une certitude qui est traversée par des questions et des doutes, une certitude au milieu des incertitudes. Dieu est une lumière, qui à certains moments semble s'éteindre, mais qui reste la lumière malgré beaucoup d'obscurité. La foi en Dieu est une force et les témoignages de véritables croyants confirment en nous la confiance dans cette force, même si nous n'en faisons pas toujours l'expérience. Dieu est amour, et bien que la vie humaine semble parfois un hasard futile, nous savons et nous croyons que nous sommes connus et reconnus par Dieu : cela nous donne une assurance et une joie qui sont plus fortes que la souffrance. L'Église n'est pas la communauté idéale à laquelle nous rêvons. Croire en l'Église ne consiste pas à accuser les défaillances des autres, tel un enfant, mais à fonder l'Église de Dieu par notre propre attitude de vie. L'avenir de l'humanité peut paraître sombre, mais le croyant ne demande pas la lumière pour un avenir lointain ; il la demande pour voir ce qu'il peut lui-même faire pour les autres, ici et maintenant.

33

UNE APPROCHE PSYCHOLOGIQUE
DE L'HUMILITÉ
DANS LA RÈGLE DE SAINT BENOÎT*

Chapitre VII « De l'humilité »

Je vous demanderai d'écouter humblement, car vous me mettez à rude épreuve: je dois vous parler d'un texte qui vous est tellement familier et que je connais si peu. Et je dois le faire devant des exégètes, des historiens, des philologues et qui sais-je encore... Ce sera peut-être de ma part une improvisation téméraire.

D'emblée, je dois vous avouer le choc ressenti à la lecture d'un texte que je reprenais après trente ans: vraiment il m'a paru très étrange. Je l'ai passé également à des amis, chrétiens laïcs, et tous ont réagi de la même manière. Une grande distance culturelle nous le rend lointain, — mais sans doute n'en est-il pas de même pour vous. Nous nous poserons la question: comment cela se fait-il ? Peut-être trouverons-nous ainsi quelque indication sur la manière dont les jeunes peuvent, eux aussi, aujourd'hui le recevoir et le ressentir.

Je diviserai la conférence en quatre parties:

— je tenterai d'abord de donner une herméneutique du texte;
— puis d'en dégager ce qui me semble être l'anthropologie sous-jacente;
— j'ajouterai quelques remarques critiques et quelques questions;
— avant de présenter quelques suggestions pour une formulation éventuellement plus actuelle de l'humilité.

(*) Traduction du texte enregistré d'une conférence faite devant l'assemblée des abbés et abbesses néerlandophones à Westmalle en janvier 1976.

I. — UNE HERMÉNEUTIQUE

Je vous dirai d'abord comment je comprends ce chapitre de Benoît sur l'humilité. Il faut bien que je commence par là, car je ne me trouve pas dans votre tradition monastique. J'ai essayé de comprendre le texte à partir du texte lui-même considéré comme un tout susceptible de fournir quelque lumière.

1. — Une première question: qu'est-ce que l'humilité (*humilitas*) chez saint Benoît ? Cela me paraît clairement explicité dans l'introduction, au premier degré, et au dernier. Bien sûr, quelqu'un qui a l'habitude de travailler avec des concepts clairs éprouvera toute la complexité d'un texte tel que celui-ci. Et je pense que cela est d'autant plus sensible que dans ce passage — du moins est-ce ainsi que je perçois les choses — Benoît présente une perspective nouvelle sur la vie monastique. Je dis « nouvelle », car cette vision de Benoît me semble en opposition avec les tendances monastiques antérieures. (Mais ceci aurait demandé une étude historique précise, et je me réfère seulement à des connaissances acquises autrefois dans un cours d'histoire religieuse).

L'humilité est formulée par le paradoxe de saint Luc: « Celui qui s'élève sera abaissé, celui qui s'abaisse sera élevé ». Paradoxe cher aussi à saint François et qui se retrouve très expressément dans l'antithèse du « Magnificat ». Cela signifie que l'humilité est l'attitude chrétienne fondamentale: l'orgueil exclut toute possibilité de salut, le salut est reçu dans la foi. L'humilité est l'attitude chrétienne par excellence: c'est l'attitude de la foi. Telle me semble être la notion fondamentale que Benoît va mener si loin dans l'application concrète. On pourrait peut-être penser que pour exprimer cette donnée centrale, le terme néerlandais « deemoed » (humilité-soumission) serait meilleur: dans cette langue en effet je pense que « nederigheid » (humilité) a un contenu plus moral-psychologique alors que « deemoed » a un sens plus religieux. Cette attitude religieuse fondamentale était déjà connue des Grecs. Vous connaissez le mot de l'oracle de Delphes: « Gnôthi seauton » (« Connais-toi toi-même »), que l'on interprète si fréquemment comme une invitation à la connaissance de soi. Selon un spécialiste des cultes à mystères, le sens en était plutôt: « Sache que tu es un homme et non pas un dieu ». En ce sens, le mot « deemoed » nous ramène à notre véritable position humaine face à Dieu. « Connais-toi toi-même »: pour les Grecs le mot se trouve en contraste avec l'*hybris*, la présomption par laquelle l'homme se pose en dieu et brise par le fait même le lien avec la divinité. Dans la révélation chrétienne, le « deemoed » n'est pas seulement le sentiment religieux sans plus, il y reçoit son contenu spécifique de foi, de disponibilité à l'écoute, d'obéissance. « Ge-hoor-zaamheid », l'obéissance est l'écoute bienveillante du Dieu qui se manifeste. Cette notion de base est encore, bien sûr, un concept général qui se prête à de multiples interprétations et il importe d'arriver à savoir *comment* Benoît a élaboré concrètement cette notion fondamentale du christianisme.

Un second point découle du premier et est à joindre à l'indication du sens de l'humilité: l'humilité fait que le désir de Dieu est apaisé. C'est la condition de la paix, de l'apaisement: on entre dans la paix parce qu'on est pacifié. Cela révèle un désir profond. La paix se trouve dans l'apaisement du cœur de l'homme qui cherche Dieu. A mon avis, il y a là manifestement un contenu mystique. Par rapport au fait de « s'humilier soi-même », la paix et l'humilité forment chez Benoît le moment positif. Cela est joliment exprimé dans le verset 4 où Benoît utilise l'image mystique classique de l'enfant qui repose sur le sein de sa mère. Nous avons là un symbole universel du désir de Dieu.

En troisième lieu, Benoît joint, me semble-t-il, à sa notion fondamentale une mise en garde contre la présomption typiquement religieuse. On ne trouve pas chez lui cette présomption religieuse légaliste des pharisiens tant stigmatisée dans l'Évangile. La présomption contre laquelle il met en garde est bien plutôt celle de l'effort mystique confiant en ses propres forces. Ceci me semble clairement exprimé au verset 3. C'est du moins ainsi que j'interprète ce verset: « Seigneur, mon cœur n'est pas hautain ni mon regard altier », — et surtout: « Je n'ai pas marché dans des voies prétentieuses ni recherché des merveilles qui me dépassent ». A mon sens, Benoît fait allusion à ce qui représentait pour lui comme pour le mouvement monastique antérieur la tendance prépondérante: rechercher ces expériences mystiques extraordinaires dont témoignent maints courants érémitiques et cénobitiques.

En quatrième lieu, nous arrivons à une concrétisation plus poussée de ce concept fondamental: l'humilité chrétienne est comprise de manière très précise comme étant la conscience du péché. C'est le point de départ de l'échelle d'humilité au premier degré, et c'est aussi son aboutissement au douzième dans l'attitude qui évoque celle du publicain de l'Évangile. C'est pourquoi Benoît, dès l'abord, appuie si fortement sur l'attitude chrétienne élémentaire: la crainte de Dieu. Elle mène à la vigilance et détourne de l'oubli. Elle consiste pour Benoît à se placer sous le regard du Dieu juge. Ces textes sont pénétrés du thème de la crainte du châtiment divin. Cela me frappe. Être vigilant, c'est se garder du péché, vivre sous l'œil du Dieu juge. A tel point — et cela est digne d'être noté — que le texte du Pater: « Que votre volonté soit faite » est interprété dans ce sens par Benoît.

Il est frappant de voir aux versets 20-21 comment la citation: « Il y a des voies que les hommes estiment droites mais qui finissent par sombrer dans les profondeurs de l'enfer » se présente comme une interprétation du: « Que votre volonté soit faite » qui précède immédiatement. De même, au douzième degré (versets 64-65) le thème de la crainte du jugement revient en force: « (Le moine) se considère comme déjà assigné au terrible jugement; il se répète sans cesse en son cœur la parole que le publicain de l'évangile dit les yeux baissés: 'Seigneur, je ne suis pas digne, moi pécheur, de lever les yeux au ciel' ».

En résumé, la signification de l'humilité me semble celle-ci: une attitude religieuse générale, spécifiée comme une attitude de foi, caractérisée en christianisme par la réceptivité qui est écoute de Dieu, d'où l'avertissement vigoureux contre la présomption d'un effort mystique qui voudrait se suffire à lui-même. Prise concrètement, cette écoute bienveillante se traduit aussi dans la mise en présence du Dieu juge, — le thème du jugement entraînant avec lui celui du châtiment.

2. — Un second point: le *but* de l'humilité. J'emploie ce mot expressément car pour Benoît l'humilité est une attitude qu'on exerce systématiquement, que l'on poursuit. Il y a donc bien un but, une intention. Trois éléments sont mis clairement en évidence dans la conclusion du texte. Je les comparerai rapidement à la perspective de Cassien.

Le but de l'humilité consiste à vrai dire à dépasser l'attitude fondamentale constitutive de l'humilité sans pour autant abandonner l'attitude chrétienne. En d'autres termes, le but est la transformation de la motivation. On vise à ne plus agir à partir des motifs qui inspirent l'humilité. Le verset 69 est très clair là-dessus: « non plus par crainte de l'enfer mais par amour du Christ ». Sous l'influence du platonisme, les textes anciens parlaient souvent d'agir par amour du bien, Benoît corrige: « par amour du Christ ».

Deuxième but: l'exercice systématique de l'humilité conduit à une transformation psychologique; l'attitude vitale chrétienne devient comme une seconde nature. « Grâce à cet amour, tout ce qu'auparavant il (le moine) observait non sans crainte, il commencera à l'observer sans aucune peine, comme naturellement et par habitude » (verset 68). L'effort ascétique ne peut donc être une attitude permanente, il conduit à une transformation psychologique de l'homme.

En troisième lieu on peut aussi nommer le but mystique, tel que l'exprime le verset 67: « Ayant gravi tous ces degrés de l'humilité, le moine parviendra donc bientôt à cet amour de Dieu qui, devenu parfait, chasse la crainte ».

J'appelle ceci l'élément mystique, l'élément d'alliance avec Dieu, l'unité mystique, l'amour de l'amour de Dieu.

Si maintenant nous comparons avec Cassien, nous remarquons que Cassien fixe trois étapes dans le progrès du moine. Un premier degré de l'ascèse est la vie pratique (*bios practikos*) qui consiste essentiellement dans la lutte contre les huit vices capitaux, le renoncement aux biens, à son propre passé. Le second degré est celui de la contemplation, comprise en un sens nettement inspiré du platonisme. Par elle, on s'élève au-dessus du créé, à la contemplation du Christ, Verbe de Dieu.

Le troisième est celui de la contemplation pure, non pas seulement dépassement du créé mais de tout le concevable, contemplation immatérielle sans images d'aucune sorte. (« Jubilatio sine verbis » d'Augustin). Nous avons là les deux moments caractéristiques du platonisme: un agir en quelque sorte inférieur mais qui prépare à ce qui, seul, a une valeur en soi: la contemplation qui élève au-delà du visible.

Par l'accent qu'il met sur le double commandement de la charité, Basile, qui est lui aussi une source de Benoît, corrige ces perspectives et valorise l'action. Benoît, à ce qu'il me semble, reste divisé. J'ai été frappé de lire, dans l'épilogue, qu'il propose sa règle comme écrite pour des débutants, comme s'il avait encore la nostalgie des héros de la contemplation. Au chapitre septième par contre, il semble que pour lui la perfection se situe clairement dans l'amour du Christ. C'est bien là le terme du chemin de la pratique et de l'ascèse. On ne voit plus de trace d'une nostalgie quelconque pour le vieil idéal monastique de la pure contemplation. De la même manière, dans d'autres passages de la règle, la charité reçoit une telle plénitude de sens qu'elle est devenue la perfection chrétienne et qu'elle lève l'opposition, inspirée du platonisme, entre action et contemplation.

3. — En troisième lieu, après le sens et le but de l'humilité, je voudrais maintenant considérer son *objet*. Sur quoi porte l'humilité ? Essentiellement sur la volonté. C'est très clairement affirmé au chapitre cinquième de l'obéissance, comme ce l'est aussi au Prologue où Benoît dit explicitement aux versets 2 et 3 que le propre de la vie monastique réside dans l'obéissance: il s'agit de renoncer à sa volonté propre, d'entrer au service du Seigneur Christ, le vrai roi, équivalemment d'accomplir la volonté de Dieu et celle du Christ. Au chapitre septième, l'humilité est très concrètement l'obéissance, même si d'autres thèmes interfèrent avec elle.

Au premier degré d'humilité, Benoît énumère différents éléments. Il parle de volonté, mais aussi de concupiscence, de jouissance, de telle sorte qu'on a l'impression que la volonté n'est qu'un des divers domaines sur lesquels porte l'obéissance, à côté du désir ou du plaisir. Mais, d'autre part, Benoît semble aussi tout rassembler sous le seul terme de volonté, qu'il pose toujours en face de la volonté de Dieu. L'affirmation en est claire aux versets 19-20: « Quant à faire notre volonté propre, l'Écriture nous l'interdit quand elle nous dit: Détourne-toi de tes volontés. De même nous demandons à Dieu dans l'oraison que sa volonté soit faite en nous ». C'est précisément par cet accent mis sur la volonté et le détachement que l'humilité me semble avoir chez Benoît un caractère ascétique. Et j'ajouterais: un caractère singulièrement religieux, moral, et — sans qu'il faille voir dans le vocable une connotation péjorative, — « légaliste ». Je m'explique. Je lis au verset 11: « On se souviendra toujours de tout ce que Dieu a commandé — (les commandements sont l'expression de la volonté de Dieu en opposition à notre volonté propre: d'où ce caractère « légaliste »), — se rappelant sans cesse en son cœur que le feu de l'enfer brûle ceux qui méprisent Dieu du fait de leurs péchés, et que la vie éternelle est préparée pour ceux qui le craignent ». Il est évident que si l'on ne considérait la chose que d'un point de vue psychologique, l'on dirait que l'objet de l'humilité est la volonté. Mais ce serait ramener totalement l'humilité à l'obéissance au supérieur. Le moyen d'une pareille ascèse serait l'obéissance à l'abbé, à la règle, aux prescriptions. Élément important certes, mais il est évident que l'ascèse n'est pas sans plus une ascèse morale, personnelle, psychologique, car la volonté propre est continuellement posée en face de la volonté de Dieu. C'est précisément par cette jonction de toutes les dimensions de l'homme: concupiscence, jouissance, passions, volonté, sous le seul terme « volonté posée face à la volonté de Dieu » que l'humilité devient aussi englobante chez Benoît. Ceci paraît évidemment plutôt étrange quand on lit le texte pour la première fois: on n'a pas l'habitude d'une vision aussi large de l'humilité.

Cette description de l'objet de l'humilité comme « volonté propre en face de la volonté de Dieu » nous permet d'établir une certaine cohérence de pensée qui n'est pas présente comme telle chez Benoît. Si l'humilité est le détachement de la volonté propre et que celle-ci est le foyer d'où émanent les initiatives personnelles, l'humilité devient synonyme d'obéissance au sens le plus strict. Mais ce sens s'élargit à la mesure de celui du mot volonté. Benoît parle du détachement à propos de la patience, du support mutuel et finalement aussi du désir. C'est faire de l'humilité une vertu universelle qui l'identifie au détachement de soi dans tous les domaines.

Comme le désir est ici, lui aussi, posé continuellement en face de la volonté de Dieu, la volonté propre n'est plus qu'indirectement l'objet de l'humilité. Je formule cela en termes de psychologie: dans la mesure où la volonté est au sens le plus strict l'énergie avec laquelle on poursuit le désir, dans la même mesure l'humilité portera sur le désir. Mais, en dernière analyse, la volonté sera chez Benoît une manière générale de se situer face à l'autre, face à Dieu. L'humilité est donc simultanément une vertu spécifique et une disposition générale. En est-il encore ainsi dans notre langue d'aujourd'hui ? Cette extension du terme explique en tout cas la place centrale qu'elle occupe chez Benoît.

4. — Pourquoi l'humilité est-elle le champ d'un travail ascétique systématique ? Parce qu'elle englobe l'ensemble des activités de l'homme sous ce seul élément « volonté posée face à la volonté de Dieu ». L'humilité est pour Benoît une tâche, un labeur. C'est même le tout premier chantier. Et cela, parce que l'homme, avec tout ce qui vit en lui, n'est *pas* humble. Nous devons poser ceci très clairement: l'homme doit systématiquement travailler l'humilité. De lui-même l'homme n'obéit pas à Dieu, il est pécheur. Nous pouvons dire de lui avec Paul: la colère de Dieu pèse sur lui, à moins qu'il ne se convertisse. Et cette conversion passe par le labeur de l'humilité. J'ai été frappé des comparaisons de Benoît: le monastère pareil à un atelier, la vie monastique à un métier, à un travail spirituel. Sans oublier les instruments de l'art spirituel que les moines doivent manier sans arrêt et rendre au jour du jugement afin de recevoir leur salaire, une fois le travail accompli. Et l'atelier où l'on œuvre ainsi avec application et sollicitude, c'est la clôture du monastère et la stabilité dans la communauté. La voie pratique, méprisée par la tradition platonicienne est mise ici pleinement à l'honneur: le travail de l'humilité, à côté, bien sûr, du travail des champs. Ce qui est typique, c'est qu'il ne s'agit pas seulement de s'y livrer un temps déterminé mais durant toute la vie. Nouvel indice de l'importance que Benoît lui attache.

En d'autres termes, nous pourrions dire que le métier de moine doit conduire à la libération, à cette liberté qui rend réceptif à l'amour du Christ. L'humilité est donc le métier de la *metanoia*, de la conversion, du renversement systématique de la volonté propre centrée sur elle-même. Il s'agit, par un effort systématique, d'opérer ce retournement et de tourner la volonté vers le service.

5. — Nous pouvons aborder maintenant les degrés d'humilité. Ce sera mon dernier point d'herméneutique. Je le développe assez longuement parce qu'il nous fournira les éléments nécessaires à la discussion.

Quand on considère pour la première fois la série des degrés d'humilité et que l'on essaie d'y découvrir une progression, on est tout de même un peu surpris. On a l'impression d'avoir à faire à un procédé littéraire, usuel d'ailleurs à l'époque: tout se met en échelle ! On reste dans la ligne de la tradition platonicienne de la montée, avec cette différence notable qu'il s'agit ici de monter pour descendre. On croirait d'autant plus au procédé littéraire qu'on nous dit que l'âme et le corps sont les deux montants de cette échelle (cf. v. 9) !

Pourquoi douze degrés ? Après plusieurs lectures, je découvre au-delà du procédé littéraire comme une intention de disposition ordonnée.

A celui qui va commencer le labeur ascétique le premier degré donne un principe d'ordre général, une notion fondamentale: qu'il s'ouvre humblement à Dieu et se dispose à faire sa volonté. Le deuxième degré isole comme un moment réflexif touchant l'objet de ce labeur de l'humilité: la volonté propre, considérée comme le foyer de la personnalité face à Dieu. Benoît lui adjoint immédiatement le désir (31). On pourrait transposer et rendre les deux termes par le couple: le volontaire et l'involontaire. On rentre en soi-même et l'on dit: je renoncerai à ma volonté.

Le troisième degré est alors la concrétisation de cette décision, c'est la première application de ce renoncement à la volonté propre: l'obéissance au supérieur.

Le quatrième degré est plus personnel et consiste en une intériorisation de l'humilité par la patience et l'endurance. Du troisième au quatrième degré, il y a donc une certaine gradation. L'objet de l'humilité se trouve être ici la volonté placée dans des situations devant lesquelles spontanément on se rebiffe et on se révolte. Dans l'obéissance du troisième degré, le point d'application du labeur ascétique était la volonté en tant que puissance opérative habilitant à une action personnelle déterminée, ici le détachement porte sur les mouvements spontanés du cœur. Le point d'application est devenu ce que Platon appelait le *thumos*, ce qu'on nomme en psychologie l'« irascible »: l'opposition pulsionnelle violente, agressive à l'injustice, à la souffrance — ce qui d'ailleurs est une réaction humaine normale: cette fuite devant la souffrance est inscrite dans la nature. Le *thumos* n'est pas le désir, il est plutôt la rébellion spontanée contre tout ce qui représente un danger pour le sujet. On arrive donc avec ce quatrième degré à un détachement intérieur à l'égard de cette impulsion spontanée. A première vue, on pourrait penser à un idéal assez stoïcien d'*apatheia*, dans la ligne d'un Évagre et d'un Cassien. Mais parvenir au détachement du cœur n'est pas nécessairement atteindre à l'insensibilité comme pourrait le laisser entendre le mot d'impassibilité, c'est bien plutôt tendre à la liberté à l'endroit des passions spontanées, parvenir à l'égalité d'humeur dans ses sentiments — ce qui est loin d'être de l'insensibilité.

Égalité d'humeur, pacification du cœur, liberté vis-à-vis de l'impulsion spontanée, cet idéal proposé par Benoît n'est évidemment pas stoïcien mais très spécifiquement chrétien. Tout le programme de transformation est envisagé à la lumière d'une relation personnelle directe avec Dieu. Relation à deux pôles, qui se présente comme une double mise à l'épreuve par Dieu: d'une part, Dieu nous éprouve par la souffrance, l'injustice et d'autres choses de ce genre qui nous détachent de nous-mêmes, d'autre part on est éprouvé par lui en vue de la récompense future comme le métal l'est par le feu. La force pour surmonter l'épreuve est donc à chercher dans l'obéissance à Dieu et dans la confiance en celui qui rétribuera et non pas, par exemple, dans ce que nous appellerions la tolérance réciproque. Humainement, nous nous supportons pour arriver à la paix, pour fonder la paix. Nous nous montrons tolérants et patients, parce que nous savons bien que si l'autre se montre injuste, c'est qu'il réagit avec passion sans trop savoir ce qu'il fait. Spontanément, dans l'épreuve, nous pensons à cette tolérance mutuelle qui construit la paix, au lieu de nous dire comme y invite Benoît: « Dieu m'éprouve ici personnellement pour me rendre digne de la récompense qu'il me réserve ».

Le cinquième degré est la confession. (Cela fait penser à la confession aux laïcs, mais je laisse ce point aux historiens). Ici, on peut vraiment parler d'un nouvel échelon: on prend l'initiative d'entrer dans la « componction du cœur ». Les degrés 3, 4 et 5 me semblent donc en progression continue.

Le sixième degré d'humilité n'offre pas de gradation nouvelle. Il précise seulement dans le concret l'obéissance du troisième degré et le détachement intérieur du quatrième. C'est ainsi que « le moine se trouve content dans la pire et la plus vile condition, et, en tout ce qui lui est enjoint, se considère comme un mauvais ouvrier et un incapable, s'appliquant la parole du Prophète: Je suis réduit à rien et ne suis rien; je suis devenu comme une brute devant toi, mais, moi, je suis toujours avec toi » (49-50). D'un point de vue psychologique, il est intéressant de noter qu'on envisage l'humilité dans le contexte de l'impulsion innée à se faire valoir et à désirer trouver satisfaction dans son travail. Cela répond quand même à une tendance humaine fondamentale, saine et normale, et voilà que Benoît demande justement de se détacher aussi de cette tendance qui fonde et permet de construire l'affirmation personnelle de soi ! Ce qui frappe une fois de plus c'est le motif invoqué: la conviction d'indignité personnelle, la conscience d'être pécheur devant Dieu. Benoît ne fait pas appel, par exemple, à la prise de conscience de constituer un maillon dans une chaîne de service. Sa motivation consiste à parvenir à la conviction de sa propre indignité par-delà le détachement explicite de cette légitime tendance à la valorisation. Si je devais m'adresser à des jeunes, j'en appellerais pour ma part à cette conscience de solidarité. Chacun, nous ne sommes qu'une minime partie, qu'une fonction dans un grand tout. Nous ne pouvons exister que dans une relation de groupe et chacun doit être détaché de cette aspiration fondamentale en lui pour trouver exactement le travail qui lui donne pleine satisfaction personnelle. Il nous faut faire beaucoup de travail non intéressant car, à vrai dire, l'intéressant doit être le fruit de la collaboration de tous. Ce réalisme humain, cette sorte d'humilité « humaine », est hors des perspectives de Benoît.

Le septième degré me semble une extension du précédent: il décrit en termes plus généraux l'attitude d'âme recommandée au sixième degré: il « consiste non seulement à se dire de bouche le plus petit et le plus méprisable, mais encore à s'en pénétrer au plus intime de son cœur » (51).

Le huitième degré est très court, et pourtant...: la perfection consiste à suivre la règle commune du monastère et à ne rien faire qui la contredise. C'est le parfait détachement de la volonté propre et de toute tendance égoïste.

Aux degrés 9, 10 et 11, il est très intéressant de noter tout ce qu'on peut mettre sous le terme humilité. Le fait d'avoir pris comme point de départ et comme assise de l'humilité tout ce que recouvre le vocable « volonté » permet ici les considérations sur ce que l'on pourrait appeler la discipline de la parole. Au lieu de taciturnité, mieux vaudrait sans doute parler de retenue dans la parole. Tout le contact social permis par la parole se trouve donc concerné par le détachement de soi. Le motif est ici encore très clair: éviter le péché et ne pas se conduire en étourdi.

Nous arrivons ainsi au douzième degré. Le dernier terrain d'application de l'humilité est le maintien du corps et le regard — ce regard si important pour Benoît: regard vers le Dieu qui nous voit, regard porté sur les autres. Un comportement général évangélique d'humilité est très bien rendu ici, me semble-t-il: « Tu ne jugeras pas, tu ne regarderas pas ton frère d'un œil hautain ». Le motif en est encore bien spécifié: la conscience d'être pécheur. « Il (le moine) se répète sans cesse en son cœur la parole que le publicain de l'évangile dit les yeux baissés: Seigneur, je ne suis pas digne, moi pécheur, de lever les yeux au ciel » (65).

En résumé, cette courte analyse donne quelques éléments d'une gradation. Les degrés 1 à 5 mènent à une certaine intériorisation; les degrés 6 et 7 se présentent comme des applications aux divers domaines des tâches imposées par la vie; le douzième au maintien et à la manière de voir les autres; les 9, 10 et 11 concernent cette fois les exigences de détachement dans la parole et le rire.

II. — ANTHROPOLOGIE

Il est évident que je dégagerai ici une anthropologie implicite, sous-jacente au texte, et que Benoît n'a pas construite réflexivement. Mais il est tout de même possible de se représenter l'idée qu'il se fait de l'homme en considérant comment il conçoit son candidat à la vie monastique, le but qu'il lui propose, les moyens qu'il lui recommande.

Je ferai deux remarques préliminaires. D'abord, il y a chez Benoît comme deux points de vue différents sur le parcours spirituel: celui qui est attentif à l'idéal et celui qui prend en considération les possibilités concrètes. En second lieu, il est bon de se rappeler la perspective historique: chaque époque, chaque période culturelle produit un type d'homme particulier. Cette relativité historique ne doit pas nous échapper: même s'il existe quelque chose d'éternel dans l'homme, cet éternel est toujours incarné dans un type d'homme bien déterminé.

Ce qui frappe de prime abord chez Benoît, c'est que son anthropologie est nettement tournée vers le surnaturel. Son anthropologie est chrétienne et non pas psychologique ou philosophique. Benoît voit l'homme du point de vue où il invite le moine à se placer: sous le regard de Dieu, et du Dieu qui est le jugement ultime. En lisant et relisant ce chapitre sur l'humilité, je n'ai pu m'empêcher de penser chaque fois à cette belle église byzantine proche d'Athènes (Daphni) dans laquelle, de quelque endroit où l'on se place, on se trouve toujours sous le regard du Christ Pantocrator. Cette perspective bien déterminée et grandiose donne naturellement à la vie un sérieux qui participe de l'alternative toujours présente: salut éternel ou réprobation. Sous l'œil du Pantocrator, la crainte de Dieu reçoit sa lourde signification de crainte de la réprobation. L'humilité est ainsi l'instrument qui sert à se maintenir dans cette perspective mais aussi à la dépasser afin d'arriver à une attitude de parfaite liberté qui bannit la crainte. Ceci donne à la vie monastique telle que l'envisage Benoît un sérieux permanent.

Un deuxième point à relever: la conviction d'être pécheur. Benoît met constamment devant l'alternative: ma volonté ou la volonté de Dieu, ma volonté étant synonyme de péché tandis que la volonté de Dieu est la grâce qui me délivre du péché et du jugement. Si l'on poussait à l'extrême — ce que Benoît ne fait sûrement pas mais qu'il est bon de faire pour comprendre l'impression que le texte peut donner à certains — on arriverait à une espèce de luthéranisme. Je me suis posé la question de savoir si la littérature de sagesse si pessimiste que cite volontiers saint Benoît, n'avait pas exercé ici son influence. On se sent souvent plus proche de Jean-Baptiste que de l'Évangile: la cognée est à la racine de l'arbre ! Cette perspective initiale sera toutefois tempérée et dépassée par l'exercice systématique de l'humilité.

Troisième point de cette anthropologie: Benoît considère l'homme d'une manière strictement objective, à partir des exigences que la volonté de Dieu lui impose. En ce sens, le texte n'est guère psychologique. L'homme est présenté très objectivement comme libre de choisir entre la volonté de Dieu et sa propre volonté; c'est en possession de cette liberté de choix qu'il doit, par le labeur personnel, par le métier de la vie monastique, se rendre libre pour la volonté de Dieu qui est salut. Pris littéralement et sans commentaire, le texte sonne très volontariste. Certainement aussi volontariste que celui d'Ignace qui s'est d'ailleurs très probablement inspiré de Benoît à Montserrat. Mais Benoît tempérera cette manière de voir très volontariste par sa reconnaissance de la faiblesse humaine (tout le domaine qui ne relève pas de la « volonté »). Sans doute cette perspective volontaire lui est-elle commandée par le contexte de la conversion. Tout comme Ignace, le moine en est au début de sa conversion. Et Benoît parlait peut-être pour une sorte de hippies, ou de demi-barbares, de toutes manières pour des gens qui font le grand pas. Une ligne de démarcation est nettement tracée: comme chez Ignace, il faut choisir entre deux étendards. Nous avons quelque chose de cela au prologue: on entre au service de Dieu, dans la milice du Seigneur Christ, le vrai roi.

Deux points me frappent encore chez Benoît si je compare avec des mouvements ascétiques et mystiques antérieurs. Tout d'abord, le moine est considéré comme un éternel débutant. Il se convertit, arrive bien à une sorte de perfection, mais il recommence toujours. Le regard réaliste de Benoît sur le candidat se garde bien d'estimer réalisable pour le commun le haut idéal de jadis.

En deuxième lieu, la perfection chrétienne véritable consiste très précisément dans la disposition concrète de la volonté détachée d'elle-même, rendue toute réceptive pour Dieu. C'est en renonçant à un haut idéal qui ne lui paraît plus possible que Benoît atteint au cœur de l'attitude chrétienne: au détachement de la volonté close sur elle-même, au détachement qui la rend libre pour le salut de Dieu. Même si Benoît réduit la signification du terme « volonté de Dieu » à un sens moral ou légal, il semble toutefois que pour lui le cœur du christianisme se situe dans l'obéissance à la volonté de Dieu, qui est volonté de salut. Se convertir, c'est concrètement se laisser réquisitionner, ici et maintenant, par la volonté de Dieu très concrètement rejointe à travers l'abbé, dans le travail, dans les revers. « Tu n'atteins pas à la haute mystique. Cela n'a pas d'importance. — Tu es faible, nous ne sommes pas à la hauteur des héros d'autrefois, cela n'a *aucune* importance, c'est l'acceptation de cette faiblesse qui conduit en fin de compte à la vérité ». Les circonstances motivent donc les limites posées à l'idéal et elles conduisent à l'essentiel.

Je me suis posé la question de savoir si l'évolution spirituelle personnelle de Benoît n'avait pas été ici déterminante. Fils de patricien, il renonce à tout, se fait ermite contemplatif, part pour Subiaco où des disciples viennent bientôt le rejoindre pour mener avec lui une vie semi-anachorétique. Après une expérience malheureuse de réforme dans une communauté voisine et diverses autres épreuves, il part fonder le coenobium du Mont-Cassin. Il a appris ce qu'il y a au cœur du moine. En somme, Benoît fait à rebours le chemin de Cassien: de la contemplation, il revient à la voie ascétique, au sens précisé plus haut. Être chrétien, c'est entrer dans l'appel de Dieu. Sa spiritualité sera une spiritualité éminemment biblique, une spiritualité d'alliance. Le moine perçoit l'appel de Dieu, il doit être prêt à y répondre. Dieu est là, il ne faut pas le chercher. L'ascèse est le travail de la foi. Voilà l'humilité. Elle n'est pas moyen de contemplation mais labeur de la foi. La Règle n'est donc pas, comme on le dit souvent, une sorte de moule chrétien d'un idéal humain universel et religieux. On répète souvent aussi que le monachisme est une espèce d'archétype de la culture et de la religion, que l'on retrouve dans toutes les religions et que le christianisme aurait vécu chrétiennement, ce n'est pas la vision de Benoît. Il ne garde rien de cet archétype culturel et religieux. Cet idéal, je le retrouve au contraire dans la spiritualité du Carmel. Benoît, lui, est pour ainsi dire descendu immédiatement de cet idéal pour arriver à un type de comportement tout différent. Pour le caractériser je parlerais plutôt de spiritualité d'alliance. On est appelé par Dieu, on entre à son service, on entend, on écoute. Il ne faut pas chercher Dieu, il est là. C'est ce qui donne à la Règle son caractère extrêmement concret et sans doute l'ouvre aussi à tant de réalisations possibles.

Un dernier point d'anthropologie: le réalisme de la « caritas » de Benoît qui, avec beaucoup de sagesse et de modération, prend en considération la subjectivité humaine. A ce propos est tout à fait significative l'attention de l'abbé à ne pas charger démesurément ses moines et à veiller à ce qu'ils ne sombrent pas dans une tristesse dépressive. L'homme est faible et pécheur; l'abbé doit en toute humilité le reconnaître; de là cette sollicitude que Benoît lui recommande à l'égard des personnes, cette attention aux dispositions subjectives, ce réalisme affleurant partout. Ici, à nouveau, nous rencontrons quelque chose de fondamentalement chrétien. C'est à partir de la prise en considération très réaliste de l'humain que Benoît arrive à l'essentiel, à la primauté de la charité. Pourtant les motivations diverses ne semblent pas intégrées de manière parfaite et il est surprenant de constater combien le chapitre VII mentionne peu la charité — à l'inverse de notre spiritualité d'aujourd'hui. Dans ce chapitre clef de l'art spirituel, qui est la pièce maîtresse de la spiritualité bénédictine, la charité, comme telle, reste à l'arrière-plan.

Pour résumer d'un mot: Benoît intériorise des valeurs chrétiennes et il le fait dans le contexte d'un certain pessimisme réaliste, — ou mieux d'un réalisme quelque peu pessimiste.

III. — QUELQUES REMARQUES CRITIQUES

Une grande distance psychologique et culturelle nous sépare de ce texte. Deux points retiendront notre attention: d'abord, en un premier temps, l'accent mis sur le jugement et le péché, puis, en un second temps et dans la même ligne, l'intérêt porté au sujet avec l'accentuation mise de nouveau sur le jugement et l'inclination au péché. Cette optique résulte d'un pessimisme chrétien qui procède non tant de la conscience du péché que de toute une perspective théologique qui s'exprime dans une série d'antinomies où tout va recevoir sa signification: péché/pardon de Dieu — volonté propre/volonté de Dieu — crainte du jugement de Dieu/amour de Dieu, fruit de l'humilité.

De multiples influences ont probablement aussi joué dans le même sens. Une influence de l'anti-pélagianisme d'Augustin se fait sans doute sentir ici: « ce qui est ma volonté ne peut venir de Dieu ». On croirait à une alternative, à une opposition: nature-Dieu, ma volonté-la volonté de Dieu. Cette influence augustinienne a pu évidemment se conjuguer à celle d'un dualisme platonicien. (Cela m'a également frappé chez Jean de la Croix qui, lui aussi, souligne continuellement la place du désir humain, peccamineux en lui-même en tant que désir propre qui enlève à Dieu ce qui lui revient. Chez lui aussi, nous voyons comme une antinomie dualiste: ce qui est à moi ne peut être à Dieu). Il est probable qu'un certain climat de pessimisme hérité de la culture ambiante entre aussi en jeu: nous sommes à une époque de guerre, de barbarie, de décadence des mœurs monastiques.

De toutes manières, nous nous trouvons devant une polarisation extrême et devant une théologie de la libération tout à fait spécifique. Dans l'opposition johannique Dieu-monde, le monde, au sens théologique, est le plus souvent le monde jugé, et la libération s'entend nettement comme délivrance du péché — ce qui mérite à cette théologie son nom de théologie de libération au sens ancien, strict et limité du mot. L'ascèse, qui est le travail de la foi, devient du même coup le travail de libération du péché. A la libération du péché offerte par Dieu correspond, dans la relation de foi, l'apport de l'homme, qui est le travail de la libération de la volonté propre, du péché.

Pour le dire de manière abrupte, fait défaut ici une attention à la création. C'est pourquoi j'appelle cette vision théologique polarisée à l'extrême sur la libération, une théologie de la libération. Les exégètes protestants aussi bien que catholiques soulignent l'importance de la première alliance scellée par Dieu avec l'humanité entière, l'alliance fondamentale, l'alliance de création. Chez Benoît la perspective théologique, qui est celle aussi de toute l'anthropologie de cette époque, est toute différente. L'insistance y est mise sur la rédemption, sur l'intervention historique de Dieu pour libérer l'homme du péché.

Considérons un moment ce qu'a apporté la « sécularisation ». Elle a contribué à l'harmonisation des deux pôles de la théologie de la création et de la théologie de la libération. La sécularisation est liée au développement d'une culture qui aboutit à envisager l'homme et la communauté humaine, l'éthique et l'histoire humaines en termes non religieux. Le monde constitue le domaine de l'homme et il a sa consistance propre. Très concrètement, on reconnaît à l'être humain son autonomie, sans qu'on veuille nier pour autant sa relation à Dieu. L'emploi du même mot autonomie dans la perspective bénédictine aurait une tout autre résonance: il ne pourrait y signifier qu'opposition face à Dieu, Benoît se plaçant constamment dans l'alternative: « volonté propre-volonté de Dieu ». Cette conception antinomique me semble aujourd'hui dépassée, en tout cas corrigée par le principe de la sécularisation. Non pas que l'on puisse séculariser, au sens banal du mot, le christianisme, mais on doit tenir compte d'une affirmation fondamentale de la sécularisation qui est la reconnaissance de l'autonomie, de la consistance propre de l'éthique, de la politique sociale, d'un grand domaine de la culture. Pensez à Kant et à son éthique. Il y a place aujourd'hui pour une morale sexuelle et une morale de la justice qui, sans être religieuses, appartiennent à la nature de l'homme et permettent un accord avec les non-croyants. Et ce principe de sécularisation peut être intégré à une théologie de la création, mais, par contre, il est difficilement assimilable à une théologie de la libération au sens restrictif où nous l'avons définie.

Mais si, nous souvenant d'un courant patristique ancien, nous reconnaissons les *logoi spermatikoi* à l'œuvre dans la création et la Parole divine diffuse et active dans la culture, dans la formation de la conscience humaine, dans les mouvements éthiques vers la liberté et la dignité de l'homme, nous serons accueillants à une théologie reposant sur l'alliance de création et celle-ci pourra alors intégrer dans une perspective religieuse le meilleur de l'apport de la sécularisation. L'horizon de la libération s'élargit, il ne se limite plus à la libération du péché, il s'ouvre à la dimension historique de la manifestation de Dieu comme élément dynamique de l'histoire de l'humanité. On insiste moins alors sur la nature humaine déchue que sur la perspective historique de l'homme comme être en devenir qui, à travers la recherche et le développement de la culture, de la science, poursuit sa route vers un accomplissement. Le terme lui demeure mystérieux, s'il en reste à une optique purement mondaine. Pour le christianisme aussi d'ailleurs, le sens de cette immense activité culturelle, sociale, éthique reste enveloppé de mystère. Nous pouvons dire que finalement tout cela mène au Royaume de Dieu, — par quelles voies, cela demeure une énigme. Nous pouvons bien affirmer l'existence du but, nous ne pouvons pas percevoir sa coïncidence avec nos tâches terrestres. Nous pouvons seulement l'espérer et croire.

Aujourd'hui on aime aussi présenter l'homme dans une perspective dynamique, comme un être en devenir créateur d'histoire, non seulement en tant qu'individu mais comme membre de la collectivité humaine. L'homme est un être qui fonde l'histoire, il est en croissance à travers tout le développement de l'histoire culturelle de l'humanité. C'est ainsi que la reconnaissance des droits de l'homme marque une étape importante de ce devenir propre de l'homme comme être éthique. Et il est bien évident que le christianisme a joué un rôle actif dans cette maturation. Merleau-Ponty l'affirmait lui-même très clairement, à une époque où il se montrait assez critique à l'égard du christianisme. Beaucoup des idées les plus précieuses de notre pensée et de notre philosophie occidentales nous viennent du christianisme, dit-il, elles sont devenues aujourd'hui le bien commun de notre humanisme. Les idées de liberté, de responsabilité, d'histoire, de subjectivité sont devenues des idées libératrices pour toute l'humanité.

Après cela, vous comprendrez que « libération » ne peut plus signifier seulement la libération de mon péché à moi, du vôtre et de celui des autres ; la libération par le Christ s'étend à tout l'apport de la manifestation de Dieu et des chrétiens au devenir de l'homme, à l'humanité de l'être humain. Cela donne naturellement une grande signification au christianisme. Il rayonne et il libère l'homme bien au-delà des frontières de l'Église.

Cette dimension est évidemment absente de Benoît. Il en résulte un certain rétrécissement des perspectives qui me gêne — et d'autres avec moi, — la libération du péché et la crainte de Dieu impriment à l'humilité une signification bien spécifique. Plus tard, je crois, la spiritualité monastique a évolué, grâce entre autres aux études, et spécialement quand les moines, par leurs études humanistes, sont entrés en contact avec certaines formes de sécularisation. L'horizon s'est élargi.

Tout récemment, ayant relu quelques textes de saint François, il m'est apparu chez lui comme une sorte de bond qualitatif à l'ordre de la création. On a l'impression d'une nouvelle intériorisation, d'une forme neuve d'humanité au sein du christianisme: l'ordre de la création comme tel a été intégré. Une fois de plus, ceci nous rappelle combien nos textes, fussent-ils spirituels, sont limités par leur propre contexte historique.

Un second point de la réflexion critique: l'intérêt porté au sujet. Je perçois dans ce texte — et je ne suis pas le seul — une forte préoccupation de soi. On s'efforce d'être humble aux yeux de Dieu dans le but d'assurer son salut personnel et dans l'espoir même de le trouver déjà dès cette terre dans l'amour de Dieu. Un grand intérêt pour l'effort ascétique individuel correspond à la stricte théologie de la libération dont nous avons parlé et à toute la théologie classique de la satisfaction substitutive très centrées sur l'individu et non sur la dimension historique de l'homme. On s'humilie systématiquement, on s'efforce de se trouver indigne serviteur, on baisse les yeux afin que les autres voient notre humilité. Tout cela ferait sourire si on ne le replaçait pas dans le contexte de l'époque. Cela devait avoir une autre signification pour les hommes à qui Benoît s'adressait, plus frustes, plus violents que nous. (Je pense à la violence que Huizinga a décrite pour le bas moyen âge et dont témoigne aussi tel épisode d'un abbé frappé par l'épée d'un de ses moines sur l'escalier qui le conduit à l'église à l'heure de matines). La mentalité est plus rude, plus réfractaire, plus « populace ». Il y a cependant une différence plus essentielle encore. Comparée à celle de notre culture, la disposition des hommes de ce temps est de type plus objectif et des textes comme ceux de Benoît ne devaient pas leur paraître aussi centrés sur le sujet qu'il ne nous semble.

On pourrait dire la même chose de tout ce qui touche à la mystique. Quand aujourd'hui des jeunes pensent mystique, ils pensent davantage à leur propre expérience, à une sorte de conscience de leur expérience personnelle. Que n'écrit-on pas à propos de l'expérience religieuse ! L'expression est d'ailleurs significative de l'orientation d'une culture éprise de « subjectivisme ». Les anciens parlaient autrement. Ils sont plus attentifs aux critères objectifs. Dans le développement de la vie spirituelle, il y a selon eux des étapes objectives que l'on décrit dans les symboles et les concepts hérités du platonisme. On s'adapte au modèle objectif qu'ils représentent.

Il en est de même dans le domaine de l'éthique. Quand la Congrégation de la foi parle de sexualité, son langage relève encore d'une terminologie empruntée à une culture tournée vers des normes objectives. Ce qui donne à ses documents un caractère légaliste si déroutant pour l'homme d'aujourd'hui.

Depuis Descartes la philosophie est réflexive. L'objectivité se cantonne au domaine des sciences naturelles alors que pour les anciens elle comportait également une symbolique à laquelle on se référait. Pour eux les normes du développement de la vie spirituelle étaient aussi objectives que le sont pour nous les lois de la nature. Nous ne serons jamais assez attentifs à la rupture culturelle et psychologique provoquée par le « subjectivisme ». Bien plus qu'autrefois l'homme est tourné vers lui-même, préoccupé de son moi, conscient de ses propres sentiments, de son idéal. La littérature romanesque est typique de pareille culture comme la littérature épique l'était d'une autre culture. Que l'on compare le drame de Sophocle et celui de Shakespeare. Chez ce dernier on trouve déjà le passage vers l'analyse psychologique et la prise de conscience de soi. L'homme d'autrefois était plus extraverti dans toute son orientation vers l'ordre objectif des symboles. Nous devons être attentifs à cette problématique typiquement moderne quand nous présentons des textes anciens tels que ce chapitre de l'humilité. L'attitude en miroir par laquelle l'homme est continuellement présent à lui-même en tant que *moi*, est un phénomène de notre culture moderne. Elle implique un souci spontané de soi qui se reflète dans la langue et dans la culture ambiante. Il existe comme un dédoublement de soi: on est attentif à soi dans une relation de miroir, avec ce que cela implique d'angoisse de se perdre et de désir d'être reconnu.

Ceci est si fort que nous pouvons dire, en utilisant une belle expression de Max Scheler, que celui qui poursuit l'humilité la rate immanquablement. Ce qui est évidemment en totale contradiction avec Benoît pour lequel l'humilité est précisément le labeur de la foi. Cette formule de Scheler s'explique dans une culture où poursuivre l'humilité ne peut signifier que poursuivre un idéal de soi, « vouloir » être humble. Dans une culture tellement préoccupée de soi, on ne peut atteindre l'humilité de cette manière, cette application méthodique à l'humilité devient une technique qui conduit sûrement à la satisfaction de soi.

Nous aurions là ce que Kierkegaard appelait l'hypocrisie catholique type. L'hypocrisie est en effet pour lui la menace qui guette le catholicisme. Il faut avouer que ce qui frappe si souvent les laïcs lorsqu'ils entrent en contact avec une communauté religieuse, — et cela a posé pas mal de problèmes dans l'enseignement et mérite qu'on en discute franchement, — c'est le manque de spontanéité, la difficulté dans le contact, l'impression qu'il existe comme un écran entre les partenaires. Sans le savoir, même de manière inconsciente, échappant au propre regard, on est toujours soucieux de la manière dont on paraît. La poursuite de l'humilité peut devenir réellement la poursuite d'une image personnelle qu'on se forge de soi-même. Cela explique d'ailleurs pourquoi celui qui poursuit l'humilité de cette manière ne peut que la rater, selon le mot de Scheler. Comme Narcisse, même à son insu, on est amoureux de sa propre image idéale. C'est bien là la menace qui guette le catholicisme comme le souligne Kierkegaard. Je n'affaiblirais pas son affirmation en la réduisant à l'annonce d'une déviation possible. Bien au contraire, il s'agit là d'un trait fondamental de notre culture que fortifie encore le catholicisme. C'est une sorte de climat psychologique que nous devons surmonter. Il nous vient de notre culture. Tous le respirent, religieux et laïcs, mais peut-être est-il renforcé par l'ascèse, en particulier par une ascèse de l'humilité. Souvent les religieux donnent aux laïcs l'impression que leur humilité est plus narcissique que la leur ! Je vous dis ce que j'entends souvent et je pense qu'il est bon de pouvoir se rendre compte de la manière dont nous sommes perçus par les laïcs. Il m'est arrivé souvent de remarquer que le fait de quitter l'habit met à jour pas mal de ce repliement narcissique. L'habit est à l'évidence un des éléments de cette image qu'on laisse paraître pour soi et pour les autres. C'est une manière symbolique de se présenter, l'on y est constamment attentif, à moins que l'on ne soit au milieu de frères et de sœurs de même habit.

... Tout ceci pour vous faire remarquer qu'un texte qui, à son époque, n'était finalement guère « subjectif » au sens où nous l'avons dit, peut le devenir en notre temps, et prêter flanc à une interprétation très «narcissique».

Une autre caractéristique de notre culture, c'est que plus que jadis elle éprouve le sentiment de culpabilité. Je ne dis pas la conscience du péché, mais le sentiment de culpabilité. (Traiter cette question nous entraînerait trop loin). Selon Freud, c'est là le tribut payé au progrès de la culture. Ce sentiment de culpabilité n'est pas morbide mais constitue plutôt comme une disposition psychologique d'angoisse continuelle, de peur inquiète de perdre l'amour, qui se retrouve dans toutes les formes de relation: mari-femme, subordonné-supérieur, enfants-parents, homme-Dieu.

Une première conséquence: le texte de Benoît sur l'humilité, s'il est pris tel quel sans interprétation qui le relativise, peut aisément renforcer cette tendance à la culpabilisation psychologique. Si, aujourd'hui, nous voulons favoriser le processus de conversion religieuse voulu par Benoît, nous devons sans doute prendre un chemin opposé. Non pas partir de ce sentiment de culpabilité qui ne signifie pas encore conscience d'être pécheur — ce qui exigerait un approfondissement de la foi —, mais apprendre d'abord à s'accepter et à se confier à Dieu. Tel est pour moi le premier degré de l'échelle de l'humilité. Vous me direz que cela implique aussi la prise de conscience de son péché; sans doute, mais sans lui donner la première place; il s'agit bien plutôt de se mettre devant les yeux « la bonté de Dieu notre

Sauveur et son amour pour les hommes » comme y invite saint Paul
(*Ti* 3,4). Pour beaucoup ce sera là une première libération du moi, une
distanciation de la préoccupation de sa propre innocence, une acceptation de
soi dans l'humilité. Car c'est cela l'humilité: comme dans un amour conjugal,
accepter d'être appelé à être aimé de Dieu tel qu'on *est*. Cela fait une brèche
dans notre préoccupation excessive de nous-mêmes.

Une deuxième conséquence: le texte peut aussi prêter à une fausse interprétation de l'idéal du « petit enfant » et aider à verser dans l'infantilisme.
Pensez à la spiritualité de sainte Thérèse de Lisieux; elle est quand même un
peu ambiguë et marquée psychologiquement par tout son temps et son
milieu. L'analyse de la volonté propre, telle que nous l'avons proposée plus
haut, dans une optique dualiste d'opposition comme elle se présente dans le
texte de Benoît (ma volonté — la volonté de Dieu), peut conduire à la
conclusion: je me défais de ma volonté, je me vide de moi-même. En climat
dualiste cela peut équivaloir à une démission infantile, à une fuite de toute
responsabilité parce que toute affirmation de soi est tenue pour une recherche
de soi. Si au contraire, on se met d'emblée dans une relation triangulaire:
Dieu — moi — la communauté, la référence à cette dimension sociale ouvre
les perspectives. Je dois prendre l'initiative, je dois porter ma responsabilité,
je dois avoir le courage d'aller jusqu'au bout, aux dépens de ma réputation.
L'humilité prend dans ces conditions une dimension objective, orientée vers
la tâche du groupe, vers le progrès de la communauté. On est au service de
l'humanité. La volonté de Dieu est la volonté qui édifie le Royaume; non
pas la volonté définie par la prescription de la loi, mais la volonté dynamique
qui vient établir le Royaume avec et par l'homme. Se détacher de sa volonté
propre, c'est s'engager dans ce dynamisme créateur. N'est-ce pas une forme
d'humilité que de disparaître dans la fonction qu'on exerce, avec toute la
responsabilité assumée à cet effet ?

Cette approche est différente de celle de Benoît. Elle a d'autant plus d'importance que beaucoup de candidats à la vie monastique sont encore des
jeunes gens qui, au fond, ne sont pas encore arrivés à une réelle affirmation
d'eux-mêmes ni à un développement normal de leur identité. Vous le savez,
l'adolescence psychologique s'est fortement prolongée de nos jours. La
jeunesse est simultanément mûre plus tôt et mûre plus tard. La réalité est
complexe. Ce n'est pas parce qu'ils savent beaucoup de choses que les jeunes
sont mûrs plus tôt. Le volume du savoir rend au contraire plus complexe
l'art de devenir soi-même. Exposée à beaucoup de systèmes de pensée contradictoires, à de multiples influences et modèles de vie, la jeunesse moderne a
plus de difficulté à acquérir son identité propre; elle n'est certainement pas

psychologiquement adulte entre 18 et 20 ans, quoi qu'elle ait souvent vécu bien plus d'expériences.

Cela peut aussi faire comprendre — ce qui étonne si fort certains — que des moines, plus que des laïcs, puissent parfois faire une sorte de crise d'adolescence tardive. Chez eux bien des problèmes percent plus tard que chez quelqu'un qui a un foyer et des enfants, doit se donner de la peine pour les nourrir et les loger, acquiert par là très tôt le sens du réel et de l'engagement. On a l'impression que dans la mesure où on est pris très tôt par une sorte d'ascèse de détachement, — bien avant que la volonté propre et le sens des responsabilités aient pu se développer, — on peut être amené à vivre comme à retardement la crise de maturité.

IV. — UNE FORMULATION POSITIVE DE L'HUMILITÉ

Ma conclusion sera brève.

Un premier point. Le mot « humilité » aujourd'hui agace, irrite un peu. Non du fait que l'on ne serait pas humble, mais à cause de la charge péjorative qui s'attache à ce vocable. On préfère lui substituer le mot « authenticité ».

Sans avoir fait à ce sujet une étude systématique, je pense que le terme connote aujourd'hui d'abord une préoccupation de soi trop narcissique: on a le souci de sa propre vertu, on est préoccupé d'un idéal personnel de perfection (¹).

Une deuxième connotation de l'humilité: l'humilité évoque l'idée que l'on cherche dans la religion consolation à sa propre impuissance. Nietzsche est le porte-parole de cette tendance critique dans notre culture. Il est probablement l'auteur le plus lu par les personnes qui s'intéressent aux textes philosophiques. Il exprime un sentiment répandu et vivace. Ce qu'il reproche à notre culture, formée, comme il le reconnaît, par le christianisme, c'est précisément une sorte de culte inconscient de l'impuissance avec, en compensation, la recherche d'une consolation dans une émotion religieuse, sorte d'expérience réconfortante. A ce qu'il me semble, cela est l'idée que suggère le mot « humilité » chez beaucoup et spécialement quand on met l'accent sur

---

(¹) L'auteur nous a communiqué de vive voix qu'ayant fait un petit sondage sur le sens que les hommes donnent aujourd'hui au mot « humilité », il a observé que le mot reçoit autant un sens positif que négatif; pour les uns il connote la disposition de respect, opposée à l'orgueil; pour les autres, il évoque les connotations négatives qu'analyse le texte; pour d'autres encore, il est susceptible de porter ces diverses significations.

l'humiliation recherchée volontairement. On donne l'impression de cultiver l'impuissance afin d'expérimenter un paradis artificiel recherché dans une intimité religieuse. C'est un genre d'illusion religieuse qui prend racine dans le culte de sa propre impuissance.

D'autre part, je remarque une nette préférence pour le terme d'authenticité, qui concorde fort bien avec ce que la langue ancienne appelait humilité. A première vue, le terme « authenticité » semble n'avoir qu'un sens purement humaniste, mais il a également une valeur éthique et il peut servir d'assise à une humilité chrétienne. « Authenticité », le mot exprime parfaitement l'intolérance de la jeunesse actuelle face à l'orgueil, à la suffisance, à la prétention. Si les jeunes rejettent l'humilité, ce n'est pas qu'ils supporteraient la prétention. Bien au contraire, à leurs yeux, on doit pouvoir aborder un professeur d'homme à homme, et — à moins que cela ne soit pour demander conseil — en un certain sens, d'égal à égal. Un juge doit pouvoir « prendre un verre », mais il reste juge. Je l'appelle par son prénom, mais il reste mon chef et je me trouve sous ses ordres. C'est une fonction qu'il exerce. Je crois que cette « attitude démocratique » chère à la jeunesse est toute dans ce refus de la prétention qu'aurait quelqu'un de s'estimer plus qu'un autre du seul fait qu'il exerce une fonction déterminée.

Être authentique, c'est être vrai avec soi-même, et cela signifie pour les jeunes, ne pas s'estimer meilleur qu'un autre et, en conséquence, avoir du respect et de la patience à l'égard de l'autre. C'est une valeur humaniste, éthique, qui peut devenir aussi une vérité face à Dieu. Se tenir à sa vraie place, ni plus ni moins, devant Dieu. Finalement nous retrouvons l'ancienne sagesse du « Connais-toi toi-même » : sache que tu es un homme responsable ; ne te fais pas dieu. L'authenticité s'appuie donc sur une simplicité tout humaine pour devenir humilité religieuse.

Un deuxième point me semble important pour la présentation actuelle de l'humilité, je l'appellerai « le sens de la célébration ». Que faut-il entendre par cette expression quand on l'applique à un texte ? Elle se vérifie quand un texte me désencombre de moi-même, quand il m'abstrait du souci d'application morale — sans que je sois pour autant immoral ! — mais éveille en moi des sentiments d'étonnement, d'admiration comme le font beaucoup de psaumes. Ce sont des textes qui apprennent à voir avec joie la magnificence et la splendeur de Dieu et de la création. Cette qualité manque souvent aux textes et aux mélodies modernes, qui renvoient trop les gens à eux-mêmes et sonnent trop moralisateurs.

Cette perspective va naturellement de pair avec une théologie de la création et on peut aussi la développer à partir d'une théologie de la rédemption élargie. Nous sommes libérés de nous-mêmes, car celui qui a entendu et vu le Christ regarde le monde autrement. Il reconnaît ouvertes devant lui des possibilités d'avenir, une croissance offerte, une splendeur manifestée, il revêt un genre d'innocence qui éclate en quelque sorte dans une attitude d'admiration reconnaissante.

L'attention admirative est selon moi l'attitude de l'humilité, sans que le mot soit prononcé. Elle ouvre une brèche dans le repli narcissique sur soi. Cette attitude peut sembler parfois trop affective, mais elle peut être aussi très simplement réaliste. C'est l'idéal de l'Évangile: être enfant, sans le chercher — car le chercher serait infantilisme. C'est une forme d'humilité qui s'oublie elle-même. Dans ce sens, je pourrais rejoindre saint Benoît quand il dit de ne pas rechercher la haute mystique. Ne cherchez pas aussi systématiquement à être humble, soyez objectifs, apprenez à découvrir Dieu, apprenez aussi à le reconnaître dans l'homme, sortez de vous-mêmes et sans que vous vous en aperceviez l'humilité vous sera donnée par surcroît.

Une dernière remarque: j'aimerais donner un sens légèrement différent à l'expression « la volonté de Dieu ». Je ne la verrais pas d'abord comme un ordre, un commandement que Dieu m'adresse. Je l'envisagerais de manière plus objective, je la dégagerais d'une perspective dualiste en l'orientant d'une part vers la volonté de salut pour toute l'humanité, de l'autre comme volonté de salut intégrée dans l'ordre de la création. Apprendre à voir Dieu tel qu'il se révèle à l'œuvre dans l'homme, guidant la croissance du Royaume; c'est cela se brancher sur la volonté de Dieu et peu à peu se détacher de sa volonté propre.

Je pense pouvoir conclure ainsi: je ramène donc bien l'humilité à l'obéissance (ob-audire), à une obéissance qui soit alors surtout une façon d'apprendre à écouter ce qui parle de Dieu et apparaît dans l'humanité, dans le Christ. Cette attention orientée vers son objet me semble fondamentalement être l'obéissance de l'humilité. Elle comporte naturellement divers degrés qui étendent sa disponibilité d'écoute aux divers domaines et à l'hic et nunc concret de la vie. Ceci la situe aux antipodes de je ne sais quel rêve utopique qui a pu briser et aigrir tant de personnes, non seulement dans le monde politique ou social, mais souvent aussi dans les couvents... Ce rêve d'une Jérusalem céleste qui me fait songer au texte matthéen des violents qui veulent prendre le ciel d'assaut par la force: rêve d'une église utopique, d'une Jérusalem céleste que l'on voudrait établir par la violence, rêve toujours reporté vers le futur, vers un avenir à vivre ici sur la terre.

Ce qui est fondamental chez saint Benoît, c'est qu'il nous apprend à discerner *hic et nunc*, concrètement, les possibilités offertes. Je trouve que c'est là le réalisme qui exige vraiment le plus grand détachement de soi. La véritable humilité, je la trouve dans cette direction. Sa signification fondamentale réside dans l'attention pour discerner les traces de Dieu et dans cette disposition à l'écoute pour répondre à l'invitation divine qui s'offre à moi dans la réalité de chaque jour.

34

FOLK CATHOLICISM
Its Significance, Value, and Ambiguities

From various perspectives, folk catholicism is an object of interest, of discussion, or of controversy. Rationalistically-minded people consider it with a mixture of amusement and disdain, as an odd, superstitious, and primitive if not infantile subject. But anthropologists are interested in it as they are in every cultural and religious phenomenon. Within christianity, it is a phenomenon that is often considered critically from the points of view of theology, of spirituality, or of ethical and socio-political involvement. Nonetheless, the disappearance of many if not of all its manifestations in many European areas, leads many people to a sympathetic although critical evaluation.

My view of it will be pastoral, that is, I will try to understand it in the light of psychology and anthropology, and to evaluate it in reference to the nature of a religious person and of christian faith.

GENERAL CHARACTERIZATION OF FOLK CATHOLICISM

Folk catholicism is the catholic form of folk religion. This means that in folk catholicism, general elements of folk religion penetrate within the christian belief. From scientific discussions it seems that the meaning of the term folk catholicism is very uncertain, due to the many definitions given to the word "folk". We may clarify somewhat the complex whole that constitutes folk catholicism if we consider the two core meanings of the word "folk". On the one hand it signifies the entirety of people who live in a community, speak the same language, usually live in a delineated territory, and share a number of cultural habits and institutions. On the other hand, the word "folk" has a sociological meaning signifying the group of people that is set in contrast to the cultural and/or economically dominant group. The term "folk catholicism" is thus broader than the French term *religion populaire* (*popular religion*), which has a more sociological signification. In the present article folk catholicism will include the combined meaning of both definitions of "folk": it is the catholicism that is tightly bound to the cultural traditions of the people and that is adhered to by the majority of the people, thus giving it the distinguishing character of so-called popular religion.

Because folk catholicism is situated within the totality of the universal church community, it receives a special meaning which folk religions in non-universal religions lack. Within the Church community the term has its own significance due to the distinctions that must be made within a coherent whole. Folk catholicism thus must be distinguished:

- Firstly, from the strict mystical traditions. In their critique of folk piety, the mystics appear almost as iconoclasts. In this, mystics are close to the charismatic movements.

- Secondly, folk catholicism should be distinguished from theology. Theology has, as one of its duties, the important function of evolving the inner logic, the conceptual and linguistic structure of the belief content, and so of bridging belief and intellectual culture. Thus theology fulfills an intellectual function in the service of faith. As with the mystics, theology is often critical toward folk religion. It attempts to purify christianity of the inherited and still living superstitions that are adhered to in folk religion. Indirectly, however, it supports folk catholicism because in a community of believers that is losing its intellectuals, folk catholicism can, but with some difficulty, maintain itself. One realizes clearly the distinction between theologically-formed catholicism and folk catholicism, as well as the difficulty of bringing them together, whenever one reads a particularly theological Pauline text in a village church. It is easy to moralize in a sermon, but most difficult to convey the rich theological faith-content of the Pauline texts to folk believers.

- Thirdly, folk catholicism is distinguished, and this especially in recent times, from what some have termed the "church of the believers". By this term, one means the group of strong personally engaged believers, for whom faith is the practical result of a personal conversion. Some people think that in the future christian belief will for the most part be limited to the "church of the believers".

In the opposition between folk catholicism and "the church of the believers", we can distinguish two groups who make different critiques of folk catholicism.

Firstly, some insist on the specific nature of belief as opposed to religion. This opposition has a strict theological basis. Belief is a personal engagement with God as He manifests Himself personally in the words, acts, death and resurrection of Jesus Christ. The word belief, with the meaning of a personal relationship of acknowledgement and confidence, is characteristic of the New Testament. As such, belief is absent in other religions. The calvinist theologian Karl Barth says that "religion", as opposed to belief, is the work of man, of human imagination, and therefore ultimately idolatry, because it is not the recognition of the true God. This idea has also been repeated by some catholic authors. True belief is a voluntary conversion. There has evolved, however, a tendency to interpret positively the so-called pagan or idolatrous religions; a new ecumenism appreciates the worth of every culture and every religion. In this new context, folk catholicism is no longer opposed to belief.

The opposition between folk catholicism and the "church of the believers" has, however, been renewed by some groups of conversion-movements, specifically some charismatic groups. They tend to emphasize authentic belief-experiences: the experience, e.g., of the risen Christ as he is actively present in his Church and in the faithful believer. I appreciate the charismatic movement, even if I am not a member of it, but I would not consider them as an elite, or as the only authentic believers. The members of charismatic groups generally do not belong to the lower social class, but to the middle or higher class. This brings with it two consequences:

(1) An opposition between cultural types and consequently between different forms of religion and christian belief. To more educated people, some forms of folk catholicism seem to be too affectively loaded, too imaginative, too realistic, if not superstitious or infantile. More educated people often share this rational disdain for folk religion.

(2) A second consequence can be that since middle-class people are socially conservative, charismatic groups are sometimes (not always!) less preoccupied with the liberation of peoples, less socially involved in social movements. There is also often a more personal and specific religious

reason for this: they have discovered for themselves the newness of God's presence and are centered on this experience — as people who are going through a love-experience — and thus are less attentive to the social-ethical consequences of this belief. This leads me to the second group which often opposes folk religion.

Secondly, some Basic Christian Communities distrust folk catholicism. Their approach derives from the liberation theology in Latin America. Some draw much inspiration from Marxism; they take over marxist schemes of analysis in order to foster a christianity that engages itself socially and politically. Since they are most attentive to the social-ethical consequences of their belief, they fear that both folk religion and the charismatic movement turn away from the necessary task of social change. They are even inclined to consider folk religion as an "opium *of* the people" (in the marxist sense of the expression), and the charismatic movement as "opium *for* the people" (which is a neo-marxist judgment).

Folk religion is thus a complex phenomenon, for it can be considered and evaluated from different perspectives. I will not deny the danger of folk catholicism, but I will try to show its value and dignity.

If we proceed from the belief that Jesus' message is directed to everyone, then it is clear that in a faith community unavoidably different forms of faith-practices must exist. Thus folk catholicism, mysticism, the church of believers, and theological faith-purification and deepening represent faith-forms which address themselves to the cultural situation, or more personally to an individual's life-history. Tensions among these belief-forms are unavoidable. In the Church, as in the Father's house, there must really be many rooms. This, in any case, is my view whenever I, as a believer, consider how much people differ from one another in terms of direction, milieu, formation, and social function. I shall try to justify this fundamental attitude of openness by an accurate and, as far as is possible, a non-prejudiced exploration of folk catholicism. I shall then describe the characteristics that I consider as essential, and I shall endeavor to judge them from a pastoral point of view. This means that I shall indicate those characteristics that I feel promote true faith, and those that hinder it.

FOLK RELIGION IS HABIT RELIGION

This feature characterizes folk religion in contrast to the so-called "church of the believers". In milieus that consider themselves progressive, "habit religion" — in these days — is a scornful expression. Some educated people who are but half-enlightened in the area of anthropology and religion turn disdainfully away from this faith-life because, they say, for the majority it is "only a habit". A lingering ideology of our time is partly responsible for the pejorative meaning that "habit" has received, especially as regards religion. Through mass media comes the idea — often fanatically trumpeted (at least in Europe) — that habits are not authentic, not personal, and that one is himself only when he lays aside old garbs and strives for renewal. I do not deny that every generation must bring renewal; otherwise, life stands still and dies out. Nevertheless, I am convinced that without rooting itself in the past, the urge to renewal is but a self-deceptive ideology and shortlived. In every community and in every person lives the tension between renewal and continuity. It is characteristic of folk catholicism that within its configuration, habits are a stronger feature than the spirit of renewal.

I thus take habit religion in a positive sense, all the while recognizing the concomitant danger of religious practices becoming fossilized and impersonal. In my judgment of "habit religion", I maintain the view of cultural anthropology which, contrary to the already mentioned ideological trend, gives a rich meaning to "habit". I will develop this idea further, as it offers substantial ground for a psychological and pastoral evaluation of habit religion.

The Value of Habit Religion

Customs. Customs (*coutumes*) are fixed life-forms, patterns of behavior, and representations that belong to a community. Considered as customs is a variety of things, such as a handshake, an embrace, the different clothing of men and women, of children, adolescents and adults, the rotation of work and vacation, the language people speak. The individual assumes these existing life-forms and finds in them his own identity as member of a community. Every kind of community has, as such, its customs: the family, the working community, the friendship circle, marriage partners, the nation. In folk catholicism, one can indicate various customs: the Christmas midnight Mass, decorating graves on the eve of all Souls' Day, pilgrimages (still existing in many countries), or again, the May devotions in a Marian chapel. One sees clearly that these concern actions that are incidental to the faith-content and that stand next to the sacramental practice. They do not actually emerge from christian belief, but rather they become incorporated in it. In contrast to the specific faith-life, they are strictly speaking, only fringe phenomena, although they are nevertheless forms in which the believing people find and express themselves.

As customs, they are ritual actions in the anthropological (not theological) sense of the word: established symbolic behavior, transmitted in folk culture from generation to generation and so profoundly ingrained in the sensibilities, that they, like language, belong to the identity of the person. Folk religion consists thus of religious behavior that, through historical inheritance, belongs to the cultural identity of a folk community. Its importance is that it creates a unity between folk culture and the christian faith. This can most clearly be seen in former mission territories. There, the community is presently engaged in an effort to incorporate its own indigenous customs in a faith-life which had previously estranged the community from itself. For, together with the new belief, foreign culture-forms had been imposed on it, and its own customs had been excluded from its new faith or had remained exterior to it.

In countries of Europe, where christian belief was introduced centuries ago, most forms of folk catholicism are christianized old pagan symbolic expressions and symbols. Think of the many pilgrimages to Marian cult-places, like Chartres, Montserrat, or Chestokova. There, the venerated statue or icon of the virgin is that of a black virgin. Now, every christian knows that Mary was jewish and therefore not black. But it is interesting to note that there was previously a pagan veneration of a black earth goddess, which the virgin subsequently replaced, maintaining, however, the old powerfully attractive representation. Consciously, the present-day christian pilgrims no longer perceive the symbolic meaning of the black figure, which was the figuration of an earthly (therefore black), more or less divine power. I do not know how much the symbolic meaning of the black figure still appeals to their sub-conscious perception; as far as I know, no research has been done on this topic. Perhaps, a symbolic difference between black and white still evokes the difference between an ordinary woman of white people and the virgin.

In that case, one can understand that in other countries, the difference takes on the inverse symbolic form. Some dark people — as I observed to be the case in Indonesia — prefer a white virgin figure, because, they said, she is not just an ordinary woman. Symbolism always requires a minimum of form difference. Whatever the present symbolic perception of the pilgrims to Montserrat, Chestokova, or Chartres, what I would stress is that a christian ritual belief-expression evolved within a powerful, ancient, traditional symbolic form, and that, in this way, it became an important element of folk catholicism. Christian people, including the educated, can and do live their christian identity in their own cultural and symbolic forms. This illustrates the meaning of habits or customs: that they are symbolic forms through which one expresses oneself with one's own cultural language. Customs — religious customs included — are a second nature, a cultural nature. They form a second spontaneity in emotion, expression, and devotion.

Festive Character. Folk religious expressions often have a festive character. Consider the Christmas night celebration, May devotions, pilgrimages, the "pardonings" in Brittany in France, the feast of Our Lady of Montserrat in Barcelona, the *fiestas* in the Philippines. Festivity is the disinterested and grateful expression of the joy of feeling oneself incorporated into a community, and sharing in the good that enriches every member. Festivity regenerates the person and makes the routine and burden of daily life more meaningful. In the feast, the community celebrates the happenings which saved, established, or renewed it; or else, it celebrates the person who, because of his exceptional contribution, is a father- or mother-figure for the community. Festivity demands certain concrete symbolic forms in which one recognizes oneself as belonging to this community. Folk religion gives precisely this symbolic forms. So it came about that in the orthodox church, Easter became the pre-eminent religious feast, whereas in the West, Christmas — rather than the resurrection feast — is lived to the fullest. Without folk symbolic signs and usages, the faith-content does not really penetrate the heart and the mentality of the people.

Symbolic Aspect. In the symbolic customs, individual and community find a link to their past and situate themselves in a history of successive generations. This awareness gives the participants in the tradition a sureness of identity. One recognizes and confirms himself in his own dignity by attaching himself to the life and religious forms that have given men a human nobility springing from tradition. It is, above all, the family that transmits customs. Wherever a good home environment exists, one remains proudly attached to the customs with which one grew up. These customs provide the models with which the developing person can identify in order to become himself. Customs, in the positive sense, give one a feeling of being protected and secure; if they did not, in the chaotic contrasts of the world one would not know how to create a meaningful order. The dignity that untarnished forms of religious folk customs can give to simple people is remarkable. The polish folk religion, recently spot-lighted by the pope's visit, is a striking witness to this.

Moral Dimension. In the customs, as I have described them, moral considerations usually also have an important place. Everyone has experienced how folk catholicism has nurtured and supported in many communities a tradition of human and christian attitudes that has elevated the people's morals. In Burma, I was impressed by the influence of the buddhist tradition. And one knows how difficult it is for a community to change a tradition for its own good. Indifference, lack of helpfulness, coldness in work-associations, corruption, revenge, racism, are also transmitted and ingrained as customs, as are the christian or buddhist customs of hospitality and love for one another.

For all these reasons, one must be careful in one's judgment, for example, whenever people say that they attend Sunday Mass, that they give their children a christian education, or that they marry in the Church, because they have always been used to-it-being-done that way. This does not mean that these religious forms have no personal meaning for them. One must distinguish between those who say that they do it because "it is simply the custom", and those who refer to what really is inherent in their own customs. In the latter case, it means that they always saw it-being-done-so, and learned it so, and that they are attached to it because they agree with this way of life and find it worthwhile. This can just as well be the case with university graduates as with folk people. I have had experience with graduates who very rarely attend Sunday Mass, and yet asked me to officiate at their marriages. To my astonished question as to why they wished to marry within the Church, they replied: "We were brought up that way". Speaking with them further, it was clearly evident that, while they did not consider themselves very christian, nevertheless fundamentally they believed, because they had experienced that their upbringing was a meaningful life-conviction. They were attached to it and they also wanted to be christian by remaining faithful to the evangelical demands of honesty and charity.

Habit religion has more content than most of its critics think. Habit has, above all, a meaning analogous to reliance on a model. Whenever people believe because they are stirred up and convinced by the example of a believer, no one can deny that such an aroused faith can be real. An example, a model, is a living sign through which the truth of the faith is mediated. Customs are equally good faith-patterns on which one can lean, because they are the witnesses to a worthwhile lifestyle. Moreover, one absorbs them into one's being and their rich influence penetrates deeper than one is often aware. Religious customs are like the language that one learns to speak together with the affective refinement of man-

ners in which one unconsciously grew up: they have become one with
our personhood.

Folk religion is a symbolic mansion in which a person feels at home,
where he becomes more fully himself, to which he attaches himself
because he can remain himself there and can spontaneously express in
its forms his own deeper convictions and feelings. If we consider the deep
anthropological significance of habit religion, then we can understand
why it holds out for so long a time, and why many communities defend
it so obstinately when it is menaced. We can appreciate then what a
profound disturbance of belief the dismantling of religious customs brings
about.

The Limitation and Fragility of Habit Religion

In Europe, the current interest in folk catholicism is actually stimulated by the disappearance of a large part of folk religion customs in many
European countries. Processions are rarely a festive celebration by a
community of its Protectorsaint or of its venerated reliquary. The Cross-
days, which formerly were such impressive religious experiences, are now
often regarded as bygone folklore or superstition. The priest begins to
realize that a void exists. He questions the worth of previous folk catholicism. Remarking that the loss goes hand in hand with the regression in
religious practices and with the loss of Christian morality, he lends a
ready ear to the sociological prophets who expect the future of belief
to reside in a small "believers' church", the "remnant" on which the
biblical prophets relied during the exile. Others are more concerned with
the large majority; they can rely for support on sociology and cultural
anthropology because, in reaction to earlier scientific disdain for folk
religion and for folk culture in general, a good many studies are now
centering on their formative influence.

As I see it, one must first accurately describe "habit or folk religion".
Only then can one pose the pastoral-theological question whether it
fulfills the prerequisites of christian faith. We see that depending on the
milieu and the conditions of the times, faith sometimes assumes the
profile of a "believers' church", and at other times that of "habit church".
I personally do not see any reason to accept that a "believers' church"
is more real than that of a habit church. It is true that there is a practical certainty that someone who engages himself in faith out of personal
choice and in opposition to the unbelief of his milieu, starts off with
conviction. Folk catholicism, on the contrary, shelters believers marked

by a whole gamut of convictions; but included among them are people who personally pattern their lives on the gospel in a marvelous way. As a witness of that, I can add a personal experience. Seldom have I heard God and the evangelical way of life so purely spoken of, as when I was packed into a mud-floored, sultry living room full of illiterate, desperately poor people somewhere in the northeast of Brazil. Belonging to the typical brazilian folk catholicism, with its pilgrimages, its saint-veneration, and all that signifies exotic "folklore" for many educated people, they could speak about the Sermon on the Mount as I have but rarely heard it preached.

Nevertheless, folk catholicism is clearly fragile. In my country, whenever people from the remote countryside of rural tradition went to Brussels to work and to live, they buried a large part of their religious practices. The same happens with many students who, through their university studies, make the transition to another kind of community. This does not imply that the previous belief was not real, but that it was not prepared for the test. It is impossible to prepare someone completely for the faith-test. One can never digest through theoretical explanations beforehand a new reality in which one will later find himself. Therefore, it was a wise move to establish national parishes in the United States, to welcome the immigrants into a community where they could find their life and religious customs, and so facilitate their transition to a new milieu.

The disappearance of a large part of folk religion in my country forces one to pose the question as to whether or not it still has a future, or even whether or not it is worth the trouble to prolong that which still exists. Are the folk religions in our midst finished, and does the future of belief lie, indeed, with the "believers' church"? Agreed that we pronounce no value judgments on either, then the question arises whether or not existing facts actually indicate that we, unavoidably forced through actual circumstances, are moving towards a believers' church, and that it is thus wasted effort to try to preserve folk catholicism. I am personally skeptical as regards sociological predictions. Prophets of this genre were more than once disappointed by an unforeseen turn of events. Let us, then, briefly review the causes of the changes and see if we can learn something from them for the future.

Impact of Open Society

Everyone knows that many customs of folk catholicism have fallen by the wayside because of changes in living conditions. Television, movies and travel have brought people into contact with so many different ways of thinking and doing that they come to realize the relativity of their own customs. It is an established principle in cultural anthropology that a closed society experiences its own customs, mores, and symbols as absolutes. Through contact with others, these diminish in value; and this, above all, when the other has the prestige of prosperity, development, and freedom. Also, tourism often destroys folk religion. It makes of it a spectacle for strangers. A stranger with a poor culture and without respect for the humanity of foreign traditions, looks at manifestations of folk-culture as odd, if not childish and superstitious. The people who are looked at in that way, easily internalize the look directed at them by others. They then see themselves "through the eyes of the strangers", and their customs become stripped of their essence. They perceive the commercial gains of rituals-turned-exhibitions, but they lose sight of the interior meaning, the lived content of these practices. In this way, tourism becomes a commercial perversion of folk religion, making it amusing folklore. Whereas Christ said, "Go and instruct all people", tourists, on the other hand, go and photograph all people and in so doing reduce them to mere pageantry on display. The example of the southern Spanish celebration of Holy Week illustrates this. Formerly, the Holy Week processions were really an invasion of the streets by the sacred. People participated profoundly in the drama of Christ and the Virgin. Now, tens of thousands of tourists overflow these cities and villages, and the celebration has slowly lost its authentic religious significance. When I was in Banaue (Philippines), and some people performed for the tourists their old dances as well as their old sacred rites, I felt this as a sacrilegious performance.

As has already been mentioned, in some epochs an ideology of change exercised a strong influence, and this happened just at the moment that folk catholicism was crumbling due to greater prosperity and new contacts with other living habits. Often the present generation possesses a spirit of rebellion, seeking itself through the rejection of the past. In other times and other cultures, the accent lay elsewhere: one's own identity is stressed by embracing the continuity of the tradition in which one was rooted. It is a known fact that the japanese culture made real efforts to modernize, all the while holding on to its own style and ritual customs with pride and awareness. In its fierce resistance to a dominating force, the polish community also preserved its own folk identity through all the technological and social changes. This shows that there can be choice in holding on to a valued folk religion.

In my own country, there are signs that the mentality in our community is changing. A renewed interest in smaller villages, the move to preserve and restore the landscape as well as old city neighborhoods, and many local initiatives with a festive, community and religious character, point to a new appreciation of folk culture. Will a new folk catholicism develop from this movement? Possibly. Much depends on the discretion of pastoral work. It is certain that folk catholicism cannot be forced and that ample time is needed for it to evolve. It appears certain to me that a future folk catholicism will have to be free from faith propositions that cannot resist the critique of present-day culture. As I shall discuss in the fourth point, folk catholicism has some characteristics that are now generally viewed skeptically by a scientific mentality and an interior faith-critique.

THE IMPORTANCE OF HUMAN MEDIATORS BETWEEN GOD AND MAN

We can sharply formulate this characteristic as follows: one believes in God and in Jesus Christ, but one is attached to Mary, to St. Anthony of Padua, or to another saint, be he canonized by the Church or by the people. In this attachment to human mediators, I recognize three elements.

One is looking for a link with a person who belongs to the divine world but who is nearer and more familiar than God himself. God remains the mysterious unpredictable reality. Even Jesus Christ appears a bit too divine for men to experience a warm and personal relation with him. Mary (or another saint) is closer to the people, and yet she has a divine power and reality. Saints emerge from the human and they remain trusted persons with whom one can more personally relate.

The link with these half-divine figures is also personal because of their special allegedly historical intervention or because they arose from a special devotion. Take for instance Our Lady of Lourdes, of Oostakker, of Dadizele, of Banneux, of Chartres, of Chestokova, of Fatima, of Guadaloupe or of Antipolo: for the community she is somehow "my" Our Lady. It is unthinkable to say "Jesus of Flanders", or "Jesus of Chartres", but one prays to and sings the hymn, "Our Lady of Flanders", or "Our Lady of Chartres", just as one sings and prays to "Our Lady of Lourdes or of Guadaloupe". There is the special christian expression "my God". A Roman or a Greek would never have prayed so. Through

Jesus Christ there exists a special link between the believer and his God, a link which is rather universal and not elective. But to realize the exceptional range of the expression, "my God", one has to traverse a path of faith-deepening that is a sort of conversion-discovery. The well-known conversion memorial of Pascal expresses this conversion in burning words; looking very personally at Christ a long time, Pascal received from him this message, "Fire, fire, fire. My God, who will be your God also". Folk catholicism places the personal link first with a mediator with whom, by a special initiative, a historical bond has grown.

One also looks for protection, help, and comfort from a mediator whom one does not fear to approach. God remains always the "tremendum". Yet St. Paul emphasized that we, moved by the Spirit of God, can now go to God without fear and can address him with confidence: "Father" (Rom. 8:1-8). That trust is actually not easy, for God remains the one who fathoms man's heart and marrow, and like a sword He divides the good from the evil. Trust and diffidence, hope and awareness of sinfulness remain the two poles in the God-relationship. Jesus Christ is even the Judge who will judge with divine power. In order to approach him as a "friend" or a "brother", one would have to put him on the same footing as a folk saint, and this too familiar relation would dissipate belief in his divine greatness. In the people's connection with an accessible mediator, a demand to live christianly is also recognized. But one does not have to fear the mediator. He/she is human and understanding, and he/she will intercede with God. Recall the medieval legend of the priest who lived with a woman, but who never neglected to say his Saturday Mass in honor of Mary; at his death, his sins were forgiven through her intercession. Through the fact that a celebrated saint chose this or that place to intervene, he/she is "at home" there is a special way, and one can go to him/her in pilgrimage, can leave daily life and enter the vicinity of the higher divine reality. This makes pilgrimages festive events. It would be anthropological nonsense to remove festivity from pilgrimages.

In catholicism, the pope is the visible mediator with whom one can come in contact by seeing him, by hearing him, by receiving his blessing, even by touching him, or in picking up a flower strewn for him and upon which he has stepped. Why not? Intellectuals who sometimes look down their noses at this, go themselves to visit the museum/birthplace of a favorite author or an admired scholar. This desire for trustworthy closeness is not necessarily seen as a superstition that a miraculous power emanates from this holy place or object, though it can be, and in fact, often has been the case.

Mediators and Sects

The longing for human mediators is, in part, responsible for the existence of sects. God seems far away. But, in certain "charismatic" figures one tries to hear his voice and to experience his powerful presence. In earlier Christianity and, sometimes again in african or brazilian catholicism, visionaries rose up who were convinced that they were chosen messengers from God; the folk-faiths venerated them as the expression of the human proximity of God. The Church has always had a skeptical attitude towards this human phenomenon. The causes of sect-formation may be numerous. Special human problems, as the enigma of evil, or the question of physical illness, can lend motive to particular sect-formations, as evidenced by Bryan Wilson. But at the origin of many sects, there are also factors which are intimately connected with our topic. People who feel as though they were aliens in the official church, who do not understand its languages, who fear being alienated in a foreign culture, sometimes separate themselves from the christian Church and form a community which saves them from religious and cultural anonymity. In the sect, at least, they find the opportunity of belonging to a home-like society. It provides them with the setting where they can find a means of cultural, national, and religious identification. Often, these sects have a millenarian doctrine. From a charismatic leader, they expect social, national, and cultural liberation. In that way, their doctrine justifies ideologically their separation from the Church, which they reject as belonging to the alienating and decadent world. It is not my intention to give a comprehensive explanation of the sect phenomena. I simply wish to underscore the idea that folk catholicism can offer to people religious forms of emotional, more spontaneous cults that are in accord with their own sensitivity and ancestral memories. In the absence of a living folk catholicism, people may search for this on the outskirts of christianity, in sects.

Admittedly, the present-day widespread veneration of the pope answers the desire for a visible mediator. This veneration sometimes annoys the protestants and causes them to fear that catholicism will fall back into a papalatry that they themselves have overcome. I do not think that the popular veneration of the pope implies that danger of papalatry; the real danger would be that theologians exaggerate the significance and function of the pope, and declare him to be the head of the Church, whereas it is Christ who is the head of the Church.

Whenever a pilgrimage is a fundamental symbolic human action, such as I have described it, one clearly sees that this is not specifically folk catholicism in the sense of catholicism of the uneducated. Thousands of students make the annual pilgrimage from Paris to Chartres. As is already clear from the discussion concerning habit-religion, the border between folk catholicism and catholicism fluctuates. Still, there is this one clear difference: folk people usually believe more strongly in the appearance of a miraculous intervention, precisely because they desire much more this concrete bodily divine proximity, whereas more developed people are more skeptical or unbelieving in this respect — and they have reasons to be so.

NEGATIVE ASPECTS OF FOLK CATHOLICISM

I will not discuss the folkloric forms of superstition, such as the "belief" that eggs laid on Good Friday will not spoil until the following year; or the "belief" that 13 is an unlucky number — (the latter, as well as many other superstitions, is not limited to folk catholicism; many large hotels avoid assigning 13 to a floor, and so jump from 12 to 14!) These are all marginal phenomena that are not as such typical of folk catholicism.

More important, and certainly more problematic for true faith, is, first, the need of intercessory religiosity that often dominates folk catholicism; second, the question of whether or not folk catholicism includes the danger of what, in marxist terms, one calls religious illusion.

Let us again consider the claim for human mediators. There are two elements to be distinguished here. Well known examples may introduce the question. The gypsies (still nomadic European people) go on pilgrimage to Saintes Maries-des-Mers, on the southern coast of France, where St. Magdalena, whom they venerate in a special way, is supposed to have disembarked after Jesus' death; they go there in order to ask for health for their children and their animals, and so that their affairs will prosper. Portuguese fishermen plunge their statues of St. Anthony in the water to assure abundant catches. Older members of congregations in my country still remember the little chapels where one went to venerate a certain saint in order to obtain a cure for a special sickness. From the Cross-days, one expected a fruitful harvest. And eggs offered to St. Clare would assure sunshine for a feast, while farmers prayed on the same days for rain! ... That is also folk catholicism. In my country, it has almost disappeared. Nevertheless, repeated research has determined that the socio-economic population which is the least developed, prays very often to God for help in material and bodily needs. I will not go into the question as to whether or not God in this sense is really Providence. What is important here is that with the same population, rebelliousness towards God is just as strongly present, and sometimes this develops into unbelief. Whenever the emphasis in the faith-life lies in intercessory need-religiosity, then one becomes disappointed with God. Above all, one does not come close to the faith of the "Good News" that Jesus proclaimed in the beatitudes: "Blessed are you, also in your personal difficulties, because God comes to you".

The characteristic of folk catholicism here discussed is probably one of the main reasons why so many folk forms of the christian faith have lost their meaning and disappeared. The increased general development of our community has unveiled the deceptive nature of these motives. The man, Anseele, who set up the socialistic syndicate in Gent, went to wait for the workers who had gone to a Marian chapel in the month of May to pray, and easily convinced them that a militant social solidarity would more quickly put a beefsteak in their stomachs than Our Lady would. Political strength, technology, and medicine have, in a short time, replaced the futile pilgrimages for bread and cures.

Forms of Magic?

The question can be asked whether or not these traits of folk catholicism are forms of magic, and are thus opposed to authentic belief. The answer to this question is not an easy one, for magic is a complex affair and the notion is a very confused one. The question of magic is much more present in a context of syncretism between "animism" and christian religion. "Animism" is an inadequate term for belief in spirits. In this form of animism, God is the creator, the supreme supernatural being, but after His initial act of creation, He rests and does not involve Himself personally with men and their world. He is the *Deus Otiosus*, the idle God, who leaves the world at the disposal of all kinds of spirits (spirits of nature: forests, water, mountains, of the rice, spirits of ancestors, of a deceased person). Originally, that kind of religion was — and, here and there, is still — very widely spread and profoundly embedded in the deep levels of man's consciousness and of the cultural belief system. Therefore, and also because psychologically it is so natural, it resists strongly the critical considerations as well as the christian message.

One observes everywhere — even in our christian Middle Ages — that christianized people make a kind of syncretistic transition from the spirits to the saints. So, for instance, people who were accustomed to pray to spirits of the four directions (east, west, south, north), when converted to catholicism, would give to these directions the names of the four evangelists. The number 4 is the word-bridge that links the old religious practices with the new belief. In what measure is this a christianization of "pagan" religion? There is no simple answer, because there is a transition and a continuum between both. The placing of christian names on old practices can be a mere superficial change of names, in which the saints function just as the former spirits. When social and political powers impose the new belief, the syncretistic adoption of new names for old functions and symbols is a good mask behind which people protect their own religion against repression.

On the other hand, the new names may bring with them some new content, a truly christian message. Surely such a transition was going on when, in the Middle Ages, the black earthly goddesses were replaced by the Virgin, the black Virgin. Most old belief systems can only be gradually transformed. Therefore, I think that saints, as human mediators, have an important function in the transition from animism to christian belief, even when the saints function as human protectors and providers for all kinds of very human needs. A higher level of education can then collaborate with an ongoing christian formation in order to purify the beliefs of their superstitious behavior. For I would call this behavior more superstition than magic. Magic has a strict signification: magic spells are outside religion; they are even opposed to religion, as the studies of M. Mauss have shown.

However, from my previous description of folk catholicism it appears that the folk forms of religion are not intrinsically determined by petitionary motives. In actuality, the two are so strongly interwoven with one another that they often disappear simultaneously. Often, priests have not had sufficient insight into this development to be able to guide the community through a transition to purer faith motives. I wonder, for example, if the Cross-days could not have remained a very beautiful form of folk catholicism, if one had animated them with a festive and grateful creation-belief, as the Psalm sings, "Question the earth, says God, and it will answer with grain and wine". Would not this rite also give a stronger symbolic meaning to the Mass celebration? And the theologically much-talked about "religious experience" would also have had a practical content there.

Idealization of Persons

A second rather shadowy characteristic of folk catholicism is the inclination to idealize and sacralize persons. This is connected with the tendency to look for mediators who will bring divine power closer. To idealize means to attribute exceptional qualities to persons so that, while admittedly human, they somehow seem exempt from human difficulties. This religious idealization is also a sacralization; it ascribes to persons miraculous knowledge and clothes them with angelic gifts. See the thriving saints' legends of former times that literally filled volumes! Even the sisters of Lisieux did their best to retouch Theresa's photos to make her appear more angelic! The fact that until not so long ago, the pope never appeared at table with a companion, shows how close this veneration is to idealization. The pope could not be seen to have the same needs and pleasures as other men; a strange phenomenon when one considers how often the gospels record that Jesus sat at table with others. The priest also becomes easily idealized. The religious garb often had the function of sacralization of his person rather than being simply a sign of recognition. I am also convinced that this tendency is partly responsible for the former overstressing of Jesus' divinity with the lack of appreciation for his humanity.

This idealizing is not harmless for faith. It places religiousness on a par with the miraculous and distracts attention from true faith-development. It also introduces a division between the actual concrete existing man and his faith. Through idealization the saints lose, for example, their meaning as models for a realistic faith development. Anthony of Padua is so miraculous for his Italian venerators, that he is removed from the human condition and one is no longer interested in his real life. One could analyze, in this respect, devotion to the Infant Jesus, the Santo Niño. St. Augustine, in contrast, does not attract popular piety: he was too human in his sanctity. Anthony is venerated but is not to be imitated. Augustine can be a model for a faith that searches and gradually comes to truth; but it is also for this reason that idealizing folk catholicism passes him by.

Religious Illusion?

To complete our discussion let us now consider the critique some who hold with liberation theology make of folk catholicism. They call attention to a third problem. They fear folk catholicism will maintain people in a state of socio-political repression and in the religious-cultural control of a powerful minority. Even without assenting to the orthodox marxist philosophy that considers all religion as an alienation, they apply the scheme to folk catholicism. There is, of course, the danger that folk catholicism draws the attention, interest, and the energy of people to the enjoyment of festive celebrations. A folk feast can be an opium by means of which one forgets the painful reality which he encounters in daily living. Moreover, the superstitious elements and the idealization bring people to expect from their saints or from God that which society as a whole should realize in responsible human enterprises: better health, more humane work conditions, more justice, more welfare. If religion does not promote such initiatives, it is a soporific illusion. Therefore, liberation theology is right in accentuating what they call the ethical social conscientization of people.

However, I do not agree with a one dimensional unbalanced liberation theology, for two reasons. First, it is not true that folk catholicism necessarily conveys this lack of social consciousness. On the contrary, in different countries like Brazil, Nicaragua, Salvador, and, as we have observed recently, in Poland, folk catholicism became a dynamic force in the social and political conscientization of the people. Their leaders, clergy and folkpeople mobilized their community to defend and to restore their own cultural, national and religious tradition against the oppressive powers that alienate them. In the northeast of Brazil, I have seen that the cult of their local (not officially) canonized saint, Padre Cicero, and the pilgrimages to his tomb provided the situation and the models for the formation of active groups and stimulated a confident dynamism for revolutionary initiatives. I would even say that christian belief alone is rarely a sufficient motivation for involvement in liberation movements. It has to be sustained by the striving to preserve and to enhance one's own national and cultural identity. Folk religion precisely brings together these elements.

Secondly, I ask if festivity is necessarily an opium. It can be, and it can be exploited as such by the oppressive power. We know that already in ancient Rome the political authority gave the people *panem et circenses,* bread and plays, in order to calm and to numb them. But is festivity not an essential element in human existence? At some moments, men celebrate figures, especially divine figures and events that transcend them. We should be careful not to repeat in our critique the obsessive task-oriented mentality that restricts the christian belief to ethical obligations, to useful work and to narrow rationality. Nothing is more de-humanizing. In festive celebrations, people experience that life is worth living, just as they experience it in the enjoyment of friendship, of childbirth and of human love. There is more to man than the need for bread and for health. To reduce man to the dimension of work, utility and ethical responsibility, is to repress other human dimensions. It would be another form of alienation.

CONCLUSION

I have distinguished the deeply human and the all too human in folk catholicism. Even in the face of the negative evaluation of certain characteristics, as a psychologist, I remain sympathetic. A pastoral attitude, however, does not limit itself to a psychological, sociological, or cultural-anthropological analysis. It is both understanding and critical. In the light of faith and with human insight, it must be attentive to the lasting and general human truths of folk catholicism, as well as critical toward the illusory longings and motivations in it. Apart from the liturgy, a folk community often seeks to experience its religion in forms more spontaneous to it. These forms, precisely because they belong to folk culture, are also the familiar customs of home. Without forms of folk catholicism, the community would be alienated from the Church and the human shelter of folk culture would be desecrated. In our society, folk catholicism will only remain alive or possibly blossom again, depending on whether or not a symbolic content that is freed from too human tendencies is restored.

35

INTERPRÉTATION PSYCHOLOGIQUE
DU «PHÉNOMÈNE ANTONIEN»

Une analyse psychologique vraiment scientifique du phénomène antonien devrait s'appuyer sur une recherche empirique. Par différentes techniques (échelle de représentations figuratives, interviews semi-dirigées approfondissant le sens des sympathies et antipathies, échelle d'item exprimant diverses qualités du saint...), on amènerait les fidèles à exprimer l'image qu'ils se font du saint, les sentiments qu'il leur inspire et les relations qu'ils entretiennent avec lui. Eclairant les résultats par les théories psychologiques, on pourrait alors dégager les différents processus psychiques qui sont en jeu dans le phénomène étudié.

En l'absence de pareille recherche sur le phénomène antonien, nous pouvons cependant avancer quelques interprétations en nous appuyant sur des traits spécifiques de la dévotion au saint tel que nous la font découvrir, d'une part, les pouvoirs spéciaux que lui attribuent les croyances populaires dans divers pays.

Nous examinerons en premier lieu les traits dominants de l'image du saint. Nous essayerons ensuite de l'expliquer. En troisième lieu nous interprétons quelques données secondaires du culte d'Antoine de Padoue. Nous reprendrons finalement les résultats de notre analyse pour en dégager une interprétation du sens religieux.

1. L'image du saint

Par image nous entendons le schème mental et affectif selon lequel les fidèles perçoivent Antoine de Padoue. L'iconographie en est une expression; car, si elle a été adoptée par le peuple, c'est qu'elle correspond à l'image psychologique que l'on se fait de ce saint. Aussi une étude des préférences pour certaines représentations iconographiques nous apprendrait beaucoup sur l'image psychologique. D'autre part, l'iconographie maintient et renforce l'image psychologique. La naissance et l'évolution historique du culte d'Antoine de Padoue nous donnent également des indices précieux sur l'image du saint.

Ce qui nous paraît tout à fait spécifique et déterminant pour la vénération d'Antoine de Padoue, c'est le clivage entre sa réalité humaine et sa sainteté. Dans le culte que l'on lui voue, on ignore l'homme qu'il fut réellement. Les dévots de saint Antoine ne se soucient guère de connaître sa vie. On ne lit pas une vie de saint Antoine comme on lit la vie de saint François, de Don Bosco, du curé d'Ars ou de Thérèse de Lisieux.

La réalité historique a favorisé ce clivage. A ce qui nous semble, la vie d'Antoine de Padoue ne présente pas des événements et des traits de personnalité qui aient pu manifester une sainteté particulière. Il fut un franciscain missionnaire et prédicateur comme beaucoup d'autres. Et s'il a inauguré une forme de prédication systématique dont l'influence sur la catéchèse fut grande, cette initiative ne fut pas perçue comme un signe éclatant de sa sainteté. D'ailleurs il ne semble pas que le peuple se réfère aux activités missionnaires d'Antoine pour le vénérer comme saint. Nous ne nions pas qu'Antoine de Padoue ait réellement mené une vie sainte. Ce qui importe, c'est que sa sainteté fut si discrète qu'elle ne fut pas remarquée et que même après sa canonisation elle n'ait pas eu une signification majeure pour la dévotion. Si l'on compare la figure d'Antoine de Padoue avec celle de Thérèse de Lisieux, modèle de la sainteté par fidélité discrète, la différence entre les deux images des saints appert immédiatement.

L'histoire nous dit que ce furent les miracles opérés après sa mort qui ont déclenché la vénération du saint. Ils ont aussi essentiellement contribué à façonner l'image du saint. C'est précisément l'opposition entre une vie discrète, modeste, commune, et la manifestation surnaturelle de la puissance miraculeuse qui détermine ici l'image de la sainteté.

Qu'il soit bien entendu que nous nous attachons ici à l'analyse psychologique de l'image du saint et que nous ne considérons ni le sens chrétien du culte des saints ni la conception chrétienne de la sainteté.

Ce qui nous paraît donc essentiel dans la figure d'Antoine de Padoue, c'est que sa sainteté fut cachée dans son humanité. Bien sûr, le fait qu'il ait mené une vie irréprochable est nécessaire à son image de saint. Mais on ne soucie pas de savoir quelle fut sa vie réelle d'homme; il suffit qu'on la sache exceptionnellement vertueuse. Plus même, une information sur les luttes intimes, les souffrances et les efforts du saint ferait probablement perdre à la sainteté d'Antoine son éclat et son efficacité. Il n'est pas le saint qui s'est sanctifié. Son humanité est transparente pour une sainteté qui est totale parce que surhumaine. En ce sens, Antoine est un pur saint. Saint Augustin ou même saint François d'Assise présentent un mélange d'humanité et de «sainteté» qui en fait une image ambiguë. Encore une fois, sur le cas d'Antoine de Padoue, nous décrivons l'image psychologique que le peuple se fait du saint.

Qu'Antoine fut un franciscain est une condition favorable à la constitution de l'image du saint. Par sa vie franciscaine il appartient à la classe des petits de ce monde. Certes, il est un religieux, mais proche du peuple, n'appartenant pas à la hiérarchie ecclésiastique. Sa discrétion humaine ne fait pas écran à la sainteté qui est surhumaine. Et si l'on sait qu'il fut un missionnaire et un prédicateur influent, ce qu'on retient surtout de ses activités apostoliques c'est qu'il était un défenseur de la foi contre les incroyants et contre les hérétiques, c.-à-d. contre les autres, ceux qui menacent la foi chrétienne.

Avant de nous interroger sur la signification de pareille image du saint, nous voudrions encore relever deux traits qui nous paraissent significatifs. Antoine de Padoue est vénéré comme un saint jeune. On ne peut pas se le représenter comme vieux ou comme malade. La jeunesse et la santé sont évidemment des traits qui écartent la sainteté de la souffrance physique et morale. A ce propos, il faut rappeler la pratique singulière des religieuses de Lisieux qui ont embelli les photos de Thérèse de Lisieux; sur ces photos, elles ont effacé des traits qui, par leur dureté, exprimaient à leur sens trop de souffrance et trop de lutte intérieure. Et ce n'est que très récemment que les carmélites ont laissé publier les vraies photos. On a trouvé scandaleux ce procédé de faussaires. Mais avant de nous indigner, ne faut-il pas reconnaître dans cette falsification l'expression très humaine de l'image psychologique spontanée de la sainteté?

Un autre trait de l'image d'Antoine de Padoue va dans le même sens. Les hagiographies racontent qu'Antoine était d'une telle sainteté qu'il lui fut donné de porter l'enfant Jésus sur ses bras. C'est ailleurs cette image que l'iconographie populaire a répandue dans les monde entier. Pourquoi cette intimité avec l'enfant Jésus? L'enfant divin n'est-il pas un double de l'image du saint? L'enfant Jésus n'est pas l'homme Jésus que nous connaissons par les évangiles, cet homme qui a travaillé et souffert pour le Royaume de Dieu. Comme Antoine de Padoue lui-même, l'enfant Jésus est cet être humain discret en qui se cache la puissance divine. La parole de Jésus prophète ou la fidélité de Jésus dans l'angoisse et la souffrance sont des réalités beaucoup plus ambiguës; elles cachent sa divinité d'une autre manière et elles nous mettent personnellement en question; j'y reviendrai. Dans le Jésus enfant, comme dans l'image d'un Antoine de Padoue jeune et modeste, l'homme réel est à peine présent. Dans ces images, il y a juste assez d'humanité pour que puisse y habiter une toute autre réalité, celle de la puissance divine.

Ces trois caractéristiques que nous avons décrites vont donc bien dans le même sens. Ensemble elles composent l'image paradoxale du saint. Le paradoxe consiste dans le lien apparemment contradictoire de deux réalités. Rien de plus simplement humain qu'un franciscain qui, durant sa vie, passe presque inaperçu; et rien de plus humain qu'un homme jeune et sain, ou qu'un enfant que cet homme porte est ses bras. C'est précisément cette humanité simple et commune qui est choisie comme le support de la sainteté. Et il ne s'agit pas d'une sainteté qui serait conquise comme une enfance spirituelle, mais d'une sainteté miraculeuse, celle d'une puissance divine extraordinaire.

Ce paradoxe est significatif. Il nous révèle la nature psychologique de l'image du saint. On s'entendra aisément sur la nature idéalisée de cette image du saint. Et si nous désirons adopter un regard critique sur le culte du saint et y discerner les éléments constructifs ou nocifs pour la formation d'une foi chrétienne, nous aurons à approfondir le sens psychologique de l'idéalisation. La «psychologie des profondeurs» peut nous y aider, car c'est là un phénomène dont elle a analysé les mécanismes et les effets.

2. Psychologie de l'idéalisation

Pour éclaircir le phénomène de l'idéalisation, nous adopterons la théorie psychanalytique qui nous paraît être la seule à en avoir approfondi les ressources profondes. Nous ne méconnaissons pas les conditionnements sociaux et culturels du phénomène; mais, d'après nous, ils ne suffisent pas à en rendre compte. L'idéalisation, en effet, est un phénomène permanent et universel, se manifestant en des formes variées d'après les circonstances socio-culturelles et d'après les vicissitudes affectives individuelles. Cela montre, selon nous, qu'il s'agit d'un processus qui s'origine dans la préhistoire affective et qui sous-tend et oriente généralement le psychisme humain. Nous n'en faisons donc pas un phénomène de nature morbide ou inauthentique. La vérité des rapports humains et religieux se conquiert sur lui, non pas contre lui. Et tout jugement de discernement doit replacer les manifestations d'idéalisation dans l'ensemble de la personnalité, humaine ou religieuse, en train de se construire.

Selon Freud, «idéalisation est un processus qui concerne l'objet (d'amour) et par lequel celui-ci est agrandi et exalté psychiquement sans que sa nature soit changée. L'idéalisation est possible aussi bien dans le domaine de la libido du moi que dans celui de la libido d'objet»[1]. Freud distingue l'idéalisation de la sublimation qui consiste à orienter les pulsions sexuelles vers un but culturel (dans sa terminologie métapsychologique: changement de l'objet de la pulsion). Dans l'idéalisation, l'objet d'amour est conservé, quel qu'il soit: parents, enfant, ami ou personne à laquelle s'attache l'amour sexuel. L'idéalisation est donc un phénomène propre à l'amour. Et si nous l'observons dans un registre qui n'est plus directement celui de l'amour, l'idéalisation doit se comprendre par dérivation et par déplacement. Notons que ces termes ne comportent aucun jugement de vérité ou de valeur; ils indiquent seulement la genèse des liens affectifs à partir des liens d'amour.

Dans la définition citée, Freud affirme en même temps que l'idéalisation concerne toujours l'objet (d'amour) et qu'elle peut se produire dans les pulsions du moi comme dans la libido d'objet. C'est que l'amour peut prendre deux formes, selon qu'il est l'effet des deux grands ensembles pulsionnels: celui du moi ou celui de l'objet. Sans entrer dans l'approfondissement technique de ces concepts, nous pouvons en suggérer la signification. La pulsion du moi est aussi une forme d'amour: l'homme normal s'aime lui-même, comme le suggère le précepte évangélique qui nous enjoint d'aimer notre prochain comme nous mêmes. L'amour de soi-même consiste pour une part essentielle à développer un idéal du moi qu'on entend promouvoir parce qu'on l'aime. Tout en réservant à l'homme de multiples pièges, cet idéal du moi est une réalité constructive qui, par le dédoublement interne entre moi et idéal du moi, introduit dans la personnalité un dynamisme d'avenir. Or, l'idéal du moi résulte de la reprise en soi des modèles aimés et admirés. La libido du moi se forme donc par l'amour des autres. Mais l'amour, en ce cas, est un attachement où domine l'intérêt du moi pour la formation de sa personnalité à réaliser par l'intériorisation d'un idéal incarné. Les informations, historiques et actuelles, sur la vénération pour Antoine de Padoue nous indiquent que ce culte ne s'inscrit pas dans le dynamisme psychologique

---

1. *Zur Einführung des Narzissmus* (Pour introduire le narcissisme), 1914. *Gesammelte Werke*, X, p. 161.

que nous venons d'analyser.

L'«amour d'objet» est le deuxième versant de l'attachement libidinal. Cette forme d'amour est la plus manifeste dans l'amour hétérosexuel. Encore ne faut-il pas en exclure la contribution importante de la pulsion du moi. L'analyse de l'attachement proprement sexuel n'est évidemment pas en mesure d'éclaircir le phénomène antonien. Si un amour d'objet est en jeu dans ce culte, ce doit être l'attachement aux premiers objets d'amour que sont les parents. Examinons-le, en adoptant l'hypothèse que l'idéalisation observée dans le culte de saint Antoine s'explique comme dérivation et comme déplacement de cet amour.

Une simple psychologie d'observation constate unanimement que le petit enfant idéalise ses parents. Il les magnifie comme tout-puissants et comme omniscients. Comment pourrait-il en être autrement? Exposé aux nécessités de la vie, dépendant des parents pour tous ses besoins, ce petit être, le plus démuni qui soit parmi les vivants, ne peut que ressentir comme infini le contraste entre sa propre impuissance et la puissance des parents. Or, cette première expérience imprègne le psychisme d'un souvenir indélébile. Une imago se forme qui habite définitivement la représentation mentale en train de se former. Cette imago prend d'ailleurs forme dans les figures des géants que de nombreux peuples se donnent pour ancêtres et qui survivent encore dans les folklores contemporains.

A ces observations psychologiques la psychanalyse a donné son fondement en introduisant le concept de narcissisme. Sur l'appui de diverses manifestations, normales et pathologiques, la psychanalyse affirme que la perception idéalisante des parents a sa source première dans l'état archaïque du psychisme où le petit d'homme s'éveille à lui-même dans une présence diffuse et, en l'absence d'un véritable autre, sans conscience de limites. L'idéalisation des parents est une projection de la propre toute-puissance archaïque et imaginaire. Ce «narcissisme» primaire explique que les représentations et les désirs de toute-puissance demeurent la substance active du psychisme, resurgissant en diverses formes. Elle prend un cours franchement pathologique dans le délire des grandeurs; elle est sous-jacente à la dépression névrotique qui, à l'analyse, manifeste la présence cachée d'un moi idéal grandiose; elle peut encore se déceler dans les imageries et dans l'expérience fusionnelle des exaltations induites par les drogues. C'est dire que la représentation idéalisante de la toute-puissance appartient au tissu du psychisme.

Une des fonctions essentielles que remplit la toute-puissance parentale est de protéger l'enfant et de répondre à ses demandes. N'est ce pas la représentation du parent tout-puissant et protecteur qui resurgit dans le culte de nombreux saints, en particulier dans celui d'Antoine de Padoue? Les origines et les circonstances du culte ont rendu possible le transfert sur lui d'une des composantes essentielles de l'image parentale idéalisée. Les hagiographies traditionnelles, non scientifiques, attribuent à tous les saints des puissances miraculeuses dont ou peut faire une typologie[2]. La popularité particulière d'Antoine de Padoue devrait se comprendre par une convergence d'éléments psychologiques et historiques qui ont favorisé un transfert massif sur lui de l'imago parentale inconsciente. Rappelons le contraste entre la sainteté posthume et la vie plutôt ignorée: sa condition discrète et sa figure sans visage identifié ont fait de lui le pur support du transfert. Signalons également l'immense influence au Moyen-Age des franciscains et leur rôle important dans la formation d'un christianisme populaire. Mais si le psychisme n'était pas naturellement en quête d'un substitut pour l'image surréelle et archaïque du parent protecteur, le culte antonien n'aurait pas suscité un mouvement d'une telle ampleur et d'une permanence séculaire.

Certes, il faudra encore expliquer pourquoi ce désir archaïque s'est adressé à un saint et non pas à Dieu lui-même ou à la personne humano-divine de Jésus-Christ. De même faudra-t-il encore examiner l'influence que peuvent exercer les changements des conditions socio-culturelles sur le processus psychologiques décrit. Nous y reviendrons.

3. Eléments du culte de saint Antoine

La psychologie peut encore contribuer à éclaircir certaines formes concrètes que prend notre culte: le pèleringage et la croyance dans l'effet du contact réel avec les reliques ou avec la statue du saint.

Le pèlerinage est un phénomène universel dans les religions. Sa signification se situe essentiellement à deux niveaux: réaliste et symbolique. Le pèlerinage est d'abord la recherche du contact réel avec le saint. On se rend réellement vers lui, au lieu où il a vécu, où se trouve son corps. Dans une psychologie primitive, ce lieu, tout comme la statue du saint, contient réellement la puissance qui habitait sa personne. C'est par le toucher que la force du saint passe dans le croyant. L'idée même de

---

2. Voir GÜNTER Heinrich, *Psychologie der Legende. Studien zu einer wissenschaftlichen Heiligen-Geschichte*, Freiburg, Herder, 1949. Trad. fr.: *Psychologie de la légende. Introduction à une hagiographie scientifique*, Paris, 1954.

puissance a cette connotation quasi-physique d'un transfert substantiel d'une personne à l'autre. Et le rite qui consiste à tourner un nombre de fois défini autour du sanctuaire relève de la même psychologie du contact: on investit systématiquement le lieu du saint pour prendre possession de son énergie. Autour de cette représentation instrumentale s'agglutinent les idées de mérite: on s'impose des sacrifices d'une marche vers le sanctuaire et on fait offrande au saint de ses biens pour recevoir en échange sa protection.

Cette psychologie primitive et très naturelle du contact physique et de l'échange des dons peut se spiritualiser. Le pèlerinage devient alors une marche qui se symbolise comme démarche spirituelle. Le cheminement progressif vers le sanctuaire est un itinéraire vers une existence plus religieuse dont le saint vénéré est le modèle. Même les gestes de contact physique prennent alors le sens d'une vénération exprimée en un comportement symbolique. Ce n'est donc pas le rite comme tel qui manifeste son sens. Le même schème comportemental reste présent, car il appartient à la nature corporelle de l'homme. Le culte en esprit et en vérité s'inscrit dans le corps vécu et dans les gestes qui émanent d'abord des tendances archaïques de l'homme; le culte spiritualisé les transforme par l'intention symbolisante. Ce qui décide du sens de ces rites, c'est la représentation que l'on se fait du saint. S'il représente un modèle de vie chrétienne, les rites du contact se spiritualisent.

Le pèlerinage peut encore avoir un sens psycho-sociologique particulier, selon la position du saint dans l'institution religieuse. Si le saint est perçu comme étant en quelque sorte une figure protectrice non officielle, appartenant encore au peuple, non intégrée dans l'institution ecclésiastique, alors le pèlerinage fait partie d'un culte populaire en marge de la religion officielle et plus ou moins opposé à lui. On va vers le lieu de son propre culte religieux, situé en dehors de l'encadrement institutionnel que l'église veut imposer. Même la canonisation ecclésiastique du saint et même la prise en main de son culte par le clergé n'effacent pas cette signification souvent présente. Nous avons affaire là au phénomène complexe de la religion dite populaire et qui est souvent plus ou moins opposée à la religion institutionnelle.

Le pèlerinage au saint a également un caractère festif par son opposition structurale à la pratique religieuse sur le lieu d'habitation. La pratique habituelle et locale appartient à la quotidienneté de la vie normale. Le pèlerinage est un culte en dehors de l'espace humain. Le lieu du pèlerinage est un non-lieu humain, un lieu ec-topique, celui du saint. Et le caractère festif est d'autant plus marqué que le saint apparaît détaché de la réalité humaine, comme c'est le cas d'Antoine de Padoue. L'opposition secrète à la religion officielle, sur laquelle nous reviendrons, ajoute encore au caractère festif du culte-pèlerinage: contre une religion des obligations, on y jouit d'une puissance divine gratuitement bienfaisante.

On pourrait encore voir si des formes particulières de protection attribuées au saint relèvent de la psychologie. Qu'en plusieurs pays saint Antoine soit invoqué comme le protecteur des marins, paraît bien s'expliquer par son lieu d'origine (Lisbonne) où les marins cherchent naturellement à obtenir de leur saint local des bénéfices pour leur métier.

Mais les comportements particuliers de ces marins appartiennent évidemment à la psychologie du fétiche, telle qu'elle se manifeste dans la croyance dans l'efficacité assurée du contact physique avec les reliques, avec le lieu ou avec la statue. Comme comprendre autrement qu'en cas de vents contraires on plonge la statue du saint dans l'eau? En le mettant ainsi dans le bain, on le force d'agir, par contact direct, et on le punit pour son sommeil insouciant.

La dévotion à saint Antoine présente encore un trait particulier bien étonnant: on l'invoque presque universellement comme celui qui fait retrouver les objets perdus. Même si quelque donnée historique a pu être l'occasion de cette pratique, on incline à y soupçonner une motivation psychologique inconsciente. Un phénomène aussi universel doit avoir des racines dans la psychologie humaine. Serait-ce un rejeton de la représentation infantile des parents tout-puissants et omniscients secourant l'enfant qui souffre d'avoir perdu un objet précieux? Nous nous sommes également demandé si cette pratique ne dérive pas d'une représentation archaïque telle qu'on l'observe dans la légende sur Antoine du désert. On raconte, en effet, que le diable s'amusait à cacher des objets de l'ermite, même en mettant la queue dessus... Cela fait penser que les hommes ont cru (croient inconsciemment peut-être encore) que la perte d'un objet n'est pas un hasard mais qu'elle est causée par une puissance maléfique.

Dans ce cas, il faut la puissance d'un saint thaumaturge pour restituer l'objet dérobé. On peut encore penser que cette croyance dérive d'un événement que les légendes attribuent à plusieurs saints, e.a. à saint Antoine. On raconte qu'il aurait perdu en mer un anneau et qu'un poisson le lui aurait rapporté[3]. Cette légende aurait pu fournir le prototype pour l'intervention particulière d'Antoine en faveur de ceux qui

---

3. Cfr GÜNTER H., o.c., p. 81.

perdent leurs objets. La même légende a pu faire d'Antoine le patron
des pêcheurs. Comme d'autres saints, il a démontré, en effet, son pouvoir
miraculeux, de quelque manière paradisiaque, sur les animaux. La formation de la légende ou sa transposition sur Antoine de Padoue, son impact
consécutif sur les croyances sont également révélateurs de l'imaginaire
et du désir qui créent la représentation du saint: être doué d'une puissance quasi-divine et homme appartenant à l'état de l'innocence paradisiaque.

4. Signification religieuse

a. Critère

Une appréciation de la signification religieuse du phénomène antonien
peut se faire de plusieurs points de vue.

L'historiographie y apporte la critique historique. Considéré sous cet
angle, le phénomène paraît pour une large part le produit des légendes
médiévales. Un retour aux sources historiques ne pourrait reconnaître
dans le phénomène qu'une dérivation populaire. Mais la critique savante
des fictions hagiographiques n'a pas d'elle-même un droit de jugement
sur l'imaginaire religieux. Pour elle, le culte des saints est un objet
historique autant que ce qui s'est réellement passé dans la vie du saint.
Cependant, lorsque l'Église met l'historiographie à son service, dans un
souci d'orthodoxie spirituelle, alors l'hagiographie scientifique peut servir
à combattre les légendes qui proposent des modèles imaginaires et qui
répondent à la recherche du merveilleux. Ainsi l'orthodoxie a combattu
l'hagiographie apocryphe depuis l'antiquité. Et plus la culture devient
humaniste, plus l'Église se fait répressive envers les «actes» fictifs des
saints. C'est là un des aspects majeurs de l'opposition entre orthodoxie
institutionnelle et religion populaire.

Le regard psychologique est à la fois compréhensif et critique. Son
explication rattache le phénomène aux sources profondes du psychisme.
Ce faisant on lui restitue une dignité humaine. Mais l'explication psychologique n'en est pas moins réductrice. Elle ramène ces formes de croyance et de pratique à des exigences immanentes au psychisme. Elle incline
dès lors à dénier la réalité transcendante à laquelle elles s'imaginent se
rapporter. Certes, le psychologue n'a pas à émettre un jugement philosophique ou théologique. Cependant, après l'interprétation psychologique
de pareils phénomènes religieux, il devient bien difficile d'y adhérer. Sur

la foi chrétienne, pareille réduction psychologique ne peut pas s'opérer selon nous, car, par rapport aux désirs et à l'imaginaire humain, le Dieu révélé occupe la position ambivalente de leur correspondre et de les contester.

Quant au point de vue sociologique sur le phénomène, nous pensons qu'il sera analogue à celui de la psychologie, puisque la sociologie est elle aussi une science de l'homme.

Le jugement théologique sera sans doute également fort critique. Et s'il se fait tolérant, ce sera en raison d'un respect pédagogique pour le peuple de Dieu que l'on espère être en marche vers Dieu, à partir du lieu humain qui lui est propre.

Il n'entre pas dans notre intention d'émettre un jugement théologique, mais de le préparer, en situant, du point de vue psychologique, le phénomène dans l'ensemble de la réalité chrétienne. Car même si le phénomène est marginal selon le critère de la foi chrétienne, de fait il appartient à l'Église. Et un jugement de droit doit tenir compte du fait. Quelle que soit la position que l'on prenne en définitive, elle doit résulter d'un mouvement entre les deux données: la compréhension critique de la psychologie et de la sociologie, d'une part, et, de l'autre, la référence à la foi chrétienne.

b. Antoine de Padoue dans la société des saints

Il serait instructif de situer le culte de saint Antoine dans une typologie des saints vénérés. Car ils forment une société et non pas un simple calendrier liturgique. Le sens du culte des saints ne se comprend que si, au lieu de les prendre pour des figures isolées, on les considère comme des fonctions qui forment système dans l'institution ecclésiale.

Esquissons quelques linéaments du système. Les martyrs sont les témoins de la foi. Ils interpellent les chrétiens surtout dans les temps de persécution. Les ascètes, dont les pères du désert sont les paradigmes, figurent et rappellent la parole évangélique que les chrétiens, tout en étant dans le monde, ne sont pas de ce monde. On peut dire que leur culte constitue le souvenir de la destinée eschatologique des croyants. Les apôtres, les fondateurs des ordres religieux, les papes et les évêques représentent les fondements de l'église-institution ou des institutions dont elle authentifie le mode de vie chrétienne organisée. Les mystiques sont les guides et les exemples pour une foi qui tend à sa plénitude par la prière. D'autres saints présentent essentiellement des modèles de vertu; ils incarnent et exemplifient la sainteté qui se réalise par la morale chrétienne.

Cette esquisse, qui ne prétend pas être complète, suffit à suggérer que le culte des saints englobe des divers éléments qui composent la vie de l'Église et qu'il présente les signes ordonnés dans lesquels les diverses fonctions de la réalité ecclésiale prennent une figure humaine. Nous croyons qu'on ne peut pas simplement résumer le sens du culte des saints en disant qu'il vise à proposer des exemples à l'édification chrétienne. L'édification du corps ecclésial comporte de multiples fonctions dont l'exemplarité vertueuse n'est qu'un des éléments. La prédominance d'un type de culte selon les époques et selon les milieux révèle déjà par lui-même les éléments de la foi que l'on privilégie et le rapport particulier que le christianisme ou un groupe chrétien entretient avec Dieu et avec le monde. Et la disparition de tout culte de saints dans certaines populations chrétiennes contemporaines témoigne d'un changement profond dans le vécu de la foi.

Où situer Antoine de Padoue dans la société des saints? Il ne semble pas représenter une des fonctions ecclésiales que nous avons signalées. Nous dirions volontiers que son culte est marginal et inessentiel par rapport à l'articulation des composantes ecclésiales que figure le système des saints. Il est le protecteur tout-puissant des individus dans leurs nécessités humaines. On peut qualifier cette fonction de religieuse, pour autant qu'elle correspond à une demande religieuse assez universelle. Mais par lui-même, ce type de rapport religieux n'est pas spécifiquement chrétien. Et s'il est isolé et privilégié, il représente un fonds de religiosité primitive. La marginalité du culte d'Antoine de Padoue par rapport à la foi chrétienne et à l'institution ecclésiale doit donc être appréciée à la fois en raison d'une nécessité psychologique de pareille marginalité et de la permanence d'une religiosité différente de la foi orthodoxe.

c. Le thaumaturge porteur de la puissance divine

L'agrandissement légendaire de la puissance surnaturelle affecte la plupart des légendes hagiographiques, quelles que soient les fonctions chrétiennes que les saints aient représentées. Il caractérise spécifiquement l'image d'Antoine de Padoue, jusqu'au point de la définir. Nous pensons que cette spécificité est intrinsèquement liée à la croyance en son rôle de protecteur. Et nous y avons décelé le transfert de l'idéalisation infantile de la toute-puissance parentale.

Nous ne dénions pas pour autant tout sens religieux à cette image. Si elle n'a pas de portée morale ou ecclésiale, elle est le signe de la puissance divine. Même les vertus extraordinaires du saint manifestent cette puissance. Et si elles étaient conformes à la réalité humaine, aux yeux du peuple elles n'auraient pas le même éclat. Elles seraient des exemples à imiter. C'est la différence maintenue entre l'homme normal, même exemplairement vertueux, et l'homme extraordinaire, qui fait d'Antoine de Padoue l'incarnation de la *dynamis* divine. La formulation d'un des textes de ce colloque nous paraît très juste: le culte a transfiguré divinement le saint. Pour notre part, nous voudrions spécifier cette transfiguration: elle s'opère par la toute-puissance divine. L'énergie n'est qu'une caractéristique de Dieu, du divin ou du sacré. Pour les grecs, elle était la qualité dominante du divin. Il en est de même pour la transfiguration d'Antoine de Padoue. Et c'est pour cette raison que sa fonction n'est pas proprement chrétienne, qu'elle est même en une certaine mesure en opposition à la foi chrétienne et qu'elle rappelle la religiosité païenne.

Ce culte a cependant lieu dans le contexte chrétien. Même occultée, la référence à la foi en le Dieu de Jésus-Christ reste présente. Le merveilleux et l'énergie divine qui habitent Antoine de Padoue ne relèvent pas d'un sacré anonyme et sauvage. On ne les recherche pas dans les consultations astrologiques ou divinatoires. La puissance demeure personnifiée dans un saint de l'Église et, par là, elle est perçue comme dérivée de Dieu. Si pareil culte était aboli, on peut se demander si le peuple ne rechercherait pas les mêmes effets dans un paranormal sécularisé et pseudo-scientifique. Par le culte du saint, l'extranaturel recherché est encore rattaché au christianisme et plus ou moins référé à la source divine.

Mais pour quelles raisons s'adresse-t-on au saint plutôt qu'à la providence divine? Invoquer la permanence des vieilles traditions médiévales ne fait que déplacer le problème. Le besoin de voir la providence divine incarnée dans un être plus proche, ayant une figure représentable, est certainement une des raisons. Comme l'écrit M. Eliade, beaucoup de peuples ont cherché des divinités plus chaudes que le Dieu suprême et lointain. Mais alors, pourquoi ne pas s'adresser à Jésus-Christ? Est-ce parce que la tradition a trop exclusivement divinisé Jésus, au point d'effacer sa figure humaine et de présenter une théologie presque docétiste? Mais cette tendance doit également s'expliquer; pour notre part, nous y reconnaissons le même phénomène de l'idéalisation. Des recherches que nous avons menées dans diverses populations d'adolescents montrent qu'ils opposent volontiers le Jésus humain, celui qui sait aimer et souffrir et qui est un modèle d'humanité, au Christ divinisé de la foi chrétienne. Si nombre de ces jeunes refusent la transcendance divine de Jésus, c'est aussi parce qu'elle leur semble en opposition avec la réalité humaine de Jésus qu'ils préfèrent. Entre le Dieu transcendant et l'homme réel on perçoit un conflit. La même opposition efface dans l'image idéalisée du saint son humanité réelle. L'idéalisation psychologique, en transfigurant divinement l'humain, le menace de destruction. Et selon que l'on s'attache affectivement à l'image idéalisée ou que l'on la ressent comme menaçante, on divinise imaginairement un homme ou on refuse la transcendance qu'il manifeste.

Ce n'est donc pas parce que Jésus paraît trop divin que l'on s'adresse à Antoine de Padoue plutôt qu'à Jésus. La figure légendaire de saint Antoine n'est pas plus humaine que celle du Christ des évangiles. Mais Jésus a une toute autre fonction aux yeux des gens: il est le porte-parole de Dieu et le fondateur de l'Église. Or Dieu n'est pas que la providence protectrice. En terre chrétienne, Il est aussi l'auteur d'une loi, le juge ultime, le fondement et le référent de l'Église. La représentation de Dieu est complexe; elle comporte des éléments d'exigence que la tradition chrétienne présente comme au moins aussi essentiels que sa puissance protectrice. On peut difficilement idéaliser Dieu et le contact physique avec lui est empreint de peur. Dès lors les fêtes chrétiennes présentifient des mystères de salut qui requièrent une foi religieuse fort spiritualisée, alors que le pèlerinage au saint a un caractère festif sans crainte et sans larmes.

La marginalité du culte de saint Antoine constitue donc un compromis psychologique entre deux tendances opposées: l'adhésion à la foi chrétienne et une religiosité élémentaire qui voudrait s'y soustraire. Cette interprétation ne préjuge évidemment pas de la foi des individus qui pratiquent le culte. Il peut fort bien s'allier à une participation effective à la vie de l'Église. Notre interprétation ne vise qu'à typer le culte tel que nous le percevons d'après les informations qui circulent. Et même si l'œuvre missionnaire insère ce culte plus dans la foi chrétienne, comme cela semble se faire à Padoue, notre analyse conserve sans doute le mérite d'éclairer un aspect essentiel et ambigu du culte populaire.

Conclusion

Nous ne doutons qu'un colloque scientifique sur le phénomène antonien aboutisse à démythifier la figure du saint en la désidéalisant. La pastorale doit-elle adopter le regard critique des examens savants? Informés des racines troubles d'où le culte tire sa ferveur, les responsables ne peuvent certainement plus adhérer ingénument au culte populaire. Ce n'est pas la première fois que l'Église se trouve devant le conflit entre les exigences de la vérité humaine, psychologique, historique et sociologique, et, d'autre part, le souci de sauvegarder une religiosité populaire comme terre d'accueil pour l'œuvre missionnaire. Tout au long des siècles, l'Église a la plupart du temps tenu un double langage[4]. Tout en reconnaissant les arguments en faveur de ce compromis éducatif, ne méconnaissons pas ses dangers. L'avancement de l'esprit critique dans une culture plus largement partagée et diffusée par les mass-média peut rapidement éliminer la religiosité populaire et rejeter avec elle un christianisme qui s'y est trop appuyé.

4. Voir DELUMEAU Jean, *Déchristianisation ou nouveau modèle de christianisme?* (*Leçon inaugurale au Collèe de France*, faite le 13 février 1975), dans «Archives de sciences sociales des religions», Paris, n. 40, juillet-décembre 1975, pp. 3-20.

INDEX ONOMASTIQUE

BIBLIOTHECA EPHEMERIDUM THEOLOGICARUM LOVANIENSIUM

LEUVEN UNIVERSITY PRESS / UITGEVERIJ PEETERS LEUVEN

SERIES I

* = Out of print

1. *Miscellanea dogmatica in honorem Eximii Domini J. Bittremieux*, 1947.
*2-3. *Miscellanea moralia in honorem Eximii Domini A. Janssen*, 1948.
*4. G. PHILIPS, *La grâce des justes de l'Ancien Testament*, 1948.
*5. G. PHILIPS, *De ratione instituendi tractatum de gratia nostrae sanctificationis*, 1953.
6-7. *Recueil Lucien Cerfaux*, 1954. 504 et 577 p. FB 1000 par tome. Cf. *infra*, n⁰ˢ 18 et 71.
8. G. THILS, *Histoire doctrinale du mouvement œcuménique*, 1955. Nouvelle édition, 1963. 338 p. FB 135.
*9. J. COPPENS et al., *Études sur l'Immaculée Conception*, 1955.
*10. J.A. O'DONOHOE, *Tridentine Seminary Legislation. Its Sources and its Formation*, 1957.
*11. G. THILS, *Orientations de la théologie*, 1958.
*12-13. J. COPPENS, A. DESCAMPS, É. MASSAUX (éd.), *Sacra Pagina. Miscellanea Biblica Congressus Internationalis Catholici de Re Biblica*, 1959.
*14. *Adrien VI, le premier Pape de la contre-réforme*, 1959.
*15. F. CLAEYS BOUUAERT, *Les déclarations et serments imposés par la loi civile aux membres du clergé belge sous le Directoire (1795-1801)*, 1960.
*16. G. THILS, *La «Théologie Œcuménique». Notion-Formes-Démarches*, 1960.
17. G. THILS, *Primauté pontificale et prérogatives épiscopales. «Potestas ordinaria» au Concile du Vatican*, 1961. 103 p. FB 50.
*18. *Recueil Lucien Cerfaux*, t. III, 1962. Cf. *infra*, n° 71.
*19. *Foi et réflexion philosophique. Mélanges F. Grégoire*, 1961.
*20. *Mélanges G. Ryckmans*, 1963.
21. G. THILS, *L'infaillibilité du peuple chrétien «in credendo»*, 1963. 67 p. FB 50.
*22. J. FÉRIN & L. JANSSENS, *Progestogènes et morale conjugale*, 1963.
*23. *Collectanea Moralia in honorem Eximii Domini A. Janssen*, 1964.
24. H. CAZELLES (éd.), *De Mari à Qumrân. L'Ancien Testament. Son milieu. Ses Écrits. Ses relectures juives* (Hommage J. Coppens, I), 1969. 158*-370 p. FB 900.
25. I. DE LA POTTERIE (éd.), *De Jésus aux évangiles. Tradition et rédaction dans les évangiles synoptiques* (Hommage J. Coppens, II), 1967. 272 p. FB 700.
26. G. THILS & R.E. BROWN (éd.), *Exégèse et théologie* (Hommage J. Coppens, III), 1968. 328 p. FB 700.
27. J. COPPENS (éd.), *Ecclesia a Spiritu sancto edocta. Hommage à Mgr G. Philips*, 1970. 640 p. FB 1000.

28. J. COPPENS (éd.), *Sacerdoce et célibat. Études historiques et théologiques*, 1971. 740 p. FB 700.
29. M. DIDIER (éd.), *L'évangile selon Matthieu. Rédaction et théologie*, 1971. 432 p. FB 1000.
*30. J. KEMPENEERS, *Le Cardinal van Roey en son temps*, 1971.

SERIES II

31. F. NEIRYNCK, *Duality in Mark. Contributions to the Study of the Markan Redaction*, 1972. Revised Edition with Supplementary Notes, 1988. 252 p. FB 1200.
32. F. NEIRYNCK (éd.), *L'évangile de Luc. Problèmes littéraires et théologiques*, 1973. Nouvelle édition augmentée, 1989.
33. C. BREKELMANS (éd.), *Questions disputées d'Ancien Testament. Méthode et théologie*, 1974. *Continuing Questions in Old Testament Method and Theology*. Revised and Enlarged Edition by M. VERVENNE, 1989. 245 p. FB 1200.
34. M. SABBE (éd.), *L'évangile selon Marc. Tradition et rédaction*, 1974. Nouvelle édition augmentée, 1988. 601 p. FB 2400.
35. B. WILLAERT (éd.), *Philosophie de la religion – Godsdienstfilosofie. Miscellanea Albert Dondeyne*, 1974. Nouvelle édition, 1987. 458 p. FB 1600.
36. G. PHILIPS, *L'union personnelle avec le Dieu vivant. Essai sur l'origine et le sens de la grâce créée*, 1974. Édition révisée, 1989. 299 p. FB 1000.
37. F. NEIRYNCK, in collaboration with T. HANSEN and F. VAN SEGBROECK, *The Minor Agreements of Matthew and Luke against Mark with a Cumulative List*, 1974. 330 p. FB 900.
38. J. COPPENS, *Le Messianisme et sa relève prophétique. Les anticipations vétérotestamentaires. Leur accomplissement en Jésus*, 1974. Édition révisée, 1989. XIII-265 p. FB 1000.
39. D. SENIOR, *The Passion Narrative according to Matthew. A Redactional Study*, 1975. New impression, 1982. 440 p. FB 1000.
40. J. DUPONT (éd.), *Jésus aux origines de la christologie*, 1975. Nouvelle édition augmentée, 1989. 458 p. FB 1500.
41. J. COPPENS (éd.), *La notion biblique de Dieu*, 1976. Réimpression, 1985. 519 p. FB 1600.
42. J. LINDEMANS & H. DEMEESTER (éd.), *Liber Amicorum Monseigneur W. Onclin*, 1976. XXII-396 p. FB 1000.
43. R. E. HOECKMAN (éd.), *Pluralisme et œcuménisme en recherches théologiques. Mélanges offerts au R.P. Dockx, O.P.*, 1976. 316 p. FB 1000.
44. M. DE JONGE (éd.), *L'Évangile de Jean. Sources, rédaction, théologie*, 1977. Réimpression, 1987. 416 p. FB 1500.
45. E.J.M. VAN EIJL (éd.), *Facultas S. Theologiae Lovaniensis 1432-1797. Bijdragen tot haar geschiedenis. Contributions to its History. Contributions à son histoire*, 1977. 570 p. FB 1700.
46. M. DELCOR (éd.), *Qumrân. Sa piété, sa théologie et son milieu*, 1978. 432 p. FB 1700.
47. M. CAUDRON (éd.), *Faith and Society. Foi et Société. Geloof en maatschappij. Acta Congressus Internationalis Theologici Lovaniensis 1976*, 1978. 304 p. FB 1150.

48. J. Kremer (éd.), *Les Actes des Apôtres. Traditions, rédaction, théologie*, 1979. 590 p. FB 1700.

49. F. Neirynck, avec la collaboration de J. Delobel, T. Snoy, G. Van Belle, F. Van Segbroeck, *Jean et les Synoptiques. Examen critique de l'exégèse de M.-É. Boismard*, 1979. xii-428 p. FB 1400.

50. J. Coppens, *La relève apocalyptique du messianisme royal. I. La royauté – Le règne – Le royaume de Dieu. Cadre de la relève apocalyptique*, 1979. 325 p. FB 1000.

51. M. Gilbert (éd.), *La Sagesse de l'Ancien Testament*, 1979. 420 p.

52. B. Dehandschutter, *Martyrium Polycarpi. Een literair-kritische studie*, 1979. 296 p. FB 1000.

53. J. Lambrecht (éd.), *L'Apocalypse johannique et l'Apocalyptique dans le Nouveau Testament*, 1980. 458 p. FB 1400.

54. P.-M. Bogaert (éd.), *Le Livre de Jérémie. Le prophète et son milieu. Les oracles et leur transmission*, 1981. 408 p. FB 1500.

55. J. Coppens, *La relève apocalyptique du messianisme royal. III. Le Fils de l'homme néotestamentaire*, 1981. xiv-192 p. FB 800.

56. J. van Bavel & M. Schrama (éd.), *Jansénius et le Jansénisme dans les Pays-Bas. Mélanges Lucien Ceyssens*, 1982. 247 p. FB 1000.

57. J.H. Walgrave, *Selected Writings – Thematische geschriften. Thomas Aquinas, J.H. Newman, Theologia Fundamentalis*. Edited by G. De Schrijver & J.J. Kelly, 1982. xliii-425 p. FB 1400.

58. F. Neirynck & F. Van Segbroeck, avec la collaboration de E. Manning, *Ephemerides Theologicae Lovanienses 1924-1981. Tables générales. (Bibliotheca Ephemeridum Theologicarum Lovaniensium 1947-1981)*, 1982. 400 p. FB 1600.

59. J. Delobel (éd.), *Logia. Les paroles de Jésus – The Sayings of Jesus. Mémorial Joseph Coppens*, 1982. 647 p. FB 2000.

60. F. Neirynck, *Evangelica. Gospel Studies – Études d'évangile. Collected Essays*. Edited by F. Van Segbroeck, 1982. xix-1036 p. FB 2000.

61. J. Coppens, *La relève apocalyptique du messianisme royal. II. Le Fils d'homme vétéro- et intertestamentaire*. Édition posthume par J. Lust, 1983. xvii-272 p. FB 1000.

62. J.J. Kelly, *Baron Friedrich von Hügel's Philosophy of Religion*, 1983. 232 p. FB 1500.

63. G. De Schrijver, *Le merveilleux accord de l'homme et de Dieu. Étude de l'analogie de l'être chez Hans Urs von Balthasar*, 1983. 344 p. FB 1500.

64. J. Grootaers & J.A. Selling, *The 1980 Synod of Bishops: «On the Role of the Family». An Exposition of the Event and an Analysis of Its Texts*. Preface by Prof. emeritus L. Janssens, 1983. 375 p. FB 1500.

65. F. Neirynck & F. Van Segbroeck, *New Testament Vocabulary. A Companion Volume to the Concordance*, 1984. xvi-494 p. FB 2000.

66. R.F. Collins, *Studies on the First Letter to the Thessalonians*, 1984. xi-415 p. FB 1500.

67. A. Plummer, *Conversations with Dr. Döllinger 1870-1890*. Edited with Introduction and Notes by R. Boudens, with the collaboration of L. Kenis, 1985. liv-360 p. FB 1800.

68. N. Lohfink (éd.), *Das Deuteronomium. Entstehung, Gestalt und Botschaft / Deuteronomy: Origin, Form and Message*, 1985. xi-382 p. FB 2000.

69. P.F. Fransen, *Hermeneutics of the Councils and Other Studies*. Collected by H.E. Mertens & F. De Graeve, 1985. 543 p. FB 1800.
70. J. Dupont, *Études sur les Évangiles synoptiques*. Présentées par F. Neirynck, 1985. 2 tomes, xxi-ix-1210 p. FB 2800.
71. *Recueil Lucien Cerfaux*, t. III, 1962. Nouvelle édition revue et complétée, 1985. lxxx-458 p. FB 1600.
72. J. Grootaers, *Primauté et collégialité. Le dossier de Gérard Philips sur la Nota Explicativa Praevia (Lumen gentium, Chap. III)*. Présenté avec introduction historique, annotations et annexes. Préface de G. Thils, 1986. 222 p. FB 1000.
73. A. Vanhoye (ed.), *L'apôtre Paul. Personnalité, style et conception du ministère*, 1986. xiii-470 p. FB 2600.
74. J. Lust (ed.), *Ezekiel and His Book. Textual and Literary Criticism and their Interrelation*, 1986. x-387 p. FB 2700.
75. É. Massaux, *Influence de l'Évangile de saint Matthieu sur la littérature chrétienne avant saint Irénée*. Réimpression anastatique présentée par F. Neirynck. Supplément: *Bibliographie 1950-1985*, par B. Dehandschutter, 1986. xxvii-850 p. FB 2500.
76. L. Ceyssens & J.A.G. Tans, *Autour de l'Unigenitus. Recherches sur la genèse de la Constitution*, 1987. xxvi-845 p. FB 2500.
77. A. Descamps, *Jésus et l'Église. Études d'exégèse et de théologie*. Préface de Mgr A. Houssiau, 1987. xlv-641 p. FB 2500.
78. J. Duplacy, *Études de critique textuelle du Nouveau Testament*. Présentées par J. Delobel, 1987. xxvii-431 p. FB 1800.
79. E.J.M. van Eijl (ed.), *L'image de C. Jansénius jusqu'à la fin du XVIIIᵉ siècle*, 1987. 258 p. FB 1250.
80. E. Brito, *La Création selon Schelling. Universum*, 1987. xxxv-646 p. FB 2980.
81. J. Vermeylen (ed.), *The Book of Isaiah – Le Livre d'Isaïe. Les oracles et leurs relectures. Unité et complexité de l'ouvrage*, 1989. x-472 p. FB 2700.
82. G. Van Belle, *Johannine Bibliography 1966-1985. A Cumulative Bibliography on the Fourth Gospel*, 1988. xvii-563 p. FB 2700.
83. J.A. Selling (ed.), *Personalist Morals. Essays in Honor of Professor Louis Janssens*, 1988. viii-344 p. FB 1200.
84. M.-É. Boismard, *Moïse ou Jésus. Essai de christologie johannique*, 1988. xvi-241 p. FB 1000.
85. J.A. Dick, *The Malines Conversations Revisited*, 1989. 278 p. FB 1500.
86. J.-M. Sevrin (ed.), *The New Testament in Early Christianity – La réception des écrits néotestamentaires dans le christianisme primitif*, 1989. xvi-406 p. FB 2500.
87. R.F. Collins (ed.), *The Thessalonian Correspondence*, 1989.
88. F. Van Segbroeck, *The Gospel of Luke. A Cumulative Bibliography 1973-1988*, 1989. 241 p. FB 1200.
89. G. Thils, *Primauté et Infaillibilité du Pontife Romain à Vatican I et autres études d'ecclésiologie*, 1989. xi-422 p. FB 1850.
90. A. Vergote, *Explorations de l'espace théologique. Études de théologie et de philosophie de la religion*, 1989. xvi-709 p. FB 2000.
91. J.C. de Moor, *The Rise of Yahwism: The Roots of Israelite Monotheism*, 1990. xii-315 p. FB 1250.